힌두이즘의 원류

The Roots of Hinduism

이 책은 2017년 정부(교육부)의 재원으로 한국연구재단의 지원을 받아 수행된 연구의 성과물임(NRF-2017S1A6A3A02079749).

This work was supported by the National Research Foundation of Korea Grant funded by the Korean Government (NRF-2017S1A6A3A02079749)

IIS 인도연구소

인도의 대전환 총서 009

힌두이즘의 원류

초기 아리아인과 인더스 문명

아스코 파폴라(Asko Parpola) 지음

김형준, 최지연 옮김

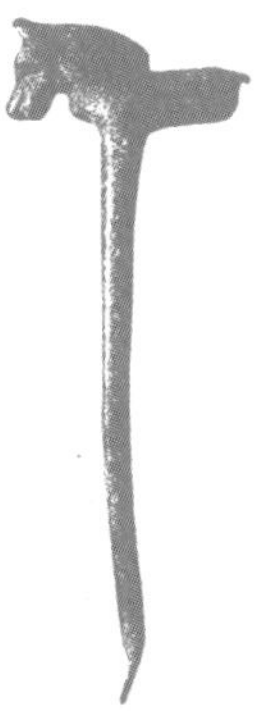

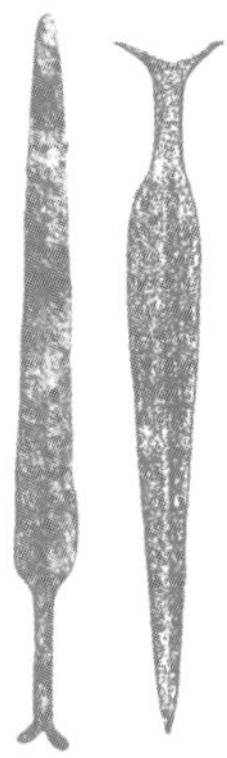

HU:iNE

목차

| PART 2 | 인더스문명 • 309

결론 • 531

저자 서문

기원전 2600–1900년까지 존재했던 인도 최초의 도시 문화가 1920년대에 인더스강의 계곡에서 발견되었다. 인더스문명은 100만 정도로 추정되는 주민이 1,000개 이상의 정착지에 살고 있었다. 그들 도시들 가운데 몇몇은 5,000명 정도의 주민이 정착해 있었다. 그 가운데 가장 주목받는 곳이 하랍빠(Harappa)와 모헨조다로(Mohenjo–Daro)이며 뛰어난 계획도시와 수로 관리를 보여 주고 있지만 고대이집트나 메소포타미아처럼 훌륭한 왕국들과 사원들은 나타나지 않는다. 유럽의 1/4 정도되는 지역에 해당하는, 거의 100만 평방미터에 달하는 인더스문명은 당시 메소포타미아나 이집트에 있던 핵심적인 다른 도시 문화보다 훨씬 넓었다. 그것은 인더스 계곡에서부터 동쪽으로 델리(Delhi)까지, 남쪽으로는 거의 뭄바이(Mumbai)까지 멀리 뻗쳐 있으며 인더스 물품들과 메소포타미아에서 발견된 설형문자 기록들에서 입증되듯이 서아시아까지 먼 거리와 접촉했다. 또한 현재까지 인도아대륙의 촌락들에서 이어지고 있는 삶의 방식들을 확립했다.

거의 100년에 걸친 발굴과 연구에도 인더스문명은 특히 그 사상에 관해서 비교적 덜 이해된 채로 남아 있다. 인더스인들은 무슨 언어로 말했을까? 그것은 북인도의 산스끄리뜨어와 연관될까, 아니면 남인도의 드라비다어와 연관될까? 그도 아니면 다른 남아 있는 인도어족과 관련이 있을까? 절묘하게 조각된 인더스 비문들을 어떻게 해독할 수 있을까? 어떠한 신들이 인더스문명에서 숭배되었는가? 이 신들은 남아 있는 초기의 인도 문헌, 즉 일반적으로 기원전 1500년경 이후 세기에 속하는 산스끄리뜨어로 쓰인 베다(Veda)에 묘사된 종교의 부분이 되어 남아 있을까? 베다의 작성자들인 아리아인들이 인도아대륙 밖에서 남아시아로 이주했을까? 만일 그렇다면 그들은 어디서 왔으며 어느 기간 동안 이주를 했을까? 실제로 현대 힌두이즘의 뿌리가 베다종교에서와 마찬가지로 인더스 계곡의 종교에 있는가?

이 책은 인더스문명의 시초에 관한 근본적인 물음들에 대한 대답을 제시한다. 대답들 가운데 몇몇은 반세기 전에 내가 베다문학과 종교를 연구하기 시작한 이후 나타난 것이다. 반면에 다른 것들은 지난 수십년간 유럽과 아시아에서 연구하는 과정에서 최근 몇 년 동안 나에게 떠오른 것들이다. 나는 그들 대부분을 학술적인 문헌으로 출간했다. (흥미 있는 독자들은 그곳에서 더 상세하고 완전한 기록을 발견할 수 있을 것이다.) 하지만 이 문헌은 상대적으로 적은 전문가 그룹 외에는 밖으로 잘 알려지지 않았다. 나는 보다 널리 독자들에게 나의 결론의 확고함을 소개할 때가 되었다고 생각한다. 나의 바람은 이 책이 더 나아간 연구에 자극을 줘서 많은 학자가 수용할 수 있는 해결책을 만드는 데 도움이 되었으면 하는 것이다.

불행하게도 내가 서론에서 개요를 말하려고 했듯이 현재 내가 논의하는 많은 문제에 대해 합의가 거의 이뤄지지 않고 있다. 1980년 이래 위에서 언급한 문제들, 특히 '아리아인들에 관한 문제'는 증가하는 반감을 가지고 인도에서 현대 식민주의 역사에 의해 채색되거나 가끔 적절한 자질도 없는 사람들에 의해 논쟁거리가 되었다. 그러므로 만일 우리가 인더스문명의 진정한 언어적 동일성과 종교적 관련성을 확립하려고 한다면 베다 아리아인들의 기원을 정리하는 것이 필수적이다. 다행스럽게도 이 골치 아픈 문제의 해결을 위한 가능성이 최근에 중앙아시아와 러시아를 포함한 유라시아 대륙에서 진행되고 있는 고고학적 발굴의 진전으로 개선되었다. 거기에서 중요한 새로운 동기문명(Bactria and Margiana Archaeological Complex, BMAC 또는 the Oxus civilization)이 1970년대에 발견되었다.

고고학적 문화들은 오랫동안 언어적 민족적 집단들과 연관을 맺고 있었다. 한 가지 적절한 예를 들면 1928년 탈그렌(A. M. Tallgren)은 카자흐스탄의 안드로노보(Andronovo) 문화권의 사람들이 인도-이란어(Indo-Iranian language)를 사용했다고 제시했다. 다양한 후대의 학자들이 같은 견해를 제시했지만 몇몇 학자는 그것이 원시-아리아어(Proto-Aryan)이라고 말했고 다른 사람들은 원시-인도-아리아어(Proto-Indo-Aryan), 다른 사람들은 원시-이란어(Proto-Iranian)라고 말했다. 다른 사람들(예를 들어 Lamberg-Karlovsky 2002)은 그와 같은 연관성을 부정한다. 나는 여기서 고언어학적(archaeo-linguistic) 연관성의 방법론을 논의하지 않고 나 자신을 몇 가지 근본적인 결론들에 제한할 것이다. 방법론에 관심이 있는 독자들은 이 방법론을 뛰어나게 발전시킨 J. P. 말로리(J. P. Mallory 1989와 그 이후)의 출판물들을 찾아보면 된다.

고고학에 의해 연구된 상대적으로 통일된 물질 '문화들'은 인간 공동체들을 반영한다. 그 구성원들은 하나의 언어(몇몇 경우에는 하나 이상의 언어)로 서로 다른 사람들과 소통했다. 공유된 물질문화와 공유된 언어는 모두 민족 정체성의 가장 강한 원천에 속한다. 만일 초기 바이킹 시대부터 아이슬란드(Iceland)에 있었던 것처럼 사람들이 같은 장소에 머물면서 그들의 거주지 밖에서 오는 방문자들을 수용하지 않는다면 그들은 거의 변화할 수 없다. 보통은 다른 공동체들과의 접촉에서 그 접촉의 강렬함에 의존하는 범위까지는 변화를 이끌지 않았다. 무역은 새로운 공예품들과 생각들과 이들 공예품과 생각을 나타내는 외래어들을 소개할 수 있다. 정복과 이민은 새로운 문화와 언어를 지지하면서 공동체의 초기문화와 언어를 포기하도록 이끌 수 있다. 언어 전이는 공동체의 일부가 둘(또는 그 이상의) 언어를 사용할 때 2가지 언어 사용 기간을 포함한다.

그와 같은 연속성들과 변화는 비교 연구법(a comparative method)을 사용함으로써 분석될 수 있다. 고고학과 언어학 양자는 이렇게 함으로써 기술을 발전시켰다. 원칙적으로 언어와 고고학을 연관시킬 때 바퀴가 달린 차량이나 말과 열린 초원 지대를 결합하는 것과 같이 예외적인 경우를 제외하고는 장거리 이동을 가정하지 않는 것이 좋다(Nichols 1997:369 참조). 그러한 이동의 존재를 가정하기 위한 고고학적 증거가 항상 명백하게 있어야 한다.

가장 중요한 방법론적 원리는 고립된 상관관계가 타당하지 않다는 사실이다. 오식 전체 언어 계열의 것과 유사한 상관관계망만이 설득력이 있을 수 있다. 고고학과 언어학에서 이용할 수 있는 모든 증거가 사용되어야 하고 모두 들어맞아야 한다. 이 방법론을 염두에 둔 채 나는 1973년부터 이 퍼즐에 대한 최적의 해결책을 찾고 있다: 유라시아의 고고학적 발견물들이 인도-유럽의 역사언어학의 발견과 어떻게 상관관계가 있을 수 있으며, 인도로의 아리아인 이주 경로가 확립될 수 있을까?

* * *

위에서 말한 극도로 논쟁적인 배경을 가정하면, 저자가 많고 다양한 측면에서 이 주제에 대한 글을 쓰기 위해 언어학, 인류학, 고고학 그리고 그 밖의 것들과 같은 자신의 자격증을 제시하는 것이 보통 이상으로 필요할 것이다. 그러므로 나는 내가 어떻게 그리고 왜 관련 연구를 수행했는지를 간략하게 관련시켜 설명하는 것이 좋을 것이다.

학교에서 7년 동안 라틴어를 공부한 후 1959년 나는 고전, 특히 고대 그리스 언어와 문학을 공부하기 위해 헬싱키 대학(the University of Helsinki)에 입학했지만 곧 산스끄리뜨어와 비교 인도-유럽 언어학(comparative Indo-European linguistics)으로 전공을 바꿨다. 내가 좋아했던 호머와 헤로도토스에 대한 연구와는 달리 이 전공은 서양의 학문에서 실질적으로 접하지 못한 방대한 양의 자료들을 제공하는 것처럼 보였다. 나의 박사 학위논문의 지도 교수인 펜티 알토(Pentti Aalto)는 지금까지 어떤 언어로도 번역된 적이 없는 드라흐야야나-슈라우따수뜨라(Drāhyāyaṇa-Śrautasūtra DŚS)를 택할 것을 제안했다. 중세 단빈(Dhanvin)의 주석서가 함께 있는 이 텍스트의 비판적 판본이 핀란드 산스끄리뜨학자 J. N. 로이터(J. N. Reuter)에 의해 시작되었지만, 1904년에 겨우 전체의 5분의 1만 출판되었다; 로이터의 미완성 원고인 나머지는 대학 도서관에 보관되어 있었다.

DŚS는 베다 희생제 의식에서 가영승들의 의무를 다루고 있다. 나는 베다연구에 뛰어난 네덜란드 학자 잔 곤다(Jan Gonda)와 접촉했다. 그는 친절하게 나로 하여금 연구를 하도록 했다. 그의 지도 아래 나는 DŚS와 그에 관한 주석서의 출판된 부분에 대한 주가 달린 영어 번역본을 준비했다(1969). 그리고 학위논문을 위해서 나는 이 텍스트와 밀접하게 사마베다(Sāmaveda)의 라뜨야야나-슈라우따수뜨라(Lāṭyāyana-Śrautasūtra)와 다른 문헌들과의 관계를 연구했다(1968). 이것은 흥미롭고 자극적인 작품이었는데, 그동안 나는 남인도 따밀나두주에 있는 딴조르(Tanjore, Thanjavur)의 옛 마하라자 도서관에서 두 번째 유사한 텍스트인 자이미니야-슈라우따수뜨라(Jaiminīya-Śrautasūtra)의 지금까지 전혀 알려지지 않았던 부분들을 포함한 독특한 필사본을 우연히 발견했다(1967 [1968]; 2011d; 2012c; in press f). 1971년 인도를 처음 방문했을 때 나는 이 비문을 사진으로 찍어 사마베다의 자이미니야 지파에 속하는 모든 존재하는 작품에 대한 탐구를 시작했다(1973). 그 이후로 나는 께랄라, 따밀나두, 까르나따까를 25번 정도 방문해 주로 자이미니야 필사본들의 조사를 계속하고 촬영했다. 1985년 이래 나는 나의 이전의 학생이었던 마사토 후지(Masato Fujii)와 공동으로 이 작품을 연구하고 출판했다(Fujii 2012). 나는 내가 인도에서와 마찬가지로 일본에서 연구할 수 있도록 해 준 후지 씨와 도시키 오사다(Toshiki Osada)에게 감사드린다.

브라흐마나 사제들에 의한 베다 의식과 암송은 3000년 무슬림 통치자들이 오랫동안 지배했던 북인도보다 남인도에서 더 잘 보존되었다. 프릿츠 스탈(Frits Staal)은 께랄라에 머물면서 자신의 책 『남부드리 베다 암송』(Nambudiri Veda recitation 1961)에서 그것들을 기록했다. 나는 그것을 통해서 이 독특한 브라흐마나 사제들이 자이미니야 학파에 속한다는 사실을 배웠다. 스탈은 이 살아 있는 구전 전통을 기록하기를 원했으며 나를 그의 프로젝트에 합류하도록 초청했다. 그는 사마베다를 연구하며 나의 장래의 스승이 된 슈리 잇띠 라비 남부디리(Śrī Iṭṭi Ravi Nambūdiri)의 노래들을 테이프로 저장하기 시작했다. 1975년 나는 6명의 집전사제들이 주관하는 베다 소마의 전공연을 목격할 수 있는 기회를 얻었다. 그들은 작은 오두막과 1,000개의 벽돌로 지어진 불의 제단을 가진 울타리가 쳐진 신성한 장소를 만들었다. 그 결과 스탈에 의해 2권의 책 『아그니: 불의 제단의 베다적 의식』(Agni: The Vedic ritual of the Fire Altar 1983)이 편찬되었다. 그 책은 베다종교 연구의 기념비적인 연구이다. 나의 세 가지 공헌에는 베다 의식들의 베다 이전 시기의 인도적 배경을 관통하려는 시도가 포함되어 있다. 1983-1985년 나의 아내 마르자타(Marjatta)와 2명의 대학원생—Klaus Karttunen와 Masato Fujii—과 함께 나는 실제적인 것과 모의 공연의 사진과 영상을 찍으며 자이미니야 사마베다인들의 가정의례들을 기록했다. 나의 아내는 결국 『과도기의 께랄라 브라흐마나들』(Kerala Brahmins in transition)라는 책을 썼다(2000). 그 과정에서 나의 구루의 출간되지 않은 소책자(입문서)들을 판독했다. 그 책들은 께랄라의 드라비다계 언어인 말라얄람어로 쓰여졌다(2011e). 브라흐마나들의 베다적 유산 외에 나는 또한 께랄라에서 거의 알려지지 않은 마법의 신 꿋띳짯딴(Kuṭṭiccāttan)에 관한 의식과 같이 몇 가지 다른 흥미 있는 힌두 전통들도 연구했다(1999c).

힌두이즘의 형성에 관한 더 나은 이해를 원하는 나의 바람은 인더스 문명에 관한 나의 최초의 관심을 자극했다. 하지만 인더스 비문을 연구하고자 하는 자극은 어릴 때 친구이며 1960년대 중반 핀란드에 있는 IBM의 과학 부분 고문인 세포 코스케니미(Seppo Koskenniemi)에서 비롯되었다. 그는 내가 박사과정을 막 시작했을 때 나의 분야에서 연구과제를 위해 당시에 새로운 기술을 가진 컴퓨터를 사용하고 싶은지를 물었다. 우리는 IBM의 시설을 사용할 수 있었다; 세포는 프로그래밍을 관리할 수 있었다.

당시 케임브리지 대학의 고전학자 존 채드윅(John Chadwick)의 『선형 B의 해독』(The Decipherment of Linear B 1958)을 읽은 나는 인더스 대본의 해독을 취미로 삼아 택하자고 제안했다. 채드윅은 마이클 벤트리스(Michael Ventris)와 자신이 이 탐구 과정의 작품에 적용한 방법들 몇 가지 상세하게 설명했다. 선형 B 기호 연속들에서 통계 및 인덱스를 편찬하는 것이 중요한 역할을 했다. 나는 컴퓨터가 이러한 종류의 분석을 쉽게 할 것이라고 생각했다. 아시리아학을 연구하던 나의 동생 시모(Simo)가 우리 팀에 합류하면서 결정적인 의견을 제시했다. 여가 시간에 우리는 고고학 논문들에서 인더스 문헌들을 수집하고, 다른 인더스 기호들에 대한 잠정적인 목록을 작성해 각 기호에 숫자를 할당하고, 숫자 형태로 문헌들을 카드에 구멍을 뚫어 정리했다. 컴퓨터가 이 모든 정보를 목록으로 처리한 후 우리는 숫자를 다시 그림문자로 복사해, 의미 있는 패턴을 찾기 위해 목록을 검색하고, 자동화된 해독 방법을 시험했다(Parpola, Parpola, & Koskenniemi 1966; Koskenniemi, Parpola, & Parpola 1970). 그 후 컴퓨터는 모든 기호 조합에 대한 첫 번째 일치를 인더스 기호로 그리도록 프로그래밍되었다. 그 결과는 1973년에 출판되었다. 전 3권으로 된 교정본은 1979-1981년 세포의 남동생인 컴퓨터 언어학자 킴모 코스케니미(Kimmo Koskenniemi)와 공동 연구로 제작되었다. 킴모 코스케니미(1981)는 인더스 비문의 연구를 위해 자동화된 구문론적 방법을 개발했다; 이것들은 내 딸 페이비키 파폴라(Päivikki Parpola)에 의해 그녀의 과학 석사(M.Sc.) 논문에서 실행되면서 시험되었다(1987; 1988).

나의 산스끄리뜨어 스승인 펜티 알토는 제2차 세계대전 당시 군사정보의 암호해독자였다. 그는 기반이 되는 언어가 (산스끄리뜨어보다는) 드라비다어라는 우리의 가정에 근거해 몇몇 인더스 기호들을 판독할 수 있는지를 시험해 보라고 나에게 권했다. 우리의 실험 대체가 의미 있는 것처럼 보였기 때문에 나는 1969년에 출판된 소책자의 초안을 재빨리 작성했고, 뒤이어 그에 관한 두 개의 진행 보고서를 만들었다(Parpola et al. 1969a,b; 1970). 핀란드에 있는 팀 동료들과 쉽게 상의할 수는 없었지만, 이것들은 우리 팀 공동의 이름으로 출간되었다. 왜냐하면 나는 당시 코펜하겐에서 일했기 때문이었다. 내가 급하게 서둘렀던 것은 부분적으로 소련 학자들이 인더스 비문을 해독하려고 한다는 소문 때문이었다. 나는 점검되지 않은 관념들에 대해 과신하면서 적절한 검토 없이 그것들을 포함하는 실수를 저질렀다. 나는 또한 1960년대에는 아직 드라비다어에 꽤 익숙하지 않아서 약간의 큰 실수를 저질렀다. 당연히 이러한 "첫 번째 발표"는 혹독하지만 마땅한 비판을 받았다.

고통스러운 판독이었음에도 불구하고 그 리뷰들은 매우 유용하고도 진지한 교훈이었다. 그러나 그들은 우리 방법과 그것의 근본적인 가설 중 일부가 옳다는 나의 믿음을 흔들지는 않았다. 해독 작업은 계속되어야 했다.

격려는 제라드 클라우슨(Gerard Clauson)과 존 채드윅(John Chadwick)으로부터 나왔다(1969). 펜티 알토와 나는 1969년 영국에서 강의를 하도록 초대받았고, 1973년에 나는 왕립아시아협회의 150주년 기념 세미나에서 해독되지 않은 비문들(1975a)에 관한 발표자들 중 한 명이 되었다. 케임브리지에서 여러 번 만난 적이 있는 채드윅은 결국 케임브리지 대학 출판부에서 출판하기 위해 내 책인 인더스 비문 해독(1994년)을 추천했다. 그곳에서 나는 20여 개의 인더스 비문에 대한 원시-드라비다어를 통한 판독(Proto-Dravidian readings)을 구체적이고 세심하게 검토하면서 나의 초기 아이디어를 발전시켰다.

일부 비평가들은 부분적인 판독이 수포로 돌아가면서 모든 시도가 여전히 같은 단계에 머물러 있다고 주장한다. 왜냐하면 그것은 전해진 바에 의하면 어떠한 진전도 없기 때문이다. 1960년대 후반 이후 아무 일도 없었던 것처럼 그들은 여전히 첫 번째 발표와 오래전에 버려진 가설들에 대한 접근 방식을 비판한다. 그러나 1969년에서 1994년 사이에 많은 진전이 있었고 그 이후로 더 많은 진전이 있었다.

드라비다어에 대한 이해를 향상시키기 위해 1969년에 나는 두 명의 따밀어 학자인 빤니르셀밤(R. Panneerselvam)과 수브라마니안(P. R. Subramanian)과 함께 따밀어를 본격적으로 배우기 시작했는데, 그들은 나의 연구소인 스칸디나비아 아시아 연구소에 2년간 소속되어 있었다. 그들은 동아시아 전문가인 나의 친구 고(故)에릭 그린스테드(Eric Grinstead)와 함께 나의 개인적인 용도로 7권의 따밀어 어휘사전의 역 인데스(reverse index)를 만들었다. 그것은 나의 인더스 비문 연구에 매우 유용한 것으로 밝혀진 도구였다. 나중에 헬싱키 대학의 인도학 교수로 있으면서 나는 따밀어와 말라얄람어 원어민들이 정기적으로 그곳에서 가르치도록 주선했다.

1971년 남아시아를 처음 방문했을 때 나는 여러 박물관에 보관되어 있는 원래의 비문들을 확인할 수 있었다. 나는 남아시아 박물관에서 수백 개의 미출간된 비문들을 발견하고 유네스코의 후원으로 국제 협력으로 인더스 인장들과 비문들에 대한 방대한 전집(CISI)을 출판하는 주요 프로젝트를 시작했다. 많은 관료주의적 어려움 끝에 계획된 4권 중 3권이 세상에 나왔다(1987년, 1991년 그리고 2010년). 이 기초적인 연구 도구는 점차로 완성에 가까워지고 있다.

채드윅을 제외하고 케임브리지에 있는 나의 멘토들에 남아시아 고고학을 전문적으로 연구하는 브리짓(Bridget)과 레이먼드 올친(Raymond Allchin)이 합류했다. 그들은 이후 개정판을 가진 인도 문명의 탄생: 기원전 500년 이전에 인도와 파키스탄이라는 연구에 대한 근본적인 개괄(1968)을 출판했다. 내가 주도면밀하게 연구한 이 책은 나에게 현재의 고고학적 상황에 대한 기초 지식을 제공했다. 1970년, 올친 부부는 오늘날의 남아시아 고고학 및 예술사 유럽협회(the European Association of South Asian Archaeology and Art History)를 설립해 나를 창립 멤버 중 한 명으로 초대했다; 그리하여 나는 2002년까지 이사회에서 봉사할 수 있는 특권을 누렸다. 그 협회는 2년마다 학자들이 최근 발굴 및 연구

결과를 발표할 수 있도록 국제회의를 개최했다. 나는 이 흥미로운 회의(1993년에 조직된 한 회의[Parpola &Koskikallio 1994])에 대부분을 참석했는데, 이것은 물론 인더스 포함해 남아시아 고고학의 발전을 따라갈 수 있는 특별한 기회를 제공했다.

인더스 계곡에서 나온 작은 조각상들과 테라코타상들과 더불어 비문들과 그림 도기들의 도상학적 주제들에 대한 연구는 인도 종교들의 역사에 대한 주요한 통찰력을 이끌어 낸 이란과 서아시아와의 유사점을 제시했다. 고고학의 지식은 인더스문명뿐만 아니라 아리아인이 인도로 이주한 증거를 이해하는 데도 필요하다. 1970년대 초(Parpola 1974)부터 나는 인도-유럽과 우랄어족(Finno-Ugric)의 출현과 분산이 어떻게 고고학 기록 속에 반영되어 있는지에 대해 더 잘 이해하려고 노력해 왔다. 왜냐하면 인도-이란어들의 선사시대에는 이 두 언어 족이 모두 포함되어 있기 때문이다. 나는 J. P. 말로리(J. P. Mallory)의 중요한 저서인『인도 유럽어들에 대한 연구』(In search of the Indo-Europeans 1989)와 북유럽 동유럽을 전문적으로 연구하는 핀란드 고고학자인 크리스찬 카펠란(Christian Carpelan)과 긴밀한 협력(Carpelan & Parpola 2001)을 통해 많은 것을 배웠다. 나는 또한 BMAC 또는 옥수스(Oxus) 문명의 주된 장소인 투르크메니스탄의 고누르(Gonur)와 같은 몇몇 핵심 고고학 유적지를 방문하는 특권을 누렸다(그곳의 발굴자인 빅토르 1세 사리아니디의 친절한 초청으로 두 번 방문했다); 말 사육의 역사에 중요한 곳인 카자흐스탄의 보타즈(Botaj)(이곳을 방문하도록 허락한 주인 연구원 데이비드 앤서니에게 감사드린다; 파폴라 1997c); 그리고 러시아에 있는 아바셰보(Abashevo) 문화지역. 이 연구를 위해 나는 러시아어를 읽을 수 있는 지식을 습득해야 했다. 친구인 러시아의 저명한 고고학자 세르게즈 5세 쿠즈미니크(Sergej V. Kuz'minykh)는 러시아 출판물을 위해 최근까지도 관계를 유지하고 있다.

이런 작업에서는 국제적인 연구를 통해 만들어진 발전과 그 문제에 대한 자신의 더 나은 방법에 끊임없이 적응해야 한다. 이 책이 출간되기 직전, 나는 2014년 중반 스톡홀름에서 개최된 22회 남아시아 고고학과 예술에 관한 유럽 협회 국제회의에 참석했다. 이 책에 약간의 영향을 미치는 새로운 정보에 대해 언급해 볼 것이다. 조르지오 스타쿨(Giorgio Stacul)의 오랜 발굴에서 확립된 8장에서 보고된 간다라 무덤 문화에 대한 나의 연대기는 이제 개정이 필요하다. 비데일(Vidale)과 동료들(2014년)이 전한 새로운 방사성탄소를 통한 최근의 발굴은 IV기는 기원전 1500 – 1100년, V기는 기원전 1200–800년 그리고 IV기는 기원전 800–400/300년으로 제시한다.

나는 (다른 많은 것 중에) 쓰기와 해독의 역사에 관한 뛰어난 책의 저자인 내 친구 앤드류 로빈슨(Andrew Robinson)에게 크게 감사드린다. 그는 흔쾌히 나의 책이 가능한 한 일반 독자들에게 쉽게 접근할 수 있도록 만들었다. 그리고 헬싱키 대학의 언어 기술의 건설과 용법(the Building and Use of Linguistic Technology; BAULT) 연구 단체와 앤드류의 작품과 몇 가지 삽화들에 자금을 지원한 킴모 코스케니미(Kimmo Koskenniemi)에게도 고마움을 표한다. 앤드류는 힘든 감독자였으며, 그의 끊임없는 격려와 격려가 없었다면 나는 이 책을 정리할 수 없었거나 적어도 그렇게 빨리 할 수는 없었을 것이다. 나는 장별로 진행된 첫 번째 초안을 앤드루에게 보냈고, 그는 그 초안을 편집하면서 그가 따라갈 수 없는 모든 것을 명확히 해 달라고 부탁했다. 그는 또한 인도-유럽 언어학에 대한 간단한 설명과 이 주제를 처음 접하는 독자들을 위한 방법을 포함시키도록 권고했다(3장 참조).

9장에서 다사들(Dāsas)과 다슈들(Dasyus)에 관한 리그베다의 구절들에 대한 그들의 새로운 번역본을 내가 사용할 수 있게 관대하게 허락해 준 스테파니 제이미슨(Stephanie Jamison)과 조엘 브레튼(Joel Brereton)에게도 감사드린다. 매우 유용한 피드백을 위해 나는 출판사가 책의 제안서를 읽도록 초대해 준 익명의 전문가 독자들, 특히 거의 완성된 원고를 읽어 준 독자들에게 빚을 지고 있다. 해리 포크(Harry Falk)와 제니아 제일러(Xenia Zeiler) 역시 책이 출판되자마자 재빨리 이 글을 읽고 몇 가지 조정안을 제시해 줬다.

삽화들은 책에 있는 아이디어를 이해하는 데 필수적이다. 나는 다양한 저작권 소유자들이 그것들을 복제할 수 있는 허가를 내준 것에 대해 많은 빚을 지고 있다: 줄리앙 리드(Julian Reade), 도미니크 콜론(Dominique Collon), 마크 케노예르(Mark Kenoyer), 이안 호더(Ian Hodder), S, V. 쿠즈미니크(S. V. Kuz'minykh), N. B, 비노그라도브(N. B. Vinogradov), 유리 라사마킨(Yuri Rassamakin), 두르 아흐메드(Durre Ahmed), 귤라 오즈틸라(Gyula Wojtilla), 앤드류 로빈슨(Andrew Robinson), 디판카르 홈(Dipankar Home), 디팍 밧따짜르야(Dipak Bhattacharya), 사얀 밧따짜르야(Sayan Bhattacharya), 조요티 로이(Joyoti Roy) 그리고 B. M. 빤데(B. M. Pande). 안나 커비넨(Anna Kurvinen)은 친절하게도 내 설명에 따라 멋진 지도 두 장을 그려 줬다.

나는 미국 옥스퍼드 대학교 출판부에서 내 책의 편집자인 신시아 리드(Cynthia Read)와 그녀의 팀원들, 특히 마르셀라 맥스필드(Marcela Maxfield), 마이클 더닌(Michael Durnin), 수노즈 샹카란(Sunoj Shankaran)이 이 책을 아주 훌륭하게 나오도록 잘 협조해 준 것에 대해 깊이 감사드린다.

나는 이 책을 우리 가족 마르자타(Marjatta), 페이비키(Päivikki)와 페카(Pekka) 그리고 메테(Mette)에게 바친다.

2014년 10월, 헬싱키에서

아스코 파폴라(Asko Parpola)

역자 서문

이 책 The Roots of Hinduism: The Early Aryans and the Indus Civilization은 핀란드의 인도학자이며 현재 헬싱키 대학의 Indology 및 South Asian Studies의 명예 교수로 있는 인더스 비문 해독의 전문가인 아스코 파폴라(Asko Papola)의 2015년 작품이다. 이 책은 드라비다어족 중심의 고대 인더스문명과 베다 아리아인 중심의 브라흐마니즘이 어떤 과정을 거쳐 이어지면서 후대의 힌두이즘을 이룰 수 있게 되었는지를 주로 고언어학을 기반으로 한 귀중한 연구서이다.

흔히 힌두이즘의 뿌리를 말할 때 우리는 기본적으로 베다를 언급한다. 그러면서도 인도의 역사나 문명을 다룰 때는 하랍빠와 모헨조다로 중심의 인더스문명을 언급한다. 여기서 분명한 것은 인더스문명과 베다문명은 명백하게 다르다는 사실이다. 이러한 사실은 중 후기 이후 인더스 문명에 아리아인의 베다 문명이 유입되지 않았다는 것을 의미하지는 않는다. 단지 그 원류가 다르다는 의미를 분명하게 강조하는 것일 뿐임을 잊지 말아야 한다. 다시 말해서 인더스문명은 아리아인 이전에 멀리 기원전 7000년 너머로 거슬러 올라가는 드라비다어족계열에 의해 이루어진 문명인 반면 베다 문명은 인도-아리아인들이 기원전 1500년 경에 인도로 이주하여 사회지배계층을 형성하면서 이루어진 브라흐마니즘이다. 그렇기 때문에 인도의 기원으로 베다를 언급한다는 것은 자칫하면 아리아인 중심의 브라흐마니즘을 출발점으로 삼는다는 것과 같을 수 있다. 그렇게 본다면 인더스문명은 인도와는 연관 없는 부분으로 떨어져 나갈 수도 있다.

그렇기 때문에 인더스문명과 베다문명을 연결고리를 찾는 것은 인도학 연구에서 무엇보다도 중요하다. 하지만 인더스 문자에 대한 해독이 불가능한 만큼 그 연결고리를 찾는 작업은 매우 힘들 수밖에 없다. 이에 저자는 자신의 고언어학 연구를 바탕으로 인더스 비문의 의미를 추적하고 또한 베다에 나타난 산스끄리뜨어와 고대 드라비다어와의 연관 관계뿐만 아니라 서구 및 남아시아 고대 언어들을 비교 연구함으로써 양자의 관계를 밝히려고 노력한다. 고대 언어들의 비교 외에도 그는 하랍빠와 모헨조다로 유적의 다양한 발굴물들을 멀리 그리스부터 수메르, 메소포타미아, 중앙아시아의 것들과의 연관성을 탐구하고 그것들은 아리아인들의 베다 문화와 비교한다.

이 책은 우리나라에서 지금까지 거의 전무했던 인더스문명의 종교와 사상뿐만 아니라 문화적 특징을 종합적으로 다루고 있는 전문적인 연구서를 거의 최초로 소개한다는 점에 큰 의미를 둘 수 있다. 하지만 이 책은 고언어학과 고대 문화에 대한 이해가 없는 상태에서는 쉽게 이해하기 힘든 부분이 있다. 만일 언어학 관련부분이 난해하다고 느끼는 독자는 1부에 있는 해당 부분을 생략하고 읽는다고 해도 큰 문제는 없다고 생각된다. 옮긴이는 이를 통해 인도학 연구가 더욱 다양하고 종합적으로 발전할 수 있는 토대가 될 수 있기를 희망한다.

본 책을 옮기는 과정에서 다음과 같은 몇 가지 원칙을 따랐다.

첫째, 다양한 외국어들의 경우 인도에 해당하는 경우에는 산스끄리뜨 발음 표기를, 그 외에는 외래어표기의 규칙을 따라 표기했다. 하지만 예를 들어 미뜨라의 경우 인도 내에서는 미뜨라로 그 외의 지역에서는 미트라로 표기된 경우도 있다. 왜냐하면 인도와 대부분의 경우 Mirta로 쓰이지만 다른 경우 Mithra로 표기되기도 하기 때문이다.

둘째, 특정 용어에 대한 보충적 설명이 필요하다고 생각되는 경우 일부는 주석에 넣거나 본문 속에 집어넣기도 하였다. 따라서 여기서 나오는 주석은 모두 옮긴이의 것이다. 또한 본문 속에 넣은 경우는 독자들이 그를 통해 보다 쉽게 문장을 이해할 수 있게 하려는 의도에서 그렇게 하였다.

셋째, 특정 지역이나 문화를 우리말로 옮기는 과정에서는 구글 또는 다른 인터넷 포털 사이트와 국어사전에 나와 있는 용어를 사용하였으며 그마저도 없는 경우는 옮긴이가 유사한 용어들을 통해 또는 주변 연구자들의 도움을 받아 최대한 그것과 가까운 한글 용어로 옮기도록 하였다.

만일 이 과정에서 번역상의 오류나 문제가 있다면 그것은 전적으로 옮긴이의 책임이며 이 책이 나오기까지 함께 수고한 출판사 및 모든 분에게 감사드린다.

2020. 05.

이문골의 봄 향기와 함께

김형준, 최지연

약어표

ASI Archaeological Survey of India

AV Arto Vuohelainen

CISI See CISI in References.

DAMGP Department of Archaeology and Museums, Government of Pakistan

EL Erja Lahdenperä

JL Jyrki Lyytikkä

NMI National Museum of India

VEDIC TEXTS WITH THEIR ABBREVIATIONS

편집본과 번역은 곤다(Gonda) 1975; 1977 및 제미슨(Jamison)과 위첼(Witzel) 1992를 참조할 것

AĀ Aitareya–Āraṇyaka

AB Aitareya–Brāhmaṇa

ĀpŚS Āpastamba–Śrautasūtra

ĀśvGS Āśvalāyana–Gṛhyasūtra

AV(Ś) Atharvaveda(−Saṁhitā) (Śaunaka−śākhā)

AVP Atharvaveda−Saṁhitā, Paippalāda−śākhā

BĀU Bṛhad−Āraṇyaka−Upaniṣad (Kāṇva−śākhā)

BŚS Baudhāyana−Śrautasūtra

BŚu Baudhāyana−Śulvasūtra

ChU Chāndogya−Upaniṣad

DŚS Drāhyāyaṇa−Śrautasūtra

GGS Gobhila−Gṛhyasūtra

HGS Hiraṇyakeśi−Gṛhyasūtra

JB Jaiminīya−Brāhmaṇa

JGS Jaiminīya−Gṛhyasūtra

JŚS Jaiminīya−Śrautasūtra

JUB Jaiminīya−Upaniṣad−Brāhmaṇa

KĀ Kaṭha−Āraṇyaka

KauśS Kauśika−Sūtra

KB Kauṣītaki−Brāhmaṇa

KS Kaṭha−Saṁhitā / Kāṭhaka−Saṁhitā

KŚS Kātyāyana−Śrautasūtra

KŚu Kātyāyana−Śulvasūtra

KU Kaṭha−Upaniṣad

LŚS Lāṭyāyana−Śrautasūtra

MS Maitrāyaṇī Saṃhitā

PB Pañcaviṁśa−Brāhmaṇa

PGS Pāraskara–Gṛhyasūtra

RV Rigveda (–Saṁhitā)

ŚĀ Śāṅkhāyana–Āraṇyaka

ŚB(M) Śatapatha–Brāhmaṇa (Mādhyandina–śākhā)

ŚBK Śatapatha–Brāhmaṇa, Kāṇva–śākhā

ṢB Ṣaḍviṁśa–Brāhmaṇa

ŚŚS Śāṅkhāyana–Śrautasūtra

SV Sāmaveda(–Saṁhitā) (Kauthuma–śākhā)

SVB Sāmavidhāna–Brāhmaṇa

TĀ Taittirīya–Āraṇyaka

TB Taittirīya–Brāhmaṇa

TS Taittirīya–Saṁhitā

VādhA Vādhūla–Anvākhyāna

VādhŚS Vādhūla–Śrautasūtra

VS(M) Vājasaneyi–Saṁhitā (Mādhyandina–śākhā)

서론

1

힌두(Hindu)와 힌두이즘(Hinduism)의 정의

힌두이즘의 뿌리를 탐구하기 전에 먼저 힌두와 힌두이즘이라는 용어가 의미하는 것을 먼저 정의해야 한다. 힌두의 어원은 기원전 515년으로 거슬러 올라간다. 그때 페르시아의 다리우스 대왕 (Darius The Great)은 인더스 계곡을 그의 왕국에 합병했다. 신두(Sindhu)는 인더스강의 산스끄리뜨어이며 현재 신드(Sindh)라고 알려진 그 강의 서쪽 지역이 페르시아어로 힌두(Hindu)가 되었다. 대왕에게 봉사한 이오니아 그리스인들은 (오늘날 프랑스어를 하는 사람들처럼) 단어의 첫 대기음(h)을 발음하지 못했다. 그 때문에 페르시아어 힌두(Hindu)는 그리스어에서 인도스(Indos)가 되었고(거기에서 라틴어는 Indus로 되었다) 주변 국가에서는 인디아(India)가 되었다. 그러나 페르시아어를 사용하는 무굴인(Mughal)들이 16세기에 북인도를 점령했을 때 그들은 그 국가를 힌두스탄(Hindustan)으로 그리고 그 민족을 힌두(Hindu)라고 불렀다. 17세기 무굴제국 시대에 영국 역시 인도아대륙에 살고 있는 사람들을 묘사하기 위해 힌두(Hindu 또는 Hindoo)라는 단어를 사용하기 시작했다. 19세기 영국 식민지 시대 동안 식민주의에 반대하는 인도인들은 자신들을 무슬림과 구별하기 위해 그 용어를 받아들였다. 20세기 들어 힌두는 무슬림, 불교도, 기독교, 자이나교, 유대교, 파시교 또는 시크교가 아닌 모든 인도인을 위한 공통의 명칭이 되었다. 사바르까르(V. D. Savarkar)는 자신의 영향력 있는 민족주의–정치적인 소책자 『힌두뜨와: 누가 힌두인가?』(Hindutva: Who is a Hindu? 1938)에서 '힌두와 힌두 정체성을 갖기 위한 자질'을 의미하는 신조어 힌두뜨와를 사용했다. 이 책은 1923년 가명으로 처음 출판되어 현재까지도 계속해서 출판되고 있다.

동인도회사의 상인이면서 복음주의 기독교도였던 찰스 그랜트(Charles Grant)는 1787년 초에 초기의 힌두 종교(Hindoo religion) 또는 힌두 교리(Hindoo creed)를 위해 힌두이즘(Hindooism)이라는 용어를 사용한 것으로 알려져 있다. 19세기 들어 힌두이즘은 불교, 자이나교, 시크교를 제외한 인도의 토착 종교를 위한 일반적인 명칭이 되었다(Pennington 2005). 어떤 인도인들은 그들의 종교에 외국의 용어를 사용하는 것을 반대하면서 대신 사나따나 다르마(sanātana dharma: 영원한 법 또는 진리)라는 산스끄리뜨어 표현으로 대신하기도 한다. 그럼에도 불구하고 이 표현은 고대문헌들에서 어떠한 종교적 체계에도 적용되지 않았다.

다른 반론은 힌두이즘이 바이슈나바(Vaiṣṇava), 샤이바(Śaiva), 샥따(Śākta)종파처럼 각자의 신학과 의식을 가지고 있는 숭배전통을 인위적으로 함께 묶어 버렸다는 사실이다. 이에 대해 다음과 같이 말할 수 있다:

> 다양한 서로 모순되는 체계들과 결과적으로 생기는 모든 불일치를 포함하는 힌

> 두이즘은 확실히 일관성 있는 체계를 가진 역사적 종교에 대한 기본적인 필요조건을 만나지 못한다; 그러나 그의 명백한 실체들(이른바 분파라고 불리는 것들)은 있다. 그들은 실제로 종교들이지만 힌두이즘은 그렇지 않다. 우리가 힌두이즘이라고 부르는 것은 지리적으로 분명하게 제한된 종교와 연관된 그룹이다. 그러나 그것들은 같은 지역에서 발생하고 유사한 사회-경제적 그리고 정치적 조건들 아래 발전하고 광범위하게 같은 전통을 포함하고 서로에게 끊임없이 영향을 미쳤으며 공동으로 힌두문화에 공헌했다(von Stietencron 1989:20).

고전 힌두의 신들인 비슈누(Vaiṣṇu)와 쉬바(Śiva)는 적어도 부분적으로는 보다 오래된 베다종교의 다신교적인 만신(pantheon)에까지 거슬러 올라간다. 베다는 대부분의 힌두인들 특히 정통적 브라흐마나들에게 절대적인 경전적 권위를 가진 것으로 간주된다. 하지만 전반적으로 베다종교는 고전 힌두이즘에서의 역할이 적은 편이다. 베다에 기록된 종교와는 근본적으로 다른 많은 면이 존재한다. 베다종교의 보다 최근의 부분인 브라흐마니즘(Brahmanism)은 가끔 힌두이즘의 오래된 단계로 인정된다. 왜냐하면 후대의 많은 힌두 철학이 그것에 근거하고 있기 때문이다. 하지만 일반적으로 '고전(classical)' 힌두이즘은 기원전 400-200년경에 시작한 베다 이후 시대에 속하는 것으로 간주된다. 그것은 마하바라따(Mahābhārata)와 라마야나(Rāmāyaṇa) 그리고 뿌라나(Purāṇa)에서 전형적으로 나타난다. 위대한 프랑스의 인도학자 루이 르노(Louis Renou)는 자신의 뛰어난 요약 『고대 인도의 종교들』(Religions of ancient India)에서 베다종교와 후대의 힌두이즘 사이에 발생한 변화를 강조한다.

> 힌두이즘에 미친 베다의 공헌 특히 힌두의식-실행과 사색은 큰 것이 아니다. 오히려 신화에 미친 베다의 영향력이 비록 여기서도 심원한 재생이 있었다 할지라도 더 강하다. 종교적인 전문용어는 베다와 서사시 또는 뿌라나 사이에 거의 완벽하게 변형되었다. 하지만 그 사실은 충분하게 강조되지 않았다. 옛 용어들은 사라졌거나 그들이 거의 인정할 수 없는 의미로 변화되었다. 새로운 용어가 존재하게 되었다. 심지어 루드라-쉬바(Rudra-Śiva)처럼 연속성이 제시되었던 경우에도 실제로 그 차이들은 유사성보다 훨씬 더 두드러진다(Renou 1953:47-48).

그러나 나는 그렇다고 믿지만 만일 이 분석이 정확하다면 그것은 다음과 같은 물음을 촉발시킨다: 많은 실제로 우세한 비베다적인 힌두이즘의 요소들은 어디에서 왔을까? 의심할 바 없이 천 년에 걸친 발전과 확장 과정에서 많은 지역 종교 문화들이 힌두교에 흡수되고 동화되면서 다양한 이념적 진화가 일어났다. 그럼에도 불구하고 인더스문명은 오랜 옛날에도 불구하고 있음직한 원천처럼 보인다.

아리아인들에 관해서 르노(Renou)는 조심스럽게 다음과 같이 이어간다: "명백하게 아리아인의 (힌두이즘의) 요소들을 열거하는 것이 더 빠를 수 있다: 그들은 아마도 충분하지는 않지만 양심상 (그들을 묘사하는 것이 유행인) 몇몇 기능적인 신들, 소마(soma) 의식과 사회제도의 기초였을 것이다(Renou 1953:47-48)."

인더스문명에 대해 그는 다음과 같이 제안한다: "만일 인더스의 인장과 작은 조각상에 나타난 종교 형태들이 인도의 형식과 동떨어진 관계라면 힌두이즘의 것들과 베다주의의 것들은 같지 않다. 그것은 비록 우리가 그것을 추론에 의해서 알 뿐이지만 베다 시대에 아마도 비교적 초기에 존재했다고 생각하는 힌두이즘이다(Renou 1953)." 이 책의 1부(초기 아리아인)에서는 이란인들의 이주와 베다종교의 형성에 대한 증거들을 검토한다. 2부(인더스문명)에서는 베다와 후대의 힌두이즘에 대한 인더스문명의 가능한 유산들에 전념할 것이다. 그 논의는 기본적으로 연대기적 순서를 따르지만 몇몇 장소에서는 필연적으로 이것과 떨어져서 입증되었다.

2

초기 아리아인들

베다 문헌과 고전 힌두이즘의 기본적인 문헌들 양자는 고대 인도-아리아인의 언어(Old Indo-Aryan language)라고 말해지는 산스끄리뜨어로 쓰여졌다. 중기 인도-아리아어(Middle Indo-Aryan)로 분류되는 쁘라끄리뜨(Prakrit)어는 기원전 300년에서 기원후 1000년 사이 남아시아에서 말해졌다. 쁘라끄리뜨어들은 힌디어(Hindi), 뻔잡어(Punjabi), 벵골어(Bengali), 마라티어(Marathi)를 포함해서 오늘날 남아시아에서 사용되는 많은 언어인 새로운 또는 현대 인도아리아인 언어들의 초기 형태로 변화되었다. 인도-아리아어라는 이름은 남아시아 밖에서 사용된 아리아어와 이들 언어 모두를 구별하기 위해 주어졌다. 후자는 주로 [이란-아리아어(Irano-Aryan)라는 명칭이 더 합리적인] 이란어족을 이룬다. 그것은 현대 이란뿐만 아니라 코카서스 지역(오세트어 Ossetic language)과 중앙아시아, 아프가니스탄 그리고 파키스탄[타지크(Tajik), 파슈토(Pashto)와 그 밖의 언어들]에서도 사용되었다. 여기에 덧붙여 북부 아프가니스탄[누리스탄(Nuristan)]에서 이전에 카피리(Kafiri: 이교도)라고 알려졌던 누리스탄어와 같은 소그룹이 있다. 그 언어의 사용자들은 1896년 아프가니스탄인(Afghan)들에 의해 강제로 이슬람으로 개

종되었다. 누리스탄어는 이란어와 인도-아리아어 양자의 형태를 지니고 있으며 그들의 분류는 아직까지 정립되지 않았다.

고대페르시아어를 포함한 고대 이란어는 다리우스 대왕(Darius the Great)과 아케메네스왕조(Achaemenid empire)의 다른 왕들의 비문과 [인도의 파시(Parsee) 교도를 포함한] 조로아스터교인(Zoroastrian)의 경전으로 아베스타(Avesta)어로 쓰여진 아베스타에 보존되어 있다. 아베스타의 가장 오래된 부분은 가장 오래된 베다 문헌인 리그베다와 거의 같은 시대인 기원전 1000년경의 것으로 간주된다. 아베스타와 리그베다는 예를 들어 '예배, 희생제'(아베스타에서는 yasna, 베다에서는 yajña), '기도', '주문'(아베스타에서는 manthra, 베다에서는 mantra) 그리고 제식적 구절인 '경의를 표하기 위해 손을 높이 들고'(아베스타에서는 ustānazastō… nəmaŋhā, 베다에서는 uttānahastonamasā)처럼 다수의 종교적 용어들을 공유하고 있다.

고대 인도-아리아어를 쓰는 사람들과 고대 이란어를 쓰는 사람들은 자신들을 아리아(고대 인도아리아어 ārya, 고대 이란어 arya)라는 같은 이름으로 불렀다. 고대 이란어의 소유격 복수 아리아남(aryānām: 아리아들의 [국가])은 시간이 흐르면서 이란(Iran)이라는 국가 명칭으로 짧게 되었다. 이 종족의 자기 명칭의 의미는 논란거리이다. 그러나 많은 언어학자는 그것이 원래 '친절함', '고상함' 또는 '가장 뛰어난', '주인'을 의미한다고 생각한다. 인도-아리아어와 이란어는 비록 현대에는 (아리안이라는 용어로 얻어진 의미가 나치 독일의 공포에서 정점에 달한 인종적 편견과 오해와 결부되는 것을 피하기 위해) 일반적으로 인도-이란어라고 불리지만 아리아어 언어군을 형성한다. 인도-아리아어와 이란어는 하나의 원어에서 파생한 것으로 간주된다. 후대의 인도-이란어는 사이가 벌어진 지방어들과 함께 분리된 언어가 되었다. 그것은 다시 현대 인도-이란어를 낳도록 분화되었다.

1498년 바스코 다 가마(Vasco Da Gama)가 인도에 도착한 이후 유럽의 선교사들이 그 뒤를 이었다. 그들 가운데 몇몇은 인도 언어들에 놀랄 만큼 능통했다. 그들 가운데는 토마스 스테펀스(Thomas Stephens: Tomáz Estêvã)라는 영국 제수이트 교도가 있었다. 그는 끄리스따-뿌라나(Krista-purāṇa)라는 제목 아래 꼰까니어(Konkani: 인도 서북지방에서 사용되는 언어)로 1만 연이 넘게 신약성경의 이야기를 다시 쓰고 또한 처음으로 꼰까니어 문법서를 만들었다. 스테펀스는 일찍이 1583년에 산스끄리뜨어와 유럽 언어들 간의 유사성을 기록했다. 『인도인들의 풍속과 관습』(Moeurs et coutumes des Indiens: Jean Antoine Dubois[{1825}1906]에 의해 불법 복제됨)의 저자인 프랑스 제수이트 교도 가스통-로랑 코어두(Gaston-Laurent Coeurdoux)도 그렇게 했고, 후에 1776년 안케틸-뒤팔론(A. H. Anquetil-Duperron)에 의해 산스끄리뜨어와 그리스어 그리고 라틴어의 관계를 서술하는 책이 쓰여졌다.

언어가 변화했다는 사실과 현재와 연관된 언어들의 원형이 사라졌을 수 있다는 관념은 윌리엄 존스(William Jones)에 의해 1786년 2월 2일 캘커타에서 열린 Asiatick Society에서 산스끄리뜨어와 그와 어원이 같은 말들과 관련해 발표되었다. 벵골 빤디뜨(paṇḍit)의 도움으로 산스끄리뜨어를 연구한 이후 존스(Sir William Jones)는 다음과 같이 발표했다.

산스끄리뜨어는 그의 오래됨이 어떻든 훌륭한 구조를 가지고 있다; 그것은 그

> 리스어보다 완전하고 라틴어보다 방대하며 그들보다 더 절묘하게 세련되었다. 하지만 동사의 어근들이나 문법의 형태에서 그들 양자는 우연히 만들어졌을 것보다 더 강한 친밀감을 갖고 있다; 그것은 실제로 강력해서 어떠한 문헌학자도 그들이 아마도 지금은 더 이상 존재하지 않을 어떤 공통의 원천에서 나왔을 것이라고 믿지 않는 한 그들 셋을 검토할 수 없다; 그렇다고 매우 강제적이지는 않지만 고트어(Gothick)과 켈트어(Celtick) 양자에 매우 다른 관용구가 섞여 있음에도 불구하고 산스끄리뜨어와 같은 기원을 갖고 있다고 가정할 만한 유사한 이유가 있다. 그리고 고대페르시아어는 아마도 같은 어족에 첨가될 수 있을 것이다(Jones 1788:422).

널리 읽히는 잡지 아시아 연구(Asiatic Researches)가 출판되었을 때 존스의 제언은 획기적인 충격을 주었다. 19세기 초의 몇몇 낭만주의자는 산스끄리뜨어가 인도-유럽어족(그 용어는 존스에 의해서가 아니라 다른 박식한 사람에 의해 만들어졌다)의 모국어(mother tongue)이며 인도는 문명의 요람이라고 생각했다.

하지만 곧 산스끄리뜨어는 그것이 말해지는 지역, 즉 인도와 마찬가지로 다른 인도-유럽 모국어와 같은 상태로 격하되었다. 현대 역사언어학(Modern historical linguistics)은 프란츠 봅(Franz Bopp)이 발표한 『그리스어, 라틴어, 페르시아어 그리고 게르만어와 비교한 산스끄리뜨어 동사활용체계에 대하여』(On the conjugational system of the Sanakrit language compared with that of Greek, Latin, Persian and Germanic: Bopp 1816)로 시작했다. 원시-인도-유럽어의 알려지지 않은 고향은 아직 확실하게 결정되지는 않았지만 현재는 대체로 유라시아지역에 있는 것으로 생각되고 있다. 그러므로 인도-아리안들은 남아시아로 들어온 이주민들이었다. 그렇다면 그들은 언제 왔는가?

19세기 후반 옥스퍼드 대학교에서 산스끄리뜨어, 비교언어학 그리고 비교종교학을 가르쳤던 막스 뮬러(Friedrich Max Müller)는 네 종류의 베다 가운데 가장 초기의 것인 리그베다(Rigveda)를 편집했다. 1859년 막스 뮬러는 리그베다가 기원전 1200-1000년에 쓰여졌다고 추정했다. 그는 베다의 수뜨라 문헌들을 기원전 600-200년경에 할당함으로써 이러한 사실에 도달했다. 그리하여 초기의 브라흐마나(Brāhmaṇa) 텍스트들이 기원전 800-600년에, 초기 만뜨라(Mantra) 문헌들(아타르바베다와 야쥬르베다 상히따)이 기원전 1000-800년에 만들어졌다고 추정했다. 비록 이 추정 연대가 많은 논란과 비판을 받았음에도 불구하고 그들은 매우 현명한 것으로 드러났지만 오늘날 (나 자신을 포함해서) 많은 베다학자는 거의 그의 견해에 동의하지 않는다. 더욱이 언어학자들은 오랫동안 기원전 1500-1200년을 인도-아리아어족이 남아시아로 이주한 이민의 시기로 선호했다. 한 가지 강력한 증거는 아나톨리아(Anatolia), 서아시아 그리고 이집트에 있는 설형문자 기록으로부터 주어진다. 그에 따르면 기원전 1500-1300년경 시리아의 미탄니왕국(Mitanni kingdom of Syria)의 지배자들이 인도-아리아어의 이름을 가지고 있었고, 인도-아리아인의 신들에게 맹세했으며, 인도-아리아어의 기술적 용어들을 사용해 마차 경주용 말을 훈련시켰다(8장 참조).

인더스문명을 연구해 온 존 마샬(John Marshall 1931), 스튜어트 피고트(Stuart Piggott 1950), 모티머 휠러(Mortimer Wheeler 1968), 브리지트와 레이먼드 알친(Bridget and Raymond Allchin 1982)과 같은 20세기

선도적인 영국의 저명한 고고학자들은 아리아인의 유입 시기를 기원전 2000년경으로 정했다. 그러나 아리아인들은 유목민들이었고 그렇기 때문에 적어도 일정 기간 임시 정착지에 머물다가 이동했다고 가정할 수 있기 때문에 이 사건과 연관될 수 있는 특정한 고고학적 증거를 찾는 것은 어렵다는 것이 입증되었다. 르노(Renou)에 따르면 "베다 제식 문헌들에 나타난 설명으로 추론할 수 있는 아주 초기의 건축양식에서 모헨조다로의 건물들과 합리적으로 비교할 수 있는 것은 아무것도 없다"(Renou 1953:4). 마샬(Marshall 1931:I, 111)은 또다른 중요한 부정적인 표시를 지적한다. 그것은 말이 인더스 문명에서는 알려지지 않았던 것처럼 보이는 반면 베다 문화에서는 매우 중요하게 여겨졌다는 사실이다.

서문에 언급했듯이 인도-아리아계 언어를 쓰는 사람들이 인도에서 유래했다는 사실에 반대하는 "인도 밖에서"의 유래를 주장하는 견해가 최근에 널리 전파되고 있다. 토마스 트라우트만(Thomas Trautmann)은 그의 편집본『아리아인 논쟁』(The Aryan Debate 2005)에서 다음과 같이 썼다:

> 지난 몇 년 아리아인 논쟁에 대한 일련의 대중적인 책들과 웹사이트들이 등장했다. 그중 전부는 아니지만 많은 경우 고대 역사의 기술에 대한 훈련을 쌓은 학자들이 아닌 저자들에 의해 만들어졌다. 게다가 오늘날의 파벌 정치와 정부는 고대 역사에 대해 발표하면서 교과서에서의 변화를 요구했다. 새로운 저술들은 아리아인들이 인도에 토착민들이며 인더스문명의 구축자라고 주장하도록 매우 강력하게 여러 가지 대안적 관점을 가진 판본을 만들도록 압박받았다

(Trautmann 2005:xvii).

아리아인에 관한 논쟁은 의심할 여지없이 나치에 의해 지지를 받은 19세기와 20세기의 인종적 "이론들"을 포함해 복합적인 원인들이 있다. 이들은 에드윈 브라이언트(Edwin Bryant)의 『베다 문화의 기원에 대한 탐구: 인도-아리아인에 관한 논쟁』(The quest for the origins of Vedic culture: The Indo-Aryan migration debate, 2001년)에서 철저히 연구되었다. 그러나 브라이언트가 그 주장들을 깊이 연구한 후 그 문제에 대해 어떠한 입장을 취하려 하지 않는다는 사실이 염려된다. 그는 다음과 같이 결론을 내린다: "어떻게 친족어(동족 언어; the cognate language)가 선사시대에 존재하게 되었는가 하는 것은 200년 전 윌리엄 존스(William Jones)가 산스끄리뜨어와 위대한 유럽어의 관계를 발표했을 때와 마찬가지로 오늘날에도 풀리지 않고 있다"(Bryant 2001:12). 내 견해로는 인도-아리아인 이주에 대한 진실을 규명하는 것이 가능하다.

3

인도-유럽어 언어학

이 책 중 어떤 부분은 인도-유럽 언어학[Indo-European(IE) linguistics]의 개념과 방법에 대한 기본적인 이해를 요구하기 때문에 이 장에서 "그에 관한 기본 자료(iron rations)"가 제공될 것이다. 전체적인 설명을 원하는 사람들은 라일 캠벨(Lyle Campbell)의 『역사언어학』(Historical Linguistics 2004) 또는 특히 벤자민 W. 포튼(Benjamin W. Forston)의 『인도-유럽계 언어와 문화』(Indo-European language and culture 2010년)와 같은 훌륭한 입문서를 읽어 보도록 권한다.

언어는 복잡한 현상이기 때문에 언어학은 각기 그들 자신만의 특별한 전문용어와 방법을 가지고 다양한 하위 분야를 발전시켰다. 여기에 몇 가지 중요한 하위 분야들이 있다. 음성학은 소리가 어떻게 만들어지는가를 연구하고 그들의 각기 다른 성질들을 분류한다. 음성학은 소리를 개별적인 단위(음소)들로 조사하고 어떻게 음소들이 소리 체계로 결합되는지를 연구한다. 음소배열론(Phonotactics)은 음소들이 결합되었을 때 어떻게 행동(반응)하는지 탐구한다. 언어 형태론(어형론 Morphology)은 문법적 표시들과 단어의 굴절(어미나 어형의 변화)에 전념한다. 사전학(Lexicography)은 언어의 어휘에 관심을 갖는다. 구문론(통어론 Syntactics)은 구절과 문장을 형성하기 위해 단어들이 어떻게 결합하는가에 대한 연구가 포함되어 있다. 의미론(Semantics)은 단어들이 어떻게 의미를 전달하는가를 고심한다. 기술 언어학(Descriptive linguistics)은 언어의 역사에서 주어진 시점에 존재하는 언어의 모든 측면을 기록한다.

모든 언어는 역사를 갖고 있다: 죽어 버린 언어를 제외하고 그들은 모든 면에서 끊임없이 변화한다. 특별히 중요한 것은 음운체계의 변화(phonological change)이다. 그것은 가끔 언어 형태론에서의 변화 역시 포함한다. (기술 언어학과는 달리) 역사언어학(Historical linguistics)은 시간이 흐르면서 어떻게 언어들이 변화하는지를 기록하고 선사시대의 변화들을 재건하려고 노력한다. 그것은 또한 어떻게 그리고 왜 언어의 변화가 발생하는지를 이해하고 어떻게 다른 언어들이 서로 연관을 맺는지를 분명히 밝히는 것을 목적으로 한다. 다시 말해서 한 어족의 부분인 언어들은 달리 말해서 유전적으로 연관된 경우에 얼마나 밀접하게 연관되는가? 만일 그들이 유전적으로 연관되지 않는다면 그들 역사의 어느 지점에서 서로 접촉했는가 또는 그들이 전적으로 구별되는가? 그러므로 역사언어학의 주된 방법은 언어의 비교이다. 인도-유럽 언어학은 본질적으로 역사언어학이다.

고대 인도의 언어학자 빠니니(Pāṇini)의 (8장으로 구성된 Aṣṭādhyāyī라고 알려진) 산스끄리뜨어 문법서는 기원전 350년경에 만들어진 것으로 기술 언어학의 경이로운 결과이며 2,000년 이상 이 분야에서 가장 훌륭한 업적이다(Bloomfield 1933:11; Cardona 1976). 역사언어학은 19세기 초에 만들어졌다. 16세기와 같은 이전에는 인도-유럽 언어들의 유사성에 주목했지만 현대의 역사언어학을 시작한 것은 윌리엄 존스(William Jones)의 『산스끄리뜨어와 다른 유럽 언어들 가운데 그리스어 그리고 라틴어의 유사성에 대한 고찰』(1788 : 422)이었다(2장을 볼 것). 존스는 이러한 언어들이 오늘 날에는 더 이상 존재하지 않는 단 하나의 원래의 언어, 이른바 원시-인도-유럽어(Proto-Indo-European (PIE))로부터 발전되었다고 제안함으로써 그의 새로운 계통적 관계(genetic relationship)의 개념을 설명했는데, 여기서 원시를 뜻하는 proto는 "(시간 공간 순서에 있어서) 최초 또는 처음을 의미하는" 그리스어 prôtos로부터 파생했다.

프란츠 봅(Franz Bopp 1816)과 라스무스 라스크(Rasmus Rask 1818)의 연구는 인도 유럽어 사이에 계통적 관계를 입증하기 위해 유사한 의미를 가진 어휘 단어들 사이에 체계적인 음성학과 문법적인 일치를 확립하는 것으로 시작했다: 야노스(János 라틴어; Joannes) 사즈노빅스(Sajnovics 1770)는 우랄어를 헝가리어와 사미어(Saami)와 비교함으로써 그 유사성에 대한 연구를 시작했다.

언어적인 훈련이 없는 사람들은 발음과 의미에서 명백한 유사성으로부터 실제로 서로가 가끔 매우 다르고 관계가 없는 언어들 사이에 근본적으로 부정확한 결론을 이끌어 낼 수 있다. 예를 들어 중앙아메리카에서 말해지는 마야계 언어(Mayan Language) 카크치켈어(Kaqchikel)에서 단어 mes는 "불결한, 무질서, 쓰레기"를 가리키며 그것은 영어단어 mess와 발음과 의미상에서 유사하다. 그러나 영어에서 m으로 시작하는 단어들과 카크치켈어에서 그에 상응하는 의미론적 대응물 사이에 어떤 규칙적인 발음의 일치도 존재하지 않는다. 예를 들어 man : ači, mouse :

č'oy, moon： qatiʔt, , mother： nan처럼.

영어–마야어의 상황은 규칙적인 발음 일치들이 존재하는 인도–유럽어와 대비된다. 예를 들어 (주격 단수에서) 아래와 같은 어원을 포함하는 "아버지(father)"를 가리키는 인도 유럽어 단어들은 다음과 같다:

Late PIE *pətḗr (〈 Early PIE *pH_2tḗr)

Indo–Iranian： Vedic Sanskrit pitā̀, Old Avestan ptā, Younger Avestan pita, Old Persian pitā

Greek patḗr

Latin pater

Celtic： Old Irish athair/athir

Germanic： Gothic fadar, Old Icelandic faðir/ faþer, Old English fœder, Anglo–Saxon fader

Tocharian A pācar, B pācer

Armenian hayr

위의 같은 어원들에서 단어의 첫 글자(the word–initial) PIE에서 *p–(별표는 입증되지 않은 재구성을 나타냄)는 대부분의 언어에서 p–로 보존되었다. 그러나 켈트어(Celtic languages)에서는 그것이 대부분 상실되었다. 반면에 게르만어에서는 *p–가 f–로 대체되었고(*p– 〉 f–), 아르메니아어에서도 마찬가지로 *p–가 h–로 변경되었다(*p– 〉 h–). (기호 〉는 "변경"을 의미하고, 기호 〈는 "발전되었음"을 의미한다).

규칙의 중요한 개념은 PIE에서 "묻는다"를 뜻하는 동사(1인칭 현재 단수 능동형)의 단어의 첫 글자 *p–를 다른 단어로 대체함으로써 설명할 수 있다. 여기서 우리는 다시 같은 어원의 시작에서 정확하게 같은 음운대응(the same sound correspondences)을 발견한다:

PIE *pṛḱsḱō

Indo–Iranian: Vedic Sanskrit pṛcchā̀mi, Old Avestan *pərᵊsā*, Old Persian parsāmiy

Latin: *porkskō 〉 poscō

Celtic: Old Irish arco/arcu

Germanic: Old High German forscōm

Baltic: Lithuanian peršù

Tocharian A praksam, B preksau

Armenian harc'anem

야콥 그림(Jakob Grimm 1822)은 PIE의 *p가 원시–게르만어(Proto–Germanic) *f로 변화하는 것은 고립된 현상이 아니라 모든 순음(labial), 치음(dental), 연구개 파열음(belar stop)를 포함한 전체 음성체계에서 중요한 변화의 일부라고 지적했다.

파열음은 먼저 성도(성대에서 입술 또는 콧구멍에 이르는 통로 the vocal tract)를 완전히 닫고, 폐로부터 공기의 흐름을 멈춘 다음, 갑작스럽게 들을 수 있는 파열로 관을 여는 자음이다. 파열음은 소리가 있거나(유성) 소리가 없을(무성) 수 있다. 다시 말해서 성대의 진동과 함께

하거나 그렇지 않은 것으로 발음된다. 순음(입술소리)의 파열음은 입술로 발음되고, 치음의 파열음은 치아로, 연구개음의 파열음은 부드러운 입천장(구개)과 혀의 뒷부분으로 발음된다; 구개음은 단단한 입천장과 닿은 혀의 앞부분으로 발음된다. 대기음의 파열음은 숨을 들을 수 있고 힘차게 내쉬는 것으로 발음된다. 마찰음은 기류의 부분적인 폐쇄로 인해 발생하는 연속적인 자음이며 마찰하는 것과 같은 소리를 일으킨다.

PIE 무성 파열음은 원시-게르만어(Proto-Germanic)에서 그에 상응하는 무성 마찰음으로 변경되었다: *p 〉 *f, *t 〉 *θ, *k and *ḱ 〉 χ (h로 쓰임). 동시에 PIE 유성 파열음은 원시-게르만어에서 그에 상응하는 무성 파열음으로 변경되었다; *b 〉 *p, *d 〉 *t, *g and *ǵ 〉 *k, *gw 〉 *kw. 그리고 PIE 유성파열음은 원시-게르만어에서 그에 상응하는 명백한 유성파열음으로 바뀌었다: *bh 〉 *b, *dh 〉 *d, *gh and *ǵh 〉 *g, *g^{w}h 〉 *gw/*w. 이보다 훨씬 전에 PIE 구개음 *ḱ, *ǵ, ǵh는 PIE 연구개 파열음 *k, *g, *gh와 통합되었다. PIE *kw, *gw와 *g^{w}h는 순구개음, 다시 말해서 동시에 입술을 동그랗게 만들어 발음되는 연구개파열음이었다.

이들 원시-게르만어의 음운 변화는 하나로 합쳐서 함께 "제1차 게르만어 음운변화", 즉 그림의 법칙(Grimm's law)으로 알려져 있다. 이러한 음운법칙은 그것이 "조건 지워진 것"이 아닌 한, 다시 말해서 제한된 조건 아래 적용될 수 있는 한 모든 단어와 문법적 표시로 언어 전체에 걸쳐 적용될 것으로 예상된다. 그림의 법칙은 마찰음(따라서 PIE *sp 〉 원시-게르만어에서 sf가 아닌*sp)나 파열음(따라서 PIE *kt 〉 원시게르만어 χθ가 아닌 *χt) 후에도 적용되지 않기 때문에 조건화된다. 음운법칙에는 예외가 없어야 한다는 규칙을 엄격히 준수하는 것은 대단히 중요한 방법론적인 원칙이다. 19세기 후반 동안 소위 청년문법학파들에 의해 강조된 것이 언어학의 큰 발전을 이끌었다.

음운법칙이 실질적으로 적용되지 않는 고립된 경우들이 항상 있지만, 그 경우에도 대개 타당한 설명이 존재한다. 그와 같은 예외에 대한 공통적인 이유는 유추이다. 유추적 변화는 기존의 패턴이나 모델과의 유사성이나 일치를 추구하는 많은 다른 종류가 있다. 예를 들어 오래된 복수인 형제들(brethren)은 "정상적인" 복수들과 유사한 형제들(brothers)로 대체될 수 있을 것이다. PIE *penk^{w}e-는 그림의 법칙에 따라 원시-게르만어의 *f로 영어 five를 산출하지만 선행하는 숫자 PIE *kwetwor-는 예상된 four 대신에 뒤따르는 숫자 five의 처음을 모방하는 아마도 그럴 수 있는 유사함의 f를 가지고 영어로 four가 된다. 라틴어로 5를 뜻하는 quinque는 4를 뜻하는 quattuor의 모방으로 유사한 변화(하지만 역방향으로)를 수반하는 것처럼 보인다.

유추 외에도 음운법칙에는 예외가 있는 것처럼 보일 수 있는 다른 이유가 있을 수 있다. 한 가지 중요한 이유는 IE 언어가 초기 발전단계에서 주어진 IE 단어를 상속받지 않고 다른 음성 법칙들을 가진 다른 IE 언어로부터 그 단어를 차용했기 때문일 수 있다.

역사언어학은 지난 2세기에 걸쳐 발전해 오면서 현재는 언어 변화의 역학이 상당히 잘 이해되고 있다. 그리하여 동일한 언어적 방법론이 모든 언어에 적용될 수 있게 되었다. 특정한 음성변화는 많은 언어에서 (심지어 유전적으로 연관이 없는 것들에서조차) 일어나는 경향이 있다. 예를 들어 치음, 구개음 및 연구개음의 파열음이 앞의 모음, 다시 말해서 입의 앞부분에 발음되는 i와 e의 모음이 뒤따를 때 가끔 파찰음으로 바뀐다. 파찰음은 같은 지점에서 발음되는 파열음과 마찰음으로 구성된 합성음(composite sounds)이다. 따라서 라틴어로 100을 뜻하는 centum(이때 c는 k처럼 발음된다)은 이탈리아어로 cento(이때 c는 영어 chess의 ch처럼 파찰음의 형태로 발음된다)가 되었다.

PIE 구개 파열음은 초기의 PIE 이후 시대에 분명히 그 당시에 흑해 북쪽 어딘가에서 사용되었던 인접한 언어들인 원시-인도-이란어(Proto-Indo-Irania), 원시-발틱-슬라브어(Proto-Balto-Slavic), 원시-아르메니아어(Proto-Armenian) 및 원시-알바니아어(Proto-Albanian)에서 파찰음이 되었다. 이들은 다른 IE "캔툼-어군(centum-languages)"과 대조적으로 "사템-어군(satem-languages)"이라고 불린다. (satəm의 간략한 발음기호인) 사템(Satem)이라는 단어는 "100"을 뜻하는 아베스타어(Avestan)이다. 그 표시는 사템(satəm)과 캔툼(centum)이 이러한 특수한 음운 변화의 두드러진 예라는 사실에서 파생되었다.

"hundred"-와 "ten"이라는 단어는 "hundred"에서 파생한 것으로 자음들 사이에서 나타날 때만 모음처럼 기능하는 m-과 n- 음절 같은 PIE "음절 비음들(syllabic nasals)"의 발달을 분류하는 데 중요하게 되었다; 그들은 IE 언어의 다른 분파에서 다른 방식으로 변화했다. 원시-인도-이란어(Proto-Indo-Iranian)에서 음절 비음은 그리스의 대부분의 방언에서처럼 *a로 변경된 반면 그리스어의 아르카디아어(Arcadian)과 레스보스어(Lesvion) 방언은 a 대신 o로 변화되었다. 원시-인도-이란어와 원시-이란어(Proto-Iranian)의 발기에 PIE의 *e와 *o는 *a로 변했지만, 우랄어족(Uralic languages)에 들어 있는 초기 아리아 언어는 *e와 *o가 여전히 초기 단계에 보존되어 있음을 보여 준다. 두 단어는 또한 강세와 강세의 변화가 IE 단어의 형성 및 굴절(어형변화)에 중요한 역할을 했다는 사실을 예증한다: *déḱm̥의 강세가 붙은 첫 음절에 있는 모음 e는 강세가 *(d)ḱm̥tóm의 첫 음절에서 두 번째 음절로 바뀌면 약화되어 사라진다.

다음은 다양한 IE 언어에 나타나는 "hundred"와 "ten"을 뜻하는 단어들이다:

*(d)ḱm̥tóm, "hundred" (possibly "tenth [ten]")

Old Irish cét [i.e., kēt]

Italic: Latin centum

Greek hekatón (he– 〈 *sem, "one")

Germanic: *χunda 〉 Gothic hund, English hundred

Indo–Iranian: *ćatám [i.e., tśatam]

〉 Proto–Indo–Aryan *ćatám/*śatám

〉 Old Indo–Aryan śatám

〉 Proto–Iranian *catam [i.e., tsatam]

〉 Avestan satəm

〉 Old Persian θata

Baltic: Lithuanian šimtas, Latvian sìmts

Old Church Slavonic sŭto, Russian sto

Tocharian *ḱn̥tóm 〉 käntœ〉 A känt, B kante

PIE *déḱm̥(t), 'ten'

Old Irish: deich

Italic: Latin decem

Greek déka

Germanic: *teχun 〉 Gothic taíhun, English ten

Indo-Iranian: *deća [i.e., detśa]

〉 Proto-Indo-Aryan *deća/*daśa 〉 Old Indo-Aryan daśa;

〉 Proto-Iranian *deca/*daca [i.e., datsa]

〉 Proto-Nuristani daca [i.e., datsa] 〉 Kati duc,

〉 Avestan dasa

Baltic: Old Prussian dessempts/dessimpts, Old Lithuanian dešimtis, Lithuanian dḗšimt

Old Church Slavonic desętĭ, Russian désyat'

Albanian dhjetë

Armenian tasn

Tocharian *tšäkä(n) 〉 *śäkä(n) 〉 A śäk, B śak

기존에 존재하는 모든 IE 언어가 한때 상대적으로 제한된 지역에서 사용되었던 단일 PIE 언어로 돌아간다는 가설은 이제 일반적으로 받아들여지고 있다. 다행스럽게도 이렇게 추정된 과정이 처음부터 문서화된 예가 있다. 로망스어군(The Romance languages)은 오늘날 이탈리아어, 프랑스어, 스페인어, 포르투갈어, 루마니아어와 레트로 루마니아어를 사용하는 지역에 있던 로마제국에서 말해졌던 서민의 라틴어(the Vulgar Latin)에서 발전되었다. 우리는 풍부한 문학적 자료로부터 원시-로망스어를 안다: 그것은 라틴어로, 원래 이탈리아 북부의 라티움(Latium)의 매우 제한된 지역에서 사용되었지만 로마제국의 확장과 함께 널리 퍼져 나갔다. 라틴어는 기원전 600년 이래 비문으로 알려진 IE 어족의 "이탤릭(Italic)" 어파의 일원에 불과했으며 그것은 (불충분한 자료를 통해 알려져 있는) 한때 죽은 언어인 오스칸어(Oscan), 움브리아어(Umbrian), 팔리스키어(Faliscan)를 포함했지만 기독교 시대의 시작부터는 오직 라틴어로만 구성되었다.

적절한 언어 분석에 부적합한 출처로부터 알려진 많은 다른 죽은 언어들은 다소 안전하게 IE 언어군의 일원으로 확인되었다. 가장 잘 알려진 것은 아나톨리아의 프리지아어(Phrygian 기원전 800 – 기원후 400년), 발칸반도의 트라키아어(Thracian)와 일리리아어(Illyrian) 그리고 이태리의 베네티어(Venetic)와 메사피아어(Messapic)이다. 만일 이러한 추가적인 부분을 무시한다면 일반적으로 10개의 주요 IE어족이 인정된다 [이미지 3.1]. (가장 오래된 언어가 처음 나타난) 첫 번째 증거 문서를 날짜별로 나열한다면 다음과 같다:

(1) 기원전 300년경에 사라진 현대 터키의 아나톨리아어족(The Anatolian branch). 주요 구성은 히타이트어(Hittite 기원전 1600~1200년), 팔라어(Palaic 기원전 1600~1500년), 루비어(Luvian 기원전 1300~750년)로 모두 메소포타미아 설형문자(mesotamian cuneiform)로 문서화되어 있고, 루비어는 또한 고유의 상형문자(hieroglyphic)로도 작성되었다. 루비어는 아마도 호머의 일리아드(Homer's Iliad)에 나타나는 트로이인들이 사용하는 언어였을 것이다. 리키아어(Lycian)와 리디아어(Lydian)는 후대 아나톨리아계 언어

에서 중요한 부분이다. 그들은 기원전 5세기와 4세기의 알파벳으로 쓰여진 비문들로부터 알려졌다(아나톨리아어의 경우 6장 참조).

(2) 인도-이란 또는 아리아어족은 현재 인도, 이란, 중앙아시아 및 유라시아 스텝 지대(the Eurasian steppes)에 있던 고대인들이 말했던 많은 언어. 그것의 가장 오래된 증거는 기원전 1500-1300년경으로 미탄니왕국(the Mitanni kingdom)의 원시-인도-아리아어(the Proto-Indo-Aryans)와 연관된 고대 서아시아의 설형 문서들이다(8장 참조). 1,028개의 찬가가 들어 있는 고대 인도-아리아인의 리그베다(Rigveda)는 기원전 1300~1000년에 그리고 고대 이란의 아베스타(Avesta)의 가장 오래된 부분은 기원전 1000년 전부터 시작되었다(9장 참조). 그러나 원시-우랄어(Proto-Uralic)에 들어 있는 원시-인도-아리아어와 원시-이란어에서 차용된 단어들과 기원전 2300년과 1600년 사이의 즉각적으로 나타난 후속 단어들은 비록 그것들이 오직 현대에 기록되었지만 인도-이란어의 가장 오래된 알려진 단계의 표본이다(7장 참조).

(3) 많은 파생 언어들이 있는 그리스어족. 그것의 미케네 선문자B(the Mycenaean Linear B)에 있는 최초의 비문은 기원전 13세기부터 쓰여졌으며, 기원후 800년경부터 쓰여진 것은 호머 문학이다. 고대 그리스인들은 이탈리아, 아프리카 그리고 인도까지 멀리 아시아에 식민지들을 가지고 있었다(6장 참조).

(4) 위에서 논의했던 이태리어족(The Italic branch).

(5) 두 그룹으로 나뉘는 켈트어족(The Celtic branch). 기원후 400년 이후 비문으로 증명된 영국제도(the British Isles)와 브르타뉴(Brittany)의 도서 켈트어(Insular Celtic)는 오늘날 아일랜드어(Irish), 웨일스어(Welsh), 콘월어

(Cornish), 브리타니어(Breton)에서 유일하게 남아 기원전 600년 이래로 증명된 대륙 켈트어(Continental Celtic)는 서유럽과 중앙유럽에서 가장 널리 사용되는 언어였으며 그 범위는 스페인에서 프랑스까지, 흑해에서 동쪽의 모든 방향, 심지어 갈라티아인들이 아나톨리아에 도달한 곳까지 이르렀다. 로마제국과 라틴어의 확산은 기원후 300년 대륙 켈트어가 자취를 감추는 원인이 되었다.

(6) 세 그룹으로 나뉘는 게르만어족. 현재 아이슬란드어(Icelandic), 노르웨이어(Norwegian), 덴마크어(Danish), 스웨덴어(Swedish)에 속하는 북부 게르만어(North Germanic)는 기원후 150년부터 시작된 룬문자 비문(runic inscriptions)을 통해 그리고 광범위한 고대 스칸디나비아어(Old Norse) 문학은 기원후 900년부터 시작했음을 알 수 있다. 동부 게르만어(East Germanic)는 북유럽 이민자들에 의해 흑해 북쪽 지역에서 말해지는 고트어(Gothic)와 동의어다. 4세기에 울필라스(Wulfila) 주교는 성경의 일부를 고트어로 번역했는데, 그 언어는 16세기에 사라졌다. 현재 가장 중요한 서게르만어군(West Germanic languages)은 (5세기 이후 비문에 그리고 8세기 이후 문학에 기록된) 영어, 방언을 포함한 게르만어, 플라망어(Flemish), 네덜란드어(Dutch), 프리지아어(Frisian)이다.

(7) 아르메니아어족(The Armenian branch). 이것은 5세기 이후 고대 아르메니아어(classical Armenian)로 성경을 번역하면서 알려졌다. 이것은 현재 코카서스의 아르메니아(Armenia in the Caucasus)와 터키 동부에서 주로 사용되고 있다.

(8) 토카라어족(The Tocharian branch). 이것은 한때 신장(Xinjiang) 또는 중국령 투르키스탄(Chinese Turkestan)에서 사용되었던 두 방언(A와 B)으로부터 알

려진 사라진 언어(死語)이다. 그것은 600–800년에 시작된 불교 서적에 기록되어 있다.

(9) 슬라브어(Slavic 또는 Slavonic)와 발트어(Baltic)파로 나뉘는 발트–슬라브어족(Balto–Slavic branch). 9세기 성경을 고대교회슬라브어(Old Church Slavonic) 또는 고대 불가리아어(Old Bulgarian)로 번역한 것이 슬라브어파의 가장 오래된 기록이다. 그것은 남부 슬라브어(현대의 불가리아어, 슬로베니아어, 세르보–크로아티아어, 마케도니아어), 서부 슬라브어(현대의 폴란드어, 체코어, 슬로바키아어) 그리고 동부 슬라브어(현대의 우크라이나어, 벨로루시어 그리고 러시아어)를 포함한다. 발트어파는 사라진 고대 프로이센어(1300–1600년의 일부 기록 포함)와 현대의 리투아니아어 및 라트비아어(1500년 이후 문헌 포함)가 포함된다.

(10) 알바니아어족. 이것은 알바니아, 보스니아, 북부 이탈리아에서 사용되었다. 이것은 두 가지 방언으로 알 수 있고 15세기 이래로 기록되어 왔다.

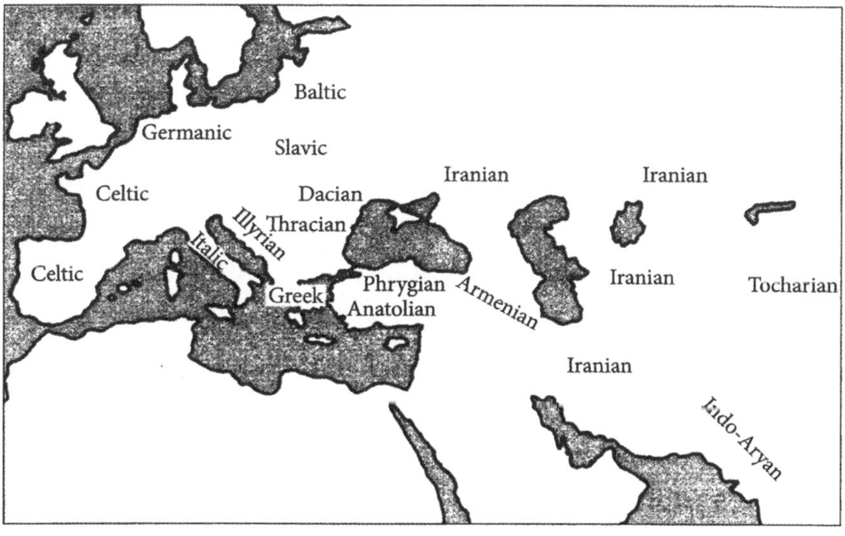

[이미지 3.1] 기원전 500년경의 주요한 인도–유럽어족의 일반화된 분포. after Mallory and Adams [1997:300]. Courtesy J. P. Mallory.

학자들은 아나톨리아어족이 지부가 원시-IE어로부터 분리된 첫 번째라는 사실에 의견이 일치한다. 그것은 초기 PIE를 위해 재구성된 소위 후두음 음소를 보존하고 있는 유일한 어족이다. 다른 어족들은 갑자기 분해되어 서로 다른 방향으로 흩어져 버린 후기 PIE 언어 공동체에서 생겨난 것으로 보인다. 많은 학자는 토카라어(Tocharian)가 후기 PIE 언어들 중에서 가장 오래된 것이라고 생각한다.

4

인더스문명

1924년 인도 고고학 조사국장(Director General of the Archaeological Survey of India)인 존 마샬(Sir John Marshall) 경은 이전에 알려지지 않았던 청동기 문화의 발견을 대중에게 발표했다. 그는 그것을 인더스문명(the Indus civilization)이라고 명명했는데, 그 이유는 그것들이 인더스 계곡에서 600km 떨어진 두 지역인 (뻔잡의 라호르 근처에 있는) 하랍빠(Harappa)와 (신드 지역에 있는) 모헨조다로(Mohenjo-daro)에서 발견되었기 때문이다. 고고학적 문화는 종종 그것이 처음 발견된 장소의 이름을 따서 명명된다. 이 경우 인도의 고고학적 조사의 첫 번째 책임자인 알렉산더 커닝햄이 이미 1875년 초에 하랍빠 현장에 대해 기술했다. 그 때문에 "하랍빠 문화"라는 용어가 종종 "인더스문명" 대신에 사용되면서 기원전 2600년부터 1900년까지 거슬러 올라가는 문명의 초기 발달 단계와 성숙기 단계 모두를 아우르게 되었다. 하지만 1970년 고고학자 라피크 무갈(M. Rafique Mughal)이 도시화와 그에 따른 많은 부수적인 기술이 하랍빠의 성숙기 이전인 기원전 3200-2600년의 초기 하랍빠 단계 동안에 시작되었다는 사실을 알았다; 그로 인해 초기에 사용되었던 전-하랍빠(Pre-Harappan)이라는 용어는 하랍빠 문명의 초기 단계와 성숙기 사이에 밀접한 문화적 연속성의 의미를 전달하지 못하게 되었다. 현재는 기원전 2600–2500년이라는 짧은 과도기 동안 다양한 초기 하랍빠 문화들이 비교적 통일된 인더스문명으로 크게 변모한 것으로 드러난다. 메르가르(Mehrgarh), 나우샤로(Nausharo), 시브리(Sibri), 삐락(Pirak) 지역의 유적지 발굴물들은 기원전 7000에서 기원전 1000경까지의 끊어지지 않는 문화적 연속성을 제공했다(Jarige et al. 1995). 이 장소들은 아프가니스탄, 이란고원, 중앙아시아의 고대 통상로에 위치해 있는 전략적으로 중요한 (발루치스탄 고원과 하부 인더스 계곡을 연결하는) 볼란 고갯길(the Bolan Pass)에 근접해 있었다. 메르가르의 문화적 연속성은 인도–이란 국경 지역의 다양한 작은 지역적 신석기 및 동기시대 문화들의 상호 관계를 이해하는 것, 그들의 점진적인 진화를 따르는 것, 초기 하랍빠 문화가 되는 것을 넘어서 인더스계곡으로의 이동을 그려 보는 것을 가능하게 했다.

서로 상이한 다양한 초기 하랍빠 문화들이 퀘타(Quetta) 주변에 있는 계곡의 담브 사다트(Damb Sadaat) 문화, 아프가니스탄 남부 칸다하르(Kandahar) 주변의 문디가크(Mundigak) 문화, 남부 발루치스탄(southern Baluchistan)과 남부 신드(southern Sindh) 지역의 꿀리(Kulli), 날(Nal) 그리고 아므리(Amri) 문화, 뻔잡(Punjab)의 동쪽 평원, 하리야나(Haryana), 웃따르 쁘라데쉬(Uttar Pradesh)의 동쪽 평원에 있던 라비–하끄라(Ravi–Hakra)와 소티–시스왈(Sothi–Siswal) 문화, 인더스 계곡 전역 가까이에 꼬뜨 디지(Kot Diji) 문화로 존재했다(Possehl 1999) [이미지 4.1].

이들 초기 하랍빠 문화들 가운데 어떤 것들은 인더스문명의 형성 이

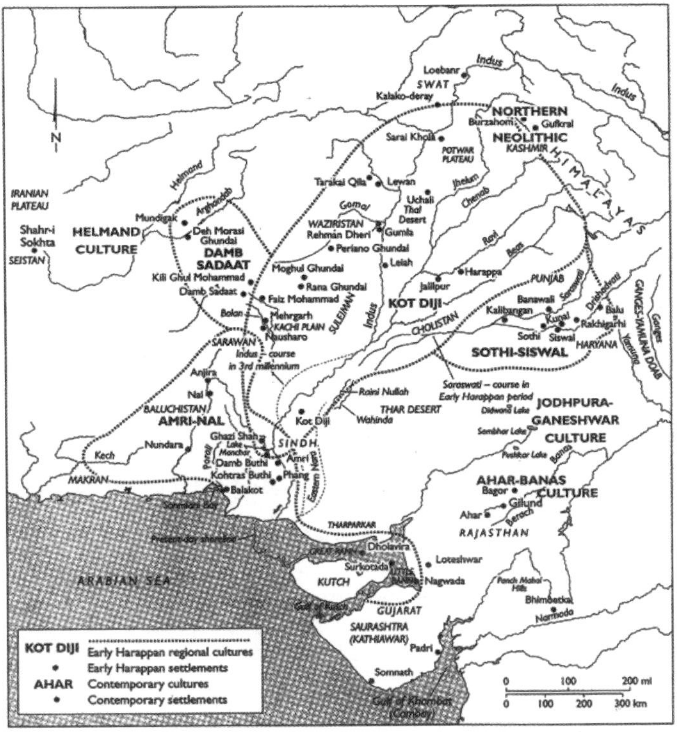

[이미지 4.1] 초기 하랍빠 기간(기원전 3200-2600) 동안의 인더스 계곡(The Greater Indus Valley during the Early Harappan period). After McIntosh 2008 : map 1. ©ABC-CLIO Inc.

후에도 계속해서 존재했다: 남부 발루치스탄의 꿀리(Kulli) 문화, 인더스 계곡 최북단에 있는 후기 꼬뜨 디지(Kot Diji) 문화 그리고 구자라뜨의 (아므리-날 문화에 파생한) 아나르따(Anarta) 전통. 라자스탄, 데칸, 갠지스 계곡 상류의 후기 하랍빠의 동기문화(The post- Harappan Copper Age)는 뚜렷한 하랍빠 문화의 조상이다

매년 홍수에 의해 넓은 평야가 침수되어 비옥하게 되면서 인더스 계곡은 경계 지역인 산의 계곡보다 더 큰 규모로 경작이 허용되었다. 그러나 이 계곡의 환경 조건 또한 어려움을 야기했기 때문에 즉각적으

로 식민지화되지는 않았다. 이미 세워진 토대 위에 건립될 필요가 있었던 부락들은 홍수를 견뎌 내야 했다. 기원전 3800년 초에 마을들은 산록 지대에서 평원으로 점차 확산되기 시작했다. 점차적으로 증가하는 사회적 기능과 기술적인 진보로 인해 초기 하랍빠 시대에 이미 격자무늬의 벽으로 둘러싸인 마을들을 갖게 되었다. 이전의 신석기시대와 동기시대 마을에서는 사람들이 곡식을 공동 곡물 창고 안에 저장했지만, 이제는 그것을 일반적으로 각자의 집에 보관했다. 개인 소유라는 새로운 개념 역시 항아리의 표시들과 관리를 위해 기하학적 무늬가 있는 인장의 채택으로 암시된다. 소가 들판에서 쟁기를 끌었다: 깔리방간(Kalibanga)에서 발굴된 초기 하랍빠 단계의 것으로 보이는 밭고랑들은 오늘날과 같은 패턴을 보이며 (오늘날 콩의 일종인 말콩(horsegram)과 겨자의 서로 다른 두 가지 씨앗을 뿌리는 것처럼) 두 방향에서 서로 수직으로 지나간다. 운송은 황소가 끄는 마차에 의해 용이하게 되었다. 그것은 오늘날에도 남아시아 시골 지역에서 가장 중요한 운송 수단이다; 점토로 만든 수많은 형상의 모형은 오늘날의 아이들을 위한 자동차 모형에 대한 하랍빠 시대의 대응물이었다.

초기 하랍파 문화는 원시-엘람 문화(the Proto-Elamite culture, 기원전 3200 - 2600)가 널리 퍼져 있던 남부 투르크메니스탄(southern Turkmenistan) 및 이란고원과 육상 무역으로 접촉했다. 일반적으로 원시-엘람의 경사진 테두리가 있는 도자기는 파키스탄의 발루치스탄(Pakistani Baluchistan)에 있는 미르-이 콸라트(Mir-i Qalat)에서 유래한 것이다(Besenval 2011). 인더스 문자의 토대가 꼬뜨 디지(Kot Diji) 후기에 있으므로, 원시-엘람의 사람과의 접촉은 초기 하랍빠 시대 사람들에게 글쓰기 시스템을 만들 수 있는 생각을 제공했을지도 모른다.

초기 하랍빠인들은 이미 인더스문명의 기본적인 문화 요소 대부분을 가지고 있었다. 성숙기의 하랍빠 시대에 이것들은 더욱 세련되어졌고 대규모로 적용되었다. 초기 하랍빠 시대의 공예품들은 형태와 스타일을 토대로 발전된 성숙기의 하랍빠 시대의 공예품과 명확하게 구별된다. 인더스문명의 가장 특징적인 형태는 다음과 같다:

- 완전하게 발전된 인더스 비문;
- 주로 열로 단단해진 동석(soft–stone)으로 만들어진 문장 및/또는 동물 또는 도상학적 특징을 가진 정교하게 새겨진 인장;
- 비율에 있어서 1/16, 1/8, 1/6, 1/4, 1/2, 4, 8, 4, 8, 16… 800 등 2진법과 10진법 체계의 결합을 사용하고, 각암(chert)으로 만들어진 정육면체의 무게를 깎고 다듬는 것을 포함해서 거기에 규격화된 척도를 사용함;
- 접합에 가장 효과적인 비율인 1:2:4의 비율을 가지고 크기가 표준화된 연소용 벽돌의 대규모 사용;
- 화학적으로 착색된 무늬로 장식된 단단한 홍옥수(carnelian)로 만든 매우 긴 구슬의 목걸이로서 고도로 발달된 미세한 드릴 작업이 특징인 정교한 세공술

우리는 인더스문명이 어디에서 생겨났는지 정확히 알지 못한다. 그러나 그것이 초기 하랍빠 지역 전체와 심지어 그 이상으로 빠르게 확산된 것은 분명하다[이미지 4.2]. 초기의 몇몇 하랍빠 마을들이 불타 버리고 성숙기의 하랍빠 시대의 형식으로 다시 정착되었기 때문에 과도기(기원전 2600–2500)가 전적으로 평화롭지 않았을지도 모른다. 청동

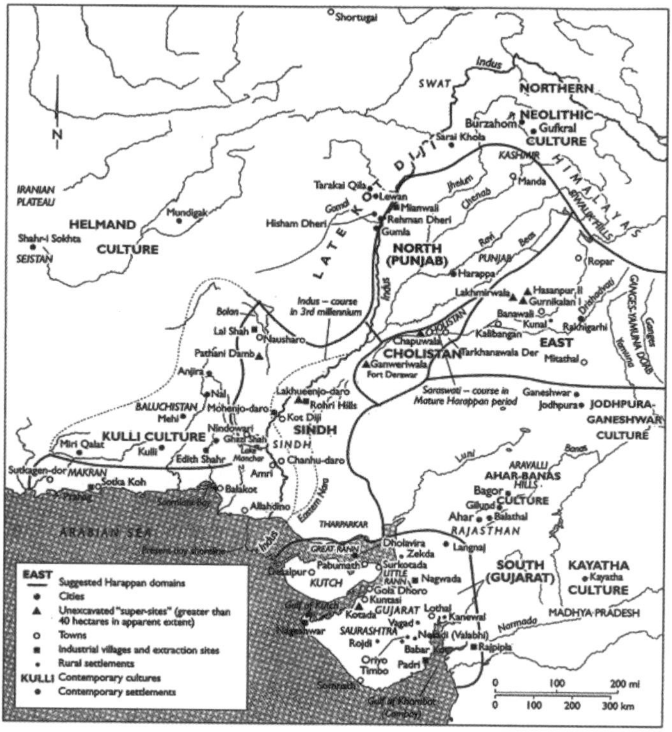

[이미지 4.2] 기원전 2600–1900년 인더스문명 또는 성숙기의 하랍빠 시대의 인더스 계곡.After McIntosh 2008: map 2. ©ABC–CLIO Inc.

기로 만든 무기가 거의 발견되지 않았기 때문에 인더스문명은 특별히 평화로운 곳으로 여겨져 왔지만 법과 질서를 유지하면서 외부의 공격에 대한 방어와 같은 무장된 힘들을 생략했을 것 같지는 않다. 등나무로 만든 활과 화살은 인더스 미술에 나타나지만 고고학적 기록에서는 거의 추적하기 어렵다. 헤로도토스(Herodotus 7,65)에 의하면 그것들은 기원전 5세기 인도 군인들의 무기였다.

초기 하랍빠 시대에 도시들과 전문적인 수공업자들은 농부들과 유목인들에 의해 먹거리를 공급받았다. 혹이 달린 소, 양, 염소가 있었고 밀과 보리는 신석기시대부터 재배되었다. 성숙기의 하랍빠 시대에는 품종의 수가 증가했고, 일 년에 두 번 재배할 수 있도록 되었다: 즉 보리, 밀, 귀리, 렌즈콩, 콩, 겨자, 대추, 아마는 겨울에 재배되었고, 수수, 면화, 참깨, 멜론, 황마, 포도 그리고 대추야자는 여름의 몬순 동안 재배되었다.

성숙기의 하랍빠 시대의 금속 학자들은 (주로 주석으로 청동을 만들기 위한 합금을 위해) 구리를 그리고 납, 은, 금, 양은(호박금)을 사용했다. 보석 세공사들은 많은 종류의 돌을 가지고 작업했다. 분석 연구에 의하면 인더스 사람들이 다양한 출처, 종종 멀리 떨어진 곳에서 광물을 조달했다는 사실을 보여준다(Law 2011). 성숙기의 하랍빠 정착지는 서아시아에서 수요가 큰 청금석(lapis lazuli) 광산을 통제하기 위해 아프가니스탄 북동부의 힌두 쿠쉬(Hindu Kush) 산맥 너머 쇼르뚜가이(Shortugai)에 세워졌다(Francfort 1989). 주요한 혁신은 수상 운송이었다. 강은 긴 거리로 크고 무거운 짐을 이동하는 데 사용될 수 있었다. 선박 또한 해외 무역을 변화시켰다.

실제로 서아시아 기원의 물건은 명백하게 발견되지 않았지만, 인더스 문자가 들어 있는 많은 인장이 메소포타미아(Mesopotamia)와 페르시아만(the Persian Gulf)에서 하랍빠 시대의 저울(추) 및 보석과 함께 발견되었다. 설형(쐐기)문자의 문서들 또한 외국과의 해상무역에 대해 언급하고 있으며, 오늘날 이러한 나라들 중 가장 먼 곳인 멜루아(Meluhha)가 인더스 계곡이라는 것에 대해서도 널리 동의한다. 거기에는 메소포타미아에 살고 있는 멜루아 사람들에 대한 언급도 있지만 불행히도 그들의 언어에 대한 기록은 통역사가 필요했다는 것 외에는 없다(17장).

기원전 2400년에 세워진 모헨조다로(Mohenjo-daro)는 최소 100헥타르에 달하는 약 5만 명의 인구가 살았던 가장 넓은 인더스 정착지 중 하나이다(Marshall 1931; Mackay 1938; Franke-Vogt 1991 [1992]). 20헥타르에 달하는 아크로폴리스, 즉 "성채"는 12m 높이의 진흙 벽돌로 된 단 위에 주거용인 "낮은 지역의 도시(lower city)"의 서쪽에 있다. "공공" 건물의 목적은 대부분 추측에 의한 것이다: 그들은 "회의실"; (환기가 되는) "곡물 창고" 또는 "창고"; 그리고 베란다, 방들, 우물로 둘러싸인 방수 처리 된 7×13미터에 달하는 수영장을 가진 "대형 목욕장" 그리고 "사제들의 학교"를 포함한다. 이 "낮은 지역의 도시" 역시 인공적으로 강이 범람하면 물에 잠기는 평지 위로 올라와 있고 벽으로 둘러싸여 있었다. 많은 집은 2층과 중앙에 안뜰을 가지고 있었다. 중심가는 너비가 7.6m로 남북으로 뻗어 있었다. 모헨조다로의 진정한 경이로움은 수자원 기술(water-engineering)이다(Jansen 1993). 붕괴를 막기 위해 끝이 뾰족한 벽돌로 정교하게 건립된 700여 개의 깊은 우물이 있었던 것으로 추정된다. 많은 집은 방수 처리된 수영장과 옥외 화장실들을 가지고 있었다. 폐수는 파이프를 통해 흘러나와 평평한 거리를 따라 흐르는 덮개가 있는 하수구로 흘러 들어갔다. 이 배수구들은 정기적으로 비워졌다(청소되었다).

또 다른 주요 장소로 꾸치(Kutch)에 있는 돌라비라(Dholavira)라는 100헥타르에 이르는 도시는 식수를 보존하기 위한 3개의 대형 수조가 있었다[이미지 4.3]. 돌라비라는 벽돌로 지어진 모헨조다로(Mohenjo-daro)와 다르게 보인다. 왜냐하면 여기서는 돌을 건축 재료로 사용할 수

[이미지 4.3] 구자라뜨 꾸치의 돌라비라라는 인더스 도시에 있는 몇몇 저수조 가운데 가장 큰 것. 그것은 길이가 73.4미터, 넓이가 29.3미터, 깊이가 10.6미터로 세 군데 코너에 30개의 계단이 놓여 있다. ©Asko Parpola 2008.

있었기 때문이다. 그 도시는 웅장한 성벽과 성문이 있는데, 그중 하나는 지금까지 발견된 것과 같은 종류의 유일한 사례인 기념비적인 비문을 담고 있는 것으로 밝혀졌다: 그 10개의 표지 각각은 높이가 약 37cm이고, 3미터 길이의 나무판자에 새겨진 결정암(crystalline rock) 조각들로 만들어졌다.

많은 인더스의 도시들은 아크로폴리스(성채)를 가지고 있다: 알라흐디노(Allahdino), 바나왈리(Banawali), 찬후-다로(Chanhu-daro), 돌라비라(Dholavira), 하랍빠(Harappa), 깔리방간(Kalibangan), 꼬뜨 디지(Kot Diji), 로탈(Lothal), 모헨조다로(Mohenjo-daro), 나우샤로(Nausharo), 라키가르히(Rakhigarhi), 수르꼬따다(Surkotada) 그리고 수뜨까겐-도르(Sutkagen-dor). 이러한 다양한 기념비적 건축물들의 목적은 사람들에게 깊은 인상을 주는 한편 정치적 힘을 강화하기 위한 것으로 생각된다. 이들 중 일부는 분명히 보호하는 기능을 가지고 있었다(Eltsov 2008). 꾸치의 깐메르(Kanmer)는 (가로세로 115에서 105미터에 이르는) 작은 지역이지만 벽의 높이는 11m, 폭은 12~15m에 이른다(Kharakwal, Rawat and Osada 2012).

인더스문명은 대략 기원전 2000-1900년경에 끝이 났다. 인더스 계곡에서 도시 생활의 점진적인 감소와 최후의 몰락에 대해서는 여러 가지 원인이 제시되었다. 그 같은 몰락으로 인더스 문자와 도장이 사라지는 결과를 초래했다. [가장 최근에 분명하게 알아볼 수 있는 인더스 문자의 샘플은 뭄바이(Mumbai)에서 그리 멀지 않은, 다이마바드(Daimabad) 최남단에 있는 지역에서 나온 것으로 그 시기는 대략 기원전 1800년경이다. 이미지 14.3 참고]. 그 문명의 관개 운하에서 고여 있는 물은 지면의 소금을 용해시키고 밭을 경작할 수 없게 만들었을지도 모른다. 모헨조다로의 두꺼운 침적토층은 대재앙적인 홍수를 입증한다. 강들 가운데 특히 인더스와 그하가르-하크라(Ghaggar-Hakra) 강 역시 그들의 진로를 바꿨다. 이 사건들은 지진과 관련이 있을 수 있다. 최근의 고대기후(palaeoclimate) 연구(Dixit, Hodell and Petrie 2014)는 인도아대륙 북서부 평원의 여름 몬순이 기원전 2100년경에 갑작스럽게 약해졌음을 암시한다. 그것은 여름에 제방이 넘치는 홍수의 심각한 감소를 초래했으며 그 결과 몬순에 의지하는 농업에 악영향을 미쳤다. [이 오랜 기간의 기후 건조화(aridification)는 널리 퍼져 있었던 것으로 보이며 그러한 현상은 서아시아에서도 일어났다.] 이 모든 것은 남아시아에서 인도-아리아어를 사용하는 사람들의 첫 번째 도착과 동시에 일어났지만(제8장), 한때 생각했던 것처럼 "인드라의 유목민(Indras

Hordes)"의 유입으로 인해 인더스 계곡에 살던 주민들에 대한 대량 학살 증거는 없다(Wheeler 1947; 1968); 오히려 현재는 모헨조다로의 거리에 묻혀 있는 유골들이 무장 공격이 아닌 말라리아와 콜레라로 죽은 사람들의 것으로 알려져 있다.

하랍빠의 많은 주민이 갑자기 사라지지는 않았다. 비교적 통일된 인더스문명과 신드 지역의 주흐까르(Jhukar) 문화와 뻰잡과 촐리스딴

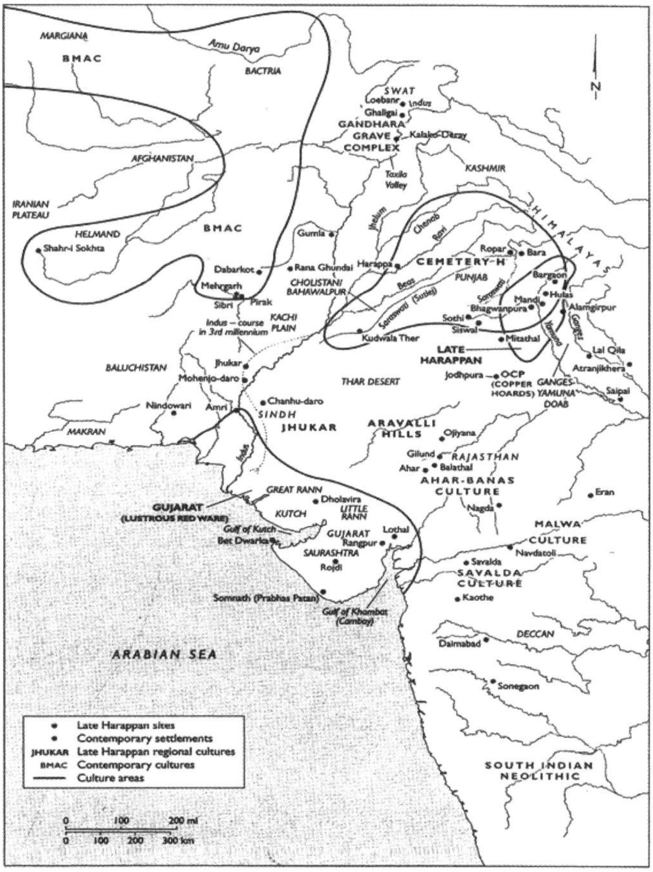

[이미지 4.4] 기원전 1900–300년경 하랍빠 후기와 이후(Post–Harappan period) 시대 동안의 거대한 인더스 계곡 After McIntosh 2008: map 4. ©ABC–CLIO Inc.

(Cholistan) 지역에 분포되어 있는 하랍빠의 공동묘지 H 문화(the Cemetery H culture of Harappa)와 같은 2000년 동안의 다양한 지역 문화들 사이에는 분명한 연속성이 있다. 갠지스-야무나 강 사이에 있는 지역과 갠지스 상류 계곡에서 발견된 구리 축적물과 연관된 황토색의 도기(Ochre Colored Pottery: OCP)에서도 초기와 성숙기의 하랍빠 문화의 유산이 이어지고 있다. 구자라뜨(Gujarat)와 마하라슈뜨라(Maharashtra)에서도 인더스문명은 기원전 1800년까지 남아 있었다. 하랍빠의 전통은 서쪽과 동쪽에서 오는 새로운 요소들을 보충하면서 구자라뜨, 라자스탄, 마드야 쁘라데쉬(Madhya Pradesh), 마하라슈뜨라 등의 다양한 "금석병용 시대(Chalcolithic)의 문화로 이어졌다[이미지 4.4].

5

인더스 종교와 인더스 비문

인더스문명은 세계에서 네 번째로 글을 읽고 쓸 줄 알게 된 문화였다. 기원전 3400년경, 메소포타미아의 후기 우르크 문화(the Late Uruk culture)의 수메르인들은 최초의 글자 체계를 만들었다. 그것은 기원전 3200년경 이란의 원시-엘람인들(the Proto-Elamites of Iran)과 이집트인들이 각각의 비문을 고안하도록 영감을 줬다. 그러나 풍부한 텍스트 자료가 메소포타미아문명과 이집트문명을 비추고 있는 반면 하랍빠문명의 경우에는 2개의 언어(문자)로 기록된 텍스트가 없을 때는 판독하기 매우 어려운 표식으로 쓰여진 매우 짧은 하랍빠의 문자들만이 남아 있다. 고대 수메르어 문자와 가장 초기의 이집트 상형문자는 상당히 많이 이해되는 반면 원시-엘람어는 매우 빈약하다.

인장에 나타난 비문들과 인더스 부적(amulet)들로 분류되는 작은 점토판, 채색된 도자기, 돌판들은 그림문자(pictogram)로 쓰여져 있는데, 가끔은 도상학적 디자인과 관련되지만, 일반적으로는 동물로 그리고 나무와 신인 것으로 간주될 수 있는 사람의 모습을 닮은 형상으로 묘사되기도 한다. 그 외에 인간과 동물의 작은 조상이나 형상들 그리고 도박과 관련된 물건 또는 남근을 묘사한 것들이 존재한다. 뿐만 아니라

이미 언급되었듯이 모헨조다로의 가장 주목할 만한 공공 건축물들 중에는 눈에 띄게 발전된 배수 시설과 인더스 사람들이 목욕하는 의식에 관심을 갖고 있었다는 사실을 나타내는 이른바 대욕장이 있다.

이러한 발견들은 인더스문명의 첫 번째 주요 발굴의 리더인 마샬(Marshall)로 하여금 힌두교와 연결되는 것으로 확신하게 했다. 1931년에 발간된 논문에서 마샬은 인장에서 왕좌에 앉아 동물에 둘러싸여 있으며 세 개의 얼굴을 가지고 있고 요가자세를 취하고 있는 것처럼 보이는 인간과 같은 형상을 "쉬바의 원형(Proto-Śiva)"과 동일시하기도 했다[이미지 16.6]. 마샬의 논문(Marshall 1931a)은 인더스 종교에서 가장 많이 인용되는 연구로 그의 "쉬바의 원형"과의 동일시를 포함한 세부적인 내용에 대한 비판에도 불구하고 많은 학자에 의해 받아들여졌다. 그러나 일부 학자들은 인더스문명과 후기 인도 종교 사이의 연관성에 대해 여전히 회의적이다. 인더스 종교에 대한 가장 최근의 평가 중 하나에서 회의적인 입장을 취하는 웬디 도니거(Wendy Doniger)는 "후대의 조각이나 미술에 나타난 상의 의미를 초기 이미지에 부과해서는 안 된다"고 썼다. 그렇다 하더라도 도니거는 다음과 같은 사실은 인정한다:

> 일단 우리가 제한된 조건하에서 인더스 조상(彫像)들의 의미를 탐구한다면 우리는 그들이 때때로 표면적으로 서로 닮은 후기 도상 연구의 발전에 어떻게 기여했는지 추측할 수 있다. 인더스문명(Indus Valley Civilization: IVC)의 몇몇 부분들과 후기 힌두교 사이의 유사점을 단순하게 무시하기에는 너무나 충격적이다(Doniger 2009:82-83).

나 역시 나의 생각에 주의가 필요하다는 사실을 인정하면서 이에 동의한다. 이 책의 후반부에서는 인장, 명판, 채문토기와 "사제–왕(priest–king)"과 같은 그 밖의 다른 물건들 속에 들어 있는 인더스 도상(Indus iconography)에 대해 후기 인도에서 유사한 것들뿐만 아니라 메소포타미아와 서아시아의 다른 곳으로부터 온 동시대의 증거에 근거한 새로운 해석을 가지고 인더스문명에서 힌두이즘의 뿌리를 설명하려고 시도한다. 인더스 도상학에 대한 조사는 이 책의 대부분을 차지한다. 나는 거기에서 서아시아의 대응물들이 하랍빠 종교에 대한 전례 없는 통찰력을 생기게 할 것이라고 생각한다. 이 증거는 결론 전에 있는 21장에서 요약된 인더스 문자의 연구에서 달성된 결과와 거의 관련이 없다.

그러나 먼저 인더스 문자가 실제로 말해진 언어를 시각적으로 기록하기 위한 체계라는 의미에서 전체 범위의 생각을 표현할 수 있는 훌륭한 의사소통 수단으로 쓰여졌던 것인지 아닌지를 물어보아야 한다. 가장 초기의 글자 체계는 상당히 원시적인 "원시–쓰기(proto–writing)"로 시작했다. 그것은 보통 단어의 문법 형식을 기록하지 않고 주로 "표의문자적인" 상형문자(logographic pictograms; 원칙적으로 어떤 언어에서는 단어로 읽힐 수 있는 기호)로 작동되었다. 하지만 모든 시스템은 단어나 음절을 음성적으로 표현하기 위해 (다의어 동음이의어를 이용한) 말장난을 사용했다. 따라서 그들은 적어도 부분적으로 언어에 기반을 둔 것(language–based)이었다. 그럼에도 불구하고 한 음성언어(spoken language 口語)의 모든 부분을 표현할 수 있을 정도로 충분히 정교한 글자 체계를 도출해 내기 위해서는 몇 세기가 필요했다. 또한 언어와 관계없이 이해할 수 있는 수학적 또는 음악적 표기법과 같은 비언어적 기호 체계도 있지만 그것은 오직 제한된 범위의 생각만을 표현할 수 있을 뿐이다.

인더스 문자가 글자인지 아닌지 여부에 대한 문제는 역사학자 스티브 파머(Steve Farmer), 컴퓨터 언어학자 리차드 스프로트(Richard Sproat) 그리고 인도학연구자 마이클 위첼(Michael Witzel)로 구성된 팀이 인더스 표식이 언어에 기반을 둔 글자 체계를 구성하는 것이 아니라 단지 정치적이고 종교적인 의미를 지닌 비언어적 상징이라고 주장한 이후 뜨거운 논란이 일고 있다(Farmer, Sproat, & Witzel 2004; Lawler 2004 참조). 저자들은 인더스 사람들이 메소포타미아와 접촉했으므로 그의 설형문자(cuneiform script)에 익숙했다는 것을 인정한다; 하지만 그들은 인더스 사람들이 아마도 그들의 비의적인 지식을 비밀로 유지하기 위해 글자 체계를 채택하지 않기로 신중하게 결정했을 것이라고 제안한다. 그러나 구전으로 전달되었던 비의적 또는 종교적 지식의 존재가 기원전 1000년 후반기의 행정적, 경제적 목적을 위해 페르시아에서 온 인도인들이 글자를 채택하는 데 장애가 되지 않았다.

그들의 다른 주장에 대해 기호 빈도 분포와 같은 명백한 통계 테스트는 스프로트(Sproat)가 인정하는 것처럼 표식이 글자를 나타내는 것도 글자를 나타내지 않는다는 것도 입증할 수 없다. 어떤 인더스 "비문"(이들이 배제하는 중복들을 넘어서) 안에도 표식의 반복이 없다는 주장은 단순히 거짓이다. 거기에는 많은 반복이 존재한다. 모든 실제 글자 체계가 인더스 문자에서 발견된 것보다 더 긴 텍스트를 만들었다는 저자의 주된 주장은 어떤가? 인더스 비문의 평균 길이는 5개의 표식을 가지고 있다. 가장 짧은 텍스트에는 단 하나의 기호가 있다; 가장 긴 것은 명판의 세 면에 나뉘어 있는 26개의 표식이 있으며, 한 면에서 가장 긴 것은 14개의 기호가 3개의 행으로 나뉘어져 있고[이미지 21.3a], 가장 긴 단일 행의 것에는 14개의 표식이 있다. (이 3인조는 50개 이상의 표식이 있는 진짜 인더스 텍스트를 발견한 사람이라면 누구든지 큰돈을 지불하겠다고 약속한다.) 이 논문은 이집트 상형문자의 초기 단계에서, 한두 개의 표식으로 구성된 텍스트는 후기의 이집트 상형문자를 기반으로 발음대로 그리고 의미 있게 읽힐 수 있다는 사실을 우연히 발견한다.

기원전 3200년경 전-왕조 시대(Pre-Dynastic times)의 이집트에서는 발음을 나타내는 문자 표기법이 사용되었던 것으로 보인다. 그러나 이집트인들이 완전한 문장과 긴 문서를 쓰기 시작한 것은 500년 후인 고왕국의 제3 왕조 초기까지는 아니었다. "많은 기명식 유물이 처음의 두 왕조에서부터 보존되고 있는데, 가장 많은 범주는 원통형 인장과 봉인, 도자기에 흘려서 쓴 주석 그리고 특히 제1 왕조의 왕들의 것인 원래 무덤 장비에 부착되었던 표들이다. 연속되는 글자는 여전히 기록되지 않았다"라고 이집트학자 존 베인스(John Baines 1999:883)는 썼다. 보다 완전한 행정 문서가 이 초기에 존재했을 것으로 추정하지만 이후까지 존속하고 있지 않다. 인더스문명에서도 같은 일이 일어날 수 있었다는 사실은 전적으로 가능하다. 이것은 또한 사라진 것으로 추정되는 인더스 문서는 결코 실제로 존재하지 않는다는 파머와 그의 동료들의 주장에 주의를 기울인다.

기원전 3000년 초기 동안에는 인더스 계곡과 이란고원의 여러 곳에

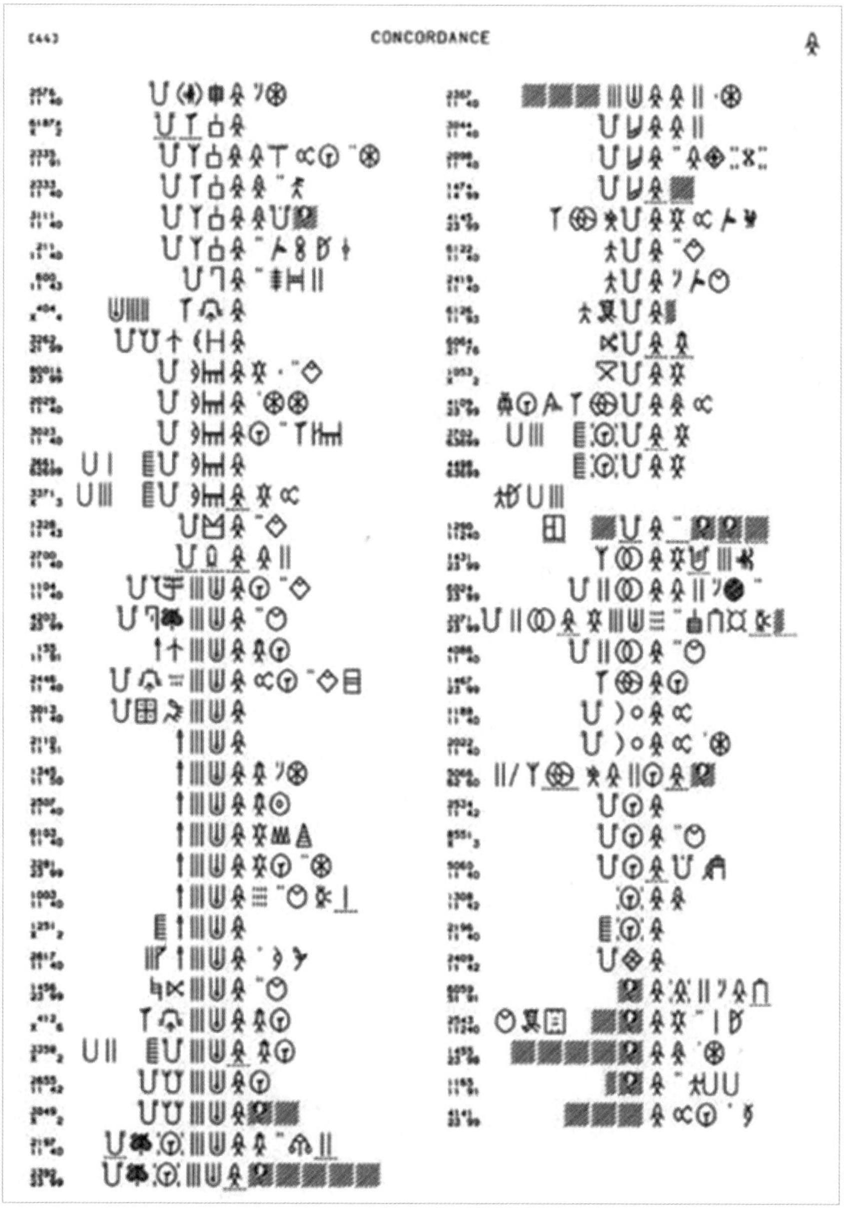

[이미지 5.1] K. Koskenniemi & A. Parpola(1982)가 제시한 인더스 비문의 단어 색인의 한 예

상업 도자기를 식별할 목적으로 만든 표시 "포터마크(potter's marks)" 시스템이 존재했다(Quivron 1980; Vidale 2007). 각각 약 30에서 70개의 서로 다른 절개 조각 또는 도색된 기호들을 사용했는데, 이것은 그것들이 보다 긴 연속성을 갖지 않기 때문에 아마도 비언어적인 것이었을 것이다. 하랍빠에서 발굴된 초기 하랍빠 포터마크의 일부는 인더스 문자의 대략 400개의 표준화된 표시들 가운데 일부를 닮았다. 파머와 동료들은 세 개의 인더스 부호의 많은 그룹이 여러 다른 지역에서 같은 순서로 반복된다는 사실을 고려하지 않는데[이미지 5.1] 그것은 인더스 문자가 장식용 디자인이 아니라 언어라고 간주하지 않는 한 설명하기 어렵다. 그와는 대조적으로 남인도 사누르(Sanur)의 거석문화지역(the Megalithic site)에서 출토된 항아리에 그려진 그림은 비언어적 상징이다. 왜냐하면 세 개의 서로 다른 표식이 다음과 같은 순서로 나타나 있는 것을 볼 수 있기 때문이다: 123 세 번, 132 두 번, 231 네 번, 312 네 번, 213 한 번(Parpola 2008c). 게다가 표식들이 한 줄 끝에 맞도록 한 압착되어 있는 인더스 비문들이 존재한다. 그것은 그 표식들이 한 방향으로 연속해 기록되었음을 의미한다. 도니거(2009:69)는 "만일 순서를 중요시 한다면 그것은 언어이다"라고 썼다.

인더스 비문들은 기원전 3세기에 카로슈티(Kharoṣṭhī) 문자나 브라흐미(Brāhmī) 문자에 쓰여진 아쇼까 대왕의 석주 비문인 인도아대륙의 가장 초기의 현재 판독 가능한 텍스트보다 1500년 이상 더 오래된 것이다. 남아시아의 모호한 선사학에 새로운 빛을 발산하는 인더스 비문의 잠재력은 1920년대 이후 그것을 해독했다고 주장하는 100편 이상의 저술이 나왔지만 그중 어느 것도 널리 받아들여지지 않았다.

해독에 가장 큰 걸림돌은 인더스 표식 속에 2개 국어로 쓰여진 비문이 없고 알려진 문자로 번역된 글이 없다는 것이다. 그와 같은 번역은 보통 미지의 문자를 여는 열쇠가 되었는데, 가장 잘 알려진 것은 그리스 알파벳 문자가 이집트 상형문자와 동등하게 번역될 수 있는 열쇠를 제공했던 로제타석(Rosetta Stone)이다. 2개 국어가 병행된 것이 설형문자의 많은 변형을 해독하는 사람들을 돕기 위해 찾아오지는 않았지만, 헤로도토스와 성서에서 알려진 페르시아 왕들의 이름과 족보는 고대 페르시아의 설형문자를 해독하는 단서를 제공했다. 하지만 이런 종류의 정보 또한 인더스문명에는 부족하다. 인더스문명은 역사적으로 기록되기 전에 붕괴되었다.

이 문자를 해독하려는 시도는 하랍빠와 모헨조다로의 유적이 조사되고 1924년에 인더스문명이 인정되기 전부터 시작되었다. 1875년, 알렉산더 커닝햄 경(Sir Alexander Cunningham)은 하랍빠 유적지에서 수집된 최초의 인더스 인장에 대해 보고했다. 그는 그 인장에 그려진 황소가 인도 제부 소(zebu)의 혹을 가지고 있지 않기 때문에 그 인장이 수입된 것이라고 추정했다. 몇 년 후 그는 이 독특한 인장에 지금까지 알려지지 않은 초기 형태의 브라흐미 문자(Brāhmī script)의 표식이 있을 수 있다고 제안했다.

커닝햄 이후 다른 많은 학자가 인더스 문자를 200여 개의 남아시아 및 동남아시아 문자의 조상인 브라흐미 문자와 연결시켰다. 한 예로, 헌터(G. R. Hunter)는 1920년대에 인더스 비문들을 직접 연구해서 발표한 가치 있는 박사 학위논문(Hunter 1934년 발간)에서 그것들을 구조적으로 분석했는데, 이 논문에서 그는 그 문자를 다른 초기 표기 체계와 비교했다. 그러나 카로슈티(Kharoṣṭhī) 문자는 기원전 500년경에 페르시아제국의 관료주의에 의해 인더스 계곡에 유입된 셈어의 음성 자음의 알파벳의 아람어(aramaic) 변형에 바탕을 두고 있는 반면 브라흐미 문자는 기원전 326년 알렉산더대왕이 인도로 오면서 그리스 문자에 덧붙여짐으로서 영향을 받았을 수 있다는 사실이 오랫동안 매우 명백했다(Salomon 1996; Falk 1993). 이 카로슈티와 브라흐미 두 개의 문자는 인더스 문자와는 아무런 관계가 없다. 인더스 문자의 마지막 기록은 기원전 1800년경부터 시작된다.

그럼에도 불구하고 발표된 해독의 두 번째 예를 채택하기 위해, 고고학자 라오(S. R. Rao)는 인더스 문자가 브라흐미 문자뿐만 아니라 셈어 알파벳의 기초라고 주장하려고 노력했다. 라오는 『인더스 문자의 해독』(The decipherment of the Indus script 1982)과 그 외에 다른 곳(Rao 1991)에서 인더스 문자가 34개의 기본적인 필기 기호를 개발했으며 하랍빠 시대 말기에 24개로 감소되었다고 제시한다. 그런 다음 그는 이 가운데 17개의 기본적인 필기 기호들을 그와 어느 정도 유사한 셈어를 찾아서 그들의 '동등한' 셈어 소리 기호(음가)를 가지고 읽는다. 그러나 라오는 그림문자인 다른 인더스 기호는 그림문자에 대해 산스끄리뜨어 이름에 기초해 발음대로 읽지만, 오히려 임의적이다: 즉 'man'의 그림문자는 산스끄리뜨어 nṛ- 'man'에서 ṛ로 읽혀지는 반면 다른 몇몇 기호들은 두음서법(頭音書法 acrophonic)[1]으로 읽혀진다. 라오가 주장하

---

1 표의문자의 어두음(語頭音)을 그 음을 나타내는 알파벳에 전용하는 것을 뜻한다.

는 것처럼 그가 제안한 읽기들이 아리아계 언어가 베다 산스끄리뜨어(Vedic Sanskrit)와 가까운 것으로 이해되기 위해서는 많은 신뢰가 요구된다. 의견이 일치된 견해는 셈어 문자가 이웃하는 이집트의 상형문자(hieroglyphic script)의 단일화된 자음 표시(uniconsonantal signs)에 기초해 기원전 2000년 중반에 만들어졌다는 것이다.

다른 이들은 인더스 문자에 대한 단서들을 찾기 위해 메소포타미아 문자를 관찰했다. 인더스문명의 발견이 발표된 직후 영국의 아시리아학자(Assyriologist)들인 세이스(A. H. Sayce, 1924)와 갯(C. J. Gadd) 그리고 시드니 스미스(Sidney Smith)는 1924는 그것이 엘람(Elamite) 및 메소포타미아문명과 유사하다고 지적했다. 그들은 인더스 문자를 원시-엘람어(Proto-Elamite)와 고대 수메르 문자의 그림문자들과 비교했다. 그 유사성은 표면적인 것으로 입증되었지만, 1925년에 아마추어 티벳연구가 와델(L. A. Waddell)은 인간 초기 역사의 근본적인 수정을 요약한 『기원전 3100-2300년 페니키아인, 바라뜨족, 고트족 및 유명한 베다 아리아인들처럼 인더스 계곡에서 수메르인들의 발견』(Discovering Sumerians of the Indus Valley as Phoenicians, Barats, Goths and famous Vedic Aryans, 3100 - 2300 B.C.)이라는 부제가 포함된 『해독된 인도-수메르 인장들』(The Indo-Sumerian seals deciphered)을 출판했다. 와델은 다소 비슷하게 생긴 수메르식 표식의 소리값을 가지고 인더스 문자를 간단히 읽고 그 글자들을 수메르인과 아리아인의 왕들의 이름의 '개정된 형태'라고 확인했다.

와델의 방식은 판독에 사용되는 가장 일반적인 접근법의 한 예다. 그러나 그러한 표식 비교는 관련된 문자들이 밀접하게 관련되어 있을 때만 효과가 있으며, 심지어 생각지도 못한 함정들이 있을 수도 있다. 예를 들어 로마 문자는 그리스 문자와 밀접한 관련이 있지만 그리스어 P는 로마어 R의 소리값을 가지고 있다. 인더스 문자는 다른 알려진 문자와 뚜렷한 유전적 친화성이 없다. 몇몇 인더스 문자가 많은 다른 고대 문자들과 밀접한 형식적 유사성을 가지고 있다는 것은 사실이다. 예를 들어 산처럼 보이는 표식은 수메르어, 이집트, 히타이트 그리고 중국 문자의 표식과 유사하다. 그러나 이러한 각각의 표식들은 의미가 같거나 유사하더라도 각각 다른 소리값을 갖는다.

아마도 가장 낯선 인더스문자 '해독'은 헝가리인 엔지니어였던 빌모스 헤베시(Vilmos Hevesy)의 것이라고 할 수 있을 것이다(Hévesy 1933). 1932년에 그는 인더스 비문과 태평양의 이스터섬 (Easter Island)의 롱고롱고 문자(rongorongo) 명판을 연결하는 방법을 제안했다. 두 문자는 2만 킬로미터 이상 떨어져 있고 시간상으로도 3500년 정도의 차이가 나지만 헤베스의 인더스 문자와 롱고롱고 문자의 표식들이 갖고 있는 유사함에 대한 비교 목록은 일부 학자들에 의해 진지하게 받아들여졌다. 하지만 많은 양의 롱고롱고어 명판들이 해독되지 않았다는 점을 감안하면 이는 특히 쓸데없는 추측이다.

나의 견해로는 가장 생산적인 조사 라인이 인더스 문자의 기본이 되는 언어를 판별하는 데 초점을 맞추고 있음이 입증되었다. 1924년까지 거슬러 올라가면 마샬(Marshall)은 인더스문명이 전-아리아어(pre-Aryan)이고 드라비다계(Dravidian) 언어인 브라후이어(Brahui)가 오늘날에도 인더스 계곡과 발루치스탄(Baluchistan)에서 상당수의 브라후이어를 사용하는 사람들에 의해 말해지고 있기 때문에 인더스 사람들이 드라비다어를 말했을지도 모른다고 제안했다. 후에 히타이트 문자(Hittite)와 원시-엘람문자(Proto-Elamite)들에서 권위를 인정받은 피에로 메리기(Piero Meriggi)는 이 드라비다어의 언어적 유사성의 가능성에 대해 마샬과 동의했지만 (Meriggi 1934), 고대 인더스 언어의 재건은 불가능하다고 생각했기 때문에 음성적 판독을 하지 않는다. 드라비다어 가설은 1953년에 큰 저서로 정점을 찍은 헨리 헤라스(Henry Heras) 신부의 인더스 문자를 해독하려는 야심찬 노력의 기본 원리였다. 내가 생각하기에 그의 두 개의 표식에 대한 해독은 옳았다. 그러나 이것은 대량의 부적절한 해석으로 치명적으로 훼손되었다.

나의 접근법은 세포 코스케니미(Seppo Koskenniemi)와 시모 파폴라(Simo Parpola)가 1964년에 시작한 드라비다어 가설에 기초를 두고 있다(서문과 Parpola et al. 1969ab: 1970 참조). '라이벌'인 소련팀도 기본 언어가 아마도 드라비다어일 것이라는 사실에 동의했다. 그 팀은 1952년에 마야 문자의 성공적인 해독을 시작했던 유리 크노로조프(Yuri Knorozov)가 주도했으며, 드라비다어 전문가인 니키타 구로프(Nikita Gurov, Knorozov et al. 1968)가 포함되었다. (구로프의 연구에 감사드리지만—그것에 대해서는 14장과 24장 참조—그러나 모든 인더스 표식을 드라비다어로 확실하게 읽었다는 최종 보고서[Knorozov, Albedil, & Volchok 1981]로 출판된 소련팀의 주장에 대해서는 의문이 있다.) 인도에서는 또한 고대 따밀어 비문(Old Tamil epigraphy) 분야에서 주목할 만한 연구를 수행한(Mahadevan 2003) 이라바탐 마하데반(Iravatham Mahadevan)이 드라비다어로 인더스 표식들을 읽는 몇몇 논문을 발표했다. 마하데반은 1971년에 인더스 자료에 대한 작업을 시작해 1977년에 유용한 인더스 관련 컴퓨터 자료와 용어 색인을 만들었다.

존 마샬은 인더스 문자에 대한 연구가 성공하려면 다방면의 전문적인 접근이 필요하다는 것을 강조했다. 효과적인 해석은 "현재 혹은 미래에 모든 방면에서 그 주제에 정통한 전문가들에 의해 달성될 수 있다. 나는 여기서 이 점을 강조하지 않을 수 없다. 왜냐하면 모헨조다로와 하랍빠의 유물은… 유용한 연구의 방해가 될 수 있을 뿐인 많은 부조리한 문장의 주제로 만들어졌기 때문이다(Marshall 1931 : I, ix)". 나는 마샬이 오늘날 그런 것처럼 이것이 그의 시대에 다른 사람들을 분노하게 만들었다면 아리아어 토론회에 참여한 모든 사람에게 똑같은 충고를 해 줬을 것이라고 믿는다.

| PART 1 |

초기 아리아인들

6

원시-인도-유럽어의 고향

인도-이란어의 기원을 찾기 위해 우리는 자연스럽게 원시-인도-유럽어 사용자의 고향을 확인하기를 원한다. 서로 다른 인도-유럽어에 공통적으로 사용되는 어휘는 PIE 언어의 자연적이고 문화적 환경에 대한 어떤 결론을 가능케 한다. 1 세기보다 더 이전에 그 시대의 인도-유럽어 학자 가운데 한 명인 테오도르 벤피(Theodor Benfey)는 PIE의 고향이 러시아 남부에 있을 가능성이 있다고 제안했다(Benfey 1869:597-600). 오토 슈뤠더(Otto Schrader)는 오늘 날에도 여전히 가치있는 백과사전인 (A. Nehring, 1917-1929에 의해 개정 된 두 권으로 된 저서의 두 번째 편인) 『고대의 IE』(IE Antiquity)의 저자이다. 비교 언어학과 선사학(3ed. 1907)에 대한 주요 연구를 저술한 그는 흑해의 폰투스(Pontic) 초원지대의 북쪽이 PIE의 고향에 관한 문제에 가장 가능성있는 해답으로 제공된다고 결론을 내렸다. 슈뤠더는 이 위치가 유럽과 아시아에서 사용되는 IE 언어의 농업적이고 환경적인 어휘의 차이를 설명할 수 있다고 지적했다. 우랄어족(Uralic)과 셈족(Semitic)의 언어가 사용된 지역들 사이에 그 고향을 배치하는 것은 이러한 어족이 PIE와 선사시대에 접촉했을 것이라는 가정을 적합하게 만든다. 20세기 전반에 가장 존경받는 고고학자 중 한 명인 고든 차일드(V. Gordon Childe)는 그의 책 『아리아어 사용자들: 고대 인도-유럽어의 기원에 관한 연구』(The Aryans: A study of Indo-European origins, 1926)에서 같은 해결책을 선택했다.

마리야 김부타스(Marija Gimbutas)는 PIE 언어를 러시아 남부 대초원의 '쿠간 문화(Kurgan culture)'라고 불렸던 것과 연관시켜 유럽의 고고학적 문화에 대한 영향을 광범위하게 추적했다(Gimbutas 1997). 김부타스의 연구는 통찰력이 있었지만, 그녀의 광범위하고 종종 선구자적인 통합은 다소 논란의 여지가 있다. 그녀의 연구는 보수적으로 개정되어 그녀의 제자인 맬로이(J. P. Malloy)에 의해 더욱 진행되었다. 그의 대표적 저서인 『인도-유럽어를 찾아서』(In search of Indo-Europeans, 1989)와 다른 많은 연구에서 맬로이는 초기 PIE의 고향이 실제로 남부 우크라이나와 남부 러시아에 있는 흑해-카스피해의 (Pontic-Caspian) 대초원 지대에 있었다는 명제를 -내 생각에는 설득력있게- 여러모로 입증했다. 최근 수십 년 동안 발렌틴 데르가체프(Valentin Dergachev: 1998; 2007)와 데이비드 안소니(David Anthony: 1995; 2007)는 고고학자와 언어학자 모두에게 가장 널리 받아들여지고 있는 이 견해에 중요한 지지를 보냈다.

흑해-카스피해의 초원지대는 기원전 5000년 전부터 유럽에 40% 이상의 야생마가 남아있었던 것으로 확인된다. 후기 신석기 시대와 동기 시대에 흑해-카스피해 초원지대에 살던 사람들은 말을 사냥하고 먹었을 뿐 아니라 (중부 볼가 강 지대의 한 지역에서 확인된 3,602 개의 뼈 중 66%가 말의 뼈로 확인되었다) 또한 그것을 희생 제물로 바쳤고(제식용으로 안치한 말머리와 발굽이 발견되었다) 뼈에 말의 형상을 새긴 명판(bone-plaque horse figurines)을 만들었다. 당연한 일로, 초기 PIE는 말(horse)을 의미하는 단어인 *éḱwos 를 가지고 있었다. 또한 이 말은 고대 인도-아리아어(Old Indo-Aryan), 고대-이란어(Old Iranian), 고대 그리스어, 갈리아(골) 캘트어(Gaulish Celtic) 그리고 고대 영어와 같이 초기 인도-유럽어를 사용하는 여러 민족의 개인 이름에서 눈에 띄게 나타나는 유일한 동물이다. 게다가 그들은 말과 연관된 신들을 경배하고 말희생제를 거행했다.

말은 아마도 처음에는 육류와 우유를 위해 보존되었으며 나중에는 수송수단으로 사용되었을 것이다. 많은 동물고고학자(archaeozoologist)들은 말의 가축화에 대한 증거가 불확실하지만 대략 기원전 2500년 이전이라고 생각한다. 나는 또한 동기 시대에 초원 지대의 유목인들이, 몇몇 학자들 특히 앤소니(Anthony, 2007)가 주장했듯이, 기원전 4100년경에 자신의 가축 떼를 통제하고 약탈을 막기 위해 말을 가축화했다는 사실에 의문을 갖는다. 만일 그들이 그렇게 했다면, 우리는 확실히 그때 말을 타고 있는 사람들의 그림을 볼 수 있지 않을까? 실제로 말을 타고 있는 사람의 첫 번째 그림은 기원전 2040년에 시작되고 메소포타미아의 우르 제 3왕조(Ur III)의 메소포타미아에서 나오는(Oates 2003) 반면, 초원지대로부터는 기원전 1500년 이후부터 그것이 나온다(그림 9.4, 9.5). 이 후 말을 타고 있는 사람의 이미지는 특히 스키타이인과 같은 말을 탄 유목인들의 문화에서 더욱 두드러진다. 기원전 2000년대 초기에 아시아의 초원지대와 유럽의 산림초원지대의 세이마-투르비노(Sejma-Turbino)에서 발굴된 칼들의 손잡이는 한 가지 경우를 제외하고는 계속해서 한 마리 또는 한 쌍의 말을 묘사하고 있다(그림 7.8). 유라시아 초원지대에 있는 로스토브카(Rostovka) 묘지에서 칼의 손잡이에 말과 함께 사람이 처음으로 묘사되어 있다. 그러나 이 사람은 말을 타고 있지도 않고 안소니(2001:446)가 제기한 것처럼 밧줄을 던지고 있지도 않다; 실제로 그는 말을 사용하여 눈에서 견인하기 위해 스키에 서서 몸을 뒤로 젖히고 있다(그림 7.10). 말을 타는 것이 실제로 묘사되지 않은 채 2,000년이라는 상당한 기간 동안 있을 수 있었을까? 그에 반해 첫 번째 마차는 바퀴가 달린 탈것이 발명된 직후에 바로 묘사되었다. 수레 가운데 어떤 것은 4개의 단단한 바퀴가 달렸으며 무게가 800kg에 달했다. 그들은 자주 묘사되듯이 소에 의해서만 끌 수 있을 정도로 매우 무거웠다. 말은 가볍고 두 바퀴가 달린 마차들을 끌도록 되었으나 이러한 것은 기원전 2100년 전에서는 일어나지 않았다(7장 참조). 또한 '말을 타다'와 '말을 타는 사람'을 가리키는 단어는 PIE 뿐만 아니라 원시-인도-이란어에서도 재구성될 수 없다는 사실이 중요한 것처럼 보인다.

볼가 초원지대의 흐발린스크(Khvalynsk)라고 불리는 후기 신석기 시대 문화의 사람들이(기원전 5000-3800년) 서쪽으로 이동하여 드니프르-도네츠(Dnieper-Donets) 문화를 지배했을 때, 그들은 초기 지역 주민들과 융합하여 흑해 북부의 돈강과 드니프르 강 사이의 초원 지대에서 세레니 스티흐 II기(Srednij Stog II)라고 불리는 동기시대 문화를 형성했다(기원전 4700-3400년). 흐발린스크와 세레니 스티흐 II기의 사람들은 농업선분가늘인 카르파티아-발칸(Carpatho-Balkan)문화와 교역했던 유목인이었다. 이 모든 문화들은 함께 세계 최초의 거대한 '금속

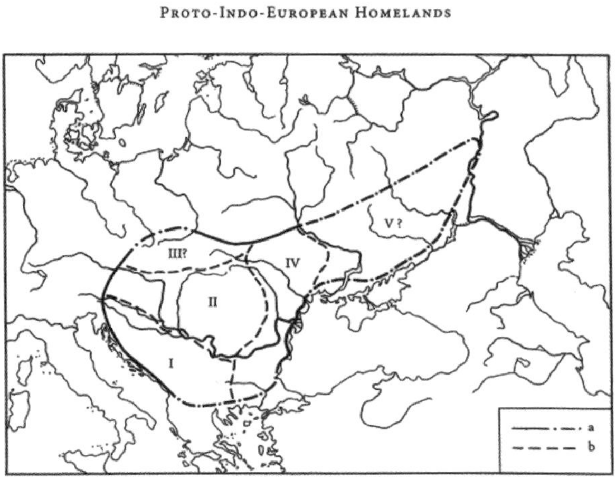

[이미지 6.1] 체르니크(E. N. Chernykh; 1992:49, 이미지 15)에 의한 기원전 5000년의 '카르파티아-발칸(Carpatho-Balkan)의 야금술 지역(Metallurgical Province).' 체르니크와 캠브리지 대학출판부의 승인을 받음. (초기 PIE의 고향으로 여겨지는) 초원 지대(영역 V)는 서쪽, 주로 쿠쿠테니 트리폴리 문화(영역 IV의 북쪽 반지역)에서 금속이 바로 수입되었다. 여기는 기원전 4200-3400년 후기 PIE의 고향으로 여겨진다.

공학의 영역'을 형성했다. 그 곳에서의 (광업과 노동에 의한) 생산은 농업전문가의 손에 달려 있었다(Chernykh 1992; 2007). 유목인들은 환영받는 파트너가 되었다. 그들의 가장 가까운 이웃들은 대초원을 넘어 바로 쿠쿠테니-트리폴리(Cucuteni-Tripolye) 문화(루마니아와 몰다비아에서는 쿠쿠테니 문화, 우크라이나에서는 트리폴리 문화로 알려져 있다)의 농부들이었다. 이후 동부 유목인들이 그로부터 금속과 다른 고급 물품들을 받아들이면서 단순하게 트리폴리 문화로 명명되었다(이미지 6.1). 트리폴리 문화는 기원전 5700-2900년까지 지속하면서 세 가지 주요 단계인 A, B, C로 나뉘지만, 마지막 하위 단계 C2 (기원전 3400-2900년)는 오늘 날 트리폴리 이후문화(Post-Tripolye)로 간주된다.

(스트릴차 스켈리아(Stril'cha Skelya), 차플리(Chapli), 마리우폴(Mariupol), 노보다니로브카(Novodanilovka) 및 수보로보(Suvorovo)의 지역으로 대표되는) 세레니 스티흐 II기 문화의 초기 단계는 유리 라사

마킨(Yuri Rassamakin; 1999년, 2004년)에 의해 스켈리아(Skelya) 문화(기원전 4300-4000년)로 명명되었다. 5번째 천년기의 마지막 1/4의 기간 동안, 스켈리아 유목인들은 발칸반도를 침범했다. 특유의 스켈리아 분묘의 부장품들을 가진 널리 분포된 스켈리아형 매장지들은 이 지역에 새롭게 도입된 문화적 아이템이다. 카르파티아-발칸(Carpatho-Balkan) 문화의 약 600개 지역이 버려지고 후에 많은 것들이 불타버리면서 그들의 풍부한 금속생산은 거의 완전히 중단되었다.

동부 발칸 반도의 남아있는 지역 문화는 초원지대에 경제, 종교 및 사회 계급을 가져온 주목할 만한 새로운 문화적 구성 요소를 지닌 체르나보더(Cernavoda) 문화(기원전 4000-3200년)로 변형되었다. 그것은 스켈리아 침입자들이 초기 PIE를 말한 것과 같다. 1천년 후, 체르나보더 문화는 은자메나(Yamena) 문화의 초원지대 침략자들과 융합되어 에제로(Ezero) 문화를 형성했다(기원전 3300-2700년). 이 후자의 문화는 아나톨리아의 트로이 I기(Troy I) 문화(기원전 3000-2600년)의 도기제조법의 조상으로 간주되는 도자기류를 가지고 있다. IE를 말하는 사람들이 유럽에서 아나톨리아로 침입한 것으로 널리 인정된 날짜는 기원전 2700년이다. 이후 서부 및 남부 아나톨리아에서 100개 이상의 초기 동기 시대 II기(Early Bronze Age II; 기원전 2600-2250년) 지역이 포기되고 모든 주요 지역들이 파괴된 반면 트로이 V-타입(Troy V-type)의 도자기들(기원전 2000-1800년)이 초기 그리스를 특징짓는 메가론 형태(megaron-type)의 건축물과 함께 동쪽으로 퍼져 나갔다.

이 고고학적 문화의 계승은 흑해 북쪽의 초원지대에서 아나톨리아로의 이주를 위한 확실한 자취를 제공한다. 인도-유럽주의자들은 PIE에서 분리된 첫 번째 분파가 히타이트어(Hittite), 루비어(Luvian), 팔라어(Palaic)를 포함하는 아나톨리아어의 하나라는 사실에 동의한다. 그것은 기원전 16세기부터 기록되었다(3장에 나타나듯이 아나톨리아에서 이들 IE 언어는 모두는 기원전 천년이 끝나갈 무렵 사라졌다).

초기 PIE는 흐발린스크 및 세레니 스티흐 II기 문화에서 말해졌을 가능성이 농후하다. 그러나 나는 맬러리와 앤서니 양자가 후기 PIE를 말하는 고향을 같은 장소 즉, 흐발린스크와 세레니 스티흐 II기를 계승했던 얌나야(Yamnaya) 문화(기원전 3300–2500, 그림 6.6)로 두는데 동의하지 않는다. 그 대신 나는 후기 PIE를 말하는 사람들을 후기 트리폴리 문화의 사람들과 연관시킬 것을 제안한다. 내 입장에서 후기 트리폴리는 기원전 4100–3400년에 해당하는 트리폴리 문화의 B2와 C1 단계를 의미한다. 후기 PIE는 기원전 3400년의 트리폴리 문화로 붕괴(해체)되었다.

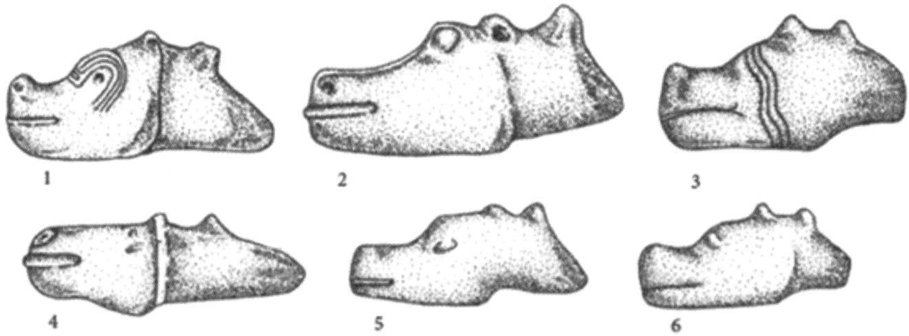

[이미지 6.2] 기원전 4300–4000년 때때로 말머리 모양을 한 돌로 만든 손잡이를 가진 스켈리아 형태의 지팡이. 이들은 아래의 지역에서 나온다: (1) 카심시아(Casimcea); (2) 테레클리–멕텝(Terekli–Mekteb); (3) 살쿠타(Salcuta); (4) 수보로보(Suvorovo) (여기서 나온 하나는 17cm의 길이이다); (5) 페데레세니(Fedeleseni); (6) 라체보(Rzhevo). After Mallory 1989:234, fig. 129. Courtesy J. P. Mallory.

그와 동시에 스켈리아(Skelya) 유목인들이 발칸지역을 침범하면서 또한 그들의 서쪽 이웃인 트리폴리 사람들을 정복했다. 그러나 그들의 문화를 파괴하지는 않았다. 이 트리폴리 B1 단계(기원전 4300−4000년)에서 많은 수의 트리폴리 정착지들이 요새화되었다. 그것은 그들이 공격을 받고 있었다는 사실을 암시한다. 드루치 1기(Drutsy 1)의 트리폴리(Tripolye) B1 지역에서 100개 이상의 대초원지대 형 돌로 된 화살촉이 3채의 발굴된 가옥의 벽에서 발견되었다. 드루치 1기는 또한 끈이 달린 자국으로 장식된 쿠쿠테니(Cucuteni) C−형태의 도기들을 가지고 있다; 이들은 대초원지대의 스켈리아 도기와 동일하지만 전통적으로 아름다운 트리폴리의 채색도기와 모든 면에서 다르다. 이 유입된 도자기는 처음에는 산발적으로 여러 정착지에서 나타났으며, 이후 트리폴리 문화의 최종 단계에서 주된 도자기가 될 때까지 빠르게 증가했다.

이 초원지대형 도자기를 생산한 가장 초기의 트리폴리 지역 중 일부는 또한 손잡이가 달린 지팡이도 만들었다(그들 가운데 어떤 것은 말머리 모양을 하고 있다). 그것은 기원전 4300−4000년에 발칸지역과 트리폴리 지역의 대초원지대로 퍼져 나갔다(그림 6.2).

이러한 무기들은 권력의 상징이었으며, 초기의 IE가 확산되는 데 도움이 되는 새로운 유형의 사회 조직, 즉 강력한 권력을 지닌 족장의 권위의 확산을 반영했을 것이다. 효율적인 새로운 지도력은 북쪽과 동쪽으로 확장되어 수백 헥타르에 이르는 더 큰 도시를 만들어 내면서 트리폴리 문화를 활성화하였다. 이로 인해 트리폴리 문화의 라이벌인 동부와 서부지역늘 사이에 내부 투쟁이 발생했다. 아마도 이것은 그리스어 kléos áphthiton (일리아드 9,413)과 산스끄리뜨어 śrávo...ákṣitam (리그베다 1,9,7)과 같은 시적 문구를 사용하여 IE 서사시에 기술된 전쟁 영웅들의 시대였을 것이다. 양자는 모두 '불후의 명예'을 의미하며 PIE *ḱleges *ṇdhg^{w}hitom에서 유래했다(Schmitt 1967; Watkins 1995; West 2007).

고고학 문화를 후기 PIE 구전문학과 관련시키는 가장 중요한 방법은 바퀴가 달린 탈것과 관련된 PIE 어휘이다. 한편으로 이 기술적 용어는 후기 PIE언어를 말하는 사람들이 바퀴가 달린 탈것을 사용했고, 다른 한편으로는 후기 PIE가 바퀴가 달린 탈것이 발명 된 이후의 기간에 와해되었음을 추정하게 한다. 그 기간은 원칙적으로 고고학적 기록으로부터 추론될 수 있다. 바퀴가 달린 탈것과 관련하여 적어도 5개의 용어를 가진 후기 PIE는 1세기가 넘는 기간 동안 매우 널리 인정되었다. 하지만 내 생각에는 보다 많은 12개의 용어들이 거기에 해당될 듯하다. PIE 언어에서 바퀴가 달린 탈것의 사용과 이러한 단어의 기원에 대한 증거의 범위와 견고성을 보여주기 위해 5가지 그 이상이거나 적은 특정 용어가 이제부터 논의된다.

(1) PIE에서 바퀴를 의미하는 *k^{w}é-k^{w}l–o–/*$k^{w}{}_{e}k^{w}$l–á는 그리스어 kúklos, 마차를 의미하는 토카라어A(Tocharian A)의 kukäl / B의 kokale, 산스끄리뜨어(Sanskrit) cakrá–, 고대 스칸디나비아어(Old Norse) hvél, hjól, 고대 영어(Old English) hwēol의 기원이다. 거기에는 심지어 베다의 sūryasya cakrá–, 고대 스칸디나비아어의 sunnu... hvél, 그리스어의 hēlíou kúklos처럼 "태양의 바퀴"에 대해 말하는 PIE 시구절도 있다. 이 단어는 "(주위를) 돌다, 원을 그리며 움직이다"를 의미하는 PIE 어근 *k^{w}el–에서 중복을 강화함으로써

파생한다. PIE *k^{w}ol–o–/*k^{w}el–es–는 중복되지 않는 어근에서 파생된 것은 "마차"를 의미하는 고대 아일랜드어(Old Irish) cul; "실 감는 막대, 방적하기 전에 양모가 감겨있는 막대"를 의미하는 라틴어 colus; "바퀴"를 의미하는 고대 스칸디나비아어 hvel (단음 e와 더불어); "바퀴"를 의미하는 고대 교회 슬라브어(Old Church Slavonic) kolo, "바퀴"(복수. kola, "마차"); "차축"을 의미하는 그리스어 pólos로 대표된다.

(2) PIE 동사어근 *weǵ^{h}–는 "탈것, 마차"를 나타내는 PIE 명사형 파생어의 토대이다(그 수는 후기 PIE 및 PIE 이후 구전 시대의 초기에서 마차를 만들거나 마차 수송의 중요성을 입증한다):

(a) PIE *wóǵ^{h}–o–, "마차": 그리스어 ókhos, 고대 교회 슬라브어 voz; 산스끄리뜨어 vāhá, "탈것, 짐을 끄는 동물";

(b) PIE *wóǵ^{h}–a–: 미케네 그리스어(Mycenaean Greek) wo–ka–(다시 말해서, wokha–), "바퀴 두 개가 달린 마차";

(c) PIE *wéǵ^{h}–os(n.), "마차": 그리스어 (Homer, Pindar) ókhos (n., pl. ókhea); 산스끄리뜨어 váhas– (n.), "짐을 끄는 동물의 어깨";

(d) PIE *weǵ^{h}–no–, "마차": 고대 아일랜드어 fēn, 웨일즈어(Welsh) gwain;

(e) PIE *woǵ^{h}–no–, "마차": 원시 게르만어 *wagnaz 〉 고대 스칸디나비아어 vagn, 등; 산스끄리뜨어 vāhana–, "탈것, 짐을 끄는 동물"참조;

(f) PIE *weǵ^{h}–e–tlom, "수송을 위한 장치": 라틴어 vehiculum, 산스끄리뜨어 vahitram, "배, 탈것"; 그리스어 (Hesychius) ókhetla, "마차" 참조.

동사어근 *weǵ^{h}–는 "차로 운반하다, 운전하다"를 뜻하는 것으로 확실하게 재구성되었다: 루비어 상형문자(Luwian Hieroglyphic) wa–za–,

"운전하다"; 산스끄리뜨어 váhati, "운반하다"; 아베스타어(Avestan) vazaiti, "운반하다"; 그리스어 ékhō, "나는 가져 온다" (팜필리아 그리스어(Pamphylian Greek) wekhétō), ókheomai, "내가 운반한다"; 라틴어 vehō, "내가 운반한다, 가져 온다"; 고대 스칸디나비아어 vega, "움직이다"; 리투아니아어 vežù, "내가 운반한다"; 러시아어 vezu, "내가 운반한다."

바퀴가 달린 탈것이 발명되기 전에 이 본래의 PIE 어근은 지렛대, 들 것, 2개의 막대기를 틀로 엮은 운반용구, 썰매 또는 짐을 끄는 동물의 도움으로 주로 "무거운 짐을 움직이는 것"을 의미했을 것이다. 바퀴가 달린 탈것이 어떻게 발명되었는지에 대해 일반적으로 받아들여지고 있는 가설에 동의하는) 보다 오래된 이 의미에 대해 다음과 같은 증거들이 있다: 원시-게르만어 *wegan, "움직이다"; 고대 스칸디나비아어 vǫg, "지렛대," pl. vagar, "썰매," vǫgur, vāgir, "들 것, 2개의 막대기를 틀로 엮은 운반용구," vagn, "마차, 썰매, 들 것," vāg, "지렛대, 계량기, 무게"; 고대 프러시아어(Old Prussian) wessis, 리투아니아어(Lithuanian) vāžis, važỹs, 라트비아어(Latvian) važus, važas, "썰매"; 그리스어 okhleús, "지레," okhlízō, "지렛대로 움직이는 것, 끌어올리다."

(3) PIE *aḱs-, "차축"은 다른 영역에서 다양한 범위로 살아남는다:

(a) PIE *aḱs-o-는 베다 산스끄리뜨어에서는 ákṣa-로;

(b) PIE *aḱs-i-는 라틴어에서 axis, 리투아니아어에서 ašis, 고대 교회 슬라브어에서 osь로;

(c) PIE *aḱs-on-는 그리스어에서 áksōn (소유격. áksonos), 미케네 그리스

어(Mycenaean Greek) a–ko–so–ne로;

(d) PIE *aḱs–a는 서부 게르만어(West Germanic) *ahsō, 고대 고지 독일어(Old High German) ahsa, 독일어 Achse, 고대 영어 eax; from *ahsula에서 고대 스칸디나비아어 ǫxull, 그로 부터 영어 axle(차축); 또한 PIE *sm–aḱs–a로부터 그리스어 hámaksa, "하나의 차축을 가진 2륜 수레,"로.

PIE *aḱs–, "차축"은 아마도 "몰다, 움직이다, 끌다"를 의미하는 PIE *aǵ–에서 파생한 *–es–일 수 있다(산스끄리뜨어 aj–, ájati, 라틴어 agō, 그리스어 ágō, 아르메니아어 acem, 토카라어(Tokharian) āk–; intransitive in 고대 스칸디나비아어의 자동사 aka, "운전하다, 몰다", 웨일스어(Welsh) af, "가다"). 리투아니아어 ašis는 "차축"외에도 "헤아리다"= "뻗은 팔"을 의미하는 반면 (산스끄리뜨어 ákṣa–, "차축"과 공식적으로 일치하는) 아베스타어 aša– 는 고대 스칸디나비아어 xl, 게르만어 Achsel과 같이 "어깨"를 의미한다. 차축은 어깨가 팔과 날개의 움직임을 가능하게 하는 것과 마찬가지로 바퀴의 움직임을 가능하게 한다. 따라서 차축은 마차를 "움직이게(*aǵ–)" 만드는 것이다. 이 용어는 차축을 "움직이는 부분"과 같은 것을 의미할 수도 있다. 가장 원시적인 형태에서 본다면 차축은 바퀴에 고정되어있어 독립적으로 회전하지 않았다.

(4) PIE *nebh–/*nobh–/*n̥bh–, "배꼽, 중심, 바퀴통": 보다 오래된 의미는 더 널리 분포된 "배꼽 또는 중심"이다. 하지만 그 단어는 산스끄리뜨어 nábhya–, nābhi–; 고대 프러시아어 nabis; 라트비아어 naba; 고대 고지 독일어 naba, 독일어 Nabe, 고대 스칸디나비아어 nof, 고대 영어 nafu 그리고

물론 영어의 nave에서“바퀴의 바퀴통”을 의미하는 것으로 입증된다.

(5) PIE *yug-ó-, “멍에”: 히타이트어 iukan, 산스끄리뜨어 yugám, 그리스어 zugón, 라틴어 iugum, 고트어(Gothic) juk, 고대 스칸디나비아어 ok, 고대 고지 독일어 juch, joch, 리투아니아어 jùngas, 러시아어 igo, 웨일스어 iau, 아르메니아어 luc. 이 단어는 “멍에, 결합, 합체, 마차용 마구”를 의미하는 PIE 동사어근 *yeug-에서 파생하며 산스끄리뜨어 yuj-, yunákti, 그리스어 zeúgnumi, 라틴어 iungō, 리투아니아어 jùngti가 된다. 멍에는 바퀴가 달린 탈것들뿐만 아니라 쟁기에도 필요했는데, 이것은 약간 초기의 발명품이었을 것이다. 양자의 경우에 PIE를 말하는 사람들은 토착용어를 사용했다.

후기 PIE의 고향을 흑해-카스피해 대초원지대에 둔 앤서니는 PIE의 탈것에 관한 용어들의 분포도 (그림 6.3)에서 이 전문용어의 기원으로

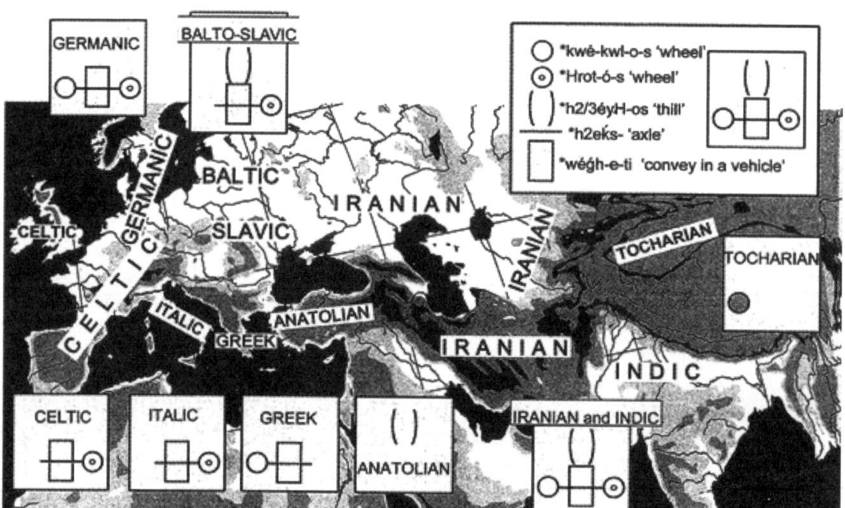

[이미지 6.3] 데이비드 W. 앤서니 (David W. Anthony)에 의한 바퀴가 달린 탈것을 가리키는 원시-인도-유럽 용어로 선택한 구역. 앤서니의 1995:557, 이미지 1에서 수정된 것. 1995년 지도에서 앤서니는 Anthony 2007:84 지도에서와 같이 흑해-카스피해 초원 지대에다 “원시-인도-유럽어의 고향”을 배치했다(그는 거기에서 고향의 연대를 “기원전 3500-3000년경”으로 추정한다).

난관에 봉착했다. 그는 "바퀴가 달린 탈것에 대한 용어"가 PIE의 고향에서 유래되었다는 사실을 명백하게 부정하면서 "단지 PIE에서 시작된 바퀴가 달린 탈것에 대한 IE 어휘의 대부분만"을 인정한다(Anthony 1995:558).

> 만일 그들이 다른 사람들로부터 바퀴의 발명에 대해 배웠다면 그들은 그것을 위해 외국 이름을 채택하지 않았을 것이고 그래서 사회적으로 멀리 떨어져있는 사람들 사이에서, 대체가 발생한 사회적 상황은 아마도 단시간이었을 것이다. 바퀴가 원시-인도-유럽어족 공동체 내에서 발명되었다는 사실에 대한 대안은 가능할지라도 고고학적이고 역사적인 이유에서 보면 그렇지 않은 것처럼 보인다(Anthony 2007:34).

앞서 언급한 다섯 가지 용어는 모두 원시 PIE 단어들이다: 그들은 PIE 동사 어근에서 파생되어 형성되었다. 이것은 어떤 새로운 기술을 가지고 그 기술의 발명가가 그 이름을 지었고 후에 발명가의 이름이 기술의 보급으로 확산되기 때문에 중요하다.

예를 들어 우랄어족 (Finno-Ugric) 언어에서 전통적인 탈것의 용어는 대부분 IE 언어에서 빌려왔다. 핀란드어에서 "마차" 또는 "수레"에 대한 다섯 가지 공통 단어는 모두 IE 외래어이다:

- vaunut (pl.) 북부 게르만어: 고대 스칸디나비아어 vagn, 등에서;
- rattaat (pl.)/ratas (sg.), "바퀴" 발트어(Baltic): 리투아니아어 rātai (pl.)/rātas (sg.), "바퀴"에서;

- kärryt (pl.) 고대 스웨덴어 kärra(라틴어 carrus)에서;
- kiesit, keesit, kääsit (pl.) 스웨덴어 schäs(프랑스어 chaise)에서;
- vankkurit (pl.), 아마도 스웨덴어 vagn 또는 독일어 Wagen에서.

마찬가지로 수레 또는 마차의 부품에 대한 핀란드 용어는 IE 외래어들이다: akseli, "차축", aisa, "끌채", napa, "바퀴통" 그리고 ies(소유격. ikeen), "멍에"; 예외는 pyöreä, "둥근 모양" 및 pyöriä, "굴러가다, 돌리다"와 같은 파생어를 갖는 pyörä, "바퀴"(또한 "자전거"), "소용돌이, 회전"이라는 토착어(native word)이다.

이 논리에 따르면 중요한 질문—즉 PIE를 말하는 사람들은 무엇으로부터 바퀴가 달린 탈것을 얻었는가?—은 그들 자신으로부터 공정한 확실성을 가지고 대답될 수 있다. 내 견해로는 바퀴가 달린 탈것을 발명한 사람은 PIE를 말하는 사람들이었다.

최근까지 바퀴가 달린 탈것은 기원전 3500–3300년 메소포타미아의 후기 우르크 문화에서 창안된 것으로 추정되었다. 그러나 바퀴가 달린 탈것이 서아시아뿐만 아니라 유럽의 여러 장소에서 동등한 시기에 만들어졌다는 것이 알려지고 있다. 또한 요하네스 레인저(Johannes Renger; 2004)와 조셉 마란(Josef Maran; 2004b)은 수메르의 습지대가 바퀴가 달린 탈것에 유리한 지형이 아니라는 사실을 주목했다; 메소포타미아 습지대에는 일상생활에서 바퀴가 달린 탈것보다 썰매가 훨씬 낫게 이용되었고 실제로 그것은 후기 우르크 시대 이후에도 오랫동안 사용되었다. 실제로 우르크 그림문자들은 4 개의 바퀴가 달린 썰매를 보여 주고 있다; 그러나 이 "바퀴들"은 썰매가 그 위를 구르는 통나무들을 묘사한 것일 수 있다. 썰매 밑에서 굴러가는 통나무는 아마도 마차와 수레용 바퀴 발명의 초기 단계일 수도 있다(Littauer & Crouwel 1979).

마란(2004a, b)은 후기 트리폴리 문화를 바퀴가 달린 탈것의 가장 유력한 장소로 제시한다. 후기 트리폴리는 기원전 3500년 이전의 마차의 증거를 보여 주는 유일한 문화이다(Burmeister 2004). 그것은 회전하는 모형 바퀴와 컵의 앞면에 튀어나온 황소 앞모습이 있는 마시는 컵의 형태로 나타난다. 이러한 수레 모양의 마시는 컵에 덧붙여, 후기 트리폴리 문화에서는 황소가 끄는 썰매 모양의 수많은 마시는 컵이 존재한다. 이 형상은 황소가 끄는 수레의 직접적인 전신인 것으로 간주된다[이미지 6.4].

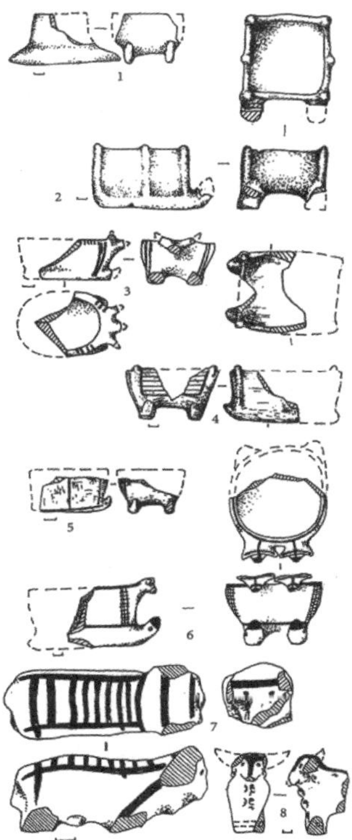

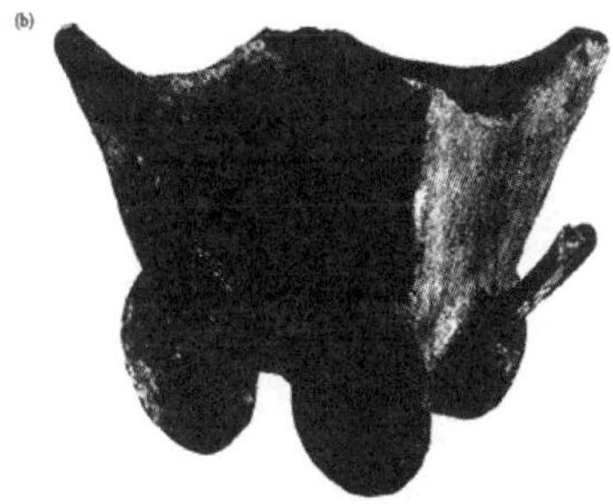

[이미지 6.4] (a) C1단계의 5개의 다른 트리폴리문화 지역(기원전 3800-3400년)에서 나타난 구부러진 활주부가 있는 그리고 한 마리 또는 두 마리의 황소머리가 있는 썰매 형태의 도자기 컵과 채색된 가죽 끈을 두른 황소들의 작은 상: Nezvis'ko [1], Majdanets'ke [2], Tal'yanky [3-6], Chychyrkozivka [7] and Volodymyrivka [8]. After Ryzhov 2003:56-57, figs. 1, 2. Courtesy Sergej M. Ryzhov. 많은 트리폴리 C1 지역들은 가끔 차축과 두 바퀴를 위해 구멍을 냈거나(Gusev 1998 : Parpola 2008 : 15-17, 그림 4e-k 참조) 진흙으로 만든 구멍난 바퀴모형(Gusev 1998:18 figs. 3:3-3:10; Parpola 2008:14, fig. 4a) 형태로 황소의 프로톰과 한 쌍의 앞발이나 뒷발이 있거나 없는 원형 또는 직사각형의 도자기 컵들도 생산했다. (b) 기원전 4000년 후반, 헝가리 부다칼라츠(Budakalász)의 바덴/페셀(Baden/Pécel) 문화지역에서 나온 바퀴가 달린 수레 모양의 도자기 컵(After Piggott 1983:46, fig. 15. Courtesy Ferenczy Múzeum, Szentendre, Hungary).

기원전 4000년에서 3400년 사이, 트리폴리 후기 문화는 수백 헥타르에 달하는 마을과 1만 5천 명을 수용하는 마을을 가지고 극도로 비옥한 검은 토양에서 경작하면서 전체 동기시대 세계에서 가장 번성하고 인구가 많은 농업공동체였다(이미지 6.5). 이 농업인들은 썰매 또는 바퀴가 달린 마차에 의한 수송수단이 필요했다. 그 지역의 산림초원지대는 원시적인 단단한 바퀴를 만들 수 있는 충분한 나무를 제공했으며 대부분의 유럽을 덮고 있는 산림이 많고 언덕이 많은 풍경과 달리 바퀴가 달린 운송수단의 움직임을 위한 충분한 개방된 평평한 평야를 가지고 있었다.

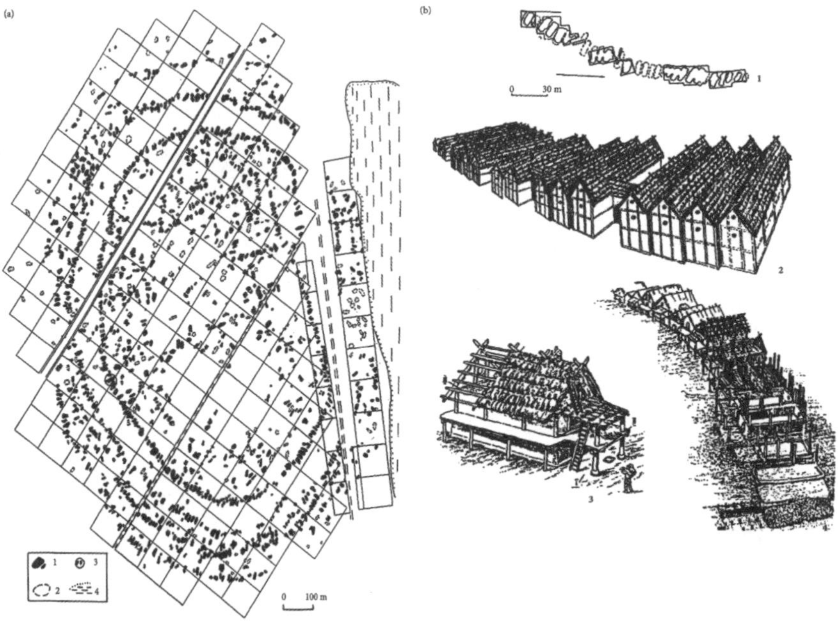

[이미지 6.5] (a) 지자기 측정을 기반으로 한 Tripolye C1 마을 Majdanets'ke (180ha)의 레이아웃(배치). After Videiko 1995:49 Abb. 4. Courtesy Mykhajlo Yu. Videjko. (b) Majdanets'ke에 건물과 요새화의 재건축: 1987–1991년에 발굴된 도시의 1–2부분. After Videiko 1994:23, fig. 13. Courtesy Mykhajlo Yu. Videjko.

나는 트리폴리 문화가 기원전 4000년경에 PIE를 말하는 사람들에 의해 점령되었다는 가설과 바퀴가 달린 탈것이 후기 트리폴리 문화에서 만들어졌다는 마란(Maran)의 가설을 함께 연결하려 한다. PIE를 말하는 사람들은 아마도 기원전 3600년경 바퀴가 달린 탈것이 발명되었을 시기에 언어적으로 초기 트리폴리 주민들을 대부분 흡수했을 것이다. 후기 트리폴리 문화 지역은 바퀴가 달린 탈것의 보급을 위한 지리적 중심으로 이해할 수 있다; 그것은 또한 IE어를 말하는 지역의 중간에 매우 가까이 있어서 이 관점에서 보면 후기 PIE의 고향이 될 수 있는 좋은 후보지이다.

탈것(운송수단)에 관한 기술은 아마 코카서스를 경유하여 트리폴리 문화에서 서아시아로 전해졌을 것이다. 거기에서는 기원전 4천년 동안 흑해-카스피해와 서아시아 문화권이 서로 영향을 주었다. 남쪽과 북쪽 양자에서 코카서스의 구리 자원을 보유하는데 커다란 관심을 보였다. 이로 인해 남부 코카서스의 쿠라-어랙시즈(Kura-Araxes) 문화와 북부 코카서스의 마이코프(Majkop) 문화가 형성되었다(기원전 3950-3300년). 쿠라-어랙시즈 문화가 메소포타미아에서 확장된 우르크(Uruk)의 많은 영향을 가진 지역적인 전통을 계속하는 동안, 마이코프 문화는 오랫동안 초원지대와 서아시아 전통의 훌륭한 혼합물로 간주되었다. 동유럽 초원지대의 목축업자들은 동기 시대 동안 주로 발칸지역에서 구리를 받아들였다. 그러나 기원전 4000년경 발칸-카르파티아(Balkano-Carpathian)의 "야금술의 영역"이 붕괴한 이후 코카서스는 초기와 중기의 청동기 시대 동안 금속의 주요 공급원이 되었다(Chernykh 1992; 2007). 마이코프 문화의 마지막 단계(기원전 3500-3300년)에 속하는 약 300개의 무덤 중 무덤 아래에 있는 두 개의 엘리트 지배층 매장지에는 마차를 포함하고 있다. 그들 가운데 하나는 쿠반(Kuban) 초원지대에 있는 스타로코르순스카야(Starokorsunskaya)에, 다른 하나는 돈(Don) 강 하류에 있는 콜디리(Koldyri)에 있다. 바로 이어지는 쿠반 초원지대의 노보티타로브스카야(Novotitarovskaya) 문화(기원전 3300–2800년)에는 116 개의 마차 무덤이 알려져 있다. 마차들은 명백하게 서쪽에서 프루트(Prut) 강과 부크(Bug) 강 사이에 있는 삼림초원지대로부터 코카서스까지 이르렀다. 몇 가지 점토로 된 바퀴모형들은 그와 연관된 트리폴리 이후 단계 C2지역에서 알려져 있다.

맬러리(Mallory)는 바퀴가 달린 탈것의 기원에 대해 미결의 문제로 남겨 두었지만 다음과 같은 주석을 남긴다:

> 토마스 갬클레리즈(Tomas Gamkrelidze)와 비아체슬라프 이바노프(Vyacheslav Ivanov)[1995:I,622]는... 원시-인도-유럽어 *k^w^ek^w^lo-가 수메르어 gigir, 셈어 * galgal-, 남캅카스어(Kartvelian) *grgar와 같이 탈것들에 대한 단어가 현저하게 유사하다는 사실에 주목했다. 흑해-카스피해, 트랜스코카시아(Transcaucasia) 또는 수메르(Sumer)에 바퀴가 달린 탈것에 대한 추정된 기원을 가지고, 우리는 4 개의 서로 다른 어족에서 바퀴가 달린 탈것에 대한 원래의 단어를 목격했을 수 있다. 게다가 원시-인도-유럽어 형태가 인도-유럽어의 동사어근 *k^w^el-(돌다, 뒤틀다) 에서 만들어 졌기 때문에, 인도-유럽어들이 그들의 단어를 다른 언어들 가운데 하나에서 빌려왔다는 것은 있을 수 없는 일이다. 물론, 이것이 인도-유럽언어들이 바퀴가 달린 탈것을 발명했음을 나타내는 것일 필요는 없지만, 기원전 4 천년 경에 근동 언어들과 어떤 형태의 접촉

관계에 있었다고 추정할 수 있다. (Mallory 1989:163)

기원전 3천년기에 설형문자로 쓰여진 명판에 나타난 수메르어의 gigir는 실제로 원래의 PIE 단어에 대한 최초의 기록된 증거로 규정할 수 있다.

PIE 단일체에서 분리된 첫 번째 언어 그룹이 아나톨리아어 지파라는 사실에 대해서는 적절한 합의가 이루어져 있지만, IE 어족의 다른 지파들을 위한 가계도 구성에 대해서는 똑같이 말해질 수 없다. 그 이유는 후기 PIE가 갑자기 사방팔방으로 분해된 것처럼 보이기 때문이다. 후기 트리폴리 문화가 기원전 3400년경에 해체되었을 때, 지역적인 트리폴리 이후 문화(단계 C2, 기원전 3400–2900년)가 진행되었을 뿐만 아니라 새로운 문화들 즉 트리폴리와 초원지대에서 기원한 구성 요소를 공유하는 문화들이 다방면에서 창출되었다. 그리고 이 새로운 문화들은 다양한 IE 언어가 처음 등장한 지역 또는 최종 목적지 (인도와 이란의 경우 인도–이란어)로 이어지는 경로를 따라 상당히 먼 거리로 퍼져나갔다. 기후 변화는 (중요한 축산과 함께) 번영하는 정착 농부들의 후기 트리폴리 문화가 자주 이동하는 목축업자들 중심의 몇몇 문화들로 변화하는데 영향을 미친 것으로 추정된다. 수만 명의 사람들이 가축들과 황소가 끄는 마차와 함께 사방팔방으로 이동하기 시작했으며 (Kohl 2007), 이전의 여러 지역 주민들과 섞임으로써 결국에는 언어의 변화를 초래한다.

기원전 3200년경 아마도 트리폴리 중간 드니퍼(Tripolye Middle Dnieper)와 하위 카르파티아(Sub–Carpathian) 문화에서 시작하여, 유

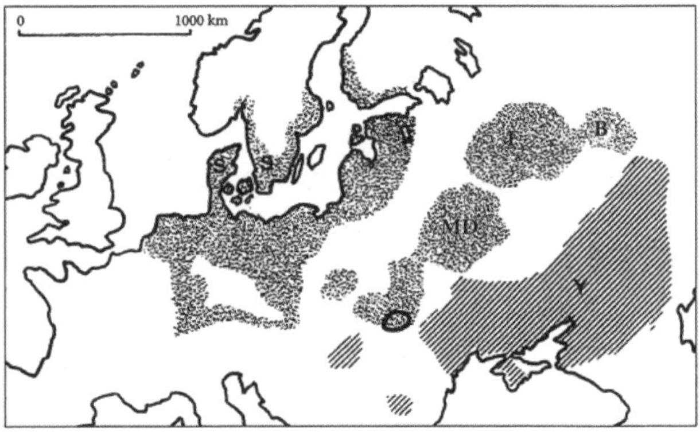

[이미지 6.6] 얌나야(Yamnaya (Y 및 대각선)) 및 유선 도자기 문화(점선)(기원전 3300–2000년). 유선 도자기 문화 안의: 원으로 표시한 곳 = 하위 카르파티아 문화; MD = 중세 드니퍼 문화; S = 스칸드나비아 유선도자기 문화(기원전 2800년부터); F = 파티아노보 문화(기원전 2800–1900년); B = 발라노보문화(기원전 2300–1900년). After Carpelan & Parpola 2001:65, fig. 6, 수정.

선도자기(Corded Ware 또는 Battle Axe) 문화(기원전 3100–2300/2000년)가 네덜란드에서 핀란드 연안, 볼가 강 상류지역에 이르는 광대한 영역에 걸쳐 2세기 동안 확산되었다. 핀란드에서는 그것들의 시작이 기원전 3200년 또는 기원전 3000년으로 되어 있다. 볼가강 상류지역의 지역적 유선도자기 문화의 변형인 파티아노보(Fatyanovo) 문화(기원전 2800–1900년)는 기원전 약 2300년부터 분명하게 청동기 시대에 속한다. 그 당시 그 문화는 오카(Oka)강과 카마(Kama)강의 입구 사이에 있는 원동지역의 금속작업을 하는 발라노보(Balanovo) 문화까지 확장되어 발전했다(그림 6.6). 이동하는 유목민이었던 유선도자기 문화 사람들의 언어는 “북서부 IE(Northwest IE)”인 것으로 생각될 수 있다. 그것은 후기 PIE와 매우 밀접하며 IE 언어족의 분파인 후기 켈트어, 게르만어 그리고 발토 슬라브어(Balto–Slavic) 계통의 공통조상이다. 이 모두는 유선도자기 문화에 의해 점령된 지역 내의 역사 속에서 출현한다.

유선 도자기 문화는 유사 이래 IE의 다양한 지파의 언어들이 사용되었던 지역으로 급속하게 확산됨에 따라 오래 전부터 IE의 초기 확장과 관련되어 왔다. 그러나 이 두 문화가 서로 직접적으로 쉽게 파생 될 수는 없으므로 후기 PIE가 얌나야 문화에서 사용되었다는 가정과 이를 조화시키는 것이 힘들었다. 후기 PIE가 후기 트리폴리 문화와 관련되어 있다면 그러한 어려움은 사라진다.

최종 C 단계에서 트리폴리 문화는 흑해(Pontic) 초원지대로 확장되었고 결국 (C2 단계에서) (Horodistea–Foltesti, Kasperovtsy, Usatovo, Gorodsk 및 Sofievka와 같은) 여러 지역 문화로 구별되었다(기원전 3400–2900년). 초원지대에서 이들 트리폴리 이후(Post–Tripolye) 문화는 선행하는 기간 즉 기원전 4000–3400년 동안 흑해–카스피해 초원지대에서 번영했던 다양한 후기 스레디 스토그(Srednij Stog) II기의 유목문화(Stogovska, Kvitanska, Dereivka 및 Nizhne–Mikhailovka)와 융합되었다. 그 결과 야마이나야(Yamainaya) 문화 단지(기원전 3300–2500년)가 형성되면서 결국 다뉴브 강에서 우랄지역으로 확장되었다(그림 6.6). 얌나야 고고학적 지평에 속하는 많은 수레 무덤들이 발견됨으로써 이동성에 기반을 둔 유목경제를 입증했다(그림 7.1). 얌나야 문화는 여전히 후기 PIE에 가까웠던 남동 IE의 변종어로 말해졌다고 가정될 수 있지만 의심의 여지없이 곧 여러 지역 방언으로 나뉘어졌다. IE 언어족의 인도–이란어 지파와 연결된 동쪽으로의 확장과 계승은 7 장에서 논의될 것이다.

가장 초기의 얌나야(Yamnaya)와 연관된 동쪽으로의 이동의 선두는 멀리 기원전 3100–2500년경 아파나세보(Afanasyevo) 문화가 발견된 남부 시베리아 (Minussinsk 유역)와 몽골까지 도달했다. 이 문화는 다리를 구부린 채 누운 자세로 매장된 채 황토가 뿌려진 시신, 날카로운 바닥을 가진 용기, 향로그릇, 구리로 만든 칼 그리고 송곳 등을 포함해서 많은 면에서 초기 얌나야 문화와 매우 유사하다. 최근에 발굴된 몽골의 쿠르각-고비(Khurgak-Govi) 지역의 아파나셰보 무덤 위에 있는 지붕은 방사성 탄소의 측정결과 기원전 2900-2500년경으로 측정되었는데 그것은 마차의 차대로 이해된다. 아파나셰보 문화의 유적들은 우랄산맥(Urals)의 가장 동쪽의 얌나야 유적에서 약 1500km 떨어져 있지만 (Karagash 근처의 Karagash 등과 같은) 소수의 그와 연관된 유적들이 그들 사이의 지역에서 발견되었다. 아파나셰보와 같은 북부 초원지역에서부터 나오고 있는 새로운 문화적 구성 요소들과 같은 (기원전 2500-2000 년의 네 번째 문화 단계에서 속한) 아파나셰보 문화 또한 타지키스탄(Tajikistan)의 제라프샨 계곡(Zeravshan Valley)에 있는 사라즘(Sarazm)에서 발견되었다.

아파나셰보 문화는 중국 투르키스탄(신강, Sinkiang / 신장, Xinjiang)에서 기원 후 첫 번째 천년기에 사용된 토카라어(Tocharian)와 연관이 있다(Mallory & Mair 2000). 토카라어는 PIE의 많은 고어 형태를 보유하고 있으며 아니톨리아어 다음으로 가장 오래된 PIE의 파생인 것으로 널리 평가받고 있다. 특히 주목해야할 사실은 토카라어가 BCE 2000년경에 아시아계 초원 지역으로 넓게 퍼지기 전에 다른 것들 가운데 인도-이란어에 영향을 미쳤던 사템어군화(satemization)에 참여하지 않았기 때문에(이에 대해서는 7장에서 논의될 것임) 토카라어는 사템어군화가 발생하기 이전에 그것과 먼 구전지역에서 왔음이 틀림없다. 이 아파나셰보-토카라어 사이의 상관관계에는 대해서는 몇 가지 어려움이 있다. 그럼에도 불구하고 고고학적 기록은 토카라어를 사용하는 지역과 그리 멀리 떨어져 있지 않은 아시아 초원 지역에서 멀리 남동부 유럽의 후기 트리폴리/ 얌나야 문화의 초기 분파를 증명한다.

다뉴브 계곡과 발칸반도 깊숙이 침투하면서 얌나야 문화 공동체의 서쪽으로의 확산은 상호 작용 영역을 형성했으며, 이는 IE 언어 계열의 다양한 이들 분파의 지역에서의 후기 출현과 상호 연관될 수 있다. 그리스어 사용자들은 두세 번의 이동을 통해 그리스로 이주한 것으로 추정된다. 첫 번째 이동을 위해 가장 널리 제안된 통로는 기원전 2300년경의 초기 헬라도스문화 II기(Early Helladic II)부터 초기 헬라도스문화 III기(Early Helladic III)로의 고고학적 이동이다. 이 기간 동안 코린티아(Corinthia)와 아르골리드(Argolid)에 있는 EH II기 유적지는 파괴되어 버려졌고, 새로운 형태의 건축(apsidal houses), 매장방식들(tumuli), 무기들(구멍이 난 돌도끼), 도자기(Minyan Ware)가 소개되었다.

7장에서 논의될, 말이 끄는 전차는 기원전 3천년 말 남부 우랄 대초원지대의 신타슈타(Sintashta) 문화에서 발전되었으며, 이로부터 동쪽과 서쪽으로 빠르게 퍼져나갔다. 말이 전차를 몰기 위하여 만들어진 스텝지대 형식의 말의 재갈 양쪽에 있는 금속제 막대기 또한 미케네로부터 알려졌다(Usachuk 2004; 2013). 말이 모는 전차, 검, 그리고 매장고분 안에 있는 신분계급에 따른 매장방식은 아마도 알바니아를 통해 침입하는 전사들의 작은 신체에 의해 도입되었을 것이다. 그것은 기원전 1700~1100년경의 후기 헬라도스 시대에 번성했던 미케네 족장들의 갑작스러운 출현을 야기했다. 그들은 흑해 초원지대의 카타콤 묘지문화(Catacomb Grave cultures; 지하묘지매장문화)의 후반기에 유래했을지도 모른다. 여기서는 족장이 죽으면 점토로 만든 얼굴 마스크를 씌워서 묻는 관습이 있었다. 미케네의 수직갱 형태의 무덤에 있는 유명한 황금 얼굴 마스크가 가능한 모델로 여겨지는 유물이다(7장 참조).

그리스로의 마지막 대규모 이주의 물결은 기원전 1300년경 미케네 문명의 붕괴와 관련이 있다. 이 시대의 전반적인 불안은 도리스 지방 방언(Dorian dialect)사용하는 사람들이 그리스로 그리고 원시 아르메니아어를 말하는 사람들이 아나톨리아로 진출했다는 사실이다. (아나톨리아에서는 기원전 1200년경에 많은 지역들이 파괴되었고, 기원전 1165년 앗시리아의 자료들에 의하면, 유프라테스 상류지역에 2만 명의 군대를 가지고 있었다고 말해지는 무스키(Muski)라고 불리는 사람들과 원시 아르메니아 사람들 사이에 연관성이 있었던 것으로 추정된다.) 의심할 여지없이 이 불안과 연관된 한 가지 요인은 대규모의 말타기(승마)의 채용이었다. 그것은 아마도 기원전 1500년경 흑해-카스피해 초원지대에서 원시-이란어를 사용하는 롤러를 사용해 도자기를 만드는 문화 속에서 시작된 것처럼 보인다(7장과 9장 참조). 도리스 사람들은 신적인 기수인 쌍둥이 형제 카스토르(Kastor)와 폴루데우케스(Poludeukes)에 대한 숭배와 더불어 그리스에 말타기를 소개했다(제10장).

이 장에서 나의 목표는 바퀴가 달린 탈것에 대한 PIE 용어가 후기 PIE를 사용하는 모국을 찾는 데 가장 안전한 기준이라는 것을 입증하는 것이었다. 그 용어는 원래 PIE의 기원이며 PIE를 말하는 사람들이 바퀴가 달린 탈것의 발명가임을 시사한다. 이 기준에 따르면, 후기 PIE는 거기에서 바퀴가 달린 차량이 발명되었을 가능성이 가장 높은 농업인들 중심의 후기 트리폴리 문화에서 사용되었다. 이러한 가설은 초기

PIE가 기원전 4300–4000년 트리폴리 문화를 침략하여 장악한 흑해–카스피해 초원지대에 살던 스켈리아(Skelya) 유목민들에 의해 사용되었다는 가정과 일치한다. 그와 동시에 다른 그룹의 스켈리아 유목민들은 발칸지역을 침략하였다. 그 결과 그들의 초기 PIE가 결국 아나톨리아로 오게 되었다. 북동부 유럽의 유선도자기문화(Corded Ware culture)와 남동부 유럽의 얌나야 문화 양자는 수만 명의 후기 트리폴리 사람들이 이동하는 유목민들이 되어 기원전 3400년경 바퀴가 달린 탈것들을 가지고 사방으로 퍼져나갔을 때 존재하게 되었다. 초기 청동기 시대(기원전 3300–2500 혹은 그 이후)의 이 두 광대한 문화 공동체로부터 하나의 궁극적인 기원을 가진 연속적인 문화를 통해 IE 언어 계열의 주요 분파들의 흔적을 역사적으로 처음 증명된 지역에서 추적하는 것이 가능할 것이다.

7

유라시아 초원 지대의 초기 인도-이란인들

얌나야(Yamnaya) 문화 공동체는 다뉴브에서 우랄까지 약 3000km에 걸쳐 있는[이미지 6.6] 흑해 북쪽의 흑해-카스피해 초원 지대에서 기원전 3300년부터 기원전 2500년까지 지배했던 다른 지역 문화들의 상위(혹은 집합) 개념(the umbrella name)이다. 그 이름은 러시아어에서 유래되었는데, yama는 "구덩이, 구멍, 무덤"을 의미한다. 실제로 얌나야 문화 공동체는 이전에 구덩이 무덤 문화(Pit Grave culture)로 알려져 있었다. 그것을 구성하고 있는 문화는 거의 대부분 무덤에서 식별할 수 있는데, 이것은 실제로 단순한 구덩이였다. 죽은 사람들은 보통 똑바로 누워 있었지만 때로는 옆으로 있기도 했다. 각 경우 다리는 구부러져 있고 머리는 동쪽이나 북동쪽을 향하며 직접 땅바닥이나 나무판자 혹은 갈대 위에 누워 있었다. 시신에는 종종 생명을 주는 피를 상징하는 붉은 황토를 뿌렸다. 초기 매장은 부장품들이 빈약하지만, 후에 무덤에서는 항아리, 부싯돌 또는 구리 칼, 부싯돌로 만든 창끝, 돌도끼, 뼈로 만든 작살, 돌 칼날이 달린 낫, 망치 모양의 뼈로 만든 핀과 멧돼지의 엄니로 만든 펜던트와 같은 장식품이 포함된다. 어떤 동물 뼈는 아마도 죽은 사람들을 위해 제공된 음식이거나 부분적으로는 종교적 희생제에서 비롯된 것일 수 있다. 양이나 드물게 말의 두개골과 앞다리가 드러나기도 하는데, 양의 척골의 경우에는 그것이 게임 주사위 역할을 했을지도 모른다. 매장지는 두꺼운 판자나 석판으로 덮여 있거나 주변을 돌로 둘러쌌을 수 있지만, 일반적으로 그 위에는 더 많은 매장에 사용될 수 있는 분묘 또는 흙무덤이 있었다. 때로는 사람 모습을 닮은 비석이 흙무덤 위에 있기도 한다.

얌나야 문화는 아마도 후기 원시-인도-유럽어(Late Proto-Indo-European)를 사용했을 것으로 보이는 후기 트리폴리 문화의 사람들이 바퀴가 달린 수레를 가지고 흑해-카스피해 초원 지대로 빠르게 퍼져 나갔을 때 생겨났는데, 이 이전까지는 스켈리아/스레디 스토그 II기(Skelya/Srednij Stog II) 문화와 (동부 지역에서의) 후기 흐발린스크 사람들이 주로 차지하고 있었다. 그들의 언어는 아마도 초기 PIE에 근거를 두고 있었을 것이다. 이러한 초기 PIE 토대는 트리폴리 지역의 후기 PIE로 추정되는 후두음의 음소의 흔적을 남기면서 고문체적 영향을 갖게 되었을 수 있다.

그리스인과 아르메니아인의 조상들은 얌나야 연속체의 가장 서쪽 부분을 차지하고 있으며, 언어는 그리스어에 가깝지만 인도-이란어와 새로 도입된 사템어군을 공유하고 있는 장차 아르메니아어를 사용하는 사람들이 장차 그리스어를 말하는 사람들보다 초원 지대에 더 오래 머물렀던 것으로 보인다. 드네프르(Dnieper)강 동쪽의 초원 지대는 아마도 인도-이란어를 사용하는 사람들의 조상 대대로의 고향이었을 것이다. 그리스어와 인도-이란어는 몇 가지 공통적인 후기 PIE의 언어적 혁신(예: 몇 가지 파생 접미사와 증음, 즉 동사의 접두사가 붙은 과거

시제 표식)을 가지고 있다.

수많은 얌나야 무덤에는 소가 끄는 2, 4개의 단단한 바퀴가 달린 마차나 카트의 잔해가 들어 있다[이미지 7.1]. 그들은 수송 목적뿐만 아니라 가족을 위한 이동 주택으로도 야외의 초원 지대에서 이용하는 데 필수적이었다. 이러한 이동성은 이동하는 유목민들의 전형적인 임시 캠프가 다수 발견되었음에도 불구하고 얌나야 문화가 차지하고 있던 지역이 드문 이유를 설명한다. 그러나 드네프르강 하류 지역의 특히 미하일로브카(Mikhajlovka)에는 몇 개의 정착지가 알려져 있다. 이 정착지는 초기 스켈리아(Skelya) 문화를 대표하는 층위에 있다. 그것은 1.5헥타르나 되는 지역에 걸쳐 있었다. 첫 번째 집은 타원형이었고 땅의 절반을 파고 들

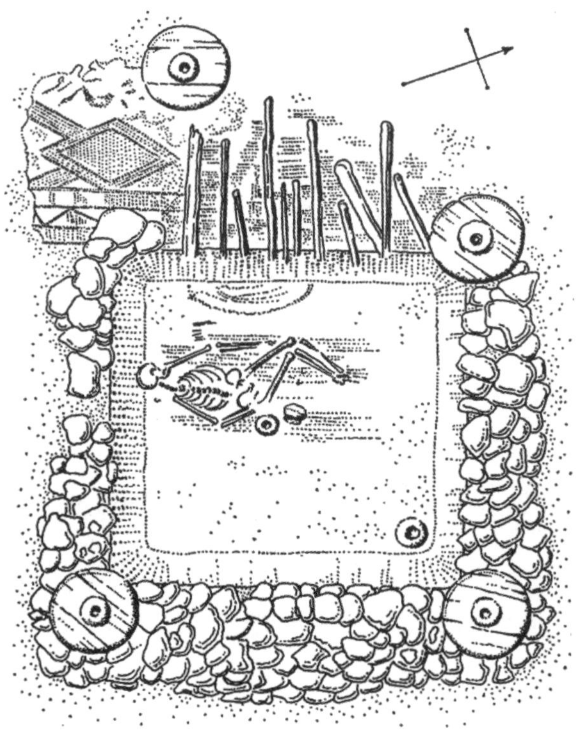

[이미지 7.1] 트리 브라타(Tri Brata)의 얌나야 문화의 마차 무덤. Piggott 1983:55, fig.23. 앨리슨(Alison)과 스튜어트 샌더슨(Stewart Sanderson)의 허락에 의한 게재.

어가 있다. 후에 그들은 돌로 된 토대 위에 나무로 지어진 3개의 방이 있는 더 커다란 직사각형이 되었다. 미하일로브카는 해자와 2.5미터의 돌 요새로 둘러싸여 있었다. 전투는 화살촉과 돌칼, 끝에 못 같은 것이 박힌 곤봉 및 돌로 된 전투용도끼와 같은 무기들의 발견에 의해 암시된다.

미하일로브카에서 발굴된 동물 뼈는 축산업과 사냥을 입증한다. 거기에는 양, 염소, 소와 같은 가축들과 상당히 많은 수의 말과 돼지 외에 야생 당나귀, 야생 황소, 멧돼지, 고라니, 사이가 산양 그리고 적은 수의 산토끼, 여우, 늑대, 수달, 비버 그리고 다른 야생동물들의 뼈가 있다. 야외의 초원 지대의 농업은 소금기 있고 모래가 많은 토양과 물이 없기 때문에 제한되지만, 강 계곡에서의 농업은 돌칼을 가진 낫과 곡물을 갈기 위한 맷돌의 발견에 의해 추측된다. (칼, 송곳, 끌, 까귀 같은) 금속 자체와 도구의 형태는 그들 자체에 구리를 가지고 있는 볼가(Volga)와 우랄(Ural) 지역과는 별도로 코카서스(Caucasus)에서 왔지만, 야금술이 가까이에서 실행되었다. 뿐만 아니라 부싯돌, 돌, 뼈, 뿔 역시 도구와 무기의 중요한 재료로 남아 있었다. 손으로 빚은 도자기는 초기의 지역 전통을 이어 가면서 줄과 빗금 자국으로 장식되었다. 중요한 특징적인 항목은 향로이다. 그것은 도자기 발을 가진 도자기 그릇으로 아마도 헤로도토스(4,73–75)가 언급한 훨씬 후대의 스키타이인들처럼 대마를 태우기 위해 사용되었을 것이다.

드네프르강과 볼가강 사이 얌나야 문화 공동체는 기원전 1950년까지 지속된 카타콤 묘지 문화 공동체에 의해 기원전 2500년경에 계승되었다. 그의 경제적인 부분은 얌나야 문화와 매우 유사했지만 특별히 청동 작업, 무기 제조 및 직조와 같은 전문적인 수공업을 포함했다. 드문 드문 존재한 카타콤 묘지문화 정착지의 대부분은 계절 캠프이다. 그러나 해자에 둘러싸인 돌 벽이 있는 요새도 알려져 있다. 그 이름은 무덤 구덩이 바닥에 있는 측면 틈새와 같은 카타콤에서 유래되었는데, 그 안에 시신이 오른쪽으로 구부러진 자세로 놓여 있었다. 카타콤은 금속 물질들의 형태와 마찬가지로 코카서스로부터 영향을 받은 것으로 여겨진다. 일부 무덤에는 양, 염소, 소의 머리와 발굽과 같은 동물 제물이 들어 있다. 머리뼈로 만든 망치 형태의 핀과 향로와 같은 특징적인 문화적 품목들은 여전히 사용되고 있었다. 아마도 고분 밑에 있는 엘리트의 무덤에는 마차, 홀, 돌과 금속으로 만든 도끼, 손잡이가 달린 돌로 만든 장식용 지팡이의 윗부분, 단검, 화살 그리고 두드러지게 점토로 만들어진 얼굴 마스크(이에 대해서는 약 100개의 예가 알려져 있음)가 포함되어 있었을 것이다. 그 점토로 만든 얼굴 마스크는 미케네의 수갱식 매장 무덤에 있는 황금 마스크의 원형으로 추정된다. 거기에는 또한 젊은 사람들의 두개골 변형이 실제로 행해졌다는 증거도 있다.

카타콤 묘지 문화는 인도-이란계 언어들 가운데 이란어 분파의 원형을 이루는 언어 공동체를 형성했을 가능성이 높다. 물론 이란어(또는 이란-아리아어)와 인도-아리아어는 유라시아 초원 지대와 산림 초원 지대에서 사용되었던 언어 집단에 대한 시대착오적인 용어다. 이 용어들은 단순히 이 언어들이 오늘날 주로 이란과 인도에서 사용되는 아리아어의 두 주요 분파에 원형이라는 사실을 반영한다. 흑해-카스피해 초원 지대의 밀레니엄 문화적이고 언어적인 연속성은 카타콤 묘지 문화 이후에 동일한 넓은 지역이 매우 유사하고 유전적으로 관련된 유목 문화에 의해 점령되었다는 사실을 암시한다.

돈 강의 서쪽에 있는 카타콤 묘지 문화는 멀티롤러 세라믹(multiroller ceramic; 러시아어로는 kul'tura mnogovalikovoj keramiki = KMK)을 가진 문화로 변형되었으며, 바비노 III기 문화(the Babino III culture; BCE 2100–1850년)라고도 불린다. (여기서 '롤러'는 불을 붙이기 전에 냄비의 바깥 표면에 부착된 밧줄 모양의 점토 띠를 나타낸다.) 스루브나야(Srubnaya) 문화(1850–1450 BCE)는 나무로 짜기를 의미하는 러시아어의 스루브(srub)에서 온 목재 무덤(Timber Grave) 문화로도 알려져 있는데, 이 문화는 때때로 매장 형식으로 발견된다. 스루브나야 문화는 KMK 문화뿐만 아니라 후자의 전 지역에 걸쳐 있는 (다음에 논의될) 아바셰보(Abashevo) 문화를 계승하고, (역시 다음에 논의될) 동시대의 안드로노보(Andronovo) 문화와 공존했던 남부 우랄 지역들로 확대되었다. 볼가-오카(Volga-Oka)강 사이에 있는 지역의 포즈드냐코프(Pozdnyakovo) 문화(기원전 1850–1450)는 스루브나야 문화가 러시아 중부의 산림 지역으로 확장되었음을 나타낸다.[2]

청동기 후기(기원전 1500–800)에는 롤러-도자기(roller pottery; 러시아어 valikovaya keramika)로 구별되는 문화들이 스르부나야 문화의 뒤를 이었다[이미지 9.7]. 기원전 1500년경에 승마를 채택하면서 롤러-도자기 문화의 사람들은 초기 스루브나야 영역을 서쪽, [까마(Kama) 강 유역에 이르는] 북쪽 그리고 동쪽으로 확대한 강력한 전사였다. 동쪽으로는 롤러-도자기[안드로노보(Andronovo)] 문화가 선점

2 여기서 롤러는 도자기 표면에 붙이는 밧줄 모양의 점토 띠를 의미한다.

하던 카자흐스탄(Kazakhstan)과 투르크메니스탄(Turkmenistan) 전체를 차지하게 되었다. 9장에서 그들의 언어는 원시-동부-이란어(Proto-East-Iranian)였다는 사실이 논의될 것이다. 토볼(Tobol) 강과 이심(Ishim) 강 사이의 카자흐스탄 북부의 초원 지대와 산림 초원 지대에서 롤러-도자기 전통은 알레크세브카(Alekseevka)—별칭으로 사르가리(Sargary)라고도 불리는—문화(기원전 1500-900)로 대표된다[이미지 9.7, no.8]. 이 모든 롤러-도자기 문화의 주체는 기원전 1000년과 기원후 1000년 초기에 다뉴브(Danube)에서 몽골(Mongolia)까지 이어지는 유라시아 초원 지대를 지배했던 스키타이인(Scythians), 사르마티아인(Sarmatians), 사카인(Sakas)으로 알려진 이란어를 사용하는 말을 탄 기마인의 직계 조상이었다. 유럽 초원 지대의 많은 강 이름은 이란어 어원을 가지고 있다. 예를 들어 Don(그리고 그의 축소형 Donets)은 드네프르(Dnieper)와 드네스테르(Dniester) 강 이름의 첫머리 부분 뒤에 있는 고대 이란어(Avestan)에서 강을 의미하는 dānu에서 유래했다.

서부 이란어군을 사용하는 사람들은 북부 흑해 초원 지대에 있던 그들의 고향에서 동부 카프카스 강에 있는 카스피안 게이트(Caspian Gates) 또는 카스피해를 돌아 호라산(Khorasan)을 거쳐 가는 경로를 경유해 이란고원과 서아시아로 왔다. 헤로도토스에 의하면 전자의 경로는 기원전 652-625년에 메디아 제국(Median empire)을 지배했던 스키타이인이 택했던 길이기도 하다. 기원전 1000년경 중앙아시아 남부의 야즈(Yaz) I기에서 야즈 II기로 바뀌는 것과 관련된 문화적 변화는 서부 이란어군 사용자의 도래와 연관이 있는 것처럼 보인다. 메디아와 페르시아인들은 881-835년에 만들어진 신-아시리아(Neo-Assyrian) 왕실 비문에서 처음 언급된다; 그들은 메디아 이름을 포함하고 있으며, 우르미아(Urmia) 호수 주변에 위치한 파르수바(Parsuva)의 27명의 왕이 기원전 835년에 아시리아의 왕 샬만에세르(Shalmaneser) 3세에게 경의를 표했다고 전한다. 퀼러 영(Cuyler Young, 1985)은 초기 메디아와 페르시아인을 후기 서부 이란 버프웨어(Buff Ware, 기원전 900 – 700)[3]와 연결하면서 이 도자기의 출처를 기원전 1100년경에 처음 등장하는 남부 중앙아시아로 거슬러 올라간다.

어쨌든 서부 이란어군은 기원전 1000년 초부터 이란의 대부분의 지역에서 사용되었다. [오늘날 하마단(Hamadan) 지역에 있던 엑바타나(Ecbatana)를 수도로 삼고 있던] 메디아 제국은 기원전 678 – 549년 이란 북부에서 번창했다. 기원전 549년 키루스 대왕(Cyrus the Great)에 의해 정복된 이 제국은 이집트와 아나톨리아에서 인더스 계곡까지 뻗어 있는 구페르시아어를 사용하는 아케메네스(Achaemenid) 제국(기원전 559 – 330)에 의해 계승되었다. 알렉산더대왕의 정복 이후 그 제국은 그의 장군들에 의해 나누어졌고, 그중 셀레우코스(Seleucus)는 시리아에서 인더스 계곡에 이르는 동부 지역을 받았다. 그리하여 헬레니즘적인 셀레우코스 제국은 기원전 312년에서 기원전 63년까지 지속되었다. 기원전 247년 파르나(Parna) 부족의 아르사케스(Arsaces)는 셀레우코스 제국으로부터 북부 이란에 있는 파르티아(Parthia)를 정복해 아르사케스 또는 파르티아 제국(기원전 247 – 기원후 224)을 건립했다(이에 대해서

3 고대의 도자기로 섬세하고 가벼운 백색 점토로 만들어진 담황색 도자기를 의미한다.

는 9장 참조할 것). 그것은 셀레우코스로부터 메디아와 메소포타미아를 점령한 (기원전 171 – 138까지 지배한) 미트리다테스(Mithridates) 1세에 의해 크게 확장되었다. 파르티아 제국은 이슬람이 이 나라를 정복할 때까지 기원후 224–651년까지 이란을 지배한 사산조(Sasanids) 페르시아제국에 의해 계승되었다.

발루치어(Baluchi)라고 불리는 서부 이란어군은 터키 동부, 이란 북서부, 이라크 북부에서 사용되는 쿠르드어(Kurdish)와 밀접한 관련이 있다. 발루치어 사용자들이 기원후 7세기 또는 8세기에 서쪽으로부터 이란의 마크란(Makran)에서 파키스탄의 발루치스탄(Baluchistan)까지 퍼져 있는 현재의 거주지로 이주했다는 사실이 역사적 자료로 확인된다. 아마도 흑해–카스피해 초원 지대의 카타콤 묘지 문화에서 유래한 이란 분파의 초기 역사를 개략적으로 살펴보고 나서, 우리는 원시–인도–이란어의 분열로 되돌아간다. 결국 두 가지 분파의 형성을 초래한 방언의 구별은 기원전 2500년경에 시작된 것으로 보인다. 인도–아리아어 분파는 아마도 돈 강 상류의 후기 얌나야 문화와 볼가–우랄 지역의 폴타브카(Poltavka) 문화에서 유래했을 것이다. 그것은 기원전 2500 – 2100년의 초기 카타콤 무덤들과 동시대이다.

기원전 2300–1850년의 아바셰보(Abashevo) 문화는 볼가강 중류의 추바시(Chuvash) 공화국의 한 지역의 이름을 따서 붙여졌으며, 산림 초원 지대와 산림 지대의 경계를 따라 돈 강 상류에서 시베리아 서부에 있는 토볼(Tobol) 강 상류까지 확장되었다[이미지 7.3]. 그것이 동부 후기 얌나야 문화에서 기원했다는 사실은 매장 관습(시신이 무덤 아래 다리를 구부린 채 똑바로 누운 자세)과 신석기시대의 모든 스텝 지역의 도자기들과 마찬가지로 그것을 강화하기 위해 점토와 잘게 으깬 조개껍질을 혼합한 도자기에서 나타난다. 금속으로 만든 낫과 돌로 만든 맷돌은 농업의 존재를 입증한다. 생계의 주요 수단은 축산업이었다. 발견된 거의 모든 뼈는 양, 염소 그리고 소수의 말과 돼지와 같은 가축에 속한다.

아바셰보(Abashevo) 문화의 동쪽으로의 확장은 볼가 강 중류와 카마(Kama) 강 하류 그리고 벨라야(Belaya) 강[이미지 7.2]에 풍부하고 순수한 구리가 매장된 사암층에 의해 유발되었다. 아바셰보인들은 발라노보(Balanovo)인들과 구리를 놓고 싸움을 벌였다. 펩키노(Pepkino) 지역에 있는 아바셰보 매장지에는 남자 28명이 매장되어 있었는데, 그들

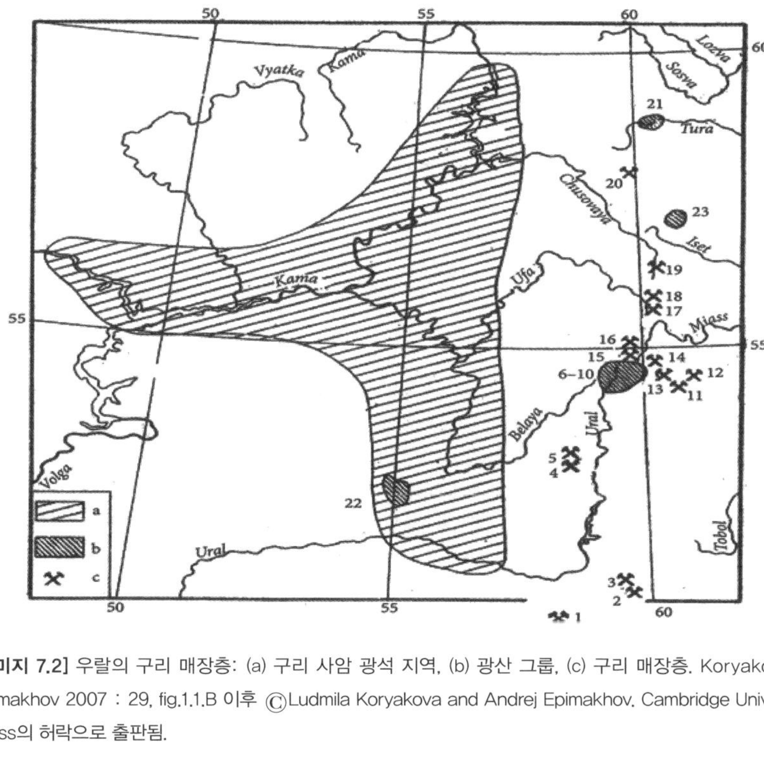

[이미지 7.2] 우랄의 구리 매장층: (a) 구리 사암 광석 지역, (b) 광산 그룹, (c) 구리 매장층. Koryakova & Epimakhov 2007 : 29, fig.1.1.B 이후 ⓒLudmila Koryakova and Andrej Epimakhov, Cambridge University Press의 허락으로 출판됨.

중 일부는 도끼로 머리를 맞은 흔적이 있었다. 발라노보 문화(기원전 2300~1900)는 파티아노보(Fatyanovo) 문화(기원전 2800~1900)의 가장 동쪽의 분파를 형성하며, 이 지점은 매듭무늬 토기 문화(the Corded Ware/Battle Axe cultures)의 동쪽의 변형된 문화를 구성한다[이미지 6.6]. 파티아노보-발라노보 사람들은 인도-이란인과 초기 접촉을 한 것으로 알려진 인도-유럽의 초기 분파인 원시-발토-슬라브어(Proto-Balto-Slavic)를 말했음이 거의 틀림없다. 발토-슬라브어와 인도-이란어는 초기의 언어적 변화, 특히 사템어군화(satemization)와 (부분적으로) 이른바 루키 규칙(ruki rule; r, u, k, i 이후 *ş로 변경)을 공유한다. 아바셰보 매장 방식은 얌나야 매장 방식과 비슷하지만 (수직갱 안에 있는 남자들은 오른쪽에 있고, 머리는 남서쪽을 향하고, 여자는 왼쪽에 있고, 머리는 북동쪽을 향하는) 초기 아바셰보 도자기와 금속 물체, 특히 도끼 형태는 파티아노보-발라노보 매듭무늬 토기 문화와 매우 유사하다. 이것은 아마도 언어적 상호작용을 포함해 두 문화 간의 상당한 양의 상호작용을 보여 준다.

아바셰보 문화는 야금술의 중요한 초기 중심지였다. 그의 금속 생산은 처음에 볼가-카마-벨라야 지역의 순수한 구리 광석을 기반으로 했지만, 후에 더 단단한 무기와 도구를 생산하는 데 더 적합한 비소 구리(arsenical copper)가 있는 우랄의 동쪽으로 이동했다. 기원전 22세기경, 아바셰보족의 일부는 폴타브카(Poltavka) 문화에 의해 점령되기 전까지 풍부한 금속광석과 목초지를 소유하기 위해 남쪽으로 이동했다. 이로 인해 볼가(기원전 2100-1700) 중부 지역에서 포타포브카 문화와 거대한 구리 광산이 위치한 우랄 남동부에서 보다 강력한 신타슈타 문화

(Sintashta 기원전 2100 – 1800)가 출현했다[이미지 7.3].

신타슈타 문화는 흙으로 만든 벽과 해자로 둘러싸인 요새화된 정착지를 가지고 있었으며, 가장 잘 알려진 것은 신타슈타(Sintashta)와 아르카임(Arkaim)이었다. 벽은 바퀴살 모양의 느낌을 주기 위해 안쪽으로 가늘어지면서 주택을 방어하기 위해 보통 지름이 약 150m인 원으로 형성되어 있다[이미지 7.4]. 신타슈타에는 두 개의 동심원 방어선이 있고 그들 사이에는 반쯤 땅으로 들어간 직사각형의 집들이 있는데, 그들 중 많은 집이 야금용 용광로를 가지고 있다. 정착지 근처에는 여러 묘지가 있는데 신타슈타에 있는 한 묘지에는 40개의 무덤이 있었다. 무덤 밑에 있는 매장지에는 목조 방이 있는데 거기에는 족장들은 무기, 말 끄는 전차 그리고 종종 동물 제물, 도자기 그리고 다른 무덤과 연관된 물품

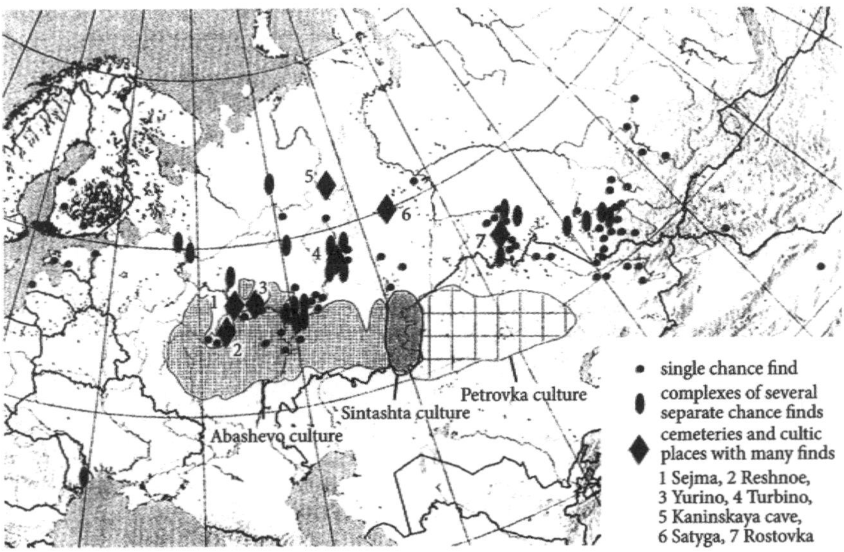

[이미지 7.3] 세이마–투르비노(Sejma–Turbino) 문화 간 상호무역 네트워크에 의해 배포된 문화 유물과 거기에 참여한 가장 문화지역의 발견 지점: 아바셰보, 신타슈타, 페트로브카. Parpola 2012 (2013) : 157, 그림. 8 (Chernykh 2007 : 77 참조). ©Finno–Ugrian Society.

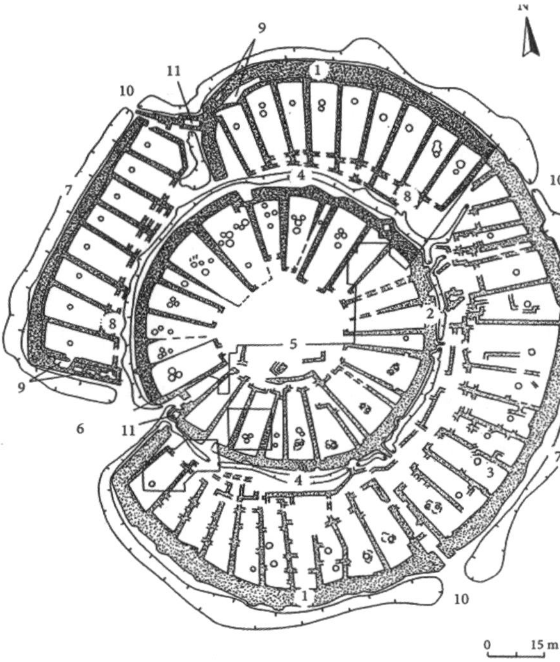

[이미지 7.4] 신타슈타 문화, 기원전 2000년 우랄 남부에 있는 아르카임의 요새화된 정착지. (1) 외부 방어벽, (2) 내부 방어벽, (3) 주거지, (4) 배수로가 있는 원형 거리, (5) 중앙 광장, (6) 주요 입구, (7) 해자, (8) 안마당, (9) 방어벽 안에 있는 방, (10) 보조적인 입구, (11) 게이트 타워 지하. 방 안에 있는 원형은 난로와 우물이다. Zdanovich & Zdanovich 2002:256, 이미지 16.3. Gennady B. Zdanovich 제공.

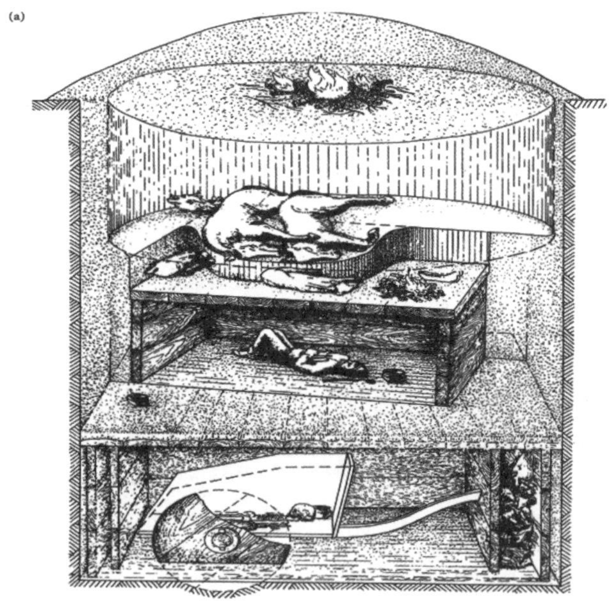

[이미지 7.5a] 러시아 남부 트랜스 우랄(Trans-Urals)의 신타슈타 문화의 무덤에 있는 말과 마차(기원전 2100-1800). 신타슈타의 그레이트 쿠르간(Great Kurgan) 남쪽 SM 지역에 있는 10과 16 무덤의 재건. 무기를 가진 전사는 전차와 2 마리의 말을 가진 말을 모는 전사 또는 신랑과 함께 누워 있다. Gening, Zdanovich, & Gening 1992:154, 그림. 72. Gennady B. Zdanovich 제공.

(b)

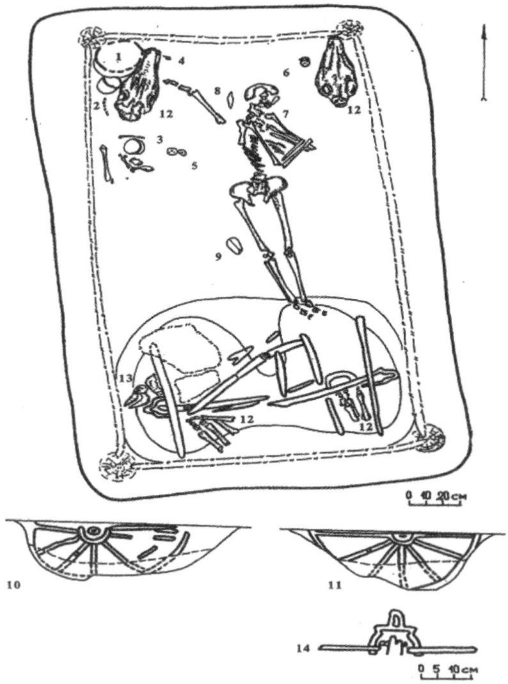

[이미지 7.5b] 크리보 오제로(Krivoe Ozero) 묘지에 있는 분묘(kurgan)9의 묘지1은 바닥에서 다음과 같은 부장품들이 발견되었다: (1-3) 도자기들, (4) 돌과 뼈로 만든 화살촉, (5-6) 뿔로 만든 한 쌍의 말 재갈 양쪽에 있는 막대기, (7) 청동 도끼, (8) 청동 단검, (9) 숫돌, (10-11) 전차 바퀴(절단된 모습, (14)는 바퀴 축의 모습), (12) 두 마리의 말의 두개골과 다리 뼈; (13) 양이나 염소의 뼈. After Vinogradov 2003:85, 그림. 34. Nikolaj B. Vinogradov 제공.

과 벽난로와 함께 족장들이 매장되어 있었다[이미지 7.5]. 비록 카타콤 무덤 문화에서 이미 소가 끄는 전차를 사용한 것으로 보이지만, 신타슈타 문화는 단단한 바퀴와 바퀴가 달린 마차를 사용한 최초의 것으로 보인다.

신타슈타 문화의 분파인 페트로브카(Petrovka) 문화(기원전 2000–1800)는 동쪽으로 카자흐스탄 북부의 토볼–이심(Tobol–Ishim) 강 사이의 지역으로 확장되었다. 명백하게 그 목적은 구리뿐만 아니라 주석이 풍부한 알타이산맥이었다. 그것은 구리를 청동으로 합금하는 데 필요했다. 아바셰보, 신타슈타, 페트로브카의 세 분화는 모두 "세이마–투르비노의 다른 문화들간의 네트워크"(the Sejma–Turbino transcultural network, 기원전 2100~1600)의 중추 역할을 했다. 이 네트워크 내에서 무장한 상인들은 시베리아에서 우랄 지역으로 심지어 서쪽 멀리 핀란드까지 고품질의 무기를 전했다[이미지 7.3]. 이 네트워크는 아마도 우랄 언어의 초기 확산에 중요한 역할을 했을 것이다.

신타슈타와 페트로브카 문화는 또한 광범위한 안드로노보(Andronovo) 문화 공동체를 낳았다. 이 공동체는 또한 말이 끄는 전차를 소유하고 있었고 게다가 야금술과 목축에도 종사했다. 우랄과 알타이산맥 사이의 아시아의 초원 지대 전체에 분산된 안드로노보 공동체는 두 개의 주요 지점으로 나뉘어져 있었다: 그것은 주로 트랜스 우랄(Trans-Urals)

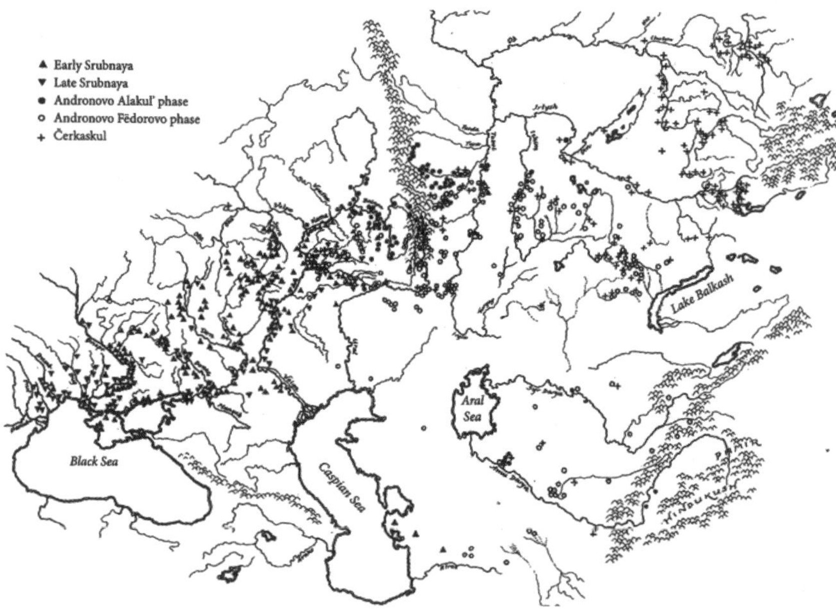

[이미지 7.6] 스루브나야(Srubnaya, 목재 무덤, 초기와 후기), 안드로노보(알라쿨과 페도로보의 변형) 그리고 체르카스쿨(Cherkaskul)의 기념물의 분포. Virpi Hämeen-Anttila가 그린 그림 for Parpola 1994a:146, 이미지 8.15, Chlenova 1984에 근거함: map facing p. 100; reproduced here after the slightly revised version of Parpola 2012 (2013)의 개정판이후 재인용:165, 그림. 10. ©The Finno-Ugrian Society, Asko Parpola and Virpi Hämeen-Anttila.

과 북부, 서부, 중부 카자흐스탄에 걸친 초원 지대와 산림 초원 지대에 분포한 알라쿨(Alakul) 지역의 안드로노보 문화(기원전 2000 – 1700)와 사실상 투르크메니스탄(Turkmenistan)과 카자흐스탄(Kazakhstan) 전체를 차지하고 있으며 북쪽으로는 서쪽의 트랜스 우랄에서 카자흐스탄 동부와 예니세이(Yenissei) 강 상류에 이르는 산림 초원 지대와 연결되어 있는 페도로보 안드로노보(Fëdorovo Andronovo) 문화(기원전 1850 – 1450)이다. 체르카스쿨(Cherkaskul) 문화의 원시–동–우랄어(Proto–East–Uralic)를 말하는 사람들과 페도로보 안드로노보 문화의 사람들 간의 공생에 대해서는 곧 논의될 것이다[이미지 7.6].

언어학적 기준에 근거하여 우랄어족, 별칭 피노–우그리아어족(Finno–Ugric)의 언어들은 세 개의 주요 그룹을 형성한다. 서부 우랄어족은 사미어족(Saami), 핀어족(Finnic– 핀란드어, 에스토니아어, 리보니아어, 카렐리아어 등)과 모르도바어족(Mordvin)으로 구성되며; 중앙 우랄어족은 [이전에 체레미스(Cheremiss)라고 불렸던] 마리어족(Mari) 그리고 페름어파 어군들[이전에 보탸크어(Votyak)로 불렸던 우드무르트어(Udmurt), 이전에 지리안어(Zyryan or Zyryene)로 불렸던 코미어(Komi)]로 구성되어 있다; 그리고 (Jaakko Häkkinen 2009년에 의해 확립된 혁신과 같이 한) 동부 우랄어족은 시베리아에 널리 분포된 사모예드(Samoyed) 언어들과 (이전에 오스타크어로 불렸던 한티어(Hanti 또는 Khanty), 이전에 보굴어(Vogul)라고 불렸던 만시어(Mansi) 그리고 10세기경 남부 우랄 지역에서 헝가리에 도착한 헝가리어 등의) 우그리아어(Ugric)로 구성되어 있다.

카마 강 계곡 주변 지역은 오랫동안 우랄어족(피노–우그리아어족)

의 원래 고향으로 생각되었다. 원시-우랄어(Proto-Uralic) 어휘는 농업이나 축산업의 징후가 없는 중석기/신석기 교체 시대 수렵 채집 경제를 암시한다. 우랄 언어의 현재 분포와 우랄어를 사용하는 사람들의 역사에 대해 알려진 것은 그들의 기원이 유럽 러시아의 숲이 우거진 북동부 지역에 있음을 암시한다. 그의 고향은 우랄산맥 근처에 있었음이 틀림없다. 왜냐하면 원시-우랄어에는 스위스 소나무(Cembra pine)를 뜻하는 *sïksi와 시베리아 전나무를 뜻하는 *ńulka라는 단어들이 있는데 이 나무들은 카마 강과 페초라(Pechora) 강 서쪽에서는 자라지 않기 때문이다. 또한 원시-우랄어는 금속들에 대한 고유 용어를 가지고 있는데, 가장 중요한 것은 "구리 또는 청동"을 의미하는 *wäśka라는 단어로, 그것은 원시적인 고유의 야금술을 암시한다. 그것은 예를 들어 아바셰보족이 도착하기 전에 카마 계곡의 금석병용시대의 가리노-보르(Garino-Bor) 문화와 같은 것이다[이미지 7.2].

그러나 원시-우랄어는 각기 "주석과 납"을 뜻하는 *äsa와 *olna/*olni에 대한 용어도 가지고 있었다; 전자는 세이마-투르비노 문화의 동쪽 지역에서 생산되고 수입된 주석-청동을 나타낼 수 있는 복합어 *äsa-wäśka로 나타난다. 또한 원시-우랄어에는 프로토-인도-아리아어에서 나온 "송곳"을 의미하는 *ārā의 외래어 *ora가 있는데, 이란어에서는 입증되지 않는 단어이다. 금속 물체에 대한 또 다른 외래어는 원시-서부 우랄어로 "해머", "도끼"를 의미하는 *vaśara인데 그것은 원시-인도-아리아어로 "전쟁 신의 무기"를 의미하는 *vaj'ra-에서 온 것이다; 그것은 아마도 원래 세이마-투르비노의 전사들의 도끼나 철퇴를 의미했을 것이지만, 후에 북유럽의 전쟁 신 토르(Thor)로부터 해머라는 의미를 획득했다. 밀랍, 어원적으로는 "꿀에 남은 것"을 의미하는 원시-인도-아리아어 복합어인 *madhu-śišta-는 산스끄리뜨어 madhu-śiṣṭa-로 보존되어 있으며 코미어 ma-śis남아있는에 반면 복합어의 후반부는 몇몇 다른 우랄어(모르도바어, 마리어, 우드무르트어)에서도 밀랍을 의미하는 단어로 발견된다. 밀랍은 금속 주조에 매우 중요하며, 그 단어(또는 그것이 파생된 동사로 떠나다를 의미하는 *śiš-)는 이란 어족에는 없다.

원시-우랄어에서 온 일부 아리아어의 외래어들은 원시-인도-유럽어와 원시-인도-이란어 사이에 입증된 인도-아리아어와 이란어, 즉 원시-아리아어의 전형적인 보다 앞선 소리의 변화를 토대로 재구성된 초기 단계의 언어 발달을 입증한다. 원시-서부-우랄어로 "원형의 물건, 싸이클"을 의미하는 *kekrä와 산스끄리뜨어로 "바퀴, 싸이클"을 의미하는 cakra-를 비교해 보라(6장 참조). PIE 단어로 "꿀"을 의미하는 *medhu-는 또한 (아직 *a로 바뀌지 않은) 원래의 *e를 원시-아리아어의 초기 형태로 유지했으며 그것은 이 형태에서 원시-우랄어 *mete-에서 차용한 것이다. PIE의 *medhu-는 "꿀"뿐만 아니라 켈트어, 게르만어 및 발트어를 말하는 사람들의 역사 문화에서 "꿀술(mead)" 또는 "꿀-맥주(honey-beer)"로 알려진 꿀로 만든 알코올음료를 가리키기도 한다; 그리고 그리스어에서 méthu는 포도주를 의미하게 되었다. 우랄어에서 원시-아리아어로부터 가져온 외래어는 원시-페름어로 "맥주"를 뜻하는 *sur가 있는데 이것은 산스끄리뜨어로 맥주를 뜻하는 surā와 아베스타어로 "발효된 마유, 젖술"을 의미하는 hurā와 일치한다; 코미어 복합어로 꿀-맥주를 의미하는 ma-sur는 그것이 일종의 꿀술이었다는 사실을 보여 준다. 베다 시대 인도에서는 존경하는 손님을 위한 만찬에서 "꿀과 혼합된 음료"(madhu–parka, madhu–mantha)가 포함되었다. 중요한 종교 행사 때에는 핀란드어에서 peijas[즉 peiyas]라고 불리는 술이 포함된 축제로 제식을 거행했다. 이 단어는 "음주, 마시다, 헌주"를 의미하는 원시–인도–아리아어 *paiya–s 〉 고대–인도 아리아어 peya–에서 유래했다. 알코올음료는 초기 인도–유럽인과 아리아인 엘리트들의 삶에서 중요한 역할을 한 것으로 추정된다. 그 사회의 최상위층은 원시–우랄어에서 "왕자, 주인"을 의미하는 *asera / *asira로 묘사된다. 그것은 원시–(인도–)아리아어로 "주인"을 의미하는 *asura–에서 파생되었다. 원시–우랄어에는 가치 있는 대상을 다루는 것을 나타내는 아리아어의 외래어가 포함되어 있다: PU로 "가격, 가치"를 뜻하는 *arva–는 원시–아리아어에서 가격과 가치를 뜻하는 *argha–에서 왔으며 그리고 100(PU *śata 〈 PIA *śata–)과 1000(PU *śosra 〈 원시–아리아어 *źhasra–)의 숫자도 그러하다.

몇몇 원시–아리아어의 종교 용어 역시 원시–우랄어의 일부가 되었다. 원시–인도–아리아어에서 "기둥, 세상의 기둥"을 뜻하는 *stambha–s는 원시– 핀어(Proto–Finnic)에서 같은 의미의 *sampas가 된다; 그것은 고대 핀족 서사시에서 별 모양의 반점을 한 덮개를 가진 삼포(Sampo)라고 불리는 마법의 맷돌의 형태로 크게 탐나는 보물로 묘사된다. [천국의 돔형 지붕은 하늘을 지탱하는 세계 기둥의 축을 중심으로 회전한다; 그의 주인을 위해 부를 만드는 마법의 맷돌로 간주되는 그 존재는 게르만족(Germanic, 튜턴족)의 신화에서 기인한다.] 보다 더 중요한 것은 "신, 최상의 신, 천상"을 의미하는 *유마*juma– (여기서 철자 j는 영어 yoke에서 y에 해당하는 반모음이며 Jumala는 현대 핀란드어에서 대문자 G를 가진 "신(God)"을 뜻한다) 다음에 그것은 원시-인도-아리아어에서 "천상의, 빛나는"을 뜻하는 *dyuma(n)t-에서 왔다. 그것은 천둥과 전쟁의 신인 인드라(Indra)의 별칭이다. 아마도 초원 지대에서 원시-인도-아리아어와 원시-동부-우랄어를 말하는 민족들 간의, 심지어 멀리 남부 투르크메니스탄(Turkmenistan)까지(아래 참조), 이러한 종교적 교류와 이민족 간의 협력을 고려하면서 나는 이전의 어원학적 설명으로 불가능했던 아리아인의 신 인드라의 명칭이 원시-우랄어족의 기후의 신으로 천둥과 하늘을 의미하는 *Ilmar / *Inmar에서 왔을지 모른다고 감히 제안했다. 고대 핀족의 서사시에서 전쟁의 주된 영웅들 가운데 한 명인 일마리넨(Ilmarinen)[4] 역시 천국의 돔 천장과 삼포를 만든 대장장이로 말해진다; 핀란드어(Finnish)에서 ilma는 "공기, 대기, 날씨"를 뜻하는 일반적인 단어다. 우드무르트어(Udmurt)에서 Inmar를 Indra로 바꾸는 형태의 변화는 상상하기 어렵지 않다. 매우 많은 아리아어의 단어가 (인드라의 무기를 나타내는 *vaj'ra를 포함해) -ra로 끝난다는 사실에서 생겨나는 ar 〉 ra로의 글자의 전환 이후에 비음과 r 사이에 d의 삽입이 요구된다(그리스어에서 "사람"을 뜻하는 anēr의 소유격 an-d-ros와 비교해 볼 것).

우랄어에 들어 있는 많은 초기 아리아어에서 온 외래어들에 대한 가장 뛰어난 설명은 카마(Kama) 계곡 지역의 주민들과 아바셰보 사람들

4 핀란드 신화에서 영원히 망치질을 하는 대장장이 또는 발명가의 신을 의미한다.

간의 긴 공생에 있는 것처럼 보인다. 몇 가지 외래어들은 분명히 인도-아리아어 분파에서 왔다. 그들은 아마도 기원전 1500년경까지 아시아 초원 지대를 지배했던 위에서 언급했던 많은 문화의 조상인 아바셰보족에서 유래했을 것이다. 기원전 1500년경 그들은 흑해-카스피해 초원 지역에서 온 (십중팔구 이란어를 사용했을) 기병들의 침략을 받았다. 아바셰보 문화조차도 기원전 1850년경 초기 스루브나야(Srubnaya culture) 문화에 의해 그 지역이 점령되었을 때 아마도 원시-이란어를 말하는 사람들에 의해 계승되었다.

나는 순수한 구리 사암이 있는 볼가-카마(Volga-Kama) 지역[이미지 7.2]에 남아 있던 원시-인도-아리아어를 말하는 사람들이 결국에는 원시-우랄어를 말하기 시작했지만, 국제 금속 생산 및 마케팅의 국제적 네트워크인 세이마-투르비노(Sejma-Turbino)의 시베리아 지역과 원시-인도-아리아어로 대화할 능력이 여전히 남아 있었다고 제안했다. 이런 식으로 원시-우랄어는 금속 생산과 전사이며 상인들의 네트워크인 세이마-투르비노의 유럽 지역[이미지 7.3]의 언어들이 되었을 것이다. 세이마-투르비노 네트워크와 함께 우랄어의 공통 기반어의 서쪽으로의 확산은 많은 원시-우랄어의 분열에 대한 일시적인 답답함으로 시사된다. 이로 인해 원시-인도-아리아어 외래어의 채택이 늦춰져야 했다.

일반적으로 PIE 언어는 아마도 작지만 강력한 PIE 사용 이민자 그룹의 편이 된 지역 지도자들에 의해 시작된 언어 변화를 통해 크게 퍼져나간 것으로 생각된다. 강력한 권력을 가진 사회체제를 가진 후자는 효율적이고 좋은 무기 및 군대의 지원과 함께 그들의 권력을 외부로 드러내는 탐나는 고급 물품들을 가지고 있었을 것이다. 지역의 지도자들은 이러한 외래인 족장들의 네트워크에 가입함으로써 기존의 지위와 부수적인 이득을 보장받을 수 있었다. 새로운 네트워크 구성원의 충성도는 결혼 동맹에 의해 보장받을 수 있다(Mallory 2002a). 우랄어족의 언어들이 세이마-투르비노 전사-무역인들에 의해 시작된 언어 변화와 비슷한 방법으로 퍼져 나갔을 것이라는 사실은 입증될 수 있다: 이 가정된 우랄어족의 언어들이 현재 말해지는 영역으로 전파되었는지에 대한 추정이 고고학적 기록과 어떻게 일치하는가에 대한 상세한 증명은 유용하지만(Parpola 2012 [2013]) 여기에 포함될 수는 없다.

그러나 이 주제 속에서 나는 우랄어와 아리아어를 말하는 사람들 사이의 협력이 후대까지 계속되었다는 사실을 언급하고 싶다. 그것은 특히 바슈키리아(Bashkiria)의 체르카스쿨(Cherkaskul) 문화(기원전 1850 – 1500)와 중남부 트랜스 우랄 지역에서 원시-우랄어를 사용하는 사람들과 페도로보의 안드로노바 문화(Fëdorovo Andronovans)에서 원시-인도-아리아어를 사용하는 사람들 사이에서 그러하다(Chlenova 1984). 체르카스쿨의 사람들 일부는 목축업을 받아들여 멀리 서쪽으로는 알타이산맥과 멀리 남쪽으로는 중앙아시아까지 오랜 이주 속에서 안드로노보 문화의 사람들과 동행했다[이미지 7.6]. 이러한 이주에서 체르카스쿨의 사람들은 이동하는 목축업을 채택한 후기 헝가리인들과 마찬가지로 그들의 원래의 언어를 유지할 수 있었다: 그들 중 일부는 분명하게 알타이산맥 근처에 남아 사모예드(Samoyed) 언어를 사용하는 사람들의 조상이 되었다.

이 장에서 제시한 증거에 비추어 볼 때 초기 원시-인도-아리아어를 사용하는 사람들은 금속 세공인과 무기 상인뿐만 아니라 목축업자이면서 말이 끄는 전차 발명가였다. 전차와 빰에 붙이는 플레이트[이미지 7.7]와 함께 전차를 모는 말의 잔해가 신타슈타(Sintashta)와 페트로브카(Petrovka) 문화(기원전 2100 – 1800)의 엘리트들 무덤과 시베리아 남부, 카자흐스탄, 투르크메니스탄의 초원 위로 널리 퍼져 나간 그 뒤를 잇는 안드로노보(Andronovo) 문화(기원전 2000 – 1450)의 무덤에서 발견되었다. 중앙아시아와 내륙 아시아에 있는 수백 개의 암각화는 말이 끄는 전차를 묘사하고 있다. 이 말은 전사–상인의 세이마–투르비노의 다른 문화 간 네트워크의 칼과 홀에 묘사된 가장 좋아하는 동물이다[이미지 7.8, 7.9]. 그러나 이 물체들은 비록 말이 끄는 스키를 타는 사람의 이미지가 세이마–투르비노 칼(그림)의 상단에 장식되어 있을지라도 결코 말 타는 사람을 묘사하지 않는다는 사실이 주목할 만하다[이미지 7.10]. 신타슈타 문화에서 처음 입증된 말이 끄는 전차는 기원전 2000년 초(Usachuk 2004; 2013) 유럽 초원 지대에도 보급되었고, 기원전 20세기에 최초로 말이 끄는 전차가 등장한 고대 서아시아에서는 전쟁에서 혁명을 일으켰다.

[이미지 7.7] 남부 트랜스 우랄 지역 신타슈타 SM산의 11번 무덤에서 나온 말의 머리와 뺨-플레이트. 무덤 발굴이 문서화된 후 뺨-플레이트는 학생들에게 그것이 어떻게 사용되었는지 보여 주기 위해 두개골 옆에 놓였다. 그러나 발굴 보고서는 이 사진이 발굴된 것과 같은 것을 나타내지 않는다는 점을 기록하지 않았다. After Gening, Zdanovich & Gening 1992:157, fig. 74,1. Courtesy Nikolaj B. Vinogradov.

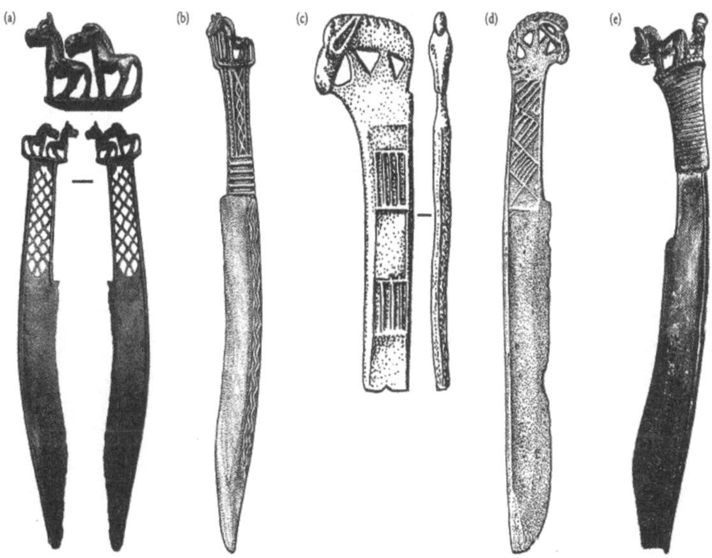

[이미지 7.8] 세이마-투르비노 타입의 금속 칼은 말 꼭대기가 달린 칼이다. (a) 세이마. (b) 옴스크. (c) 우스 뮤다, 알타이. (d) 엘루니노 1. (e) 로스토브카. After Kovtun 2013: t. 2.2; 2.4; 1.2; 1.1; 2.3. Courtesy Igor V. Kovtun.

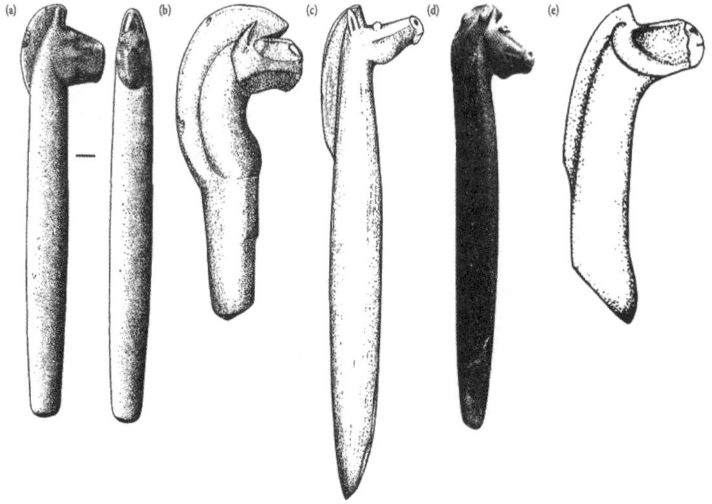

[이미지 7.9] 초원 지대에서 나온 세이마-투르비노와 관련된 말머리 장식의 돌로 만든 홀. (a) 시푸노보(Shipunovo) 5, 첼야빈스크(Chelyabinsk). (b) 옴스크. (c) 세미팔라틴스크(Semipalatinsk). (d) 부크타르마(Bukhtarma), 이티시(Irtysh). (e) 키질(Kizil'), 첼랴빈스크(Chelyabinsk). After Kovtun 2013: t. 14.1, 14.3, 14.2, 14.4, 14.5. Courtesy Igor V. Kovtun.

[이미지 7.10] 말이 끄는 스키를 타는 사람. 레스토브카(Rostovka)에서 나온 세이마-투르비노 칼의 꼭대기 부분(이미지 7.8e를 볼 것). After Kovtun 2013: photo 49.3. Courtesy Igor V. Kovtun.

8

중앙아시아의 BMAC와 시리아의 미탄니(Mitanni)

리그베다의 아리아인들이 그곳을 통해 남아시아로 지나갔을 것이 틀림없는 아프가니스탄과 남부 중앙아시아의 주변 지역은 최근까지 고고학 지도에서 청동기시대가 공백으로 남아 있었다. 1970년대에 그리스 혈통의 러시아 고고학자인 빅토르 1세 사리아니디(Viktor I. Sarianidi)에 의해 이 지역에서 이전에 알려지지 않았던 문명이 발견되었다. 그는 2013년 고누르(Gonur)에서 그 자리에서 사망할 때까지 끊임없이 발굴했다. 이 책은 훌륭한 친구에 대한 존경의 표시로 박트리아(Bactria)와 마르기아나(Margiana) 고고학의 문화복합체(BMAC)인 새 문명에 사리아니디의 이름을 사용한다. 박트리아와 마르기아나는 각각 현대의 발크(Balkh) 지역 주변의 아프가니스탄 북부와 아케메네스(Achaemenid) 페르시아제국에서 마르구스(Marguš)의 관할구였으며 현대의 도시 메르브(Merv) 주변인 투르크메니스탄 남동부 지역에 대한 고대 그리스어 명칭에서 파생되었다. 그러나 대안적이고 아마도 더 우아한 이름인 [BMAC를 통해 상류 지역에 도달하는 아무다리야(Amu Darya)강에 대한 고대 그리스어 명칭에서 파생한] 옥수스(Oxus) 문명이 앙리 폴 프랑포트(Henri-Paul Francfort)에 의해 제안되었다는 점을 주목해야 한다.

앙리 폴 프랑포트(2005)는 BMAC의 세 가지 주요한 기간들을 다음과 같이 구별한다:

- 기원전 3000-2500/2400년은 여러 가지 색상으로 칠해지고 주로 십자가와 마름모의 특징을 지닌 수제 도자기와 설화석고와 동석으로 만들어진 돌로 만든 물체 그리고 첫 번째 구분된 금속 인장을 포함하는 형성의 단계이다. 넓은 형성기의 영역은 투르크메니스탄 남서부의 코페트 다그(Kopet Dagh) 지역의 산록 지대(Namazga Depe, Altyn Depe, Ulug Depe, Khapuz Depe)와 테젠(Tedzen)강의 델타 지역(Geoksyur), 타지키스탄 서부(Zeravshan 계곡의 Sarazm), 아프가니스탄 중북부(Mundigak과 Taliqan) 그리고 이란의 세이스탄(Seistam=Shahr-i Sokhta) 지역을 포함한다. 특별히 중요한 영향은 [샤흐레 쇼흐타(Shahr-i Sokhta)에 있는 비문이 새겨진 명판과 박트리아와 사라즘(Sarazm)의 원통형 인장들에 의해 입증된] 원시-엘람(Proto-Elamite) 문명의 그것이었으며, 기념비적인 건축[문디가크(Mundigak)와 사라즘]과 인장 장식에 나타났다. 거기에는 또한 보다 큰 인더스 계곡의 초기 하랍빠 문화와 북부 초원 지대의 영향도 있었는데, 사라즘에서 아파냐세보와 유사한 매장에서 나타났다. 거기에서는 켈테미나(Kelteminar) 문화의 도자기도 발견되었다.
- 기원전 2500/2400 - 1700년은 성숙기 "도시" 단계로, 대부분 성숙기 인더스 문명과 동시대이며, 가장 역동적인 시기는 기원전 2200 - 1750년이다. BMAC의 핵심 지역인 그 지역은 남부 투르크메니스탄의 오아시스들(Margiana에 있는 Taip, Gonur, Togolok 및 Kelleli 그리고 Kopet Dagh에 있는

> Namazga, Ulug, Khapuz, Altyn) 그리고 아프가니스탄 북부(Daulatabad, Dashly 및 Farukabad), 우즈베키스탄 남부(Sapalli and Dzharkutan)로 이뤄져 있다. 약 300개의 지역이 함께 알려져 있으며, 이는 상당한 인구를 나타낸다. 경제는 밀과 보리를 이용한 관개농업에 기반을 두고 있었으며 구리, 주석, 납, 금, 은, 청금석, 터키석 등 상당한 광물 자원을 소유했다. 수많은 정착촌이 망루와 문을 가진 10미터 너비의 벽으로 강하게 요새화되어 있었으며 때로는 두 개의 안쪽 벽이 더 있었다. 그 안에는 주거용 주택, 작업장, "왕궁" 또는 "사원"이 있었다[이미지 8.1].

마르기아나(Margiana)의 수도 고뉴(Gonur)에 있는 "왕궁"은 150×140m로 측정되며 약간 작은 "사원"과 함께 있다. 고뉴 서쪽 200m에 위치한 10헥타르의 공동묘지에는 1,500여 개의 발굴된 무덤이 있다; "사원" 남쪽에서 왕족들이 매장된 작은 묘지가 발견되었다. 후자는 여러 가지 가운데서도 수사(Susa)에서 발견된 것과 정확하게 닮은 청동 테두

[이미지 8.1] 투르크메니스탄 남부 고대 Margiana의 Togolok-21에 있는 BMAC 요새. After Sarianidi 1987:52. Courtesy Margiana Archaeological Expedition.

리를 가진 바퀴가 달린 마차를 포함하고 있었다. 고뉴에는 놀라운 많은 발견물이 있지만, 나는 여기서 단지 기원전 3000년 후반까지로 추정될 수 있는 몇 가지만 언급한다. 여기에는 인더스 비문에 있는 기록과 코끼리의 이미지를 가진 커다란 정사각형의 인장을 포함한 인더스문명의 상아로 만든 물건들(빗과 핀)이 포함된다. 설형문자 비문에 따르면 (그의 이름은 불행히도 알 수 없는) 메소포타미아 왕에게 술을 따르는 사람에게 속했던 원통형 인장은 메소포타미아와의 관계에 대한 구체적인 증거인데 거기에서 BMAC는 아마도 먼 나라 쉬마슈키(Šimaški)로 알려져 있었을 것이다(Potts 2008[2009]).

물질문화는 훌륭한 물레로 만든 도자기, 칼과 손도끼와 같은 청동 도구와 무기, 장식된 의식용 도끼, 지팡이의 머리 부분 그리고 긴 돌로 만든 홀의 형상 속에 들어 있는 인상적인 권력의 상징들을 아름다운 다양한 아름다운 유물들로 이뤄져 있다. 명문이 새겨져 있지 않은 금속과 돌로 만든 수많은 인장들[이미지 20.2]은 중요한 물건의 목록을 형성한다(Baghestani 1997; Sarianidi 1998; Winkelmann 2004; Franke 2010). (때로는 두 개의 머리를 가진) 독수리, 뱀, 전갈, 야생 염소, 낙타, 멧돼지, 사자는 인장, 화장용 핀, 도끼 그리고 지팡이에 그려진 동물에 속한다. 금과 은으로 만든 와인 잔은 BMAC 사람들의 보기 드문 삶을 보여준다. 그들은 황소무리들과 함께 밭을 갈고 황소가 끄는 마차와 전차를 몰고, 고기와 음료로 잔치를 베풀고, 하프 음악을 듣고, 사냥을 하고, 전쟁을 하고, 부상당하고, 매장된 남자들을 묘사한다[이미지 8.2]. 이 남자들은 수메르풍의 주름진 카우나케스(kaunakes) 옷을 입는데, 다른 많은 물체들의 재료이기도 한 (동석과 설화석고와 같은) 연석으로 만들

[이미지 8.2a–d] 엘리트들의 삶을 보여 주는 BMAC 은컵 4개. (a–d) 염소 무리, 서로 싸우는 궁수들 그리고 화살 맞은 영웅의 매장. Private collection. After Francfort 2005: fig. 28 a-d. Drawing J. Svire, courtesy H.–P. Francfort.

어진 여신일 가능성이 높은 앉아 있는 여성들의 작은 조각상들도 마찬가지다. (청금석, 터키석 그리고 홍옥수와 같은) 준보석 형태의 돌들이 보석으로 사용되었다. 피에르 아미에트(1986)는 도상학을 "트랜스–엘라미트(Trans–Elamite)"라고 부른다; 그것은 케르만(Kerman)의 지로프트(Jiroft)의 예술과 많은 공통점을 가지고 있으며, 궁극적으로 이란 서부와 우르크–시대의 메소포타미아의 원시 엘람 예술(Proto–Elamite)로 되돌아간다.

- 기원전 1700~1500년은 BMAC의 후기 또는 후–"도시" 단계로, 마르기아나(Margiana)의 타키르바즈(Takhirbaj) 시대, 박트리아 북부의 쿠잘리(Kuzali), 몰라(Mollali), 부스탄(Bustan) 시대, 코페트 다그(Kopet Dagh) 지역의 니미즈가 VI기(Namazga VI) 시대로 대표된다. 이 빈곤한 단계에서 작은 것은 인

[이미지 8.2e] 부츠를 신은 궁수가 알 수 없는 물체를 운반하고, 벌거벗은 남자는 무거운 둥근 물체를 운반하며, 1인 전차와 2인승의 4륜 마차가 한 쌍의 질주하는 황소가 끌고 있는 행렬. Musée du Louvre (AO 28518). After Francfort 2005: fig. 6. Drawing H. David, courtesy H.-P. Francfort and Musée du Louvre/Béatrice André-Salvini.

[이미지 8.2f, g] 음료를 마시고 고기를 먹고 하프를 연주하고 있는 연회. 개인 소장. After Francfort 2005: fig. 26 a-b. Drawing J. Svire, courtesy H.-P. Francfort.

[이미지 8.2h] 일본 시가(Shiga)현 미호(Miho)박물관(SF03.055)에 소장된 농업과 제식 장면이 들어 있는 원통형 컵으로 황소로 경작을 하고 연회하는 모습을 부여 주고 있다. After Jansen, Mulloy, & Urban 1991:169, pl. 148(h). Courtesy ©Miho Museum.

장과 도끼머리와 같은 BMAC의 성숙한 단계의 특징이 사라지고 건축양식은 제한된 범위에서만 지속되고 있음을 알 수 있다. 고뉴에서는 건물 단지가 "도시" 단계가 끝날 때 갑자기 버려진 것처럼 보인다: 유용한 숫돌은 도자기 가마 근처에 구워지지 않은 도자기와 함께 버려져 있다. 토골록(Togolok) 1과 토골록 21에서도 비슷한 상황이 나타난다. 기원전 1750년경에 발생한 건조한 기후가 후-"도시" 단계 초기에 BMAC의 붕괴의 주요 원인으로 생각된다: 그것은 아마도 다른 가능한 원인, 즉 안드로노보 문화의 페도로보 지파를 대표하는 초원 지대 유목민의 도착과 관련이 있을 것이다.

안드로노보의 도기나 초원 지대 문화의 특징적인 무덤들도 코페트다그, 힌두쿠시, 파미르 산맥에 의해 경계가 정해진 선의 남쪽에서는 발견되지 않는다. 그러나 원래 북부 초원 지대에서 말해졌던 아리아어는 기원전 2000년 중반까지 시리아와 남아시아에 도달했다(7장 참조). 파폴라(1988a)에서 나는 이 후대의 언어적 확산의 고고학적 대응물로서 BMAC가 이 두 방향으로 확장되었음이 틀림없다고 제안했다. 이 제안은 초원 지대에서 나온 아리아어를 사용하는 유목민 전사들의 엘리트가 BMAC의 지도력을 인수했다는 것을 암시한다. 나는 이것을 몇 세기 후 미탄니왕국에서 이민자 원시-인도-아리아어를 사용하는 엘리트의 이주에 의한 권력의 탈취와 비교했다. BMAC의 탈취는 폭력의 증거가 거의 없기 때문에 비교적 평화롭게 일어날 수 있었다; 그것은 BMAC에게 보다 효과적인 계층적 지도력이 주어질 수 있었으며, 이것은 결국 "도시" 단계 후반부에서 BMAC의 증가된 역동성과 공격성에 대한 그럴듯한 설명을 제공할 수 있을 것이다. 프레드 히베르트(Fred Hiebert)

는 기원전 2000년 초에 BMAC 사람들이 이란고원과 인더스 계곡 국경 지대로 확장된 것은 "이란과 남아시아에 인도-이란어 사용자들의 소개에 대한 고고학적 상관관계에 가장 좋은 후보"라는 사실에 동의한다 (Hiebert 1995:192). 말로리(J. P. Mallory) 역시 이 가설을 받아들여 이론적으로 그것을 뒷받침하기 위해 잘 알려진 쿨터-쿠겔(Kultur-Kugel) 모델을 전개했다(Mallory 1998; 2002a). 그러나 프랑크포트(Francfort, 2005:298)는 기원전 2500년에서 1700년 사이의 "도시" 기간에서 아리아어 사용자의 존재를 배제한다. 그에 의하면 그 기간은 트랜스-엘람어를 사용하는 엘리트에 의해 통치되었다; 인도-아리아어 사용자들은 기원전 1700-1500년 이후의 후-"도시" 기간 동안 그곳을 담당했던 반면 이란어 사용자들은 기원전 1500년경 중앙아시아 남부에 왔다.

오늘날 BMCA와 남아시아 특히 이란 북부와 미탄니와의 주어진 관련과 남아시아에서 인도-아리아인 이민자들의 두 번째(후기의) 이동인 리그베다의 아리아인들이 갖는 필연성을 감안할 때(12장 참조) 나는 기원전 2000년경에 원시-인도-아리아어 사용자들의 초기 이동이 BMAC를 차지했다고 여전히 확신한다. 비록 확실히 그 문화는 철저하게 "트랜스-엘람어"로 남아 있었을지라도 일부는 심지어 이보다 더 일찍 BMAC에 왔을지도 모른다. 그때 그들은 아직 마차에 말을 묶지는 않고 황소가 끄는 마차를 타고 왔다[이미지 8.2e]. 그러나 성숙한 "도시" 단계는 말과 낙타의 도입을 보여 준다. 말, 낙타, 당나귀뼈가 발견되었다. 고뉴의 네크로폴리스에는 두 군데 말 매장지가 발견되었다. 두 경우 모두 머리가 없는데 선사시대의 베다의 말 희생제와 그럴듯하게 연결될 수 있다(11장 참조). 낙타와 함께 길들여진 말은 BMAC 무기 역할을 하는 홀(weapon−scepters)[이미지 8.3]과 일부 도장과 원통형 인장에 그려져 있다. 후기 단계에 BMAC 사람들은 큰 기동력을 얻어 서쪽과 동쪽으로 널리 퍼져 나간 것처럼 보인다. 그들은 인더스문명, 이란 동부와 서부, 걸프만, 시리아와 아나톨리아 그리고 초원 지대와 접촉했다. 전형적인 BMAC 금속 인장들이 내몽골 자치구의 오르도스(Ordos) 고원에 이르는 먼 곳에서 발견되었다(Baghestani 1997).

타지키스탄의 제라프샨(Zeravshan) 계곡에 있는 자르드차 칼리파(Zardcha Khalifa)에서 우연히 발견된 풍부한 무덤(Bobomulloev 1997)에는 BMAC의 전형적인 도자기와 다른 무덤 물품(Sarianidi 2001:434) 외에 전차와 두 마리의 말의 유해가 있었는데, 한때 신타슈타 문화에 있는 것과 정확히 같은 유형의 말의 뺨에 대는 판과 재갈이 있었다(이미지 8.4; 이미지 7.7 참조). 또한 청동 핀이 있었는데, 그의 말 모양의 꼭대기는 세이마−투르비노의 칼과 홀의 말머리 모양의 꼭대기와 아주 유사하다[이미지 7.8, 7.9]. 이 발견은 인도−아리아어 사용자가 남부 우랄에서 와서 아마도 기원전 20세기 초에 BMAC의 지배 엘리트에 들어갔다는 사실을 암시한다. 신타슈타형의 말의 뺨에 대는 판은 최근 제라프샨 계곡의 사자간(Sazagan)에 있는 무덤 2에서도 발굴되었으며, 여기에는 사팔리(Sapalli 기원전 2000−1800) 단계의 BMAC 도자기(c. 2000 - 1800 BCE)도 함께 있었다(Avanesova 2010). 튜퍼(Teufer; 2012)는 자르드차 칼리파의 금속 조각이 신타슈타 문화에서 온 것이 아니라 서아시아에서 온 것이라고 지적한다; 그는 바퀴살이 있는 바퀴를 가진 전차가 기원전 2000년경 북부(초원 지대)와 남부 진동 사이의 접촉 지대를 형성했던 남부 중앙아시아에서 정교하게 만들어졌다고 제시한다.

반면 마르기아나의 지표면 조사(Gubaev, Koshelenko, & Tosi 1998)는 기원전 15세기까지 BMAC의 후기 단계에서는 사실상 투르크메니스탄 남부의 모든 BMAC 정착지가 후기 안드로노보 도자기가 있는 목축 야영지에 둘러싸여 있었으며, 이것은 아마도 원시-인도-아리아어를 사용했던 초원 지대의 유목민들이 계속해서 증가했다는 사실을 입증한다.

기원전 2000~1900년 BMAC는 파키스탄의 발루치스탄(Pakistani Baluchistan)으로 퍼져 나갔다. 귀중한 BMAC 묘지가 우연히 퀘타(Quetta)에서 발견되었고, 반면 다른 BMAC 무덤들은 메르가르 VIII기(Mehrgarh VIII)에 해당하는 것들이 볼란 고개(Bolan Pass) 근처의 시브리(Sibri)에서 발견되었다. (반드시 대상들만이 아닌) BMAC 사람들이 파키스탄의 발루치스탄으로 이주했다는 것은 매장을 포함한 전체 문화적 복합체가 모두 수입되었다는 사실에서 뚜렷하게 드러난다(Jarrige 1991). BMAC형의 인장과 인장 각인은 모헨조다로와 하랍빠에서 인도 문명 후기 단계에 속하는 것들(Parpola 2005d, Franke 2010) 그리고 인더스 계곡 남부에서 구자라뜨(Somnath, 일명 Prabhas Patan) 그리고 심지어 라자스탄에서도 하랍빠 이후 시대에 속하는 것들(Chanhu-daro에서 이른바 Jhukar 인장이라고 불리는 것)(Mackay 1943)이 소량으로 발견되었다. 길룬드(Gilund) 지역에서는 대략 100개의 인장 각인들이 한 항아리 속에 모아져 있었다(Shinde, Possehl, & Ameri 2005)[이미지 8.5]. 갠지스강의 구리 축적물들은 아프가니스탄의 약탈된 BMAC 유적지에서 나온 것과 유사한 안테나 형태의 자루를 가진 칼(antennae-hilted sword)을 가지고 있는데, 이 칼은 기원전 약 20세기

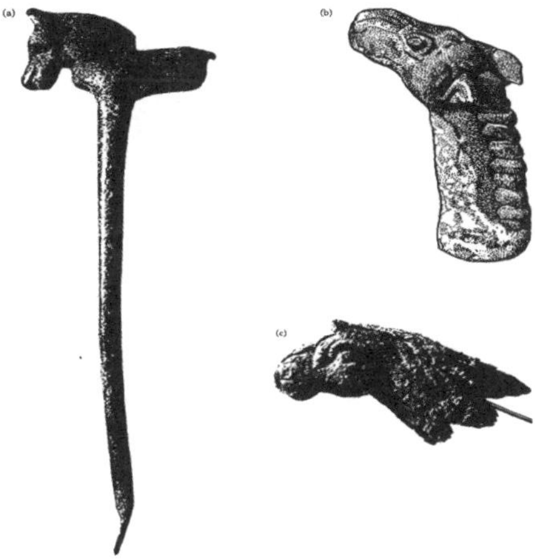

[이미지 8.3a–c] 말머리 장식의 BMAC 핀과 홀 지팡이. (a) 박트리아에서 나온 구리 핀. After Kovtun 2013: photo 112.1. Courtesy Igor V. Kovtun.코브툰. (b) 박트리아에서 온 지팡이 머리 부분. After Sarianidi 1986:211. Courtesy Margiana Archaeological Expedition. (c) 고누데페 매장지 2380에서 나온 구리 지팡이. After Sarianidi 2007:127, fig. 3. Courtesy Margiana Archaeological Expedition.

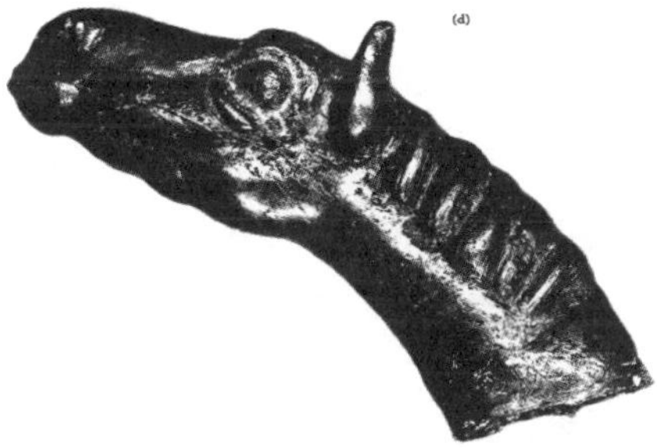

[이미지 8.3d] 뉴욕 메트로폴리탄 미술관에 있는 아프가니스탄에서 온 증명되지 않은 구리 관목 머리(1989.281.39, jpgt of Norbert Schimmel Trust). Holly Pittman (1984 : 70, 무화과. 32)이 30년 전에 이것을 출판했는데, 그것은 청동 지팡이 머리 부분과 붙어 있었다. 이어진 보존 작업은 홀의 머리 부분과 말의 원체 양자가 모두 고대의 유물이지만 원래 같은 조각의 부분이 아니라고 결정되어 분리되었다. Image courtesy ©The Metropolitan Museum of Art.

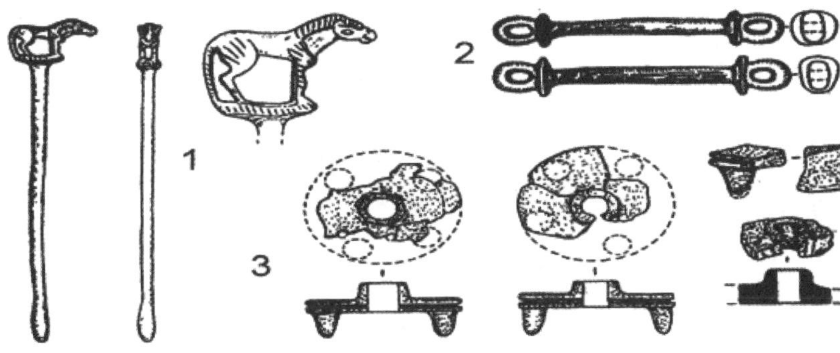

[이미지 8.4] 타지키스탄의 자르드차 칼리파에 있는 BMAC 엘리트 무덤에서 발견. (1) 말머리 모양을 가진 청동 핀. (2) 청동 말–조각, (3) 신타슈타형의 뼈로 만든 전차용 말의 뼈로 만든 말 재갈의 양쪽에 있는 막대기. After Carpelan & Parpola 2001:138, fig. 37, based on Bobomulloev 1997:126, Abb. 3.14 (1), 3.12-13 (2) and 128, Abb. 4.1-4 (3).

또는 그 이상으로 거슬러 올라간다[이미지 8.6; 이미지 4.4].

스와트(Swat) 계곡에 있는 갈레가이 4기(Ghālegay IV; 기원전 1700–1400)의 간다라(Gandhara) 무덤 문화는 새로운 문화 유입의 시작이다. 그것은 뼈의 발견뿐 아니라 채색 도자기의 그림 속에서 길들여진 말에 대한 명확한 증거를 보여 주는 남아시아에서 최초의 문화 가운데 하나이다. 스와트의 카텔라이(Kātelai) 묘지(지표층)에서 잘 보존된 말 해골

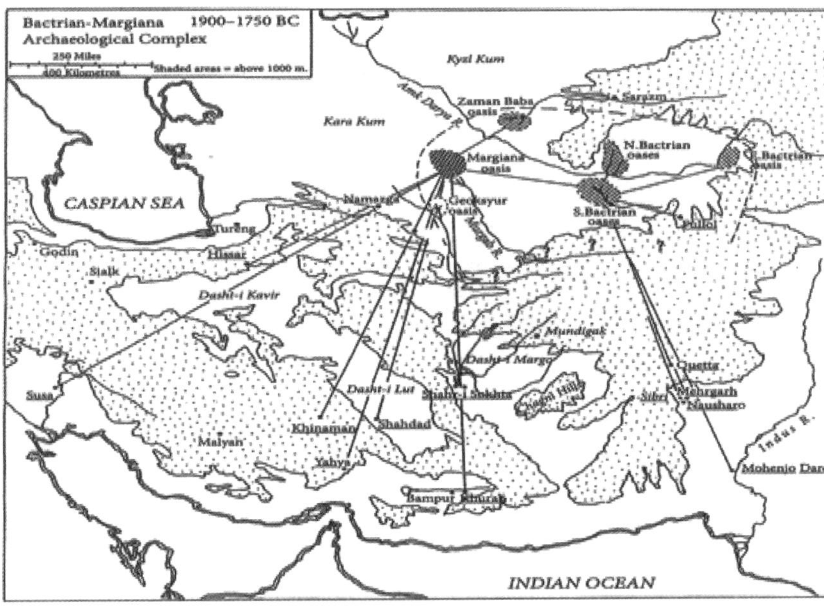

[이미지 8.5] BMAC의 확장, 기원전 1900-1750년. After Hiebert 1994: fig. 10.8. Courtesy Fred Hiebert.

[이미지 8.6] 안테나 형태의 자루를 가진 칼: (a) 아프가니스탄 북부 박트리아에서 출토, 길이 52 cm and (b) 인도 웃따르 쁘라데시 파테흐가르에서 출토, 길이 63.5 cm. After Parpola 1988a: 285, fig. 10, based on (a) Sarianidi 1986: 198, fig. 75 and (b) Gordon 1960: pl. XXVII b.

2개가 발굴되었다. IV단계의 시작부터 받아들여진 흑회색의 빛나는 도자기는 스와트 전역에 존재하며, 당시 주변 지역, 예를 들어 아프가니스탄의 대슐리(Dashly), 이란 북부의 테페 히사르(Tepe Hissar)와 투렝 테페(Tureng Tepe)에 널리 퍼져 있던 BMAC 문화의 후기 "도시" 단계의 도자기와 연결되어 있다. 인더스 코히스탄(Indus Kohistan)의 케라이(Kherai)에 있는 갈레가이 4기 묘지에서, 매장된 시신들은 구부러진 자세로 옆면으로 놓여 있으며, 이 매장 관습은 박트리아 남부의 BMAC의 전형이다. 회색으로 빛나는 도자기 외에도 갈레가이 4기에는 뻰잡 평원의 묘지 H 문화와 관련된 흑색 바탕에 붉은색이 있는 채색 도기가 있었다[이미지 4.4]. 말은 스와트의 비르-코트-그완다이(Bīr-kōṭ-ghwaṇḍai)에서 이런 종류의 도자기 파편들에 묘사되어 있다. 간다라 무덤들에서 매우 대표적인 것은 옷을 고정하기 위한 금속 핀이다; 그와 같은 핀들은 고뉴의 BMAC 공동묘지에서 그리고 시리아(Chagar Bazar)의 무덤에서 수입된 이방의 물품으로 알려져 있다. 테라코타 여성 조각상은 고뉴의 BMAC공동묘지, 이란 북부의 테페 히사르 3기에 그리고 시리아에 있는 것과 밀접하게 유사하다. 최근 치트랄(Chitral)에서는 BMAC 타입의 구획이 나누어진 금속 도장이 발견되었다.

간다라 무덤 문화는 주로 기원전 1400−1000년에 해당하는 그 뒤에 오는 갈레가이 5기와 기원전 1000−600년에 해당하는 뒤이어 나타나는 갈레가이 6기의 철기시대에 속하는 무덤들로부터 알려진다. 간다라 무덤들은 직사각형 구덩이로, 종종 돌들의 고리로 둘러싸여 있다. 그들 중 약 3분의 2는 시신이 구부러진 자세로 있고, 남성은 오른쪽에, 여성은 왼쪽에 누워 있는 토장이다. 일부 해골은 해부학적으로 손상되지 않았고 또한 뼈가 무더기로 놓여 있지만 머리는 항상 가장 꼭대기에 위치한 많은 수의 무덤이 존재한다. 이 매장 무덤들은 돌로 덮여 있다. 이 후기 간다라 무덤들의 약 3분의 1은 화장을 한 이후의 매장이다. 거의 같은 수의 매장과 화장 이후의 매장을 가진 전환기 이후 화장이 갈레가이 5기에는 지배적인 매장 방식이 되었다[특징적인 "얼굴 항아리(face urns)"는 11장에서 논의된다]. 반면 갈레가이 6기 동안에는 화장이 점차 사라졌다. 매장과 화장 이후의 매장 양자는 모두 독신자와 (자주) 두 사람을 모두 포함하고 있는데, 대개는 다른 시기에 묻힌 것으로 보이는 부부들이다.

갈레가이 5기의 간다라 묘지들은 타지키스탄(Tajikistan) 남부의 바크쉬(Vakhsh) 및 베슈켄트(Beshkent) 계곡의 묘지들과 비교되었다. 이들은 후기 몰랄리-부스탄(Molali-Bustān) 단계(기원전 1700 – 1400)에서 BMAC의 박트리아 지역 북부의 변형과 페도로보 안드로노보(Fëdorovo Andronovo) 문화의 초원 지대 유목민의 융합을 나타낸다. 그것은 타지키스탄 남부의 여러 지역에서 입증된다. 바크쉬와 베슈켄트의 구부러진 자세의 매장은 널리 퍼진 매장 형태이지만 베슈켄트에서는 화장 이후의 매장도 발견된다. 우즈베키스탄 남부의 부스탄(Bustān) 6기의 공동묘지에서는 화장 전통이 페도로보 안드로노보 문화에 의해 도입되었다는 것이 매우 명백하다. (그것은 도자기와 테라코타에 있는 인간과 말의 작은 상에서 인정된다). 안드로노보 문화의 이러한 후기의 변형으로 카자흐스탄(Kazakhstan)의 초원 지대에서 널리 화장을 실행했다.

BMAC 사람들이 남아시아로 이주했을 때 그들은 아마도 원래의 BMAC 언어와 그것의 영향을 받았을 수도 있는 원시-인도-아리아어를 모두 사용했을 것이다. 이러한 상황은 유효한 언어적 증거로 나타나야 한다. 하지만 기록된 문서가 없는 BMAC 언어에 대해 어떻게 알 수 있을까? 그리고 어떻게 그것이 원시-인도-아리아어에 미친 영향을 판단할 수 있을까? 알렉산더 루보츠키(Alexander Lubotsky)는 120개에 이르는 "이란어와 일치하면서 인도-이란어 이외의 명확한 동의어가 없는 모든 산스끄리뜨어 어근"을 수집했다(2001). 그는 이 단어들 중 일부가 우랄어에서 빌려온 것일 수도 있지만, 대부분은 그가 비-인도-유럽어(non-Proto-Indo-European)로 간주한 BMAC의 언어에서 나온 것 같다고 결론짓는다. 한 가지 기준은 이러한 많은 외래어의 비-원시-인도-유럽어 구조다. 그는 첫 번째와 세 번째가 단모음을 가지고 있고 중간 음절이 장모음(∪—∪)인 삼음절 단어에 대해 언급한다. 루보츠키에 따르면 "인도-아리아인들은 아마도 처음으로 중앙아시아에서 다른 부족들과 접촉하고, 때때로 이란인들에게 외래어를 전했던 사람이었을 것이다". 그는 또한 주로 BMAC의 언어에서 빌린 것으로 보이는 이들 인도-이란어의 외래어들이 산스끄리뜨어에서만 발견되는 많은 외래어와 음운론적으로나 형태론적으로 유사하다고 지적한다. 실제로 쿠이퍼(F. B. J. Kuiper)가 열거한 리그베다의 383개의 "외래어"(1991)의 상당 부분은 아마도 BMAC 언어에서 유래했을 것이다.

나는 이 가설적인 BMAC 언어의 몇 가지 특징을 루보츠키가 지정하지 않았다는 사실에 주목하고 싶다. 모음 ṛ은 루보츠키의 외래어 예를 들어 "화덕"을 의미하는 ṛbīsa-, "자칼"을 의미하는 śṛgāla-(둘 다 긴 중간 음절에 장모음을 가진 삼음절 구조를 가지고 있다), "남성기"를 의미하는 *gṛda-(여기서 루보츠키는 두 개의 흡기되지 않은 유성파열음이

IE 단어에서는 불가능한 어근의 구조라는 사실을 지적한다)에서 첫 음절에서 발생한다; 게다가 첫 음절의 모음 ṛ은 "선각자"를 의미하는 *ṛši–에서 변칙적으로 강세가 주어지며, 이것은 Dāsas, Dasyus, Paṇis, 즉 (ṛ 뒤에 변칙적인 치음 s를 갖는 마찬가지로 "꼬인 풀, 쿠션"을 의미하는 후기 베다의 bṛsī–에서 발견되는 것처럼) Dṛbhīka, Sṛbinda, Bṛsaya처럼 리그베다에 기록된 몇 개의 고유명사에서도 마찬가지다(제9장 참조); 첫 음절에서 강세가 붙지 않는 ṛ은 악마를 의미하는 다사(Dāsa)의 고유명사인 Bṛbu(그러나 "두꺼운, 굵은"을 의미하는 bṛbūka–에서는 강세가 붙는다)와 (예를 들어 외래어인 것으로 나열된 *mṛga–에서 파생한) Pipru Mṛgaya에서 발견된다. Bṛsaya는 특히 중요하다. 왜냐하면 그것은 그리스 자료에 의하면 인더스 계곡 서쪽 지역에 위치할 수 있기 때문이다(9장 참조).

위의 BMAC/Dāsa 단어의 또 다른 특징은 (예를 들어 ṛbīsa–, Sṛbinda, Bṛbu에서처럼) 음소 b이다. 인도–아리아에서는 PIE *b로 돌아가는 경우가 거의 없지만 다른 많은 외래어에서는 발생한다. 이 단어들 중에는 Balbūtha 그리고 Ilībiśa와 같이 더 많은 다사의 이름들이 있다. 이들은 다시 리그베다의 주요 방언에서 내가 찾지 못한 음소를 가지고 있다(12장). b와 l 양자는 "상해, 범죄, 부정, 죄, 죄책감"을 뜻하는 kilbiṣa–에서 발생난다.

일부 가능한 BMAC 외래어는 루보츠키가 논의한 인도–이란어 자료 밖에서 발생한다. 예를 들어 다음의 산스끄리뜨 단어들은 음소 l뿐만 아니라 장모음의 중간 음절을 가진 삼음절 구조를 가지고 있다:

- "도공, 도자기"를 뜻하는 kulāla-/kaulāla-; 이 단어는 리그베다에서는 입증되지 않지만 야주르베다(Vājasaneyi-Saṃhitā)에 나타나는데 그것은 북서쪽(Pashai 와 Kashmiri)의 현대 다르드어(Dardic language)와 현대 이란어인 파라치어(Parachi)와 같은 원형(어근)을 가지고 있다. 북부 초원 지대에서 BMAC로 오는 BMAC와 인도-아리아어 사용자들 양자는 도자기를 생산했다. 그러나 BMAC 도공들이 도기를 물레를 돌려 만든 반면 북부 초원 지대 사람들은 천으로 덮인 오래된 도기를 거꾸로 놓고 새로운 도기를 만들기 위해 젖은 점토를 밖에 덮은 다음 그것을 두들겨서 형태를 만들었다. 베다 의식에 필요한 모든 점토 그릇들은 아리아인들에 의해서 수작업으로만 만들어졌다. 베다 문헌에는 물레바퀴를 사용하는 도공이 하층계급에 속하는 슈드라(Śūdra)라고 묘사된다; 물레바퀴를 돌리는 도자기 공장은 악마(asura)의 숭배자들에 속한다고 말해진다.
- "유제품 종류"를 의미하는 kīlāla-(RV 10,91,14, kīlāla-pa- "kīlāla를 마신다"; kīlāla-는 아타르바베다에서도 몇 번 나타난다), 고전 산스끄리뜨(Suśruta)에서의 kilāṭa-; 현대 언어에서 이 원형은 거의 독점적으로 누리스탄어(Nuristani)와 다르드어에서 발견되는데, 여기서 그것은 대부분 "신선한 치즈"를 의미한다; 그 밖에 신드어(Sindhi)에서는 "유지방을 걷어 낸 우유로 만든 치즈"를 의미하는 kiroṭu, kirūṭu에서만 나온다; 비록 이 단어는 부루샤스키어(Burushaski)에서는 kīlāy로 그리고 드라비다어(Tamil에서 "커드"를 뜻하는 kilāan 등으로)에서도 발견되지만 내 입장에는 그것이 BMAC의 기원인 것처럼 보인다.
- palālī- (Atharvaveda) / palāla-, "줄기, 짚."

BMAC 사람들은 동쪽으로 남아시아, 남쪽으로 아프가니스탄과 동부 이란뿐만 아니라 서쪽으로 이란 북부, 시리아, 아나톨리아로도 퍼져 나갔다. 이제부터는 BMAC의 이 서쪽으로의 확장에 대해 조사할 것이다. 지역적으로 아나톨리아와 시리아에서 나온 현지에서 제조된 인장들은 말이 끄는 마차가 기원전 20세기에 이 지역에 도달했다고 입증한다. 현재의 카파도키아(Cappadocia)에 있는 퀼테페(Kültepe)로 아시리아(Assyrian) 무역 식민지였던 카네쉬(Kanesh)에서 발견된 설형문자 공문서에 따르면 거기에 정착한 아시리아 상인들이 아수르(Assur)로부터 직물과 막대한 양의 주석을 수입해 이들 상품들을 아나톨리아에서 은과 금으로 물물교환했다. 이 교역은 기원전 1920–1850년까지 70년간 번성했으며 관련된 모든 지역에 영향을 미쳤다(Brisch & Bartl 1995). 주석의 원산지는 동쪽, 아마도 중앙아시아 남부에 있었을 것이다(Cierny, Stöllner, & Weisgerber 2005).

이 무역에 의한 접촉지들은 다양한 지역의 인장들에 나타난다. 기원전 1850년경부터 시리아는 이집트와 긴밀하게 접촉하면서 많은 이집트 요소들이 시리아 보석 조각에 등장하기 시작했다(Eder 1996). 그중에는 현지에서 제작되었지만 명백하게 시리아에서 영감을 받은 원통형 도장에 등장하는 “나선형”(twist)과 각인들이 마르기아나(Margiana)의 BMAC 지역들—예를 들어 타이프–데페(Taip–depe)—에서 발굴되었다(Collon 1987:142–143). 이와는 반대로 BMAC 인장과 도끼–홀에 새겨진 중앙아시아의 박트리아 쌍봉낙타가 시리아 인장에서도 입증된다.

BMAC는 이란 북부 카스피해 남동부 해안 근처에 위치한 고간(Gorgan) 지역으로 확장되었는데, 그것은 테페 히사르 IIIC(Tepe Hissar

IIIC) 문화(기원전 1900 – 1750)로 나타난다. 많은 수의 청동 무기들은 이 풍부한 문화가 전사 계급의 귀족들에 의해 지배되었다는 것을 암시한다(Schmidt 1937). 테페 히사르(Tepe Hissar)의 IIIB 단계에서 발굴된 설화석고 원통형 인장은 말이 끄는 이륜 전차를 묘사하고 있다[이미지 8.7]. 로만 기르쉬만(Roman Ghirshman; 1977)은 오늘날 박트리아와 마르기아나에서도 발견된 금, 은, 구리로 만든 모두 50개가량으로 알려진 트럼펫(Lawergren 2003)이 전차를 끄는 말들을 훈련시키거나 전장에서 마차를 지휘하는 데 쓰이는 신호를 위해 사용된 것이라고 제시했다[이미지 8.8]. 기르쉬만은 또한 시리아의 미탄니왕국의 인도–아리아어

[이미지 8.7] X 자형 막대를 가진 바퀴를 가진 말이 끄는 마차가 새겨진 설화석고로 만든 원통형 인장. 이란 북동부 고간 지역의 테페 히사르III B에서 발굴. After Schmidt 1937:198, fig. 118. Courtesy University of Pennsylvania Museum of Archaeology and Anthropology.

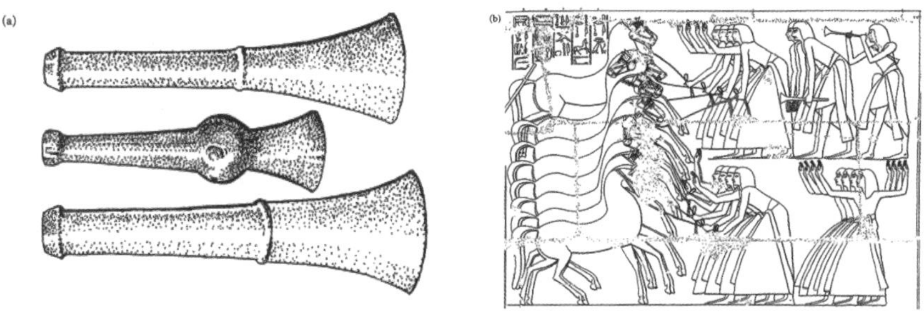

[이미지 8.8] 트럼펫과 말이 끄는 전차. (a) 테페 히사르 III C에서 나온 금과 은으로 만든 신호용 트럼펫. After Mallowan 1965:124, fig. 139, based on Schmidt 1937:209, fig. 121. Courtesy University of Pennsylvania Museum of Archaeology and Anthropology. (b) 파라오가 왕실 마구간을 검사할 때 트럼펫으로 말에게 내려진 명령. 첫 번째 뜰, 남쪽 벽, 서쪽 끝에 있는 메디나트 하부(Medinet Habu)에 있는 람세스 3세(기원전 1194-1163년까지 지배)의 신전에 있는 부조. After Nelson et al. 1932: fig. 109, upper right corner. Courtesy of the Oriental Institute of the University of Chicago. On the trumpet in Egypt see Hickmann 1946.

를 사용하는 귀족들이 테페 히사르 IIIC 문화로부터 왔다고 제안한다.

미탄니에서 인도-아리아인의 통치의 시작은 기원전 16세기에 이르기까지 한정되었을 수 있다. 쿠일러 영(Cuyler Young; 1985)은 시리아에 이러한 인도-아리아인들의 도착을 기원전 1500년경 엘부르즈(Elburz)산맥과 아제르바이잔(Azerbaijan) 그리고 우르미아(Urmia) 호수 주변에서 많은 양의 초기 서부 이란의 회색 도기가 갑작스럽게 등장한 것과 그럴듯하게 연관시켰다. 영은 이란 서부에 처음 온 이 도자기를 기원전 1600년경까지 투렝 테페(Tureng Tepe)에서 빈약한 형태로 계속된 테페 히사르 IIIC기의 고르간(Gorgan) 회색 도기의 진화된 형태로 보고 있다. 영의 복원은 고르간의 테페 히사르 3기 문화에서 미탄니 아리아인과 BMAC 사이의 연대적이고 유형적으로 받아들일 수 있는 연결 고리를 제공한다.

16세기에는 미탄니의 시리아 왕국 또는 아시리아를 극적으로 제압한 미탄니왕국이 서아시아에서 가장 위대한 강대국 중 하나가 되어 아나톨리아의 히타이트족과 이집트인과 경쟁했다[이미지 8.9]. 미탄니 인구는 지역의 후르리인(Hurrian; 그들의 언어는 코카스어족의 일원인 것 같다)으로 구성되었지만, 지배 왕조는 인도아리아인 이름을 가지고 있었다. 이 원시-인도-아리아어를 사용하는 귀족들이 어떻게 지배했는지는 정확히 불분명하다. 기원전 1760년경 카부르(Khabur) 계곡의 텔 레이란(Tall Leilan) 기록보관소에서 최근 발견된 설형문자(L.87-887)는 마르얀니(maryanni; 전사 혹은 젊은 사람을 의미) 병사들이 엘리트 부대로 후르리인 통치자들을 섬겼다고 말한다. 이것은 원시-인도-아리아어를 사용하는 용병들의 선구자였을지도 모른다. 이에 대해서는

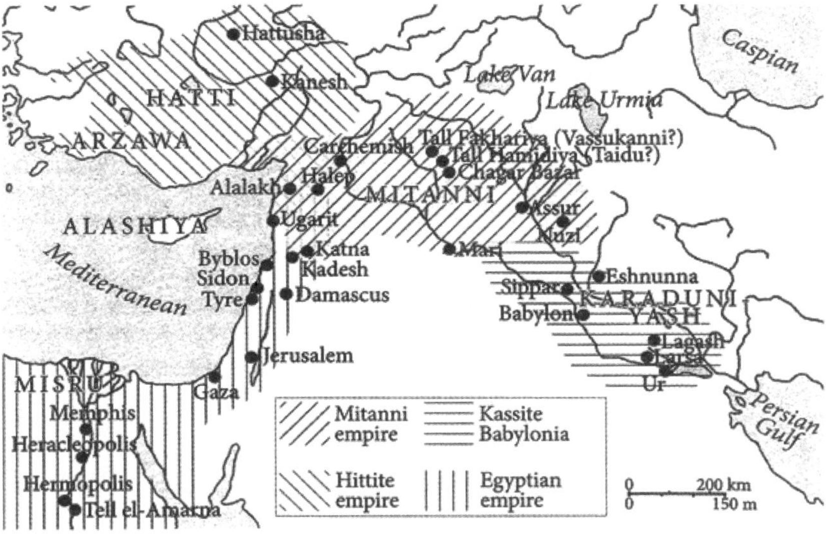

[이미지 8.9] 미탄니왕국과 주변 지역 ©Anna Kurvinen and Asko Parpola.

[이미지 8.10] 전장에서 전차를 탄 전사와 마부. 알라하(Alalaḫ) V의 원통형 인장에 나타난 초기 미탄니 법률에 대한 흔적(기원전 1525-1460). After Collon 1987:160, no. 731. Courtesy Dominique Collon.

텔 파카리야(Tall Fakhariya)와 텔 하미디야(Tall Hamidiya)에서 진행 중인 발굴 작업에서 더 많은 것이 곧 알려질 것이다. 왜냐하면 이 언덕이 설형문자 명판들의 왕실기록저장소가 있었을 것이라고 예상되는 고대 미탄니의 수도 바슈쿠카니(Vaššukanni)와 타이두(Taidu)을 포함하고 있을 것이라고 예견할 만한 충분한 이유가 있기 때문이다(Eidem 2014). 비록 우리는 이전의 인종차별적 해석을 거부하지만 어쨌든 원시-인도-아리아인의 지배력 탈취는 (트리폴리 문화에서 PIE 지배권 탈취처럼; 6장 참조) 후르리인 권력의 활성화라는 결과를 낳았다. 새로운 인도-아리아어를 사용하는 통치자들은 지역 문화에 완전히 적응한 것이 분명하다. 예를 들어 그들은 아카드(Akkadian) 언어를 사용하는 다른 통치자들과 소통을 했다는 사실이 당시 필기사에 의해 설형문자로 기록되었다.

미탄니 왕조는 비록 말과 전차가 모두 수세기 전 (아나톨리아를 포함한) 서아시아에 왔음에도 불구하고 말이 끄는 전차를 가지고 전쟁을 하는 법을 소개했다[이미지 8.10]. 알랄라흐(Alalaḫ)에는 기원전 17세기에 전쟁에서 말이 끄는 전차를 사용했다는 증거도 있지만, 전차 부대는 기원전 15세기 이전에 서아시아와 이집트 군대의 정규 구성 요소가 되지 않았다. 그 추진력이 미탄니에서 왔다는 사실은 서아시아와 이집트 전역에 퍼져 있는 관련 용어들에 의해 암시된다. 그러므로 인도-아리아인 엘리트는 기원전 15세기 이후 마르얀니라는 용어로 나타나는데 그것은 인도-아리아어 단어인 márya-에 후르리어 파생 접미사 -nni(후리아어 복수가 maryannina이다)를 더해서 이뤄진 용어이다. 이 단어는 또한 셈어 형태인 maryannu, 복수 maryannūma(서부 셈어에서) 또는 mariyannū, 복수 maryannūtu(아카디아어)에서도 발생한다. 설형문자 속에서 실제 철자는 다양하다(예: ma-ri-ya-an-nu). 이집트어에서 이 단어는 maryana로, 상형문자 텍스트에서 ma-ra-ya-na, m-ra-ya-na, ma_3-ra-ya-n으로 다양하게 쓰여진다. 이 용어는 어디에서나 지방 통치자에 가깝고 전차를 소유한 높은 지위의 "귀족"을 나타낸다(von Dassow 2008). 리그베다에서 marya-는 "젊은 남자, 젊은 전사, 구혼자, 연인, 남편"을 의미한다. 이것은 아베스타어에서 "하층민, 무뢰한"을 의미하는 mairiia와 일치한다(이 경멸적인 의미는 조로아스터교를 반대하는 사람을 가리킨다). 이 단어의 초기 역사는 그것이 원시–인도–아리아어로부터 우랄어의 조상인 (이전에는 Cheremiss라고 불렸던) 마리어(Mari)에 차용되었다는 사실로 설명된다. 그 언어는 현재 러시아 볼가 중부(Mid–Volga) 바로 북쪽에 사는 사람들이 사용하는 언어다; 거기에서 mari (〈 *marya–)는 "남자, 남편"을 의미하며, 현재 이 사람들의 민족 명칭이다.

이집트 엘 아마르나(El Amarna)의 왕실기록보관소는 기원전 14세기의 382개의 서한을 보존하고 있는데, 거기에서는 이집트, 바빌로니아, 아시리아, 미탄니, 아르자와(Arzawa; 실리시아 서쪽에 위치), 알라시아(Alašia; 키프로스), 하티(Hatti; 히타이트 국가)의 통치자들이 평등에 근거해 서로에 어느 정도 부합해, 서로를 "형제"라고 불렀다. 왕들에 의해 전차에 붙여진 가장 중요한 것은 그것이 말과 더불어 정형화된 인사말 형식에 정식으로 포함되어 있다는 사실에서 분명하게 드러난다. 예를 들어 미탄니의 왕 투슈라타(Tušratta)가 이집트의 왕 니무레야(Nimmureya 즉 Amenophis III)에게 보낸 편지에서, 이 형식은 다음과 같다: "나는 모든 일이 잘되고 있습니다. 당신도 모든 일이 잘되기를 바랍니다. 당신의 가족도, 내 딸 [니무레야의 부인]도, 당신의 나머지 부인들도, 당신의 아들들도, 당신의 전차들도, 당신의 말들도, 당신의 전사들도, 당신의 나라도 그리고 그 밖에 당신에게 속하는 모든 것이 아주 잘되기를 바랍니다(El Amarna 19 = BM 29791, Moran 번역 1992:43)."

투슈라타는 또한 딸의 결혼식을 앞두고 이집트의 왕인 사위 니무레야에게 보낸 많은 마니누(maninnu) 목걸이(전차를 모는 말을 장식하기 위한 것)들에 대해 상세히 기술하고 있다. 예를 들어: "1개의 maninnu-necklace, 절단: 37개의 진짜 청금석 돌들, 39개의 (조각) 금장식; 중심부 장식은 금에 장착된 진정한 훌랄루-스톤(ḫulalu-stone)"(El Amarna 25, Moran 번역 1992 : 73).

이 텍스트에 들어 있는 아카드어 단어 maninnu(아카드어 접미사 -nnu를 가진)는 어원학적으로 확인된 몇 안 되는 미탄니 인도-아리아어 단어 중 하나이다: 그것은 목걸이를 의미하는 베다의 maṇí-(Rigveda 1,122,14, maṇi-grīvá-, "목에 maṇi-목걸이를 착용함")와 일치한다. 확인된 다른 미탄니 인도-아리아어 단어로는 maganni = 베다의 maghá-, "선물"(후르리어 접미사 -nni를 가진); martianni = 베다의 mártiya-, "남자, 전사"; 그리고 (아카드어 접미사 -nnu와 함께) mištannu, "하사금" = 원시-인도-아리아어 *miždha- 〉 베다의 mīḍhá-, "전리품". 알랄라흐 4세(Alalaḫ IV)의 결혼 문서에는 원시-인도-아리아어 vadūranni, "신부값" = 산스끄리뜨어 *vadhū-rā-가 포함되어 있다.

1906~1907년 터키의 보아즈칼레(Boğasköy; 고대 Hattuša)에서 히타이트 왕들의 왕실기록보관소가 발굴되었다. 거기에는 전차를 모는 말에 대한 훈련 매뉴얼이 포함되어 있었다(Raulwing 2005 [2006]). 그 텍스트는 히타이트어로 쓰여진 4개의 설형문자로 기록된 명판으로 기원전 15세기에 쓰여진 사라진 원본의 기원전 13세기 사본이다. 그것은 가을, 겨울, 봄마다 약간씩 차이가 있는 적어도 184일 이상에 걸친 전차를 모는 말들에 대한 훈련 프로그램을 포함하고 있다: 그것은 주어진 훈련 기간이 얼마나 오래 지속되는지; 하루 중 어느 시간에 훈련이 실

행되는지(이른 아침부터 자정까지 계속되는 시간틀); 경기장에서 말들이 몇 바퀴나 뛰도록 만들어지는지; 얼마나 정확히 규정된 정량의 사료와 물을 주거나 때로는 주지 않는지; 말들이 마구간에 어떻게 보관되고, 마사지하고, 기름을 바르고, 담요를 덮어 주고, 필요하다면 재갈을 채워야 하는지 그리고 목초지에서 어떻게 방목하는지에 대한 방법들이 기술되어 있다. 그 매뉴얼은 다음과 같은 단어로 시작된다. "미탄니(Mi-it-ta-an-ni)에서 온 Kikkuli(Ki-ik-ku-li; 말 조련사)는 이와 같이 (말한다)." "말 조련사"에 사용되는 용어는 aššuššanni = 인도-아리아어 aśva-śā-ḥ, "(모든 힘을 다 사용하기 위한 훈련 중에) 모든[śam-] 말을 지치거나 피로하게 하는 사람"이다. 그 텍스트에는 원시-인도-아리아어에 있는 다른 기술적인 용어들이 들어 있다:

va-ša-an-na와 인도-아리아어 소유격 va-ša-an-na-ša-ya, "경마장, 경주장" = 원시-인도-아리아어 *vaźhana-, 소유격 *vaźhanasya 〉 산스끄리뜨 vahana-, 소유격. vahanasya, "(말을) 모는 기술"

va-ar-ta-an-zi, "돌다" = 인도-아리아어 vart-, "돌다"

va-ar-ta-an-na, "돌다" or "한 바퀴 돌다" (다음의 복합어에서) = 인도-아리아어 vartana-, "도는 기술; 궤도, 길"; 이 단어는 5가지 숫자로 혼합되어 있다:

a-i-ka-va-ar-ta-an-na = 원시-인도-아리아어 *aika-, "하나, 일" 〉 Sanskrit eka- (그에 반해, "일"은 원시-이란어에서는 *aiva-이다)

ti-e-ra-va-ar-ta-an-na = 인도-아리아어 tri-, "셋"

pa-an-za-va-ar-ta-an-na = 인도-아리이어 pañca-, "다섯"

ša-at-ta-va-ar-ta-an-na = 고대-인도-아리아어 sapta- (whence 중기-인

도-아리아어 satta-), "일곱"

na-a-va-ar-ta-an-na와 히타이트어 여격과 처소격 na-va-ar-ta-an-ni (중음탈락, 즉 *navavartana-에서 두 개의 같은 음절 va 가운데 하나는 생략된다) = 인도-아리아어 nava-, "아홉"

시리아의 미탄니 지배하에 있던 누지(Nuzi)에서 나온 설형문자로 된 텍스트는 말과 연결된 인도-아리아어 색채의 용어가 들어 있다(아카드어 접미사 -nnu를 가지고 있는 그리고 중요하게 리그베다의 원래 방언의 특징인 r음으로의 전환을 가지고 있는 *l 〉 r, 12장 참조):

paprunnu / babrunnu = 베다 산스끄리뜨 babhrú-, "갈색"

pinkarannu = 베다 산스끄리뜨 piṅgalá-, "붉은 갈색"

parittannu = 베다 산스끄리뜨 palitá-, "회색"

"Uniga의 남자, Kukki의 아들"은 알랄라흐에서 나온 명판에는 "a-šu-wa-ni-in-ni 전차를 만든 자"로 말해진다; 그 단어는 (후르리어 접미사 -nni를 더한) a-šu-wa-ni와 aš-wa-ni로 쓰여졌다. 그것은 거의 확실하게 인도-아리아어 단어로 "말"을 뜻하는 aśva-를 포함한다.

알랄라흐 명판은 6개의 살을 가진 바퀴들을 가진 전차를 언급한다. 거기서 "전차"에 해당하는 용어는 후리아어 단어 aradiyanni인데 그것은 아마도 인도-아리아어로 "전차"를 뜻하는 rathya-에 근거할 것일 수 있다.

미탄니의 왕들은 비록 그것이 어원학적으로 모두 입증될 가능성은 없을 지라도 인도-아리아어 이름을 가지고 있다.

Kirta (Ki-ir-ta) (~~의 아버지)

Šuttarna (Šu-ut-tar-na) I (Kirta의 아들)

Parsatatar (Par-sa-ta-tar) (Sauštatar의 아버지)

Saušsatat(t)ar, Sauštatar (알랄라흐에서는 Sa-uš-sa-ta-(at-)tar, 누지에서는 Sa-uš-ta-at-tar in Nuzi) (Parsatatar의 아들) 기원전 1450 - 1425년 지배함

Artatama (Ar-ta-ta-a-ma) (Saušatatar의 아들 또는 자손) = Vedic ṛtá-dhāman-, "그의 주거지로 법을 가진" (Arta-에 대해서는, cf. 또한 Artabazos, Artaphernes처럼 그리스어 근원을 가진 고대페르시아어 이름들 참조)

Šuttarna (Šu-ut-tar-na) II

Artaššumara (Ar-ta-aš-šu-ma-ra) (Šuttarna의 아들) = *Ṛta-smara-

Tušratta (Tu-uš-rat-ta, Tu-iš-e-rat-ta, Tu-uš-e-rat-ta) (Šuttarna의 어린 아들) = 원시-인도-아리아어 *Tvaišaratha 〉 베다 tveṣá-ratha-, "힘차게 달리는 마차를 가진"

Parattarna (Par-ra-at-tar-na) I

Šattivaza (KUR-ti-ú-a(z)-za) = *Sāti-vāja-, "전리품을 획득한" (베다의 vāja-sāti-, vājasya sāti- 참조)

이전에 설명되지 않은 두 개의 미탄니 왕실의 이름인 Saušattar 와 Parsatattar는 인도-아리아어 용어인 savyasthātar 와 prasthātar에서 설명

될 수 있다고 나는 믿는데 양자는 모두 마차를 "전차를 모는 전사"를 가리킨다[이미지 8.11]. 메이로퍼(Mayrhofer 1974)는 아마도 초기의 제안으로 "훌륭한 말 조련사를 제공한"을 뜻하는 *Su-sthātar-와 같은 복합어가 의미상으로 귀족의 이름으로 적합했을 것이라고 말한다; 문제는 이 복합어가 베다어나 아베스타어에서는 입증되지 않는다는 사실이다. 메이로퍼는 Parsatattar를 리그베다 8,46,13에서 입증된 "앞에 서 있는 자, 지도자"를 의미하는 Puraḥ-sthātar-로 읽을 것을 제안했다. Sauštattar의 후손들의 이름이 모두 베다의 전차병과 연결되어 있기 때문에 나는 "(전차의) 왼편에 서 있는 자, 전차병"을 의미하는 *Savya-šthātar-로 제안한다[그것은 전차의 오른쪽에 서 있는 자인 마부는 반대이다. 이에 대해서는 TB 1,7,9,1에서 dvau savyeha-sārathī; 베다 텍스

[이미지 8.11] "미탄니의 왕, Parsatattar의 아들, Sau tattar의 각인"(sa-u -ta-at-tar DUMU par-sata-tar LUGAL ma-i-ta-ni), 기원전 1420년, 누지(Nuzi)와 텔 브라크(Tell Brak)에서 발견된 점토판에 보존되어 있음. After Stein 1994:297, fig. 2. Courtesy Diana L. Stein.

트의 다른 대응물인 아타르바베다(AV) 8,8,23에서 savya-ṣṭhā- 그리고 샤따빠타브라흐마나(ŚB) 5,2,4,9; 5,3,1,8; 5,4,3,17-18에서 savya-ṣṭha- 참조]. Parsatattar는 "앞에 서 있는 전차병"을 의미하는 *Pra-sthātar-일 수 있다. 베다에서는 사제들의 "adhvaryu-한쌍(pair)", 즉 Adhvaryu와 Pratiprasthātar는 신성한 전차를 모는 전사인 두 명의 아슈윈스(Aśvins)과 같다고 생각된다(Taittirīya-rayaka 3,3 a vinādhvaryū). 이 두 사제들은 실질적으로 가르마(gharma) 의식을 담당하고 있는데 거기서 실제로 아슈윈스에게 더운 우유가 제공된다(제11장). adhvaryu-라는 단어는 문자 그대로 "길과 관련이 있는 사람"을 의미하며, 원래는 길에 전차를 모는 "전차를 모는 사람"을 의미했을 수 있다. 따라서 prati-prasthātar-라는 단어는 원래 "(전차를 모는 사람) 반대편에서 앞에 서 있는 전차병"을 의미했을지도 모른다. 사우슈탓타르의 아버지인 키르타(Kirta)라는 설명되지 않은 이름은 인도-이란에서 어근 kar-에서 파생한 "칭찬하다"를 의미하는 carkarti처럼 "칭송받다, 유명한"을 의미하는 *kṛta-를 나타낼 수 있다. 왜냐하면 산스끄리뜨어 문법학자들은 kīrṇa- 외에 kṛta-를 동음이의어 어근으로 "죽이다"를 의미하는 kar-를 과거분사로 언급하기 때문이다.

보아즈칼레(Boğasköy)에 있는 히타이트 왕들의 왕실기록보관소에는 히타이트 왕 수필룰리우마(Suppiluliuma) 1세와 미탄니 왕 샤티와자(Šattivaza) 사이의 평화조약도 들어 있었다. 기원전 1350년경에 만들어진 이 조약은 미탄니왕국을 속국으로 떨어뜨렸다. 인도-아리아인의 4명의 신들은 조약의 신성한 증인이 되도록 요청받았다: 미뜨라(Mi-it-ra-), 바루나(A-ru-na-), 인드라 (In-da-ra-) 그리고 나사띠야 쌍둥이들(Na–aš–ša–at–ti–ya–). 이 텍스트는 히타이트 측에 있는 100명 정도의 신성한 증인들을 언급한 후 미탄니 왕의 24명의 신성한 증인들이 뒤에 이어지는데 인도–아리아인의 신들은 중간에 있다. 이 신들은 같은 순서로 리그베다 10,125,1에서도 언급된다: aham mitrāvaruṇobhā bibharmy aham indrāgnī aham aśvinobhā; 유일한 차이점은 조약에서 인드라 대신 인드라와 아그니가 여기에 언급되어 있고, 신성한 전차를 모는 전사 쌍둥이는 다른 이름으로 언급되어 있다는 것이다; 그러나 "구원자, 구세주"라는 이름의 나사띠야는 리그베다에서 아슈윈스로 매우 흔하게 사용된다(Thieme 1960).

이 조약에서 언급된 인도–아리아인의 신들 외에도 두 명의 다른 인도–아리아인의 신들이 나타나는데 그들은 히타이트 의례 텍스트에 언급된 불의 신 아그니(A–ak–ni–iš)와 카사이트 통치 기간 동안 바빌로니아에서 온(BCE 1570 – 1155년) 용어사전인 설형문자 명판에 들어 있는 아카디아의 태양신 샤마슈(Šamaš)와 동일한 태양신 수리야(Šu–ri–ya–áš)이다. 카사이트 통치자들은 그들의 고향이 기원전 18세기 이후 바빌로니아 동쪽의 자그로스 산맥에 있는 로레스탄(Luristan)이었던 것으로 보이는 (미탄니의 인도–아리아인처럼) 소수 엘리트였다; 그들의 언어는 알려진 상대어들이 없다.

미탄니 왕의 이름 외에도 다수의 다른 원시–인도–아리아인의 개인적인 이름들이 알려져 있으며, 그중 많은 이름이 마리아니(maryanni; 전차를 모는 전사, 귀족)이다. 몇몇 이름은 atti로 끝나는 복합어이며 여기서 atti는 베다에서 "손님"을 의미하는 atithi–와 일치하는 *atthi이다. 마지막 부분이 "그의 손님으로서 x를 갖는"을 의미하는 atithi로 그리고 첫 부분이 일상적으로 신의 이름으로 형성된 다섯 개의 이름들은 리그베다의 깐바(Kāṇva) 시인들의 찬가에 나타난다: 메디야띠티(Medhyātithi), 메다띠티(Medhātithi), 니빠띠티(Nīpātithi), 미뜨라띠티(Mitrātithi) 그리고 데바띠티(Devātithi).

Aššuratti, Ašuratti = *Asurātthi

Biriyatti, Biryatti = *Priyātthi

Intaratti = Indrātthi

Maryatti = *Maryātthi

Mitaratti = 리그베다에 있는 적절한 이름으로 베다어 Mitrātithi, .

Šauššatti

Šuwatti, Šuwatiti = *Suvatthi

Šuryatti = Sūryātthi

Paratti = *Prātthi

다른 인도-아리아어의 적절한 이름들은

Ar-ta-am-na = *Ṛta-mna-, "법의 마음을 가지고 있는" (베다의 ṛtásya . . . mánas와 그리스에 원천을 가지고 있는 페르시아 이름 Artamenēs 참조)

Aššuzzana = *Aśva-canas- (고대페르시아어에 있는 인물 명칭 Aspa-canah- 참조)

Bi-ri-ya-aš-šu-va = 인도-아리아어 *Priyāśva-

Biridašva = *Prītāśva-

Bi–ir–ya–ma–aš–da = 원시–인도–아리아어 *Priya–mazdha → 리그베다에 있는 인물 명칭으로 베다어 Priyá–medha–.

Indaruta (In–tar–ú–da, En–dar–ú–ta) = 베다어 Indrotá– (= Indra–ūtá–)

Šattavaza = *Sāta–vāja– (미탄니 왕의 이름 Sāti–vāja 참조)

Šu–ba–an–du = 리그베다에 있는 인물 명칭으로 베다 산스끄리뜨 Subandhu–

Zantarmiyašta = 원시–인도–아리아어 *–miyazdha– 〉 "희생제의 식사"를 의미하는 베다어 – miyédha–,

Zitra = "훌륭한, 빛나는"을 뜻하는 베다어 Citrá–, 리그베다에서 인물 명칭으로 나타난다.

결론적으로 미탄니 인도–아리아인의 문화와 적절한 이름은 말과 전차에 의해 장악되었다. 실제로 미탄니 인도–아리아인들은 기원전 1500년경 서아시아 전투에 전차가 도입된 주된 동기였던 것으로 보인다. 이것은 원시–인도–아리아어를 사용하는 사람들이 하이집트의 힉소스(Hyksos) 정복에 관여했는지 그리고 거기에 전차의 도입에 관여했는지에 대한 물음을 낳는다. 미탄니왕국의 통치는 기원전 13세기에 끝났으며 그 무렵에는 원시–인도–아리아어 언어가 서아시아에서 사용되지 않았다고 가정할 이유가 있다. 아리아어를 사용하는 사람들은 서이란어를 사용하는 메디아인(Median)과 페르시아인이 등장하는 기원전 9세기 중반까지 설형문자 문서에서는 언급되지 않는다(7장 참조). 중앙아시아 남부의 BMAC 정착지들은 수세기 동안 초원 지대 유목민들에 둘러싸여 있었기 때문에 끊임없이 공급되는 원시–인도–아리아인들이 우세할 수 있었다; 그러나 시리아에서는 미탄니 인도–아리아인들이 권력을 장악한 후 결국 동쪽으로 더 멀리 떨어진 언어적 동족들과 고립되었기 때문에 의심할 여지없이 현지 언어에 동화되었다.

언어학적으로 미탄니 인도-아리아어(1500-1300 BCE)는 리그베다의 인도아리아어보다 더 오래된 발전 단계를 나타낸다. 현재 입수할 수 있는 미탄니어 어휘는 매우 제한적이지만, 비록 소리의 변화가 리그베다어 대응물에서 발생했음에도 불구하고 네 가지 사례가 미탄니어 단어가 원시-인도-아리아어 재건과 같은 것으로 인용될 수 있다 (Mayrhofer 1966:18-20):

Sound change	Mitanni	Rigveda	Avesta
ai > e	*aika-*	*eka-*	*aēva- < *aiva*
az > e	*-mazdha-*	*-medha-*	*mazdā-*
źh > h	*vaźhana-*	*vahana-*	*vaz-*
išd(h) > īḍ(h)	*mišdha-*	**mizḍha- > mīḍha-*	*mišda-*

[표 8.1]

9

리그베다의
인도-아리아인과 다사(Dāsa)인들

리그베다 찬가와 관련된 인도-아리아어를 사용하는 사람들은 언제 중앙아시아에서 남아시아로 이동했을까? 이것은 전체적으로 볼 때 베다 연구와 인도 역사의 주요 문제 중 하나였으며 지금도 계속되고 있다. 베다 아리아인들이 남아시아 토착민이라는 주장과 그들의 존재가 터무니없이 오래된 시기라는 불가능한 가설을 무시한다면 우리는 그들의 유입 시기에 대한 현재의 학술적 추정이 기원전 2000년에서 1000년 사이에서 다양하다는 사실을 알 수 있다. 가끔 그 비교가 8장에서 논의된 미탄니 인도-아리아인에 대한 단편들을 가지고 만들어지면 그들의 유입은 기원전 1400-1200년경으로 기록된다. 나 자신의 접근 방법은 리그베다 아리아인들이 싸움을 벌였던 다사(Dāsa), 다슈(Dasyu) 및 빠니(Paṇi)로 알려진 사람들의 민족적 및 언어적 정체성을 연구하는 데 의지한다.

첫째, 리그베다에 대한 기초 자료가 필요하다. 리그베다의 찬가들은 그것들을 만든 사제 가문으로부터 수집되었고, 기원전 1000년경 꾸루(Kuru) 왕국 당시 체계화되었다(13장 참조). 리그베다는 "원"(maṇḍala)

이라고 불리는 10권(1 – 10)의 책으로 나뉜다. 이른바 "가문의 책들"(2 – 7)은 각각 (내부적 표시로 확인되는) 후기 전통에 의해 특정한 시인(kavi) 또는 현자(ṛṣi) 가문에 귀속된다. 각 가족은 현자에서 이어진다: 그리뜨사마다(Gṛtsamada, 2권), 비슈와미뜨라(Viśvāmitra, 3권), 바마데바(Vāmadeva, 4권), 아뜨리(Atri, 5권), 바라드와자(Bharadvāja, 6권) 그리고 바시슈타(Vasiṣṭha, 7권). 각권 안에는 찬가들이 세 가지 계층의 기준에 따라 배열되어 있다: 즉 신에 따라[그들에게 부여된 찬송가의 빈도 순서에 따라 첫 번째 아그니(Agni), 그 다음 인드라(Indra), 다음으로 다른 신들 순으로], 운율에 따라 그리고 찬가의 시의 연의 수에 따라(줄어드는 순서로).

가문의 책들은 리그베다에서 가장 오래된 계급을 나타낸다. 거의 동일하게 오래된 것은 찬가의 다음 계층, 즉 찬가가 위와 같은 원리에 따라 배열되는 1권의 후반부(51~191년)이다: 즉 먼저 그들의 저자(9명의 시인들 또는 가계들)에 따라, 다음으로 신에 따라, 운율에 따라 그리고 시의 연의 수에 따라.

그 다음 첨부된 것은 깐바(찬가 1 – 66)와 앙기라스(찬가 67 – 103) 가문의 시인들이 만든 8권이다. 그 뒤를 잇는 추가본인 제1권의 전반부(찬가 1 – 50)는 제8권과 밀접하게 연결되어 있으며, 대부분의 찬가는 깐바와 앙기라스 가문의 작품이다: 그것은 3개의 시구로 구성된 노래 단위와 다른 몇 가지 특성으로 구성된 3행시들이 주를 이루면서 8권을 공유하고 있다. 9권은 의례적인 목적으로 1–8권에서 소마(신성한 희생제의 음료)에게 주어진 모든 찬가를 추출해 만들어졌다. 10권은 리그베다에 가장 뒤에 추가된 것으로 전반부(찬가 1 – 84)는 두 번째 부분(찬가 85 – 191)보다 오래되었다. 총 찬가의 수는 1권과 비슷하다. 마지막으로 리그베다의 특성에 더해 몇 개의 "보충적인 시구"(khila)가 있다.

리그베다는 나라들, 산들, 강들의 명칭을 언급한다. 강 이름은 특히 중요한데, 그 이유는 그들이 지시하는 것이 확실하게 입증될 수 있기 때문이다. 특히 두드러진 것은 주요 지류들을 포함한 인더스강으로 이 지류들은 리그베다에서 많이 반복되는 "7개의 개울(sapta sindhavaḥ)"이라는 문구로 나타난다. 10권의 찬가 75, "개울들에 대한 찬양"에서는 인도 북서부 평원의 모든 주요 강들, 특히 인더스계의 강들을 열거한다. 찬가 1–4에서는 신두(Sindhu = Indus); 찬가 5에서는 강가(Gaṅgā = Ganges), 야무나(Yamunā = Jumna), 사라스와띠(Sarasvatī = Sarsuti 및 Ghaggar–Hakra), 슈뚜드리(Śutudrī = Sutlej), 빠루슈니(Paruṣṇī = Irāvatī 〉 Ravi), 아시끄니와 함께 마루드브리다(Marudvṛdhā with Asiknī = Chenab), 비따스따(Vitastā = Jhelum) 그리고 수쇼마와 함께 아르지끼야(Ārjīkīyā with Suṣomā = ?Sohan); 그리고 찬가 6에서는 인더스의 서쪽 지류인 뜨리슈따마(Tṛṣṭāmā), 수사르뚜(Susartu), 라사(Rasā), 스웨뜨야(Śvetyā), 꾸바(Kubhā = Kabul), 고마띠(Gomatī = Gomal), 끄루무(Krumu = Kurum, Kurram) 그리고 메다뜨누(Mehatnū)가 열거되어 있다. 수바스뚜(Suvāstu = Swat)는 이 목록에는 없지만 리그베다 8,18,37에서 언급되고 있다; 그것은 인더스강의 서부 지류들 가운데 확인되지 않는 것 중 하나일 수 있다. 지리적인 명칭은 리그베다를 주로 북서쪽 및 뻰잡(Punjab)과 연결시키는 반면 동쪽에 관한 언급은 리그베다에서 거의 나타나지 않는다(10,75,5에서만 강가에 대한 언급이, 야무나도 5,52,17과 7,18,19에서만 나타난다). 이것은 지리적 지평선이 동쪽과 남쪽으로 넓어지는 후기 베다 문헌과는 대조적이다.

중앙아시아, 아프가니스탄, 발루치스탄에 있는 다른 여러 강(또는 강의 계열)의 명칭이 언급되었거나 언급된 것으로 보인다. 그리고 이 명칭들 중 일부는 초기 리그베다의 이민자들에 의해 인도 아대륙으로 옮겨졌다. 여기에는 다음과 같은 것들이 포함된다:

- Rasā(= 아베스타어 Raŋhā =?Oxus / Amu Darya; 이란어에서 라하(*Rahā)가 되는 라사는 Rhārk 가장 유사한 원천이다. 아미아누스 마르셀리누스(Ammianus Marcellinusis)는 그것을 추정된 인도-이란어 모국의 주요 강들 가운데 하나인 볼가(Volga)강의 옛날 이름이라고 기록했다(7장 참조);
- Sarayū(= ?아베스타어 Haroiva, "도시 이름" = 고대페르시아어 Haraiva, "페르시아제국의 영토," Aria, "Ariana" = 아프가니스탄의 헤라트(Herat) 지역);
- Sarasvatī(= Avestan Haraxvaiti, "도시 이름" = Old Persian Harahuvati, "페르시아제국의 영토, Arachosia" = 아프가니스탄의 칸다하르(Kandahar) 지역, 그것은 그 지역의 주된 강 이름을 따서 명명되었다, 오늘날의 아르간다브와 헬만드(Arghandab + Helmand); 후에 인도의 사르수띠와 가가르-하끄라강(Sarsuti and Ghaggar-Hakra in India);
- Yavyavatī(=발루치스탄 북부의 ?Zhob);
- Bhalāna, "종족 명칭"(= 발루치스탄의 Bolan 강?).

리그베다는 약 30개의 아리아 부족과 씨족의 이름을 언급하고 있다. "5개의 민족"을 의미하는 용어가 리그베다 전체에서 주요 부족을 지칭하는 것으로 사용되며 그들 가운데 4개는 규칙적으로 서로 짝

을 이룬다: 야두와 뚜르와사(Yadu with Turvaśa), 아누와 드루흐유(Anu와 Druhyu). 이 네 부족은 아프가니스탄에서 인도아대륙 북서쪽으로 유입된 인도-아리아어를 사용하는 이민자들 가운데 첫 번째로 진출한 종족에 속한 것으로 보인다. 다섯 번째 부족인 뿌루(Pūru)족은 그의 동맹 또는 하위 부족인 바라따(Bharata)족과 함께 나중에 다시 아프가니스탄에서 와서 초기 부족들을 제압한 것으로 보인다. 리그베다 찬가의 주요 인물은 3~5세대의 바라따와 뿌루 왕조의 인물들이다(바라따족: Atithigva 〉 Divodāsa 〉 Sudās; 뿌루족: Girikṣit 〉 Purukutsa 〉 Trasadasyu 〉 Tṛkṣi). 그러므로 가문의 서적은 그들의 시대를 반영하는 것처럼 보인다. 2-7권에서 언급된 가장 후대의 바라따나 뿌루족의 왕은 뜨라사다슈(Trasadasyu)의 아들 뜨리끄쉬(Tṛkṣi)이다. 그렇기 때문에 아마도 그의 통치 직후 가문 책들이 수집되었을 것이다(Witzel 1995a, b).

뿌루족의 왕 뿌루꾸차(Purukutsa)와 바라따족의 왕 디보다사(Divodāsa)는 힌두쿠시 산맥을 넘어 인더스 계곡으로의 이민을 인도한 것으로 보인다. 빠루슈니(Paruṣṇī, 오늘날의 라비) 강에서의 유명한 "10명의 왕들의 전투"(7권, 찬가 18,33,83)에서, 디보다사의 아들 또는 손자인 바라따족의 왕 수다스(Sudās)는 뿌루족의 왕—아마도 뿌루꾸챠의 아들인 뜨라사다슈(Trasadasyu)—와 그의 많은 동맹국을 물리치고 뻰잡의 통치자가 되었다. 리그베다에서 언급된 최초의 꾸루 왕은 뜨라사다슈의 후손인 꾸루슈라바나(Kuruśravaṇa)로, 여기서 뿌루족들이 후에 꾸루끄셰뜨라(Kurukṣetra)라고 불리는 지역으로 이주했음을 암시한다(꾸루족 왕들에 대해서는 제13장에서 논의된다). 알렉산더대왕은 포로스

(Pōros) 왕을 물리쳤는데, 그의 중기 인도-아리아어 이름인 포라(Pora)는 "뿌루의 후손"을 의미하는 산스끄리뜨어 빠우라바(Paurava)에서 왔다: 그의 왕국은 젤름(Jhelum)과 라비(Ravi) 강 사이에 있었다.

인드라(Indra)와 그의 후손들, 특히 디보다사(Divodāsa)와 뿌루꾸차(Purukutsa) 왕들은 다사, 다슈 그리고 빠니라고 불렸던 "검은 피부를 가진" 적들을 정복했다고 말해진다. 그들은 인드라도 희생제의 소마도 숭배하지 않았지만 그들만의 계율(vrata)을 가지고 있었고 가축도 풍부했다고 말해진다. 인드라와 아그니는 아리아인들이 수많은 적의 거점, 특히 산들 사이에 위치한 다사 샴바라(Dāsa Śambara)의 거점을 파괴하는 것을 도왔다. 그들이 의심할 바 없이 인간으로서의 적임에도 불구하고 이 적들 가운데 많은 수가 악마로 표현된다. 스테파니 제이미슨(Stephanie Jamison)과 조엘 브레튼(Joel Brereton, 2014)이 리그베다 전체를 새롭게 번역한 것에 의하면 다사들과 다슈들에 관한 다음의 구절들은 독자들에게 이 민족들이 가지고 있던 호전적인 성격에 대해 알 수 있는 증거를 제시해 줄 것이다.

1,51,5 당신의 계략으로 당신은 그들 자신의 관습에 따라 "어깨"에 (그들의 공물을) 부었던 교활한 자들을 날려 버렸다.
당신은 삐쁘루(Pipru)의 거점을 뚫고 나아갔다, 오, 호방한 정신의 소유자여.
당신은 다슈들을 쳐부수어서 리지슈완(Ṛjiśvan)을 도왔다.
6 당신은 슈슈나(Śuṣṇa)를 물리치기 위해 꾸차(Kutsa)를 도왔고 샴바라(Śambara)가 아띠티그와(Atithigva)에 속히게 만들었다.
그가 비록 위대했지만 당신의 발로 아르부다(Arbuda)를 짓밟았다. 진실로, 당신은 오래전부터 다슈들을 파멸시키려고 태어났다.

8 아리아인들과 다슈족을 구별하라. 율법을 따르지 않는 사람들을 꾸짖고, 그들을 제식용 풀을 제공하는 사람으로 변하게 하라.

자기희생을 하는 사람의 강력한 격려자가 되라. 나는 우리의 공동의 잔치에서 당신의 이 모든 (행위)를 즐긴다.

1,103,3 그의 능력을 신뢰하면서 본성적으로 힘을 보태는 그는 강력하게 다샤의 성채들을 분쇄하면서 널리 돌아다녔다.

무엇인가 알고 있는 오, 철퇴를 든 이여, 다슈에게 당신의 미사일을 던져라: 아리아인의 힘과 탁월함을 강화시켜라, 오 인드라여.

2,12,4 그에 의해 이 모든 공적이 행해졌고: 다샤족을 아래로 숨어 버리게 만든 이,

승리한 도박 챔피언이 내기에 건 것을 갖는 것처럼 이방인의 부를 취한 이—오 사람들이여, 그가 인드라(Indra)이다.

10 자기 자신을 위해 끊임없이 커다란 죄를 범하고 있는 그들에게 그의 활살을 날린 자, 생각도 하지 않는 자들:

오만한 사람에게 오만함을 인정하지 않는 사람; 다슈의 분쇄자인—그는, 사람들이여, 인드라이다.

11 40번째 가을에 산에 사는 샴바라(Śambara)를 발견한 사람;

그 힘을 드러내는 뱀을 박살 낸 사람, 다누의 아들이, (그로 인해) 드러누운(죽음)—그가, 오 사람들여, 인드라다.

2,20,6 인드라라는 이름으로 유명한 신, 가장 경이로운 자인 그는 마누(Manu)

를 위해 똑바로 일어섰다.
유능하고 독립적인 그는 다사 아르샤사나(Dāsa Arśasāna)의 머리를 얻었다.
7 브리뜨라(Vṛtra)의 분쇄자, 요새들 쪼개 버린 자, 인드라는 다사(요새들)를 그들의 어두운 자궁에서 없애 버렸다.
그는 마누를 위해 땅과 물을 낳았다. 모든 면에서 그는 희생하는 자의 찬양을 강력하게 만든다.

4,16,10 다슈를 분쇄하고자 하는 마음으로 [우샤나 까브야(Uśanā Kāvya)의] 집에서 이곳으로 질주해 오라. 당신과 교제하는 것에 대해 꾸차는 열성적이 될 것이다.
그대 둘은 같은 형태를 가지고 각자 자신의 자궁 속에 앉아 있다. 그녀는 그대 둘을 구별하려고 노력하고 있다—그녀는 진실을 구별하는 여인이다.
12 꾸차를 위해 당신은 그날 첫 식사 전에 수천의 부하들과 함께 흉작을 낳은 탐욕스러운 슈슈나(Śuṣṇa)를 쓰러뜨렸다.
꾸차는 다슈족과 마주치는 순간 (무기)로 즉시 짓밟고 나서 태양의 바퀴를 뜯어낸다.
13 당신은 힘이 넘쳐 당당해진 삐뿌르 므리가야(Pipru Mṛgaya)를 비다틴(Vidathin)의 아들인 리지슈완(Ṛjiśvan)에게 복종시켰다.
당신은 어둠을 5만으로(갈기갈기) 흩어 놓았다. 당신은 그들의 요새들을 낡아빠진 망토처럼 갈기갈기 찢어 버렸다.

5,34,6 (전차의) 바퀴를 붙여서 매우 강력하게 충돌할 때 그는 압박하지 않는 사람을 용납하지 않고 압박하는 사람보다 더 강하게 나간다.

인드라는 두려움을 퍼뜨리는 모든 것의 지배자이다. 아리아는 그가 원하는 대로 다사를 인도한다.

6,20,10 인드라여, 우리가 당신의 도움으로 다시 이길 수 있도록 하소서. 푸루들(Pūrus)은 희생제를 올리면서 이(찬가)를 가지고 칭송을 시작한다.
그가 7 가을의 요새들, 그들의 피난처들을 찢어 버렸을 때 그는 뿌루꾸챠(Purukutsa)를 위해 최선을 다해 다사(종족들)를 쳐부수었다.

6,26,5 인드라여, 당신은 온 힘을 기울여 그 찬가를 만들었다. 그리하여 오 승리자여, 당신은 수백, 수천(물건들)을 찢어 버릴 수 있었다.
당신은 산에서 내려와 다사 샴바라(Dāsa Śambara)를 공격하고 빛나는 도움으로 디보다사(Divodāsa)로 더 나아갔다.
6,47,21 그는 매일 그들의 자리에서 모든 같은 형상의 검은 친족들의 다른 반쪽을 물리쳤다.
황소는 해자를 두른 장소에서 두 명의 다사들인 용병, 바르찐(Varcin)과 샴바라(Śambara)를 박살 냈다.

7,6,3 지성이 없는 자, 매듭을 묶는 자, 경멸스러운 말을 하는 자: 호의를 베풀지 않고, 힘을 쓰지 않고 희생제를 올리지 않는 파니(Paṇi)[5]들을 타도하라.
계속해서 아그니는 다슈들을 추격했다. 첫 번째는 희생 없이 최후를 맞이했다

5 리그베다 시대에 아리아인들을 반대한 종족으로 주로 상업과 무역에 종사했으며 다른 한편으로는 깔리 사원의 사제를 일컫기도 한다.

7,19,2 오 인드라여, 바로 당신만이 꾸차를 도왔고, 격돌에서 당신 자신의 몸으로 자신을 위해 명성을 추구하면서
그때 그를 위해 당신은 아르주나의 자손들을 위해 최선을 다해 흉작을 가져온 다사 슈사나를 약하게 만들었다.

4 신들을 추구하는 인간을 향하는 마음을 가진 당신—인간들과 함께 많은 장애물을 박살 내는 당신 인간과 함께, 쉬고 있는 구역의 당신:
당신은 다비티(Dabhīti)가 그들을 쉽게 쳐부술 수 있도록 다슈 쭈무리(Dasyu Cumuri)와 두니(Dhuni)를 잠들게 했다.
5 이 업적들은 당신의 것이다. 손에 철퇴를 든 당신은 99개의 성채들을 단숨에,
100번째와 더불어 당신은 최후까지 일하면서 그들에게 죽음을 줬다[멸망시켰다]. 당신은 브리뜨라(Vṛtra)를 쳐부수고 더 나아가 나무찌(Namuci)도 쳐부수었다.

8,70,10 인드라여, 당신은 우리를 위해 진실을 찾는 존재이다. 당신은 당신을 욕하는 그에게서 만족을 찾지 못한다.
강력한 남성다움을 가진 그대여, 그대의 허벅지 사이에 자신을 끼워 넣어라. 네 주먹으로 다사를 무너뜨려라.
11 다른 계율을 따르는 자, 마누의 아들도 아니고 희생제를 드리지도 않고, 신들에게 헌신하지 않는 자—
당신의 동지는 그에게 산을 굴려야 한다: 산은 다슈를 쉽게 쳐부수기 위해(아래로 굴려져야 한다).

10,22,8 행동하지 않고 생각이 없는 다슈, 그의 계율들이 다른 인간이 아닌 자는 우리비인의 다슈는 우리를 반대한다.

당신은 동지가 아닌 자를 쳐부수는 자, 이 다사의 무기를 쉽게 꺾는 자

10,138,3 태양이 하늘 한가운데서 그의 전차를 풀어 놓았다. 아리아인이 다사라는 호적수를 발견했다.

간악한 주인 삐쁘루의 확고한 요새들은 리지슈완과 함께 행동하는 인드라에 의해 열렸다.

4 도전적으로 그는 반항할 수 없는 요새들을 열었다: 난폭한 사람은 사악한 보물 창고를 완전히 쳐부수었다.

달이 있는 태양처럼 그는 요새에서 발견된 물건을 자신의 물건들을 가져갔다.

노래를 부르면서 그는 번쩍이는 무기를 가지고 적들을 산산조각 냈다.

모티머 휠러(Mortimer Wheeler)가 1946년에 하랍빠의 거대한 벽들을 노출시켰을 때 그는 리그베다에 있는 대로 요새화된 인더스 도시들이 인드라와 아리아 왕들에 의해 부서진 다사들의 요새라고 확인했다(Wheeler 1947). 그러나 빌헬름 라우(Wilhelm Rau 1976)가 리그베다의 묘사를 검토하면서 다사 요새는 인더스 도시의 배치와 일치하지 않는 동심원적이고 원형적인 벽이 많은 것으로 묘사되고 있다고 지적했다. 1988년, 나는 1970년대 아프가니스탄 북부에서 발굴된 대슐리-3(Dashly-3)의 BMAC의 소위 "신전-요새"(temple-fort)에서 Dāsa 요새에 대한 이 묘사에 대한 고고학적 대응물을 발견했다: 그것은 3개의 동심원 벽을 가지고 있다[이미지 20.3a]. 이것은 아리아인과 다사족

사이의 주요 싸움이 아마도 인더스 계곡이 아니라 인도-이란 국경 지대에서 일어났을 것이라고 나에게 암시했다. 대슐리-3은 기원전 1900년경으로 거슬러 올라간다. 따라서 BMAC의 원시-인도-아리아어 단계에 속한다. 그러나 박트리아의 쿠트루그 테페(Kutlug Tepe)의 아케메니드 요새에서 보여지듯이 아프가니스탄에서 3개의 동심벽으로 그러한 요새를 건설하는 전통은 유사이래 계속되었다[이미지 20.3b].

리그베다에는 샴바라라고 불리는 다사에 대한 24개의 언급이 있다. 인드라의 제자인 아리아 왕 디보다사 아띠티그와(Divodāsa Atithigva)는 40번째 가을에 암바라를 격파해 99개의 요새를 깨부수었다고 말해진다. 샴바라와 디보다사 사이의 싸움에 대한 설명은 사실적이고 명백하게 가장 오래된 6권에 들어 있다; 다사족과 아리아인 간의 반목은 6권으로 대표되는 기간 동안 가장 컸다는 것이 암시되었는데, 여기에는 힌두쿠시의 근방이나 서쪽에 있는 장소를 가리키는 몇 가지 징후가 포함되어 있다. 샴바라의 주거지로 (거대한) 산에 대한 반복적인 언급은 인더스 계곡을 배제하면서 다사 요새들의 지리적 위치에서 중요한 암시이다.

두 번째 중요한 암시는 리그베다 6,61,1-3에 나타난다. 여기에서 거대한 강 사라스와띠(Sarasvatī)는 강력한 디보다사를 사라스와띠에게 공물을 바치고 예배했던 바드리야슈와(Vadhryaśva)에게 아들로 줬다고 말해진다. 바드리야슈와의 아들인 디보다사는 디보다사 아띠티그와와 같은 사람이며, 아리아인과 다사족이 모두 참여한 유명한 뻰잡에서의 열명의 왕들의 전투에서 싸움을 벌였던 그의 아들 또는 그의 손자인 수다스(Sudās)일 가능성이 높다. 리그베다 6,61,2에 있는 사라스와띠에 대한 설명은 인도의 신성한 강 사라스와띠[사르슈띠(Sarsuti)와 가가르(Ghaggar) 양자로 모두 낮은 시왈릭(Siwalik) 산맥에서 내려온다는 것이 확인된다]에 전혀 들어맞지 않는다: "그녀의 용솟음쳐 나오는 강력한 파도를 통해, 이것(사라스와띠)은 연꽃의 뿌리를 캐내는 사람처럼 (강둑을 부수면서) 산등성이를 짓밟았다: 칭송과 기도로 우리는 (이방인을 살해하는) 사라스와띠에게 도움을 요청한다." 여기서 언급된 사라스와띠는 주로 이 강에 의해 물을 공급받는 아프가니스탄 남동부에 있던 페르시아제국의 지방인 (아베스타어로) 하라스바이티-(Haraxvaitī) 또는 (고대페르시아어로) 하라후바티-(Harahuvati-) 또는 (그리스어로) 아라초시아(Arachosia)라는 명칭이 부여된 강이라는 사실이 널리 받아들여지고 있다. 그것은 일반적으로 아르간다브(Arghandab)와 동일시되며, 그 강은 약 4킬로미터 높이에서 약 700미터까지 내려와 결국 얕은 호수를 형성하는 헬만드(Helmand) 강에 합류한다; 그리고 사라스와띠라는 이름은 "연못이나 호수를 가진 강"을 의미한다. 헬만드의 현재 명칭인 파슈토(Pashto)는 "댐을 가지고 있다"는 의미의 아베스타어 헤투만트(Haētumant)에서 유래되었다. 건기가 되면 아르간다브 강 역시 일련의 호수가 되었을 것이다.

리그베다 661,3에서 사라스와띠는 "모든 브리사야(Bṛsaya)"의 후손인 신을 비방하는 자들을 물리쳐 달라는 요청을 받는다. 알렉산더대왕 시대에 아라코시아(Arachosia)와 드랑기아나(Drangiana=Seistan)의 총독의 이름이 바르사엔테스(Barsaéntēs)였다. 이 이름은 브리사야와 닮은 이름이다(Arian, Anabasis 3,8,3; 3,21,1). 이것은 "모든 브리사야"라는 표현에서 알 수 있듯이 세습 왕실의 칭호였던 것으로 보인다. 비교해 볼 때

커티우스 루퍼스(;8,12,14)에 따르면 탁실라(Taxila)의 모든 왕은 탁실리스(Taxiles)라고 불렸고, 뻰잡에서 알렉산더대왕이 물리친 왕의 이름인 포로스(Pōros)는 분명히 "명백하게 뿌루의 후손"을 의미하는 왕조의 칭호다. 브리사야는 그것이 BMCA의 원래 언어에서 유래했을 수 있다는 것을 암시하는 특징(b-와 -ṛs-)을 가지고 있다(제8장 참조).

이제 나는 리그베다에 반복적으로 언급되고 있는 샴바라의 산악 지대로 되돌아간다. 만일 디보다사가 아라코시아(Arachosia)에서 태어났고 그의 아들 또는 손자인 수다스가 뻰잡에서 싸웠다면 디보다사는 대략 칸다하르(Kandahar)에서 카불까지 아프간 고지를 가로질러 그곳에서 스와트(Swat)에 들어갔을 가능성이 높다. 가장 높은 산들은 오늘날 탈레반 저항 세력의 주요 거점 중 하나로 잘 알려진 와지리스탄(Waziristan)으로 이 여정의 북쪽 지역에 있다. 디보다사가 다사와 싸웠을지도 모르는 바로 이 지역은 오늘날 거대한 전통 농장 복합체들로 구성되어 있는 아프가니스탄의 유일한 지역으로 그들은 반죽된 진흙으로 만들어진 거대한 벽으로 둘러싸여 있고 방어용 탑들의 설비가 있다. 이 요새화된 영지들은 현재 파슈토어(Pashto)를 사용하는 농부들이 거주하고 있으며 "요새"라는 의미의 콸라(qala)라고 불린다[이미지 9.1, 9.2]. 이러한 현재의 콸라들과 그들의 가능한 청동기시대의 선조들, 즉 BMAC의 요새화된 영지들 사이에는 명백한 유사성이 있다[이미지 8.1]. BMAC형의 "콸라" 건축술은 기원전 2300년경 마르기아나에서 시작되어 기원전 1900년경 박트리아로 확산되었고 "도시 이후의 도시"(post-urban)인 타키르바즈(Takhirbaj) 시대(1750 - 1500년)로 이어졌다. BMAC형 성채와 영지는 예를 들어 아프가니스탄 북부의 틸리아

테페(Tillya Tepe)에서 보이는 것처럼[이미지 9.3] 초기 철기시대의 야즈 1기(Yaz I)와 관련된 문화까지 그리고 실제로 중세와 현대까지 살아남아 있다는 점에 유의해야 한다. "진흙 벽돌로 만들어진 거대한 외벽은 마르기아나 오아시스의 후기(파르티아, 사산왕조 그리고 중세) 건축의 전형이며… 청동기시대 마르기아나의 거대한 외벽의 수축된 잔해에 대한 비유로 사용될 수 있다. 그것은 이 벽들이 여름 더위와 겨울 모래 폭풍에 대한 방어와 차단을 위해 기능했음을 사실을 암시한다"(Hiebert 1994:115).

조로아스터교 문헌인 비데브다드(Vīdēvdād 2,21-43)에 따르면 아후라 마즈다(Ahura Mazda)는 최초의 아리아인/이란인 왕 이마(Yima)에게 "아리아인의 장소"((airyānm vaējō)에 "광장 곳곳에 말을 타고 달릴 수 있을 만큼 긴" 요새(vara-)를 건설하라고 명령했는데, 이 요새는 가축들을 위한 풀이 많이 있었지만 긴 겨울 동안 피난처를 제공하지 않았다. 그 문헌은 현재의 아프간 콸라와 두꺼운 파크샤 벽이 어울리는 건설 방법에 대해서도 기술하고 있다: 바라(vara, 요새)를 짓기 위해 이마는 도공이 진흙을 반죽하듯이 흙을 으깨고 손으로 그것을 반죽해야 했다. 거기에 "발코니와 안뜰, 갤러리가 있는 집으로 된 거주지들"을 세운 다음, 끝없이 많은 씨앗들로 그곳을 채웠다.

마이클 위첼(2000년)은 이마가 비데브다드의 1장에서 언급했던 다양한 이란 부족의 기후 조건과 지리적 분포를 바탕으로 그의 요새를 건설한 이 "아리아인의 집"[즉 초기 동부 이란인들]이 어디에 위치하는지에 대한 오래된 문제를 논의했다. 아프가니스탄의 고지는 많은 지리적으로 언급된 것들의 정확한 식별이 가설로 남아 있음에도 불구하고 언급

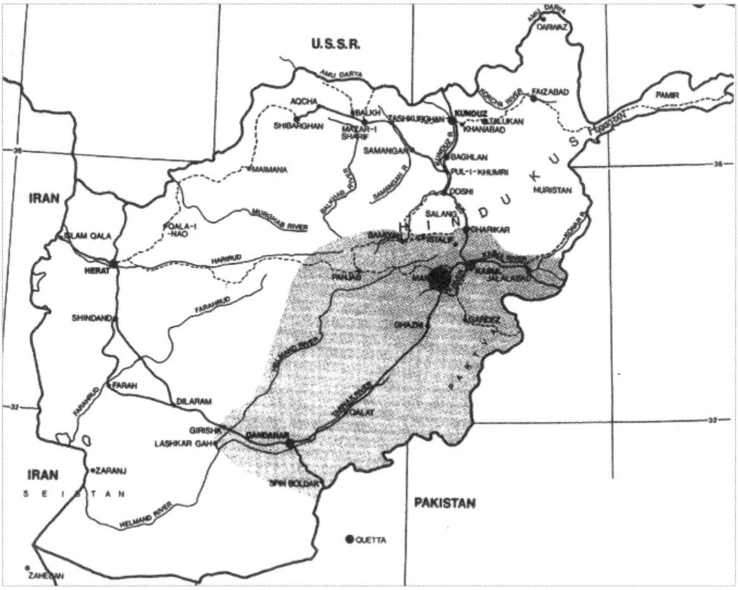

[이미지 9.1] 아프가니스탄 동부에 있는 거대한 팍사(pakhsa) 벽을 가진 요새화된 영지의 분포 구역. After Szabo & Barfield 1991:140. Courtesy Thomas J. Barfield.

된 장소의 중심에 놓여 있다. 아프가니스탄에 그 고향을 배치하자는 위첼의 제안은 수천 년 아프가니스탄 고지대의 유목민 부족들을 여름철에 신선한 목초지를 활용하기 위해 모든 곳에서 함께 모였다는 이동방목(transhumance)설의 지지를 받고 있다. 그 부족들은 그들의 동물들을 방목하는 것 외에도 이 시간을 결혼식을 올리기 위해 활용한다.

리그베다에서는 dầsá-가 보통 "적 부족의 일원" 또는 "적인 악마"(enemy demon)를 의미하는 것으로 나타난다. 이러한 의미는 (dāsa-처럼) 고전 산스끄리뜨어에서 "노예"를 의미하는 그와 일치하는 형용사 또는 파생 명사 dầsa-에 내포되어 있다; 이 의미는 리그베다에서 네 번 나타난다. 우리는 전쟁에서 포로로 잡힌 사람들의 이름이 "노예"를 의미하고 있다는 많은 역사적 유례에 주목할 필요가 있다. 예를 들어 "아

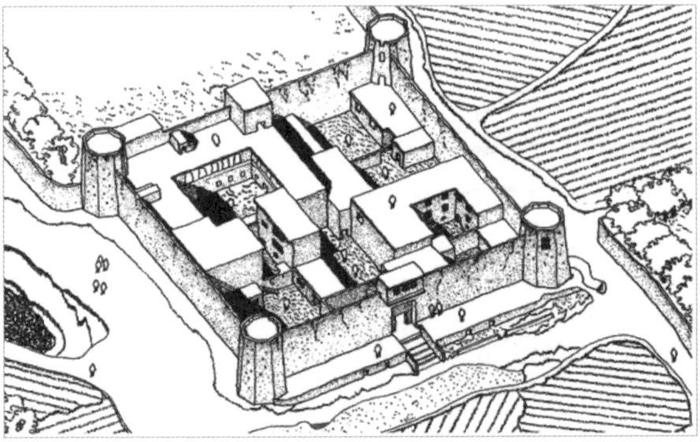

[이미지 9.2] 아프가니스탄 동부의 요새화된 영지(콸라). After Szabo & Barfield 1991:188. Courtesy Thomas J. Barfield.

리아인"(Aryan)의 아리아(ārya-)에서 파생한 핀란드어에서 "노예"를 뜻하는 오르자(orja) 그리고 비잔틴시대의 그리스어(Byzantine Greek) 에스클라베노스(esklabēnós)에서 프랑스어 에스클라브(esclave)와 후기 라틴어 슬클라부스(sclavus)를 통해 파생된 영어 슬레이브(slave) 등이며 "슬라브(Slav)는 전쟁에서 사로잡힌 노예로 취급된다."

이란어에서는 원시-이란어 *s가 비교적 늦은 시기인 아마도 기원전 850-600년경에 뒤따르는 모음 앞에서 h가 되었다. "엘람(Elam)(의 나라)"을 뜻하는 고대페르시아어 Ūa- 〈 *Hūža-(엘람을 뜻하는 파르티아어 Xūzestān과 일치한다)는 Susa, *Sūša(n)의 도시를 뜻하는 엘람어 명칭에서 온 것으로 추정된다. 그리고 페르시아인들은 기원전 9세기 이전에 엘람인들과 접촉할 수 없었기 때문에 음성 법칙 *s 〉 h는 페르시아인들이 엘람에 왔을 때 작동되었을 것으로 추정된다. 상대적으로 후기의 또 다른 증거는 아수르바니팔(Assurbanipal, 기원전 668-630)의 도서관에 있는 네오-아시리안(Neo-Assyrian) 설형문자판으로 여기에는 신의 이름인 dAs-sa-radMa-za-áš가 기록되어 있다; 이것은 메디아어의 *Asura-Mazdās일 수 있다. 거기에서는 Asura → Ahura-의 변화

[이미지 9.3] 기원전 1500–1000년 아프가니스탄 동부에 있는 틸리아 테페의 성. After Sarianidi 1989:19, fig. 5:1. Courtesy Margiana Archaeological Expedition.

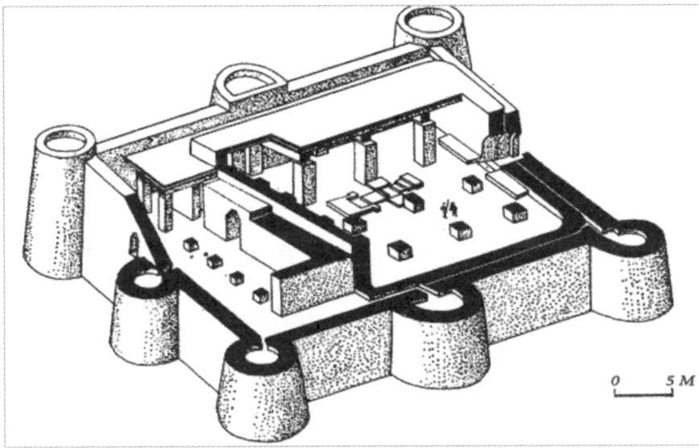

가 아직 일어나지 않았다. (하지만 이 네오–아시리아판은 기원전 2000년의 중기 아시리아 텍스트의 사본일 수 있다고 주장되어 왔다; 힌츠(Hintze) 1998; 슈미트(Schmitt) 2000.)

인종의 명칭으로서의 산스끄리뜨어 Dāsa–는 *Dāha–를 나타내는 아베스타어 Dåŋha–에 정확하게 대응한다. 그에 상응하는 옛 페르시아의 민족 이름은 Daha–이다. Dahā의 복수형은 크세르크세스(Xerxes)의 "제국 목록"(empire list)에서 두 종류의 사카(Sakā) 바로 앞에 대왕의 대상들 가운데 포함된다. 헤로도토스(1,125)는 페르시아인의 유목민 부족들 가운데 Dȧai / Dȧoi(그리스어로는 모음 사이에 있는 h가 생략된다)를 포함한다. 쿠르티우스 루퍼스(Q. Curtius Rufus 8,3)에 따르면 다하에(Dahae)족은 마르기아나(Margiana)의 마르구스(Margus) 강(현대의 Murghab)의 하류에 살았다. 그들은 또한 프톨레마이오스(Ptolemy)의 지리학(6,10,2)에도 존재한다. 폼포니우스 멜라(Pomponius Mela 3,42)가 인용한 에라토스테네스(Eratosthenes)는 북서쪽으로 향하는 옥서스(Oxus)강의 큰 굴곡은 다하에 근처에서 시작된다고 지적한다. 타키투스(Tacitus; Annales 11,10)는 다하에를 아레아(Areia)와 마르기아나 사이의 국경을 이루는 강(Sindes, 오늘날의 Tejend)에 배치한다.

디보다사(Divodāsa)의 탄생을 (Arachosia의) 사라스와띠의 선물로 언급하고 있는 동일한 리그베다의 구절(RV 6,61,1)은 또한 그 강이 (적인) 빠니(Paṇi)로부터 그의 음식물(목초지 또는 가축)을 빼앗았다고 말한다. 빠니인들은 때로는 다사인들, 다슈인들 그리고 그와 매우 유사한 용어들과 함께 종종 리그베다의 왕들의 적으로 언급된다. 빠니(Paṇí)는 *Pṛṇi라는 쁘라끄리뜨어의 발전으로 간주된다. 그것은 리그베다 1,53,8과 10,48,8에 있는 왕(디보다사) 아띠티그와 왕(디보다사)의 적의 이름인 빠르나야(Parṇáya)라는 완전한 명칭을 가진 민족 이름의 축소된 변형이다. 스트라보(Strabo 11,9,2)는 기원전 240년경에 아르사시드족(Arsacids)의 파르티아 제국 건설을 다음과 같이 묘사하고 있다: 스키타이인 "아르사케스(Arsakēs)는 파르티아를 침공해 정복했다. 그는 오코스 강(Okhos, 오늘날의 Tejend)을 따라 살고 있던 파르노이(Párnoi)라고 불리는 유목민들인 다아이(Dāai) 사람들을 (그의 명령하에) 두었다."

로마의 한 저자는 파르티아어를 메디아어와 스키티아어(즉 Saka) 사이에 놓인 것으로 그리고 두 언어의 혼합물로 특징지었다(Iustinus 41,2,3: "sermo his inter Scythicum Medicumque medius et utrimque mixtus"). 파르티아어의 많은 단어는 음성학적으로나 어휘적으로 동부 이란어로 확인되었고, 따라서 명백하게 사카어를 말한 다하에(Dahae)에 속한 이들 파르나(Parna)민족의 언어에 귀속되었다.

리그베다 6,21,11에 따르면 신들은 "마누(Mánu)를 다사의 윗사람/승계자로 만들었다." 이것은 산스끄리뜨어에서 dása-라는 단어의 유일한 발생이다; 그것은 Dāsas의 조상을 나타낼 수 있는 반면 마누는 베다 아리아인의 신화적인 조상이다. 산스끄리뜨어 마누(mánu)는 "사람"을 의미한다. Dasa-는 (상대적으로 늦은, 윗부분 참조) 이란어의 음의 변화 *s 〉 h와 함께, 코탄 사카어(Khotanese Saka)에서 인간을 의미하는 daha-가 된 원시-이란어 형태이다. 코탄 사카어는 코탄, 신강 서부 지역 또는 중국 자치구 투르케스탄(Chinese Turkestan)에서 사용되었다.

코탄 사카어에서는 그 의미에 대한 의문이 없다. daha-라는 단어는 "사람"을 의미하는 산스끄리뜨어 뿌루샤(purua-)와 나라(nara-)를 나타내는 것으로 "사람 또는 남자"라는 의미로 사용된다. 이 단어는 "여성, 여자"를 의미하는 스뜨리야(strīyā-)와 대비된다; 복합어와 파생어로서 그것은 "남성성, 활력, 용기"라는 의미를 갖는다. 이 사카어의 의미들은 힌두쿠시 지역에서 오늘날 사용되는 동부 이란 언어 가까이에 있는 와키어를 대응물로 갖는다. 거기에서 δay 〈 *daha-는 "남자, 남성, 인간"을 의미한다. 같은 어원을 가진 인도-이란어는 오세트어(Ossetic)뿐으로 오세트어에 "사람"을 의미하는 뢰그(läg)는 알란어(Alanian) *dahaka-까지 거슬러 올라갈 수 있기 때문이다. 코카서스 북부에서 사용되는 이 사카어는 코탄-와키(Khotanese-Wakhi) 어족의 가장 가까운 것으로 알려진 상대이다: 오세트어와 코탄 사카어는 70개의 어휘 항목을 공유한다(Bailey 1959 [1960]).

원시-사카어에서 "사람"을 의미하는 *dasa는 고대페르시아어에서 Daha-로 나타나는 민족 이름의 어원이라는 사실이 명백하다, 왜냐하면 많은 민족이 스스로를 지칭하는 것이 이 의미를 가진 단어들로 거슬러 올라가기 때문이다; 예를 들어 우랄어(피노-우그리아어, Finno-Ugric)를 사용하는 마리(Mari) 공화국의 마리라는 민족의 이름은 원시-

인도-아리아어로 "사람"(어원적으로 "죽어야 하는 존재, 죽는 존재")을 뜻하는 *marya-로 거슬러 올라간다.

*dasa- / *dāsa-와 *dasyu-가 인도-이란어에서 제한된 분포를 갖는다는 것은 사실이다. 알렉산더 루보츠키(Alexander Lubotsky, 2001:313)는 "인도 유럽 어원학에 대한 몇 가지 제안들이 있지만, 그들 모두 의심스럽다"고 말했다. 나는 여기서 이들 초기의 어원들에 대해 검토하지 않고, 오직 나만의 관찰 결과를 반복할 것이다(Parpola 2002b). 만일 베다에서 특별히 경이로운 일을 하는 아슈윈스(Aśvins)[6]에 대한 별칭으로 나타나는 "영리한, 숙련된"을 의미하는 das-rá- (< *dn̥s-ró-)처럼 그 강세가 원래 파생접미사(*-á-와 *-yú-)에 있었다면 그 단어들은 "영리한(영리하게 된) 또는 현명한(현명하게 된)"을 의미하는 PIE 어근 *dens-로 거슬러 올라갈 수 있다. 리그베다에서는 아슈윈스가 단일한 고정 형식으로 입증된 억양의 변화를 가지고 dasrā̀로 9번, dásrā로 9번, dásrau로 네 번 불리고 있다(dasrā̀ híraṇyavartanī in RV 1,92,18b, dásrā híraṇyavartanī in RV 5,75,2c, RV 8,5,11b, RV 8,8,1c and RV 8,87,5c). 그렇기 때문에 예상된 *dasá- 대신에 리그베다 VI,21,11에 나타나는 dása-라는 독특한 억양의 변화는 이 어원에 장애물이 되지 않는다. 예상되는 *dasyú- 대신에 dásyu-로 쓰는 것 역시 리그베다 1,100,18a의 śímyu-에 대해 리그베다 7,18,5c 의 śimyú-라고

6 베다에서 의학의 신으로 나오는 아슈윈스는 쌍둥이로 나오기 때문에 복수 형태를 취한다. 이것은 나사뜨야의 경우도 마찬가지이다. 이들에 대한 표현은 일상적으로 아슈윈, 나사뜨야스가 아니라 아슈윈스, 나사뜨야스로 칭하기 때문에 여기서도 그것을 따른다. 그러나 이 책에서 단수로 나오는 경우는 또한 단수의 형태로 표기한다.

쓰는 것과 비교할 수 있는데, 이것은 마찬가지로 적군의 이름이다.

의미상 영리함과 숙련됨을 나타내는 어근에서 "사람"을 뜻하는 단어를 도출하는 것은 타당하다. 산스끄리뜨어로 "사람"을 의미하는 마누(mánu-)는 "생각하다"를 뜻하는 어근 man- 〈 PIE *men-의 가능한 파생어와 비교할 수 있다. 그보다 훨씬 더 가까운 비교는 샤카(Śaka)라는 민족의 명칭이다. 그것은 "가능하다, 강력한, 숙련된"을 의미하는 어근 śak-에서 파생되었을 가능성이 크다(리그베다는 "사람들"의 별칭으로 "잘할 수 있는"을 의미하는 su-śáka-라는 단어가 있다: 그것은 속성으로서 "강한, 힘센"을 의미하고 후대에 인드라 신의 적절한 이름이 된 śak-rá-의 용법과 비교해 볼 수 있다: 그와 동의어로 "강한, 힘센"을 의미하는 ugrá-가 민족의 명칭으로 사용된다). 이란어에서 어근 sak-은 "이해하다, 알다"를 의미한다. 그것은 Dasa- 〈 PIE *dens-와 훨씬 더 가까운 유사함을 갖는 Śaka 〈 śak-를 만든다.

다리우스(Darius) 왕의 왕실 비문에는 대왕의 지배를 받고 있는 것으로 알려진 나라들을 열거하고 있는 5가지 판본의 "제국 목록"이 포함되어 있다; 이외에 크세르크세스(Xerxes)의 판본이 하나 있다. 다리우스 왕[베히스툰(Behistun)과 수사(Susa) 토대 헌장에서]의 가장 짧은 두 개 목록에는 23개의 이름이 있는데, 이 이름에서 뒤의 11개의 이름들은 제국의 동쪽 부분인 파르티아(Parthia), 드란기아나(Drangiana), 아리아(Aria), 초라스미아(Chorasmia), 박트리아(Bactria), 소그디아나(Sogdiana), 간다라(Gandhara), 사카(Saka), 사타기디아(Sattagydia), 아라코시아(Arachosia), 마크란(Makran) 또는 콰디아(Quadia)와 관련이 있다. 페르세폴리스에서 온 24개의 명칭 목록에는 인더스(아라코시아 뒤에 그리고 간다라와 사카 앞에)가 추가된다. 27개국과 29개국의 목록에서 간다라와 인더스가 뒤따른 이후 사카들은 사카 하우마바르가(Sakā haumavargā; hauma 예배를 하는 사카들)와 사카 티그라사우다(Sakā tigraxaudā; 뾰족한 모자를 쓴 사카들)의 두 분파로 나뉜다. 크세르크세스의 목록에서 31(또는 30)개의 이름은 아래와 같은 순서로 다소 되는 대로 되어 있다(카파도키아는 제자리를 벗어나 있다): 간다라(Gandhara), 인더스(Indus), 카파도키아(Cappadocia), 다하에(Dahae), 사카 하우마바르가(Sakā Haumavargā) 그리고 사카 티그라사우다(Sakā Tigraxaudā). 여기서 다하에가 고대 페르시아에서 처음으로 포함된다.

헤로도토스(7,64)는 크세르크세스의 군대를 묘사하는 과정에서 두 종류의 사카를 함께 취급한다: "사카에(Sacae), 즉 스키타이인(Skyths)은 바지를 입고 있었고, 머리에는 뾰족하게 끝이 올라간 크고 딱딱한 모자를 쓰고 있었다. 그들은 국가의 활과 단검차고 있었다: 게다가 그들은 전투용 도끼, 즉 사가리스(sagaris)를 지니고 있었다. 그들은 실제로 아미르기아 스키타이인(Amyrgian Scythian)이었지만 페르시아인들은 그들을 사카에(Sacae)라고 불렀는데, 그 이름이 모든 스키타이인들에게 주어지는 이름이기 때문이다"(Rawlinson 번역 [1860] 1942:524). 아미르기아 스키타이인들은 사카 하우마바르가와 일치하는 것으로 간주된다. 하우마(Hauma)는 아베스타어 하오마(haoma)로 인드라의 신성한 음료인 산스끄리뜨어 소마(soma)의 이란어 대응물이다.

코탄인(Khotanese)과 와키족(Wakhis)은 중앙아시아 동부의 스키타이 부족의 후손으로 간주된다. 그들은 뾰족한 모자를 쓴 스키타이인일 것이다. 내가 보기에 코탄 사카족과 와키족은 스스로를 원래 다사(Dasa/

Dāsa)라고 불렀고, 이 민족의 명칭은 비록 다하에(Dahae)가 크세르크세스에 의해 별도의 민족으로 추가되었지만, 실제로 뾰족한 모자를 쓴 사카 티그라사우다와 동족일 수도 있다. 아래의 증거는 야즈 1기(Yaz I)와 그와 관계된 문화(기원전 1500 – 1000)와 관련된 남부 중앙아시아로 이주한 이민자들이 말을 타고 다닌 사람들이며 뾰족한 모자를 썼다는 사실을 암시한다.

리그베다에는 명백하게 말을 타고 다니는 것에 대한 언급이 오직 두 곳(1,162,17, 561,2 – 3)뿐이다; 다른 네 구절에 나타난 그에 대한 언급은 의심스럽다(Falk 1994). (신타슈타 문화의 원시-인도-아리아인의 창조인) 말이 끄는 전차의 탁월함과 비교하면 리그베다 아리아인들 사이에서 말타기는 거의 중요하지 않은 역할을 했다. 하지만 그들은 그것을 알고 있었으며 이것은 그들의 이웃에 말을 타는 사람들이 존재한다는 것을 암시한다. 동물 유적들 가운데 중앙아시아 남부의 초기 철기시대에 말의 수효가 앞선 후기 BMCA(타키르바이) 시대(단지 2.6%)와 비교해서 매우 크게 증가했다(7 – 18%). 말을 탄 사람을 묘사한 후기 BMAC 원통형 돌도장이 하나 있다[이미지 9.4]. 볼란(Bolan) 고개 근처의 발루치스탄에 있는 피라크(Pirak) 지역의 처음 두 시기(기원전 1750 – 1300과 1300 – 1100)부터 말 타는 사람의 테라코타 조각상이 나온다. 그 모습은 말의 등에 맞도록 다리를 구부리고 있으며 팔이 없는 몸통 상들과 새처럼 생긴 부리로 끝을 맺는 얼굴을 가진 머리상을 하고 있다[이미지 9.5]. 나는 알타이산맥에 있는 말을 탄 사카 유목민들의 얼어붙은 무덤에서 살아남은 부리를 가진 새 미리가 꼭대기에 있는 끝이 뾰족한 펠트 모자를 쓴 말 타는 사람의 새 형상의 머리와 놀랍도록 유사하다는 것을 발견했다. 그 시기는 기원전 500 – 200년에 해당한다[이미지 9.6].

야즈 1기와 연관된 중앙아시아 남부의 초기 철기시대 문화[이미지 9.7]가 이란어를 사용하는 사람들과 관련이 있다는 것은 기원전 1500년경부터 헬레니즘 시대까지 이 광대한 지역에서 지금까지 무덤이 발견되지 않았다는 사실에 의해 암시된다(Teufer 2013). 이러한 무덤들의 부재는 조로아스터교 종교와 관련된 노출 매장의 관행을 암시한다. 매장은 아후라 마즈다(Ahura Mazdā)의 창조물들 가운데 하나인 지구를 더럽히기 때문에 조로아스터교도들에게 허용되지 않는다.

원시 사카족으로서의 다사족이 원시-사카족이라는 신원 증명을 뒷받침하는 중요한 언어적 증거는 아프가니스탄 북동부에서 사용되는 누리스탄족(Nuristani)의 언어에서 주어진다. 누리스탄족의 언어는 어원학적으로 정확한 단어로 원시-이란어에서 재구성된 치음의 파찰음(ts, dz, dz)이라고 불리는 소리를 보존하는 것이 독특하다. 그것은 아베스타어(s, z, z)와 고대페르시아어(th, d, d)에서 한 걸음 더 나아가면서 다르게 발전했다; 이들 원시-이란어의 소리는 PIE 경구개파열음(ḱ, ǵ, ǵh)로부터 원시-인도-이란어 경구개파찰음(ć, j, jh)의 예상된 발달이며, 원시-인도-아리아어(ś, j, h)로부터 이란어 발달과는 다르다. 만일 누리스탄어를 사용하는 사람들의 조상들이 중앙아시아에서 최초의 이란인들에게 속해 있었고, 초기에 다른 아리아어를 사용하는 사람들과 격리되었다면 그들은 이러한 매우 고풍스러운 음운론적 발전 단계를 잘 보존했을 것이다. 누리스탄족 언어의 정확한 제휴는 오래된 문제이지만 알무스 디제너(Almuth Degener; 2002)는 이 문제에 대해 그럴

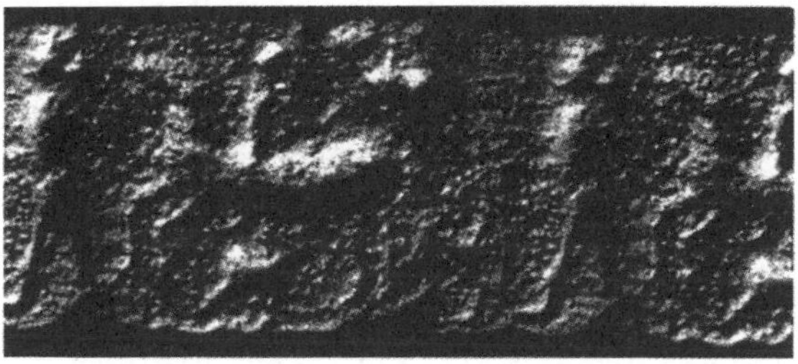

[이미지 9.4] 1985년 아프가니스탄에서 발견된 기원전 16세기경의 말 타는 사람을 나타내는 BMAC 원통형 인장. After Sarianidi 1998b:169, no. 1482. Courtesy Margiana Archaeological Expedition.

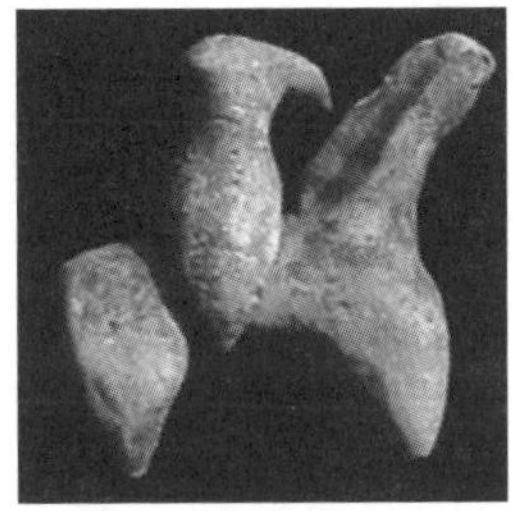

[이미지 9.5] 파키스탄령 발루치스탄의 피라크 지역에서 발굴된 기원전 1500년의 새의 머리를 한 말 타는 사람의 작은 점토상. After Jarrige 1985:245. Courtesy Mission Archéologique de l'Indus, CNRS/Musée Guimet, Paris.

[이미지 9.6] 알타이산맥에 있는 얼어붙은 무덤에서 출토된 사카족의 말을 타는 유목민에 속하는 새머리 형상이 위에 장식된 끝이 뾰족한 펠트 모자. After Polos'mak 2001:124, fig. 21. Courtesy Nataliya V. Polos'mak.

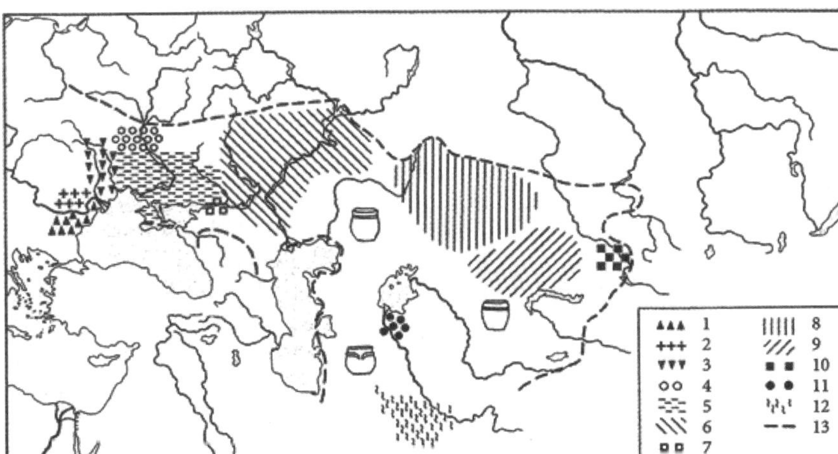

[이미지 9.7] "롤러 모양의 도자기" 문화의 분포도. 그들 가운데 후기 스루브나야(Srubnaya) 문화(6), 사가리(Sargary) 문화(8) 그리고 야즈 1기(Yaz I) 문화(12). After Chernykh 1992: 236, fig. 79. Courtesy E. N. Chernykh and Cambridge University Press.

듯한 해결책을 제시했다: 누리스탄족의 언어는 BMAC에서 사용된 원시-인도-아리아어와 야즈 I기와 관련된 문화와 함께 남부 중앙아시아로 온 원시-이란어의 혼합일 가능성이 있다.

Dāsa의 적절한 이름 중 일부, 특히 발부타 따루까(Balbūtha Taruka; RV 8,46,32), 브리사야(Bṛsaya; RV 1,93,4,61,3), 브리부(Bṛbu: RV 6,45,31 및 33), 스리빈다(Sṛbinda; RV 8,32,2)는 원래 BMAC의 아리아어 이전의 언어에서 나온 것으로 보인다(8장). 그것은 그 언어를 사용하는 사람들이 원시-인도-아리아어 규칙(기원전 2000–1500) 이후까지 살아남았으며 당시의 다사족, 다슈족, 빠니족의 사카 공동체의 일부였다는 사실을 암시한다. 아리아인처럼 보이는 다사 이름이 몇 개 있지만, 의심할 여지없이 사카와 밀접하게 연관된 엘리트 계층에 적절한 이름이 있다는 사실을 주목하는 것이 중요하다. 리그베다 8,46,21과 24에서 쁘리투슈라바스(Pṛthuśravas, 널리 평판이 나 있는)라고 불리는 우두머리는 시인에게 6만 마리의 말, 2,000마리의 낙타, 1,000마리의 짙은 갈색 암말, 1만 마리의 소 그리고 황금 전차를 선물한 것으로 칭송받고 있다. 이 대범한 후원자는 조상의 이름을 딴 까니따(Kānītá)라는 이름을 가지고 있었다. 그 이름은 의심할 바 없이 정확하게 기원전 2세기에 흑해 초원 지대에 기록된 스키타이의 개인 이름 카니테스(Kanī'tēs)와 카니토스(Kánitos)와 비교되었다(Hoffmann 1940:142). 위에서 언급한 다사 발부타 따루끄샤(Dāsa Balbūtha Tarukṣa)는 비슷한 아량으로 같은 찬가에서 칭송을 받고 있으며 양자의 경우 모두 낙타가 주어지고 있다는 점을 주목할 만하다. 그것은 그 위치가 중앙아시아에 가까운 곳이라는 암시다. 다사에 어울리는 이름 샴바라(Śambara)는 다사의 문제에 대해

내가 제안한 해결책에 어울리는 또 다른 중요한 논거이다. 이에 대해서는 20장에서 논의될 것이다.

야즈 1기와 연관된 문화에 무덤이 없다는 것은 원시-조로아스터교(Proto-Zoroastrianism)가 기원전 1500-1000년에 중앙아시아 남부에서 발전했을 수도 있다는 사실을 암시한다(Teufer 2013). 내 생각에 의하면 아베스타에 있는 한 가지 어휘적 특징은 그것이 옛 이란어가 특별히 사카 분파에 속했다는 사실을 암시한다. 산스끄리뜨어에서 "신"을 의미하는 데바(deva)를 번역하기 위해 코탄 사카어(Khotanese Saka)에서 쓰인 단어는 gyasta-, jasta-이고, 툼슈크 사카어(Tumshuq Saka)에서는 jezda-이다. 이 단어들은 "신"을 뜻하는 주된 아베스타어 yazata-에서 왔으며 이것은 어원적으로 리그베다에서 "예배드릴 만한 또는 희생제를 올릴 만한 가치가 있는"을 의미하는 yajata-의 대응물이다(하지만 리그베다에서는 그것이 특별히 "신"을 의미하는 것으로 사용되지 않는다). "신"을 뜻하는 이 단어가 원시-사카어까지 거슬러 올라간다는 것은 기독교 이전 시대에 오세트어(Ossetic)에서 "신"을 뜻하는 같은 어원의 단어 zäd 또는 izäg를 사용했다는 사실에서 암시된다: 이러한 사용이 조로아스터교의 영향 때문이라고 생각할 이유는 없다. 파르티아어(Parthian)에서 "신"을 뜻하는 yazd는 다하에족의 사카어까지 거슬러 올라갈 수 있을 것이다. 이와는 대조적으로 소그드어(Sogdian) 불교 문헌에서 데바(deva-)는 βγ-를 가진 baga-로 번역되는데 그것은 대부분의 이란어와 같은 어원인 고대페르시아어에서 "신"을 가리킨다. 하지만 그것은 아베스타어에서는 드물다. 신을 의미하는 바가(baga)가 원래 원시-사카어보다 더 서쪽 지역에 있던 원시-이란어의 방언에서 왔다는 사실은 그것이 고대 슬라브어에서 "신"을 의미하는 bogŭ에서 의미론적으로 차용한 것이라는 사실을 암시한다.

기원전 1500년경에 중앙아시아에 온 사카지파인 초기 이란인들의 종교는 그들이 거기에 정착하는 동안 우세했던 원시-인도-아리아인의 종교에 많은 영향을 받았음이 틀림없다. 이 질문은 다음 장에서 다룰 것이다. 이 장에서 내가 보여 주려고 애쓴 것은 리그베다의 Dāsas, Dasyus 그리고 Paṇis와 야즈 1기와 관련된 문화의 민족적, 언어적 동일성이 뿌루(Pūru)와 바라따(Bharata)라는 리그베다의 종족들이 남아시아 북서부로 이주한 것이 십중팔구 기원전 1400-1200년에 발생했다는 사실을 새롭고 강력하게 입증했다. 이것은 다른 사람들이 가장 자주 제안한 추정 날짜와 일치한다.

10

아슈윈스(Aśvins)와 미뜨라-바루나(Mitra-Varuṇa)

리그베다 찬가는 신들에게 주어져 있다. 찬가를 통해 그들을 칭송하고, 희생제 음식에 초대하고, 장수, 아들, 가축, 전쟁에서의 승리 또는 명예를 위해 기도드린다. 주요한 신화는 계속해서 반복되고 있지만, 리그베다는 신화, 전설 그리고 청중들에게 잘 알려져 있지만 우리에게는 모호한 사건들에 대한 언급이 풍부하다. 오직 후기 베다 문학만이 신들의 행적에 대해 더 일관된 설명을 제공할 뿐이다.

전쟁과 천둥의 신인 인드라는 강건하고 수염이 난 전사로 묘사되는데, 그는 그의 철퇴(vajra)로 번개를 사용해, 전쟁에서 승리하며, 소마 음료에 대해 만족을 모르는 갈증을 가지고 있다. 인드라는 리그베다 시대 사람들의 주신으로 1,028개의 찬가 모음집의 1/4 이상이 그에게 주어져 있다. 인드라의 가장 중요한 업적은 브리뜨라(Vṛtra)라는 용을 죽여서 물길을 터 준 것이다. 브리뜨라라는 이름은 "울타리로 둘러 쌈, 장애"를 의미한다. 폭풍, 바람의 신인 마루뜨(Marut)들이 인드라를 돕는다. 인드라 또한 적에게 붙잡힌 가축, 특히 동굴에 소들 가두어 둔 악마 발라(Vala)를 찾는 데 도움을 준다; 여기서 인드라는 마법의 주문을 가지고 있는 브리하스빠띠(Bṛhaspati)의 도움을 받는다. 인드라는 아리아인 왕들이 다사들의 요새를 파괴하는 것을 돕는다. 그는 또한 태양, 천상 그리고 새벽을 창조한 조물주이다.

대중의 인기가 있는 두 번째는 불의 신 아그니(Agni)이다. [agni-는 "불"을 뜻하는 라틴어 이그니스(ignis)와 러시아어 오곤(ogon)과 연관된다.] 기(ghee)와 소마의 헌주가 제식의 불에 부어지고 다른 공물들이 놓이기 때문에 아그니는 신들의 입이고 신성한 사제이며 전령이다. 그는 인드라를 도와서 적들의 요새를 불태운다. (그에게 주어진 찬가들의 수로 측정된) 가장 대중적인 세 번째는 9권에서 칭송되고 있는 신 소마(Soma)이다. 소마는 전사의 임무를 높이고 시인에게 영감을 주고 방심하지 않게 만드는 활기를 북돋우는 신의 음료이다. 그것은 돌을 사용해 소마 식물의 줄기를 압착한 후 뜨거운 물에 담가졌다. 소마는 신들, 특히 인드라에게 희생제를 올리고 사제들과 시인들에 의해 섭취되었다.

베다의 소마는 아베스타어 하오마(haoma)와 일치하며, 양자는 "압착하다"를 의미하는 동사 *sau-에서 파생된 더 오래된 *sauma에서 유래되었다. 그 식물의 식물학적 정체에 대해서는 많은 논란이 있었다. 장군풀(rhubarb), 홉(hops), 광대버섯류의 버섯(fly-agaric mushroom) 그리고 하멜(harmel) 또는 야생 루타(wild rue)가 상대적으로 적절하게 제시되었다. 그러나 오늘날에는 소마 식물의 정체를 마황(Ephedra) 종류에 속하는 것으로 보는 것이 널리 인정되고 있다. 마황은 현대 스포츠맨들 사이에서 금지된 약물인 에페드린의 원천이다. 따라서 인드라의 전투의 위업을 향상시키는 데 적합하다. 더욱이 마황은 이란 중부와 인도 모두에서 조로아스터교도들에 의해 하오마로 수세기 동안 사용되었다. 네팔에서는 마황이 "소마 덩굴식물"을 의미하는 소마-라따(soma-latā)라고 불렸는데, 이것은 북인도에서 소마의 사용을 암시한다. 마황이 자라지 않는 남인도에서는 마황과 비슷한 잎이 없는 덩굴식물(Sarcostemma brevistigma)이 대체품으로 사용되었다(Flattery & Schwartz 1989; Falk 1989; Nyberg 1995).

리그베다에서 비교적 적은 찬가들이 있는 중요한 신들은 협정의 신성한 수호자인 미뜨라(Mitra, "계약")와 죄인에게 벌을 내리는 우주와 사회질서의 지지자인 바루나(Varuṇa, 아마도 "진실한 말"의 의미)이다: 이들 둘은 일반적으로 양수 형태의 신성, 즉 미뜨라-바루나로 나타난다; 그들은 아래 논의될 아디뜨야스(Ādityas)[7]라고 불리는 신들 집단 가운데 가장 중요하다. 이와 더불어 중요한 신은 말을 소유하고 있는 (말의 머리를 한) 쌍둥이 신 아슈윈스(Aśvins) 또는 나사띠야스(Nāsatyas)인데, 그의 누이와 신부는 리그베다의 가장 중요한 여신으로 아름다운 새벽의 여신 우샤스(Uṣas)이다. [그 이름은 그리스어의 에오스(Ēōs) 그리고 라틴어의 오로라(Aurora)와 관련이 있다.] 다른 자연신으로는 태양신 수르야(Sūrya), 바람의 신 바유(Vāyu) 또는 바따(Vāta), 비의 신 빠르자냐(Parjanya), "천상, 하늘"의 신 드야우스(Dyaus) 그리고 "땅, 대지, 지구"의 신인 쁘리티비(Pṛthivī)가 있다. 드야우스와 쁘리티비는 신들과 세계의 아버지와 어머니이다. 그들은 비록 드야우스가 그리스의 제우스(Zeus)와 로마의 주피터(Jupiter)보다 덜 중요하지만 원시-인도-

---

7 단수인 아디뜨야는 태양신을 지칭하고 복수인 아디뜨야스는 태양에서 나오는 빛, 즉 햇살을 의미한다.

유럽의 판테온에서 이어져 온 것이다. 이보다 덜 중요한 신들로는 길을 찾는 데 도움을 주는 목동의 신 뿌샨(Pūṣan), 창조의 신 뜨와슈따르(Tvaṣṭar, "목수, 재봉사")와 사비따르(Savitar, "추진하는 자, 사령관")를 포함해 많은 수가 있다. 후기 힌두교 판테온을 지배하고 있는 비슈누(Viṣṇu)와 쉬바(Śiva)는 이미 어느 정도 리그베다에 존재하고 있다. 이 가운데 쉬바는 루드라(Rudra)라는 이름으로 있으며(제12장 참조) 오히려 중요하지 않은 신들로 존재한다. 비슈누는 인드라의 친구이자 조력자이다. 우주를 세 걸음으로 측정하는 그의 리그베다에서의 위업은 후기 베다 문학에서 종종 언급되며 고전 힌두교에서 그의 난쟁이 화신 바마나(Vāmana)의 토대를 이룬다.

베다 학자들은 오랫동안 어느 정도 야만적인 주요 영웅 신인 인드라와 우주의 장엄한 수호자인 바루나 사이의 현저한 대조를 주목해 왔는데, 바루나는 스파이를 통해 사람들이 진실을 말하는 것을 감시한다. 바루나는 명백하게 "윤리적"이고 "문명화된" 신으로 간주되었다. 그러나 그의 높은 지위에도 불구하고 그는 상대적으로 적은 수의 리그베다 찬가의 신이다. 인드라와 바루나 사이의 특정한 적대감과 경쟁은 리그베다 찬가 4,42에서 볼 수 있다. 거기에서 이 두 신은 차례로 그들의 업적과 특권을 강조하면서 자신을 왕으로 칭송한다. 특별한 중요성이 리그베다 10,124,5에 주어져 있는데 그 시구에서 인드라는 다음과 같이 바루나를 다루고 있다: "그 아수라(Asura)들은 이제 마법의 힘을 잃어버리게 된다. 그대가 나를 원한다면 나의 지배로 와서 거짓과 진실의 구별을 하라, 오 왕이여!"(Proferes 번역 2007:108). 칼 겔드너(Karl Geldner)를 비롯한 다른 많은 사람에 의하면 여기서 인드라는 아수라라고 불리는 이전 세대의 신들이 이제 데바라고 불리는 새로운 세대의 신들과의 투쟁력을 잃었다고 선언한다. 인드라는 아수라들을 이끌던 바루나에게 만일 그가 인드라의 신하가 되는 것을 받아들인다면 데바의 계열에 합류할 수 있는 기회를 제공할 것이라고 말한다. 내 생각에 이 구절은 실제로 원시-인도-아리아인 이주민들이 첫 번째와 두 번째 흐름을 통해 BMAC에 이주해 중앙아시아에서 섞이고 다시 인더스 계곡에서 리그베다 아리아인들이 초기 인도-아리아인 이민자들과 섞였을 당시 바루나와 인드라 숭배자들 사이의 타협을 반영한 것일 수 있다.

리그베다에서 인드라는 왕이다(찬가 10,124에서 바루나는 인드라에게 성유를 발라 준다); 그러나 브라흐마나스(Brāhmaṇas)에서 바루나는 일반적으로 신성한 왕이다. 리그베다에서는 인드라를 "신"인 데바로 다루지만, 바루나는 아수라(원시-인도-아리아어에서 차용된 그 명칭은 우랄어로 "왕자, 주님"을 의미한다)로 말해진다; 브라흐마나스에서 아수라는 종종 적들의 신의 명칭인 "악마"를 의미한다; 일부 문맥은 실제로 인도 동부에 아수라를 숭배하는 비베다적인 민족이 있었다는 사실을 보여 준다. 인드라의 음료는 소마이고 바루나의 음료는 맥주(surā)이다; 수라가 만들어지는 보리는 바루나에 속한다. 베다 문헌들은 일반적으로 수라를 거짓의 징표로 비난한다. 전차 경주를 포함하고 있는 베다의 바자뻬야(vājapeya) 의례에서 소마는 인드라와 다른 신들에게 제공되고 사제들이 마시지만, 수라는 준비되어 전차를 모는 전사에게 주어진다. 그리고 승자는 꿀(madhu)을 한 그릇 받는다. 꿀은 아슈윈스와 연관된다; 꿀 맥주는 PIE를 사용하는 사람들의 제식 음료였으며, 우랄어에서 온 초기 아리아어 외래어에 속하는 것으로 나타난다(7장).

이 장에서는 아슈윈스, 일명 나사뜨야스 그리고 내가 아슈윈스의 모습으로 본 이중의 신성 미뜨라와 바루나에 대해 논한다. 나는 위에서 언급한 인드라 숭배 속에 들어 있는 종교적 갈등을 BMAC에서 성공적으로 권력을 이어받은 원시-인도-아리아어 사용자들의 두 번에 걸친 이주 사이에 근본적인 종교적 차이를 가정함으로써 그것이 다양한 타협을 통해 부분적으로 해결되었던 것으로 보인다고 말했다. 고고학적 증거는 첫 번째 이주가 말이 끄는 마차가 처음 나타난 남부 우랄 신타슈타 문화에서 왔다는 사실을 암시한다(8장과 이미지 7.7과 8.4 참조). 나는 아슈윈스를 신격화된 전차 팀으로 본다. 그들은 비록 베다에서는 낮은 계급의 신들이지만 아마도 그들의 세속적 상대인 이중의 왕들을 대표하는 가장 높은 신들이었을 것이다. 원시-인도-아리아어를 사용하는 사람들의 두 번째 이주는 초원 지대 목축인들인 페도로보 안드로노보인(Fëdorovo Andronovan)들의 것이었다. 그들의 도착은 어느 정도 BMAC의 가난하게 된 "도시 이후" 단계의 시작과 일치된다. 그들의 주신은 인드라였는데, 그 이름은 우랄어를 사용하는 동료들의 하늘과 천둥 신인 인마르(*Inmar)에서 유래했을지도 모른다(7장 참조). 인드라의 제례 음료인 소마는 아슈윈스의 마두(madhu, 꿀)처럼 고대 인도 유럽의 배경을 가지고 있지 않으며, 아마도 중앙아시아의 페도로보 안드로노보인에 의해 채택되었을 것이다. 따라서 나는 나사뜨야스의 숭배가 (그렇게 자주 유지되는 것처럼) 원시-인도-유럽의 기원이 아니라 말이 끄는 전차가 전개되었던 시대, 즉 기원전 3000년 말기로 거슬러 올라가는 것으로 본다. 전차는 이웃 민족의 엘리트들에 의해 신속하게 받아들여진 존경받고 효과적인 전쟁과 스포츠의 새로운 도구였다. 전차와 함께 신격화된 전차 팀에 관한 신화와 숭배도 널리 퍼졌다. 그 기원을 남쪽 우랄의 초원 지대에 두는 것은 아리아인, 그리스인, 발트족 사이의 초기 전차에 관한 전설의 분포를 가장 잘 설명한다.

리그베다에서는 아슈윈스를 여러 번 "하늘의 아들들"을 의미하는 디보 나빠따(divó nápātā 또는 dívo napātā)라고 부른다. 그들은 역사적으로 초기 그리스인이 "제우스의 젊은이들, 즉 하늘의 신의 아들들"을 뜻하는 디오스코우로이(Dioskouroi)라고 불렀던 말 타는 신성한 쌍둥이들 그리고 발트족의 기독교 이전의 종교에서 말을 타는 "신의 아들들"(라트비아어 Dieva dēli, 리투아니아어 Dievo sūneliai)과 연관된다. 더욱이 세 종류의 말 타는 쌍둥이들은 모두 새벽과 관련이 있거나 태양의 딸이라고 불리는 누이, 아내 또는 신부를 가지고 있다(인도의 우샤스 또는 수르야, 그리스에서 "햇빛"을 뜻하는 Helénē 〈 *svelénā 그리고 발트해 연안과 라트비아에서 "태양의 처녀 또는 딸"을 의미하는 saules meita 그리고 리투아니아에서 "태양의 딸"을 뜻하는 saules dukryte).

리그베다의 아슈윈스는 전차를 타고 이동하지만, 그리스의 디오스코우로이(Dioskouroi)와 발트족의 "신의 아들들"은 말을 타는 사람들이다. 그 차이는 이해할 수 있다. 기원전 2000년 내내 고대 세계의 많은 지역에서, 한 쌍의 말이 끄는 전차는 "명성의 수단—예식과 의례, 사냥과 그 대응물인 전쟁에서 족장과 그의 고귀한 수행원들에게 유일하게 승인된 운송 수단"이었다(Piggott 1992:48). 그 상황은 기원전 1000년대 초에 바뀌었는데, 이때 디오스코우로이가 처음 등장한다(기원전 8세기 또는 7세기).

> 왕이 말을 타는 것의 시작은 임시적이었다. 고대 근동의 전통에서는 만일 왕이 전차를 타고 등장하지 않으면 경우에 따라서 노새나 당나귀를 탈 수도 있었다…. 기원전 2000년대 초에 마리(Mari)의 왕 짐리-린(Zimri-Lin)에게 보낸 유명한 편지에서 이 문제에 대해 그에게 다음과 같이 조언한다. "왕이시여, 말들을 타지 말고 오직 전차들 아니면 노새를 타셔서 왕의 권위를 영광스럽게 하십시오." 그러나 기원전 9세기에 아시리아에서 기병대는 전차 부대에 인계되었지만 샬마네세르 3세(Shalmaneser III 기원전 858-823)는 말을 타고 있는 것으로 묘사되어 있다. 그 후 말을 타고 있는 전사로서의 왕이 고대 동양에서 받아들여진 관례가 되었다(Piggott 1992:69-70).

중요한 것은 9세기 아시리아의 기마 전사들은 "항상 짝을 지어 다녔지만 그 방식은 전차를 타던 것과 같았다: 그들은 여전히 말의 고삐를 잡고 있고 말을 타는 두 사람 모두 비좁고 말 타는 사람에게 어울리지 않는 좌석에 앉아 있는 궁수와 전차몰이꾼이다. 이 아시리아인들은 그들이 전차에서 사용했던 무기를 사용하고 처음에는 아무리 어색한 것도 문제 삼지 않고 말을 타고 전투를 계속하면서 전차를 타고 싸우던 전통을 이어 갔다"(Littauer & Crowel 2002 : 63-64).

남부 우랄의 신타슈타-아르카임(Sintashta-Arkaim) 문화(기원전 2200-1800)에서 전차와 관련되어 두 사람이 팀을 이루고 있었다는 것은 신타슈타의 매장에서 암시된다[이미지 7.5a]. 여기서 전사는 무덤 바닥에 그의 무기와 전차와 함께 묻혔고, 다른 남자는 위쪽 방에 한 쌍의 말과 불타는 벽난로와 함께 묻혔다. 베다종교에서 전차를 모는 자와 전차를 타고 싸우는 자는 명백하게 아슈윈스와 동일시된다. 왕의 축성식에서 왕이 그의 전차를 모는 사람의 집(samgrahītár-)에 갈 때 그는 "아슈윈스를 위해 두 개의 질그릇 조각에 케이크를 준비한다; 두 명의 아슈윈스는 같은 자궁에 속하기 때문이다; 그리고 전차를 타고 싸우는 자[savyaṣṭhá-]와 전차를 모는 자[sārathi-]도 그들은 하나이고 같은 전차에 있기 때문에 같은 자궁에 속한다; 따라서 그것은 아슈윈스를 위한 것이다"(ŚB 5,3,1,8, Eggeling 번역 1894:III,62).

그리스의 쌍둥이 신인 디오스코우로이 역시 한 명은 전사였고 다른 한 명은 말을 돌봤다: 그들에 대한 호머의 추정(예: Iliad 3,237)에 따르면 폴루두케스(Poludeukes)는 주먹싸움(pùks agathós)에 능숙했던 반면 카스토르(Kastor)는 말을 길들이는 데(hippódamos) 능숙했다. 리그베다 역시 두 명의 아슈윈스를 다음과 같이 구별한다: "당신들 중 한 명은 수마카(Sumakha)를 이긴 주인으로 존경받고 다른 한 명은 복받은 천국의 아들로 존경받는다"(RV 1,181,4, Insler 번역 1996:183). 이 구절은 디보 나빠따(divó nápātā)가 타원형의 이중체인 것을 암시한다. 그것은 팀에서 전차를 모는 사람에서 온 것처럼 보이는 것에서 파생한 "하늘/천상의 아들"인 나 사뜨야(nāsatyā)처럼 한 쌍 가운데 한 명의 이름의 토대가 된다. 이와 비슷한 경우가 타원형의 복수 카스토레스(Castores)이다. 그것은 그리스어 양수 토 카스토레(tô Kástore)에서 (양수가 없는) 라틴어의 "카스토르와 폴루스(Castor and Pollux)"이다.

Nāsatya-는 "안전하게 집으로 돌아오다"를 의미하는 *nasatí-에서 파생했으며, 호머(Iliad 23,301-350과 638-642)에서 "말을 타는 사람"과 전문적으로 말을 모는 사람 히뽀타(hippóta)로 알려진 그리스어 동작주 명사(agent noun) Néstōr-처럼 동일한 PIE 어근 *nes-에 속한다; 그

것은 전장에서 영웅을 안전하게 데려오는 말을 모는 사람의 임무를 가리킨다(Frame 1978, 2010). 인도 서사시에서 "기사를 보호하는 규칙은 형식적이다. '전장에서 기사가 혼란에 빠진다면 말을 모는 사람에 의해 보호를 받아야 한다' 또는 '전차에 탄 사람은 언제나 보호되어져야 한다'; 그리고 전차를 모는 사람이 그의 주인을 구하는 과정에서 생명의 위협에 처하더라도 그는 '마음속으로 규칙을 준수하기 때문에' 그렇게 해야 한다"(Hopkins 1889:196). 리그베다 구절에서 방금 인용했던 "수마카(Sumakha)를 이긴 주인"은 전차를 타고 싸우는 전사인 것으로 보인다. sú-makha- and makhá-, -makhas-라는 단어의 의미는 논쟁거리이지만, 이 맥락은 그리스어에서 "전쟁, 전투"를 의미하는 mákhē 그리고 "싸우다"를 뜻하는 makhésasthai를 그것들과 연결 짓는 오래된 어원학에 적합하다.

미탄니(Mitanni) 제국 시대에 고대 서아시아 전역에서 전차는 왕과 지배자에 가까운 귀족의 특권이었고 그것은 베다 시대 인도에서도 마찬가지였다. 말이 끄는 전차가 발명되었을 때 그것은 최고 수준의 왕권을 상징했었음이 틀림없으며, 실제로 그것은 엘리트들의 무덤에서만 발견된다. 전차에 탑승하는 사람은 보통 전사와 마부 두 명으로 구성되어 있었고, 두 사람은 동등한 귀족적 지위를 가지고 있었다. 마하바라따(Mahābhārata)에서 아르주나(Arjuna)의 전차를 모는 끄리슈나(Kṛṣṇa) 또는 까르나(Karṇa)의 전차를 모는 샬랴(Śalya)의 경우처럼 일반적으로 전투에서 왕의 전차를 모는 역할을 하는 사람이 왕들이었다. 이 모든 것을 종합해 보면, 나는 아슈윈스들이 그리스인들과 공유하고 있는 상속된 특징들 중에 이중의 왕권(dual kingship)을 포함해야 한다고 주장한다. 도리아 지방의 그리스인들 사이에서 디오스코우로이(Dioskouroi)는 가장 위대한 신들이었으며 그들은 그리스에서 "두 명의 왕"(ánake)으로 널리 숭배되었다. 헤로도토스(5,75)에 의하면 그들의 초상들이 전쟁을 위한 원정에서 스파르타(Sparta)의 두 왕과 동행했다. 인도의 불교 전통에서 최고의 정치권력(rājā cakkavattin)을 발휘하는 전륜성왕은 최상의 정신적 권력을 발휘하는 붓다에 필적한다(Aguttara-Nikāya I,76, III,150). 이러한 이중의 왕권에 대한 관념은 무엇보다도 "정치권력"을 뜻하는 끄샤뜨라(kṣatrá-)와 "신성한 권력"을 뜻하는 브라흐만(bráhman-)의 통합적 연결에서 나타난다. 이 둘은 왕과 왕의 수석 사제인 뿌로히따(puróhita-)로 대표된다.

(아슈윈스와 함께) 이 이중의 왕권은 전차와 관련이 있는데, 자이미니야-브라흐마나(Jaiminīya-Brāhmaṇa, 3,94년)에 따르면 "옛날에는 왕들의 수석 사제들이 왕들의 전차를 모는 사람이기도 했기 때문에 그들은 왕이 어떠한 잘못도 저지르지 않았다는 사실을 목격할 수 있었다." 아슈발라야나-그리햐수뜨라(Āśvalāyana-Gṛhyasūtra, 3,12)는 전투에서 왕의 뿌로히따의 의무들을 상세히 기술하고 있다. 그는 전차 뒤에 서서, 왕에게 갑옷을 입혀 주고, 활과 화살 통을 왕에게 건네주고, 무기와 말과 함께 있는 전차에 축복을 내린다. 그런 다음 뿌로히따는 전차에 올라타서 왕이 리그베다 찬가 10,174를 반복하도록 한다. 이 찬가는 왕이 브리하스빠띠(Bṛhaspati)에게 그의 경쟁자들을 이길 수 있도록 도와 달라고 요청하는 것이다. 아쁘라띠라타(ápratiratha-)라고 불리는 전투에서의 찬가에서, 뿌로히따는 신들의 왕인 인드라의 전차를 모는 자와 뿌로히따인 브리하스빠띠에게 "그의 전차에서 날아다니며" 적들을

물리치고 뿌로히따편의 전차들을 보호해 달라고 요청받은 다음 그것을 암송한다.

리그베다 2,24에서 브리하스빠띠는 뛰어난 전차 몰이꾼이자 선수이자 경주의 우승자로 말해진다. 바자뻬야(vājapeya)의 전차 경주에서 희생 제주는 브리하스빠띠의 도움으로 경주에서 우승할 것이라고 공표한다. 실제로 샤따빠타–브라흐마나(Śatapatha–Brāhmaṇa, 5,1,1,11)는 "이 [바자뻬야]는 브리하스빠띠가 그것을 가지고 희생제를 올리는 한 브라흐마나의 희생제이다; 왜냐하면 브리하스빠띠는 브라흐만이고 사제이며 브라흐마나는 브라흐만이고 사제이기 때문이다"라고 말한다. 바자뻬야는 왕의 뿌로히따를 위해 규정되었다(LŚS 8,11,1); 바자뻬야 전후 모두 희생 제주는 브리하스빠띠의 사바(sava) 의식을 거행한 것을 전제로 했으며(LŚS 8,11,12) 브리하스빠띠사바(bṛhaspatisava) 희생제를 실행함으로써 브리하스빠띠는 신들의 뿌로히따가 되었다(PB 17,11,5–6).

전차를 모는 자와 왕의 사제는 현명하고 능수능란할 것으로 예상되었다. "놀라운 기술을 가지고 있는"을 뜻하는 Dasrá–는 아슈윈스의 가장 특징적인 별명 중 하나이며, 특히 전차를 모는 기술을 가리키는 경우가 많다. 서사시 시대에 이르러, Dasra는 아슈윈스 가운데 한 명의 적절한 이름이 되었다. 아슈윈스는 또한 "많은 기술을 가지고 있는"을 의미하는 purudáṁsa(s)–라고도 불린다. 그것은 "많은 조언들, 계획들 또는 기술들을 가지고 있는; 매우 현명한"을 의미하는 그리스어 별명 폴루드네스(poludnēs)와 어원적으로 연관된다. 그것은 마하바라따에서 아르주나의 전차를 모는 끄리슈나의 교묘한 계획과 책략을 연상시킨다

(13장 참조).

여기서 제안된 아슈윈스의 이중 왕권에는 문제가 있다. 번프리드 슐레라스(Bernfried Schlerath)는 리그베다와 아타르바베다에 나타난 왕권에 관한 저서(1960년)에서 아슈윈스가 왕이라는 증거를 발견하지 못한다. 비록 그들이 왕의 권력을 수여받은 자로 언급되지만 그것은 특히 왕의 전차를 승리로 만들기 때문이다. 그러나 한 경우(RV 3,38,5)에 "하늘의 두 아들"은 두 명의 왕(rājānā)으로 언급된다. 리그베다 8,35,13에 따르면 두 아슈윈스는 "다르마(Dharma)뿐만 아니라 미뜨라(Mitra)와 Varua(바루나)를 소유하고 있다"(mitrā váruavantā utá dhármavantā). 미뜨라의 본래 의미는 "계약적 동맹, 우정의 협정"이며, 바루나의 의미는 아마도 "참된 말"일 것이다. 따라서 문맹적인 부족 사회에서 사회적 본성에 대한 이러한 의인화된 개념은 아슈윈스와 연관이 있다. 나사뜨야스(Nāsatyas)는 기원전 1350년(제 8장)의 히타이트-미탄니 조약에서 맹세한 원시-인도-아리아인의 서약의 신인 미뜨라, 바루나와 더불어 인드라이다. 리그베다 8,35,12와 1,120,8에서는 아슈윈스에게 조약의 파괴가 생기지 않도록 호소한다. 니룩따(Nirukta) 6,13에서 야스까(Yāska)에 의해 인용된 나사뜨야라는 이름의 어원은 그들이 진리의 보호자로 여겨졌음을 드러낸다; 그들은 "진실하고 거짓이 없다(na-asatya)"라고 아르나바브하(Aurṇavābha)는 말한다. 아그라야나(Āgrāyaṇa)는 "그들은 진리의 주창자이다"라고 말한다(satyāv eva nāsatyāv ity auravābha / satyasya praetārāv ity āgrāyaa). 디오스코우로이도 서약의 신이었다.

조로아스터교의 최고신인 아후라 마즈다(Ahura Mazda)를 묘사하는 메니드 예술(menid art)인 아케(Achae, 아케메니드)에 있는 날개 달린 태양 원반은 아시리아 예술에서 전해졌으며, 그것은 아시리아의 최고신 아수르(Aššur)의 기본 상징 중 하나이다. 아후라 마즈다를 그의 특질 또는 힘을 나타내는 "신성한 불사자들(Holy Immortals)"을 뜻하는 아메샤 스펜타스(Ameša Spṇtas)와 함께한 일신교의 신으로 간주하는 개념 역시 아수르의 것과 놀랄 만큼 유사하다. 설형문자 문헌은 또한 바빌로니아 판테온의 "위대한 신들"을 바빌로니아의 국가신인 마르둑(Marduk)의 기능, 힘, 속성으로 소개한다; 즉 그의 "왕권, 권력, 지혜, 승리, 힘, 조언, 판단" 등이다. 이 개념이 짜라투스트라(Zarathuštra)의 창작이 아니었다는 사실이 널리 받아들여지고 있다. 이란의 신 미트라(Mithra) 역시 우정, 복종, 정의, 용기, 신성한 은총으로 둘러싸여 있었다.

조로아스터교의 아메샤 스펜타스는 오랫동안 베다의 아디뜨야스(Ādityas)와 비교되어 왔다: 이러한 "인격화된 힘은… 인간의 행위가 의존하는 원리를 상징했다"(Brereton 1981:ix). 아디뜨야스 가운데 둘인 미뜨라("동맹")와 바루나("명령" 또는 "참된 말")는 미탄니 조약에서 적용된다. 이에 덧붙여 아디뜨야스는 아리아만(Aryaman, "공손함"), 바가(Bhaga, "행운"), 암샤(Aṁśa, "분담"), 닥샤(Dakṣa, "능력")와 같은 추상적인 신성들을 포함했다(Brereton 1981). 나는 아디뜨야스가 만들어진 것은 아시리아 종교에 영감을 받았으며 그 종교에서는 신성화된 사회적 덕목이 최상의 신인 아수르의 양상들이며 그것들은 위대한 왕을 둘러싸고 있는 고문들과 비교할 수 있다고 제안했다. 아시리아의 종교는 기원전 20세기 후반과 19세기 초반 동안에 원시-인도-아리아인의 종교에 영향을 미쳤을 가능성이 있다. 그 당시 시리아와 카파도키아에서 활동한 아시리아의 상인들은 중앙아시아에서 주석을 수입했다. 이데올로기적 영향은 BMAC의 인장들에 채택된 시리아와 이집트 장식에 의해 입증된다(8장 참조).

미뜨라와 바루나는 일찍이 아슈윈스의 왕족의 기능을 능가한 것처럼 보인다. 샤따빠타-브라흐마나(Śatapatha-Brāhmaṇa, 4,1,4)는 실제로 미뜨라와 바루나의 관계를 왕과 그의 대제사장 사이에 만연한 관계로 묘사하고 있다. 하지만 디오스코우로이에 해당하는 신격화된 전차 팀과 같은 아슈윈스는 이중의 왕권의 원래의 신인 것처럼 보인다.

리그베다 3,58,8에 따르면 아슈윈스의 전차는 하루 만에 하늘과 지구를 돌아다닌다. 아슈윈스를 찬양하는 문헌인 아슈위나샤스뜨라(āśvinaśastra)에서는 태양의 말에 대해서도 마찬가지로 말해진다. 또 다른 구절(리그베다 1,115,5)에서 태양은 천상의 단계에서 미뜨라와 바루나의 광선을 나타낸다고 말해진다. 하나는 나타남이 무한히 흰색이고, 다른 하나는 검은색이다. 여기서 태양은 두 가지 형태, 즉 흰빛의 낮의 태양과 검은빛의 밤의 태양을 가진 하나의 신성으로 간주되며, 이 두 형태는 미뜨라와 바루나와 연결된다. 리그베다의 몇몇 구절은 태양이 아슈윈스의 전차라고 암시한다. 리그베다 6,9,1에 따르면 "하얀 날과 검은 날—(한 쌍의) 빛과 어둠—이 분명하게 회전한다."

하얀 낮과 검은 밤이 쌍둥이 아슈윈스라면, 그들의 자매-부인으로서의 붉은 새벽과의 관계는 가장 자연스럽다: 그들 셋은 예를 들어 리그베다 7,80,1에서 함께 언급된다. 여기서 바시슈타들은 우샤스(Uṣas, 새벽의 여신)를 연속된 일사인 어둠과 빛을 돌려세우는 자로 찬양한다. 리그베다 10,39,12에서 아슈윈스는 리부스(Ṛbhus)가 만든 전차로 오라고 요청받는다. 그 전차는 마음보다 빠르고 하늘의 딸(즉 새벽)과 비바스완뜨(Vivasvant)의 두 아름다운 날(즉 하얀 낮과 검은 밤)로 태어나 묶여 있다. 비바스완뜨는 태양신으로 리그베다 10,17,2에 의하면 아슈윈스의 아버지이다. 아타르바베다(13,3,13)에서 미뜨라와 바루나는 불의 신 아그니가 낮과 밤 동안 갖는 두 가지 형상과 연관된다: "이 아그니는 밤에는 바루나가 되고, 아침에 일어나면 미뜨라가 된다." 그러므로 미뜨라와 바루나는 태양과 불이며 아그니호뜨라(agnihotra) 희생제의 신들이다. 내 생각에 아그니호뜨라 희생제는 아슈윈스에게 바치는 가르마(gharma, 여름, 해) 공물을 바치는 의식의 초기 변형이다. 아그니호뜨라는 일몰과 일출에 아그니(불)와 수르야(태양)에게 거행된다. 리그베다 10,88,6에서는 "아그니는 밤의 지구 혹은 대지의 머리이고, 그에 의해 아침에 떠오르는 태양이 태어난다"고 말한다. 미뜨라와 바루나 그리고 두 명의 아슈윈스는 모두 브라흐마나(Brāhmaṇa) 텍스트에서 낮과 밤과 동일시된다.

그러므로 태양과 불—낮의 태양과 밤의 태양—은 두 아슈윈스가 원래 대표적인 것으로 생각되었던 우주와 대기 현상인 것처럼 보인다. 불 대신에 달은 낮의 태양에 대한 밤의 상대를 대표하는 것으로 생각된다; 또한 떠오르는 태양과 달은 아침에 하늘에서 함께 보이는 것이 흔치 않다. 아타르바베다(7,81,1)는 젊은 아슈윈스와 잘 어울리는 (찬가에서 언급된) 태양과 달의 특징을 제공한다. "마법의 힘으로 젊은이들의 역할을 하는 이 둘은 바다 주위를 동쪽과 서쪽으로 움직인다." 해와 달과 비교해 볼 때 아침과 저녁별은 왕실의 상징으로 인정받기 위해서는 덜 중요한 현상이다; 비록 그들이 발트 민요에 있는 "신의 아들들"뿐만 아니라 (가장 초기가 아닌) 고전 그리스 전통에서 디오스코우로이와 연관된다 하더라도, 이것은 이러한 새벽과 황혼의 신들과 함께 자연적인 후기의 발전, 즉 그리스와 발트족에서 독립적으로 일어날 수 있었던 발전으로 볼 수 있다. 인도에서는 그와는 다른 별의 동일시가 일어났다. 아슈윈스는 아슈와유자우(aśvayújau)라고 불리는 두 개의 별들로 이뤄진 달력상의 별자리 중 하나와 관련이 있었다. 그들은 또한 쌍둥이자리(Gemini)라는 12궁도의 별들과도 동일시되었다.

미트라(Mithra)와 아후라(Ahura)는 베다의 미뜨라와 바루나에 대한 아베스타 경전의 대응물이다. 바루나의 주된 별명인 아수라(Asura)의 원래 의미는 우랄어에서 원시-인도-아리아어에서 온 초기 외래어로 입증된 "지배자, 왕자"를 의미하는 *asera-에서 온 것으로 볼 수 있다(원시-우랄어에서는 순음 모음이 첫 음절에서만 발생할 수 있으므로 *u가 *e로 대체되었다). 짜라투스트라의 판테온에서 아수라 바루나는 "지배자의 지혜"를 뜻하는 아후라 마즈다가 되었고, 그의 최고의 상징은 불이다. 아베스타어 mazdā-의 어원적 대응물인 베다어로 "지혜"를 뜻하는 medhā̀-(양자는 모두 원시-아리아어 *mn̥z-dhā̀-로 거슬러 올라간다)는 특별히 불의 신 아그니와 연결된다. 앞에서도 살펴보았듯이 바루나는 별칭으로 낮의 태양과 밤의 태양, 또 다른 별칭으로 태양과 불인 한 쌍의 미뜨라와 바루나의 밤/불의 파트너이다.

이것은 "물의 아들"인 아팜 나파뜨(Apąm Napāt)가 아베스타에서 아후라라고 불리며 미뜨라와 짝을 이루고 있다는 사실과 일치한다. 반면 베다에서는 아빰 나빠뜨(Apā Napāt)가 불의 신 아그니의 다른 이름이며 물속에서 말의 형상을 한 태양-불로 간주된다. 바루나 역시 그들의 주인인 아빰 빠띠(Apāṃ pati)로서 물과 연관된다. 까우쉬따끼-브라흐마나(Kauṣītaki-Brāhmaṇa, 18,9)에 따르면 태양은 물에 들어간 후 바루나가 된다. 말(áśva-)은 종종 바르나에 속하는 것으로 말해진다.

이란에서는 미뜨라의 이름이 결국 태양을 의미하게 되었다. 아베스타에서 미뜨라는 바즈라(vazra)를 무기로 휘두르는 전쟁의 신으로 그 앞에는 승리의 신 베레스라그나(Vrθraγna)가 멧돼지 형상으로 달린다. 베다에서는 브리뜨라(Vtra; vṛtrahan-)의 살해자인 바즈라를 휘두르는 인드라(vajra-wielding Indra)가 낮의 태양신이며 전차를 탄 전사 미트라(Mithra)의 상대다. 베다에서 인드라의 전차를 모는 이는 신들의 뿌로히따(purohita, 사제)인 브리하스빠띠이다. 브리하스빠띠 또는 브라흐마나스빠띠(Brahmaṇaspati)는 "마법의 노래의 주인"을 의미하며 원래는 인드라 자신의 별칭이었다. 그러므로 그의 왕권은 또한 사제의 기능을 포함했다. 브리하스빠띠는 별도의 뿌로히따의 모습이 되면서 이중의 신성인 인드라-브리하스빠띠(Indra-Bṛhaspatī)와 인드라-아그니(Indra-Agnī)의 창조는 의심할 여지없이 고대의 쌍을 이루는 미뜨라와 바루나(Mitra-and-Varua)를 모방한 것이다(Gonda 1974:52-53, 276, 281, 291-292, 325-330). 브리하스빠띠는 또한 신들의 뿌로히따인 아그니의 별명이기도 하다.

마하바라따에서 인드라의 전차몰이꾼은 마딸리(Mātali)라고 불린다. Mātalī의 형태로 보면 이 이름은 장례식의 찬가인 리그베다 10,14에서 처음으로 입증된다. 아타르바베다에 나타난 세 가지 사건 가운데 하나는 물에 있는 Mātalī에게 알려진 전차로 가져다주는(chariot-brought) 불멸의 약에 대해 언급하고 있다; 그것은 (Medhātithi Kāṇva에 의한) 리그베다의 구절 1,23,1과 유사하다. 거기서는 "물속에 있는 감로수, 물속에 있는 약"에 대해 언급하고 있다—이것은 전차 경주 전에 말들이 물속에서 목욕할 때 거행하는 바자뻬야(vājapeya) 의식에서 암송된다. 베샤자(Bheṣajá-, "약")와 전차는 Màtalī와 아슈윈스, 신성한 말몰이꾼과 신성한 의사를 결합시킨다. Màtalī는 마따리슈완(Mātaríśvan-)의 애칭 약자로, 리그베다(1권과 10권 대부분)에서 27번, 아타르바베다에서 21번 언급된다. 여러 구절에서 마따리슈완은 아그니의 이름이고, 한 번(리그베다 1,190,2) 그는 브리하스빠띠의 형상(인드라의 뿌로히따와 전차몰이꾼)으로 나타난다. 다른 한편 마따리슈완은 대부분 그리스의 프로메테우스(Prometheus)의 인도적 대응으로 말해진다. 프로메테우스는 하늘에서 사람들에게 숨겨진 불(아그니)을 가져왔거나 마찰을 통해 불을 만들어 낸 신이다.

스탠리 인슬러(Stanley Insler)는 마따리슈완이 이전의 아따리슈완(*Ātaríśvan-, "불의 주인")에서 왔다고 설득력 있게 제안했다(Parpola 2005a:26-27 참조). 복합어의 후반부인 íśvan-은 원래의 반복되지 않은 어근 iś-("주인에게")를 보존하고 있다; 그것은 아베스타어로 "마스터"를 뜻하는 isvan-과 직접적으로 동일하다. 마따리슈완이라는 이름이 나타나는 가운데 약 3분의 1에서, 그것은 -m으로 끝나는 단어가 선행한다. 그리고 연속 … m *ātaríśvāwas는 그 이름이 "어머니"를 뜻하는 mātar-와 민속 어원학적으로(folk-etymologically) 연관시키는… mātaríśvā로 재해석되었다. 이 재작업의 이유는 "불"을 뜻하는 단어 *ātar-가 베다어에서 폐기되고 불을 의미하는 agní-가 완전하게 *ātar-를 대체했기 때문이다. 그것은 아베스타어에서 ātar-가 agní-를 대신했던 것과 마찬가지이다. 이란인들 사이에서는 신들로부터의 불을 훔쳐 온 신화가 없다. 왜냐하면 불은 아후라 마즈다의 창조물이며 보호받는 자손이기 때문이다. 나는 *Ātar-iśvan이 원래 원시-이란의 신이었으며 다사인과 함께 남아시아에 왔다고 예상한다.

마따리슈완은 그리스의 프로메테우스(도리아 방언의 Promātheús)와 밀접한 유사점을 가지고 있다. 그의 이름은 원래 "빼앗다, 훔치다"를 의미하는 어근 math-와 어원적으로 연관되는 "도둑, 강도"를 의미했을 가능성이 있다. 어근 math-는 종종 마따리슈완과 연결되어 사용된다(또한 산스끄리뜨어로 "강도, 약탈"을 뜻하는 pramātha- 참조). 나는 이 신화가 "회전하다, 빙빙 돌다"를 의미하는 동음이의어 어근 math-/manth-와도 연관된다는 사실을 의심하지 않는다[그 의미는 우유를 젓는 막대기를 회전시켜 크림을 만들거나 마른 나무 널빤지 구멍(즉 "불을 피우는 구멍")에 마른 나무 막대기를 넣어 빠르게 회전시킴으로써 불을 피우는 것과 같다]. 마따리슈완은 또한 브리구(Bhṛgu) 가문을 위해 숨겨진 불에 불을 붙였다. 브리구 가문은 아타르반(Atharvan) 가문과 앙기라사(Āṅgirasa) 가문과 함께 고대 희생 제주들이였던 것으로 말해진다. 브리구 가문은 인류를 위해 불을 발견한 사제 가문일 뿐만 아니라 리그베다에서는 또한 전차를 만든 이들로도 언급된다. 브라흐마나 문헌에서는 브리구가 바루나의 아들이다. 브리구라는 단어는 어원학적으로 "빛나는 광채"를 의미하는 bhárgas-와 관련이 있는 것으로 여겨진다. 이 단어는 "힘"(즉 불붙이는 막대기의 강한 마찰)에 의해 불이 타오를 때 아그니의 특성을 드러낸다; 이 단어들은 그리스어 phlóks(소유격 phlogós)와 라틴어 flamma와 같은 어원을 갖는 것처럼 보인다. 마따리슈완이 불의 기원과 (인드라의 전차처럼) 전차와 이중적으로 연관되어 있는 것은 전차를 모는 아슈윈스가 리그베다(10,184,3)에서 마찰에 의해 불을 발생시키는 데 사용되는 두 개의 나뭇조각과 연관되는 것과 유사하다. 불을 일으키는 도구를 가지고 불을 발생시키는 것은 자손의 발생과 비교되며, 이러한 의미에서 아슈윈스와도 연결된다(제11장 끝 참조).

아그니는 신들의 뿌로히따인 신성한 사제이다. 아그니가 신들에게 공물을 전달하기 때문에 그는 "의례의 전차몰이꾼"이다(TS 2,5,9,2-3 rathīr adhvarāṇām). 따라서 "불"은 "전차를 몰다, 마차로 운반하다"를 뜻하는 어근 vah-에서 나온 "운전수, 마차몰이꾼"을 의미하는 váhni-라고 불린다. 바루나와 전차와의 연관성은 왕의 봉헌식에서 일어난 일화에서 분명하게 나타난다: 왕이 수따(sūtá-, 사자, 시인)의 집으로 갈 때 그는 바루나에게 제물을 바치고 희생제의 선물(ŚB 5,3,1,5)로 말을 수여한다. 인도 서사시에서 전차몰이꾼은 영웅에게 조언하고 그의 조상들의 위업을 노래함으로써 전투에서 그를 격려한다. 따라서 sūtá-는 "전차몰이꾼"과 "시인" 양자를 의미한다.

바루나는 일반적으로 "우주의 통치자"를 나타내는 것으로 이해되는 samrā̃j-라는 칭호를 가지고 있지만, 내 의견으로는 문자 그대로 "공동 통치"(그 자체가 이중 왕권을 암시하는 칭호), 즉 "사제이면서 왕(priest-king)"이라는 의미를 갖는다. 샤따빠타브라흐마나(5,1,1,12-13)에 따르면 "왕의 봉헌(rājasūya)은 오직 왕만을 위한 것이다. 왜냐하면 왕의 봉헌을 수행하는 사람은 왕이 되기 때문이다. 왕권에 적합하지 않은 것은 브라흐마나이다…. [브라흐마나와 신들의 뿌로히따인 브리하스빠띠의 희생제인, ŚB 5,1,1,11 참조] 바자뻬야(vājapeya)를 거행함으로써 그는 삼라즈(samrāj)가 된다; 그리고 왕의 임무는 더 낮고, 삼라즈의 임무는 더 높다….” 삼라즈가 되는 바자뻬야의 거행자는 누구 앞에서도 일어서서는 안 된다. 삼라즈의 상징은 왕권이다(āsandī, B 12,8,3,4). 여기에서 우리는 브라흐마나 사제들이 평범한 왕보다 성직자이면서 왕인 존재를 더 높게 만드는 방법을 볼 수 있다. 바루나는 원래 성직자이면서 왕이라는 의미에서 삼라즈였지만 통치하는 왕으로 간주되었다: 샤따빠타-브라흐마나 4,1,4,1–6에서 바루나는 지배 권력인 끄샤뜨라(kṣatrá–)를 대표하며, 미뜨라는 사제를 대표하는 뿌로히따와 브라흐만이다. 이로 인해 미뜨라는 바루나에 의해 이중 왕권에서 사실상 빛을 잃게 되었다; 그리고 조로아스터교에서도 또한 아우라 마즈다가 미트라를 축출했다.

그러나 샤따빠타-브라흐마나 11,4,3,10 – 11에서는 바루나가 삼라즈라고 불리는 반면 지배권과 연결된 것은 미뜨라이다(váruṇaḥ samrāṭ samrāṭpatiḥ … mitráḥ kṣatrám̥ kṣatrápatiḥ). 또한 리그베다 6,68,3에서 바루나는 철퇴를 가지고 브리뜨라(Vṛtra)를 살해한 전사 인드라와는 대조적으로 “[성스러운] 시인”을 뜻하는 비쁘라(vípra)라고 불린다. “미뜨라의 특징적인 역할이 성직자의 역할이 아니라 왕의 역할이라는 데는 의심의 여지가 없다. 리그베다의 증거는 아베스타의 진실함만큼 압도적이고 확고하다.”(Thieme 1957:8). 따라서 원래 미뜨라는 세속의 왕권을 그리고 바루나는 사제의 권한을 대표했다. 아타르바베다에서 바루나는 왕족인 뿌로히따의 영역이었던 마법의 주인이다.

11

장례의 신으로서의 아슈윈스(Aśvins)

아슈윈스(Aśvins)와 미뜨라-바루나(Mitra-Varuṇa)는 왕권과 태양신, 태양과 불, 낮과 밤의 양면을 나타낸다. 베다에서는 밤, 어둠, 바루나가 모두 죽음과 연관된다. 아슈윈스가 낮과 밤뿐만 아니라 원시-아리아 시대만큼 일찍부터 삶과 죽음과도 관련이 있다는 사실은 그리스 증거에 의해서도 제시된다. 호머에 따르면 디오스쿠로이(Dioskouroi)는 "지하 세계에 있음에도 불구하고 제우스로부터 이 영광을 누리면서 그들은 죽음에서 삶으로 삶에서 죽음으로 지나가고, 신들과 동등한 명예를 향유한다"(Odyssey 11,298-304, Farnell 번역 1921:181). 때때로 디오스쿠로이 중 한 명은 흰 말을, 다른 한 명은 검은 말을 탄 것으로 묘사된다. 그것은 하나는 천상계의 존재에 속하는 불사의 존재이고, 다른 하나는 가사적인 것으로 죽은 자에 속한다는 관념과 일치한다.

디오스쿠로이는 모든 종류의 걱정거리, 특히 바다에서, 전쟁터에서, 병들어 있는 동안 도움을 주는 "구세주"(sōtêres)였다; 그들은 또한 장례 비문에 나타나고 로마 석관에도 자주 등장한다. 더글러스 프레임(Douglas Frame)은 『초기 그리스 서사시에 나타난 귀향에 관한 신화』(The myth of return in early Greek epic, 1978)에서 초기 그리스 종교에서 "귀향, 귀환"을 뜻하는 nóstos는 주로 "(어둠과) 죽음으로부터 되돌아옴", "(빛과) 삶으로 되돌아옴"을 뜻하며 구세주로서 디오스쿠로이에 의해 행해진 마술은 대부분 죽음에서 되살아남을 가리킨다고 주장한다. "『일리아드』에서 전차의 역할은 주로 전장을 오가는 수송 수단처럼 보인다. 일반적으로 전사는 싸우기 위해 전차에서 뛰어내린다—그의 전차몰이꾼은 상황이 나쁘면 그를 위험에서 벗어나게 하기 위해 대기한다"(Wace and Stubbings 1962:521). 따라서 구조하는 역할은 전차몰이꾼에게 있었기 때문에 "안전하게 고향으로 돌아오게 하는 것, 구출하는 자, 구조자"라는 용어는 전차 구성원의 가운데 전차몰이꾼을 가리키지만, 리그베다에서는 아슈윈 쌍둥이들 양자(에서 다른 멤버를 생략한 채) 이중으로 사용된다. 산스끄리뜨어 nāsatya-는 그리스어 néstōr와 관련이 있다. 그것은 호머의 작품 속에서는 말을 타는 사람(hippóta)와 숙련된 전차몰이꾼으로 유명했던 고대 필로스(Pylos)의 왕의 이름이다(Frame 2010). 두 단어는 모두 원시-인도-유럽어의 어근 *nes-("안전하게 집으로 가다")로 거슬러 올라가는데, 이로부터 그리스어 nóstos, 산스끄리뜨어 astam-aya-("귀향, 일몰"), 고트어 ganisan("구해지다") 그리고 현대 독일어 genesen("치유되다")이 파생된다.

인도에서는 말을 타는 쌍둥이도 역시 구세주라고 생각되었다. 이것이 인도-이란의 문화유산에 비롯된다는 것은 베다 사람들이 바다와 직접적으로 접촉하지 않았음에도 불구하고 바다에서 위험에 처한 사람들이 쌍둥이에게 도움을 청했다는 사실에 의해 암시된다. 아슈윈스의 장례에 관한 기능은 아슈윈스가 비록 그들이 죽은 것처럼 묻혀 있었음에도 불구하고 재난에서 구해 주거나 다시 젊어지게 만든 아뜨리(Atri),

까끄쉬반뜨(Kakṣīvant), 쯔야바나(Cyavāna), 반다나(Vandana)와 다른 몇몇 사람에 관한 이야기들에서 나타난다. 아슈윈스가 젊음을 되찾게 해준 것은 여러 차례 낡은 전차의 수선과 비교된다. 아슈윈스가 종종 죽은 자를 소생시킨 장례의 신이었다는 것은 반다나에게 주어진 그들의 도움에서 분명하게 드러난다. 반다나는 나이가 들어 노쇠해졌다; 그의 대지(또한 자궁)에서의 재생은 조각이 되어 떨어질 위험이 있는 낡은 전차에 대한 숙련된 수리와 비교된다(RV 1,119,7). 반다나는 땅에 묻혔으며 파괴의 여신의 무릎에 누워 자고 있는 것 즉 죽은 사람 같았다; 그는 어둠 속에서 태양처럼 쉬고 있었다; 아슈윈스는 매장된 그를 보기에 아름다운 금으로 된 장신구처럼 땅을 파서 꺼냈다(RV 1,117,5). 또 다른 찬가에서, 땅을 파서 꺼낸 반다나는 숨겨진 보물을 파낸 것과 비교된다(RV 1,116,11). 아슈윈스는 태양을 볼 수 있도록 즉 살아나도록 그를 들어 올렸다(RV 1,112,5). 아슈윈스는 반다나를 구덩이, 즉 무덤에서 파냈다(RV 10,39,8).

우랄 남부의 신타슈타 문화에서는 죽은 족장들이 말과 전차와 함께 묻혔다. 전차는 매장 의식과 밀접한 관련이 있었으며 그것은 아마도 죽은 사람을 저세상으로 데려가는 것으로 생각되었을 수 있다. 『일리아드』의 23번째 노래에서 호머는 파트로클로스(Patroclus)의 장례식을 묘사하면서 네 마리의 말이 그의 시신을 태우는 화장용 장작더미에 던져졌다고 보고한다(시 171－172). 전차도 포함되었지만 다른 방식으로 연관되었다. 죽은 영웅을 기리기 위한 운동경기에서 그의 소지품들이 승리의 상품으로 나누어졌다. 이 경기 가운데 가장 중요한 것은 전차 경주였다. 그것을 묘사하는 과정에서 네스토르(Nestor) 왕은 또 다른 장례식 전차 경주를 언급한다. 거기서 그는 "샴쌍둥이"인 아크토르의 아들들에게 구타를 당했다. 그들 가운데 한 명은 고삐를 잡고 다른 한 명은 채찍을 휘둘렀다. 매장 당일 기수들에 의해 거행된 이것과 비교될 만한 경마는 기독교 이전 전통 속에서 발트해 연안 제국 사람들에 의해 발생했다(Caland 1914). 거기에서 상품은 결승 기둥 위에 놓인 돈 또는 경주로를 따라 일정한 간격으로 놓여 있는 고인의 소유물이었다. 그날은 술 잔치로 끝났다.

고대 인도에서는 장례의식으로 행해진 전차 경주가 오래도록 존속했을 것이라고 예상할 수 있지만, 상당한 연구에도 불구하고 그러한 연관성은 발견되지 않았다(Sparreboom 1985). 나는 리그베다 1,116,2 아슈윈스에 대한 찬가에서 그와 관련된 내용이 존속하고 있다고 믿는다: "오 그대 둘, (당신의) 강한 날개를 가진 말들을 가지고 승리한 그들은 빠른 코스를 재촉하거나 신들의 격려 속에서 (당신의) 당나귀는 야마의 상-경연 대회(Yama's prize-contest)에서 천 마리 소들을 획득했다 나사뜨야(Nāsatya)들이여." 많은 학자가 이 구절에 대해 주석을 달았지만, 어느 누구도 "야마의 상-경연 대회"라는 구절(ājà yamásya pradháne)에 대해 야마가 죽음의 신이고 리그베다 10권의 야마 찬가가 장례 의식에 사용되었을지라도 그것이 장례 의식의 전차 경주를 가리키는 것으로 해석하지 않았다. 하지만 에릭 피아트(Éric Pirart, 1995)는 아슈윈스의 전차 경주와 관련해 여기서 사용되는 śad-("승리하다")라는 동사가 디오스쿠로이 쌍둥이 중 한 명으로 태어난 그리스 이름 Kástōr("말들의 조련사")와 같은 인도-유럽어에서 파생했다고 주의 깊게 관찰한다.

리그베다는 아슈윈스가 당나귀를 가지고 야마의 상-경연 대회에서 천 마리의 소들 또는 시들을 획득했다고 명시하고 있다. 아슈윈스가 당나귀들을 데리고 우승한 경주는 아이따레야-브라흐마나(Aitareya-Brāhmaṇa) 4,7 – 9에 묘사되어 있다. 그 내용은 1,000개의 시연으로 이뤄진 아슈위나-샤스뜨라(āśvina-śastra-; "아슈윈스에 대한 칭송")이다. 아슈위나-샤스뜨라는 "밤새껏 진행된"(atirātrá-) 소마희생제가 끝나는 새벽에 암송된다. 그것은 하루 종일 지속되고 (그것은 일생을 나타낸다) 다음 날 밤까지 이어진다. 밤은 죽음을, 새벽은 재탄생을 의미한다. 이 텍스트는 당나귀의 생식력을 강조하는데 이것이 아슈윈스가 야마의 장례식의 경주에서 당나귀들이 모는 전차를 모는 중요한 이유인 것처럼 보인다; 또 다른 이유는 의심할 여지없이 말보다 강한 야생 당나귀가 죽음과 연관된다는 것이다(Parpola & Janhunen 2011).

아슈위나-샤스뜨라의 상징주의는 장례식의 맥락과 잘 어울린다. 왜냐하면 다음과 같기 때문이다. "아슈위나는… 신들의 전차이다. 이 신들의 전차로 그는 하늘의 세계를 안전하게 얻는다. (샤스뜨라는) 수빠르나[suparṇa, '좋은 깃털을 가진' 새]가 포함되어야 한다; 수빠르나는 새다; 그것처럼 날개 달린 자, 즉 새가 되면 그는 안전하게 천상의 세계를 얻을 수 있다."(KB 18,4) 천상을 향해 날아가는 수빠르나는 야마(RV 10,123,6)의 자리에 있는 바루나의 전령으로(RV 10,123,6), 그렇기 때문에 죽음과 연관된다. 뻰잡(기원전 1900~1300년)의 후기 하랍빠 묘지 H 문화(기원전 1900 – 1300년)의 장례용 항아리에는 공작이 (공작 안에 평평하게 누워 있는) 시신을 하늘의 별로 나르는 것으로 묘사된다[이미지 15.9]. 새들은 또한 아슈윈스와 연결된다. 왜냐하면 공중으로 날아가는 전차를 끄는 말들이 새들에 비유되기 때문이다(RV 6,63,7).

아슈위나-샤스뜨라에는 1,000개의 시구가 들어 있다. 아이따레야-브라흐마나(2,17)는 그들의 의미를 다음과 같이 설명하고 있다: "1,000개[의 시구들]는 천상을 갈망하는 사람들이 암송해야 한다; 천상의 세계는 여기서부터 말의 1,000개의 여정(a thousand journeys)의 거리에 있다. (그들은 헌신한다) 천상의 세계에 도달하기 위해, 확보하기 위해, (천상의 세계)로 가기 위해." 그 숫자는 태양과도 연관된다. 태양은 1,000개의 광선을 가지고 있는 것으로 말해진다. 태양 광선들은 종종 소들로 이해된다; 1,000마리의 소나 시는 아슈윈스가 야마의 전차 경주에서 승리한 상품이었다.

이슈위나-샤스뜨라의 장례식에 관한 문맥은 주목받지 못했다. 왜냐하면 리그베다 브라흐마나스가 소마(Soma, 달)와 태양의 처녀(Solar Maiden)의 결혼과 그것을 연결시켜 설명했기 때문이다: "이제 사비뜨리(Savitṛ)가 왕인 소마에게 태양(Sūryā)을 줬을 때 그는 딸에게 그녀가 결혼해서 쁘라자빠띠의 것(이든 자신의 것이든) 상관없이 신들의 소유였던 2,000개(의 시)를 넘겨줬다; 그들이 '2,000을 위해 경주를 펼치자'고 말했다; 그들은 경주를 펼쳤고, 그 후 아슈윈스는 당나귀의 도움으로 승리했다"(Kauītaki-Brāhmaa 18,1, Keith 번역 1920:444-445).

실제로 결혼의 상황 또한 매우 연관이 깊다. 왜냐하면 장례식이 젊음을 되찾는 것을 목표로 한다는 결론과 천상의 획득이 결혼식으로 발생하는 임신으로 새로운 삶이 시작한다는 것과 일치하기 때문이다. 소마 식물을 압착해 아침에 아슈윈스에게 한 컵의 소마주스를 제공한다는 것(āśvinagraha-)에 대한 신화적 설명 역시 결혼과 젊음을 되찾는 것과 연결된다. 나이가 들어 노쇠한 성자 쯔야바나(Cyavana)는 땅 위에 유령처럼 누워 있었고, 샤르야따 마나바(Śaryāta Mānava) 사람들은 그것을 불쾌하게 여겼다—그들은 그에게 흙덩어리를 던졌다(여기서 "흙덩어리"로 사용되는 단어 loṣṭa는 또한 장례식의 기념물인 loṣṭa-citi-의 흙으로 만든 "벽돌"로도 사용된다). 화가 난 성자가 샤르야따(Śaryāta)에게 이 문제를 따지자 그는 사죄의 뜻으로 성자에게 그의 아름다운 딸 수깐야(Sukanyā)를 줬다. 수깐야를 통해 아슈윈스는 쯔야바나가 젊음을 되찾게 만들었다: 쯔야바나는 물(또는 Sarasvatī 강에 있는 젊음의 웅덩이)에 던져져 젊음을 되찾게 되었다. 마지막으로 그는 (아슈윈스가 경기에서 우승해 받은) 1,000마리의 소를 가지고 희생제를 거행했다.

재생은 자궁 속으로 다시 들어가는 것을 의미한다. "아들은 가장 높은 하늘에서 빛이다. 남편은 아내에게 들어간다; (그는) 배아가 되어 어머니에게 (들어간다); 그녀 속에서 다시 새롭게 되어 그는 열 달 만에 태어난다"[아이따레야-브라흐마나 7,13에 의하면 슈나흐쉐빠(Śunaḥśepa) 전설에 대한 슐로까들이 왕의 봉헌식에서 암송된다]. 아슈윈스는 죽음과 (재)탄생 양자의 신으로 그들을 도와 위험하고 작은 통로를 만들어서 사람들을 구한다. 그들은 아침과 저녁, 밤과 낮 또는 죽음과 삶 사이의 교차시기에 나타난다: 야누스(Janus)처럼 그들의 희고-검은 모습은 이러한 반대편들을 하나로 묶는다. 이러한 점에서 본다면 그들은 디오스쿠로이와 닮았다.

리그베다의 시인 가문들 가운데 깐바 가문과 아뜨리 가문은 탁월한 나사띠야스(Nāsatyas)의 숭배자들이다. 아슈윈스에게 주어진 54개의 완벽한 찬가 가운데 33개는 "깐바" 가문과 연관된 책들에 있는데: 1권에는 16개, 8권에는 12개, 10권에는 5개가 있다. 아뜨리 가문과 연관된 책인 5권에는 6개의 찬가가 있다. 7권에는 8개의 아슈윈 찬가가 있는데 그것은 바루나를 숭배하는 바시슈타 가문에 속한다. 나머지 "가문의 책"과의 대조는 중요하다: 2권에는 단 하나의 찬가, 3권에도 오직 하나의 찬가, 4권에는 3개의 찬가 그리고 6권에는 단지 2개뿐이다. 아슈윈스에게 특별한 가르마(gharma) 의식에 대한 언급도 비슷하게 분포되어 있다: 그들은 1, 5, 7, 8 및 10권에서 가장 자주 나타난다.

리그베다의 깐바 가문의 시인들은 인더스 계곡 북부에서 처음으로 가축화된 말을 소유했던 문화인 간다라 무덤 문화(Gandhāra Grave culture, 기원전 1700－900) 지역인 간다라에 거주했다[이미지 11.1; 이미지 4.4]. 스와트(Swāt) 강의 옛 이름인 수바스뚜(Suvāstu)는 리그베다에서 깐바 찬가 8.19(싯구 37)에서만 언급된다. 간다라의 여성들은 1권에서 한 번 언급된다. 지명들 외에도 문화적 기준은 깐바 가문의 시인들의 거주지를 뒷받침한다. 따라서 가문의 책들과 대조해서 깐바의 찬가들은 간다라에서 실행되었던 양치기와 쟁기질에 관해 반복적으로 언급한다. "낙타"를 뜻하는 우슈뜨라(uṣṭra)라는 단어가 리그베다에서 5번 나타나는데 4번은 8권에 1번

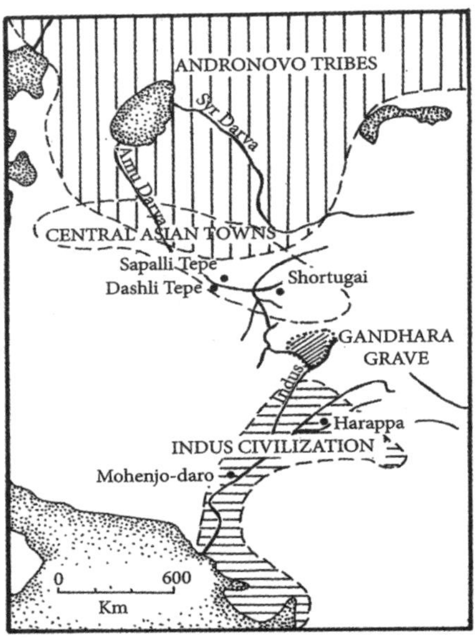

[이미지 11.1] 안드로노보 문화, BMAC("중앙아시아의 도시들") 그리고 후기 인더스문명과 연관된 간다라 무덤 문화의 위치. After Mallory 1989:230, ill. 127. Courtesy J.P. Mallory.

은 1권에서 들어 있다. 깐바 찬가들은 리그베다에서 예를 들어 메다티띠와 같이 "신 NN을 그의 손님으로 갖는"과 같은 형태의 적절한 이름을 가진 유일한 것들이다. 이러한 이름 유형은 그들을 미탄니(Mitanni)의 원시-인도-아리아인들과 연결시킨다. 그들은 기원전 1500년까지 시리아 북부를 지배했으며, 명백하게 BMAC의 북부 이란인 지파에서 왔다(8장). 이 이주는 BMAC에서 스와트 계곡과 주변 지역으로 간다라 무덤 문화의 갈레가이(Ghālegay) 4기의 이주와 거의 같은 시기에 일어났으며, 아마도 이와 같이하여 깐바 일족을 간다라로 데려온 것처럼 보인다.

가문의 책들과 관련된 리그베다 시대의 아리아인들의 대다수는 간다라를 건너 평원으로 계속 나아간 것처럼 보인다. 그러나 5권과 관련된 아뜨리 일족은 간다라에 남아 있었다. 아뜨리 일족의 찬가 5,53은 아프가니스탄과 파키스탄 북서부의 다른 강과 함께 카불(Kābul) 강과 쿠룸(Kurum) 강에 대해 언급한다. 아뜨리인들은 깐바족과 가깝고 친밀한 접촉을 하고 있었는데, 그것은 그들이 서로의 이웃에 거주했음을 암시한다. 가르마 의식은 원래 아뜨리 일족에 의해 발전된 아슈윈스의 숭배와 관련된 독립적인 의식이었던 것으로 보인다. 아뜨리인들은 두드러지게 인드라를 숭배하기도 했다. 우리는 그들이 간다라에서 아슈윈스를 숭배한 깐바인들의 영향 아래 들어간 결과로 그라마 의식을 인드라 숭배에 끌어들였다고 추정할 수 있다. 아슈윈스가 어떻게 소마 희생에서 한몫을 차지하게 되었는지를 말하고 있는 리그베다 이후의 전설은 이 발전 단계에 대해 언급하고 있는 것처럼 보인다. 소마 희생제에서 작은 구성 요소로 제공되는 아슈윈스의 그라마 의식의 공물들의 혼합, 즉 많은 이질적인 요소 가운데 하나와 아슈윈스가 소마의 일부분을 얻는 것은 아슈윈스가 인드라에 복종했음을 나타낸다. 아슈윈스는 이제 베다의 제신들 가운데 2번째 계열의 신이 되면서 주로 치유와 연관되었다. 그들은 명백하게 의사라고 불렸으며, 인간과의 너무 가까운 관계 때문에 다른 신들에 의해 무시당했다.

마이뜨라야니 상히따(Maitrāyaṇī Saṁhitā 4,6,2)에 따르면 아슈윈스는 원래 소마를 마시는 자가 아니었고, 원래 "지도자가 없는"(headless) 소마 희생제를 치유한 보상으로 (희생제의 실제 희생 장소 밖에서 아침에 제공된) 소마의 아슈위나 컵을 요청했다. 아슈윈스는 원래 그들에게 속한 예비적인 쁘라바르갸(pravargya) 의식의 형태로 그것에 "머리"를 제공함으로써 희생 제물을 치유했다. 결과적으로 베다의 희생 제주는 (처음에는 "머리가 없었던") 첫 번째 소마 희생제에서 쁘라바르갸 의식을 거행한 것으로 생각되지 않고 단지 그의 두 번째 희생제와 그 이후에만 거행되었던 것으로 생각된다.

샤따빠타-브라흐마나(Śatapatha-Brāhmaṇa 14,1,1)에서의 쁘라바르갸 의식의 기원에 대한 설명은 다음과 같이 요약할 수 있다. (1–5) 아슈윈스를 제외한 신들은 영광을 얻기 위해 희생제 의식을 수행했다. 그들은 그들 가운데 희생제의 끝에 제일 먼저 도달하는 사람이 가장 뛰어난 사람이며 그 영광은 그들 모두에게 공통이 될 것이라는 사실에 동의했다. 마카-비슈누(Makha-Viṣṇu)는 그렇게 해서 가장 뛰어난 자가 되었다. (6) 희생제(makha)와 태양을 의인화한 비슈누는 영광을 얻은 기쁨을 억누를 수 없었다. (7–10) 그는 활과 화살 세 개를 들고 앞으로 나아가 활에 머리를 기댔다. 다른 신들은 감히 공격하지 못했고 대신

개미들에게 비슈누의 활줄을 갉아 달라고 부탁했다. 활의 끝이 산산이 부서져 튀어 오르자, 그들은 비슈누의 머리를 잘랐다, 그의 머리는 떨어져 태양이 되었다. 그의 머리 없는 몸체는 위쪽 부분이 동쪽을 향하면서 길게 누워 있었다. (11) 신들은 말했다 : 우리의 위대한 영웅(mahān vīra)이 쓰러졌다. 그것이 쁘라바르갸 그릇을 마하비라라고 부르는 이유이다. 신들은 두 손으로 그에게서 흘러나온 생명력 있는 수액을 닦아냈다(sam–mṛj–). 그것이 마하비라가 황제(samrāj)라고 불리는 이유이다. (12) 신들은 그의 영광을 얻기 위해 그를 향해 달려들었다. 인드라가 먼저 그에게 다가가 팔다리를 자신에게 적용시킴으로써 그의 영광을 소유하게 되었다. (13) 인드라는 마카바트–(makhavat–, "마카를 소유한")가 되었다. 이것은 (신비롭게도 인드라의 일반적인 별명인) 마가바뜨(maghavat–, "전리품을 소유하다")와 같다. 신들은 개미들에게 보답을 하고, 비슈누의 몸을 세 부분(즉 소마 희생제의 세 가지 봉사)으로 나눈 다음, 머리 없는 제물로 예배를 계속했다. (하지만 희생제는 머리가 없기 때문에 실패했다.) (18) 다드얀쯔 아타르바나(Dadhyañc Ātharvaṇa)가 이 슈끄라(śukra, "본질, 씨앗"), 즉 희생제의 머리가 다시 놓여지고 희생제가 다시 완전하게 되는지에 대한 비밀을 알고 있었다. (19) (머리 없는 몸의 영광만을 얻은) 인드라는 다드얀쯔에게 비밀을 누군가에게 말하면 그의 머리를 잘라 버리겠다고 위협했다. (20–22) 아슈윈스는 다드얀쯔가 이 비밀 지식을 소유하고 있다는 사실을 듣고 그의 제자가 되게 해 달라고 요청했다. 하지만 디드얀쯔는 인드라의 위협을 말하면서 그들을 가르치기를 거부했나. (23) 아슈윈스는 다음과 같은 계획을 제안했다: 그들이 그의 제자가 되어 다드얀쯔의 머리를 잘라 낸

다음 말의 머리를 거기에 대신 놓을 것이다. 그런 다음 다드얀쯔가 이 말의 머리를 가지고 그들을 가르치고, 인드라가 그 머리를 잘라 버리면 아슈윈스는 다드얀쯔의 원래의 머리를 다시 갖다 붙일 것이다. (24-25) 이 계략은 리그베다 1,116,12에서 말한 것처럼 실현되었다[거기에서는 말의 머리를 한 다드얀쯔 아타르바나가 아슈윈스에게 "꿀, 핵심"을 의미하는 마두(madhu)를 가르쳤다고 말해진다; ŚB 4,1,5,18에서는 꿀을 사랑하는 아슈윈스에게 아슈위나 소마컵으로 거래하면서 다드얀쯔가 그들에게 "꿀이라고 불리는 비밀의 지식"madhu nāma brāhmaṇam을 가르쳤다고 말해진다].

또한 따잇띠리야-아란야까(Taittirīya-Āraṇyaka 5,1)의 쁘라바르갸 장은 목이 잘린 영웅 마카 바이슈나바(Makha Vaiṣṇava)를 부르지만, 까타-아란야까(Kaṭha-Āraṇyaka 3장)에서는 머리가 잘린 것이 루드라(Rudra)이다. 이것은 마카가 원래 이름이라는 사실을 암시하며, 실제로 마이뜨라야니-상히따(Maitrāyaṇī Saṁhitā 4,5,9)와 빤짜빔샤-브라흐마나(Pañcaviṁśa-Brāhmaṇa 7,5,6)에서는 영웅이 바로 마카라고 불린다. 마카는 아슈윈스 가운데 한 명과 관련된 수마카(Sumakha)를 상기시키며 그것은 아마도 그리스어 마케(mákhē, "싸우다")와 어원적으로 연관이 있을 가능성이 있다. 수마카는 전차 전쟁을 의인화한 것일 수 있다; 이 아슈윈은 나중에 이란에서 그의 이름이 태양을 나타내는 미뜨라신이 되었을 것이다. 영웅의 몸은 동쪽으로 윗부분과 함께 떨어졌고, 잘린 머리는 태양이 되었다. 브리하드-아란야까-우빠니샤드(Bṛhad-Āraṇyaka-Upaniṣad 1,1)에서는 희생제의 말이 우주와 그리고 머리는 새벽과 동일시된다. 쁘라바르갸의 비밀이 목이 잘린 말의 머리를 착용한 목이 잘린 현자에 의해 말해진다는 사실이 매우 중요한 것처럼 보인다.

베다의 말 희생제에 대해 구할 수 있는 가장 오래된 원천인 리그베다 찬가 1,162-163에서 우리는 "고전적인" 베다 의식에서처럼 목을 졸라 질식사시키는 것이 아니라 도끼 또는 도축업자의 칼(svadhiti-, RV 1,163,9)로 머리를 잘라서 도살되었다는 사실을 알고 있다. 그러므로 BMAC의 수도 고누르(Gonur)에서 머리 없는 말의 시신에 대한 두 기의 매장이 있었던 것처럼 보인다. 다드얀쯔의 전설은 또한 인간 성자에게 말의 머리가 제공되었다고 말한다. 그러한 계획은 죽은 영웅을 되살리는 비밀 의식의 필수적인 부분이었을 수 있다. 러시아 중부 볼가 지역의 사마라(Samara) 근처에 있는 독특한 무덤에서 발굴된 말의 두개골과 함께 있는 인간의 해골에서 이 아슈윈스와 연관된 재생 의식을 볼 수 있다; 그것은 기원전 2100-1700년에 만들어진 포타포브카(Potapovka) 문화에 속하며, 아마도 원시-인도-아리아어를 사용하는 사람의 해골인 가능성이 매우 크다[이미지 11.2](7장). 재생에 관한 비밀의 지식은 또한 꿀

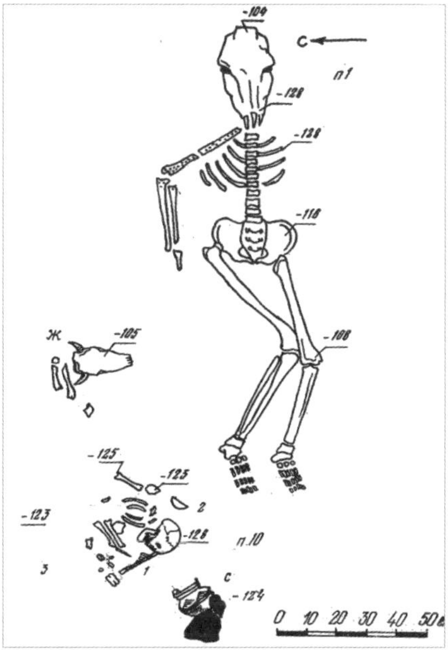

[이미지 11.2] 말의 해골과 함께 있는 인간의 해골. 기원전 2100-1700의 러시아 중부 볼가에 있는 사마라 근처의 포타포브카 쿠르간 매장 무덤 1(Potapovka kurgan burial, grave 1). 화살은 북쪽(C)를 가리키고 있다. After Vasil'ev et al. 1994:115, fig. 11. Courtesy Pavel V. Kuznetsov.

과 연결된다. 베다인들은 무엇보다도 신성한 치유자인 아슈윈스와 연결된다. 원시-아리아인의 종교 개념의 잔재들을 가지고 있는(7장) 칼레발라(Kalevala)에 대한 핀족(Finnic) 서사시에서 죽은 영웅의 어머니는 그의 해체된 시체를 수집해 벌에 의해 가장 높은 하늘에서 가져온 꿀(초기 원시-아리아어 *medhu에서 온 우랄어 *mete)을 가지고 부활시킨다.

하지만 고고학적 단층들이 섞여 있다고 의심되기 때문에 포타포브카(Potapovka) 무덤의 증거가 문제가 될 수 있다는 점을 유의해야 한다. 또한 하랍빠에서 나온 일부 주조된 명판들은 동물의 머리를 가진 인격화된 신을 보여 준다: 후대에 쉬바 라따라자(Śiva Naṭarāja)와 유사한 무희는 물소의 머리를 가지고 있고(CISI 1:207 H-175), 무화과나무 안에 있는 긴팔을 가진 신은 후대의 신 나이가메샤(Naigameṣa)처럼 숫양의 머리[이미지 21.16a]를 가지고 있다(21장).

나는 깐바 가문이 원래 말 희생제와 죽은 자의 부활을 암시하는 장례식을 가지고 아슈윈스를 숭배했다고 추정한다. 리그베다에서 성자 아뜨리는 아뜨리 일족이 깐바의 강력한 영향 아래 발전시킨 것으로 보이는 가르마 의식—그것은 아슈윈스에게 "뜨거운 공물"로서의 우유와 기를 바치는 의식이다—과 밀접하게 연관됨이 틀림없었던 사람이다. 후에 쁘라바르갸라고 불린 이 공물 봉헌 의식은 인드라에 대한 예배와 관련된 주요 의식인 소마 희생제의 준비 단계 동안 하루에 두 번 아침과 저녁에 거행되었다. 쁘라바르갸 의식에서 몇몇 주된 행위는 모두 만뜨라를 동반한다. 특별히 준비된 점토 항아리가 생생하게 불타오르는 석탄과 연료로 둘러싸인 가르하빠뜨야(gārhapatya) 불 가까이 별도의 흙으로 만든 두덩에 놓이고, 항아리가 붉게 뜨거워질 때까지 부채질한다. 그동안 모든 사제와 희생 제주는 일어나 경건하게 항아리를 지켜본다. (신들 가운데 아슈윈스와 동일시되는) 아드바르유(adhvaryu)와 쁘라띠 쁘라스타따르(pratiprasthātar) 사제들은 소와 염소에서 우유를 짜서 끓는 기가 가득 찬 가열된 항아리에 부어 넣는다. 항아리에서 불기둥이 솟아오른다. 항아리가 약간 식으면 그것은 아하바니야(āhavanīya) 불로 옮겨지고 인드라와 아슈윈스에게 바쳐지는 공물이 불속에 부어진다. 항아리는 아하바니야불에서 넘쳐흐르는 커드 또는 우유로 채워진다. 나머지 커드들은 일부분은 아그니호뜨라 공물에 사용되며 일부분은 사제들과 희생 제주가 먹는다. 가르마 의식에 사용된 항아리와 모든 부속 도구는 왕좌에 있는 검은 영양 가죽 위에 놓인다. 마지막 날에 가르마 의식에 사용된 도구들은 처분 장소로 옮겨져 사람의 모양으로 땅에 놓인다. 이때 그라마 의식에 사용된 항아리는 머리로 간주된다. 이 의식에 사용된 도구들의 이와 같은 배치는 장례식에서 베다 희생 제주의 의식에 사용된 도구들을 그의 시신에 배치하는 것과 유사하다. 간다라 무덤 문화의 얼마 안 되는 매장들 속에서 두개골은 8장에서 언급한 것처럼 항상 가장 높은 위치에 배치된다.

"머리"라는 개념은 그라마 의식의 그릇들과 많은 연관을 맺고 있다. 그것은 우리가 본 것처럼 마하비라(mahāvīra "위대한 영웅")와 "마카(Makha)의 머리"라고 불리는 신성한 영웅의 잘려진 머리와 동등하다. 이 항아리는 간다라 무덤 문화의 가장 특징적인 그릇, 즉 인간의 머리처럼 보이도록 만들어진 상례용 그릇인 "얼굴 형상의 항아리"(face urn)와 비교될 수 있다. 그러한 항아리는 화장 후에 매장을 위해 수집

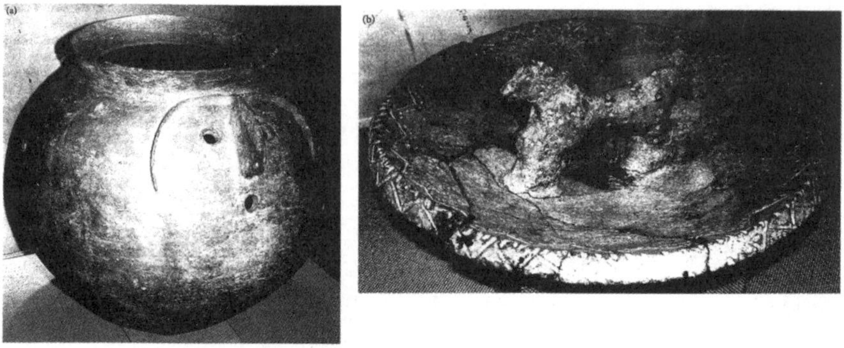

[이미지 11.3] 간다라 무덤 문화의 장례식의 "얼굴 형상의 항아리들". (a) 페샤와르 인근 자리프에서 나온 큰 코를 포함해 사람과 같은 얼굴을 한 항아리. Photo Asko Parpola. (b) 스와드 지역 로반(Loebanr)에서 나온 말 형상의 손잡이를 가진 뚜껑. Photo Asko Parpola.

된 선택된 뼈들을 위한 납골항아리 역할을 한다. 8장에서 이미 살펴본 바와 같이 화장은 간다라 무덤의 약 3분의 1을 차지하며, 갈레게이(Ghālegay) 5기 시대에 지배적이었다. 얼굴 형상의 항아리는 갈레게이 5기 시대의 특징이다; 어떤 것들은 "눈"과 "입"을 위한 구멍들이 있으며, 다른 일부는 이 구멍들과 돌출된 "코"를 모두 가지고 있다[이미지 11.3a].

유라시아의 다른 고고학 문화에서 이 독특한 문화유물과의 유사점을 추적하려는 시도가 있었다. 조르지오 스타쿨(Giorgio Stacul, 1971)은 바덴-페첼(Baden-Pécel)의 중부 다뉴브 문화(기원전 2000년)의 마지막 단계에서 발견된 화장 유물이 있는 의인화에 영감을 받은 얼굴 형상의 항아리와의 연관성을 제시했다. 발칸반도와 중부 다뉴브에서 의인화된 용기들은 후기 신석기시대로 거슬러 올라간다. 이 시기에는 아직 매장 의식과 관련이 없었다. 간다라 무덤들과 헝가리 평원(the Great Hungarian Plain)의 문화 사이에는 스타쿨이 주목한 몇 가지 다른 유사점에도 불구하고 어떤 역사적 연관성도 확인할 수 없었다. 공간상의 그리고 어느 정도 시간상의 거리는 무시할 수 없다. 간다라의 얼굴 형상의 항아리는 독립적인 지역의 발전으로 보인다.

아슈윈스—"말들의 소유자"—의 숭배에서의 그라마 의례의 그릇과 간다라 무덤들에서의 얼굴 형상의 항아리 사이의 상징적인 유사성은 우연의 일치가 아닌 것처럼 보인다. 왜냐하면 얼굴 형상의 항아리 뚜껑에 있는 말 모양의 손잡이[이미지 11.3b]는 이 항아리들이 말과 그렇기 때문에 아마도 아슈윈스와 연관된 종교의식과 관계되었던 것으로 생각되기 때문이다. 마찬가지로 중요한 것은 후기 얼굴 형상의 항아리에서 눈에 띄는 3차원적인 "코"가 그라마 의식용 그릇의 대응물이라는 사실이다. 샤따빠타-브라흐마나(14,1,2,17)는 그라마 의식용 그릇의 준비에 대해 다음과 같이 설명한다:

> 그는 점토 덩어리를 가져와 "마카를 위해!, 마카의 머리를 위해!"라는 [만뜨라]와 함께 Mahāvīra(항아리)를 만든다. … 한 뼘의 높이 왜냐하면 머리는 원래 그렇듯이 한 뼘의 높이이기 때문이다;- 중간에 축소된, 왜냐하면 머리는 원래 그렇듯이 중간에 수축되어 있기 때문이다. 그 후 꼭대기에서 그는 그것을 세 엄지손가락의 너비(높이)의 주둥이[mukham "입"]를 (형상을 위해) 끌어낸다[unnayati]: 그것으로 그는 이것(Mahāvīra, or Pravargya)에 코[nāsikām]를 만든다.

이 서술이 간다라 묘지의 얼굴 형상의 항아리를 만드는 것과 정확히 일치하지는 않지만, 베다 문헌에 묘사된 모든 그릇 중 유일하게 가르마 의식용 항아리가 "코"를 가지고 있다고 분명하게 말하고 있다는 사실은 주목할 만하다. 또한 샤따빠타-브라흐마나가 이 "코"에 대해 언급하고 있는 유일한 베다 문헌인 것은 사실이며, 현재의 편집본들이 블랙 야주르베다의 문헌보다 더 후대일지라도 그것은 초기 판본으로 거슬러 올라가며 어떤 면에서 그 내용은 다른 모든 문헌과 전적으로 다르다. 그것이 깐바인들 사이에 널리 퍼져 있던 고대 전통을 잘 보존할 수 있었을 것이라는 점은 두 가지 판본 가운데 하나가 깐바 가문에 속한다는 사실을 근거로 했을 가능성이 높다. 얼굴 형상의 항아리와 가르마 의식용 항아리의 "코"는 어떤 특별한 기능을 가지고 있었음이 틀림없으며 실제로 그것은 아슈윈스 예배와의 맥락을 고려할 때 의미가 있다.

가르마 의식용 그릇과 간다라 무덤 문화의 납골용 항아리를 비교하면 가르마 의식과 장례식 사이에 밀접한 관계가 있었음이 틀림없다는 사실을 암시한다. 나는 그와 같은 관계가 존재한다고 생각한다. 리그베다에 따르면 가르마 의식은 아뜨리에 의해 만들어졌고, 아슈윈스가 아뜨리를 리비사(ṛbīsa) 구덩이의 재난으로부터 구해 줬기 때문에 아슈윈스에게 사의를 표하기 위해 후손들에 의해 거행되었다. 아뜨리에게 뜨거운 가르마 음료를 처음 준 존재는 아슈윈스였기 때문에 가르마 의식은 아슈윈스가 제공한 서비스를 모방한다. 나는 이에 근거해서 아뜨리의 전설이 아뜨리족의 화장 후의 매장과 장례의 신으로서 음료를 통해 죽은 자를 소생시키는 아슈윈스에게 적용된 의식과의 연관성을 반영하고 있다고 주장한다. 아뜨리족은 그들의 음료를 통해 죽은 자를 부활시킨다. 이 장례 의식은 그들이 간다라에 정착하는 동안 우호적인 관계를 맺은 칸바인들로부터 전해졌다. 리그베다 6,50,10에서는 "아슈윈스가 커다란 어둠에서 아뜨리를 구했고" 그리고 리그베다 7,71,5에서는 "좁은 장소와 어둠에서 아뜨리를 구했다"라고 묘사한다. 이러한 표현들은 보통 죽음과 태아의 상태를 가리킨다. 아뜨리의 경우는 이미 죽은 것처럼 보이거나 죽음과 같은 상태에 있을 때 아슈윈스가 구해 낸 반다나(Vandana)를 비롯한 많은 사람의 경우와 비슷하다. 따라서 "치유자"와 "구원자"로서 아슈윈스는 본질적으로 죽은 자를 소생시키는 자, 다시 말해서 장례의 신이었지만, 이 능력은 일반적으로 인정되지 않았다.

그렇다면 가르마 의식용 항아리의 "코"와 간다라 무덤의 얼굴 형상의 항아리의 의미는 무엇일까? PIE에서 동사 어근 *nes-는 "안전하게 집에 돌아오다"를 의미하며 위에서 언급했듯이 이것으로부터 고트어 ganisan("구원되다")과 그리고 현대 독일어의 genesen("치유되다")이 파생된다. PIE의 *e를 인도-이란어 *a로 바꾼 소리 변화의 결과, 그 어근은 nas-("코")라는 단어와 동음이 되었다. 베다에서 나사뜨야(Nāsatya)들은 코와 연관된다. nas-라는 단어는 리그베다에서 단지 두 번밖에 나오지 않는다. RV 2,39,6에서 두 명의 아슈윈스는 두 개의 콧구멍(nāsā의 중수)을 가진 코와 비교된다—간다라의 얼굴 형상을 한 항아리의 코는 두 개의 콧구멍을 가지고 있다. 둘째, RV 5,61,2c에서 폭풍과 전쟁의 신 마루뜨(Marut)들에게 바쳐진 찬가 12-13절에서 그들은 전차를 운전하는 것으로 나타나지만 2절에서는 명백하게 말을 타는 존재들로 묘사된다: "(말의) 등에 안장(글자 그대로, 자리)은(어디에 있는가)?, (말의) 두 콧구멍의 고삐(글자 그대로, 억제자)는(어디에 있는가)?"(pṛṣṭhé sádo nasór yámaḥ) 이 구절은 ("쌍둥이"와 "고삐"를 의미하는) 산스끄리뜨 단어인 yama-와 ("코"와 "구하다"를 의미하는) nas-가

—양자 모두 리그베다 언어에서 아슈윈스와 관련된다—승마 기술, 콧구멍을 통해 말을 통제하는 것과 분명히 연관되어 있음을 보여 준다. (이것은 리그베다에 있는 말을 타는 것에 대한 두 가지 확실한 언급 가운데 하나이다.)

아슈윈스는 자손의 신으로 간구되며, 인간의 출산에 관한 베다 의식에서 코는 중심적인 역할을 한다. RV 10,184,2–3의 아들의 탄생을 위한 기도에서 연꽃 화환을 두른 신들인 두 명의 아슈윈스는 아내에게 태아가 들어설 수 있게 해 달라고 요청받는다. 태아는 불, 물속의 태아와 동일시된다. 그는 불을 일으키는 도구로 사용되는 아슈왓타(aśvattha) 나무에 숨겨져 있다: "슈윈스가 두 개의 황금빛으로 불타는 나무들을 비벼서 나온 태아, 우리는 이제부터 그를 그대를 위해 불러낸다. 그리하여 그대가 열 달 동안 그를 품을 수 있도록 할 것이다." 불은 샤미(śamī) 나무의 평평한 여성 판자 구멍 안에 아슈왓타 나무의 수직적인 남성 불쏘시개를 넣어 회전시킴으로써 발생한다. 아타르바베다(AVŚ 6,1)에서 이 행위는 성행위로, 불은 이 두 나뭇조각의 아들로 간주된다. 아타르바베다의 까우쉬까–수뜨라(Kauśika–Sūtra 35, 6–10)에 따르면 아들의 탄생을 목표로 하는 뿜사바나(puṁsavana)의 생애–주기(life–cycle) 의식은 다음과 같이 행해진다. 불쏘시개를 통해 불이 생성된 후 그것은 가루로 갈아서 수컷 송아지를 낳은 소에서 나오는 버터와 섞인다. 오른손 엄지손가락으로 그 혼합물을 아내의 오른쪽 콧구멍에 넣는다.

아슈윈스의 "코의 탄생"(nose–birth)에 관한 신화는 리그베다의 야마(Yama)찬가(10,17,1–2)에서 간략하게 말해지며, 니룩따(Nirukta

12,10), 브리하드데바따(Bṛhaddevatā 6,127－7,6. Tokunaga 편집 1997)와 그 밖의 부분에서 광범위하게 말해지고 있다. 쌍둥이 신의 어머니인 사란유(Saraṇyū)는 암말의 형상을 취했다. 그녀는 남편인 빛나는 태양의 신 비바스완뜨(Vivasvant)의 씨앗의 냄새를 맡음으로써 아슈윈스를 임신하게 되었다. 그때 비바스완뜨는 수말의 형상을 취하고 있었으며 서둘러 그의 씨앗을 땅에 내뿜었다.

나사뜨야스(Nāsatyas)의 이 "코의 탄생"은 쁘라바르걔 의식에도 의례적으로 포함된다. 가르마 항아리를 만들기 위해 점토를 모을 때 염소의 우유를 짜서 우유를 점토에 붓는 순간, 말은 점토를 킁킁거리며 냄새를 맡게 된다. 그리고 그동안 아드바르유(adhvaryu) 사제는 다음과 같이 암송한다: "생명을 허락하소서, 쁘라나(prāṇa), 아빠나(apāna)와 브야나(vyāna), 시력, 청각, 마음, 목소리, 몸, 힘, 거대함—이 모든 것을 저에게 허락하소서!"(ĀpŚS 15,2,2－3). 우유는 아슈윈스가 아뜨리에게 준 소생력을 가진 가르마 음료와 마찬가지로 생식력이 있는 씨앗을 상징한다. 아이따레야-브라흐마나(1,22)에 따르면 가르마 의식용 그릇은 남성이고 우유는 씨앗이다. 씨앗은 불, 즉 신들의 자궁에 생식력으로 부어지므로 쁘라바르걔 의식으로 희생제를 거행하는 사람은 불멸의 신으로 다시 태어난다.

따라서 돌출한 "코"를 가진 간다라의 장례식의 얼굴 형상의 항아리가 아슈윈스의 가르마 의식용 항아리와 연관될 수 있는 많은 이유가 존재한다. 가르마 의식용 항아리 역시 "코"를 가지고 있는데 그것은 마카라고 불리는 위대한 영웅의 머리를 대표한다. 마침내 우리는 여기서 고고학적 증거와 베다 문화 사이에 많은 사람이 놓치고 있는 매우 구체적인 연관성을 갖게 된다.

가르마/쁘라바르갸 의식은 리그베다 속에 있는 유일한 맥락으로 그 속에서는 사만들(의식용 노래들)이 그 명칭으로 언급되고 있다. 가장 중요한 사만의 명칭인 라탄따라(rathantara)는 아슈윈스의 탈것인 전차(ratha-)를 가리킨다. 그 명칭은 리그베다에서 오직 두 번 나타난다: 그것은 아슈윈스의 가르마/쁘라바르갸 의식에 대해 언급하고 있는 시 26-29 바로 앞에 있는 RV 1,164,25에: (시 3에서 언급된) 그라마 의식 바로 앞에 있으며 (시 2에서 언급된 중요한 bṛhat sāman과 함께) RV 1,180,1에 나타난다. 아슈윈스의 가르마 의식은 리그베다에서 여러 번 언급되는 소마 희생제 외에 유일한 의식이다. 소마에 관련된 찬가들은 사마베다 의식의 기초인 9권을 만들기 위해 리그베다의 모든 "가문"의 책에서 수집되었다. 사만의 명칭들이 거의 완전하게 부재하고, 사제들의 리그베다에 열거된 사제들에서 찬가를 부르는 사제들이 빠져 있다는 관점에서 보면, 소마 희생제에 대한 사마베다의 의례들은 아슈윈스 의식에서 사만을 노래하는 전통에서 나온 것처럼 보인다.

가르마 의식에서 사만들은 소마 찬양에서 사용된 노래보다 훨씬 단순하다: 그들은 비록 모든 참가자가 마지막을 다 같이 부를지라도 오직 사람이 노래하는 독창곡들이다. 소마 희생제에서 사만들은 제1부를 노래하는 쁘라스또따르(prastotar; 어원적으로 "앞의 찬미자"), 제2부를 노래하는 쁘라띠하르따르(pratihartar; "받는 자"), 가장 중요한 부분인 우드기타(udgītha; "높은 영창")를 노래하는 우드가따르(udgātar; "높은-영창자")로 구성된 3인조 제사장에 의해 노래된다. 세 사제 모두 마지막을 함께 부른다. 특정한 경우에는 이 의식에 다른 참가자들이 함께 참여한다. 이 도식은 내 생각에는 소마 희생제를 위해 사마베다 의식이 만들어졌을 때 고안된 것으로 독창곡인 사만들이 동화된 것처럼 보인다.

조로아스터교의 야스나(yasna) 의식에서 하오마(haoma) 주스를 비교적 간단하게 준비하는 것은 걸러내기를 포함하지만 찬양의 노래는 없다. 베다의 소마 희생제에서는 양털을 통해 그것을 짜냄으로서 소마 빠바마나(Soma Pavamāna "정화된 소마")가 덧붙여진다. 나는 소마를 찬양하는 노래들이 바루나에게 신성시된 보리로 만든 맥주인 수라(surā)를 찬양했던 이전의 의례에서 영감을 받은 것으로 추정한다. 우리는 사우뜨라마니(sautrāmaṇī) 의식을 통해 수라 역시 말의 털(vāla-/vāra-)로 만든 필터를 사용해 정화되었다는 사실을 알고 있다. 이 의식에서 왕은 처음에 왕실 봉헌 의식(rājasūya)에서 브라흐마나와 소마를 마시는 자가 된 후 다시 전사(끄샤뜨리야)로 되돌아가게 되며, 그와 함께 이 재봉헌(punar-abhiṣeka)에서 수라를 마시는 자가 된다. 아마도 빠바마나(pavamāna) 찬가들의 원래 음료는 수라였을 것이다. 하지만 리그베다 공동체가 처음에는 아슈윈스와 미뜨라-바루나의 숭배자였지만 후에 찬양의 노래의 대상이 아슈윈스가 소마를 마시는 자로 받아들여진 후 인드라 숭배자로 개종한 깐바와 앙기라사 시인들을 포함하도록 확장되면서 소마로 이동했다.

사마베다를 만들었음이 틀림없는 사람은 깐바와 앙기라사 일족이다. 왜냐하면 9권외에도 사마베다-상히따는 주로 8권과 1권의 찬가들로 구성되어 있기 때문이다. 앙기라사들은 리그베다의 맨 마지막 권들, RV 1,107,2(áṅgirasāṃ sā ʹ mabhiḥ stūyámānāḥ) 그리고 RV

10,78,5(áṅgiraso ná sā ́ mabhiḥ)에서 사만들의 작곡자들로 언급된다. 사마베다는 깐바와 앙기라사 일족의 시의 운율(gāyatrī and pragātha)과 스트로프 구조(tristichs)를 선호한다. 이러한 점은 "가문" 책에 있는 시와 다르다(Oldenberg 1884). 같은 것이 어느 정도 언어에도 적용된다: 따라서 사마베다 용어의 기본이 되는 어근 gā(y)-("노래하다, 찬양하다")는 "가문"의 책에서 거의 입증되지 않으며, 대부분 3행렬 구조를 가진 찬가들에 있는 gāyatrī 또는 pragātha 연에서 증명된다(Hopkins 1896). gāyatrá-와 gāyatrì-라는 단어는 권 2-7, 공인된 후기 찬가로 권 2의 마지막인 RV 2,43에서만 나타난다.

사마베다의 사제 우드가따르(udgātár-)는 리그베다에서 후에 2.43에서 3연으로 구성된 시로 만들어진 찬가에서 단 한 번 언급된다. 그 찬가는 또한 시 2a에서 사만을 노래하는 것(udgātéva… sāma gāyasi)과 그리고 "gāyatrī and triṣṭubh 운율로 노래하는 것을 마스터해 두 가지 방식으로 말하는 사만을 노래하는 자"에 대해 말한다. 비록 사마베다가 남아시아에서 만들어진 것으로 보이지만, 앙기라사 일족의 조상인 앙기라스는 이미 "가문"의 책에 등장한다. 그러므로 리그베다의 인도-아리아인들은 이미 중앙아시아 남부에서 앙기라스들을 틀림없이 만났을 것이다. 고대 이란의 아베스타는 두 가지 다른 시적 전통을 가지고 있다: 짜라투스트라의 가타들(Zarathuštra's gāthās)은 리그베다의 "가문"의 책과 유사하며, 후대의 야슈트(Yašt) 찬가는 깐바와 앙기라사의 시와 비교될 수 있다. 아마도 야슈트 찬가는 아타르바베다의 찬가들이 리그베다의 찬가들보다 늦게 수집된 이유와 비슷한 이유로 가타들보다 늦게 수집되어 기록되었을 것이다.

12

아타르바베다(Atharvaveda)와 브라뜨야(Vrātya)들

아타르바베다의 찬가는 리그베다 이후 베다 문학의 두 번째로 오래된 텍스트 모음집을 형성한다. 가장 일반적으로 사용되는 교정본인 샤우나까(Śaunaka) 학파의 아타르바베다(AVŚ)는 20권 730개의 찬가로 이뤄져 있다. 이와는 대조적으로 빠이빨라다(Paippalāda) 학파의 교정본(AVP)은 20권 923개의 찬가로 이뤄져 있지만, 샤우나까 학파와는 다른 순서로 배열되어 있다. AVP는 처음 1873년 까쉬미르에서 발견된 하나의 훼손된 원고로 알려졌지만, 많은 필사본을 가진 살아 있는 빠이빨라다 전통이 1950년경 두르가모한 바따차리야(Durgamohan Bhattacharyya)에 의해 오리사에서 발견되기 전까지는 거의 이해하기 힘든 상태로 남아 있었다. 그것의 출판과 해석은 현재 베다 문헌학의 가장 흥미 있는 프로젝트 가운데 하나이다.

리그베다(Rigveda), 사마베다(Sāmaveda), 야주르베다(Yajurveda)의 찬가 모음집은 주로 소마 희생제나 다른 슈라우따(śrauta) 의식들과 관련이 있으며, 그렇기 때문에 베다의 "성직자의 종교(hieratic religion)"를 대표하는 것으로 간주되어 왔다. 이에 반해 아타르바베다는 "대중 종교

(popular religion)"로 "백마술과 흑마술" 그리고 배움에 입문하는 의식(upanayana), 결혼식, 장례식과 같은 가정(gṛhya) 의례들을 다루고 있다. 이 특징들은 "세 가지 베다(Triple Veda)"와 아타르바베다를 "리그베다적인 것"과 "아타르바베다적인 것"이라는 서로 다른 두 종교의 문화적 적응 과정에서의 한 단계라기보다는 하나의 통합 종교의 양면으로 이해하려는 시도를 나타낸다. 실제로 "대중적"이라는 것은 왕족의 의례들과 왕의 궁정 사제의 의무(그에게 "주술"이 중요하기 때문에)가 아타르바베다와 그의 의례적 매뉴얼인 까우쉬까-수뜨라(Kauśika-Sūtra)의 중심 주제들 가운데 존재한다는 사실에서 보면 하나의 단계로 간주하는 것이 적절하지 않다.

"아타르바베다의" 종교는 리그베다 1권과 10권에 있는 리그베다의 종교 집단 안에 이미 수용되기 시작했다. 거기에서는 결혼식과 장례식 그리고 (그렇게 "대중적"이 아닌) 우주적이고 사색적이며 수수께끼 같은 찬가를 포함해 명백하게 아타르바베다 특성들의 많은 찬가들을 포함하고 있다. "대부분의 서양 학자들은… 리그베다는 주제, 운율, 언어의 특수한 특성에 따라 시의 본문과 다르고 대신 아타르바베다와 자신을 연관시키는 많은 찬가들이 포함되어 있다는 사실에 동의했다. 그들은 일반적으로 '대중적'인 것으로 묘사되며 나중에 추가된 것으로 간주된다"(Gonda 1975:28).

아타르바베다 찬가가 수집될 무렵, 그 시인들은 리그베다의 전통을 받아들였고, 그 반대도 마찬가지였다. 많은 아타르바베다 찬가들은 리그베다 찬가를 복사하고 모방하지만, 리그베다에서처럼 시적인 운율을 거의 능숙하게 다루지 않는다. 하지만 이러한 리그베다 전통에 대한 부분적 적용은 아타르바베다가 별개의 것으로 되돌아가면서 많은 면에서 더 고풍스러운 인도-아리아 전통과 연관된다는 사실을 감출 수 없다. 브라흐마나스와 다른 후기 베다 문헌뿐만 아니라 서사시와 고전 산스끄리뜨어에서도 계속된 아타르바베다의 언어는 리그베다의 언어에서 직접적으로 파생될 수 없다. 이것은 무엇보다도 "아타르바베다의" 언어가 많은 단어들에서 l음과 r음 사이의 원시-인도-유럽어의 구별을 보존하고 있었다는 사실에서도 분명하다. 다른 한편 원래 리그베다의 언어는 모든 *l이 *r로 합병된 이른바 r음으로의 전환(rhotacism)의 결과로 PIE *l을 완전히 잃어버렸다; 그리고 이러한 변화는 이주자들이 남아시아로 들어가기 전에 중앙아시아 남부에서 일어났음이 틀림없다. 왜냐하면 *l/*r의 구별 역시 미탄니 인도-아리아어(8장)뿐만 아니라 아베스타어와 고대 페르시아어에서도 없어졌기 때문이다(Mayrhofer 2002 [2004]). PIE *l음이 있는 단어들은 리그베다 1권과 10권에 스며들기 시작하는데, 거기서 l음은 "가문"의 책들보다 8배 더 자주 발생하는 반면 AV에서 l음은 리그베다보다 7배 더 자주 발생한다. "가문"의 책에서, l음은 주로 외래어와 적절한 이름에서 발생하지만(9장 참조), 어떤 동사도 PIE *l음("듣는다"는 그리스어 klúō, 라틴어 cluēre, 러시아어 slušat인 데 반해 śru-이다)을 보존하지 않는다. 그리고 몇 개의 명사(uloka-/loka-, śloka-, -miśla-)만이 리그베다가 마침내 기원전 700년경에 확고하게 되었을 때 전개되었을 뿐이다(Pinault 1989 : 36-37).

한편으로는 리그베다의 언어와 다른 한편으로는 아타르바베다의 언어와 고전 산스끄리뜨어의 방언적 차이는 모리스 블룸필드(Maurice Bloomfield; 1899:46-47)에 의해 제안되었으며 에메노(M. B. Emenau;

1966)와 다른 많은 학자에 의해 제청되었다. *r/*l음의 구별의 상실 또는 보존은 다른 언어적 특성과 유사하다. a–어간(a–stems)이 있는 명사가 쇠퇴하면서 리그베다의 방언은 어미 –ās에 이인칭 복수 명사 표식인 –as (자음의 어간에 사용됨)를 추가함으로써 남성 복수 명사를 쇄신했으며, 이것은 원래의 PIE어미를 잇는다; 결과적인 이중 어미(resulting double ending) –āsas는 아베스타어(–āŋhō), 고대페르시아어(–āha) 그리고 빨리어(–āse)와 유사하다. 이 혁신적인 이중 어미 외에도 원래의 –ās는 또한 아베스타어(–ā)와 고대페르시아어(–ā)에서 발견되는 것처럼 리그베다어에서도 발견된다(–ās는 종종 결함 있는 운율을 개선하기 위해 –āsas로 읽혀지게 될지라도). –ās는 리그베다의 –āsas만큼 2배 가까이 자주 나타나지만, 아타르바베다에서는 24번씩이나 자주 나타난다. 그리고 고전 산스끄리뜨어는 –ās만 알고 있다. 마찬가지로 a–어간의 도구격(조격) 복수형에서, 리그베다의 언어는 약간 더 일반적으로 이어지고 있는 어미 –ais(아베스타어 –āiš) 외에 (고대페르시아어 –aibiš와 유사한) 혁신적인 어미 –ebhis를 갖는다; 리그베다의 –ebhis는 빨리어 –ehi와 쁘라끄리뜨어 –ehiṃ에서 계속되는 반면 아타르바베다에서 –ais는 –ebhis만큼 5번 나타난다. 그리고 고전 산스끄리뜨어는 오직 –ais만 알고 있다. 동사 활용에서 (고대 이란어 –mahi와 유사한) 1인칭 복수형 현재 능동형의 혁신적인 어미(innovative ending) –masi는 상속된 어미 –mas보다 5배 가까이 흔한 반면 아타르바베다에서는 –mas가 고전 산스끄리뜨어에서는 더 이상 사용되지 않는 –masi보다 흔하다. 거기에는 특히 어휘에서 더 많은 차이점들이 있다.

11장에서 우리는 깐바와 앙기라사 가문의 몇몇 시인들이 일찍이 리그베다 문화에 합류해 1권, 8권 그리고 9권에 있는 찬가들을 만들었다는 사실을 살펴보았다. 그들이 만든 것들은 명백하게 사마베다의 토대가 된다. 다른 깐바 가문과 앙기라사 가문은 분명하게 그들 자신의 전통에 더 충실하게 남아 있으면서 아타르방기라사흐(atharvāṅgirasaḥ)라는 가장 오래된 이름을 가진 아타르바베다를 만들었다. 이 명칭은 이 네 번째 베다의 내용을 두 부분으로 나누어 이들 두 가문과 연결시킨다: 아타르바인들(Atharvans)은 약물(bheajāni)에 대한 평화롭고(śānta) 상서로운(pauṣṭika) 의식들과 결합되는 반면 앙기라사 가문은 무서운(ghora) 마법 의식(ābhicārika)과 연관된다.

스탠리 인슬러(Stanley Insler)는 아타르바베다의 샤우나까와 빠이빨라다 판본을 비교하면서 그것들의 작자들이 그들의 찬가들을 함께 이어 맞추는 방법을 연구했다. "이것은 아타르반 상히따(Atharvan Saṃhitā)의 알려진 두 가지 교정본이 종종 형태, 단어, 구 또는 전체 행들(pāda)의 선택에서만 다른 것이 아니라 각각의 모음집 속에서 인정된 숙따(sūkta, 찬가)를 구성하는 시연의 수와 순서에서도 서로 다른 판본들이 존재하기 때문에 가능하게 된다." 다른 것과 같은 찬가의 버전을 제시하기 때문에 가능해진다. 인슬러는 리그베다의 깐바와 앙기라사 시인들이 아타르바베다의 시인들처럼 같은 전통에 속한다고 결론짓는다:

> 이 제안은 언어학적으로 뒷받침될 수 있으며, 나는 또 다른 근거를 제시할 수 있다. 깐바와 앙기라사 시인들이 실제로 아나르바를 지술한 시인들이었다면 흥미로운 질문이 제기된다: 다르마(Dharma) 문헌들은 만일 사만(sāman)들의

노래가 또한 야뚜다나(즉 마법사)들이었던 깐바들과 앙기라사들이 우연히 듣고 찬가를 부르는 사만들이 더 뛰어나기 때문에 베다를 학습하는 것을 멈추어야 한다고 말하는가? 이와는 달리 사만들의 노래가 개, 자칼, 당나귀, 올빼미 소리와 같은 것이라고 말해질 정도로 명백하게 불쾌하다는 그들에 대한 나쁜 평판은 어떻게 설명되어야 할까? 이 생각에 대한 지지는 아타르바의 찬가들 가운데 흑마술의 주문들(ghora, yātu, ābhicārika)이 앙기라사라고 불린다는 사실에서 비롯된다(Insler 1998:17).

깐바(아버지의 이름을 딴 Kāṇvá-)는 고대 인도-아리아어(산스끄리뜨어)가 중기 인도-아리아어(쁘라끄리뜨)로 나중에 발전하는 과정—이 경우에 ṛ 〉 a로의 변화—에서 발생한 음의 변화의 특성을 나타내는 리그베다에 있는 이들 단어 속에 존재한다. [그와 같은 쁘라끄리뜨주의(Prakritism)는 아타르바베다 언어에서 발견되는 것으로 예상할 수 있다. 그것은 아마도 인더스 계곡에서 수세기 동안 영향을 미쳤던 드라비디다어 기층에 속해 있었기 때문일 것이다. 이와 연관해 깐빠 가문과 앙기라사 가문에 속하는 리그베다의 8권 속에 IE가 아닌 반전음의 음소가 비정상적으로 많다는 사실을 지적할 수도 있다.] 칼 호프만(Karl Hoffmann; 1940)은 káṇva-가 "(마법적으로) 행위하는 것"을 뜻하는 *kṛṇva-에서 파생되었다고 설득력 있게 주장한다. 그 이름은 "마법사, 주술사"를 의미하는 것으로 보인다. "하다"를 의미하는 어근 kṛ-는 아타르바베다(AVŚ 5,14,9 yáś cakāra tám ij jahi)에서 그 자체로 "마법을 걸다"라는 의미로 사용되고, 마술과 마법을 뜻하는 kártra-과 kṛtyā-와 같은 파생어들을 갖는다. 또한 찬가 AVŚ 2,25에서 káṇva-는 태아들을 먹고(슐로까 3) 생명을 방해하는(슐로까 4와 5) 악마적 존재를 나타내는 반면 AVP 13,10,4는 "마법사와 관련된 káṇva-(yātumāvān)"에 대해 말한다.

이제부터 살펴보겠지만, 핵심 마법 용어들은 리그베다의 "가문"의 책에서는 거의 완전히 빠져 있고 주로 1권과 10권에서 발생하는 반면 아타르바베다(여기서는 AVŚ)에서는 자주 나타난다. "마법, 주술"을 의미하는 단어 abhicārá-는 리그베다에서는 어디에도 발견되지 않지만, 오직 리그베다의 한 구절(10,34,14b)에서만 암시된다. 거기에서는 동사 abhi + car-가 입증되고 있다: mā̀ no ghoréṇa(즉 abhicāréṇa) caratābhí dhṛṣṇú("너희들은 무시무시한 (마법)으로 우리에게 강력하게 마법을 걸지 말아라!"). 반면 AVŚ에서는 abhicārá-가 네 번, "주술을 사용하는 자"를 의미하는 abhicārín-이 한 번, "반대의 주술"(counter-incantation)을 뜻하는 pratyabhicáraṇa-가 한 번 나타난다; 반면 "마법을 걸다"를 뜻하는 동사 abhi + car-는 세 번 사용된다. 또 다른 핵심 마법 용어로 "주술"을 뜻하는 kṛtyā-는 리그베다 10,85,28-29 즉 10권의 결혼식의 찬가에서 두 번만 등장한다. 이에 반해 AVŚ에서는 그것이 "주술을 실행하는 것"을 의미하는 복합어 kṛtyā-kṛt-로 26번을 더해 모두 58번이나 되는 것으로 드러난다.

마법 의식은 일반적으로 경쟁자에게 직접적으로 행해지며 bhrā̀tṛvya-와 sapátna-라는 단어를 선호한다. 이들 가운데 첫 번째는 "형제의 아들" 또는 "사촌"을 의미했다. 왜냐하면 그들은 친척으로 잠재적인 왕권의 탈취자가 될 수 있는 위험한 것으로 간주되기 때문이다. 리그베다에서 bhrā̀tṛvya-는 리그베다 8,21,13에서 단 한 번 (부정 접두사와 함께)

깐바 시인에 의해 사용된다. 반면에 그것은 아타르바베다에서 15번 나타나는데, 때로는 "파괴", "살해" 또는 "도주"를 나타내는 세 가지 사례의 복합어를 포함해 산문 구절에서 발생한다. 두 번째 용어인 sapátna-("라이벌")는 그와 일치하는 여성 용어인 sa-pátnī-("같은 남편을 가진 공동의 아내")에서 파생되었다. 그것은 리그베다의 옛 "가문"의 책들 속에서 두 번 나타난다. 그러나 그것은 원래 경쟁자를 의미하지는 않는다. 왜냐하면 양자의 찬가들(리그베다 3,1,10, 3,6,4)은 불의 신 아그니의 공동의 부인들처럼 하늘과 땅이라는 세상의 두 반쪽(ródasī)에 대해 말하기 때문이다. 그러나 여성 라이벌들은 리그베다의 후대의 책들에 속하는 두 찬가, 즉 리그베다 1,105,8(이 찬가는 꾸차 앙기라스에 귀속됨)과 10,145,1-5에 포함된다. 남성의 경쟁자(sapátna-)는 리그베다에서 "경쟁자를 죽이다"를 뜻하는 복합어 sapatna-hán-과 함께 4번 등장하며 모두 10권에 있다. 이와는 달리 아타르바베다에서는 "경쟁자를 죽이다"를 의미하는 다양한 복합어들과 그와 유사한 용어들과 함께 sapátna-가 67회 발생한다: sapatna-hán-(22회), sapatna-kṣáyaṇa-(5회), sapatna-kárśana-, sapatna-cā̆tana- 그리고 sapatna-dámbhana-(각 1회).

나는 마법사로서 사마베다와 연관된 사람들 대한 인슬러의 질문으로 되돌아간다. 사마베다 문헌은 먼저 특별하게 소마 희생제를 주술적 목적을 가진 것으로 규정한다. 그러나 사마베다의 찬가를 노래하는 사람들은 덜 과격한 수단을 가지고 소원들을 충족시킬 수 있다. 다음의 옵션 목록은 총망라한 것은 아니다. 몇 가지 서로 다른 스또마들(stoma) 사이, 다시 말해서 많은 구절들이 어떻게 한 의식에서 찬양되어야 하는 것인지 선택할 수 있다; 여러 개의 다른 비슈뚜띠들(viṣṭutis), 즉 스또마를 충족시키기 위해 반복되는 구절들을 세는 방법들 사이에서; 사만들이 찬양하는 몇 개의 선택적인 구절들 사이에서; 몇몇 선택적인 사만들과 개별 사만들(sāmans) 사이에서, 사만의 파트에서 선택적인 음절의 수효들 사이에서; 그리고 몇 가지 다른 피날레(nidhana)사에서 선택할 수 있다. 우리는 빤짜빔샤-브라흐마나(Pañcaviṁśa-Brāhmaṇa) 7,1,11을 인용해 찬양의 피날레에 대한 사용의 예를 제시할 수 있을 것이다. 이것은 가야뜨라 사만(gāyatra sāman)의 정규적인 피날레에 대한 대체를 위해 아래의 옵션들을 제시한다: 피날레는 gāyatra sāman의 정규적인 마지막부분 ā를 대체할 수 있는 다음 옵션을 제공한다. "그는 가축을 원하는 사람들을 위해 피날레로 (어원적으로는 '원기회복'을 의미하지만 가끔 가축과 동일시되는 단어) iḍā를; 천상(을 얻기를) 원하는 사람을 위해서는 스바하(svaḥ, '천상')를; 정신적인 영광을 원하는 사람을 위해서는 야샤흐(yaśaḥ,'명성')를; 병으로 고통받는 사람을 위해서는 아유흐(āyuḥ, '장수')를; 마법을 실행하는 사람을 위해서는 함시(haṁsi, '너는 죽는다')를 취해야 한다." 유사한 옵션들이 위에 열거된 모든 수단들을 위해 존재한다; 그들은 일반적으로 주술을 내포한다.

사마베다를 계속하기 전에, 특정한 소원을 충족시키기 위한 선택 사항에 대한 언급은 나로 하여금 야주르베다의 시작에 대해 간략하게 설명하도록 이끈다. 야주르베다의 주요 사제들은 아슈윈스의 인간적 대표인 아드바르유(Adhvaryu)와 쁘라띠쁘라스타따르(Pratiprasthātar)이다. 그늘은 쁘라바르갸(pravargya) 의식의 주요 사제로서 숭배받는다(11장 참조). 가장 초기의 야주르베다 문헌인 마이뜨라야니(Maitrāyaṇī)와 까타까(Kāṭhaka) 상히따들은 베다의 슈라우따(śrauta) 의식에서 많은 깜야–이슈띠(kāmya–iṣṭi) 의식들을 소개한다. 그것은 경쟁자와 적에게 해를 입히려는 바람을 포함한 모든 종류의 소원을 충족시키기 위해 고안된 것이다(Caland 1908). 아타르바베다의 사람들의 주요 의식 매뉴얼인 까우쉬까–수뜨라(Kauśika–Sūtra)는 두 부분으로 구성되어 있다; 후자의 부분이 가정(gṛhya) 의식들을 기술하고 있는 반면 처음 52장은 같은 종류의 깜야–이슈띠들에 전념하고 있다(Caland 1900). 이것은 희생제의 공물인(바루나에게 바쳐진 곡물인) 쌀이나 보리로 구운 케이크로 이뤄지는 이슈띠 의식들이 궁극적으로 아타르바베다의 배경임을 암시한다. 이러한 희생제 의식들은 원래의 리그베다의 소마 희생제(yajña)와는 다르며 그것은 조로아스터교도들의 야스나(yasna)와 유사할 것이다. 11장에서 나는 우유 제물을 프라바르갸에서 아슈윈스에게 바쳐지는 것과 (각각 미뜨라와 바루나와 동일한) 태양과 불에게 바쳐지는 매일의 아그니호뜨라(agnihotra) 제물인 우유를 비교했다. 이 제물은 약간 더 복잡한 신월과 만월의 이슈띠 의식들과 함께 "고전" 베다 슈라우따 의식의 핵심을 구성한다; 이슈띠들은 보다 단순한 가정의 희생제들을 위한 모델로서 작용한다(그것은 리그베다와 아타르바베다의 후기 찬가들에서 처음 등장한다). 따라서 야주르베다의 기원은 또한 아슈윈스와 그들의 이중의 미뜨라–바루나에 대한 "아타르바베다식" 예배에 있는 것처럼 보인다.

마법과 관련된 소마 희생제에 관한 가장 초기의 출처는 사마베다에 속한다. 사마베다는 다른 베다들 속에 있는 이들 의례를 다루고 있는 대부분의 문헌들의 근원이다. 원래의 딴드야–브라흐마나(Tāṇḍya–

Brāhmaṇa)는 주술 의식들을 포함한 대부분의 "미개한" 요소들을 제거한 것으로 보인다. 그 의례들은 (자이미니야-브라흐마나Jaiminīya-Brāhmaṇa와는 대조적으로) 딴드야-브라흐마나라고도 알려진 빤짜빔샤-브라흐마나(Pañcaviṁśa-Brāhmaṇa)의 25장들 속에서는 누락되었지만 보충적인 26장인 사드빔샤-브라흐마나(Ṣaḍviṁśa-Brāhmaṇa)에는 나타난다(Caland 1931 : xx-xxi). ṢB 3,8-11에는 스예나(śyena, "매"), 이슈(iṣu, "화살"), 삼담샤(saṃdaṁśa, "집게"), 바즈라(vajra, "철퇴, 번개")라고 불리는 주술 의식이 들어 있다. 스예나 의식은 사마베다의 라뜨야야나-슈라우따수뜨라(Lāṭyāyana-Śrautasūtra; 8,5)에서 다음과 같이 기술된다:

> 샨딜리야(Śāṇḍilya)에 의하면 "매" 의식을 주관하는 사제로서 그는 전사들(yaudha-)의 학식 있는 아들들을 선택해야 한다. 그들은 (급습하는) 패거리(vrātīna-)를 형성한다; 전사들의 아들들은 그럴 만한 가치가 있는 사람들(arhat-)의 (학식 있는 아들들)이다. 병든 소들 사이에 있지만 아직 병들지 않은 소들의 우유에서 희생제에 쓰일 기(ghee)를 얻기 위해 버터를 휘저어야 한다. 주어진 장소에서 자란 많은 식물 줄기와 나무를 모두 잘라 낸 다음 그들은 희생제가 거행되는 구역을 만들어야 한다. 또는 땅을 뜨겁게 불태움으로써 (사드빔샤-브라흐마나에 있는) śavanabhye adhiṣavaṇe라는 말은 다음과 같은 의미이다: 시신(śava)이 (화장터로) 운반되는 짐마차의 바퀴로 소마를 압착하는 두 개의 널빤지를 만들어야 한다. 희생제의 말뚝은 (보통 꼭대기에) 짜샬라(caṣāla-) 고리가 있어서는 안 되지만 나무칼의 그것이 끝을 대신해야 한다. 의식을 주관하는 사제들은 붉은색 터번을 두르고 붉은색 옷을 입고 목에 성스러운 실을 걸

고(더러움을 없앨 때 하는 것처럼), 화살 통과 줄이 달린 활을 들고 임무를 수행해야 한다…. [사만들을 치명적인 무기가 생략된 것으로 가르치는 것] … (사드빔샤-브라흐마나에 주어져 있는 희생제 비용에 대한 규정은) 9마리(동물들)의 집단 가운데, 한쪽 눈이 멀고, 다리를 절고, 뿔이 없고, 꼬리가 없는 가능한 한 많은 암소들을 줘야 한다(는 사실을 의미한다). 게다가 이들 (결함 있는 동물)들은 동물들이 사제들의 급료로 주어질 때 피를 흘리게 만들어야 한다.

브라띠나(vrātīna-)라는 용어는 "매"와 다른 마법 의식의 실행자들을 베다 문헌에서 브라뜨야(vrātya)라고 불리는 사람들과 연결시킨다. 브라뜨야들은 특히 사마베다에 속하는 가장 오래된 출처인 자이미니야-브라흐마나(Jaiminīya-Brāhmaṇa) 2,221-227과 빤짜빔샤-브라흐마나(Pañcaviṁśa-Brāhmaṇa) 17,1-4에서 브라뜨야스또마(vrātyastoma)라고 불리는 의식을 통해 알려져 있다; 라뜨야야나-슈라우따슈뜨라(8,6)는 PB 17,1에서 사용된 쇠퇴한 용어들을 가지고 의식의 권위들에 대한 다양한 설명을 제공하고 있다. 브라뜨야스또마산드(vrātyastomasand) 관련 의식은 베다 의식의 선사 시대를 이해하는 데 가장 중요하다. 왜냐하면 그들은 보통은 슈라우따(śrauta) 의식에서 발견되지 않는 많은 특징과 구성 요소를 가지고 있기 때문이다. 실제로 그들이 의식 발전의 초기의 보다 더 고풍스러운 단계의 시대에 뒤진 유적의 일종이라는 것이 오늘날 널리 인정되고 있다. 독자에게 근원이 되는 텍스트로부터 그것들의 관념을 형성할 기회를 제공하지 않고 논의하는 것은 쓸모없는 것처럼 보인다. 따라서 나는 빤짜빔샤-브라흐마나의 첫 번째 기본적인 브라뜨야스또마에 대한 설명을 인용하는 가운데 관련이 없는 많은 데

이터를 생략하면서도 괄호로 묶어서 몇 가지 정화법을 추가하는 것으로 시작한다.

확실히 신들은 천상의 세계로 갔다: 그들 가운데 "신"[즉 루드라, Rudra]의 신자들은 뒤(지상)에 남겨져 브라뜨야의 삶을 인도했다…. 일련의 집단[vrāta-]의 삶을 인도하는 그들은 빈곤하게, 뒤에 남겨졌다. 그들은 베다의 학습을 실천하지도 않고, 경작을 하거나 장사도 하지 않기 때문이다…. 일련의 집단은 말하자면 [회원들 간에 서로] 동등하지 않다…. 삼키는 독은 이방의 음식을 브라흐만의 음식처럼 먹는 사람들, 좋은 말을 나쁘게 부르는 사람들, 지팡이를 죄 없는 사람을 때리는 데 사용하는 사람들[JB 2,225에 의하면 브라뜨야들이 위반되어서는 안 되는 브라흐만을 위반한다고 말함으로써 더 명백해진다], 비록 입문하지는 않았지만 입문한 사람의 말을 하는 사람들[JB 2,222에 의하면 브라뜨야들은 희생제에 불순하고 적절하지 않은 것을 그들의 목소리로 말한다; 연장자들 앞에서 그들은 음란한 것을 말한다(āhanasyaṃ vadanti)]. 이러한 죄는 16개의 숙달된 스또마에 의해 제거될 수 있다….

터번, 지팡이, 화살이 없는 활, 판자로 덮인 가공하지 않은 탈것[vipatha phalakāstīra; LŚS 8,6,9-11에 따르면 vipatha-는 동쪽(즉 마가다)에 살고 있는 사람들의 덮개 없는 전차이다(prācyaratho nāstīrṇaḥ): 그것은 샨딜리야(Śāṇḍilya)에 의하면 민첩한 한 마리의 말과 한 마리의 노새로 묶여 있거나 다남자야(Dhānaṃjayya)에 의하면 한 쌍의 말들 또는 노새들에 묶여 있다], 검은색 술들을 가진 의복, 하나는 흰색이고 다른 하나는 검은색인 두 개의 염소 가죽, (목에 착용되는) 은 장식품, 이 모두는 [리더인] 그리빠띠(Grhapati)의 (비품)이다. 다른 사람(브라뜨야들)은 붉은 테두리와 묶인 끈으로 된 술을 갖고 있고 각

부분에 실이 달린 상의를 입는다; 그들 각각은 한 쌍의 신발과 이중으로 연결된 염소가죽으로 되어 있다. 이것이 브라뜨야들의 소유물이다; 그에게 그들이 (이 소유물을) 부여함으로써, 그들은 (그들의) 죄(또는 가치가 없는 것)를 변형시키게 되고 이후 그들은 아리아인들의 희생제에 참여할 자격을 갖는다. [LŚS 8,6,28–29는 브라뜨야들처럼 떠돌아다니는 것을 포기한 사람들은 (이러한 삶의 방식을 실천하는 사람들인) 브라뜨야들 또는 마가다국에서 온 종교적인 학생(brahmabandhu– māgadhadeśīya–)에게 그들의 장비를 줘야 한다는 사실을 구체적으로 명시한다; 브라뜨야스또마 의식을 행한 후 그들은 세 베다에 따라서 살아야 한다.] 그들 각각은 그들의 가정생활자(Gṛhapati)에게 33마리의 (암소들)을 가져온다. 33의 "신"의 신봉자들이 (이 브라뜨야스또마를 통해) 번영을 가져온다. (그렇기 때문에 이 의식은) 번영을 위해 봉사한다(PB 17,1, Caland 번역 1931:454–458).

사마베다 텍스트 외에도 브라뜨야들에 관한 가장 초기의 출처는 아타르바베다이다. 그것은 이 주제에 전념하고 있는 브라흐마나 산문으로 총18장으로 구성되어 있다(AVŚ 15, AVP 18,27–43); 오래된 야주르베다의 바우다야나–슈라우따수뜨라(Baudhāyana–Śrautasūtra; BŚS) 18,24–26에 있는 브라뜨야스또마에 대한 기술은 명백하게 아타르바베다의 전통을 따르면서 중요한 세부 내용을 제공한다.

AVŚ 15,1: 아타르바베다의 브라뜨야–권(Vrātya–Book)은 우주론으로 시작한다. 태초에 이 우주에 브라뜨야가 있었고, 소망(īyamāna–)을 위해 돌아다녔다; 그는 창조의 신 쁘라자빠띠(Prajāpati)가 창조를 시작하도록 자극했다. 그 결과 "고독한" 일자인 브라뜨야(Eka–Vrātya)(이 표현은 태양을 원형의 고독한 방랑자로 지칭할 수 있다)가 된 주(īśāna)인 위대한 신(mahādeva)이 탄생하게 되었다. 그는 스스로 무지개가 된 활이 되었다. 그의 배는 짙은 파란색(nīla), 등은 붉은색(lohita)이다; 짙은 파란색으로 그는 적대적인 사촌이나 경쟁자(bhrātvya−)를 포위하고, 빨간색을 가지고서 그를 싫어하는 자를 꿰뚫었다. 공간의 방위들은 브하바(Bhava), Śarva(샤르바), 빠슈빠띠(Paśupati), 우르고 데바흐(Ugro devaḥ), 루드라(Rudra), 마하데바(Mahādeva) 그리고 이샤나(Īśāna)라고 불리는 브라뜨야의 궁수들과 연관된다[이들과 8번째로서 바즈라(Vajra)를 더하면 까우쒸따끼−브라흐마나 6,1−9에 있는 루드라의 8가지 명칭들이다].

AV 15,2: 브라뜨야는 동쪽에서 시작해 공간의 모든 방향으로 이동하는 것으로 묘사된다. 그[BŚS: 전체 그룹을 위해 서약(vrata−)을 이행하며 땅바닥에서 자고, 육류를 먹지 않으며, 성관계를 갖지 않는 브라뜨야들의 동의된 지도자(sthapati)]는 긴 외투(vāsas, BŚS: 그것은 검은색 술을 가진 검은색으로 입문한 사람이 입는 의복이다)를 입고, 터번(uṣṇīṣa, BŚS: 그가 입문한 것으로 검은색이다)을 두르고, 두 개의 둥근 장식물[pravarta−, BŚS: 금과 은으로 된 빛나는 원반(rukma−): BŚS는 그들을 아슈윈스의 프라바르갸(pravargya) 의식에서 위대한 영웅의 머리를 상징하는 뜨거운 가르마(gharma) 그릇의 양쪽에 놓인 황금색과 은색의 원반과 뚜렷하게 연결시킨다. 또한 아그니짜야나(agnicayana)에서 불이 담긴 그릇(ukhā)을 운반하려고 할 때 희생 제주에 의해 그의 목에 걸리는 황금 원반 rukma−를 참소할 것] 그리고 보석 목걸이(maṇi)를 걸친다. [BŚS: 가죽으로 만든 화살 통에 세 개의 화살을 가진 활은 입문자의 지팡이 역할을 한다; 그는 브라뜨야들의 연설을 말한다. 그것은 입문자의 연설 역할을 한다. 그는 굽 있는 샌들을 신는다(khuryāv upānahau). 왜냐하면 입문자로서 그는 어떤 불순한 것도 발로 밟아서는 안 되기 때문이다.]

그는 두 마리의 짐을 끄는 동물(vipatha-vāha-)을 마차몰이꾼(sārathi-)이 채찍(pratoda-)을 가지고 몰고 있는 "세련되지 않은 탈것"(vipatha-, "길이 없는 지형에서 움직일 수 있는")을 운전한다. [BŚS 18,24에서는 리더가 전차(ratha-)를 소유하고 있는 것으로 말하며 베다의 슈라우따(śrauta) 의식의 희생제적 영역의 구성 요소와 전차의 부분들을 연관시킨다: 채찍의 손잡이와 채찍 끈, 전차 앞부분, 바퀴살을 끼우는 중심의 두 기둥, 두 개의 멍에, 두 개의 활대, 전차의 양면, 난간, 하인이 서 있는 곳, 전차몰이꾼의 좌석, 전차의 바닥판(바닥), 전차를 세워 두는 장소. 그러나 BŚS 18,25는 전차를 끄는 늙은 동물들을 멍에를 씌워 묶은 불길한 낡은 전차를 언급한다.] 브라뜨야의 탈것의 양쪽에서 달리는 사람은 두 명의 하인(pariṣkanda)들이며, 그 앞에는 다른 두 명의 남자(puraḥ-sara)가 달린다. 매춘부(puṁścalī)와 시인(māgadha)이 브라뜨야와 동행한다. [BŚS 18,25에서는 브라뜨야들 가운데 "마가다가 아니지만 마가다라고 불리는 독신자"(brahmabandhur amāgadho māgadhavākyaḥ)와 "매춘부라고 불리는 독신의 매춘부가 아닌 자"(brahmabandhur apuṁścalū puṁścalūvākyā)가 있다는 수수께끼 같은 진술을 한다.]

AVŚ 15,10: 브라뜨야가 손님(atithi-)으로 왕궁에 오면 왕은 그를 자신보다 더 높이 존중해야 한다; "그러면 그는 왕실의 규칙(rāṣṭra-)에 대해 불쾌하게 여기지 않을 것이다." 이로부터 브리하스빠띠(신성한 쁘로히따)와 인드라(신의 왕) 각각에 들어 있는 영적인 힘(brahman-)과 세속적인 힘(kṣatra-)이 일어났다.

AVŚ 15,3: 1년 서 있은 다음, 브라뜨야는 왕좌(āsandī-)를 가져오라고 요구했다. 사계절(봄, 여름, 우기, 가을)은 그의 네 발을, 사만 노래인 라탄따라(rathantara), 브리하드(Bṛhad), 바마데브야(vāmadevya) 그리고 야갸야기야(yajñāyajñīya)는 두 개의 세로와 두 개의 교차된 틀을, 리그베다 구절은 앞쪽에 있는 끈을, 야주르베다의 형식은 교차된 끈을, 베다들은 그의 깔개를 그리고 브라흐마나는 그의 베개를, 사만은 그의 자리를 그리고 우드기타는 그의 안식처를 대표한다. 베개에 브라흐마나, 자리에 앉은 사만, 나머지에는 우드기따가 있다. 이 자리에 브라뜨야가 올라섰다[찬가를 부르는 주된 사제인 우드가따르(Udgātar)는 마하브라따(mahāvrata)에서 거의 동일한 의식으로 왕좌의 자리에 오른다. LŚS 3,12 이하 참조].

AVŚ 15,2: 사만들은 동쪽에서 라탄따라와 브리하드, 남쪽에서 바마데브야와 야갸야기야, 서쪽에서 바이라자(vairāja)와 바이루빠(vairūpa), 북쪽에서 나우다사(naudasa)와 야이따(yaita)를 시작하면서 브라뜨야와 함께 이동한다.

리그베다는 매우 적은 수의 사만들의 이름을 말하는데 모두는 아슈윈스의 가르마/쁘라바르갸(gharma/pravargya) 의식과 연관되며 거기에서 그들은 독창곡으로 노래된다(제11장).

아타르바베다에서 이름이 언급된 사만들은 대부분 이 브라뜨야-권에서 언급된다(다른 참고문헌들, 라탄따라(rathantara)와 브리하뜨

(bṛhat)는 거의 모두 리그베다 1,64,25를 반복하고 있는 AVŚ 9,10,3처럼 가르마 의식과 연관이 있을 수 있으며 8,9,4, 8,10,13－17, 11,3,16과 13,3,11－12에서 나타난다). 브라뜨야－권에 언급된 모든 것은 중요한 사만들이며, 사마베다의 의례 속에서 소마 희생제의 정오 예배에서 노래를 불렀던 쁘리슈타(pṛṣṭha) 칭송들에서 대부분 사용되었다. 하지만 AVŚ 15,2에서 이 특별한 사만들의 결합은 의식을 거행하는 해의 마지막인 동지를 의미하는 마하브라따의 날의 정오 예배에서 찬송된 마하브라따 찬가였을 것이며 그때 독창곡인 사만들이 마하브라따 찬가의 한 부분으로 완벽한 불의 제단 주위에서 노래되었음을 암시한다(PB 5,1－4; LŚS 1,5,11－22, 3,9－4,4). 또한 다른 이유들도 마하브라따의 날에 대한 보다 면밀한 검토를 필요로 한다. 이제부터 우리는 라뜨야야나－슈라우따수뜨라(Lāṭyāyana－Śrautasūtra)를 사용해 안내할 것이다.

LŚS 3,9: 사마베다의 라뜨야야나－슈라우따수뜨라는 불의 제단 주위에서 독창곡의 사만들을 가지고 마하브라따의 날에 대한 서술을 시작한다; 그것들이 언제, 누구에 의해 그리고 어디에서 정확하게 찬양되어야 하는지; 마지막 부분은 합창으로 노래된다고 기술한다.

LŚS 3,10: 다음으로 최소한 두 개의 전차로 그를 따르는 왕과 전사들이 갑옷과 투구 그리고 손의 보호구를 한 다음 활을 조여 세 개의 화살을 장착하고 전차에 탑승하도록 한다. 두 조각의 영양 가죽이 불이 붙은 화로의 북쪽에 하나는 동쪽으로 다른 하나는 서쪽에 목표물을 위해 묶여진다. 왕은 희생제의 땅 주위를 태양 방향으로 세 번 돌면서 매번 돌 때마다 동쪽에 있는 목표물인 가죽을 화살로 맞추면서 각각의 화살은 이전의 화살보다 가죽의 높은 부분을 맞추되 화살들이 땅에 떨어

지지 않도록 지시받는다. 전차를 모든 다른 사람들은 같은 방법으로 세 개의 화살을 가지고 서쪽의 가죽을 맞추어야 한다.

세 번째 화살을 쏜 후에 왕은 북쪽으로 전차를 몰아 그가 좋아하는 어떤 방향으로든 네 번째 화살을 쏜 후에 소를 본 다음 전차를 모는 것을 멈추어야 한다. 거기서 그는 갑옷을 벗을 수 있다.

LŚS 3,11: 불이 붙은 화로의 서쪽의 땅에 구멍을 파서 반은 희생제의 구역 안에 나머지 반은 바깥에 있게 한다. 털이 난 부분이 위쪽에 있는 황소의 가죽은 구멍 위에 고정되어 완전히 뒤덮는다. 그들은 (황소 가죽의) 꼬리로 이 땅이라는 북(bhūmi-dundubhi)을 두드리면서(ā-han-) 만뜨라를 읊는다: "그대(여신인) 바쯔(Vāc)여! 말해 주소서, 오 드럼이여, 성공이라고… 저희들을 위해! (우리)를 싫어하는 그를 반박하소서(즉 소리를 가지고 물리치소서), 무서운 소리(ghorāṃ vācam)(를 방출함으로써) 그를 반박하소서! 그러고 나서 우리를 위해 고귀한 명성을 발표하소서, 오 드럼이여, 우리를 위해 친절하고 다정한 소리를!…." 여기서 드럼을 "두드리는 것"으로 사용되는 동사 ā-han-은 두 가지 의미를 함축한다: 황소의 "살해"와 여신의 성기에 황소의 "성기를 넣는 것"(황소의 꼬리로 드럼이 두드려진다는 것에 의해 상징됨). 이 동사에서 음란한 말이라는 의미의 āhanasya-가 파생된다. JB 2,222는 브라뜨야들이 장로들 앞에서 뻔뻔스럽게 말하는데 그것은 말 희생제의 성적인 결합 동안 일어나는 외설적인 대화를 나타낸다고 말한다.

LŚS 3,12: 우담바라(udumbara) 무화과나무와 문자(muñja) 풀로 짠 끈으로 만든 왕좌의 자리(asandī-)가 회랑(sadas)에서 우담바라 나무로 만들어진 기둥의 북쪽에 놓이게 된다. 우드가따르는 왕좌의 네 개의 발

을 만지면서 그는 (사만들인) 라탄따라(rathantara)와 브리하뜨(bṛhat), 나우다사(naudhasa)와 샤이따(śyaita)(sāmans)를 부르고, 평평한 기둥들을 만지면서 (사만들인) 바이라자(vairāja)와 바이뿌라(vairūpa), 라이바따(raivata)와 샤끄바라(śākvara)를 부른다. 그런 다음 그는 교차하면서 세로로 길게 짜여진 실들을 만지면서 말로 리그베다의 구절과 야주르베다의 형식을 동일하게 하고, 좌석을 만지면서 사마베다의 사만들과 동일시한다. 그런 다음 우드가따르는 그가 그것에 대해 말하는 만뜨라에 따라 "우주의 왕"(이 용어에서, 10장을 참조)인 삼라즈(Samrāj)가 되기 위해 그 좌석에 오른다(브라뜨야는 AVŚ 15,3에 따라 거의 동일한 의식으로 왕좌에 오른다. 위 참조).

LŚS 4,1: 하프(vāṇa–)는 우담바라 나무로 만들어졌으며 소리통은 털이 난 쪽이 밖으로 있는 붉은 황소의 가죽으로 덮여 있다. 하프의 뒷부분에는 10개의 구멍이 만들어지는데, 각 구멍에는 10개의 문자 풀로 만든 끈이 고정된다(그렇지 않으면 대신에 각각 33개, 34개, 33개의 줄이 있는 3개의 구멍이 있다), 우드가따르 사제는 이제 이백 줄짜리 하프를 갈대로 만든 채로 문질러서 연주하면서 만뜨라를 읊조리고, 그 소리를 적을 압도하고 100년의 생명을 부여하는 여신 바쯔와 연결시킨다.

LŚS 4,2: 이제 다른 현악기들(alābuvīṇā, vakrā, kapiśīrṣṇī, mahāvīṇā 그리고 apiśīlavīṇā)는 앉아 있는 회랑의 동쪽과 서쪽 문에서 전문 음악가에 의해 연주된다. 성가대원들은 만뜨라들을 가지고 그들과 함께한다. 그들 서쪽에는 참가자들의 부인들이 (하나의 채를 가진) 깐다비나(kāṇḍavīṇā)와 (입으로) 삣초라(picchorā)를 번갈아 짝을 지어 연주한다.

LŚS 4,3: 브라흐마나 찬양자(abhigara–)는 서쪽을 바라보면서 홀의

동쪽 문에 앉아서 희생제의 개회에서 참가자들의 업적을 칭송한다. 평민의 비방자(apagara–)는 동쪽을 마주 보면서 서쪽 문에 앉아 참가자들의 실패를 비난한다.

아리아인 사회계층에 속한 한 남자가 남쪽을 향한 희생제 구역 안에 있는 마르잘리야(mārjālīya) 화로(세탁도구를 위한 화로) 남쪽에 서 있다. 그의 반대편, 희생 구역 밖에서, 슈드라(Śūdra) 계급의 한 남자가 북쪽을 향해 서 있다. 이 두 사람은 슈드라에서 시작해 둥근 흰 새 가죽을 자신을 향해 번갈아 잡아당기면서 싸운다; 결국 아리아인이 이기고, 슈드라는 가죽을 떨어뜨린 채 도망간다. 아리아인은 그를 따라가면서 가죽으로 그를 때린다.

불이 붙은 화로 동쪽에는 독신의 학생(brahmacārin–)이 북쪽을 향한 채 희생제 구역 안에 서 있는 반면 매춘부(puṁścalī–)는 희생제 구역 밖에서 남쪽을 향한 채로 서 있다. 그들은 서로를 비난한다. 매춘부는 남자에게 행실이 나쁘고 정액을 방출했다고 비난하는 반면 남자는 그녀를 천박한 매춘부, 주인의 세척제 그리고 모든 남자의 성기를 씻는 자라고 비난한다. 희생제 구역 밖의 불이 붙은 화로 서쪽에는 밀폐된 공간에서 (남녀의) 커플들이 그들의 신분 계급에 신경 쓰지 않고 성행위를 해야 한다. 적어도 5명에서 최대 500명이지만 이상적으로는 그리하빠띠(Gṛhapati)의 25명의 노예 소녀(dāsī–)들이 물을 가득 채운 새 그릇을 들고 마르잘리야(mārjālīya) 화로 주변을 해가 움직이는 방향으로 돌면서 점점 더 높은 목소리로 "Haimahā"(이것은 꿀이다)!라고 외쳐야 한다. (앉아 있는 회랑 또는 희생제 구역의) 모든 구석마다 묶여 있는 드럼을 두들긴다. 모든 소리는 점점 더 커지면서 사마베다 사제들이 마하브라따의 찬가를 노래하는 동안 계속되어야 한다.

브라뜨야-권은 서양 언어로 등장한 아타르바베다의 첫 번째 샘플이었다; 그것은 1849년 테오도르 아우프레히트(Theodor Aufrecht)에 의해 독일어로 번역되었다. 동시에 알브레히트 베버(Albrecht Weber, 1849)는 사마베다 문헌에 대한 선구자적인 조사 결과를 출판했는데, 이 조사에서 그는 브라뜨야스또마들을 다룬 빤짜빔샤-브라흐마나(Pañcaviṁśa-Brāhmana; PB 17,1-4)와 라뜨야야나-슈라우따수뜨라(Lāṭyāyana-Śrautasūtra; LS 8,6)의 구절에 주의를 기울였다. 베버는 그것들을 비브라만적인 방식으로 살고 있는 아리아인들이 베다 공동체에 들어갈 수 있는 방법의 의식으로 보았다. 그는 또한 전사(yaudha)와 사제 계급(arhat)에 사용된 용어들이 베다 문헌에서 일반적으로 사용되는 용어들과 다르지만 불교의 명칭 아르하트(아라한)와 유사한 점이 있다는 점에 주목하면서 브라뜨야들을 브라띠나(vrātīna)들의 마법 의식과 연결시켰다. 베버는 또한 마가다 왕국을 가리키는 brahmabandhu māgadhadeśīya라는 문구에서 인도 동부에 대한 또 다른 암시를 주목했다. 얄 샤르빵띠에(Jarl Charpentier, 1911)는 AVŚ 15를 근거로 브라뜨야들을 초기의 루드라-쉬바(Rudra-Śiva) 숭배자로 보았다. 하우어(J. W. Hauer, 1927)는 매춘부와 브라뜨야들의 연관성을 바탕으로 brahmabandhu māgadha를 마하브라따 날에 고행된 "대중적인" 의식을 브라뜨야 의식으로 인정했다. 하우어는 또한 왕실의 말 희생제의 절정에서 종마와 수석 왕비의 "신성한 결혼" 동안 적용된 AVŚ 20,136의 고도로 에로틱한 꾼따빠(kuntāpa) 구절들과 마하브라따 커플 사이 대화의 유사성을 지적했다.

"브라뜨야와 희생제"(Vrātya and sacrifice, 1962)와 "절단된 머리의 경우"(The case of the severed head, 1967)에서라는 두 논문에서 얀 히스터만(Jan Heesterman)은 자신과 다른 사람들(특히 Harry Falk 1986)이 전개했다는 가설의 토대를 다음과 같이 마련했다. 브라뜨야스또마는 원정대가 급습한 이후 군인들의 집단을 정화하기 위한 의식이었고, 그들은 마하브라따와 다른 몇몇 의식들과 마찬가지로 특히 말 희생제(aśvamedha), 왕실의 봉헌식(rājasūya), 바자뻬야(vājapeya) 그리고 불의 제단을 건립하는 것(agnicayana)에서 초기의 성적인 보다 명백하게 베다 의식의 "고전기 이전의(preclassical)" 형태를 보전하고 있는 "낡고 진부한 것들"이었다. 그 형태는 두 적대 집단들 간의 폭력과 경쟁도 더 많이 포함되어 있었다.

브라뜨야스또마 문헌은 "때려서는 안 되는 사람을 지팡이로 때리는 것" 또는 "해침을 당해서는 안 되는 브라흐마나를 훼손하는 것"에 대해 말하고 있다. 그 의미는 샤따빠타-브라흐마나(Śatapatha-Brāhmaṇa) 13,4,2,17에 의해 명확히 말해지고 있다. 여기서 1년에 걸친 원정을 시작할 때 희생제의 말을 관리하는 자들에게 다음과 같은 충고가 주어진다: "그대가 어떤 종류의 브라흐마나들이든 만날 때마다 그들에게 다음과 같이 물어보아라. '오 브라흐마나들이여, 당신들은 아슈와메다(말 희생제)에 대해 얼마나 알고 있는가요?' 그리고 아슈와메다에 대해 전혀 알지 못하고 어떤 것도 알지 못하는 사람들은 브라흐마나가 아니므로 그와 같은 사람은 당연히 경멸될 만하다." 브라뜨야들이 그들 가운데 가장 학식 있는 사람을 그들의 지도사로 선택해야 하는 것은 그와 같은 의식적이고 종교적인 논쟁을 위한 것이다. 무지는 도둑질과 살인의 구실로 사용되었으며 그와 같은 고대의 관행은 우빠니샤드의 학적인 논쟁에 반영되어 있는 것처럼 보인다. 거기에서 우리는 가끔 다음과 같은 위협과 마주친다: "그는 이미 시작된 그 희생제를 떠났다. 거기서… 쁘라스또따르(Prastotar) 사제에게 말했다: 쁘라스또따르여, 만일 당신이 쁘라스따바(prastāva)와 연관된 신성을 알지 못한 채 쁘라스따바(찬가의 초기 부분)를 부른다면 그대의 머리가 떨어질 것이다(ChU 1,10,7–9)."

희생제의 말에 대한 군사적 호위는 1년이라는 긴 시간 원정기간 동안 희생제의 말이 어떤 암말에게도 오르지 못하게 막아야 하며 희생제를 방해하고 싶어 하는 희생제를 드리는 왕의 적들을 포함한 모든 종류의 위험으로부터 그것을 보호하는 것이다. 이 군대는 왕실 가족에 가까운 4개의 사회적으로 서로 다른 집단으로 구성되어 있으며, 각각 전차를 모든 말들의 수를 나타내는 4대 1의 숫자와 연관된다. 그들에 대한 가장 상세한 설명은 바둘라–슈라우따수뜨라(Vādhūla–Śrautasūtra, 11,10)에서 제시된다: 300명씩으로 구성된 4개의 전차 팀과 300명씩으로 구성된 4개의 보병들; 300명의 각 그룹은 4부분으로 나뉘어 말의 양쪽에 각각 75명, 그 뒤와 앞에 각각 75명이 배치된다. 4 가지 서로 다른 종류의 전차 팀은 다음과 같다: (1) 전투를 위해 무장한 300명의 왕족 계급의 왕자로 양쪽 측면(옆구리)에 청동 갑옷을 두르고, 방패로 덮여 있고 4마리의 말이 끄는 전차를 모는 전투를 위해 무장한 전차 몰이꾼들과 함께한다. (2) 전투를 위해 무장한 300명의 비왕족의 전사들은 방패로 덮인 전차와 3마리의 말이 끄는 전차를 모는 전투를 위해 무장하지 않은 전차몰이꾼과 함께한다; (3) 전투를 위해 무장하지 않은 300명의 의전관과 촌장들은 방패로 덮여 있지 않은 2마리 말이 묶여 있는 전차를 몬다; (4) 300명의 고기를 써는 사람들과 마차몰이꾼들은 (한 마리 말이 묶여 있는) 장외에서 다니는 수레들을 운전한다.

마지막으로 언급된 유형의 탈것에 대한 샹카야나-슈라우따수뜨라(Śāṅkhāyana-Śrautasūtra) 14,72,3에서 viprṭhu-에 대한 해석은 vipathá-("장외에서 다니는 수레")에 대한 이해에 더 많은 도움을 줄 수 있을 것이다. 브라뜨야스또마 문헌들과 아타르바베다의 브라뜨야-권에 따르면 vipathá-는 브라뜨야 지도자의 탈것이다. Viprṭhu-는 vipatha-의 변질일 수도 있지만, "넓지 않다" = "좁다" = 1인승 전차를 의미하는, 원래의 쁘라끄리뜨화되지 않은 형태의 단어를 나타낼 수도 있다.

주요 희생 제물인 말(또는 다른 동일한 인간 희생제인 뿌루샤메다(puruṣamedha)에서는 주된 희생 제물인 남성으로 이에 대해서는 16장과 19장에서 좀 더 상세하게 논의된다)과 함께 누워 있는 희생제를 올리는 왕의 수석 왕비와 다른 세 명의 여왕들은 말을 관리하는 남성들의 수와 일치하는 같은 네 개의 사회 계급의 젊은 처녀들의 호위를 받는다. 손아래 여왕들을 포함한 이 모든 여성들은 "성스러운 결혼"의 커플 주의를 돌아다니며 그들의 허벅지를 때리고 그들의 옷을 가지고 커플을 부채질한다. 이 경우에 읊어진 성적인 의미를 담고 있는 만뜨라들은 세 명의 "어머니들"(ambā, ambikā, ambālikā)을 언급하는데 그들은 루드라와 주된 희생 제물을 연결하는 것처럼 보인다. 그리고 세 명의 어머니들에 대한 별칭들 가운데 하나는 "세 명의 어머니들을 갖는다"를 의미하는 뜨리얌바까(Tryambaka)이다. 실제로 말/인간 희생제의 희생 제물은 의식의 절정에 이르면 만뜨라 gaṇānāṃ tvā gaṇapatim…("주인들 가운데 주인인 지도자"), ŚB 13,2,8,4; ĀpŚS 20,18,1)처럼 언급된다. 그는 실제로 1년간 그와 동행한 무장한 군인들을 이끌었을 것이다. 여기서 그는 활로 무장하고 확실하게 루드라와 직접적으로 동일시되는 브라뜨야의 지도자들과 유사하다: AVŚ 15,1,4-5에서 그는 위대한 신(mahādeva)이면서 군주(īśāna)이다; AVŚ 15,5에서 그는 궁수들 브하바(Bhava), 샤르바(Śarva), 빠슈빠띠(Paśupati), 우그라 데바(Ugra Deva), 루드라(Rudra), 마하데바(Mahādeva) 그리고 이샤나(Īśāna) 등의 보호를 받는다. 그들 모두는 루드라의 이름이다. 바자사네이-상히따(Vājasaneyi-Saṁhitā, 16권)의 샤따루드리야(śatarudriya) 부분의 만뜨라들에서 보면 [말/인간 희생제와 같이 의식을 드리는 해(ritual year)의 완성과 일치하는 것으로 간주된] 불의 제단이 완공될 때 루드라에게 425개의 공물들을 함께 가져가는데 그것은 루드라를 "군주들의 지도자", "도둑들의 주인"으로 두려워했음이 분명하다. 갑옷을 입고 무장을 한 영웅의 활, 화살 그리고 분노는 커다란 두려움의 대상이었다. 루드라의 힌두 계승자인 스칸다(Skanda)는 신의 군대 지도자(senāpati)로, 많은 "어머니들"의 호위를 받고 있다. 이러한 면에서 보면 그는 힌두교의 신 가나빠띠(Gaṇapati, 통칭 Ganeśa)와 같다. 그 또한 "어머니들"의 호위를 받고 있으며, 그의 칭호인 가나빠띠("무리들의 지도자")도 군사적인 칭호로 이해될 수 있다. 따라서 가나빠띠는 스깐다와 후기 신화에서 쉬바의 가나(gaṇa)들의 지도자와 중복되는 것으로 나타난다.

가나(gaṇa)는 "집단, 군대"를 의미하는 vrāta-와 동의어로, 까뜨야야나-슈라우따수뜨라(Kātyāyana-Śrautasūtra) 22,4,3에서는 vrātya-gaṇa-로 사용된다. 그러나 고전 힌두이즘에서 쉬바의 가나들은 낀나라(kinnara)들과 간다르바(gandharva)들과 같은 가수와 무용수들로 구성되어 있다. 실제로 리그베다 2,23,1에 있는—희생제의 말에 붙여진 단어들인—gaṇānāṃ tvā gaṇapatiṃ는 원래 마법의 노래의 가수인 브리하스빠띠/브라흐마나스빠띠(Bṛhaspati/Brahmaṇaspati)에게 주어졌다. 아타르바베다의 까우쉬까-수뜨라(Kauśika-Sūtra, 135,9)에서 브리하스빠띠는 앙기라사(Āṅgirasa)이고, 마하바라따에서 브리하스빠띠는 종종 "앙기라사들 가운데 가장 뛰어난 자"(aṅgirasāṃ śreṣṭhaḥ)라고 불린다. 신성한 뿌로히따와 전차몰이꾼으로서 브리하스빠띠는 sūta-("전차물이꾼"이면서 "시인")로서 그의 임무는 전차의 전사에게 조언하고 그의 조상들의 용감한 행동을 노래함으로써 그를 격려하는 것이었다. 1년간 희생제의 말과 함께 원정을 하는 동안 희생제를 드리는 왕과 일반 대중의 오락을 위해 모든 종류의 문학 장르의 "주기적인"(pāriplava) 구술적 공연들이 있다. 이 경우 또한 "하프 연주자들의 무리(gaṇa)와 동행하는 마스터 악사들"(vīṇāgaṇakinaḥ)이 참석하고, 아드바르유(Adhvaryu)는 그들에게 희생제를 거행하는 왕과 옛날의 정의로운 왕들에 대해 노래해 줄 것을 요청한다. 브라흐마나 하프 연주자이자 가수(vīṇāgāthī)인 그는 "그가 거행한 희생제, 그가 준 선물들과 같은 주제들에 대해 스스로 작곡한 세 개의 시의 연들을 노래한다(ŚB 13,4,2,8). 이와 마찬가지로 왕족의(rājanya) 하프 연주자이면서 가수인 그는 "그가 벌인 그와 같은 전쟁, 그가 이긴 그와 같은 전투"에 대한 세 개의 시의 연을 노래한다(ŚB 13,4,3,5; TB 3,9,14,1-3). 이 삼행시들은 삼행시 작곡을 좋아했던 리그베다의 원시-사마베다(Proto-Sāmaveda)와 아타르바베다의 시인들인 깐바들과 앙기라스들의 전통에 동의한다. 브라흐마나스와 우빠니샤드는 왕실의 봉헌식에서 암송된 슈나흐세빠(Śunaḥśepa) 전설의 것들 포함한 많은 가타(gāthā)들과 슐로까(śloka)들 보존해 왔다. 그것들은 한편으로는 브라뜨야 전통과 연결되고 다른 한편으로는 서사시 전통에 반영되었다(Horsch 1966).

"고전적인" 베다 의식의 사마베다에 관여한 사람들은 하프를 연주하지 않지만, 마하브라따의 절정에 이르면 우드가따르는 왕좌에 올라(āsandī) 채를 가지고 백 줄짜리 하프를 연주한다. 그리고 아슈와메다에서 말이 살해되기 직전에, 말은 우드가따르 사제로 선택되어, 문 밖에서 힘차게 우는 말소리를 가지고 우드기타를 노래하도록 만들어진다. 그것은 암말의 접근을 통해 계획적으로 일어나게 된다(ĀpŚS 20,13,5–8; LŚS 9,9,18–23 참조); 다시 말해서 말은 주요한 찬가를 부르는 사제 우드가따르가 의인화된 것이다. 바둘라–슈라우따수뜨라(Vādhūla–Śrautasūtra, 11,12,2–3)에 따르면 "그를 치장한 후 그들은 말을 절단하는 자가 될 순결한 젊은이(kumāram asiktaretasam)인 가장 고귀한 시인의 아들(sūtaśreṣṭhasya putraṃ)을 마치 그가 죽은 것처럼 그를 애도하면서(rudanto yathā mariṣyantam evam) 그 장소에 데려온다. 왜냐하면 그들은 이전에 그의 머리가 가장 먼저 절단된 사람에 의해 잘려 땅에 떨어질 것이라고 말했기 때문이다." 다음 수뜨라들(4–12)은 이 관습이 어떻게 바뀌면서 젊은이들이 살아남게 되었는지를 말한다. 나는 이 젊은이(kumāra)가 루드라 신이 인격화된 것이라고 암시했는데, 그 이름은 브라흐마나 문헌에서 "울다"를 의미하는 어근 rud–에서 파생하며 그는 또한 꾸마라라고도 불린다. 따라서 루드라는 시인(bard)으로 나타나며—리그베다(1,43,4)에서 루드라는 "노래의 신"을 뜻하는 가타빠띠(gāthapati–)로 불린다—그의 가나(gaṇa)들은 힌두교의 낀나라(kinnara)

들뿐만 아니라 예를 들어 오늘날 벵골의 바울(Bāul) 가수들과 비교되는 가수들 집단이었다. 후대의 힌두이즘에서 루드라의 후계자인 쉬바는 사마베다를 좋아한다고 말해진다; 남인도 도상학에서 쉬바에 대한 표현들 중 하나는 "비나를 들고 있는 자"(Vīādharamūrti)이며, 고전적인 인도 악기는 루드라–비나(Rudra–vīā)를 포함한다.

빤짜빔샤–브라흐마나(Pañcaviṁśa–Brāhmaṇa, 17,4)의 네 번째 브라뜨야스또마(vrātyastoma)는 "성기가 고요하게 매달려 있는 브라뜨야들에 대해서"이다. 라뜨야야나–슈라우따수뜨라(Lāṭyāyana–Śrautasūtra, 8,6,4)는 "노년이 되어 성행위가 불가능한 사람들"이라고 설명한다. 이러한 사실에서 본다면 초기 베다 시대에 루드라의 방랑하는 무리들은 나이든 사람들이나 심지어 오늘날의 꿈브하 멜라(Kumbha Melā)에 모이는 벌거벗은 금욕주의자들과 같은 사람들이 포함되어 있었으며, 이것은 글자 그대로 자기 거세를 통해 그들의 사내다움을 파괴했다는 것이 분명하다. 가나(gaṇa–)와 상가(saṅgha–) 양자는 브라뜨야들의 경우에 vrāta–의 동의어로 사용된다. 그들은 또한 자이나교도와 불교도의 초기 금욕주의 공동체에서 사용된 용어들이다.

자이미니야–브라흐마나(Jaiminīya–Brāhmaṇa, 2,69 – 70)는 (힌두의 신 브라흐마의 전임자이며 브라흐마나 텍스트에서 신성한 브라흐마나 사제들의 대표인) 창조주 쁘라자빠띠(Prajāpati)와 죽음의 신 므리뜨유(Mṛtyu) 사이의 희생제를 통한 경쟁을 묘사한다. 이 경쟁은 오랫동안 이어졌지만 어느 쪽도 승리할 수 없었다. 결국 쁘라자빠띠는 제식의 미세함과 우주의 거대함의 구성 요소들 사이에 평형 또는 동일함을 세우는 제례의 기술들을 "보았고", 그리하여 우주적 사건들이 제식의 상징들, 특히 실체들 사이의 수치적 일치(예를 들어 시적 운율 속에서 음절의 수를 조절하는 것)에 의해 제어될 수 있었다. 그로 인해 그가 므리뜨유를 정복했고 그 결과 그에 대한 희생제는 점차 사라지고 쁘라자빠띠의 희생제만이 유일하게 현존하는 것이 되었다. 쁘라자빠띠의 군대는 사마베다의 찬가들, 리그베다의 샤스뜨라(śastra)들, 소마 희생제에 대한 야주르베다의 효과로 구성되었다고 말해지는 반면 므리뜨유의 군대는 하프 연주, 춤, 하찮은 동작들에 맞춰 노래를 부르는 것으로 이뤄진다. 특별히 므리뜨유의 하프(vīṇā)에 주의를 기울여야 한다. 그것은—하프의 스틱(daṇḍa), 그의 몸체(sūnā), 7개의 현들과 같은—다양한 부분이 나열되고 고전적 희생제의 요소들과 비교되기 때문에 명백하게 므리뜨유의 의례에서 중요한 역할을 한다. 마하브라따와 같은 의례들이 이것으로 이해된다는 것은 의심의 여지가 없다(마하브라따에서는 왕좌에 앉아 있는 우드가따르가 하프를 연주하고, 노예 소녀들은 마르잘리야(mārjālīya) 화로 주변에서 허벅지를 때리면서 춤을 추고, 성행위가 행해진다). 이러한 고풍스러운 관행들은 베다 문헌들에 기술되어 있지만, 그중 일부는 그것들이 쓸모없어서(utsanna) 행해지지 않는다고 밝히고 있다. 따라서 쁘라자빠띠의 승리의 희생제는 브라뜨야 의식들에 대한 개혁된 "고전적" 베다 의식과 므리뜨유의 "전고전적" 의식을 나타낸다.

므리뜨유의 희생제에 대한 묘사에서 므리뜨유가 습격하는 갱들과 같은 브라뜨야의 주신인 루드라를 나타낸다는 사실을 분명하다. 그는 또한 "유령들 또는 죽은 자의 사악한 영혼들의 주인"을 의미하는 브후따빠띠(bhūtapati-)로도 알려져 있다. 물론 므리뜨유라는 명칭은 "죽음"을 의미한다. (평생 동안 불 제단을 지은 사람을 위해) 장례식의 기념물을 건립하는 것과 고인의 재나 뼈를 담은 그릇을 매장하는 것은 (하프, 소라 고동들, 파이프, 플루트 그리고 낡은 신으로 두들기는 금속으로 된 그릇으로 하는) 음악과 전문적으로 춤을 추는 여인들과 남녀 친척들의 의한 노래와 춤 그리고 마음껏 포식하는 것과 같은 브라뜨야의 희생제 형태와 명백하게 연관되는 의식 행위들을 수반한다. 성행위 역시 적어도 상징적으로라도 일어난다. 브라흐마반두(brahmabandhu) 또는 슈드라(Śūdra)는 죽은 남편을 대신해 가장 연장자인 미망인에게 성관계를 요청한다; 그녀는 그를 두 번 부인하지만 하룻밤을 동의한다. 재나 뼈가 담긴 그릇은 100개의 구멍이 있는 항아리를 받치고 있는 삼각대 아래에 놓이고, 커드가 있는 신우유가 그 속에 부어진다. 이 상징적으로 씨앗이 놓인 것은 말 희생제에서 주된 희생 제물과 함께 "성스러운 결혼"에서 누워 있는 연장자인 아내 주변에서 하는 것과 비슷한 "부채질"(dhuvanam)을 수반한다(ŚB 13,2,8,4). 이러한 고풍스러운 관행들은 삐뜨리메다수뜨라(Pitṛmedhasūtra)들에서 선택 사항으로 선언되었기 때문에 곧 쓸모없는 것이라고 여겨졌다(Caland 1896).

오직 불의 제단(agni-citi)을 지은 사람만이 장례식의 기념비를 가질 자격이 있었다. 이 두 종류의 기념물 사이의 밀접한 연관성은 까타-우빠니샤드(Kaṭha-Upaniṣad)에서 죽음을 극복하기 위한 수단으로 불의 제단의 건설을 권하는 자가 죽음의 신 야마(Yama)라는 사실로 뒷받침된다. 의미심장하게 야마는 나찌께따스(Naciketas)에게 "전차와 하프를 가진 이 사랑스러운 처녀들"(imā rāmāḥ sarathāḥ satūryāḥ)을 제공함으로써 궁극적인 비밀을 묻지 않도록 유혹한다: 하지만 나찌께따스는 다음과 같이 거부한다: "탈것들은 당신의 것이고, 노래와 춤도 당신의 것입니다!”(tavaiva vāhās tava nṛtyagīte)(KU 1,25 – 26).

아프가니스탄 북동부의 카피르 판테온(Kāfir pantheon)에서, 높은 신은 야마 라자(*Yama–rāja, “야마 왕”)에서 온 임라(Imra)이다. 그는 또한 “살해자, 죽음”을 뜻하는 마라(Māra)라고도 불린다. 마라는 농업을 보호하는 풍요의 여신으로 숭배받는 일곱 명의 딸들이 있다. 불교 전설에서 현상 세계의 지배자인 마라는 석가모니 부처가 깨달음을 얻는 것을 방해하기 위해 자신의 무시무시한 군대를 보내 그를 위협하고 뒤를 이어 그를 유혹하기 위해 자신의 세 명의 매력적인 딸들을 보내지만 모두 쓸데없는 헛수고가 된다. 므리뜨유는 빨리 문헌에서는 맛쭈(Maccu)에 해당하며, 일부 초기 불교 본문에서는 이 신을 맛쭈–라자(Maccu–rājā)와 므리뜨유–라자(Mṛtyu–rāj)처럼 왕으로 말한다. 따라서 그것은 아베스타의 이마 왕(King Yima)과 마찬가지로 카피르의 명칭 임라(Imra)와 리그베다 10,16,9에서의 야마–라잔(Yama–rājan–)에 대응한다. 불교 문헌의 “사악한 죽음”(māro pāpimā)은 아타르바베다와 중기베다 문헌에서 빠쁘마(pāpmā) 므리뜨유라고 불리는 같은 뜻의 신과 일치하며, 여기서 그는 야마와 샤르바(Śarva=Rudra)와 동일시된다. 브라뜨야 의식들과 카피르 종교 사이에는 많은 일치점들이 있는데, 이 종교에는 급습을 위한 원정, 원을 돌며 춤추는 것 그리고 (현대적이지 않고 고전적인 인도의 비나와 유사한) “카피르 하프”의 반주에 맞춰서 부르는 영웅적인 노래가 매우 중심적인 역할을 하기 때문에 카피르 마라와 아타르바베다의/브라뜨야의 므리뜨유 사이의 조화는 의미 있다.

비바스바와뜨(Vivasvat)의 아들인 야마는 리그베다 가운데 주로 권 1과 10에서 죽은 자의 왕으로 나타난다. 야마는 첫 번째 죽은 자 또는 첫 번째 인간으로서 비바스와뜨의 아들로 사람을 뜻하는 마누(Manu)를 복제하고 있다. 마누는 리그베다의 인도-아리아인의 조상이며 첫 번째 희생 제주이다. 비반흐바트(Vīvaŋhvat)의 아들인 아메스타의 이마는 하오마(haoma)의 첫 번째 희생 제주이고 아리아인/이란인의 첫 번째 왕으로서 고대 이란 종교에서 중요한 역할을 하는 반면 베다종교에서는 야마가 고대 인도-아리아인의 배경을 가진 바루나를 복제하는 것처럼 보인다; 리그베다 10,14,7-8에 따르면 가장 높은 천국에 도달한 경건한 죽음은 거기서 야마와 바루나 두 왕을 본다. 내 입장에서 야마는 이란인이었던 다사인들의 종교로부터 베다의 제신들 속으로 들어온 것처럼 보이며(9장 참조), 다사인들의 종교는 누리스탄(Nuristan)의 카피르 종교에서 살아남은 것처럼 보인다(20장 참조). 리그베다 10,10,13에서 야마의 쌍둥이 누이 야미(Yamī)는 야마가 자신이 더 나아가는 것을 거부할 때 "bato batāsi"라고 외친다. 이후 그 단어 바따(bata)는 인도-아리아인에서 오직 질책에 대한 거절 또는 좌절과 같은 것으로 인증된다. 그것은 이 리그베다 구절에서 오직 주격과 호격으로 명사로만 나타나며, 아마도 "약함"을 의미한다. 코탄어 사카(Saka)가 조로아스터의 페르시아어와 다른 이란어에서 동족들과 함께 "작다, 나약하다, 나쁘다"를 의미하는 형용사 바타(bata)를 가지고 있는 것은 단순한 우연일까?

힌두교에서 야마의 탈것은 물소이지만 베다에는 이에 관한 기록이 없다. 브라흐마나와 수뜨라 문헌들 속에 있는 버팔로 희생제에 대한 하나의 문맥에서 물소는 바루나에게 바쳐진다. 물소는 남아시아가 원산인 동물로 원래 아리아인들의 신들과 연관되지 않는다. 이와는 달리 그것은 물소의 뿔을 머리에 쓰고 있는 하랍빠의 "원시-쉬바"(Proto-Śiva)

와 연관된다. 그러므로 죽음의 신 야마와 물소와의 연관성은 또한 원시-쉬바에 관한 어떤 것을 암시한다: 원시-쉬바가 죽음의 신이었을 수 있다. 그러나 적어도 그는 또한 정의의 왕(dharma-rāja)으로 알려져 있으며 야마와 마찬가지로 우주 질서(ṛta-)를 보호하는 바루나처럼 신성한 왕이었을 수도 있다. 힌두 시대의 야마와 베다의 바루나 또한 "올가미"(pāśa-)의 속성을 나누어 가지고 있다. 그것을 가지고 죽어야 하는 죄인들을 붙잡아 묶는다. "진실로 바루나는 죽음이다"(mṛtyur vai varuṇaḥ, KS 13,2).

13

거석문화와 위대한 서사시들

앞 장에서 나는 주로 고고학적 증거를 참고해 초기 아리아어를 사용하는 사람들의 종교에 새로운 사실을 살펴보려고 노력했다. 이 장에서도 고고학은 계속해서 중요한 역할을 하고 있다. 기원전 1000년의 세 가지 주요한 고고학적인 문화적 복합체를 검토할 것이다: 그것은 그린 회색 도자기(the Painted Grey Ware ; PGW), 북부 검은 광택 도자기(the Northern Black Polished Ware; NBPW, 이미지 13.1), 흑색과 붉은색의 도자기(the Black-and-Red Ware; BRW) 문화들이다. 이들 가운데 마지막 것은 거석문화 시대(Megalithic)의 무덤들과 널리 연관이 있다. 그것은 주로 아리아인들이 남아시아로 더 멀리 이주한 것을 대표하는 것처럼 보인다. 그들에 관한 고고학적 자료는 마하바라따(Mahābhārata) 전쟁에 대한 완전히 새로운 해석을 제안하는 이유를 제공한다. 고고학적 자료 외에도 문헌적인 자료들이 존재한다: 그것은 비록 우리가 후기 버전을 통해서만 알고 있을지라도 기원전 400년경 전의 베다 문헌과 그 이후 빠니니(Pāṇini)와 마하바라따와 라마야나(Rāmāyaṇa)의 시작이다. 이 장은 바이슈나비즘의 영역에서 베다에서 힌두교로의 전환을 포함하는 이 위대한 서사시들의 주된 이야기에 초점을 맞춘다.

이것은 우리가 기원전 3세기의 아쇼까 비문에 도달하기 전까지는 불가피하게 부정확한 연대기를 가진 학문으로 논쟁거리인 영역이다. 독자가 내 주장을 보다 쉽게 따르도록 만들기 위해, 나는 비록 이 텍스트를 연구하는 모든 학자들은 그것들을 받아들일 가능성이 낮다는 사실을 주목할 지라도 처음부터 이 장의 주요 논지들을 요약할 것이다. 내 견해로는 PGW의 첫 번째 단계는 강력한 꾸루 왕국에서 베다/브라흐만 문화의 안정화를 반영하는 반면 두 번째 단계는 시간적으로나 지리적으로 마하바라따 전쟁과 일치한다. 마하바라따의 빤두 계열의 영웅들은 원래 "창백한"(pāṇḍu) 이란 기병들이었던 것으로 보인다; 그들은 기원전 800년경부터 인도 서부로 들어갔고, 그 후 몇 세기 동안 인도아대륙과 스리랑카로 널리 퍼져 나갔다. 빤두 계열이 꾸루 왕국을 탈환한 것이 마하바라따의 주요 주제이다. 반면에 빤두 계열이 스리랑카를 인수하는 것은 라마야나에 반영된 것으로 보인다. 후자의 사건은 인도 북부(마투라 지역과 구자라뜨)에서 따밀나두(Tamil Nadu)로 아리아인 통치자들이 유입된 것과 관련이 있다. 힌두교에서 이 사건들은 발라 라마(Bala-Rāma)와 끄리슈나(Kṛṣṇa) 숭배의 형태를 가진 바이슈나바 또는 바가바따 종교의 형성 및 전파와 관련된다. 내 생각으로는 이 신성한 형제들이 부분적으로 베다 예배에서 신성한 아슈윈 쌍둥이의 연장이며—이것은 다시 새로운 생각이다—부분적으로는 농업과 목축업에서 토대를 둔 하랍빠 시대의 초기 종교의 연속이다.

리그베다와 아타르바베다의 전통은 야주르베다의 초기 문헌들이 만들어질 때까지 뒤섞였다. 이것들은 최종의 형태에서 다소 복잡한 베다 슈라우따(śrauta) 의식으로 성문화되었다. 이 무렵—아마도 기원전 1000

년경—리그베다와 아타르바베다의 현존하는 찬가들이 모여서 향후 가능한 한 충실하게 암기되어 전해지는 텍스트 모음집으로 체계적으로 배열되었다. 베다 공동체의 통일은 꾸루 또는 꾸루 계열의 왕국에서 발생했다. 그것의 출현에 관한 첫 번째 암시는 리그베다의 늦은 10번째 책의 두 찬가에서 뜨라사다슈(Trasadasyu) 왕의 후손으로 언급된 꾸루슈라바나(Kuruśravaṇa) 왕의 이름이다. 리그베다에 언급된 약 30개의 부족들 대신에 브라흐마나 문헌들은 대부분 바로 꾸루들 또는 밀접하게 동맹을 맺고 있었던 꾸루들과 빤짤라들(Pañcālas)에 대해 이야기하고 있다. 베다 문화의 지리적 분포는 문헌들 속에서 나타나는 장소의 명칭들에 의해 정의되며, 그것은 북서부 평원에서 고고학자들이 발견한 PGW 문화(기원전 1100 – 350년)의 철, 말 그리고 쌀을 사용하는 문화와 밀접한 어울림을 제공하는 것처럼 보인다[이미지 13.1].

말 희생제와 왕실의 봉헌 의식과 같은 고풍스러운 베다 의식에는 "최초의 서사시"에 대한 음유시인의 공연이 포함되었다. 그들은 사제 계급 가영승들의 찬양의 노래와 후원자들의 제식에 대한 공로와 관대함을 칭송하는 노래 그리고 왕의 군사적 업적을 찬양했던 전사 계급 시인의 칭송하는 노래를 모두 포함했다. 이와 더불어 관객들의 즐거움을 위한 이야기들도 있었다. 샤따빠타–브라흐마나(13,4,3,2 – 14년)에 따르면 말 희생제에서의 빠리쁠라바(pāriplava) 이야기들은 뿌라나와 이띠하사(itihāsa)들과 고대의 신화와 전설도 포함되었다. 그것은 서사시와 뿌라나(purāṇa) 문헌의 이야기들을 예상하게 만든다. 브라흐마나스(AB 8,21,3 및 ŚB 13,5,4,2)에 보존된 "초기 형태의 서사시"인 베다 구절들은 아타르바베다에서 알려진 꾸루 왕 빠리끄시뜨(Parikṣit)의 후손인 자나메자야(Janamejaya) 왕의 말 희생제를 찬양한다. 베다 문헌(PB 25,15 및 BŚS 17,18)에는 신화적인 뱀 희생제가 묘사되어 있다. 거기에서 왕족인 뱀은 인간의 형태를 취하고 사제로서의 임무를 수행한다. 그들 가운데는 자나메자야(Janamejaya) 왕과 드리따라슈뜨라(Dhṛtarāṣṭra) 왕이 포함된다. 이 이름들 가운데 두 번째는 또한 마하바라따에서 빤두의 아들 형제들과 전쟁을 한 시각장애인인 꾸루 계열의 왕의 이름이다. 실제로 서사시는 1권에서 그것이 자나메자야의 뱀 희생제에서 처음 암송되었다고 말한다.

꾸루 계열과 빤두 계열 사이의 전쟁은 갠지스-야무나(Ganges-Yamuna) 두 강 사이에 위치한 꾸루끄셰뜨라(Kurukṣetra, "쿠루의 평원")에서 발생한다. PGW는 마하바라따의 주된 이야기와 관련된 모든 주요한 장소의 가장 낮은 지층에서 발견된다. PGW 문화의 후반기(기원전 700-350년)는 그 시기를 측정하기 어려웠던 마하바라따 전쟁의 시기를 대표할 수 있다; 서사시의 가장 오래된 부분은 기원전 400-350년에 존재했는데, 그때 문법학자 파니니(Pāṇini)는 일부 장소(6,2,101에서 Hāstinapura)와 인물들(Vāsudeva와 Arjuna 4,3,98; Yudhiṣṭhira 8,3,95; the Vṛṣṇi와 Andhaka 종족들 6,2,34)과 함께 마하바라따의 이름을 언급한다(6,2,38). 이와는 달리 빤두 왕과 5명의 빤두의 아들들은 오래된 베다 문헌에서는 한 번도 언급되지 않는다; 마하바라따와 자나메자야의 뱀 희생제에서 그것을 암송한 바이샴빠야나(Vaiśampāyana)는 베다 문헌의 가장 후기 단계에 속하는 아슈왈라야나-(Āśvalāyana-)와 까우쉬따끼-그리햐수뜨라(Kauṣītaki-Gṛhyasūtra)들에서만 언급된다. 따라서 판두 계열은 베다 문헌이 대부분 완성된 후에 현장에 도착했다. 그들은

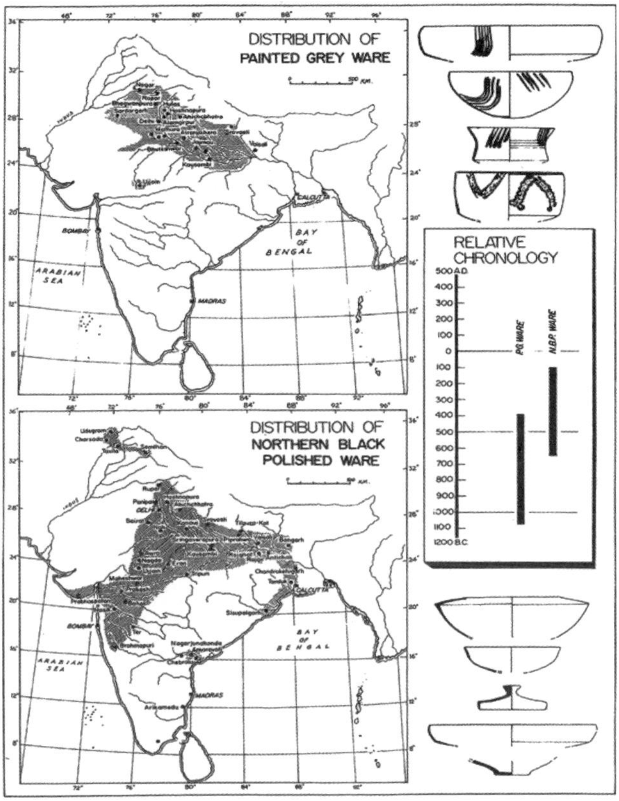

[이미지 12.1] 그린 회색 도자기와 북부 검은 광택 도자기의 분포도. After Thapar 1985:122. Courtesy ASI.

꾸루족의 동부 쪽에 있는 이웃인 빤짤라(Pañcāla) 부족과 결혼 동맹을 맺음으로써 꾸루족을 분쇄할 수 있었다. 그들의 법을 통합 정리하기 위해 승리한 빤두 계열은 꾸루의 계보에 자신들을 이전의 적이었던 패배한 꾸루 계열의 사촌으로 접목시켰다. 이러한 면에서 본다면 마하바라따의 가장 후기의 판본은 정치적 선전의 한 형태로 만들어졌다.

이러한 "정치적" 왜곡은 마하바라따에 있는 모순들을 설명할 수 있는데, 일부 학자들은 원래 빤두 계열이 아니라 꾸루 계열이 더 찬양받았다고 주장한다. 모리츠 윈터니츠(Moriz Winternitz)는 자신의 유명한 『인도 문학사』에서 다음과 같이 말했다:

> 현재의 형태의 시가 절대적으로 빤두 계열을 편들면서 빤두 계열을 매우 용감할 뿐만 아니라 고귀하고 선하다고 묘사하는 반면에 꾸루 계열을 변절하고 해로운 존재로 표현하고 있다. 즉 이 시는 놀랄 만한 자기모순 속에서, 꾸루 계열의 모든 영웅들이 배신이나 부정한 싸움에 빠지는 것과 연관시켜 설명한다. 모든 배신이 끄리슈나(Kṛṣṇa)로부터 나온다는 사실과 그는 언제나 모든 계략의 선동자이며 빤두 계열의 행동을 지켜 나간다는 사실은 여전히 매우 놀랄 만하다. 그리고 최상의 신인 비슈누의 화신으로 그리고 모든 미덕의 이상이고 원형으로 칭송받고 영광스럽게 여겨지는… 존재가 바로 끄리슈나이다. 이 놀라운 모순들이 어떻게 설명될 수 있을까? 이 점에 대해서는 오직 추측만 있을 뿐이다. 첫째, 비록 우리가 마하바라따 자체의 권위만 가지고 있을지라도 왕조의 변화가 실제로 거대한 전쟁의 결과로 인도 북서부에서 실제로 일어났고, 이러한 준역사적 사건들이 서사시 자체의 기초를 형성한다는 가정은 타당할 수 있다. 이러한 사실로부터 출발함으로써 우리는 원래의 영웅적인 노래들이… 여전히 가까이… 꾸루 계열들의 집에 있던 시인들 사이에서 불렸다고 상상할 수 있다. 그러나 시간이 흐르면서 승리한 빤두 계열의 통치가 점점 더 확고하게 되면서 이 노래들은 새로운 지배 종족에 고용되었던 시인들에게 전해졌다. 이 시인들의 입을 통해 그러한 변화가 진행되면서 빤두 계열이 호의적인 각광을 받는 것으로 나타나고 꾸루 계열은 각광받지 못하게 되었다. 하지만 이로 인해 노래의 원래 성향을 완전하게 근절할 수는 없었다. 우리의 마하바라따에서 서사시의 핵심, 즉 거대한 전투에 대한 설명은 드리따라슈뜨라의 전차몰이

꾼인 산자야, 즉 꾸루 계열의 시인의 입을 통해 전해지게 되었다. 꾸루 계열이 이러한 전투 장면에서 대부분 호의적인 빛으로 명백하게 나타난다(Winternitz 1927:I,454-456).

빤두 계열은 어디서 왔을까? 베다 문헌에 그들의 존재가 전혀 부재하는 것은 별개로 하고 다른 징후는 그들이 외국인, 특히 이란 출신임을 지적한다.

예를 들어 5명의 빤두의 아들 형제들이 드라우빠디(Draupadī)와 일처다부제의 결혼을 한 것은 법정에서 청중들에게 충격을 줬다: "드루파다(Drupada)가 말했다: '한 남자가 많은 여인을 갖는 것은 규정되어 있다. … 그러나 한 여성은 절대로 많은 남성을 가질 수 없다! … 당신은 베다와 세계에 반하는 법을 위반하지 않아야 한다…!' … 브야사(Vyāsa)가 말했다: '베다와 세상에 조롱받고 어긋나는 이 법에 대해, 나는 당신들 각자의 의견을 듣고 싶다'"(Mahābhārata 1,187-188, van Buitenen 번역 1973:I,367-368, 수정됨). 헤로도토스에 의하면 이 빤두 계열의 관습은 무시무시한 전사들이었던 이란족 마사게타이(Massagetae)의 관습과 비교될 수 있다: "다음의 것은 그들의 관습 중 일부이다: 각각 남자는 단 한 명의 아내를 갖지만, 모든 아내는 공평하다. … 남자가 여자를 원하면 그는 그녀의 마차 앞에서 화살 통을 매달고 아무런 방해도 받지 않고 그녀와 성관계를 갖는다." 마사게타이라는 이름은 원시-아리아어로 "물고기"를 뜻하는 마츠야(*matsya-)에서 비롯된 원시-이란어 마스야(*masya-)를 포함하는 것으로 생각되며, 그 종족은 그 속에 빤두 계열이 비라따나가라(Virāṭanagara)[8] 안에 숨어 있었던 것과 비교된다.

빤두 계열의 창백한 피부는 이국적이고 북쪽에 기원이 있는 것으로 암시된다. 마하바라따(1,100,17－18)는 그들의 아버지 빤두(Pāṇḍu) 왕이 그의 어머니가 아버지의 끔찍한 모습을 보고 공포에 질려 창백해졌기 때문에 그 결과로 창백하게 태어나도록 운명 지워져 있었다고 기록한다. 산스끄리뜨어에서 기원전 800년경 이래 입증된 "흰색, 희끄무레한, 누르스름한, 창백한"을 의미하는 pāṇḍu–, pāṇḍura–, pāṇḍara–는 원시–드라비다어(Proto–Dravidian) 어근 *pal–/*paṇḍ–에서 비롯된 외래어다. 이러한 사실은 드라비다어 언어적 기초가 있는 지역의 지역 주민들 사이에서 외국인 이민자들을 "창백한 존재"라고 부르는 것에서 유래되었을 수도 있다는 사실을 암시한다. 빤두 계열이 비라따나가라(자이뿌르 근처의 바이라뜨)에 숨어 있었고, 마투라(Mathurā)의 끄리슈나 바수데바(Kṛṣṇa Vāsudeva)와 동맹을 맺었고, 그들의 첫 번째 왕국의 위치가 꾸루끄셰뜨라의 숲이 우거진 남쪽 절반이었다는 사실, 이 모두는 아마도 서이란 혈통의 후손인 이 외국인들이 신드(Sindh), 구자라뜨(Gujarat) 그리고 라자스탄(Rajasthan)을 거쳐 서쪽으로부터 인도아대륙으로 진입했음을 시사한다. 마하바라따(2,23－29년)와 초기 북방 불교 문헌은 빤두 계열을 넓은 지역에 걸쳐 있던 약탈자라고 말한다.

빤두 계열을 기원전 800–400년에 온 이란 고고학적 기록에 이란인과 동족 관계인 외국인들로 다룬 고고학적 기록은 존재하는가? 내 견해

---

8 마하바라따에 의하면 비리따나가라는 마츠야 왕국의 수도이다.

로는 그와 잘 일치하는 것은 마하라슈트라(Maharashtra) 북동부의 비다르바(Vidarbha)에 있는 마후르하리(Mahurjhari)와 카빠(Khapa) 같은 곳에서 기원전 800년경에 처음으로 입증된 "거석"문화이다. 이 무덤들은 사람들이 무기와 말과 함께 묻혀 있는 단순한 돌로 된 원이다: 말의 장비는 중앙아시아, 코카서스 그리고 서부 이란에서 발견된 것과 유사하다. 나무 기둥과 벽난로가 있는 원형 오두막은 중앙 및 내륙 아시아 초원 지대의 유목민들이 사용하는 유르트(yurt)와 유사하다. 거석문화의 이민자들은 서부 이란어를 사용하는 사람들에 속할 수 있는데, 그들은 (7장에서 보듯이) 중앙아시아 남부의 야즈(Yaz) 2기 문화(기원전 1000-500년)를 시작했고, 메디아인(Median)과 페르시아인으로 역사에 등장해 카스피해 남쪽 해안을 따라 서쪽으로 이어진 것으로 추정되었다. 기원전 518년경, 아케메네스의 왕 다리우스(Darius) 1세는 인더스 계곡을 페르시아제국에 합병했다. 페르시아인들은 바우다야나-슈라우따수뜨라(Baudhāyana-Śrautasūtra) 18,44에서 언급되었을 수 있는데, 이 책에는 서부 지역의 사람들로 간다라인들(Gāndhāris), 빠르슈들(Parśus, Sparśus에서 교정된) 그리고 아랏따인들(Araṭṭas)들을 열거한다. 18,13에 의하면 아랏따와 간다라는 비브라흐만적이다.

인도 서부에 도착한 후 거석(megalith)의 운반자들은 (지역의 동석기의 기원을 가진) 흑백 도자기(Black-and-Red Ware pottery)를 받아들였고, 그 후 몇 세기 동안 주로 데칸 남부, 남인도 그리고 스리랑카까지 넓은 지역으로 퍼져 나갔다. 많은 지역에서 민간전승은 거석문화인들을 빤누 계열과 연관시킨다; 이것은 특히 따밀나두(Tamil Nadu)에서 쉽게 이해할 수 있는데, 여기서 거석문화인들은 "오래된 돌들"이라는 의미의 빤두-깔(paṇḍu-kal)이라고 불렸다(Leshnik 1974). (따밀어로 "오래된"을 뜻하는 pala/paṇḍu는 원시-드라비다어에서 "오래되다"를 의미하는 어근 *pal- / *paṇḍ-로 거슬러 올라간다. 나는 그것이 "오래되다"라는 의미와 함께 "[과일]이 익다, 누르스름하게 되다, 창백하다"를 의미하는 동음이의어의 어근과 연결될 수 있다고 생각한다. 이것은 원시-드라비다어에서 "익은 과일"을 뜻하는 *palam에서 온 리그베다 산스끄리뜨어 phalam에서 입증된다.) 철로 만든 많은 삼지창들은 '샤이바-종교'를 암시한다. 거석문화적 기원에서의 전쟁의 전통은 여전히 데칸에서 계속되고 있는데, 그곳에서는 개를 동행한 기병들이 유르트처럼 생긴 신당에서 삼지창을 지니고 있는 바이라바(Bhairava), 칸도바(Khaṇḍobā) 그리고 비로바(Birobā)와 같은 샤이바 신들을 숭배한다(Sontheimer 1989:26-27). 따밀나두에서 거석문화는 기원후 2세기까지 계속되었으며 고대 따밀의 영웅적인 시에 반영되었다.

마하바라따의 초점이 갠지스 상류 계곡인 반면 라마야나는 갠지스 중류 계곡에 위치한다. 그의 가장 오래된 부분은 기원전 750~300년부터 시작된 것으로 추정된다. 그리고 아요디야를 포함해 라마야나에서 언급된 다양한 장소[이미지 13.1]와 동일한 장소에서 발견된 초기 북부 흑색 광택 도자기 문화(기원전 550~400년)와 상호 연관이 있다. 따라서 두 서사시는 브라흐만 문화의 점진적인 동쪽으로의 이동을 반영한다. NBPW의 분포는 마가다 왕국의 형성과 그 권력의 확장과 일치하는 것으로 보인다. 마가다인과 앙가인(Aṅgas)은 아타르바베다의 병을 고치는 주문에서 열병이 떨쳐진 동쪽에 멀리 떨어져 있고 달갑지 않은 사람들로 언급된다.

(8장에서 언급했던) 갠지스강의 구리 비축물들에 대한 가능한 BMAC의 기원은 인도-아리아어를 사용하는 사람들이 너무 일찍 갠지스 중부 계곡으로 이동해 아직 베다 문화의 일부가 되지 않았음을 시사한다. "아타르바베다적인" 이민자의 물결 가운데 그와 같은 초기 인도-아리아어 사용자들은 베다 문헌이 "동부 사람"을 아수라(asura) 숭배자이며 동부 중기 인도-아리아어, 즉 마가디 쁘라끄리뜨(Māgadhī Prakrit)와 유사한 언어를 말하는 사람들이라고 언급했을 때인 것처럼 보인다. 샤따빠타 브라흐마나(13,8,1,5)에 따르면 신들을 숭배하는 베다 사람들은 사각의 장례식 기념물을 만든다; 그러나 아수라들을 숭배하는 그들의 적들, 즉 "동부 사람" 및 다른 사람들은 장례식 기념물을 둥글게 만든다. 불교 스뚜빠(stūpa)는 분명히 유라시아 초원 지대의 대부분의 쿠르간(kurgan, tumuli)의 둥근 배치를 보존하고 있는 인도 동부의 원형의 장례식 기념물에서 발전했음이 틀림없다. 샤우나까(Śaunaka)학파의 아타르바베다인들이 원형에 우선권을 주면서 장례식 기념물을 원형 또는 직사각형 모양으로 규정하고 있다는 사실은 의미 있다(Kauśika-Sūtra 85,8). 그러나 브라흐마나 시대가 되면서 베다 문화는 갠지스 중부 계곡으로 확장되었다. 베다적 관점에서는 새로운 것이었지만 인도 동부에서는 그들의 이단 종교들(비브라흐마니즘)에서 명백하게 드러나듯이 오랫동안 발전해 왔던 우빠니샤드 사상과 실행이 급증하게 되었다.

크리스티안 라센(Christian Lassen, 1847:I,535)은 발미끼(Vālmīki)의 라마야나가 "아리아인들이 원정 전쟁을 통해 남쪽으로 세력을 확장하려는 최초의 시도에 관한 전설을 포함하고 있다"고 제안했다. 알브레히트 웨버(Albrecht Weber, 1870[1871])는 비록 서사시가 인도 북부에서 만들어졌으며 그 저자는 인도아대륙의 남쪽 부분들에 대해서는 정확한 지식을 갖고 있지 않았다고 믿었지만, 이 견해를 받아들이고 싶어 했다. 그러나 "시인은 그것이 실제든 신화적이든 간에 섬나라 왕국에 대해 알고 있었기에, 인도 본토 해안에서 어느 정도 떨어져 있다고 말했다"는 사실은 명백하다(Goldman 1984:I,28). 실제로 일찍이 2세기 또는 3세기 초의 고대 따밀 시(Akanānūru 70)는 승리한 라마가 랑카(Laṅkā)로 건너간 장소를 [스리랑카의 아담의 다리(Adam's Bridge) 반대편에 있는 본토의 끝에 있는] 꼬띠(Kōṭi = Dhanuṣkōṭi)라고 지적한다.

지금까지 이러한 연관성에 대해 거의 무지했던 초기 역사상 스리랑카의 고고학은 최근에야 더욱 분명해졌다(Coningham & Allchin 1995). 가장 오래된 "중석기"(Mesolithic) 시대는 현지에서 제조된 석기 도구에 의해 입증된다. 두 번째 "철기시대"(Iron Age, 기원전 600-450년)에 아누라다뿌라(Anurādhapura)의 거주 지역은 약 18헥타르로, 울타리를 세우려고 판 구멍이 표시된 원형 오두막들이 있었다. 사람들은 "전형적인 검고 붉은색 광택 도자기"(Black-and-Red burnished ware)와 철 그리고 소를 가지고 있었다. "초기 역사적 1기" 시대(기원전 450-350년)에는 그 위치와 원형 오두막들이 더 크고 넓어졌다. 그것은 인도 남부의 거석 매장지와 강한 유사점이 있다. 그 도자기는 여전히 검고 붉은 광택 도자기들이 지배적이었다. 말의 뼈가 발견되고, 소라껍질, 철광석, 자수정과 석영의 무역이 크게 확대된 징후가 나타난다. "초기 역사적 2기" 시대(기원전 350-275년)에는 이 지역이 66헥타르 이상이었고 방어벽으로 둘러싸여 있었다. 발견된 것들 가운데는 진주자개, 조개와 소라껍질, 아프가니스탄에서 온 청금석, 구자라뜨에서 온 홍옥수, 질그릇 조각에 있는 5개의 브라흐미문자 비문 그리고 끝 무렵에는 아치형 언덕이나 종교 성전이 새겨져 있는 동전이 포함된다. "초기 역사적 3과 4기" 시대(기원전 275 – 225년과 기원전 225 – 150년)는 또한 전형적으로 헬레니즘적인 물체들이 산출되었다. 여기에 주어진 시기는 방사성탄소에 기반한 것이라고 말해지기도 하지만 스리랑카에 있는 브라흐미문자 비문이 아쇼까 이전 시대라는 주장과 함께 매우 심각한 의문점을 갖고 있다는 사실에 유의해야 한다.

섬 전체를 덮고 있는 광범위한 증거는 스리랑카가 "거석식" 매장과 검붉은 도자기로 특징지어지는 철기시대 문화에 의해 농업과 소 사육이 도입될 때인 기원전 800–600년 이전까지 중석기의 수렵 채집 부족들로서만 거주했음을 암시한다. 그것은 인도 본토의 철기시대 거석문화와 매우 유사하기 때문에 그 분포는 사람들의 실제적인 움직임에 기인했음이 틀림없다. 하지만 이 정착민들은 정확히 어디서 온 것일까? 그것은 스리랑카의 연대기 속에 들어 있는 전설들로부터 답을 찾는 것은 합리적이다.

스리랑카의 식민지화에 관한 전설은 각각 400년과 500경년에 디빠밤사(Dīpavaṁsa, 9 – 11장)와 마하밤사(Mahāvaṁsa, 6 – 10장)에 나타나는데 후자는 약간 변형된 형태지만 더 오래된 기록에 기초하고 있다. 이 전설은 구자라뜨의 싱할라인들로부터 전파되었다. 이는 일반적으로 싱할라어를 구자라뜨어와 마라띠어로 분류하는 언어학적 증거에 근거해 볼 때 가장 합리적이다. 스리랑카의 테라바다(Theravāda) 불교의 중기 인도–아리아어인 빨리어는 구자라뜨의 기르나르(Gīrnār)에 있는 아쇼까 비문에 가장 가깝다. 그것은 오늘날 일반적으로 인도 서부에서 유래한 것으로 간주되고 있다. 구자라뜨와 마하라슈뜨라는 또한 정확하게 거석문화가 먼저 확산된 지역인 것처럼 보인다.

전설에 따르면 처음에 비자야(Vijaya) 왕자가 이끄는 700명의 싱할라인들이 랄라(Lāḷa, 구자라뜨 남부의Lāṭa)의 시하뿌라(Sīhapura; Siṁhapura)에서 스리랑카로 왔다. "비자야 왕자는 대담하지만 교육을 받지 못했다; 그는 사람들을 약탈하면서 가장 사악하고 두려운 일을 저질렀다." 그리하여 그는 그의 아버지인 시하바후(Sīhabāhu) 왕에 의해 시하뿌라에서 추방되었다. 비자야와 그의 부하들은 인도아대륙의 서부 해안에서 아래로 항해를 시작해 바루깟차(Bhārukaccha, 구자라뜨에 있는 Broach)와 숫빠라(Suppāra, 뭄바이 근처의 Śūrpāraka = Sopāra)의 도시들에서 멈추었다. 그들은 두 곳에서 모두 환대받고 공경을 받았지만, "음주, 절도, 간통, 거짓, 비방"을 포함한 "잔인하고 야만적이며 끔찍하며 가장 무시무시한 행동"으로 주민들을 격분시켰다. 마침내 그들은 부처가 열반(parinirvāṇa)에 든 시기와 동시기에 우연히 랑카 섬에 도착했다. 9개월 만에 비자야와 그의 부하들은 섬의 토착민인 약카인들(yakkhas, 산스끄리뜨어 yakṣas)을 전멸시켰다. 당시 토착민들은 벳다(Veḍḍa) 원주민의 조상으로 스리랑카의 거석문화기의 수렵 채집인들을 나타낼 수 있다. 비자야는 랑카 섬에서 최초의 도시인 땀바빠니(Tambapaṇṇi)를 건립했다. 비자야는 38년 동안 그곳을 다스린 후 시하뿌라에 있는 그의 동생 수밋따(Sumitta)에게 메시지를 보내 그가 죽은 후 친척이 랑카에 와서 그를 계승할 것을 요청했다.

비자야는 일반적으로 (전통 연대기에 따르면) 기원전 486-448년 부처가 열반한 이후 1-38년; 그의 후계자 빤두-바수데바(Paṇḍu-

Vāsudeva)는 38–39년(기원전 448–447년) 등으로 연대가 측정된다. 하지만 랑카는 1년 동안 왕이 없었고, 빤두–바수데바는 별도의 임무를 띠고 싱하뿌라에 왔다고 말해진다. 비자야 이야기는 초기 역사를 첫 이주에 대한 막연한 기억으로 채우려는 시도일 수도 있다: 나에게는 정기적인 왕조의 기록이 단지 빤두–바수데바의 도착으로 시작되어 이후로 계속 이어진 것처럼 보인다. 실제로 라센(Lassen, 1852:II,96)은 "비자야"가 특정 인물을 지칭하는 것이 아니라 사건, 다시 말해서 스리랑카의 '정복'을 가리키는 것이라고 주장했다. 라마야나의 악마인 왕 라바나(Rāvaṇa)처럼 "잔인하고 야만적인" 존재로서의 비자야는 단순하게 그 섬의 초기 통치자들을 상징화한 것일 수도 있다.

뿌라나는 라바나와 그의 형제 꾸베라(Kubera, 부의 신)를 히말라야의 사람들과 연관시킨다. 사람들이 이주할 때 그들은 종종 그들의 옛 거주지의 이름을 그들의 새로운 주거지로 이전한다. 구자라뜨에 있는 비자야의 고향인 싱하뿌라는 빤두 계열에 의해 정복된 인더스 계곡에 있던 같은 이름의 도시 싱하뿌라에서 왔다(Mahābhārata 2,24,19); 중국 순례승려 현장(Xuan–Zang/Hsüan Tsang)에 의하면 이 싱하뿌라는 탁실라에서 남동쪽으로 약 200km 지점에 있었다. 다음 구절(2,24,20)에서 마하바라따는 촐라(Cola)를 빤두 계열에 의해 짓밟힌 사람으로 언급한다. 게다가 비자야의 동생으로 싱하뿌라의 왕이었던 수밋따(Sumitta)는 인더스 계곡 상류에 위치한 마드라(Madra)국의 공주와 결혼했다. 다른 한편 촐라는 고대 따밀 왕들의 다른 왕조의 이름으로만 알려져 있다; 빤드야(Paṇḍya) 왕조와 마찬가지로 이 왕가 또한 북인도에서 따밀나두로 왔을 가능성이 크다.

두 번째 싱할라의 왕은 빤두-바수데바라고 불렸다. 빤두(Paṇḍu(ka))라는 단어는 또한 다른 고대 싱할라인 왕들의 이름에도 등장하며, 마하바라따의 빤두왕의 아들들(Pāṇḍavas)과도 연관된다. 그들의 아버지 빤두(Pāṇḍu)는 빨리어로 쓰여진 불교문헌에서 빤두(Paṇḍu) 또는 빤두-라자(Paṇḍu-rājā)라고 불린다. 갠지스강 유역에 있던 왕국을 통치했던 빤두-바수데바의 양아버지도 유사하게 빤두라고 불렸다. 그는 부처의 일족인 샤꺄(Śākya)족에 속했다. 샤꺄는 이란의 초원 지대 유목민의 주요 이름 가운데 하나인 샤카(Śaka)에서 파생되었다. 빤두라는 명칭과의 연관성은 빤다바스가 이란의 기원에 속한다는 추가적인 힌트다.

스리랑카 거석문화의 두 번째 단계(기원전 450 - 350년)의 시작은 빤두-바수데바의 통치에 대한 전통적인 시기와 거의 정확하게 일치한다. 이 단계는 남인도의 거석문화와 매우 유사한 것으로 말해진다. 이 고고학적 유사점들은 연대기에 반영되어 있다. 마하밤사(7장)에 따르면 꾸베니(Kuveṇī) 또는 꾸반나(Kuvaṇṇā)라고 불리는 흉악하고 포악한 여성 악마(yakkhinī)가 비자야 왕자와 사랑에 빠져 침략자가 랑카뿌라(Laṅkāpura)와 시리사밧투(Sirīsavatthu)의 도시에 살고 있던 약카인들(yakkhas)을 죽이는 것을 도왔다. 그녀는 그의 아이를 낳았다. 그러나 그의 동료들이 비자야 왕을 봉헌하기 위해 필요한 베다 희생제를 거행하겠다고 제안했을 때 그는 그들이 높은 계급의 여왕을 구해 주는 경우에만 수락하기로 했다. 그리하여 그들은 보석과 다른 선물과 함께 대표단을 남부 마두라(dakkhiṇa-madhurā)로 보냈다. 빤두/빤다바(Paṇḍu/Paṇḍava)라고 불렸던 그 통치자는 비자야 왕자의 700명의 수행원들을 위해 자신의 700명의 딸과 함께 비자야(Vijaya) 왕자와 결혼하기 위해 자신의 딸 비자야를 보내기로 결정했다. 빤다바의 딸과 결혼한 후 비자야는 꾸베니를 거부해 그녀를 먼 곳으로 보내 버렸다. 하지만 그는 그녀를 천 개의 피 흘리는 발리 공물(bali offerings)[9]을 받는 여신으로 유지되도록 하겠다고 약속했다.

남부 마두라는 빤드야(Pāṇḍya) 왕들의 수도로 따밀나두에 있는 오늘날의 마두라이(Madurai)이다. 파니니 문법서에 대한 빠딴잘리(Patañjali)의 주석서(4,1,168)에 따르면 왕조의 이름 빤드야는 빤두에서 비롯되었다. 스리랑카 왕들은 차후에 남부 마두라의 도시와 지속적으로 접촉했다. 마우리아 왕국에 온 그리스 대사 메가스테네스(Megasthenes)는 기원전 300년경에 쓴 글에서 인도의 "헤라클레스"에 대해 말할 때 빤드야 왕국을 언급했다:

> 이 헤라클레스는… 오직 한 명의 딸만 있었다. 그녀의 이름은 빤대아(Pandaea [Pandaíē])였으며, 그녀가 태어난 국가, 헤라클레스가 그녀에게 위임한 정부는 이후 소녀의 이름을 따서 빤대아라고 불렸다…. 몇몇 다른 인도인들은 헤라클레스가 모든 땅과 바다를 횡단하면서 모든 사악한 괴물을 제거한 후 인도인의 말로 그렇게 불리는 바다의 마르가리따(margarita, 진주)… 새로운 형태의 여성적인 장식물을 바다에서 발견했다고 말한다. 헤라클레스는 실제로 장식품의 아름다움에 깊이 매료되어 모든 바다에서 이 진주를 모아 인도로 가져와 그것으로 딸을 치장했다…. 인도인들 사이에서도 진주는 정제된 금 무게의 세 배나

9 발리섬의 힌두교인들이 매일 거행하는 신에 대한 찬양과 기도를 위해 만들어진 공물을 뜻한다.

되는 값어치가 있다(Arrian, Indica 8,6–13, Brunt 번역 1983:II,329–331).

(실제로는 어느 정도 후대에 나왔음에도 불구하고) 메가스테네스(Megasthenes)와 동시대인인 마우리아 왕국의 재상 까우띨랴(Kauṭilya)가 쓴 것으로 보이는 아르타샤스뜨라(Arthaśāstra 2,11)는 인도 최남단과 스리랑카 북부 해안의 몇몇 장소들을 진주 출처로 언급하고 있다. 그들 가운데 빤드야–까바따(Pāṇḍya–kavāṭa)와 땀라빠르니(Tāmraparṇī)가 포함된다. 땀라빠르니는 따밀나두의 최남단(Tirunelveli) 지역에 있는 주요한 강 이름이며, 그 강어귀에 진주 어업으로 고대 따밀 문학에서 유명한 꼬르까이(Korkai)라는 빤드야 항구도시가 있다. 땀라빠르니는 또한 스리랑카 북부 해안에 있는 최초의 싱할라인들의 수도의 명칭이기도 하며, 마하밤사 7,38–42에서는 땀바빤니(Tambapaṇṇi)로 불렸고 알렉산더대왕의 함대 사령관인 오네시크리투스(Onesicritus)에 의해서는 타프로반(Taprobane)이라고 불렸다. 그는 기원전 325년에 인더스 계곡에서 그것이 전체 섬의 명칭이라고 배웠다. 비자야의 접촉은 빤드야의 수도가 내륙의 마두라로 옮겨지기 전의 꼬르까이에서였을 것이다.

빤드야의 수도는 북부 마두라, 다시 말해서 유명한 끄리슈나 바수데바의 거주지인 마투라(Mathurā)와 구별하기 위해 남부 마두라라고 불렸다. 그 후 명백하게 빤드야 마두라라는 명칭으로 불려졌다. 이것은 또한 구자라뜨에서 온 두 번째 싱할라인 왕 빤두–바수데바라는 이름으로도 암시된다. 내 관점에서 판단하면 그것은 바다를 건너 스리랑카와 따밀나두로 온 빤두왕자들의 두 번째 이주인 것처럼 보인다. 그들은 또한 바이슈나바 종교를 남쪽으로 가져온 것처럼 보인다. 비록 마하밤사(7장)가 이것을 비자야와 연관시킨다고 해도, 웃빨라반나(Uppalavaṇṇa; 산스끄리뜨어 Utpalavarṇa, "파란 연꽃의 색깔을 가지고 있는") 신이 그 섬의 수호신으로 붓다를 임명해 이주자들이 그의 보호 아래 있도록 했다는 전설에 의해 암시된다. 남인도에서 바이슈나바 종교의 가장 초기 형태는 빤짜비라(Pañcavīra) 숭배, 다시 말해서 5명의 브리스니(Vṛṣṇi) 혹은 야다바(Yādava) 영웅들 그중에서도 특별히 서력기원 초기 따밀나두에서 양자가 독립적으로 또는 함께 경배된 끄리슈나 바수데바와 그의 형 발라-라마(Bala-Rāma)에 대한 숭배인 것으로 추측된다. 그와 같은 야다바인의 이주는 북부 산스끄리뜨어 출처에서도 암시되는 것처럼 보인다: 끄리슈나 바수데바는 마투라에서 구자라뜨로 이주해 거기서 드와라까(Dvārakā) 또는 드와라바띠(Dvāravatī)라는 해안 도시를 건립했다. 산스끄리뜨어 dvāra("문")는 따밀어 kavāṭam/kapāṭam("문의 접힘")과 일치한다. 그것은 (아르타샤스뜨라 2,11,2에 있는 진주의 원천 가운데 하나인) 빤드야-까바따(Pāṇḍya-kavāṭa)와 (고대 따밀 문학 아카데미 가운데 하나의 전설적인 자리인) 까빠따뿌람(Kapāṭapuram)이라는 명칭에서 발견된다. 고대 따밀 전통에 따르면 성자 아가스띠야(Agastya)는 18명의 벨리르(Vēḷir) 족장들과 아루발라(Aruvāḷa)국의 통치자들을 드와라까에서 데려왔다. 8세기에서 9세기 남부 뜨라반코어(Travancore)의 아이(Āy) 왕국의 통치자들도 이와 마찬가지로 그들의 혈통이 야다바족에서 추적된다.

인도의 헤라클레스는 누구였는가? "이 헤라클레스는 주루 메토라(Methora)와 클리소보라(Clisobora, Kleisóbora)라는 두 개의 대도시에 있던 인도인 부족 수라세나인들(Surasenians)에 의해 존경을 받았다; 배가 통행할 수 있는 이오메네스(Iomanes) 강이 그들의 영토를 가로지른다. 메가스테네스는 헤라클레스가 입었던 옷이 인도인들 자신의 설명에 의하면 테베의 헤라클레스가 입은 옷과 비슷하다고 말한다; 그는 또한 이 나라에서 몸집이 큰 많은 아들들이 있었는데, 그것은 이 헤라클레스 역시 매우 많은 아내들과 결혼했기 때문이다. 그러나 그에게는 빤대아라는 이름의 단 한 명의 딸만이 있었을 뿐이다."(Arian, Indica 8,5-7, Brunt 번역 1983:II,327-329). 실제로 모든 학자들은 인도인 헤라클레스를 야무나 강 유역의 마투라에 있는 슈라세나(Śūrasena)인들이 숭배한 끄리슈나와 동일시했다. 하지만 제임스 토드(James Tod)는 예외였다. 그는 1835년에 헤라클레스를 힘(bala)의 신 발라-데바와 동일시했다. 힘은 물론 그리스 헤라클레스의 특징이다; 그리고 토드가 옳았다는 것을 암시하는 다른 증거들이 있다. 키케로(Cicero)는 헤라클레스의 6가지 모습을 논의하면서 인도에서 그는 벨루스라고 불렸다고 진술하고 있다(Cicero, De natura deorum 3,42). 발라-라마의 힘은 서력기원 1세기의 고대 따밀어 시들에서 언급되고 있다: "Pur[anānūru] 56에서 끄리슈나는 그의 명성으로 발라-라마는 그의 힘으로 갈구된다. 끄리슈나는 푸른 사파이어와 같은 몸을 가지고 있고, 그의 깃발에는 새(아마도 garuḍa)가 새겨져 있으며, 그의 몸은 소라색이고, 쟁기가 그의 무기로 그리고 그의 표식으로 팔미라야자나무를 가지고 있는 발라-라마와 동행하고 있는 것으로 묘사된다"(Hart 1975:57).

기원전 400년경 이후의 문헌 및 도상학적 증거는 발라-라마가 초기 비슈누 종교에서 매우 중요한 신이었으며 특히 마투라 지역에서 그러했다는 사실을 보여 준다. 마투라는 기원전 150년경 무렵 빨리 원전뿐만 아니라 빠딴잘리의 마하바샤(Mahābhāṣya)에서도 마두라(Madhurā)라고 불린다. 마두라의 모습은 마하바라따에도 그려지고 있는데, 그 이름은 야무나 강의 마두–바나(Madhu–vana) 숲에 살았으며 끄리슈나에게 살해당했던 악마 마두(Madhu)에서 비롯된다. 그렇기 때문에 끄리슈나는 마두수다나(Madhusūdana, "마두의 살해자")라고 불린다. 초기에 마두라에서 숭배를 받았던 "악마적인" 신은 쟁기질과 연관이 있고 쉬바(마하바라따에는 쉬바의 여러 이름들 가운데 마두가 포함된다)와 동일시되었으며 취기 있는 음료(madhu)를 탐닉했던 뱀의 신과 관련이 있는 것처럼 보인다. 마두의 숭배는 그 후 이 초기 지역 신의 모든 속성들이 다른 모든 것 가운데서도 대단한 음주가였던 끄리슈나의 "형" 발라–라마에게 옮겨짐으로써 끄리슈나 바수데바의 숭배 속으로 흡수되었다. (그의 이름은 "브라흐마나 제식주의자"를 뜻하는 빨리어 keṭubha와 비교될 수 있는 악마 까이따바와 연관될 수도 있다.) 악마 마두는 브라흐마 신으로부터 베다를 훔쳤지만 비슈누에 의해 원상태로 회복되었다고 말해진다; 이 신화는 베다 전통이 비슈누 종교 이전에 마투라에서 우세했다는 사실을 암시하는 것처럼 보인다.

베다에서 마두는 특별히 아슈윈스와 연관된다. 10장에서 논의했듯이 하늘의 쌍둥이 아들들(divo napātā)인 이 신성한 전차몰이꾼은 아마도 다른 무엇보다도 (흰색) 낮과 (검은색) 밤을 대표할 수 있다. 리그베다 3,55,11에서 낮과 밤은 다른 색상, 즉 한 명은 밝게 빛나고(tayor anyad rocate) 다른 한 명은 검은색인((kṛṣṇam anyat) 쌍둥이 자매(yamyā)로 불린다; 아슈윈스 역시 쌍둥이이며 낮과 밤과 동일시된다(MS 3,4,4:

ahorātre vā aśvinā). 리그베다의 몇몇 구절들은 태양이 아슈윈스의 전차라고 말한다. 리그베다 6,9,1에 따르면 "하얀 날과 검은 날—한 쌍의 빛과 어둠—은 분명하게 돌고 돈다." 여기서 낮과 밤으로 사용되는 색상 용어인 아르주나(árjuna–, "흰색")와 끄리슈나(kṛṣṇá–, "검은색")는 마하바라따의 전차 팀의 두 멤버와 연관된다. 빤두 계열의 가장 강력한 전사는 아르주나로 그의 이름은 "흰색"을 의미한다. 아르주나의 전차 몰이꾼은 지혜롭고 능란한 끄리슈나로, 그의 이름은 "검은색"을 의미한다. 원래 끄리슈나의 팀 동료는 의심할 여지없이 그의 형인 강력한 발라라마였는데, 그는 색깔이 흰색이었다. 왕의 봉헌식에서 전사(끄샤뜨리야)로서 베다의 왕이 전차를 오르면 그는 그에 대해 말하는 만뜨라에서 스스로를 아르주나라고 부른다(ŚB 5,4,3,7, 거기서 아르주나는 인드라의 비밀의 이름인 것으로 말해진다).

아슈윈스는 하늘 또는 태양의 딸(Sūre/Sūro duhitā, Sūryā)인 아름다운 새벽의 여신 우샤스(Uṣas)와 그들의 누이 그리고 부인과 함께 삼중의 전차를 타고 세계를 돌아다닌다. 이 3인조는 그리스 신화에서 하늘의 신 제우스의 아들들이고 헬렌의 남자 형제들인 카스토르(Kastor)와 폴루도이케스(Poludeukes, 원래 Poluleúkēs, "매우 빛나는")라는 신성한 기수들과 짝을 이룬다. 이와 마찬가지로 리투아니아에서 쌍둥이 신들은 명백하게 태양의 딸에게 구애하는 샛별인 금성(morning and evening star)과 동일시된다. 리그베다에 들어 있는 아슈윈스의 찬가들 가운데 많은 것이 초기 베다의 부족인 야두족과 관련된 깐바 가문의 시인들에 속하며, 이로부터 깐바의 야다바 부족이 이어져 왔다. 따라서 내 입장에서는 아슈윈스와 그들의 자매/아내의 3인조가 흰색과 검은색 그리고 그들의 자매/아내와 연결된 두 형제로 구성된 초기 바이슈나바 3인조의 모델일 가능성이 높은 것처럼 보인다. 전차와 연관된 것에는 공통점이 하나 더 있다. 아슈윈스는 전차의 신들이며, 마하바라따에서는 "검은" 바수데바가 "흰색"의 전차를 타고 싸우는 전사인 아르주나의 전차 몰이꾼이다. 두 형제 끄리슈나-바수데바와 발라-라마 그리고 그들의 자매는 초기 바이슈나바 도상학에서 대중적인 3인조였으며 오늘날에도 오릿사의 뿌리지역에서 여전히 숭배를 받고 있다.

메가스테네스는 위에서 인용한 구절에서 판다이에(Pandaíē)를 헤라클레스의 딸의 이름으로 그리고 그녀가 죽은 이후 진주의 원천인 도시(즉 남인도의 빤드야왕국)의 명칭으로 제시했다. 이 이름은 산스끄리뜨어로 "빤두의 딸"을 의미하는 빤데야(Pāṇḍeyā)와 일치할 수도 있다. 메가스테네스의 설명에 따르면 헤라클레스는 판다이에의 아버지와 남편 양자이다:

> 헤라클레스의 딸이 여왕이었던 이 나라에서는 소녀들이 7살에 결혼할 수 있고, 남자들의 수명은 40년을 넘지 않았다. 인도인들 사이에 전해지는 이에 관한 이야기에서, 말년에 딸이 태어났던 헤라클레스는 자신의 삶이 얼마 남지 않았으며 딸에게 어울릴 만한 남자가 없다는 사실을 깨닫고, 그녀가 7살 때 잠자리를 같이하여 그들의 자손이 인도 왕으로 남겨질 수 있도록 했다. 그리하여 헤라클레스는 그녀를 결혼할 수 있도록 했고, 이후로 빤대아에서 시작된 이 계보 전체는 헤라클레스로부터 물려받은 이와 같은 특권을 대대로 이어받게 되었다 (Arrian, Indica 9,1–3, Brunt 번역 1983 : II,331).

내가 이 설명을 인용한 것은 마하바라따에 포함된 많은 에페소드들 가운데 하나이고 19장의 주제로 중요한 잘 알려진 사비뜨리(Sāvitrī) 전설과 유사하기 때문이다. 사비뜨리 공주의 아버지인 인더스계곡 북쪽에 있는 마드라(Madra) 왕국의 아슈와빠띠(Aśvapati)는 딸의 혼기를 놓쳤다. 그리하여 그는 그녀 스스로 남편감을 찾도록 밖으로 내보냈다. 이 문헌은 왕이 사비뜨리 공주와 근친상간 관계를 맺었다는 사실을 직접적으로 나타내지는 않지만, 이 맥락에서 그들은 한 소녀가 아버지의 집에서 초경을 경험하면 아버지는 큰 죄를 짓게 된다는 법전을 인용한다. 마하바라따 3,277,32에 따르면 아슈와빠띠는 사비뜨리에게 어떠한 구애자도 다가오지 않으면 "그녀 자신과 같은"(sadṛśam ātmanaḥ) 남편감을 찾을 것을 요구한다. 하지만 스깐다-뿌라나(Skanda-Purāṇa 7,166,16)에 의하면 아슈와빠띠는 아무리 많이 찾아보아도 자신과 같이 훌륭한 신랑감을 찾을 수 없다고 말한다(vicārayan na payāmi vara tulyam ihātmana).

사비뜨리 전설에서 (사비뜨리 공주와 사뜨야바뜨 왕자와 같은) 인간 커플은 신의 커플(사비뜨리 여신과 브라흐마 신)과 일치한다. 공주가 태어난 것은 사비뜨리 여신과 그녀의 남편의 은총을 통해서였고, 인간과 신 양자의 사비뜨리는 그녀들의 남편들과 함께 전설과 관련된 바따-사비뜨리-브라따(vaṭa-sāvitrī-vrata)의 서약과 의식 속에서 숭배된다. 심지어 인간 부부의 운명조차도 신성한 차원을 그의 상대로 갖는다. 성자 나라다(Nārada)의 예언에 따라 남편(Satyavat, 별칭 Citrāśva, 사비뜨리의 아버지 아슈와빠띠의 젊게 "개조된 에고")은 결혼 후 1년이 지나자 사비뜨리 공주의 무릎에 머리를 기댄 채 죽음을 맞이한다. 사비뜨리는 충실한 아내(Satī)로서 야마(Yama)가 그를 데리러 왔을 때 남편을 따라 죽음을 맞이하지만 남편에 대한 순종의 결과로 그는 생명을 되찾는다. 바따-사비뜨리-브라따는 오늘날에도 남편이 살아 있는 결혼한 힌두 여성들에게 여전히 중점적으로 중요하다.

사비뜨리 전설과 병행해, 스깐다-뿌라나(3,1,40)는 일명 쁘라자빠띠(Prajāpati)인 창조주 브라흐마신이 자신의 딸 바쯔(Vāc)와 성관계를 맺고 그 결과 쉬바에 의해 살해를 당하게 되지만 어떻게 브라흐마의 부인들인 사라스와띠(Sarasvatī)와 가야뜨리(Gāyatrī)가 쉬바를 진정시켜 브라흐마의 잘려진 머리와 몸을 결합시키도록 만드는지에 관해 말한다. 이 신화는 아이따레야-브라흐마나(Aitareya-Brāhmaṇa) 3,33에서 가장 명확하게 말해지는 베다 신화에 직접적으로 근거한다: 쁘라자빠띠는 자신의 딸 바쯔와 근친상간의 죄를 저질렀으며 그에 대한 벌로 루드라(Rudra)에 의해 살해된다. 바쯔("말, 목소리, 소리")는 가야뜨리(Gāyatrī) 운율로 구성된 베다의 가장 신성한 시로 잘 알려진 사비뜨리 여신의 또 다른 이름이다: 일출과 일몰 그리고 (이후에) 정오에 그에 대한 암송은 여신들인 가야뜨리, 사비뜨리 그리고 사라스와띠를 나타내는 것으로 간주된다.

따라서 쁘라자빠띠는 명백하게 새벽의 여신(Uṣas or Sūryā or Sāvitrī)과 동일시되는 그의 딸 바쯔와 근친상간을 저지르고 이 죄에 대한 처벌로 죽음을 맞이했다. 판다이에와 근친상간의 죄를 저지른 아버지 헤라클레스 역시 그로 인해 죽음을 맞이했다. 빤두 계열 영웅들(그리고 판다이에 = 빤데야)의 아버지 빤두는 짝짓기를 하고 있는 사슴을 죽인 후 그가 다시 성행위를 하면 똑같이 죽음을 맞이할 것이라는 저주를 받은 결과 후에 아내 마드리(Mādrī)와 성관계를 가졌을 때 죽음을 맞이했다. 마드리는 마드라국의 공주였으며, 여신 드리띠(Dhṛti)로서 결연하게 빤두의 장례식 장작에 올라가 승천했다. 두 가지 면에서 마드리는 마드라국의 다른 공주 사비뜨리와 유사하다. 사비뜨리는 사띠(Satī)의 전형이며 브라흐마/쁘라자빠띠의 아내이자 딸인 여신 사비뜨리의 인간적 상대이다. 우리는 초기 바이슈나바 3인조(끄리슈나의 여동생 수바드라, 라마의 아내 시따)의 여성 멤버가 아슈윈스가 여성과 함께 형성했던 3인조에서 새벽의 여신(Sūryā/Sāvitrī)를 이어 가는 것처럼 보인다는 사실을 살펴보았다. 사비뜨리뿐만 아니라 이 이전의 3인조 전체가 마드라국에서 숭배되었던 것으로 보인다. 왜냐하면 아슈윈스와의 관계를 통해 두 명의 빤두왕의 아들, 즉 (끄리슈나처럼 영리한) 나쿨라(Nakula)와 (그의 이름이 "힘의 신"인 발라-데바와 동의어인) 사하데바(Saha-Deva)를 낳은 마드리를 어머니로 두었기 때문이다. 마드라국의 왕이며 마드리의 남동생 샬랴(Śalya)는 깃발에 시따 여신을 새겨 넣었고, 베다 따이띠리야-브라흐마나(Taittirīya-Brāhmaṇa) 2,3,10에서는 시따 사비뜨리를 쁘라자빠띠의 딸이라고 말한다. 이 모든 것은 빤다이에, 우샤스/수르야/사비뜨리 그리고 시따가 각기 서로의 별칭들임을 암시한다.

나는 라마의 배우자 시따를 적어도 부분적으로 신화적이라고 여겼던 웨버(Weber, 1850)의 견해에 동의한다. 밭고랑을 의인화한 농경의 여신 시따는 리그베다(4,57,6-7)에서부터 알려져 있으며, 그녀에 대한 예배는 빠라스까라-그리햐수뜨라(Pāraskara-Gṛhyasūtra 2,17)에 상세하게 기술되어 있다; 고빌라-그리햐수뜨라(Gobhila-Gṛhyasūtra 4,4,27-29)에 의하면 그녀는 쟁기질을 할 때 숭배되었다. "밭고랑"의 남편이 쟁기질의 신이라는 것은 이해가 된다. 그러므로 웨버는 라마야나의 영웅이 라마 할라브리트(Rāma Halabhṛt, "쟁기의 운반자") 즉 발라-라마에서 발전했으며, 시따와 같은 농업의 신성함을 의인화했다고 생각했다. 발라-라마의 특징적인 도상학적 상징인 쟁기(lāṅgala, hala 그리고 phāla)와 곡식(muṣala)을 빻는 공이는 명백하게 그를 근본적인 농경의 신으로 표시하고 있다. 농업과의 연관성은 또한 그의 대체 이름인 상까라샤나(Saṃkarṣaṇa)에서 명백하게 드러나는데, 이는 쟁기질하는 행위(kṛṣi)에서 파생되었다. 라마야나의 라마가 실제로 발라-라마라는 웨버의 가설은 발라-라마라는 이름이 마하바라따에서는 발견되지 않고 거기서 발라-라마는 단순하게 라마(143회)라고 불린다는 사실에 의해 뒷받침된다.

쟁기는 씨앗을 대지의 자궁에 놓는 데 중요하며, 따라서 쟁기질은 성행위를 상징한다. 그러나 쟁기는 또한 고랑을 만들어 내기 때문에 그것을 발생시키는 사람을 나타낸다. 라마야나 1,66,14-15에서 시따는 미틸라(Mithilā)의 왕 자나까(Janaka)가 들판을 갈고 있을 때 고랑에서 출현했다. 이 때문에 그녀는 시따라는 이름을 부여받고 자나까에 의해 딸로 키워진다. 라마야나 7,88,9-14에서 시따는 마침내 어머니인 대지로 되돌아간다: 여신은 그녀를 데려와서 두 사람이 함께 땅 밑으로 사라진다. 자나까의 이름은 "조상, 아버지"를 나타낸다. 그것은 힌두의 창조신 브라흐마에 대해 뿌라나에서 사용되는 이름 중 하나이며, 브라흐마는 베다의 쁘라자빠띠를 직접적으로 잇고 있다. 따잇띠리야-브라흐마나 2,3,10에서는 그를 시따 사비뜨리(Sītā Sāvitrī)의 아버지라고 언급하고 있다. 이와는 달리 이미 위에서 언급했듯이 쟁기와 경작된 밭(또는 고랑) 커플을 이루고 있으므로 쁘라자빠띠 역시 근친상간을 통해 시따 사비뜨리의 남편이 된다. 라마야나에서 쟁기의 신은 시따의 아버지(자나까)인 동시에 남편(라마 = 발라-라마) 양자인 것처럼 보인다.

메가스테네스의 판다이에 여왕은 빤드야왕국의 수도 마두라이의 수호 여신인 미낙쉬(Mīnākṣī)와 비교되었다. 따밀 지역의 띠루빌라이야따-뿌라남(Tiruviḷaiyāṭar-Purāṇam, 12세기에서 16세기)에서는 미낙쉬가 마두라이의 빤드야왕과 왕비의 딸이며 그 왕비는 슈라세나(Śūrasena)라고 불린 촐라 왕국 왕의 딸이었다. 아이가 없었던 그들은 아들을 얻기 위해 베다 희생제를 거행했지만 희생제의 불로부터 여자아이를 부여받았다. (인더스 계곡에서 아슈와빠띠왕에게 사비뜨리 공주가 태어난 것과 유사하다.) 그 소녀는 세 개의 가슴을 가지고 있었으며, 하늘에서 그녀는 왕자처럼 군사기술을 배워야 하며 그로 인해 장차 그녀가 전 세계를 정복할 것이라는 말이 들려왔다. 세 번째 가슴은 그녀가 미래에 남편을 만나면 사라질 것이다. 이 모든 일이 일어났고, 마침내 까일라사(Kailasa) 산에서 전투가 벌어졌을 때 그녀는 쉬바 신을 만나면서 세 번째 가슴이 사라졌다. 그들이 결혼한 후 쉬바는 순다라-빤드얀(Sundara-Pāṇḍyan) 왕으로 마두라이를 통치했다.

여기서 미낙쉬의 배우자는 순다레슈와라(Sundareśvara "아름다운 주님")라고 불리며 그는 쉬바로 간주된다. 그러나 마두라이에는 따밀어 명칭으로 알라까르(Alakar "아름다운 주님")인 비슈누의 지역의 형상이 있다. 알라까르는 신부를 신랑에게 넘겨준 미낙쉬의 남자 형제이다. 마두라이 근처에 있는 알라까르-말라이(Alakar-Malai) 사원에는 서 있는 형상의 비슈누 신상이 있는데 그것의 기원은 빨라바왕조 이전 시대

(pre-Pallavan)로 알려져 있으며 따밀나두에서 가장 오래된 사원 중 하나이다. 특히 마두라라고 불리는 도시에서 알라까르는 다사라타-자따까(Dasaratha-Jātaka)에 의하면 라마와 시따의 경우처럼 고대에는 여신의 형제이자 남편일 수 있었다. 순다라와 알라까르는 모두 산스끄리뜨어 라마를 표현한 것일 수 있는데, 고전 산스끄리뜨어로 라마는 "즐겁다, 매력적이다, 잘생겼다, 사랑스럽다, 아름답다"를 의미한다. 몇몇 도상학 책자는 라마가 아름다운(sundara) 존재로 묘사하고 있으며, 다른 도상학 책자는 라마와 락쉬마나(Lakṣmaṇa)를 매우 잘생긴 존재로 규정하고 있다. 바가바따-뿌라나(Bhāgavata-Purāṇa 10,2,13)에 따르면 발라-라마는 아름다움으로 사람들을 매혹시켰기 때문에(rāmeti lokaramaṇād) 라마라고 불렸다.

비자야의 스리랑카의 약키니(yakkhinī)의 부인 꾸베니(Kuveṇī) 혹은 꾸반나(Kuvaṇṇā)도 마찬가지로 가슴이 세 개였으며 그녀가 미래의 남편을 만나면 그들 중 하나가 사라질 것이라고 들었다. 그 후 그녀가 비자야를 만났을 때 그와 같은 일이 발생했다. 데이비드 슐만(David Shulman 1980년)이 지적했듯이 미낙쉬의 따밀어 이름인 안-까야그-깐-암마이야(Aṅ-kayar-kaṇṇ-ammaiyār, "아름다운 잉어의 눈을 가지 여인")에서 따밀어 단어 kaṇ은 "눈"과 "젖꼭지" 양자를 의미한다. 슈리비드야나바-딴뜨라(Śrīvidyārṇava-Tantra)에서 시따는 세 개의 눈을 가지고 있고 머리에는 초승달을 지니고 있다; 그녀는 네 개의 팔에 각기 올가미, 몰이용 막대기, 활 그리고 화살을 들고 있다. 시따 사비뜨리는 전사인 여신 두르가(Durgā)의 한 측면을 갖고 있다. 그러한 사실은 때때로 문헌에서 명백하게 드러난다. 미낙쉬의 경우에 이러한 두르가와의 관계는 그녀에 관한 지역의 전설에서 분명하게 드러난다. 이 전설은 오래되었음이 틀림없다. 왜냐하면 마하밤사(500년)에서는 남부 마두라의 빤두 왕의 딸이 비자야라고 불리며 여기서 그녀는 승리의 여신으로 나타나기 때문이다.

세 개의 가슴을 가진 공주에 관한 전설은 따밀나두의 나가빳띠남(Nāgapaṭṭinam)에서도 되풀이된다: 여기서 이 "길고 검은 눈의 여인"(Karun-taṭaṅ-kaṇṇi)은 뱀의 왕이고 쉬바의 열렬한 숭배자인 뱀의 왕 아디-쉐샤(Ādi-Śeṣa)의 딸이다. 그녀 역시 다른 판본에서는 나가라자(Nāgarāja)로 등장하는 그녀가 결혼할 왕을 만나자마자 세 번째 가슴이 사라질 것이라는 예언을 듣는다. 슐만(Shulman 1980년)은 그녀와 미낙쉬 그리고 따밀 서사시 찔랍빠띠까람(Cilappatikāram)의 여주인공인 깐나끼(Kaṇṇaki)와의 관계에 대해 논의했다. 깐나끼는 자신의 가슴 가운데 하나를 가지고 마두라이 왕국을 파괴한다: 모두는 세 개의 눈을 가진 전사인 여신 두르가-깔리(Durgā-Kālī)의 다양한 모습이다. 마두라이에서도 신랑은 쉬바와 연관된, 따밀어로 알라-바이(Āla-vāy, 산스끄리뜨어로 "입에 독을 가진"을 의미하는 hālāsya)라고 불린 지역적인 뱀의 신이었던 것으로 나타난다.

발라-라마는 다산 및 지하 지역과 연관된 쉐샤(Śeṣa "잔여물"; 그 명칭은 다음 해 파종을 위해 남겨 둔 곡물 씨앗을 가리킨다) 또는 아난따(Ananta "끝없는, 무한")이라고 불리는 뱀의 신이 화현한 것이다. 뱀인 쉐샤는 야자로 만든 와인을 마시고, 팔미라 야자와 와인 컵은 그에 관한 그림에서 속성으로 드러난다. 이런 점에서 그는 결과적으로 뱀의 신들과 관련된 삼중의 굽은(tri-bhaṅga) 자세를 가지고 있는 발라-

라마와 유사하다. 불교 산스끄리뜨 문헌은 빤두까(Pāṇḍuka), 빤두라까(Pāṇḍuraka), 빤둘라까(Paṇḍulaka) 그리고 빤다라까(Paṇḍaraka)를 거대한 보물의 수호자들 가운데 하나인 나가(nāga) 왕의 이름으로 알고 있다.

마투라 지역은 샹까르사나-발라데바(Saṃkarṣaṇa-Baladeva) 숭배의 거점으로 여겨진다. 발라-라마의 정체성은 거기에 있었던 초기의 지역신에 붙여졌을 가능성이 크다. 끄리슈나가 야무나 강에 살고 있던 뱀 깔리야(Kāliya)를 정복하고 그를 집에서 쫓아 버렸다는 신화는 마투라에서 이전에 널리 성행했던 뱀 숭배를 끄리슈나 숭배로 대체했다는 사실을 상징하는 것으로 설명되어 왔다. 마투라 근처에 있는 손크(Sonkh)에서 진행된 발굴은 뱀 숭배가 대략 서력기원 초기에도 여전히 마투라에서 주목할 만한 수준으로 우세했다는 것을 확인시켰다. 발견된 유일한 주요 신전은 나가 신전이다. 이와 연관되어 발굴된 것들은 뱀의 신들을 나타내는 상들과 장식들 그리고 그들에 관한 의례를 기술한 비문들 포함하고 있다. 나가(Nāga), 나가 브후모(Nāga Bhūmo) 그리고 나가라자 디까른까(Nāgarāja Dadhikarṇṇa)라는 이름으로 언급된다.

> 비록 샹까르사나가 마하바라따와 뿌라나에서 비슈누와 연관된 신으로 등장하지만, 거기에는 또한 루드라-쉬바 숭배와도 밀접한 관계가 있다는 흔적이 존재한다. 빤짜라뜨라 상히따(Pañcarātra Saṃhitā)는 종종 샹까르사나와 루드라-쉬바를 동일시한다. 브라흐마난다-뿌라나(Brahmāṇḍa Purāṇa)는 루드라가 할라유다(Halāyudha "쟁기를 자신의 무기로 가지고 있는")로 알려져 있다고 말한다. 비슈누 뿌라나(Viṣṇu Purāṇa)는 샹까르사나가 모든 영구한 시대(우주의 순환기)의 끝에 뱀 쉐샤의 입에서 나오는 것으로 말하고 있다. … 쉬바는 또한 나

가들과 밀접하게 연관된다(Jaiswal 1981:54).

벵골에서 쉬바는 “쟁기의 주인”을 의미하는 랑갈레슈와라(Lāṅgaleśvara)로 숭배되고 있으며, 힌두교의 가장 중요한 남근숭배의 신은 실제로 쟁기질과 자손을 이어 주는 신인 것으로 예상될 수 있다. 이른바 인도의 “디오니소스”라는 메가스테네스의 설명(기원전 300년)은 거의 확실하게 농업과 쟁기와의 연관성을 강조하는 쉬바 숭배를 묘사하고 있다: “그[메가스테네스]는 말한다. 인도인들은 원래 유목민이었다…. 디오니소스가 인도에 도착하기 전까지. 그러나 그가 그곳에 도착해 인도의 주인이 되었을 때 그는 도시를 세우고, 그들에게 법을 부여했으며, 그리스인과 마찬가지로 인도인들에게 와인을 수여했으며, 그들에게 씨앗을 줘 땅에 심도록 가르쳤다…. 디오니소스는 처음으로 황소에게 멍에를 씌워 쟁기질을 하도록 했고 대부분의 인도인들을 유목민 대신에 농업인으로 만들었고 전쟁에 필요한 무기를 갖추도록 했다”(Arrian, Indica 7,2－7, Brunt 번역 1983:II,325－327).

이 모든 출처는 보다 초기, 즉 바이슈나바/바가바따(Vaiṣṇava/Bhāgavata) 종교의 아슈윈 이전의 배경에 관한 중요한 정보를 보관하고 있다. 그것은 근친상간적인 아버지와 딸의 커플과 (아버지의 변형된 에고인) 젊은 왕자이자 남편이 죽음에서 소생한다는 베다와 힌두 신화와 연관된다. 이에 대해서는 19장에서 논의될 것이다. 여기에 포함된 농업 신들은 토착 하랍빠 종교에 그 기원을 갖고 있을 가능성이 매우 크다.

| PART 2 |

인더스문명
(The Indus Civilization)

14

인더스문명의 언어

인더스 언어의 정체성은 아마도 인더스문명에 관한 가장 중요한 수수께끼일 것이다. 현재 인더스 계곡에서는 다수의 언어들이 사용되고 있다. 인도-아리아계 언어들은 (그의 방언인 시라이끼어[Siraiki]와 란다어[Lahnda]를 포함해) 신드 지역의 신드어와 뻰잡 지역의 뻰잡어와 계곡 최북단 지역에 있는 비교적 소수의 언어 사용자들과 함께 다수의 다르드어(dardic)계 하위 집단(시나어[Shina], 코와르어[Khowar], 코히스따니어[Kohistani] 그리고 다른 언어들)의 언어들이 포함된다. 다른 인도-아리아계 언어 가운데 동쪽으로 인더스 계곡에 접하고 있는 언어는 주로 힌디어로 라자스탄의 마르와리어(Marwari)를 방언으로 가지고 있고 남쪽으로는 구자라뜨의 구자라뜨어가 있다. 이란계 언어들은 인더스 계곡 바로 서쪽에서 사용된다: 발루치스탄의 발루치어(Baluchi), 아프가니스탄의 다리어(Dari)와 파슈토어(Pashto, 파슈토어는 북부 인더스 계곡까지 확장된다) 그리고 이에 덧붙여 와키어(Wakhi)와 힌두 쿠쉬에서 비교적 사용자가 적은 다른 일부 언어들이다. 아프가니스탄 북동부에서 사용되는 누리스탄계(Nuristani) 언어는 고대 이란어와 고대 인도-아리아어 양자의 특징을 모두 가지고 있다. 인도-이란계 언어 그룹 밖에서는 발루치스탄과 신드에서 사용되는 드라비다계 언어 브라후이어(Brahui)와 중국 국경 가까이 있는 파키스탄 최북단에서 사용되는 고립된 부루샤스키어(Burushaski)가 있다.

기원전 3000년대 시기에는 인더스 계곡에서 많은 방언들과 언어들이 사용되었을 가능성이 매우 높다. 그러나 인더스 문자를 쓰는 데는 단 하나의 언어만 사용되었을 것이라고 확신할 수 있다. 왜냐하면 비문들의 기호 순서가 인더스 영역 전체에서 반복되고 있기 때문이다. 오직 서아시아 인더스 인장들에서만 다른 언어의 사용을 입증하는 명백하게 다른 기호 순서를 발견한다(그것은 아마도 메소포타미아의 수메르어나 아카드어, 아라비아나 페르시아만의 초기 서부 셈어일 것이다).

서아시아 인더스 인장들 가운데 일부는 일반적으로 사각형 도장인 하랍빠 유형이며, 비문 역시 남아시아 인더스 원문들과 일치한다. 그러나 다른 것들은 인더스 계곡에서 출토된 인장들과 순서에 있어서는 서로 다르지만 공통되는 인더스 기호를 가지고 있다[이미지 14.1]. 메소포타미아의 하랍빠 무역 중개인들 중 일부가 지역 원통형의 인장을 채택한 것처럼 후자의 서아시아 인장의 소유주들은 그들의 사업을 위해 알아야 할 지역 언어(들)와 함께 지역적인 메소포타미아 이름을 채택한 것으로 보인다(아마도 인더스 계곡에 대한 수메르어 명칭일 수 있는, 17장 참조). 멜루하(Meluhha)의 언어가 메소포타미아에서 제대로 알려지지 않았다는 사실은 아카디아의 원통형 도장에서 발견된 다음과 같은 비문을 통해서 보아도 분명하다: "멜루하 언어의 통역사인 Šu-ilišu"[이미지 17.4]. 인더스 영역에서는 명백하게 단 한 가지의 서아시아 기원의 물건도 발굴되지 않았다는 사실에 덧붙여 이것은 하랍빠인들이 사용하던 언어가 서아시아 언어들 중 하나일 가능성은 매우 낮다는 사실을 보여 준다.

인도-아리아계 언어들은 어떤가? 제1부에서 설명했듯이 그것을 거쳐 인도-이란계 언어들이 우크라이나에 고향을 두고 있는 원시-인도-유럽어에서 가장 초기에 기록된 언어 영역으로 넘어간 끊어지지 않는 고리를 가진 고고학적으로 연결된 문화들이 있다. (심지어 오늘날에도 인도-이란계 언어들의 분포는 우크라이나에서 인도까지의 거의 모든 거리를 뒤덮고 있다; 우크라이나와 러시아 남부에 있는 흑해 북쪽의 초원 지대는 현재 인도-이란어가 없지만, 유목민으로 살았던 스키타이 부족들은 헤로도토스로부터 알고 있듯이 기원전 5세기에 고대 이란어를 사용했다.) 인도-이란계 언어들은 기원전 20세기경 후기 하랍빠 시대에 남아시아에 도착했기 때문에 그들을 하랍빠의 언어로 처리할 수 없다. 고고학은 이 결론을 지지한다. 길들여진 말은 인더스문명의 예술과 동물 발견들에서 완전히 빠져 있다. (이미 출판되어 있는 그 반대의 주장은 야생 당나귀에 속한 것일지도 모르는 애매모호한 뼈를 기반으

[이미지 14.1] 영국 박물관(Reg. No. 1883,116.1, BM 120228)에 있는 유약을 바른 흰 동석의 둥근 걸프형의 도장(17장 참조). 자주 등장하는 그러나 독특한 순서로 배열된 5개의 인더스 문자 기호들이 새겨진 비문 아래 여물통에서 먹이를 먹고 있는 랍빠형 들소 황소. Image 272276001 ©The Trustees of the British Museum.

로 하고 있다; Meadow 1991; Meadow & Patel 1997; Parpola & Janhunen 2011.) 이 사실은 초기 인도-이란어 사용자들의 문화와 종교에서 말이 매우 중요한 역할을 담당했다는 것과 극명한 대조를 이룬다. 베다 시대의 사람들의 원시적인 목조 오두막과 정교한 수자원 공학을 갖춘 하랍빠의 벽돌로 지은 계획된 도시와 마을 사이의 차이점도 역시 놀라운 일이다.

박트리아(Bactria)와 마르기아나(Margiana) 고고학 복합단지(BMAC)의 언어 사용자들 역시 기원전 20세기경에야 인도-아리아어 사용자들의 첫 이동에 동행해 인더스 계곡에 도착했을 가능성이 높다. 8장에서 이미 논의했듯이 원래의 비-인도-유럽 BMAC(non-Indo-European BMAC) 언어는 고대 인도-아리아어에 많은 수의 외래어를 제공한 것으로 보인다. 실제로 리그베다에서 근원이 알려지지 않은 많은(300개 이상의) 외국어는 이 출처에서 온 것으로 보인다.

파키스탄 북부에 있는 고립된 언어인 부루샤스키어(Burushaski)는, 오늘날 언어 사용 지역 남쪽에서는 부루샤스키어의 언어적 흔적이 없기 때문에, 북쪽에서 왔고 더 이상 멀리 전파되지 않았음이 틀림없다. (중국, 티베트, 동남아 본토의 거대한 중국어족에 속하는) 티베트-버마계(Tibeto-Burman) 언어들은 히말라야의 변두리에서 사용된다. 그들은 아마도 부루샤스키어 이전에 북쪽에서 왔을 것이다; 그들은 까쉬미르와 스와트 계곡 북부의 신석기 문화(기원전 2800 - 1500)에서 사용되었을지도 모른다. 반지하식 주거와 개의 매장과 같은 이 문화의 특징적인 형대는 중국과 유사하다. 북부의 신석기시대는 초기 하랍빠의 꼬뜨 디지(Kot Diji) 문화와 어느 정도 접촉하고 있었다[이미지 4.1과 15.2b].

그러나 가장 북쪽의 인더스 계곡으로 퍼지지 않은 성숙기 하랍빠 문화와의 접촉은 결정적이지 않다.

인도 동부에서 사용되었고 오스트로-아시아(Austro-Asiatic)어족에 속하는 문다(Munda) 언어는 동남아시아에 언어적 연관성을 가지고 있다; 인도 중부의 최서단 언어인 꼬르꾸어(Korku)는 명백하게 인도 동부에서 온 파생물이다. 도시키 오사다(Toshiki Osada 2006)는 문다 언어에 대한 또 다른 주요 권위자인 노먼 자이드(Norman Zide 1969:420)의 의견을 따르면서 ("쟁기, 경작"을 뜻하는 lāṅgala-, "바나나"를 뜻하는 kadala- / kadalī-, "고추"를 뜻하는 marīca- 그리고 "면화"를 뜻하는 karpāsa-를 포함해) 산스끄리뜨 단어들로 추천된 가장 자주 인용되는 원시-문다어 또는 오스트로-아시아어 어원들 중 많은 것이 지지될 수 없다는 것을 보여 줬다. 오사다는 남아시아의 언어사에서 문다/오스트로-아시아어의 역할이 과대평가되었다고 주장한다(또한 Anderson 2008 참조). 그러나 프랭클린 사우스워스(Franklin Southworth 2005:64-69,325)의 뒤를 잇는 마이클 위첼(Michael Witzel 2005:176-180)은 "빠라-문다어"(Para-Munda)를 인더스문명의 가장 유력한 언어로 간주한다. 그러나 그것을 지지하기 위해 제시된 모든 언어적 증거는 문제가 있다: 리그베다에서 인용된 문다어 접두사의 "가장 분명한 경우" 중에는 vi-bhindu-가 있는데(Witzel 2005:177), 이것은 인도-아리아어 접두사 vi가 선행된 인도-아리아어 어근(bhi(n)d-)의 현재 어간에서 나온 -ú- 파생어다(Wackernagel & Debrunner 1954:II.2:473). 오스트로-아시아어 접두사인 ka-와 ki-(오스트로아시아어의 같은 어원은 주어지지 않음)로 구성된 단어들 중에는 드라비다어로부터 가져온 외래어로 설명될 수 있는 kaparda-와 kiyāmbu-가 있다(아래와 18장 참조).

부루샤스키어, 티베트-버마계 언어들 그리고 오스트로-아시아어는 모두 남아시아에서 매우 작은 언어적 소수민족에 의해 사용되고 있으며 알려진 바와 같이 주변의 지리적 영역에 국한되어 있다. 가장 큰 그룹을 구성하는 오스트로-아시아어 사용자들은 (1991년 인구조사 기준에 의하면) 인도 인구의 1.13%에 불과하다. 이 소수 언어들 가운데 어느 것도 리그베다 어휘에서 일반적으로 인정된 외래어에 기여하지 못했다. 그들은 청동기시대에 뚜렷하게 많은 인구인 약 100만 명이 사용했던 하랍빠 언어의 진정한 후보로 간주될 수 없다.

남아시아 언어들 가운데 한 그룹만이 인더스 언어의 후보로 남는다: 드라비다어족은 1991년 인도 인구의 22.53%가 말한 인도-이란어족 다음으로 두 번째로 큰 언어 계열이다. 일찍이 1816년 초 프랜시스 와이트 엘리스(Francis Whyte Ellis)는 따밀어, 말라얄람어(Malayalam), 깐나다어(Kannada), 꼬다구어(Kodagu), 뗄루구어(Telugu), 말또어(Malto)가 "나중에 산스끄리뜨어가 특히 혼합되었지만 근본적인 연관성이 없는 독특한 언어군을 형성한다"고 지적했다. 1856년 로버트 콜드웰(Robert Caldwell)은 따밀어 또는 남부-인도어족에 관한 선구자적인 비교문법서의 초판을 출간했다. 그 속에서 그는 산스끄리뜨 단어 draviḍa-를 가지고 따밀어와 그것의 사용자들 그리고 보다 모호하게 다른 인도 남부 민족이 사용하는 언어들을 "드라비다계"(Dravidian)어족이라고 명명했다. 콜드웰은 1875년에 출판된 두 번째 판에 브라후이어(Brahui)를 추가해 12개의 드라비다 계열 언어들을 기술했다. 오늘날에는 초기에 3

개 또는 4개의 하위 그룹으로 나뉘어졌던 약 26개의 드라비다계 언어들이 인정되고 있다: 북부, 중부 그리고 남부 드라비다어, 마지막 것은 다시 둘로 갈린다[이미지 14.2]. 따밀어, 말라얄람어, 깐나다 그리고 뗄루구어의 4가지가 주요 언어들이다. 그들 각각은 대략 5300만 명, 3000만 명, 3300만 명, 6600만 명의 사용자들이 있으며(1991년 인구조사에서) 오랜 문학적 전통을 가지고 있다. 언어적으로나 문화적으로 따밀어는 가장 중요하다. 왜냐하면 그것은 구조상 매우 보수적으로 남아 있고 2000년 전으로 거슬러 올라가는 풍부한 문학을 가지고 있으며, 심지어 보다 초기의 짧은 비문의 경우에도 그것이 있기 때문이다. 대부분의 다른 드라비다 계열의 언어들은 상대적으로 사용자들이 적으며, 구술 문학만 있는 부족 언어들도 많다.

대부분의 드라비다어 사용자들은 남아시아와 중부 인도에 거주한다. 예외는 브라후이어, 꾸루크어, 말또어 사용자들이다. 브라후이어 사용자들은 발루치스탄에 있는 인더스 계곡 가까이 살고 있다. 그들은 오늘날에는 주로 파키스탄에 그러나 이전에는 이란 쪽의 발루치스탄에 살았다. 브라후이어는 비록 드라비다어이지만 700년에서 1200년 사이에 몇 번의 이동을 통해 북서쪽에서 발루치스탄에 도착한 서이란어 계열의 언어인 발루치어(Baluchi)의 영향을 매우 많이 받는다(제7장). 브라후이어는 아마도 이 시기 전에 발루치스탄에서 사용되었을 것이다. 왜냐하면 그 사용자들은 상황이 역전된 1750년 전까지 발루치어 사용자들보다 더 높은 사회적 지위를 가지고 있었기 때문이다. 비교적 최근까지 모든 브라후이어 사용자들은 발루치어를 알고 있었고, 그 반대도 마찬가지였으며, 가족들은 종종 브라후이어와 발루치어의 2개 국어를 구사했다. 서로 밀접하게 관련된 다른 두 부류들인 북부 드라비다어 하위 계열인 꾸루크어와 말또어는 주로 비하르(Bihar)의 산악 지역에서 사용되고 있다. 브라후이어에서 2개의 언어들이 갈라졌다는 사실은 가능성이 있다. 왜냐하면 구르자라(Gurjara)나 무슬림의 침략으로 인해 일부 브라후이족이 신드에서 발루치스탄으로 되돌아오는 것을 방해했기 때문이다. 아마도 그들 중 많은 수가 거기에서 산에서 평원으로 이어지는 오래된 이동방목 생활에 겨울 시즌을 보내다 돌아갔을 것이다.

드라비다어 계열의 언어들은 인더스 계곡 지역에서 인도 중부와 남부로 퍼져 나간 것으로 보인다. 인더스 계곡의 초기 및 성숙기 하랍빠 문화에서 유래한 데칸의 동기시대 문화는 사냥을 통한 수집 대신 농업과 동물 사육을 인도 중부와 남부로 확산시킨다. 이것은 인도 중부와 남부의 드라비다 계열의 언어들의 현재 분포와 일치하는 고고학적 배치이다[이미지 4.4; 14.2]. 인더스문명 자체는 구자라뜨와 마하라슈뜨라의 북부에 걸쳐 있었다[이미지 4.2]. 거기에 있는 다이마바드(Daimabad)에서 인더스 문자가 있는 후기 하랍빠 인장이 발굴되었다[이미지 14.3]. 구자라뜨어와 특히 마라티어는 인도-아리아어 계열의 언어들임에도 불구하고 드라비다어 기원의 외래어들을 상당 부분 포함하는 것으로 인정되고 있는 반면 장소의 명칭들에 대한 증거 역시 드라비다어 기층임을 암시한다. 특히 공통되는 것은 접미사 -ul, -uli, -ol, -oli, -vli, -vali, -valli, -vāli, -vāl, -palli, -pāli 그리고 -pāl이며, 이들은 모두 (북부과 중부 드라비다어 *palli를 경유해) 원시-드라비다어로 "작은 마을, 부락"을 의미하는 *palli로 되돌아가는 것으로 추정된다(Southworth 2005).

외래어들만 드라비다어의 기저를 드러내는 것이 아니라 친족 관계도 마찬가지다. 이론상 드라비다어와 인도-아리아어-사용자들은 근본적으로 서로 다른 두 친족 관계(cross-cousin)를 고수한다. 드라비다인의 친족 관련 용어는 사촌 간의 결혼에 기초하고 있는데, 여기서 남자는 어머니의 남자 형제의 딸 또는 아버지의 누이의 딸(양자는 모두 사촌이다)과 결혼할 수 있지만, 이모의 딸이나 삼촌의 딸[둘 다 평행 사촌(parallel-cousin)으로 같은 형제자매의 아이들이기 때문에]은 아니다. 이와는 대조적으로 인도-아리아인의 결혼 제도에서 정확한 규칙은 다르지만, 혈족의 족외혼이 우세하다. 예를 들어 라즈뿌뜨족 중에서는 4대의 조부모의 고뜨라들(gotras 확장된 부계)의 어떤 구성원들과도 결혼할 수 없으며, 산스끄리뜨 법률서의 훨씬 더 제한적인 사삔다(sapiṇḍa) 규칙에 따르면 결혼은 부계의 친척뿐만 아니라 혈육상 모든 가까운 친척들과도 금지되어 있다. 그러나 실제로 일부 인도-아리아어 사용자들은 드라비디안 친족 관계 관행을 따른다.

> 비록 대부분의 경우 드라비다어 사용자들은 또한 혈족상 드라비다인이고 인도-아리아어 사용자들은 혈족상 인도-아리아인일지라도, 전적으로 그렇지는 않다. 특히 친족 지도는 드라비다어 사용 한계의 북쪽지역인 마하라슈뜨라를 거쳐 구자라뜨의 사우라슈뜨라까지 인도 서부 해안 바로 위쪽에 드라비다인의 존재를 구축하는 역할을 한다. 이것은 커다란 역사적 의미가 있는 문제이다…. 비록 그들이 인도-아리아계 언어들을 사용하지만 그럼에도 불구하고 드라비다의 친족 체계를 가진 많은 공동체가 존재한다(Trautmann 1981:112).

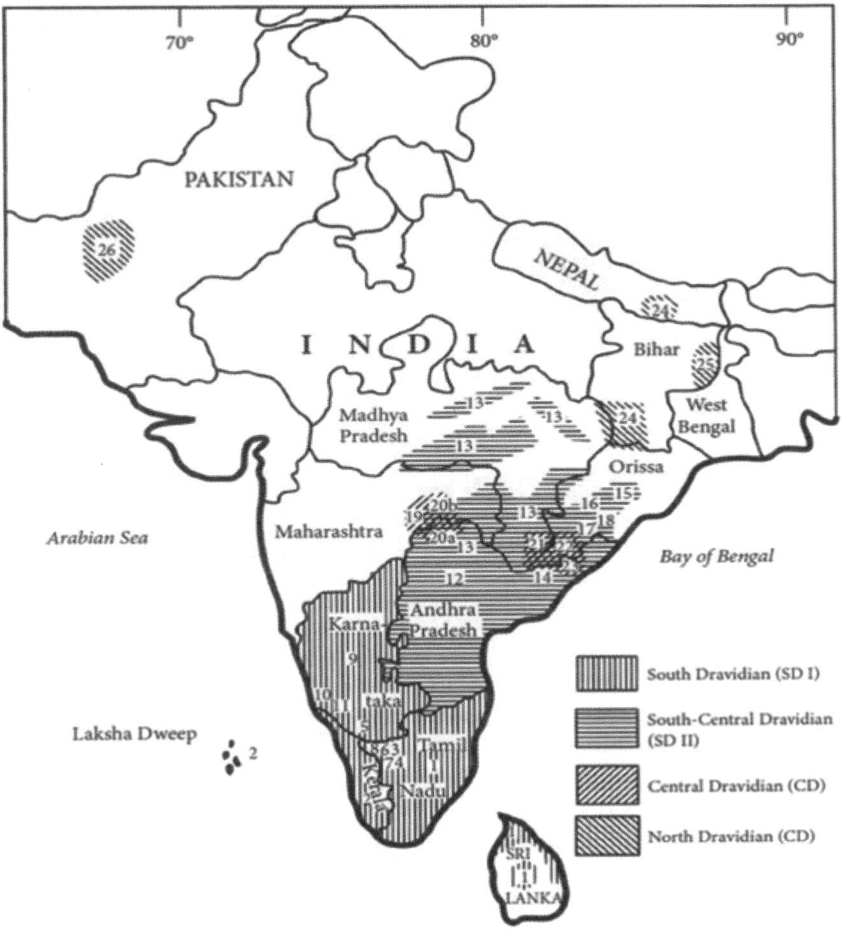

[이미지 14.2] 남아시아의 드라비다 계열 언어들의 지리적 분포: (1) 따밀어(Tamil); (2) 말라얄람어(Malayāḷam); (3) 이룰라어(Iruḷa); (4) 꾸룸바어(Kurumba); (5) 꼬다구어(Koḍagu, Kuḍagu, Coorg); (6) 또다어(Tuda); (7) 꼬따어(Kōta); (8) 바다가어(Baḍaga); (9) 깐나다어(Kannaḍa, Kanarese, Canarese); (10) 꼬라가어; (11) 뚤루어(Tuḷu); (12) 뗄구르어(Teluṅgu, Teliṅga, Tenugu, Tenuṅgu); (13) 곤디어(Gōṇḍī); (14) 꼰다어(Koṇḍa, Kūbi); (15) 꾸이어(Kūi); (16) 꾸비어(Kuwi, Kūvi); (17) 뺑고어(Pengo); (18) 만다어(Manḍa); (19) 꼴라미어(Kōlāmī); (20a) 나이끄리어(Naikṛi); (20b) 찬다의 나이끼어(Naiki of Chanda); (21) 빠르지어(Parji); (22) 올라리어(Ollari); (23) (Koṇḍēkōr) 가다바어(Gaḍba); (24) 꾸르크어(Kuṛukh, Kuṛux, Orāōn, Urāōn, Kisan); (25) 말또어(Maltō); (26) 브라후이어(Brāhūī). After Krishnamurti 2003:18, with the caption enlarged to include alternative spellings of the language names and their synonyms. Copyright ©2003 Bhadriraju Krishnamurti. Reprinted with the permission of Cambridge University Press.

[이미지 14.3] 마하라슈뜨라 다이마바드에서 나온 기원전 1800년의 II기 후기 하랍빠의 인장(Dmb-1) (a) 앞면; (b) 옆면. After CISI 1:352. Photo EL, courtesy ASI.

만일 하랍빠의 인구가 기원전 3000년의 마지막 분기에 약 100만 명에 달했다면 그 언어는 1000년 후 인더스 계곡에서 사용된 베다 언어에 약간의 흔적을 남겼을 것이다. 실제로 밀접하게 관련된 고대 이란어에서 드러나지 않은 베다 언어의 구조적 특징조차도 드라비다어 기저의 영향의 결과라고 간주되었다. 이것들은 음운론과 구문론을 모두 포함하고 있는데, 음소들로서의 권설음; 동명사의 사용 증가; 직접화법을 뒤따르는 불변화사 iti를 가진 인용구; 앞 음절의 반복을 통한 중복(예 : 리그베다의 "거품이 이는"을 뜻하는 budbuda- ~ 텔루구어의 "거품이 이는 소리를 가진"을 뜻하는 buḍa-buḍa; 아타르바베다의 "개"를 뜻하는 kurkura- ~ "개를 부르다"를 뜻하는 깐나다어 kure kure와 말또어 kur kur; 라마야나의 "이를 갈다"를 뜻하는 kaṭakaṭāpayati~ 깐나다어 "이를 갈다"를 뜻하는 kaṭakaṭa kaḍi)를 포함한다. 이후에 인도-아리아어로부터 드라비다어의 영향의 증거로서 음절 구조의 단순화와 여격-주어(dative-subject) 구조의 사용을 언급할 수 있다. 또한 다음의 7개의 리그베다 단어들이 적어도 원시-드라비다어 단어들에서 파생되었다는

사실이 널리 인정되고 있다:

phalam, "과일" 〈 *paḻam, "익은 과일"

mukham, "입, 얼굴, 시작" 〈 *mukam, "입, 얼굴, 시작"

khala–, "타작마당" 〈 *kaḷam, "타작마당"

lāṅgalam, "쟁기" 〈 *ñāṅgal, "쟁기" (내 의견으로 ñāṅgal은 원래 원시– 드라비다어 *ñāl "대지, 땅" + *kal, "파다, 발굴하다"의 복합어이다.)

ukham, "엉덩이" 〈 *ukkam, "엉덩이"

kāṇa–, "한쪽 눈이 안 보이는" 〈 *kāṇ–, "보다" + 부정적인 표시 *–aH–, "보이지 않다"

kaṭuka–, "매운, 쓴" 〈 *kaṭu "매운, 쓴"

비록 리그베다가 가장 초기에 기록된 인도–아리아어 자료 모음이지만, 그것은 후대에 유입된 이민자들에 의해 만들어졌다. 그들은 인더스 계곡에 보다 일찍 온 인도–아리아어 사용자들보다 인더스 계곡에서 소수의 드라비다어 사용자들을 만났다고 추론될 수 있다. 아타르바 전통을 이어 가는 후기 베다 문헌과 서사시에 나오는 드라비다계 외래어들의 수는 150개가 훨씬 넘는다; 그리고 만약 여전히 후대의 인도–아리아어가 고려된다면 거기에는 더 많은 것이 존재한다. 예를 들어 다음 장에서 논의될 제식주의적 힌두이즘의 중심에 있는 다음 뿌자(pūjā)와 가뜨(ghāṭ)라는 두 단어는 드라비어의 기원을 가지고 있을 가능성이 매우 높다. 나는 이제 내 개인적인 관점에서 드라비다계 외래어들에 대한 꽤 설득력 있는 예로 초기베다 단어에서 6개를 고려해 보도록 한다. 처음 두 가지는 인더스 계곡의 식물과 동물 군과 연관된다. 나머지 네 가지는 내 자신의 어원연구이다.

1. kiyāmbu, 수생식물 종류

이 단어는 단 하나의 베다 구절의 변형에서만 알려져 있다. 리그베다 어구(10,16,13c) kiyāmbu atra rohatu("끼얌부가 여기서 자랄 수 있기를")는 아타르바베다(18,3,6c)에서 kyāmbūr atra rohatu로 나타난다. 키얌부가 일종의 수생식물을 나타낸다는 사실은 일반적으로 동의한다. 왜냐하면 이 구절의 문맥은 시체 화장터를 충분한 물로 냉각시키는 것과 연관되기 때문이다. 어떠한 같은 어원의 단어들도 인도-아리아어의 후기 형태에서 기록되지 않았으므로 그 어원은 불분명한 것으로 간주되었다. 하지만 니키타 구로브(Nikita Gurov 2000)는 원시-드라비다어 **kiyampu로부터 뛰어난 어원을 제시했는데, 이 어원은 규칙적인 소리 변화를 통해 토란(taro, aroid, Colacasia)으로 다양하게 알려진 꽃이 피는 식물인 따밀어 cēmpu가 되었다. 리그베다와 아타르바베다에서 장음 -ā-는 끼얌부가 산스끄리뜨어로 "물"을 의미하는 ambu-(비록 ambu-가 우빠니샤드 이전에는 입증되지 않을지라도)를 가진 복합어라는 관념에서 기인했을 수 있다. 부수적으로 이 어원은 남아시아의 식물학 역사에서 중요하다. 왜냐하면 토란이 기원전 1000년에 인더스 계곡에 존재했다는 것을 암시하기 때문이다; 한 선도적인 연구원의 최근 조사에서, 토란은 오릿사나 인도 동부에서 인도 남부로 왔다고 한다(D. Q. Fuller 2006:41,46-47).

2. gardabha, "당나귀" (때로는 또한 "야생 당나귀")

야생 당나귀는 남아시아의 유일한 토종말과의 동물이며, 서식지는 주로 신드와 구자라뜨의 광범위한 염분이 있는 토양과 소금 습지에 국한되어 있다. 그 뼈는 많은 하랍빠 유적지에서 발견되었고 동물 자체는 인더스 비문의 기호와 몇몇 테라코타 조각상에서 그리고 꾸치(Kutch)의 깐메르(Kanmer)에서 출토된 한 개의 인더스 인장에 묘사되어 있다. 비슷한 모양의 당나귀가 (길들여진 말과 낙타 외에) 인도-아리아어 사용자들에 의해 중앙아시아에서 인더스 계곡에 소개된 후 "야생 당나귀"라는 드라비다어 단어 역시 "당나귀"로 사용되었다. "당나귀"를 뜻하는 따밀어 kalutai에 보존되어 있는 원시-드라비다어 *kaẓutay는 원래 "염분 있는 습지에 있는 발길질하는 동물"(*kaẓ-, "염분 있는 토양, 소금 습지" + *utay, "발길질하다"로부터)을 의미했던 것으로 보인다. 원시-드라비다어 *kaẓ(u)ta(y)가 어떻게 산스끄리뜨어에서 garda-가 되었는지는 만일 우리가 그것이 깐나다어에서 kalte가 꾸비어에서 gāṛde가 된다는 사실을 주목한다면 쉽게 이해될 수 있을 것이다. 고대 인도-아리아어 접미사 -bha-를 동물 이름에 첨부하는 것은 후대 인도-아리아어에서도 유사하다 (Parpola & Janhunen 2011).

3. oṁ

신성한 음절은 리그베다에서 oṁ의 형식으로 입증되지는 않지만 수수께끼 찬가인 리그베다 1,164의 세 구절에서 아끄샤라(akṣara) "음절"이라는 표현에 의해 임시되고 있다고 생각된다. 그러나 그것이 후기 베다 제례에서는 많이 사용된다. 리그베다, 사마베다, 야주르베다의 사제들이 브라흐만 사제에게 행위를 수행할 수 있도록 허가를 요청할 때(예: brahman apaḥ praṇeṣyāmi, "오 브라흐만이여, 나는 물을 앞으로 전달하려고 합니다"), oṁ은 허락(anujñā)을 이끌고 그다음에 적절한 명령형 동사가 뒤따른다(예, oṁ, praṇaya, "그래, 앞으로 전달해라!"). oṁ의 의미는 찬도갸-우빠니샤드(1,1,8)에서 분명하게 말해진다: "이 음절은 하나의 허락이다; 왜냐하면 어떤 것을 허락할 때 그는 oṁ이라고 말하기 때문이다." 슈나흐셰빠(Śunaḥśepa) 전설이 왕의 봉헌식 기간 동안과 연관되었을 때 "oṁ은 리그베다 구절(ṛc)에서 세속적인 구절(gāthā)인 tathā("그렇게 하도록 해라")에 대한 반응이다; oṁ은 신성하고, tathā는 인간적이다"(AB 7,18). 여기서 희생제에서의 성직자의 말과 일상의 세속적인 대화 사이에 구별이 만들어지는데 oṁ은 동의를 표현하는 성직자의 말로 사용되고 tathā 또는 tathāstu는 일상의 세속적 대화에서 사용된다. 그러나 때때로 oṁ과 na는 질문에 대한 대답으로 일반 산문적 대화에서 "예"와 "아니오"로 사용된다(예: BĀU 6,2,1). 그렇기 때문에 나는 (산스끄리뜨어에서 항상 그렇듯이 장음 ō를 가지고 있는) oṁ이 원시-드라비다어에서 "허락"(yes)을 뜻하는 *ām에서 파생된 것이라고 제안한다. *ām은 *ākum의 축소된 변형으로 (관습적으로 격어미가 없는 현재-미래형으로) 과거형이 없이, 매우 기본적인 조동사로 "그렇다, 그래"를 의미하는 *ā / āku에 접미사 *-um을 더해 규칙적으로 형성된다. ām을 "예"를 뜻하는 의미로 사용하는 용법은 드라비다계 언어들에서, 예를 들어 따밀어와 스리랑카의 자프나(Jaffna) 지역의 따밀어 방언에서 매우 일상적이다. 거기서 ām은 "예"를 뜻하는 ōm이 되며 결과적으로 베다의 ōm이 되는 (m의 발흠 혹은 발성에 대한 예측과) 동일한 발음 과정을 분명하게 반복한다. 힌디어에서 "예"를 뜻하는 hāṁ은 최초의 h-가 북부 드라비다어에서 비롯된 것으로 거기서 모든 초기 모음은 성문 폐쇄음(glottal stop)으로 도입된다(Parpola 1981).

4. śakaṭī-, śakaṭam, "황소가 끄는 마차"

이 단어는 리그베다(10,156,3)의 마지막 권에서 한 번 드러난다. 거기서 이 단어는 뚜렷하게 숲의 여신과 연결되어 있기 때문에 여성형(śakaṭī-)을 갖는다. 그 후 그것은 śakaṭam과 같은 중성으로 주로 나타나는데 후기 베다 문헌에서는 물려받은 인도-아리아 단어로 "황소가 끄는 수레"를 뜻하는 anas-(라틴어 "적재하다"를 뜻하는 onus와 같은 어원)로 대체된다. 이것은 인더스 계곡의 인구가 기원전 3000년경의 초기 하랍빠 시대부터 황소가 끄는 수레를 가지고 있었다는 점을 감안할 때 많이 사용되었던 황소가 끄는 수레에 대한 지역적, 즉 인더스 계곡에서의 명칭이 베다 용어에 들어왔음을 암시한다. 다양한 현대 인도-아리아어계 언어들 속에서 śakaṭam과 같은 어원의 단어는 변형된 형태 *śakkaṭam과 *śaggaṭam을 포함한다(Turner 1966 : 709, Mayrhofer 1996 : II,601). 그렇기 때문에 나는 그것이 음성전환적 소리의 치환(metathetical sound transposition)을 통해 원시-드라비다어로 "마차의 나무로 만든 틀이나 플랫폼"(또한 "문틀, 침대 틀, 들것"의 의미로 사용되었던)을 뜻하는 *caṭṭakam에서 파생되었다고 제안한다. 수레들에 관한 하랍빠의 테라코타 상들은 수직의 핀들을 위한 구멍이 있는 플랫폼과 같은 틀과 별도의 수레바퀴로 구성된다; 동일한 유형의 황소가 끄는 수레가 신드 지역에서 여전히 사용되고 있다(Parpola, press d에서).

5. bhekuri/bekuri, "달력의 별자리, 달의 여주인"

한 맥락에서 보면 가장 오래된 야주르베다 문헌은 베꾸리(bhekuri 또는 bekuri)라는 이름으로 낙샤뜨라들(nakṣatras–), 즉 달력의 별자리(힌두 점성술에서 달의 저택)를 지칭한다. 그들은 낙샤뜨라들을 천상의 달의 여주인으로 취급한다. 샤따빠타-브라흐마나(9,4,1,9)는 낙샤뜨라들에 합류하는 달을 춤추는 소녀들(apsaras)과 성관계를 가진 천상의 바람둥이(gandharva)와 비교한다; 그리고 낙샤뜨라들이 "빛을 만든다"(산스끄리뜨어로 bhāṃ kurvanti)라고 말함으로써 베꾸리에 대한 민속-어원학적 설명을 제공한다. 내 관점에서 볼 때 좀 더 그럴듯한 어원은 b(h)ekuri를 여러 드라비다계 언어들 속에 "금성"을 나타내는 단어들, 특히 고대 따밀어 vaikuru mīn에 보존되어 있는 낙샤뜨라라는 원래의 드라비다어 명칭으로 거슬러 올라가서 추적하는 것이다. 특히 고대 따밀어 vaikuru mīn은 "밤을 지새우다, 밤을 보내다, 빛이 발생하기 시작하다, 날이 새다"에서 파생된 원시-드라비다어 *vayku와 "결합하다, 가까이 함께하다, 접촉하다, 성행위를 하다"를 의미하는 *uṟu에서 파생되었다. 드라비다계 언어에서 v–/b–와 ai/e의 교체는 매우 흔하다. 예를 들어 뚤루어(Tulu) baiku, 뗄루구어(Telugu) vēgu, 꾸비어(Kuvi) vēy– 그리고 말또어(Malto) bije는 원시-드라비다어 어근 *vayku의 표현이다(Parpola 1994a:206–207).

6. kiṃpuruṣa and kinnara, 신화적인 음악인들

서사시와 고전 산스끄리뜨어 문학에서 낌뿌루샤(kiṃpuruṣa)와 낀나라(kinnara)는 (보통 말로 대표되는) 반인(half–human), 반수(half–

animal)인 것으로 생각한다. 마가(Māgha)의 쉬슈빨라바다(Śiśupālavadha 4,38)에 의하면 낌뿌루샤는 말의 머리와 인간의 몸을 가지고 있는 반면 낀나라는 인간의 머리와 말의 몸을 가지고 있다. 두 단어는 "무엇"(kim)과 "사람"(puruṣa와 nara)을 의미하는 단어들로 전체 의미가 "어떤 종류의 사람인가?"가 되는 산스끄리뜨 복합어로 분석될 수 있다.

두 단어들 가운데 오직 낌뿌루샤만이 베다 문헌, 즉 브라흐마나 문헌들에 나타난다. 이것들은 불의 제단이 벽돌로 만들어질 때 5가지 제물들이 바쳐지고 그들의 머리가 제단의 가장 낮은 층의 중앙에 있는 우카(ukhā) 단지에 놓인다고 자세히 명시된다. (인간을 포함해) 이 5가지 제물들은 "마을의 동물들"이라고 불린다: 사람(puruṣa 남자), 말(aśva), 암소, 양 그리고 염소. 그들은 5 종류의 "숲의 동물"과 연관된다. 이들은 가두어져 있지만 희생제의 제물들을 가지고 재앙과 고통을 야기한 악을 제거하기 위해 풀려나게 된다. 5종류의 "야생"동물들은 다음과 같다: 낌뿌루샤, 야생 당나귀(gaura), 들소, 야생 양(urial) 또는 낙타, 야생 염소(markhor 또는 ibex). "가짜-사람", "타락한 사람", "불구가 된 사람", "난쟁이", "미개인", "유인원"이 낌뿌루샤의 가능한 의미로 제시되었다.

낌뿌루샤는 베다 문헌에 나타나지만 낀나라는 그렇지 않기 때문에 낀나라는 일반적으로 낌뿌루샤의 후대의 변형으로 간주되었다. 그러나 내 관점에서 볼 때 낀나라가 낌뿌루샤보다 앞서 존재한다: 그것은 산스끄리뜨어로 잘못 알려진 드라비다어 단어이다. 산스끄리뜨어에서 "사람"을 의미하는 nara-는 산스끄리뜨어로 "사람"을 뜻하는 puruṣa-가 되었다.

실제로 낀나라[kinnara(m)]는 아마도 기록상 가장 초기의 드라비다어 단어일 수 있다. 하랍빠인들은 이 단어를 메소포타미아로 가져왔을지도 모른다. 왜냐하면 그것은 설형문자 자료들로 쓰여진 것처럼 보이기 때문이다. 그것은 처음 "하프"를 가리키는 설형문자 어표로 나타난다. 그런 다음 기원전 18세기 이후 그것은 구 바빌로니아 설형문자에서는 GIŠki–in–na–ratim으로 그리고 우가리트어 설형문자와 알파벳에서는 GIŠki–na–rum, knr로 음성적으로 표기된다. 이 단어들은 분명히 "현악기"를 의미하며, 이 의미에서 같은 어원의 단어들은 그 지역에서 여러 시기에 걸쳐 사용되던 다양한 언어들로부터 알려진다: 신왕국의 이집트어 k[ ]–nù–rú와 k.nn.r, 시리아어 kennārā, 아랍어 kinnāra, kinnīra와 kinārum, 히브리어 kinnōr, 그리스어 kinúrā와 kinnúrā. 히타이트에서 kinirtalla는 "음악가[가야금과 유사한 악기 치터(zither) 연주자]"를 가리킨다. 아시리아학자들은 이 단어로 표시된 현악기가 인도에서 서아시아로 수입된 것이라고 생각했다; 이 단어들은 확실히 구조상 셈족어가 아닌 것으로 간주된다.

나는 낀나람을 복합어로 간주하는데, 여기서 첫 번째 부분은 고대 따밀어에서 하프의 소리를 표현하기 위해 사용한 것으로 "소리 내다, 울리다"를 뜻하는 원시–드라비다어 어근 *kil이다; 그것의 마지막 *–l은 복합어의 두 번째 구성 요소의 첫 글자 *n–에 동화되었다. 이 두 번째 부분은 고대 원시–드라비다어로 "신경, 힘줄, 정맥"을 그리고 고대 따밀어에서 (힘줄로 만들어진) "하프의 줄을 뜻하는 *naram 〈 *ñaram이다. 따라서 낀나람의 원래 의미는 "소리가 나는 현악기"이며, 이 의미 속에서 복합 단어는 9가지 드라비다계 언어들에서 입증된다: 따밀어와 말라얌어 kinnaram, kinnari, 깐나다어와 뚤루어 kinnari, 뗄루구어 kinnara, kinnera, 빠르지어 kindri, 꾸비어 kinēri, 꾸루크어 kendrā 그리고 말또어 kendre. 게다가 세 개의 인도-아리아계 언어들은 같은 의미를 가진 단어를 가지고 있다: 산스끄리뜨어 kiṃnarā(고유의 산스끄리뜨어 사전에서만 입증된다), kiṃnarī[헤마짠드라의 사전과 까타사리뜨샤가라(Kathāsaritsāgara)에서], 신드어 kīniro, kīnaro 그리고 고대 마라티어 kinarī. 헤마짠드라(Hemacandra)에 의하면 kiṃnarī는 "부족들 짠달라(caṇḍāla) 계급의 류트"(Parpola 1983)이다.

(12장과 19장에서 부분적으로 논의했던) 문헌적 증거를 토대로 나는 베다 희생제에서 인간 제물이 하프를 연주하는 시인이었다고 제시했다. 그는 악기 연주가 끝난 후 (현대 오케스트라의 어떤 멤버처럼) 불려갔다. 희생제는 인간 제물과 동물(말) 제물의 절단된 머리를 교환하는 것을 포함한 "재생" 의식이 내포되었다. 그 결과 마가(Māgha)가 위에서 기술했던 종류의 "신비한" 생명체가 탄생한다(제11장 참조).

따라서 베다 의례들의 초기 단계에서 인간희생제와 관련된 오래된 문제인 낌뿌루샤는 드라비다어 낀나라로부터 민속-어원학적으로 번역된 차용어로 판명된다. 이것은 남아시아계 언어에서 가장 먼저 기록된 단어일 수 있다.

원시-드라비다어 *caṭṭakam에서 파생된 산스끄리뜨어 śakaṭam은 초기 하랍빠 시대부터 현대까지 남아시아에서 가장 중요한 운송 수단인 황소가 끄는 마차를 가리킨다. 오늘날 힌두이즘에서 중요한 상징들 가운데 하나인 신성한 음절 om 역시 드라비다어 어원을 가지고 있다. 이 새로운 어원들은 원시-드라비다어가 인더스문명의 언어일 가능성을 높인다. 21장에서 살펴보겠지만, 그 결론은 인더스 문자의 증거에 의해 강화된다.

15

민속신앙에서의 풍요(다산) 의식들

메르가르(Mehrgarh)와 같이 발루치스탄에 있는 신석기시대의 마을에 대한 발굴 작업은 식량을 위한 곡물 재배와 동물 사육에 대한 증거뿐만 아니라 제식상 중요한 가공물들로서 인간 여성과 황소들의 테라코타상들처럼 종교적인 이미지로 보이는 것을 드러나게 했다. 그것들은 가장 초기의 촌락 종교가 식물과 동물 및 사람들의 풍요를 위한 기도를 포함하고 있었다는 사실을 암시한다. 여성상들은 대지의 여신, 자신의 자궁에 파종된 씨앗에서 식물들을 산출하는 자 그리고 아이들을 낳고 돌보는 어머니처럼 숭배자들을 양육하는 자를 대표하는 것으로 생각된다. 황소 상들은 축산업과 관련된다. 그들은 천둥과 비를 뿌리는 하늘을 대표하는데, 이것은 많은 고대 종교에서 그의 배우자인 대지를 수태시키는 강력한 남신인 포효하는 황소로 간주된다. 이 해석은 19장에서 논의할 서아시아와의 비교에서 확인된다.

인간인 여성들과 다양한 수컷동물들에 관한 수많은 테라코타 조각상들은 이 다산(풍요)을 기원하는 의식이 초기와 성숙기 하랍빠 시대부터 이후 수천 년 동안 이어져 왔으며 그리고 실세로 오늘날 남아시아 마을에서도 여전히 지속되고 있음을 보여 준다. 남성 조각상들은 초기 하랍빠 시대 메르가르(Mehrgarh)에서 처음 그 모습을 드러낸다. 거기에서 그들은 보통 터번을 두르고 때로는 팔에 아이를 안고 있다. 하랍빠에서 발굴된 인간에 관한 조각상들 가운데 1,143개가 여성(일부는 유아들을 안고 있음)으로 그리고 407개가 남성으로 확인되었다. 모헨조다로에서 발굴된 500개 또는 그 정도의 인간과 동물의 조각상들은 대부분 오직 한 개의 문만 있는 방들, 다시 말해서 집에서 사적인 장소에서 발견되었다. 따라서 의식용 상들은 힌두교 가정에서 의식(pūjā)를 드리는 방이나 골방(alcove 후미진 방)에 필적하는 특별한 장소에 안치되는 것이 허락되었다.

인도-이란인들 그리고 그들을 따라온 베다 사제들은 그들의 신들을 신상의 형태로 숭배하지 않았다. 그들은 보이지 않는 신들을 초대해 희생제의 불 옆에 있는 풀 위에 앉히고, 신들을 위해 음식과 음료를 부어 주면서 새롭게 구성된 찬가를 가지고 칭송했다. 이와는 대조적으로 힌두인들은 신성에 대해 직접적이고 구체적으로 예배 의식을 행한다. 그것은 신상, 조각상, 초상 또는 살아 있는 존재, 아니면 (결혼식에서 신부와 신랑이, 쉬바와 빠르와띠 또는 구루와 같이 인격화되는 것처럼) 인간 또는 [연중 축제 동안의 암소, 나가빤짜미(nāgapañcamī) 날의 뱀처럼] 동물, [바따사비뜨리브라따(vaṭasāvitrīvrata)를 공연하는 동안의] 반얀 나무 또는 [나바라뜨리(navarātri) 축제 동안의 책이나 무기 또는 성스러운 사람들의 나무 샌들처럼] 생명이 없는 물체가 된다.

산스끄리뜨어로 뿌자(pūjā)라고 불리는 힌두교 신상 숭배는 (브라흐마나 사제들에 의해 쓰여진) 학자들의 매뉴얼에 의하면 일반적으로 16가지의 “봉사”로 구성되어 있지만, 이 수는 1가지에서 108가지까지 다양할 수 있다. 가장 초기의 (베다 이후시대) 텍스트 중 몇몇에는 목록들이 다음과 같이 열거되어 있다: (1) 기도, (2) 자리, (3) 발을 씻기 위한 물, (4) 귀한 손님에게 제공되는 아르갸(arghya) 물, (5) 한 모금 마시기 위한 물, (6) 목욕, (7) 의복, (8) 신성한 실, (9) 연고나 백단향 반죽 바르기, (10) 꽃, (11) 향, (12) 램프, (13) 음식, (14) 입에 뿌리는 향, (15) (찬양과) 엎드림 그리고 (16) 걸어서 돌아다님과 선물 또는 벗어남. (2)에서 (5)는 귀한 손님을 맞이하기 위해 베다 의식에서 나온 것이며, (8)의 성스러운 실도 마찬가지로 브라흐만 전통에 속한다는 것을 바로 알 수 있다.

인간이든 신이든 귀한 손님을 대접하는 원래의 비아리아적 양식은 후기 베다 문헌에 묘사된 몇몇 의식들 속에서 출처들이 처음 기록된 것처럼 보인다. 하나는 희생제의 불 없이 뱀들에게 만들어진 제물인 사르빠-발리(sarpa-bali)이며, 또 다른 하나는 조상들을 위한 의식이다. 주된 것은 예배의 대상을 목욕시키고, 사람, 동물, 신상의 몸에 연고를 바르며, 옷과 다양한 장신구들과 (아이-라이너, 빗, 거울 등의) 화장용품과 꽃 화환을 제공하는 것인 것처럼 보인다. 사원 예배에서, 그 신상은 (우유, 커드, 기, 꿀, 사탕수수 주스… 같은) 많은 종류의 액체로 목욕될 수 있다. 또한 숭배자가 목욕물의 일부를 마시고 신의 손길이 닿은 성스러운 힘을 지닌 신이 먹고 남은 식사의 나머지를 먹는 것 또한 중요하다.

브라흐마나들의 보호하에 있었던 문헌 자료들과 사원 의식에서 마을 사람들의 단순한 실질적인 예배로 바뀌었다. 얄 샤르팡티에(Jarl Charpentier 1926)가 19세기부터 인도 전역에서 여러 페이지의 참고문헌을 수집한 결과 거기에서 예배는 성스러운 나무 아래 있는 독특한 돌일 수도 있는 상에 기름과 주홍색 주사로 만든 반죽을 바르는 것으로 이뤄진다. 힌두교 예배의 대상을 바르는데 자주 사용되는 붉은색 연고, 붉은색 꾼꾸마(kunkuma) 가루, 노란색 강황 가루는 피를 상징하는 것으로 여겨진다. 피는 인도 남부와 벵골의 동물 희생제에서 여신의 신상에 부어진다. 베다 의식에서 이것은 의심할 여지없이 비아리아적 기원을 가진 하나의 유일한 대응물을 가지고 있다. 말 희생제에서 이 주된 희생물의 피는 돌출된 이빨을 가진 대머리 노인의 머리 위에 부어져 그의 머리까지 물이 차오르게 된다. 그는 바루나 신을 의인화한 것이다. 남자와 그가 물속에 있는 것에 대한 묘사는 바루나의 탈것인 악어를 상기시킨다. 이에 대해서는 뒤에, 19장에서 베다의 말 희생제가 하랍빠가 기원인 들소 희생제를 대체한 것이라는 사실에 대해 논의할 것이다.

"예배하다, 명예"를 뜻하는 산스끄리뜨어 어근 pūj-는 그의 파생어들과 함께 그리햐수뜨라 이전까지 베다 문헌들에서는 사용되지 않았다. 그리햐수뜨라에서 숭배의 대상은 힌두교 방식으로 황소와 같은 동물이 될 수 있다(GGS 3,6,11). 헤르만 군더트(Hermann Gundert 1869)가 제안했듯이 "바르다, 문지르다"를 의미하는 원시-드라비다어 어근 **pūcu에서 어원을 추정하는 것은 가장 단순한 형태의 힌두 뿌자(Hindu pūjā)의 중심적인 행위와 잘 어울린다. 드라비다어 pūcu는 "바르다, 문지르다"를 뜻하는 산스끄리뜨어 동사 lip-과 añj-와 그 의미가 일치하며, 양자는 모두 사르빠-발리 의식에 대한 설명에 나타난다.

힌두교 의식에서 목욕에 대한 강조는 마샬(Marshall)이 처음 제안한 것처럼 그 뿌리가 인더스문명으로 거슬러 올라갈 수 있다. 모티머 휠러

(Mortimer Wheeler)는 다음과 같이 주목하면서 그것에 동의했다:

> 하랍빠 사람들의 삶에서 물의… 중요성은 모헨조다로 성채의 대욕장과 도시 전역의 목욕과 배수를 위한 거의 사치스러운 설비에 의해 강조되며, 후기 힌두교와 또 다른 연관성을 제공할 수도 있다. 현대 인도인의 의례에서 '물탱크'의 일상적 사용과 하루의 시작과 주요 식사 전의 목욕을 하는 관행은 궁극적으로 인더스문명에 나타나는 아리아 이전(pre-Āryan) 시대의 관습에서 비롯되었을 수 있다(Wheeler 1968:110).

내 관점에서 볼 때 바라나시(Varanasi)에 있는 가뜨(ghat)들과 같은 힌두의 목욕 장소는 인더스문명 시대부터 존재했을 수 있다. 인더스의 운하 또는 지류가 홍수 방어 역할을 하는 기슭막이들로 둘러싸여 있던 것으로 보이는 모헨조다로의 하부 도시 옆으로 흘렀던 것으로 추정된다. 어네스트 맥케이(Ernest Mackay)는 "도시의 성벽에 있는 작은 요새"로 간주했던 것 옆에서 "적어도 현재의 수위까지 내려와 있던" "가뜨 같은 계단 부분"을 발견했다(Wheeler 1968:47). 어쨌든 "강둑, 제방, 댐"을 뜻하는 드라비다어 *kaṭṭa에서 온 산스끄리뜨어 ghaṭṭa-의 파생어가 "목욕 장소"를 뜻하는 힌디어 단어 ghāṭ와 많은 현대의 인도-아리아어계 언어에서의 같은 어원을 가진 단어들이라는 사실이 상당히 잘 받아들여진다; 그리고 그에 상응하는 산스끄리뜨어 단어인 ghaṭṭa-가 베다, 서사시, 뿌라나 문학에서 입증되지 않고 오직 사전 편찬자들의 작품에서만 입증된다는 사실은 놀라운 일이다. 이와 동등한 "걸어서 건너다, 신성한 목욕 장소"를 의미하는 인도-아리아어 용어인 띠르타

(tīrtha)와의 모든 미묘한 차이들은 그와 거의 동의어로 "건너가다, 걸어서 건너다, 넘어서다"를 뜻하는 드라비다어 *kaṭṭa, 즉 *kaṭa로 보충된다(Parpola 2003).

초기 하랍빠인들은 쟁기와 소가 끄는 수레를 사용했다; 실제로 그들의 모든 기본 공예품은 매우 발전되어 있었다. 실질적인 측면에서 볼 때 남아시아의 마을들은 아주 최근까지도 거의 변한 것이 없다. 모든 문화권의 민속 종교가 특히 보수적이기 때문에 우리는 종교에서도 같을 것이라고 예상할 수 있다. 구자라뜨에 대해 19세기 학자는 다음과 같이 언급했다: "모든 마을에는 마따(Mātā) 또는 암바(Ambā)라고 불리는 특별한 수호자인 어머니가 있다." 서로 다른 "어머니들"의 수는 모두 140명가량 된다. "일반적으로 거기에는 모든 반대되고 악마적인 영향으로부터 여성처럼 보호하는 남성 신도 존재한다. 그러나 어머니는 가장 좋아하는 숭배 대상이다." 그와 같은 것은 대체로 인도에서도 마찬가지였으며, 특히 드라비다어를 말하는 남인도에서도 똑같았다. 모든 마을에서 어머니 여신은 장소와 토양으로 의인화되었으며, 그 가운데 그녀에 대한 의식상의 신상은 그 지역의 도공에 의해 만들어졌다. 그녀는 아이들, 건강, 동물들 같은 것에게 은총을 주도

[이미지 15.1] 높이 31cm, 길이 25cm의 단단한 바퀴가 부착된 판위에 서 있는 물소. 총무게가 60kg에 달하는 4개의 청동 조각품 가운데 하나로 후기 하랍빠 또는 동.석기 시대에 속하며 최단 인더스 유적지 마하라슈뜨라 다이마바드(Daimabad)의 창고에서 발견되었다. ©Asko Parpola.

록 기도되었다. 하지만 만일 그녀가 무시당하거나 분노하면 전염병과 같은 끔찍한 재앙들을 줄 수 있었기 때문에 또한 두려워했다.

초기 하랍빠 문화는 기원전 3000년경에 동쪽과 남쪽으로 이동하기 시작했고, 이후 영향력의 물결은 같은 방향으로 인더스문명에서 나왔다[이미지 4.1–2]. 하랍빠의 물소 숭배[이미지 15.2, 16.6]가 후기 하랍빠 또는 동.석기 시대에 인도 반도에 도착했다는 사실은 1974년 마하라슈뜨라에 있는 최남단 인더스 유적지인 다이마바드(Daimabad)의 한 저장고에서 발견된[이미지 4.4, 14.3] 거대한 물소의 청동 조각[이미지 15.1]에 의해 암시된다. 남인도 전역에서 비교적 최근까지 마을의 여신들은 물소 희생제를 통해 숭배되었다. 여신들은 나무로 만든 기둥이나 돌로 만든 기둥 또는 보리수나무로 표현된 "들소왕"이라고 불리는 남성신과 연관되었다(Biardeau 2004).

브렌다 벡(Brenda Beck 1981)이 연구한 따밀나두에 있는 남인도 촌락 깐나뿌람(Kannapuram)의 예배의 형태에서는, 그 앞에서 희생제의 들소들이 목이 잘리는 ("기둥"을 뜻하는 것으로 따밀에서는 kampam, 산스끄리뜨어로는 skambha로 알려진) 나무 기둥이 여신의 남편이라고 말해진다. 연례 결혼 의식이 끝날 때 마지막 희생물이 도살된 후에, 이 기둥은 뿌리 뽑히고 여신은 미망인처럼 그녀의 장식품들이 제거된다. 기둥과 그것을 뽑아내는 것은 쉬바의 남근과 그것의 거세와 일치한다. 그 희생제의 기둥은 신성한 결혼 축제 후에 불태우는 데 사용되었다.

나무 기둥의 기원에 관한 이야기에서 여신은 브라흐마나 여성의 자궁에 자신을 이식해서 브라흐마나 소녀로 태어나게 되었다고 말해진다. 불가촉천민인 빠라이야(Paraiya) 소년이 그녀와 사랑에 빠졌고 그녀의 부모님으로부터 그녀와 결혼해도 좋다는 승낙을 받았다. 그가 불가촉천민이라는 신분이 후에 알려지게 되자 여신은 분노했다. 그녀는 모든 것을 태워 버리는 눈길로 남편을 불태워 재로 만들어 버렸고 그로부터 마르고사(margosa 인도먹구슬나무) 나무가 자라서 그녀의 집 밖에 영원히 서 있게 되었다. 이것은 여신의 낮은 카스트의 수호자 또는 하인인 남성의 신성을 상징하는 나무와 기둥의 기원을 설명하는 신화의 전형적인 판본이다.

인도 전역에서 알려져 있는 쉬바와 까마(Kāma)의 신화는 매우 비슷하다. 까마가 쉬바에게 욕망의 화살을 쏘아 그가 여신 빠르와띠에게 반하게 만든 것에 대한 복수로 쉬바는 분노한 채 제3의 눈으로 그를 바라봄으로써, 사랑과 성적 욕망의 신 까마를 불태워 재로 만들어 버렸다. 고행자(금욕주의자)인 쉬바의 몸을 뒤덮고 있는 재는 불타서 재가 된 까마의 것이라고 말해진다. 이 신화의 다른 판본에 의하면 까마는 나무가 되었다. 현대의 스리랑카에서 따밀 축제는 쉬바가 까마를 불태우는 것을 공연한다. 거기서 까마는 기둥으로 분장해 또한 불태워진다. 인도 중부와 남부에서는 (춘분 때 거행되는) 봄의 축제인 홀리(Holi)가 큰 모닥불을 가지고 까마의 죽음과 부활을 기념한다. 까마와 그의 아내 라띠(Rati "성적 쾌락")를 대표하는 인간상들이 만들어지고 그 가운데 남성상이 불 속에 던져진다. 마하라슈뜨라에서는 사람들이 여성 생식기에 대한 단어들을 외치면서 불 주위를 걸어 다니고 성행위를 모방한 춤을 춘다. 꾸마온(Kumaon)에서 홀리 축제는 땅에 장대를 박아 놓고, 그 주변에서 춤을 추고, 에로틱한 노래들을 부르면서 축제 마지막 날에 장대를 불태우는 것으로 거행된다.

베다 의식에서 동물 희생 제물은 나무로 만든 희생제의 말뚝(yūpa)에 묶이게 된다. 이것은 대지의 배꼽(중심)에서 자라는 태초의 우주 나무를 상징한다. 그것은 하늘을 떠받치고 그 결과 천상으로 인도하는 역할을 한다. "제물이 천상의 세계로 가는 것은 희생제의 말뚝을 통해서이다"라고 마이뜨라야니 상히따(Maitrāyaṇī Saṃhitā 4,8,8)는 말한다. 베다 희생제 후 말뚝은 서 있도록 놔두거나 신성한 불에 던져졌다. 말뚝을 태우는 것은 불을 피우는 자리가 신들의 자궁이며, 희생 제주는 금빛 몸을 가지고 천상에 태어날 것이라고 말함으로써 설명된다(AB 2,3).

희생제의 말뚝이 또한 베다에서조차도 남근의 의미를 가지고 있다는 사실은 "남자아이의 탄생을 초래하는" 베다의 뿜사바나(puṁsavana) 의식에서 보아도 분명하다. 여기에서는 남성 생식기에 대한 다양한 상징들이 사용된다. 그것은 예를 들어 (남근을 상징하는) 보리알과 함께 (고환을 상징하는) 두 개의 콩, 양쪽에 하나씩 열매가 매달려 있는 보리수나무의 싹과 공중에 매달린 뿌리(고환) 등이다. 보리수나무의 싹과 공중에 매달린 뿌리는 연자 맷돌로 빻아지게 되고 (그것은 성행위를 상징하는 행위이다) 그 결과 만들어진 (명백하게 정액과 동등한) 반죽을 남편은 아내의 오른쪽 콧구멍에 집어넣는다. 이 성적 능력이 있는 반죽과 섞일 수 있는 다른 것들 가운데 하나는 "불에 노출된… 희생제의 말뚝 조각"이다(HGS 2,1,2,6).

뿜사바나 의식에서 기도되는 신은 "자손들의 신"인 쁘라자빠띠(Prajāpati)이다; 그러나 그 안에서 사용된 수단들, 즉 보리와 콩(KS 36,6; MS 1,10,12)뿐만 아니라 보리수나무(GGS 4,7,24)는 모두 바루나에게 속한다고 말해진다. (다음 장에서 논의될) 슈나셰빠(Śunaḥśepa)

전설에 의하면 바루나는 아들을 잉태하기 위해 다가가는 신이다. 이러한 사실은 바루나의 남근의 성격과 쁘라자빠띠, 쉬바 그리고 링가 숭배와의 관계를 뒷받침한다. 그것은 힌두이즘의 필수적인 부분이 되었다.

남인도 민속 종교에 대한 묘사에서 마을의 수호 여신과 그녀에게 피의 희생제는 실제로 주된 위치를 차지한다:

> 마을 주민들에 의해 동물 희생 제물이 정해지기 전날 밤에, '신에게 바쳐진'을 뜻하는 데바라 뽀뚜(Devara Potu)라고 불리는 수컷 버팔로가 마을 전체를 위해 희생된다. 먼저 버팔로를 물로 씻고, 노란색 강황과 붉은 꾼꾸마를 바른 다음, 꽃과 신성한 마르고사 나무의 잎으로 만든 화환으로 장식한다. 그것을 신상 앞으로 데려간다; 그리고 마디가(Mādigā)가 만일 그것이 한 번에 가능하다면 그의 머리를 잘라 익은 쌀밥 덩어리 위에 올려놓는다. 쌀밥은 피로 흠뻑 젖게 된다. 그런 다음 오른쪽 앞다리를 잘라 내어 입에 교차되게 놓는데, 남인도에서 널리 퍼진 관습에 따르면 내장의 지방을 눈과 이마에 바르고, 머리는 신상 앞에 놓인다. 불이 켜진 램프가 다른 마을에서처럼 머리 자체가 아니라 피로 흠뻑 젖은 쌀 밥덩이 위에 놓인다. 그런 다음 이 쌀은 바구니에 담긴다; 그리고 마을 베띠(vetty), 즉 청소부인 마디가가 그것을 가지고 마을을 돌아다니면서 그가 가는 곳마다 땅에 그것을 뿌린다. 마을 사람 모두가 그와 함께 가지만, 음악이나 북소리(tom-tom)는 없다. 사람들은 가는 곳마다 "폴리! 폴리!"(Poli! Poli!) 즉 "음식, 음식"이라고 큰소리로 외치고 손뼉을 치며 악령이 다가오지 못하게 그들의 머리 위로 막대기를 흔든다. 쌀은 여신에게 공물로 바쳐지지만 피에 젖지 않은 쌀은 사람들에게 분배된다…. 다음 날에는… 다양한 세대주, 심지어 브라흐마나들과 상인들조차도, 희생제를 위해 동물들을 데려온다. 모든 동물

들은 마디가에 의해 죽임을 당하고 머리들이 모두 모여 여신 앞에 쌓인 채 놓인다. 때때로 엄청난 수의 동물, 하루에 천 마리나 되는 양들이 이때 희생되기도 한다(Whitehead 1921:56 – 57).

버팔로 희생제가 남인도 촌락 종교에서 흔한 반면 북인도 촌락 종교에서는 그것이 없다. 그 이유는 아마도 베다 브라흐마나들이 그것을 근절하기 위해 의식적으로 노력했기 때문일 것이다. 지나친 버팔로 희생제는 처음 인더스 계곡에 있는 리그베다 아리아인들에 의해 수용되었다(RV 5,29,7–8 등 참조). 그러나 그 후 이 예배 형태는 더 이상 들리지 않는다. 후기 베다 문학에서 (바루나에게 바치는) 버팔로 희생제는 한 문맥에서만 언급된다. 그 속에서 그것은 말 희생제에서 보조적인 희생물로 제공되는 수백 마리 동물의 목록들 가운데 하나로 나타난다. 일반적으로 말하자면, 브라흐마나들은 리그베다 시대부터 피의 희생제에 맞서 싸웠던 것으로 드러난다. 리그베다에서는 소가 아그냐(aghnyā "살해되어서는 안 되는 것)라고 불렸다. (명백하게 아타르바베다의 인도–아리아인의 행동규범을 반영하고 있는) 그리햐수뜨라의 규칙들이 귀한 손님을 맞이했을 때 소를 도살하는 것을 포함하고 있을지라도, 이후의 규정은 이 규칙이 행해지는지 아니면 소를 자유롭게 하는지에 대한 결정을 손님에게 맡긴다. 브라흐마나 문헌과 슈라우따수뜨라 문헌은 심지어 연관된 브라흐마나들의 이름을 언급하면서 어떻게 베다 희생제에서 인간, 말 그리고 다른 동물 희생물들이 지속적으로 중단되어야 하는지를 기록하고 있으며, 최종의 규칙은 규정된 희생물들이 쌀과 보리로 만든 반죽으로 만들어져야 한다고 말한다.

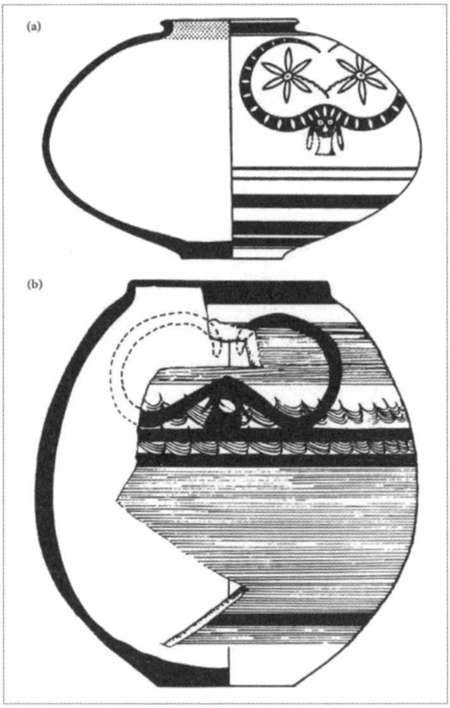

[이미지 15.2] 초기 하랍빠의 꼬뜨 디지 문화의 채색 도기들에 있는 물소. (a) 꼬뜨 디지에서 발굴된 항아리. After Khan 1965:58, fig. 16. Courtesy DAMGP. (b) 까쉬미르의 부르자홈(Burzahom) 북부에 있는 신석기시대 II기 유적지에서 가져온 항아리. After Kaw 1989:88, fig. 7. Courtesy ASI.

인더스문명에서 물소는 중요한 신성과 연결되어 있었다. 왜냐하면 모헨조다로에서 나온 인장에 있는 유명한 "원시-쉬바"는 물소의 뿔을 달고 있으며, 이 동물 자체 또한 인장에 묘사되어 있기 때문이다(Hiltebeitel 1978)[이미지 16.6]. 물소는 초기 하랍빠 꼬뜨 디지 문화의 채색 도기에 있는 주제 중에서 두드러진다; 그것은 인더스 계곡의 다른 장소들에서 입증된다: 신드에 있는 꼬뜨 디지, 북서쪽에 있는 구믈라(Gumla) 그리고 심지어 까쉬미르에 있는 부르자홈(Burzahom) 북부의 신석기 유적지로 수입된 도기에서도 입증된다[이미지 15.2].

버팔로 희생제가 없더라도 북인도 촌락 종교들 역시 대부분 초기 하랍빠 시대에 세워진 전통으로 거슬러 올라간다. 불교와 자이나교 문헌들은 초기 민속 신앙을 상세하게 묘사한다. 거기에서는 산스끄리뜨어로 약샤(yakṣa)와 약시(yakṣī) 또는 약시니(yakṣiṇī)라고 불리는 남성과 여성 신이 중심적인 위치를 차지하고 있다. 이 신들은 신성한 나무들과

연결되어 있다. 예를 들면:

> 짬빠(Campā) 근처에 뿐나바데(Puṇṇabhadde)라는 성소(cēïya)가 있었다. 그곳의 기원은 고대에 속하며… 그리고 잘 알려져 있다. 그곳은 우산과 현수막, 종을 가지고 있었다; 그것은 깃발을 가지고 있고… 그것을 치장하기 위해…. 그것은 그 안에 지어진 연단(veyaḍḍi)을 가지고 있었고 그리고 마른 소똥으로 외벽을 칠해 경건하게 꾸며져 있었고, 백단향으로… 칠해진 5개의 손가락을 가진 손의 구멍 뚫린 모양을 가지고 있었다. 거기에는 의식용 주전자들이 들어 있는 커다란 창고가 있었다…. 그것은 향기로운 냄새가 났다… 달콤한 향기가 나는 좋은 향을 가지고. 그곳에는 배우, 댄서, 줄을 타는 곡예사, 레슬링 선수, 권투 선수, 어릿광대, 점프하는 사람, 암송가, 발라드 가수, 이야기꾼, 장대를 이용한 춤꾼, 그림을 그려서 보여 주는 사람, 피리 부는 사람, 류트 연주자 그리고 음유시인들이 드나들었다. 이 성소는 커다란 나무로 둘러싸여 있었다…. 이 나무 안에는 넓은 중앙의 공간이 있었다. 그 안에는… 크고 멋진 아쇼까 나무가 있었다. 그것은 꾸샤(kuśa)와 비꾸샤(vikuśa) 풀로 깨끗해진 뿌리를 가지고 있었다…. 이 훌륭한 아쇼까나무 아래에는, 다소 그 몸통 가까이에… 흙으로 만든 블록의 큰 연단이 있었다…. 그것은 왕좌처럼 생겼다(Aupapātika-sūtra, Barnett 번역 1907; Coomaraswamy가 인용 1928:I,19-21).

꼬마라스와미(A. K. Coomaraswamy)는 약샤 제식에 관한 그의 중요한 연구에서 다음과 같이 언급했다(1928:I,17):

> 약샤의 성지[즉 사당]의 핵심적인 요소는 약샤에게 신성시되는 나무 아래 놓여

있는 돌로 만든 또는 제단(veyaḍḍi, mañco)이다…. 위대한 깨달음(해탈)의 밤에 보살(Bodhisattva)이 앉아 있던 자리로 쓰였던 것은 신성한 나무 아래에 있는 제단이었다; 실제로 수자따(Sujātā)의 하녀는 보살을 나무의 정령(Nidānakathā)으로 착각한다. 신성한 나무와 제단이 오래된 제식에서 불교에 의해 채택된 결합을 대표하며, 보리수(Bodhi-tree)의 경우 실제로 그러한 전이가 진행되는 것을 알 수 있다는 사실이 그 증거이다.

문헌들은 또한 새로운 약사의 성지가 어떻게 건립되었는지를 묘사하고 있다:

사밧티(Sāvatthī)… 많은 재산이라는 이름을 가진 장자가 살고 있었다…. 그는 부자였다…. 그러나 동시에 자식이 없었다. 어느 날 그는 가뜨에서 목욕을 하고 집으로 돌아오는 길에 길옆 커다란 숲에 많은 가지들이 뻗어 있는 나무를 보았다. 그는 생각했다. "이 나무에는 강력한 나무의 정령이 살고 있음이 틀림없다." 그리하여 그는 나무 아래 땅을 깨끗이 하고 나무둘레를 울타리로 둘러싸고 울타리를 친 장소 안에 모래를 뿌려야겠다고 생각했다. 그리고 깃발들로 치장을 한 다음 그는 다음과 같이 서약했다: "제가 아들이나 딸을 가질 수 있도록 해 주시면 당신께 커다란 영광을 바치도록 하겠습니다." 그렇게 하고 나서 그는 자기가 가던 길을 계속했다(Dhammapada Atthakathā, Burlingame 번역 1921:146).

마하바라따는 마을과 도시에 있는 성스러운 나무(caitya-vṛkṣa)를 언급한다(6,3,37); 이 나무들은 신들, 약샤들, 악마적인 정령들 등등의 거주지와 같기 때문에 상처를 입어서는 안 된다(12,69,39-40). 서사시와 다른 문헌들은 종종 약샤들과 약시니들과 함께 간다르바(gandharva)들과 압사라(apsara)가 부의 신 꾸베라(Kubera)의 지배를 받는 것으로 언급된다. 베다 문헌에서는 간다르바와 압사라가 심벌즈와 하프가 울려 퍼지는 다양한 종류의 무화과나무에 살고 있다고 말해진다(AVŚ 4,37,4; TS 3,4,8,4).

신성한 나무, 특히 반얀 나무와 삐빨 나무(pipal, 보리수) 그리고 님(neem) 나무는 인도 전역의 민속 종교에서 매우 중요한 부분으로 계속해서 이어지고 있다. 뱀의 신들(nāgas)을 포함한 신 상들은 종종 신성한 나무 아래 보존된다. 남아시아에서 토중의 가장 강력한 나무로 이용하고 있는 이 나무 숭배가 중요한 예술 주제인 초기 및 성숙기의 하랍빠 문화에서 유래했다는 것은 의심의 여지가 없다. 몇몇 인더스 문장들과 명판들은 무화과나무 안에 서 있는 의인화된 신을 묘사하고 있는데 때로는 예배자가 그 나무 앞에서 무릎을 꿇고 기도하는 것처럼 손을 들어 올리고 있다. 그들 주위에 난간이 쳐 있는 나무들이 인더스 명판에 묘사되어 있다. 가능한 나무 사원이 모헨조다로에서 확인되었다: 그것은 더 높은 층을 가지고 있는데, 이 층에는 성스러운 나무를 위한 난간이 있었을지도 모르는 잔해가 들어 있는 방의 반대편에서 두 개의 계단이 이어진다. 모헨조다로에서 나온 무화과나무 신의 인장에서 우리는 신과 함께 성스러운 나무 앞에서 왕좌 모양의 제단 테이블을 본다[이미지 21.9]. 한 명판에서는 성스러운 나무 아래 왕좌와 같은 코브라의 형상이 나타난다. 많은 의인화된 신들은 무화과 나뭇가지나 다른 성스러운 나무의 가지를 뿔 모양의 머리 장식으로 착용하고 있는 것으로 나타난다[이미지 18.12, 19.5, 21.6b].

버팔로와 무화과나무 외에 물고기는 인더스문명에서 눈에 띄는 상징으로 계속되는 초기 하랍빠 채색 도기에 많이 반복된 주제들 가운데 하나이다. 물고기는 하랍빠인들의 식사에서 중요한 부분을 차지했지만, 물고기를 중요한 상징으로 만든 다른 이유들 역시 분명히 존재했다. 물고기는 빠르게 번식하고, 남근 모양을 하고 있으며, 물속에 사는 중요한 생명체들이다. 그것은 당연히 생명과 생활에 필수적이다. 이러한 모든 이유로, 물고기는 남아시아에서 상서로운 다산의 상징으로 남아 있었다.

따밀에서 힌두교의 물의 신 바루나는 "물고기를 그의 탈것으로 가지고 있는"이라는 의미의 mīṉ-ūrti라고 불린다; 보통 힌두교 도상학에서 신화적인 물의 괴물인 마까라(makara)는 바루나의 탈것이다. 성적인 사랑의 신인 까마도 비슷하게 마까라를 타고 다니며 그의 깃발에 물고기의 상징을 가지고 있다. 가장 중요한 수생동물로서 물고기는 물을 상징하고, 베다의 말 희생제에서 물을 제공한다(MS 3,14,2 abdhyo matsyān).

모헨조다로에서 나온 명판에는 뿔 모양의 왕관을 쓴 앉아 있는 의인화된 신의 양편에 각각 물고기와 긴 주둥이를 가진 악어가 측면으로 놓여 있으며, 마찬가지로 물이나 뱀을 나타내는 것일 수 있는 물결 모양의 선도 함께 있다[이미지 15.3]. 아마도 하랍빠의 장인이 메소포타미아에서 만든 것 같은 원통형 인장은 같은 신성을 나타내는 것처럼 보인다. 왜냐하면 여기에도 또한 양쪽에 물고기와 뿔 달린 뱀이 있기 때문이다; 게다가 한 쌍의 물소가 이 신이 앉아 있는 왕좌 아래에 묘사되어

[이미지 15.3] 양쪽에 각각 물고기, 악어 그리고 뱀 또는 물을 나타내는 것일 수 있는 물결무늬의 선이 측면에 있고 소의 다리를 가진 왕좌에 앉아 있는 물소 뿔의 왕관을 쓴 의인화된 신. 옥스퍼드 애슈몰린 박물관 동양 예술 부서(Md 013)에 있는 모헨조다로에서 나온 삼각형 기둥의 한 면. After CISI 3.1:404 no. 101. Photo courtesy Ashmolean Museum, Oxford.

(a)

(b)

[이미지 15.4] 그의 어깨 또는 허리에서 흘러나오는 물고기가 있는 강들을 가지고 있는 수메르의 물의 신 엔키. (a) 대영박물관에 있는 메소포타미아 시파르(Sippar)에서 출토된 아카드의 녹옥으로 만든 원통형 인장(Reg. No. 1891.0509.2553, BM 89115). 거기에는 "아다, 필기사"라고 쓰여 있다(Collon 1987: no. 761 참조). Image 135126001 ©The Trustees of the British Museum. (b) 텔 아스마르(Tell Asmar)에서 나온 아카드의 원통형 인장의 일부(As. 32:593). After Frankfort 1955: no. 619. Courtesy of the Oriental Institute of the University of Chicago.

있다; 이 신은 무화과나무 가지가 꼭대기에 얽혀 있는 버팔로의 뿔 모양의 왕관을 쓰고 있다[이미지 18.12]. 물소, 물고기 그리고 악어는 모두 물과 연관된 동물이며, 그들의 존재는 이 의인화된 신이 힌두교의 물의 신 바루나의 하랍빠적 전신임을 강력하게 암시한다. (베다 문헌에서 바루나는 무엇보다도 천상의 물을 포함하는 모든 물이 신이며 모든 종류의 수생동물의 주인이다.) 이 하랍빠의 물의 신에 대한 물고기 상징은 수메르에서 물이 신인 엔키를 떠올리게 한다. 엔키는 그의 몸 양쪽에서 강들이 흘러나오는 것으로 묘사되어 있으며, 그 강이나 신 주변에는 물고기들이 헤엄치고 있다[이미지 15.4]. 엔키는 그의 정액으로 간주되는 홍수 또는 빗물을 가지고 토양을 비옥하게 하는 남근 신으로 칭송된다.

인더스 인장들과 명판들은 가끔 북부 인도의 강에서 물고기를 잡아먹는 기다란 주둥이의 악어들을 묘사한다[이미지 15.5]. 가리알(gharial 또는 gavial)로 알려진 이 악어는 멸종 위기에 처해 있다. 왜냐하면 수컷 가리알의 기다란 주둥이 끝에 있는 부풀어 오른 돌기 때문에 사냥감이 되었기 때문이다. 이것은 남근을 대표한다고 생각되어 최음제라고 여겨진다[이미지 15.6a]. 하랍빠에서 나온 인더스 명판은 가리알이 여성

[이미지 15.5] 입에 물고기가 들어 있는 가리알. (a) 모헨조다로에서 나온 인더스 인장 M-410(DK 8037, ASI 63.10.191). After CISI 1:98. Photo EL, courtesy ASI. (b) 뉴델리 국립박물관의 수집품들 가운데 모헨조다로에서 나온 주조된 명판의 뒷면 M-482(E 2500, NMI 69). After CISI 3.1:387. Photo JL, courtesy NMI. 모헨조다로에서 나온 (c) 한 면 주조된 테라코타 삼각기둥 M-1429(UPM/MD-602, Exc. Branch) (C)의 한 면. After CISI 3.1:386. Photo courtesy ©J. M. Kenoyer and DAMGP. (d) 주조된 명판 H-172의 뒷면 (XXXII.22, ASI 63.11.144) from Harappa. After CISI 1:207. ©EL, courtesy ASI.

의 질에 그의 주둥이를 밀어 넣음으로써 여성을 임신시키는 행위를 대표하는 것으로 보인다[이미지 15.6a]. 마샬(Marshall 1931:52)에 의하면 이 명판에서 "벌거벗은 여성 형상은 뒤집어진 채로 다리를 벌린 채 자궁에서 식물이 나오는 것으로 묘사된다." 이것은 "그녀의 자궁에서 자라는 식물을 가진 대지의 여신을 두드러지게 표현한 것"이다. 마샬의 해석은 이미 모티머 휠러(Mortimer Wheeler 1968:106)가 "식물로 해석된 것은… 그럴 수도 있지만 심지어 악어일 수도 있다"고 생각했지만 그 이후로 자주 인용되어 왔다.

아이가 없는 어려서 결혼한 여성은 "자손으로 축복을 받기를 희망하면서" 악어에게 먹이를 줬던 것으로 기록되어 있다(Crooke 1906:112). 영국이 19세기 초에 이 잔인한 관행을 중단하기까지, "여성들은 서약을 이행하기 위해 그 공물이 그들에게 추가적인 자손을 확보해 주기를 바라면서 후글리(Hooghly) 강 하구에서 첫 번째로 나은 아들을 악어에게 던져 주곤 했다"(Crooke 1926: 377, 1811에 근거하여). 상징적으로 악어에게 아기를 먹이로 제공하는 것은 벵골 힌두교에서 지속되고 있다. 쉬바를 위한 가잔(gājan) 축제 동안 어떤 사원에서는 악어가 점토로 만들어지는데, 입은 주홍색 안료로 칠해져 있고, 점토로 만든 아기가 입 근처에 놓여 있다(Mahapatra 1972:132–133 참조). 구자라뜨주 꾸츠(Kutch)의 돌라비라(Dholavira)에서 나온 명판은 하랍빠인들이 악어 신을 위한 희생제에서 인간인 아이를 공물로 바쳤다는 사실을 암시하고 있다.

마샬은 인더스 종교에 관한 자신의 에세이에서 다양한 동물들에 대한 오늘날의 힌두교 예배가 하랍빠인들에 의해 인장과 명판에 묘사되

(a)

[이미지 15.6] 물고기를 먹고 있는 강에 사는 악어(gharial)과 생식력. (a). 수컷 가리알의 주둥이. ©Bo Link 2006, Wikipedia Commons. (b) 뉴델이에 있는 인도 국립박물과의 소장품 가운데 하랍빠에서 나온 주조된 명판H-180(649, NMI 32)에 있는 인간 여성을 임신시키는 것으로 묘사된 가리알. After CISI 3.1:398. ©EL, courtesy NMI.

(b)

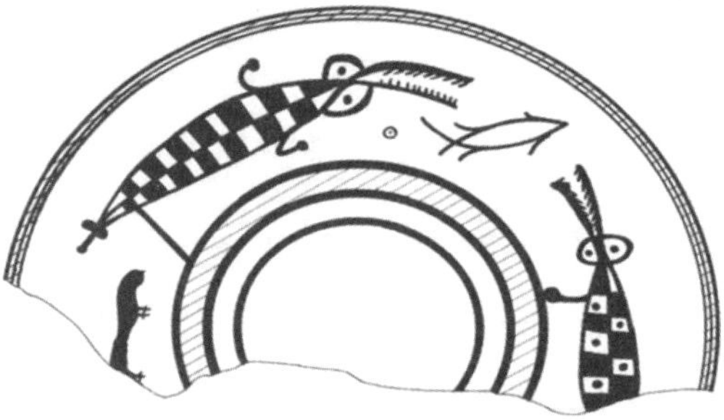

[이미지 15.7] 깃대에 앉아 있는 두 마리 악어들. 남부 인더스 계곡 암리에서 나온 성숙기 하랍빠의 채색 도기 항아리. After Casal 1964: II, fig. 75 no. 323. Courtesy Mission Archéologique de l'Indus, CNRS/Musée Guimet, Paris.

[이미지 15.8] 구자라뜨 남부에 있는 악어 신들의 데블리마디(Devlimadi) 성소. After Fischer and Shah 1971: pl. 2. Photo courtesy ©Eberhard Fischer 1970.

[이미지 15.9] 죽은 자를 별들로 데려가는 공작들. 하랍빠의 후기 하랍빠 묘지의 납골단지에 그려진 그림. ©After Piggott 1950:234, fig. 29.

어 있다고 말했다. 그는 이 유사점들이 "물론 5000년 전에 비슷하게 숭배되었다는 증거는 없다"고 말하면서도 인도의 종교 의식들의 보수적 전통을 고려한다면 "힌두교를 특징지으면서 명백하게 비아리아적인 동물숭배의 상당 부분이 선사시대에서 비롯된다고 추론하는 것은 정당하다"고 생각했다(Marshall 1931:I,73). 그러나 인더스문명에서 역사적 시대까지 추정된 종교적 연속성에 관해서는 심각한 의구심이 종종 드러났다. 어쨌든 하랍빠 기원의 숭배 의식들은 오늘날까지도 거의 변화 없이 살아남았다는 사실을 입증명하는 것은 가능한 것처럼 보인다.

그와 같은 사례 가운데 하나는 하랍빠의 "희생제 명판"과 일부 인장들에 묘사된 악어에 관한 것이다. 신드의 암리에서 온 성숙기 하랍빠 질그릇은 뒷다리 대신 90도 옆으로 늘어나 있는 두 마리 악어를 보여준다[이미지 15.7]. 이 이미지에 대한 설명은 피셔와 샤(Fischer와 Shah 1971)가 기록한 구자라뜨 남부의 3개 부족들에 속하는 약 50개 마을에서 악어가 숭배되는 독특한 방식에서 나온다. 보통 짝으로 이뤄진 악어상들은 나무로 만들어져 나무 기둥에 설치되는데 몸의 중간이나 뒷부분을 관통한다[이미지 15.8]. 설치 의식은 그들의 결혼식을 축하하며, 그 상들에는 붉은 주홍색 안료가 발라지고 닭과 염소, 우유 또는 술의 공물들을 가지고 예배된다. 공물들은 의식이 끝난 후 숭배자들에 소비된다. 수컷 악어는 링가(liṅga)와 같은 기둥으로 대체되거나 양쪽 끝에 머리가 있는 한 마리 악어로 한 쌍을 대체할 수 있다. 오늘날 빠르게 쇠퇴하는 이 악어 숭배는 공동체적이고 개인적이다: 사람들은 악어 신들에게 우유와 송아지를 제공하는 암소, 좋은 수확, 자손 그리고 질병과 마법으로부터 도움을 요청한다. 그리고 만약 그 소원이 허락된다면 신을 안치하고 숭배하겠다고 맹세한다(Parpola 2011a).

공작새는 초기, 성숙기 그리고 후기 하랍빠 채색 도기에 중요한 주제이다. 인더스 사람들에게 그것이 의미하는 한 가지 단서는 하랍빠에 있는 후기 하랍빠 묘지 H의 장례식 항아리에서 제공되는데, 거기서 새는 죽은 사람들을 별들로 옮기는 것으로 보여진다[이미지 15.9]. 인도 중부에서 드라비다어를 사용하는 바스따르의 마리아 곤드족(Maria Gonds of Bastar)의 장례식에서 공작새를 거칠게 표현한 나무 기둥이 무덤 옆에 세워진다. 고전 힌두교에서 공작은 베다의 루드라의 후계자이고 쉬바의 "아들"인 스깐다의 탈것이다. 쉬바는 남인도에서 뱀 숭배와 연결된다. 쉬바는 "푸른색 목"을 뜻하는 닐라깐타(Nīlakaṇṭha)라고 불리는데 그 이유는 우유의 바다(창조의 바다)를 휘저을 때 나온 세상을 파괴하겠다고 위협하는 치명적인 독을 마셨기 때문이다. 산스끄리뜨어 단어인 닐라깐타는 또한 푸른색 목을 가진 공작새를 가리키기도 한다. 아마도 공작의 그와 같은 목 색깔은 독이 있는 뱀을 먹는 공작의 습관에서 비롯된 것으로 생각되었다.

이 장에서는 오늘날의 민중적인 힌두이즘에서 중요한 종교적 개념과 관행들에 대해 다뤘다. 그것은 큰 가능성을 가지고 하랍빠 시대와 심지어 그 이전까지 거슬러 올라갈 수 있다. 그들 가운데 대부분은 남아시아 자연의 뛰어난 면들, 특히 동식물군과 관련이 있다. 그들 모두는 수천 년 놀라운 종교적 연속성을 가지고 있음을 입증한다. 그러나 하랍빠 종교 또한 엘리트들의 성직자적인 노력을 포함하고 있었다는 사실에 대해서는 의심의 여지가 없다.

16

천문학, 시간 계산 그리고 우주론

베다의 천문력(calendrical asterisms)은 리그베다의 인도-아리아인들에 의해 남아시아로 옮겨지지 않았다. 왜냐하면 그것들은 가문의 책들에서 언급되지 않았고 이란이나 다른 인도-유럽 전통에는 그에 대한 대응물이 없기 때문이다. 일부 낙샤뜨라들(nakṣatras)이 후기 리그베다의 "결혼" 찬가 10.85에 언급되어 있지만, 아타르바베다와 야주르베다가 모두 27개 또는 28개 낙샤뜨라들을 처음으로 열거하기 전까지는 언급되지 않는다. 야주르베다 문헌은 낙샤뜨라들과 보름달과 초승달을 벽돌로 지은 불의 제단(agni-citi)에 내려놓은 특정한 "벽돌들"과 연결시키는데, 그것은 리그베다에는 알려지지 않고 아타르바베다의 전통과 연결된 베다 의식의 고전적인 층에 속한다(12장). 상대적으로 후기에 속하는 베다의 슐바수뜨라(Śulvasūtra)들은 이 제단들의 건설에 사용된 정교한 기하학과 방위에 관한 규칙들에 대해 설명한다. 이 슐바수뜨라 전통은 아마도 벽돌로 지어진 도시들에서 1000년 동안 살면서 태양을 기준으로 시간을 계산하는 태양시의 측정이 필요했던 인더스 사람들에서 시작했을 것이다. 예를 들어 천문학과 점성술이 필연적으로 종교의 중요한 부분을 형성하고 있는 메소포타미아와 이집트에서처럼 농업에 기반을 둔 강기슭과 도시의 초기 문화도 마찬가지였을 것이다.

행성들은 어떤 문명에서든 초기의 천문학자들의 관심을 끌지 않았을 리가 없다. 왜냐하면 그들은 독자적인 움직임을 통해 다른 천체들과 다르고 때로는 밤하늘의 가장 밝은 현상에 속하기 때문이다. 금성은 메소포타미아에서 일찍이 기원전 4000년 전에 위대한 여신의 상징이었다; 중국에서는 천문학자들이 기원전 1576년까지 행성의 움직임을 관찰하고 있었다; 그리고 고대 따밀 문헌에는 행성들에 대한 토착 드라비다어 명칭들이 있는데, 그중 일부는 인더스 문헌에서도 읽을 수 있다(21장 참조). 그렇기 때문에 리그베다에서 행성에 대한 언급이 전혀 없다는 것은 놀라운 일이다. 적어도 리그베다 아리아인의 후손인 베다의 브라흐마나들이 실제로 행성에 대해 알고 있었지만 남아시아의 리그베다 이전의 종교에서 그들이 중요한 역할을 했기 때문에 그것들에 대해 언급하는 것을 피하기로 선택했다고 상상할 수도 있다. 비록 그렇다고 하더라도 이것은 리그베다의 아리아인들이 베다의 천문력을 만들지 않았다는 추가적인 증거로 받아들여질 수도 있다.

실제로 베다 문학에서 적절한 특정 명칭들은 그 행성들이 베다 아리아인들에게 알려지지 않았다는 사실을 드러낸다. 가장 분명한 예는 행성들을 브라뜨야들의 아타르바베다 전통과 연결시킨다. 빤짜빔샤-브라흐마나(Pañcaviṁśa-Brāhmaṇa 24,18)에 의하면 ("신", 즉 루드라를 신봉하는 자들이었던) 다이바 브라뜨야(daivya-vrātya)들은 소마의 아들 부다(Budha)를 그들의 지도자로 두었다. 부다는 "현명함"을 의미하며 수성의 후기 산스끄리뜨어 이름이며, 소마는 베다 아리아인의 신성한 음료일 뿐만 아니라 또한 달을 의미하기도 한다. 많은 뿌라나와 마하바라따에서 말해지는 고전 인도의 가장 잘 알려진 별에 관한 신화들 가운데 하나는 수성의 탄생과 연관된다. 달인 소마는 목성인 브리하스빠띠의 합법적인 아내 따라(Tārā "별")를 납치해 근사한 아들 부다를 낳는다. 빌리발드 키르펠(Willibald Kirfel 1952)은 이 신화가 메소포타미아에서 왔을 수 있으며, 따라는 처녀자리(Virgo)에서 밝게 빛나는 별 스피카(Spica)일 수도 있다고 추측한다. (나는 이 장의 후반부에서 다른 설명을 제시할 것이다.)

브라뜨야들과도 연결된 베다의 의례에 관한 낡은 요소들 가운데는 12장에서(그리고 다시 19장에서) 논의된 마하브라따의 날도 있다. 마하브라따는 1년에 걸쳐 긴 의식들을 마친 한 해의 전환점 중 하나를 기념한다. 그들 가운데 일부가 낙샤뜨라들을 나타내는 벽돌들로 쌓아 올린 불의 제단은 의식의 필수적인 부분이다; 그것이 완성되면, 마하브라따의 날에 특별한 노래로 찬양된다. 베다의 소마 희생제에서 무시되었던 신 루드라는 불의 신 아그니와 동일시되며 완성된 제단에서 수백 개의 액체 상태의 버터(śatarudriya)를 정교하게 태우는 제물을 받는다. 불의 제단은 창조주 쁘라자빠띠의 이미지로, 그의 몸은 우주(공간)와 연도(시간)로 구성되어 있다고 말해진다. 다양한 유형의 불의 제단이 있지만 한 가지 공통적인 유형은 5개의 층과 1만 800개의 벽돌들을 갖는다. 한 해는 360개의 밤과 낮으로 구성되어 있는 것으로 계산되며, 각각은 30무후르따들(muhūrtas 48분의 "시간들")을 가지고 있으므로 1년은 1만 800무후르따들을 갖는다.

30개의 무후르따들은 세 개의 주요 시간 주기의 평행론에 기초하고 있으며, 각각은 베다에서 빛나고 어두운 반씩으로 나뉜다: (1) 15무후르따들의 낮과 15무후르따들의 밤으로 하루를 구성하는 30무후르따들인 24시간(nychthemeron); (2) 차오르는 달인 "흰색인 반"(15일)과 쇠퇴하는 달인 "검은색인 반"(15일)으로 구성된 30일인 한 달; 그리고 (3) 태양의 상서로운 "북쪽의 경로"(6개월 또는 12개의 한 달의 1/2, 즉 15일)와 불길한 "남쪽의 경로"(6개월 또는 12개의 한 달의 1/2)로 구성된 12개월(24개의 한 달의 1/2)인 1년. 야주르베다 의식에서 이 세 가지 시간 주기에서 하나의 1/2에서 다른 것으로 매번 변화하는 것과 함께 가기 위해 희생제를 거행하는 것이 가장 중요했다.

리그베다(1,164,11)의 후대의 수수께끼 찬가에서 입증된 1년이 360일이라는 관념은 대략 30일씩의 12개의 태양의 달들로부터 자연스럽게 발생한다. 물론 이 순환하는 숫자 360은 태양년(solar year)의 실제 길이에 미치지 못하기 때문에 그 차이는 [이 장의 후반부에 수치를 나타내는 슈나흐쉐빠(Śunaḥśepa)에서 비롯된 것으로 간주하는 후대의 리그베다 찬가 1,25,8에서 암시되고 있는] 그사이에 삽입되는 13번째 달(윤달)로 조정되어야 했다; 이 추가되는 달은 5년 주기로 한 번씩 추가되었다. 5 곱하기 360 더하기 30은 1,830일과 같고 1,830을 5로 나누면 366일이 되어 실제의 태양년(365일 5시간 48분 45.5초)보다 하루도 더 길지 않다.

고대 천문학자들은 황도(ecliptic)로 알려진 하늘의 길에서 별들 사이에 있는 태양의 위치를 관찰함으로써 계절을 결정했다. 이집트와 서아시아에서는 기원전 1100년경까지 태양 가까이에서 떠오르는 별들(heliacal risings of stars)이 일출 직전에 관찰되었다. 그것은 떠오르는 태양과 가장 가까이 있는 별자리를 관찰하기 위해서였다. 그러나 이 방법은 관측할 시간이 매우 짧았고 태양의 밝음과 지평선의 대기 교란으로 별을 발견하기 어려웠다. 중국과 인도의 천문학자들은 보름달이 태양과 정확히 반대되는 위치에 있다는 사실을 토대로 다른 방법을 채택함으로써 이 어려움을 피했다. 별자리들은 서로 정확히 반대되는 두 구성 부분을 짝으로 선택되었다[이미지 16.1]. 보름달과 주어진 별자리의 연결을 통해 천문학자는 태양이 반대되는 별자리와 연결되어 있다는 사실을 알았다. 심지어 상대적으로 작은 별들조차도 더 빛나는 것들보다 우선적으로 선택되었다. 그 결과로 중국과 인도의 달력은 태음-태양력(luni-solar)이다; 태양년의 여기저기로 무슬림의 라마단 달이 이동한다는 사실이 예시하듯이 달의 변화 단계에 대한 관찰만을 바탕으로 한 순수한 음력은 계절과 맞지 않는다.

인도, 중국, 메소포타미아 달력들 간의 관계는 많은 논쟁을 불러일으

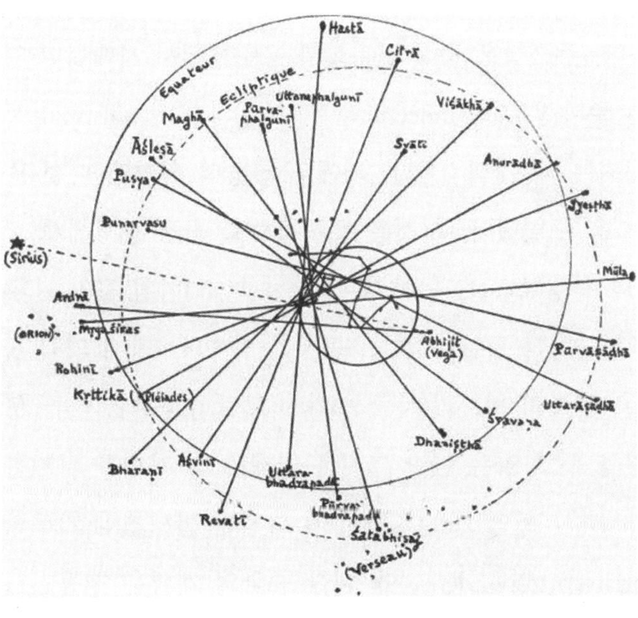

[이미지 16.1] 서로 반대되는 별자리들로 짝을 이루는 낙샤뜨라들. A sketch by Jean Filliozat. After Filliozat 1962:350, fig. 3. Courtesy Pierre-Sylvain Filliozat.

켰다. 최근 중국에서의 고고학적 발견은 중국과 인도 달력이 서로 유사함에도 불구하고 각기 독립적으로 발전했다는 사실을 강력하게 시사한다. 그들은 우연히 거의 같은 방식으로 발전했다. 조셉(조지프) 니덤(Joseph Needham 1959)이 의심하는 중국과 인도 달력의 메소포타미아 기원은 가능성이 없다. 왜냐하면 태양과 보름달이 서로 반대되는 위치에 있다는 것은 기원전 1000년경 메소포타미아 천문학의 후기 단계에서만 활용되었고, 정규 달력의 토대가 아니었기 때문이다.

태음-태양력의 반대 별자리들은 결코 동시에 볼 수 없다; 하지만 지평선 아래에 있어서 보이지 않는 별자리의 위치는 결코 떠오르거나 저물지 않는 축이 되는 별(북극성) 및 주극성(circumpolar stars), 특히 큰곰자리의 북두칠성에 있는 7개의 밝은 별의 위치로부터 예측될 수 있다. 중국의 천문학자들은 주극성을 체계적으로 관찰한 것으로 알려져 있다. 큰곰자리의 회전은 계절뿐만 아니라 밤의 시간을 표시하는 천체의 시계 역할을 했다. 주극성은 중국 천문학과 우주론에서 지배적인 역할을 한다. 중국은 주야평분(equinoctial 춘분/추분)과 지점(solstitial 하지/동지)으로 정의되는 네 개의 “궁전” 외에도 천상의 원형인 다섯 번째인 중앙의 “궁전”을 구별했다. 그것은 우주적으로 중국 황제에게 힘을 부여하는 천상의 원형(archetype)이었다. 기원전 500년경 공자는 황제를 다음과 같이 북극성과 동일시했다: “공자가 말했다: 덕에 의해 정부를 경영하는 것은 북쪽의 별자리(북극성)와 비교될 수 있다: 다른 모든 별들이 그 주위를 돌고 있는 반면 그것은 언제나 그 자리를 차지한다.”(논어 2,1, Pankenier 번역 2004:288). 이 특별한 별세계와 지구의 일치(astral-terrestrial correspondence)에 대한 중국의 개념은 청동기시대 또는 심지어 신석기시대로 거슬러 올라간다. (네 방향을 지배하는 중심인) 천상의 원형이 정치적 정당성을 위해 사용되었다. 가장 초기의 왕조 국가인 하나라(기원전 2000년) 이후 궁전의 구조물과 왕릉은 사변형과 기수(홀수)를 지향했다.

일반적인 가설은 달력이 농업인들의 요구를 충족시키기 위해 만들어졌다는 것이다. "농부들은 일반적으로 자연의 징후가 국가의 [공식적] 달력보다 계절의 안전한 표시라는 것을 안다. 후자는 아마도 특히 사회적 통제의 도구로서 도시화에 따른 발명품일 수 있다."(David Pankenier, 개인적인 소통 2012)

인더스 계곡에서는 도시화가 초기 하랍빠의 꼬뜨 디지 문화(기원전 3200－2600년)로 시작되었다. 그것의 첫 번째 도시 가운데 하나인 북서쪽에 있는 라만 데리(Rahman Dheri)는 주된 방향에 따라 방향이 지정된 거리들과 건물들을 가지고 있다[이미지 16.2]. 격자무늬 형식은 황소가 끄는 마차들이 쉽게 출입할 수 있고 동시에 도착하는 많은 정착민에게 주택 지구를 즉각적으로 할당할 수 있었다. 그러한 도시 계획은 인더스 도시에서 건설을 위해 표준화된 벽돌의 사용과 마찬가지로 강력하게 규제할 수 있는 권한을 내포한다. 성숙기 하랍빠 시대에 모헨조다로의 정교한 배수 시스템의 기능을 위해서는 평평한 거리를 미리 계획하는 것이 필요했을 것이다(Ratnagar 1991).

인더스 계곡 전역에 걸친 꼬뜨 디지 문화의 확산은 하랍빠 시대에도 계속해서 존재했던 새로운 유형의 도장형 인장의 확산을 동반했다(Uesugi 2011). 이 꼬뜨 디지 인장의 기본 설계는 (하나의 점을 중심으로 하나 또는 삼중의 원이 되는) "동심원"으로 이뤄진다: 보통 네 세트

[이미지 16.2] 공중에서 본 라흐만 데리의 초기 하랍빠의 도시. After Durrani 1988:210, pl. 6. Courtesy Directorate of Archaeology and Museums, Government of Khyber Pakhtunkhwa, Peshawar, Pakistan.

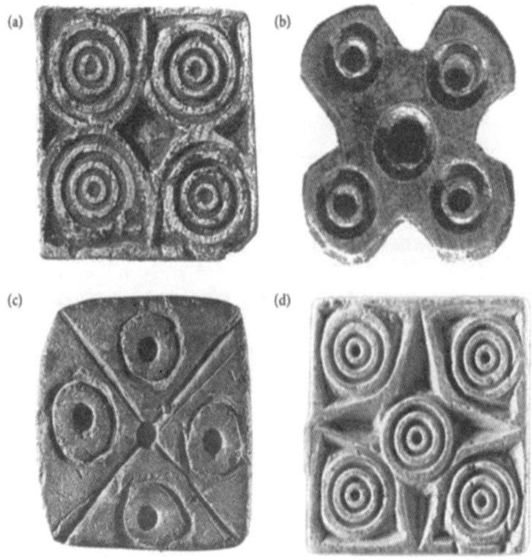

[이미지 16.3] 꼬뜨 디지형의 인장. 타라콰이 낄라(Taraqai Qila)에서 나온 (a) Trq –2와 (b) Trq–3 형태 . After CISI 2:414. Photo (a) JL and (b) J. R. Knox, courtesy Directorate of Archaeology and Museums, Government of Khyber Pakhtunkhwa, Peshawar, Pakistan. 하랍빠에서 나온 (c) H–638 (725, HM 13377). After CISI 2:304. ©S. M. Ilyas. Courtesy DAMGP. 하랍빠에서 나온 (d) H–1535 (H00–4495, 9597–0001). After CISI 3.1:211. ©Richard Meadow, courtesy Harappa Archaeological Research Project.

[이미지 16.4] "동심원 주위에 빛들"이라는 주제를 가진 라흐만 데리에서 나온 인장." After Durrani, Ali, & Erdosy 1994-19951:207. Courtesy Directorate of Archaeology and Museums, Government of Khyber Pakhtunkhwa, Peshawar, Pakistan.

[이미지 16.5] 메르가르 VI기(기원전 3200-2900년)에서 나온 파이즈 모하메드 스타일의 회생도자기 그릇에 그려져 있는 "네 개의 사분면 속에 있는 태양." After C. Jarrige et al. 1995:160. Courtesy Mission Archéologique de l'Indus, CNRS/Musée Guimet, Paris.

가 사각형 또는 십자형 인장의 네 모서리에 그리고 인장의 중앙에 5번째 동심원 세트로 이뤄진 일반적인 변형이 있는 것으로 배치된다[이미지 16.3]. 인장들은 초기 하랍빠의 우주론과 정치 이데올로기에서 네 가지 주요 방향과 중심의 중요성을 반영하는 것으로 보인다. 한 봉인에서 동심원을 둘러싸고 있는 "빛들"은 태양의 상징을 암시한다[이미지 16.4]. 메르가르 VI – VII기(기원전 3200 – 2600년)에서 나온 채색 그릇에서는 바닥이 "빛들"로 둘러싸인 태양과 같은 원형 이미지로 된 네 개의 사각형으로 나뉘어져 있다[이미지 16.5]. 이것은 아마도 또한 4개의 기본 방향을 규정짓기도 하면서 춘분, 추분, 하지, 동지의 지점에 의해 4개의 사분면으로 나눠는 태양의 연중 이동 과정을 묘사하는 것일 수 있다.

리그베다와 아타르바베다의 찬가들은 예를 들어 리그베다 7,72,5와 같이 종종 의심할 바 없이 4개의 주된 방향인 공간의 네 방향에 대해 언급한다. 때때로 언급되는 다섯 번째 방향은 중심이다. 야주르베다 상히따와 브라흐마나스 속에는 다섯 번째 지점이 하늘이다; 그것은 고전 산스끄리뜨 문헌에서 중심을 차지하는 힌두교의 신 브라흐마(Brahmā)의 베다적 선임자인 브리하스빠띠와 언제나 연관된다(Wessels–Mevissen 2001). 공간의 방위들과 관련되는 한 베다 의식은 이데올로기적 중요성을 이해하는 데 결정적으로 중요하다. 이것은 왕실의 봉헌식 기간 동안 "영역들을 오르는 것"(mounting of the regions)이다. 왕은 먼저 신성한 왕 바루나의 왕실 의복인 따르빠(tārpya) 복장을 한다(18장에서 논의한 바와 같이 메소포타미아의 원형들을 본뜬 하랍빠의 "사제–왕"의 세 잎 장식으로 된 "하늘의 의복"에서 유래되었을 가능성이 높다). 다음으로 왕은 교대로 다섯 방향 각각을 다섯 걸음씩을 내딛음으로써 하늘 꼭대기로 올라간다: "그는 사방에서 천상으로 간다." 왜냐하면 "천상은 공간의 사방이기 때문이다"(MS 4,4,4). 샤따빠타-브라흐마나(5,4,1,8)에서는 다음과 같이 설명한다: "그 [아드바르유 사제]가 그것에 의해서 그 [왕]를 하늘로 오르게 하는 것은 그 계절, 그해이다; 그 계절, 그해에 올라가면 그는 높고 이 땅에 있는 모든 것보다 높아진다." 이와 유사한 봉헌 의식에서는 또한 브리하스빠띠-사바(Bṛhaspati-sava)라고도 알려진 바자뻬야(vājapeya) 희생제에서는 하늘 꼭대기로 올라가는 것이 보다 구체적이다: 왕은 따르빠 복장을 걸치고 사다리의 도움을 받아 희생제의 기둥을 올라간다; 꼭대기에 도달하면 그는 다음과 같이 선언한다: "우리는 태양/천상에 도달했다, 우리는 불멸의 존재가 되었다." 그러고 나서 그는 내려와 기둥의 아랫부분에 놓인 왕좌에 앉는다.

마하바라따에서는 5명의 빤두의 아들들 가운데 장남인 유디슈티라가 왕실 봉헌식(rājasūya)을 거행하기를 열망한다. 전 세계의 왕(전륜성왕)만이 이것을 거행할 자격이 있기 때문에 유디슈티라는 네 명의 동생들을 네 기본 방향(사방, 온 세상의 상징)을 정복하도록 파견한다. 그와 같은 "사방을 정복하는 것"인 디그비자야(digvijaya)에서 승리한 왕은 태양을 자신의 롤 모델로 삼는다: 그것(태양)은 동쪽에서 떠올라 빛을 만들고 어둠을 쫓아내며 모든 지역을 관통한다(MS 4,14,14; ŚB 10,3,5,3 참조). 따라서 태양은 "4개의 모서리를 가진 것"으로 알려져 있다: 그 방향들은 그의 모퉁이들이다(ŚB 14,3,1,17). 태양은 춘분과 추분 그리고 동지와 하지의 일 년 하루하루의 이동 과정을 통하여 네 방향을 규정짓는다(JB 2,26 참조). 신들이 왕좌에 기름을 부은 것이 태양이고, 이것을 아는 사람이 왕좌에 앉으면 태양이 된다(JB 2,25–26 참조).

꼬뜨 디지 인장들을 토대로 나는 베다와 서사시의 왕의 이념에서 중요한 지도자와 태양과 태양의 하루 그리고 일 년의 행로로 규정된 네 방향의 중심과의 관계가 초기 하랍빠 문화에서 비롯되었을 수 있다고 생각한다. 그것이 인더스문명에서 성행했다는 추가적인 증거는 물소의 뿔을 쓰고 있는 의인화된 인물이 왕좌에 앉는 이른바 모헨조다로의 원시–쉬바 인장에서 나온다[이미지 16.6]. 왕좌는 베다 문화에서 왕의 권위를 나타내는 주된 상징이다(ŚB 12,8,3,4; TB 1,3,9,2 참조). "원시–쉬바"라는 명칭을 만들어 낸 존 마샬(John Marshall 1931a:52–55)은 그 형상이 후기 힌두교의 많은 쉬바 신상들처럼 세 개의 얼굴을 가지고 있다고 말했다. 나는 차라리 이 형상이 짜뚜르무카–링가(caturmukha–liṅga) 모양의 쉬바처럼 네 개의 얼굴을 가지고 있다는 대안적인 생각을 선호한다. 짜뚜르무카–링가는 인도 건축 문헌이 중심과 연관시키는 세상의 중심축 또는 힌두의 신 브라흐마를 상징화한 것이다. 네 번째 얼굴은 숨겨져 있다. 왜냐하면 보는 사람의 시선에서는 그 얼굴이 벗어나 있기 때문이다.

나는 한 걸음 더 나아가 네 방향을 바라보는 네 개의 얼굴은 직사각형을 형성하도록 배열된 "원시–쉬바"의 양쪽에 묘사된 네 마리의 수컷과 관련이 있을 가능성이 높을 것이라고 제안한다: 한 면은 호랑이 위에 코끼리가 있고, 다른 한쪽은 물소 위에 코뿔소가 있다. (거기에 분명히 3마리가 아니라 4마리의 동물이 있다는 사실은 3개의 얼굴이 아니라 4개의 얼굴을 가진 형상이라는 가설을 뒷받침한다.) 마샬 자신은 그들이 네 방향과의 연관성을 갖는다는 사실을 제안했다. 네 마리의 동물은

[이미지 16.6] 뉴델리 인도 국립박물관의 수집품 가운데 모헨조다로에서 나온 인장 M-304 (DK 5175, NMI 143)에 있는 네 종류의 동물들에 둘러싸인 채 왕좌에 앉아 있는 네 개의 얼굴을 가진 "원시-쉬바"의 모습. After CISI 1:382. Photo EL, courtesy NMI.

중국에서 4개의 천상의 궁전과 연관된다: 동쪽의 푸른 용(청룡), 남쪽의 붉은 새(주작), 서쪽의 흰 호랑이(백호), 북쪽의 검은 거북이(현무).

바로 동쪽을 발견하는 주요한 방법 중 하나는 일 년 동안 태양이 떠오르는 지점을 관찰하는 것이다. 동일한 방법은 다른 눈에 보이는 별들에도 적용될 수 있다. 모헨조다로의 건물들과 거리의 축을 연구하면서 그들이 주된 방향들로부터 시계 방향으로 1~2도 벗어나 있으며 그 방향은 키르타르(Kirthar) 산맥의 시계에서 서쪽에 있는 황소자리에서 일등성인 알데바란(Aldebaran) 별의 자리와 일치한다는 사실을 발견했다. 비록 천문학 관측소가 모헨조다로와 동일할 가능성은 없었을 지라도, 두 명의 인도인 천문학자 마얀크 바히아와 스리꾸마르 메논(Mayank Vahia와 Srikumar Menon 2011)은 구자라뜨 꾸치에 있는 돌라비라(Dholavira)의 아크로폴리스 근처에 있는 독특한 원형 석조 구조물이 천문학 관측소였을지도 모른다고 제시했다.

공간의 방향을 찾는 또 다른 방법은 평평한 바닥에 수직으로 곧은 쐐기나 막대로 꽂아 놓은 가장 오래된 천문 도구인 해시계 또는 해시계의 바늘을 사용하는 것이다. 막대의 그림자의 길이와 방향을 일 년 매일 기록함으로써 하루의 시간을 정할 수 있으며 정오에 측정한 결과를 가지고 하지와 동지 그리고 춘분과 추분을 발견할 수 있다. 까뜨야나–슐바수뜨라(Kātyāyana–Śulvasūtra 1,2 – 3)는 다음과 같이 주된 방향을 찾는 규칙을 제시한다:

> 평지에 막대를 고정하고 막대와 길이가 같은 (그리고 그것에 붙어 있는) 밧줄을 이용해 그 주위에 원을 그리고 나서 그는 막대 끝의 그림자가 (오전과 오후의) 선에 떨어지는 두 지점에 두 개의 막대를 고정시킨다; 그것(이 두 개의 새로운 막대가 합류하는 선)이 동쪽(–서쪽 선)이다. 밧줄에 길이를 추가하고 (양쪽 끝에) 두 개의 고리를 만든 후 동–서 선을 표시하는 두 개의 막대에 고리를 고정시킨다. 밧줄을 팽팽하게 한 다음 (각 막대 주위에 원을 그린다.) 그리고 (이 두 개의 큰 원이 만나는 지역인) 중간에 있는 막대를 남쪽과 북쪽으로 고정시킨다. 그것(이 새로운 막대들이 합류하는 선)이 북쪽(–남쪽) 선이다.

이 경우 나는 어니스트 맥케이(Ernest Mackay)가 제시한 바와 같이, 모헨조다로에서 발굴된 10개의 돌 받침대가 (쉬바의 남근 숭배상인) 링가의 기초가 아니라 나무로 만든 해시계 바늘로 만들어졌을 수 있다고 제안한다(1938). 검붉은 돌로 만들어진 한 받침대는 인더스 계곡과 메소포타미아에서 거의 확실하게 별의 의미를 가진 세 잎 무늬로 장식되어 있다[이미지 16.7]. 토대의 바닥을 평평하게 하고 두 개의 은못(은못 구멍이 여전히 남아 있음)을 사용해 중간에 둥근 함몰부에 고정된 작은 기둥의 안정성과 직립성을 확보하는 데 큰 주의를 기울였다. 해시계의 바늘을 위해 땅과 바닥은 가능한 한 수평이 되어야 하며 막대는 가능한 한 똑바르고 견고하며 직각이 되어야 한다. 까뜨야야나–슐바수뜨라

[이미지 16.7] 검붉은 돌로 만들어지고 세 잎 무늬가 장식된 잘 닦여진 받침대. 그것은 아마도 해시계의 바늘을 의미했을 수 있다. 그것은 모헨조다로에서 발굴된 것(DK 4480, cf. Mackay 1938:I,412 and II, pl. 107.35)으로 현재 파키스탄 카라치에 있는 국립박물관에 소장되어 있다. After Parpola 1985: fig. 9a. ©Asko Parpola 1971, courtesy DAMGP.

(7,4)는 고요한 물의 표면보다 더 평평한 것은 없으며, 막대는 특별히 오래되고 단단한 나무인 아까시나무의 견고한 핵심 부분으로 만들어져야 한다고 명시하고 있다.

바우다야나-슐바수뜨라(Baudhāyana-Śulvasūtra 1,22-28)는 방향이 정해진 사각형을 만들고 그렇게 해서 표시된 중심점을 가지고 해시계와 줄을 사용해 기본이 되고 중간이 되는 방향을 정하는 방법에 대해 설명한다. 이것은 초기와 성숙기 하랍빠의 그림이 그려진 도기에 중요한 모티브인 "교차하는 원들"의 패턴과 또한 하랍빠의 욕실 바닥과 "욕조"에서 가장 좋아하는 모티브도 만들어 낸다. 나는 이 모티프가 물의 도움으로 해시계 바늘을 위해 땅을 평평하게 만드는 데 필요한 것과 관련이 있다고 생각한다. 후대의 인도의 천문학 문헌에서는 땅을 완벽하게 수평으로 만들기 위해 물을 추천한다.

베다 낙샤뜨라 목록에 있는 첫 번째 달력의 별자리가 플레이아데스라는 사실을 주목하는 것이 가장 중요하다. 우리는 베다 문헌이 플레이아데스의 위치에 대해 어떤 의견을 제시할지 주의 깊게 살펴봄으로써만 이 사실을 전적으로 인정할 수 있다. 잘 알려진 바와 같이, 사제인 브라흐마나들은 자신들을 베다 사회의 가장 높은 사회 계급으로 자리매김했다; 끄샤뜨리야(Kṣatriya) 또는 라자냐(Rājanya), 즉 전사와 귀족

(왕족)은 두 번째 사회 계급이 되었다; 그리고 일상인인 바이샤(Vaiśya)는 세 번째 계급이 되었다. 가장 오래된 야주르베다 문헌에서 브라흐마나 계급은 계절의 첫 번째인 봄에 신성한 불을 피워야 하고, 라자냐는 여름에 그리고 바이샤는 가을에 그것을 피워야 한다고 규정한다. 브라흐마나는 달력의 별자리들 가운데 첫 번째인 플레이아데스(kṛttikāḥ) 아래서 불을 피워야 한다. 왜냐하면 플레이아데스는 (어원적으로 "앞에 있는"을 의미하는 뿌로히따로서 항상 먼저 언급되기 때문에) 신들 가운데 "맨 앞"인 아그니에 속하고 성직자 계급의 일원인 브라흐마나는 신들 가운데 사제인 아그니에 속하기 때문이다. 플레이아데스는 7이라고 말해지며, 머리에 7개의 "숨"이 있기 때문에 플레이아데스는 창조주인 쁘라자빠띠의 머리로 간주되는 반면 공물을 먹는 아그니는 그의 입(mukham, "입, 태초")이 된다. 샤따빠타-브라흐마나(2,1,2,1-5)에서는 원래 플레이아데스가 7명의 성자들의 아내들이었지만 7명의 성자들이 북쪽에서 솟아나고 플레이아데스는 동쪽에서 솟아나기 때문에 현재는 남편들과 성적 결합이 배제되어 있다고 덧붙였다. 그렇기 때문에 이제는 플라이아데스가 아그니를 그들의 짝으로 삼고 있다. 초기 베다 문헌에서 아그니는 떠오르는 태양의 방향인 동쪽의 신이다.

이러한 맥락에서 샤따빠타-브라흐마나(2,1,2,3)는 플라이아데스가 "동쪽 지역에서 벗어나지 않는 반면 다른 별자리들은 동쪽 지역에서 벗어난다"고 말한다. 장 필리오자트(Jean Filliozat 1962)는 이것을 동쪽은 태양이 지평선 위로 떠오르는 것으로 결정되는 반면 보다 뛰어난 동쪽에 대한 정의는 춘분 때 태양이 동쪽에서 떠오르는 것으로 정해진다는 사실을 의미하는 것으로 해석했다. 왜냐하면 이 시점에서 태양은 소위

"북반구"에서 떠오르며, 이것은 또한 태양의 이른바 "북쪽 경로"의 시작이기 때문이다.

같은 맥락에서, 샤따빠타-브라흐마나(2,1,2,4)도 다음과 같이 기술하고 있다: "7명의 성자들(ṛṣayaḥ)은 이전에 곰들(ṛkṣāḥ)이라고 불렸다." 산스끄리뜨어 ṛkṣa-는 "곰"과 "별" 양자를 의미한다; 그것은 리그베다 1,24,10에 나타난다. 거기서는 다음과 같이 묻는다: "낮에는 밤하늘에서 아주 높은 곳에 고정되어 있는 것으로 보이는 곰들/별들이 어디로 갔을까?" (아래에서 논의될) 이 구절은 슈나흐쉐빠(Śunaḥśepa) 찬가에 속하기 때문에 큰곰자리의 별들을 의미하는 것이 상당히 확실하다. 고대 그리스에서는 큰곰자리의 별들이 세 마리 새끼 곰이 뒤따르고 있는 어미 곰으로 이해되었다.

그러나 아타르바베다 시대부터 큰곰자리는 거의 전적으로 "7명의 성자들(sapta ṛṣayaḥ)"로 불렸다. "성자, 선각자, 성스러운 사람, 리쉬(rishi)를 뜻하는 단어 ṛṣi-의 선택은 (아마도 그 단어는 인도-아리아인들이 BMAC의 최초의 언어로부터 채용한 것일 수 있다. 8장 참조) 상속된 그리스-아리아어 용어로 "곰"을 뜻하는 ṛkṣa-에서 영향을 받은 것이다. 그러나 새로운 명칭의 의미론적 내용은 의심할 여지없이 베다 이전의 인도에서 널리 성행했던 개념으로 거슬러 올라간다. 궁극적으로 메소포타미아로 거슬러 올라가는 하랍빠의 혈통이 여기에 포함될 수도 있다. 왜냐하면 수메르인들 또한 "7명의 성자들"(수메르어 abgal)에 대해 이야기했기 때문이다. 그들은 홍수 이전에 통치한 왕들과 물과 지혜의 신으로 수메르 예술에서 반은 사람이고 반은 물고기 형태로 나타나는 엔키(Enki)의 하인들인 것으로 생각되었다. 인도의 "7명의 성자들"

도 홍수와 연관된다. 왜냐하면 마하바라따(3,185,1－54)에 의하면 그들은 인류의 첫 번째 사람이자 조상인 마누와 함께 방주를 타고 있었기 때문이다. 이 개념은 큰곰자리의 7개의 별(북두칠성)이 하늘의 극(북극성) 근처에 있으면서 결코 지평선 아래로 가지 않는다는 사실에서 기인한 것일 수 있다. 호머(Homer)는 큰곰자리가 "언제나 자신의 자리에서 돌고 있으면서 홀로 바다의 목욕에는 관여하지 않는다"고 말한다(Iliad 18,489).

후기 하랍빠 시대의 사람들은 최초의 인도-아리아어를 사용하는 이민자들보다 훨씬 더 많았다. 이 두 인구 집단의 융합은 아마도 다른 종족 간의 결혼과 늘어나는 이중 언어 사용자들로 즉시 시작되었을 것이다. 새로이 온 사람들은 그 지역의 주민들을 상대하기 위해서 중개인이 필요했으며, 이것은 그 지역의 지도자들과 사제들에게 생겨나기 시작한 새로운 사회질서 속에서 중요한 지위를 차지할 수 있는 기회를 제공했다.

7명의 성자들은 리그베다 이래 브라흐마나 계열의 조상들로 간주된다; 그들은 아마도 마누가 함께 신들에게 첫 번째 희생제를 거행했던 고대의 "7명의 희생 제주"(sapta hotrāḥ)와 같을 수 있다(리그베다 10,63,7). 마하바라따(3,43)는 고대 성인들이 자신들의 공덕에 의해 획득된 빛으로 빛나면서 자신들의 불판(dhiṣṇya) 위에 화염에 싸인 채 서 있다고 말한다: 이 빛들은 거리 때문에 자그마한 석유램프 불꽃처럼 보이는 것과 같은 지상에서 쳐다보는 별들처럼 보여진다. 이 개념은 초기 베나 문헌에서 그 흔적을 찾을 수 있다. 불의 제단을 만드는 것에 대해 말하는 가운데 따잇띠리야-상히따(5,4,1,3－4)는 다음과 같이 말한다:

“그는 별자리를 상징하는 벽돌들을 내려놓는다; 이것들은 하늘의 빛이다; 진실로 그는 그들을 이긴다. 낙샤뜨라들은 선한 행위자들의 빛이다.” 마이뜨라야니 상히따(Maitrāyaṇī Saṃhitā 1,8,6)는 고대 희생 제주들을 별들과 가장 명백하게 연결 짓는다. 베다 의식 속에서 엄격한 의미에서 dhiṣṇ(i)ya라는 단어는 소마 희생제를 주관하는 7명의 사제들의 화덕들을 나타낸다; 그들 가운데 6은 앉아 있는 홀에 일렬로 지어졌고, 하나는 희생제 구역의 경계에 있는 홀 밖에 있다. 7개의 인더스 계곡의 화덕들과 매우 유사한 배치가 깔리방간(Kalibangan)의 아크로폴리스에 있는 제식용 벽돌 제단에서 발굴되었다.

7명의 성자들과 플레이아데스의 이혼에 관한 샤따빠타-브라흐마나의 설명은 전쟁의 신 스깐다의 탄생에 대한 유명한 힌두 신화의 가장 초기 버전으로 그의 모계명인 까릇띠께야(Kārttikeya)는 그를 플레이아데스(kṛttikāḥ)와 연결시킨다. 보다 완전한 서사시와 뿌라나의 버전에 따르면 아그니 또는 쉬바는 남편들인 7명의 성자들이 부재중에 플레이아데스를 유혹했다. 한 이본에서는 7명의 성자들이 쉬바에게 그의 불타는 남근을 잃어버리도록 저주를 내려 그의 남근이 땅에 떨어져 세상을 불태우기 시작했다. 그 불길은 남근, 즉 (발기한 남근을 상징하는) 쉬바 숭배의 상징이 여성 성기의 상징인 요니(yoni)의 토대에 설치되어 놓여지기 전까지 꺼지지 않았다. 따라서 링가숭배의 기원이 이 신화에서 비롯된다. 쉬바의 네 얼굴이 새겨진 링가는 세계의 중심축(axis mundi)을 나타낸다. 그리고 최초의 베다 문헌들에서는 (플레이아데스, 아그니 또는 쉬바의 짝을 나타내는) 떠오르는 태양이 천상과 지상을 분리하고 하늘을 받치는 기둥으로 묘사된다. (남근을 상징하는 불타는 기둥 또는 나무에서 여신의 남편인 까마와 봄의 축제와의 관계는 15장을 참조할 것.)

베다의 낙샤뜨라 목록은 끄릿띠까(kṛttikāḥ = 플레이아데스) 별자리로 시작한다. 왜냐하면 춘분 때 플레이아데스가 태양과 같은 무렵에 출몰하면서 새해가 시작되었기 때문이다. 플라이아데스는 기원전 약 2240년경에 주야평분점(춘분점)에 가장 가까웠다. 주야평분점의 세차운동을 통해, 태양과 같은 무렵에 출몰하는 춘분을 표시하는 별자리의 위치가 서서히 변화했다. 따라서 기원후 80년 인도 천문학자들은 기원전 655년에서 기원후 300년 사이에 주야평분점에 가장 가까운 별자리였던 아비니(Avinī)로 시작하는 것으로 만들기 위해 낙샤뜨라 목록을 개정했다. 이와 유사한 달력의 조정이 성숙기 하랍빠의 정점 시기에 인도 천문학자들에 의해 분명하게 이뤄졌다. 왜냐하면 알브레히트 웨버(Albrecht Weber 1861 [1862]:275–277)가 지적했듯이 원래 달력이 시작했던 것은 오래된 목록에서 두 번째 낙샤뜨라였던 로히니였다고 추정할 만한 충분한 근거가 있기 때문이다. "붉은색(여성)"을 뜻하는 로히니는 황소자리의 일등성인 알데바란(Aldebaran), 즉 거대한 붉은 별 알파 타우리(Alpha Tauri)이다. 그것은 기원전 3054년에 주야평분점에 가장 가까이 있었다.

브라흐마나스에 의하면 창조주인 쁘라자빠띠가 달에게 그의 딸들인 낙샤뜨라들을 주어서 결혼하도록 했다. 그러나 달은 다른 모든 별의 아내들을 무시하고 그의 마음에 드는 로히니하고만 동거했다. 분노한 다른 아내들은 아버지에게 되돌아갔고 사실을 알게 된 아버지는 사위를 심하게 질책했다. 달은 모든 아내를 동등하게 대우하겠다고 약속했지만 여전히 로히니하고만 지냈다; 그 결과 그는 자신을 쇠약하게 만드는 병으로 고통을 받게 되었다. 마하바라따(3,219,10)와 라마야나(5,31,5)는 그때 "로히니가 모든 별 가운데 첫 번째였다"고 말한다. 아타르바베다(AVŚ 13,1,22)에서 로히니는 실제로 "붉은색", 다시 말해서 떠오르는 태양을 뜻하는 로히따의 헌신적인 아내인 것으로 말해진다. 자이미니야–우빠니샤드–브라흐마나(4,27)는 "선동자", 다시 말해서 떠오르는 태양의 신인 사비뜨리(Savitṛ)와 그의 짝인 "태양의 처녀" 사비뜨리(Sāvitrī)를 전형적인 커플처럼 언급한다. 그러나 리그베다(10,85)의 결혼 찬가에서 사비뜨리의 남편은 달인 소마이다. 내가 볼 때 이러한 언급들은 로히니가 태양과 함께 출몰하는 것이 원래 인도에서 새해의 시작을 알렸다는 사실을 암시한다. 이미 리그베다 10,109에서 알려진 소마가 브리하스빠띠의 아내를 납치하고 (결국은 되돌아오는) 오래된 별의 신화는 원래 태양력에서 태음태양력으로의 전환을 가리키는 것으로 보인다. 후에 목성이 되는 브리하스빠띠는 여기서 떠오르는 태양이고 뛰어난 "별" 따라(Tārā)는 원래 로히니였다. 베다 문헌은 "달력에 쓰이는 별자리"에 관한 진부한 단어 b(h)ekuri를 보전하고 있다; 14장에서 논의된 그것의 드라비다어 원형은 그것이 새벽 동틀 무렵, 다시 말해서 태양과 함께 출현한 별자리였다는 사실을 암시한다.

처음에는 24개의 별도의 명칭들과 함께 태양의 해의 24개의 1/2달과 일치하는 24개의 낙샤뜨라들만 있었다. 이후에 3개의 낙샤뜨라들을 두 배로 늘리면서 원래 3개의 이름에 "앞의 것"과 "뒤의 것"의 조건들을 추가함으로써 3개가 추가되었다. 이것은 달에게 27개의 숙소(宿)를 제공하는 것(달이 궤도의 주어진 지점으로 돌아오는 기간: 27일, 7시간, 43

분)으로 이것은 달이 변화하는 매일 밤 하나씩에 해당한다. 이로 인해 매월의 각각의 날을 언급하는 것이 가능해졌다: 빠니니(4,2,4)에 의하면 "오늘은 뿌샤(Puṣya)이다"라는 진술은 달이 뿌샤 별자리에 있다는 것을 의미했다.

가장 초기의 낙샤뜨라 목록에 관한 한 판본(Taittirīya-Saṃhitā 4,4,10)에는 알데바란과 정확히 반대되는 로히니와 같은 이름을 가진 또 다른 별이 있다. 이것은 거대한 붉은 별 알파 스코르피(Alpha Scorpii)이다. 베버(1861 [1862])는 두 별이 원래 두 개의 춘분 추분점에서 한 해의 반년의 시작을 표시했기 때문에 둘 다 로히니라고 불렸다고 제안했다. 아마도 그 당시에는 이것들이 유일하게 쓰이고 있던 달력의 별이었을 수 있다. 오래된 낙샤뜨라 목록에 관한 대부분의 판본들에서는 두 번째 로히니(Alpha Scorpii)가 제슈타(Jyeṣṭhā)라고 불린다. 이 단어는 "가장 나이 많은 (여인)"을 의미하며, 그 별자리는 행운의 여신인 락쉬미(Lakṣmī)의 언니인 불행의 여신과 연관된다. 그러나 제슈타는 아타르바베다에서 불길한 별자리의 이름으로 언급된 단어로 "맏(아들)의 살해자"인 제슈타그니(jyeṣṭhaghnī)의 약칭일 가능성이 크다. 이 이름은 슈나흐쉐빠(Śunaḥśepa) 전설에 언급된 맏아들의 희생제를 떠올리게 한다. 그에 대한 암송은 왕실 봉헌식의 필수적인 부분이었는데, 위에서 언급한 의식은 따르빠(tārpya) 의복을 착용하고 공간의 영역으로 올라가는 것과 같이 아마도 하랍빠적 기원일 수 있는 그와 같은 구성 요소들을 포함한다.

슈나흐쉐빠 전설은 천 명의 아내가 있었지만 아들이 없었던 하리쉬짠드라(Hariścandra) 왕에 대해 이야기한다. 그는 바루나에게 도움을 청하라는 조언을 받는다. 신은 하리쉬짠드라가 바루나에게 그 아이를 희생 제물로 바칠 것이라는 조건하에서만 그에게 아들을 주는 것을 허락했다. 바루나는 여러 차례 로히따라는 이름을 가진 그 소년을 희생 제물로 바칠 것을 요구했지만, 하리쉬짠드라는 그때마다 다양한 구실을 붙여 희생제를 연기했다. 로히따가—전사 청년의 나이가 되는—열여섯 살이 되었을 때 아버지는 아들에게 그가 바루나와 한 약속을 지킬 것이라고 말했다. 하지만 로히따는 활과 화살을 가지고 숲속으로 사라져 버렸다. 그의 아버지는 바루나에 의해 전신수종(그 병은 달을 부어오르게 만드는 것으로 간주된다)의 벌을 받았다. 결국 로히따는 자신을 대신할 희생자로 슈나흐쉐빠라고 불리는 브라흐마나 소년을 돈을 위해 아들을 살해할 준비가 되어 있었던 그의 아버지에게 돈을 지불하고 샀다. 희생제의 기둥에 묶인 슈나흐쉐빠는 바루나와 다른 신들에게 기도했고 그 결과 그는 풀려났고, 그와 동시에 하리쉬짠드라의 병 역시 치유되었다.

15장에서 우리는 바루나가 (악어 형태의) 하랍빠의 물과 다산의 신의 후계자임을 보았다. 바루나는 그의 상징들 가운데 (힌두교에서 바루나의 탈것으로) 악어를 갖고 있다. 끝에 부풀어 있는 돌기가 있는 악어의 긴 주둥이는 남근을 나타낸다. 악어는 아이들을 수여하는 것으로 믿어지고, 힌두교도들은 더 많은 자손을 얻고자 첫 번째 아이를 악어에게 희생한 것으로 알려져 있다. 따잇띠리야-아란야까(2, 19)는 4개의 부분으로 된 꼬리(puccha)를 가진 "강력한 악어 신"(divyaḥ śākvaraḥ śiśumāraḥ)에 대해 말한다. "앞다리와 뒷다리가 다양한 별로 표현된 이 생물의 몸 부위들 가운데 언급되기 때문에 여기서 śiśumāra-는 "돌고래"이라는 대체 의미를 가질 수 없으므로, "악어"를 의미하는 것이 틀림없다. 문자 그대로, śiśumāra-는 "아기 살해자"를 의미한다.

이 천상의 악어의 배경은 브라흐마의 숭배인데, 베다의 가정생활자는 축이 되는 별(북극성)인 드루바(Dhruva) 지역을 바라보면서 황혼 무렵에 기도를 올리기로 되어 있다. 이 기도는 "dhruvas tvam asi, dhruvasya kṣitam"(당신은 굳건하고, 굳건함의 토대이다)으로 시작하고 (아마도 쉬슈마라로 왜곡해서 읽을 수 있는) "쉬슈꾸마라(Śiśukumāra)에게 절한다"로 끝난다. 뿌라나의 우주의 구조적 묘사들 가운데 가장 오래된 부분은 비슈누 신이 별들로 구성된 악어의 형상으로 하늘에 나타나고, 축이 되는 별이 악어의 꼬리에 있다고 말한다. 따라서 축이 되는 별은 15장[이미지 15.7, 15.8]에서 논의되었던 암리에서 출토된 구자라뜨 부족 마을의 제식 숭배의 악어상의 몸 뒤쪽 부분과 하랍빠의 채색 항아리에 있는 축이 되는 별의 위치에 필적하는 위치를 하늘에서 차지한다. 하늘에서 천상의 악어는 부족의 악어상들과 같은 방식으로 축이 되는 별을 축으로 삼아 돈다. 또한 동물들의 행렬을 묘사한 인더스 명판들에서 악어는 다른 동물과 함께 낮은 목록이 아니라 하늘에 해당하는 상위 목록에 나타난다.

슈나흐쉐빠 전설에서 하리쉬짠드라의 이름은 "노란 달"을 뜻하며, 그의 천 명의 부인들은 명백하게 별들을 상징하는 것으로 보인다. 그의 아들 로히따는 아타르바베다에서 떠오르는 태양에 사용된 이름을 갖는다. 웨버(1853:237)는 슈나흐쉐빠가 별의 표시를 갖고 있다고 제시했다. 그것은 문자 그대로 "개의 꼬리"를 의미하며, "개의 꼬리"를 뜻하는 그리스어 kunósoura와 라틴어 번역 canis cauda와 정확하게 일치한다. 그것은 작은곰자리(실제로 "개의 꼬리를 가진 암컷 곰"을 뜻하는

kunosourìs árktos)를 묘사한다. 따라서 슈나흐쉐빠는 하늘의 극점을 돌고 있는 별자리에 대한 인도-유럽어 기원을 가진 별의 용어이다. 더욱이 그것은 그 안에 "꼬리" 개념을 가지고 있다. 따라서 슈나흐쉐빠는 그 꼬리에 축이 되는 별을 가지고 있는 천상의 악어의 꼬리인 작은곰자리에 대한 하랍빠적 개념이었던 것으로 보이는 것에 대해 인도-아리아인들이 가지고 있던 가장 자연적인 세습적 용어이다. 천상의 악어 자체는 용자리에 비교되었을 수 있다[이미지 16.8].

그리하수뜨라는 신랑이 신부에게 충실함의 전형으로 축이 되는 별을 보여 줘야 한다고 규정한다. 리그베다 10.85의 결혼찬가 마지막 연에 추가된 오래된 킬라(khila) 시에서 신랑은 다음과 같이 말한다: "충실해라!(dhruvaidhi)". 기원전 4000 – 1900년에 축이 되는 별은 (오늘날 우리가 알고 있는 북극성이 아니라) 용자리에 있는 가장 밝은 별인 투반(Thuban 알파 용자리)이었다. 기원전 2780년에는 투반이 하늘의 축과 단지 0.6° 멀어졌다. 투반은 실제로 우리 자신의 북극성(Polaris) 이전에

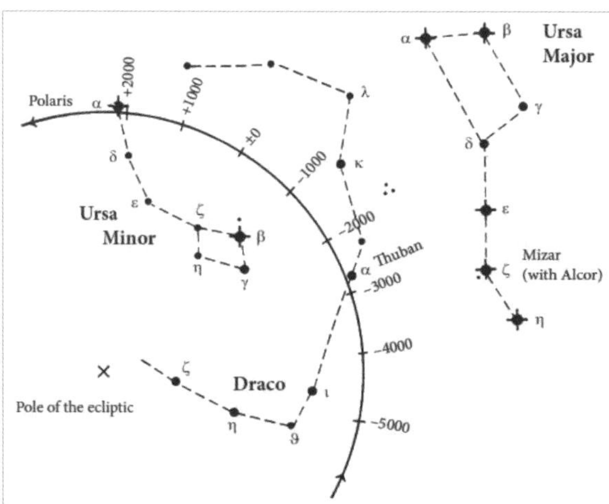

[이미지 16.8] 하늘의 축을 돌고 있는 별들(주극성). After Parpola 1994a:243, fig. 14.4, based on Liebert 1968 (1969):168.

회전하는 하늘의 "고정된(dhruva)" 중심이라고 불릴 수 있었던 유일한 별이다[이미지 16.8]. 따라서 축이 되는 별을 "고정된 것"으로 간주하는 개념은 그리햐수뜨라보다 훨씬 이전 시기, 다시 말해서 인더스문명 시기에서 비롯되었음이 틀림없다.

히란야께쉬-그리햐수뜨라(Hiraṇyakeśi-Gṛhyasūtra 1,22-23)는 신랑은 축이 되는 별에게 말해야 한다고 규정한다. 신랑의 만뜨라의 내용은 이 만뜨라를 말했던 사람이 원래는 왕이었다는 사실을 암시한다. 그것은 아마도 "바루나의 희생제"라고 알려진 왕의 봉헌식에서 말해진 것일 수 있다:

> 저는 당신을 우주의 중심(중심축)과 같은 것으로 압니다. 저로 하여금 이 나라의 중심이 되게 하소서.
> 저는 당신을 우주의 중심과 같은 것으로 압니다. 저로 하여금 이 나라의 중심이 되게 하소서.
> 저는 당신을 우주를 유지하는 끈과 같은 것으로 압니다. 저로 하여금 이 나라를 유지하는 끈이 되게 하소서.
> 저는 당신을 우주의 기둥과 같은 것으로 압니다. 저로 하여금 이 나라의 기둥이 되게 하소서.
> 저는 당신을 우주의 배꼽과 같은 것으로 압니다. 저로 하여금 이 나라의 배꼽이 되게 하소서…

바루나는 신성한 왕이다. 그리고 만뜨라에서 축이 되는 별은 마치 황제의 나라 중국에서처럼 왕권의 상징이다.

고대의 따밀 서사시 찔랏빠띠까람(Cilappatikāram)에서 신랑은 결혼식에서 신부에게 바따-민(vaṭa-mīn)으로 알려진 축이 되는 별을 가리킨다. 이것은 남인도와 스리랑카에서 오늘날에도 여전한 관습이다. 이 문구는 실제로 "북쪽의 별"을 의미하며 21장에서 알 수 있듯이 인더스 비문에서도 읽을 수 있다. "북쪽"을 뜻하는 드라비다어 vaṭa의 동음이의어는 "반얀 무화과나무"를 의미하는 vaṭam이다. 이것은 공중에 매달린 줄 같은 뿌리를 가진 거대한 나무에 붙여진 이름(드라비다어 vaṭam은 "줄"을 의미한다)이다[이미지 16.9]. 동음이의어를 가진 축이 되는 별에 대한 원래의 드라비다어 명칭은 고대 인도의 우주론과 왕권에 대한 몇 가지 근본적인 개념을 이해하는 새로운 길을 열어 준다.

뿌라나는 꼬리에 축이 되는 별을 가지고 있는 별 모양의 악어에 대해 말한 직후 축이 되는 별의 핵심 기능을 전체 항성계의 중심이자 지지자로 묘사한다: "축이 되는 별이 회전함에 따라 달, 태양 그리고 다른 행성들도 회전하게 되고, 달의 별자리들(lunar asterisms)은 (중심부 주위를 돌고 있는) 바퀴의 방식으로 그 회전하는 축이 되는 별을 따른다. 태양과 달 그리고 별들, 행성들과 함께하는 달 별자리들은 실제로 모두 다수의 바람으로 구성된 코드에 의해 축이 되는 별에 묶여 있다."(Viṣṇu-Purāṇa 2,9,2-3)

슈나흐쉐빠에 대한 언급이 있는 리그베다 찬가는 하늘에 있는 보리수나무에 대해 말한다: "바루나 왕은 무한한 공간 속에서 (천상의 보리수) 나무의 왕관을 들고 있다; 높이 있는 것은 매달려 있는 그것의 (공중에 매달린 뿌리)의 토대이다: 이 빛의 광선이 우리에게 고정되도록 하소서!"(RV 1,24,7). 베다와 힌두교 문헌은 반복적으로 천상의 무화과

나무를 언급한다. 이 개념은 무화과나무 안에 있는 의인화된 신을 묘사한 인더스 명판(H-179)에 그려져 있는 것처럼 보인다: 밑바닥에 무화과나무는 양쪽에 별이 붙어 있는데, 이것은 나무가 천상과 연결되어 있음을 암시한다[이미지 16.10]. 아이따레야-브라흐마(7,27-34)에서 무화과나무의 모든 주요 품종은 왕권과 연관된다; 그들 가운데 가장 강력한 보리수나무는 바루나에 속한다(GGS 4,7,24). 하늘에서 천상의 보리수나무를 쥐고 있는 자는 바루나이다. 뿌라나에 의하면 별들과 행성들을 축이 되는 별에 묶어 그들이 하늘에서 떨어지는 것을 막는 "바람의 줄"은 의심할 여지없이 이 상상된 우주의 보리수나무의 공중에 매달린 뿌리이다. 이러한 개념들은 원래 축이 되는 별에 대한 드라비다어 명칭을 자연스럽게 따른다: vaṭa-mīn, "북쪽의 별" = "보리수 별(banyan star)" = "밧줄 별(rope star)."

[이미지 16.9] 공중에 뿌리가 나뭇가지처럼 달려 있는 보리수나무. After Parpola 1994a:242, fig. 14.2. ©Asko Parpola.

베다에서 후기 인도 우주론으로 이동하는 과정에서 가장 근본적인 변화는 힌두교, 불교, 자이나교 전통이 공유하고 있듯이 지구의 중심에서 하늘의 중심으로 올라가는 황금 산이 추가된 것이다. 산의 정상에는 브라흐마 또는 인드라의 도시가 있으며, 바로 위에는 축이 되는 별이 있다. 각기 다른 방향들의 산비탈들은 서로 다른 색깔을 가지고 있다. 윌리발드 키르펠(Willibald Kirfel 1920:2* - 3*, 14* - 19*)은 이 중심이 되는 산을 축이 되는 별과 결합된 천문학적 개념들과 연결했다. 축이 되는 별과 연관된 우주론 관념들은 생각했던 것보다 훨씬 오래된 것처럼 보이기 때문에 세 가지 전통 모두에서 입증된 중심이 되는 산과 그 명칭인 메루(Meru) 역시 인더스문명까지 거슬러 올라갈 수 있다. 메루의 어원은 불분명한 채로 남아 있다; 나는 그것이 원시-드라비다어 *mēl / *mēlu에서 파생되었다고 생각한다. 그 단어는 기본적으로 "너머에 또는 위에 있는 것"을 의미하며 그렇기 때문에 또한 "어떤 것의 꼭대기 부분, 높은 장소, 정상"을 뜻하기도 한다. 고대 따밀어에는 "천상의 세계"를 뜻하는 mēl-ulakam이라는 용어가 있는 반면 현대 따밀어 사전은 "하늘의 중심"을 뜻하는 ucci를 설명하는 데 mēl이라는 단어를 사용한다: talaikku nēr mēlāka irukkum vāṉattiṉ pakuti("바로 머리 위에 있는 하늘의 부분")(Kriyā 2008:177). 의미론적으로 mēl(u)은 "머리의 광관, 꼭대기, 정상, 하늘의 중심"을 뜻하는 ucci와 유사하다. 그것은 드라비다어의 기원을 갖는 것으로 간주된다(DEDR 579). 그러나 실제로 산스끄리뜨어의 동사와 명사형 접두사로 "위"를 의미하는 ud에서 파생된 "높다, 위"를 뜻하는 산스끄리뜨어 부사 uccā, uccais와 거의 분리되기 힘들 수 있다.

리그베다 1,24,7에는 천상의 보리수나무의 공중에 매달린 뿌리는 인간에게 생명 에너지를 공급하는 빛의 광선으로 간주되었던 것으로 나타난다. 태양과 그것의 광선과 연관된 유사한 관념은 뿌라나의 우주론에서 발견된다(Brahmāṇḍa-Purāṇa 24,64 - 72; Liṅga-Purāṇa

60,18－26; Vāyu－Purāṇa 53,44－50): 태양은 다른 행성들과 별들에게 수천 개의 광선(raśmi)을 공급한다고 말해진다. 7개의 주된 광선은 달, 달력상의 별들(nakṣatra/ṛkṣa) 그리고 행성들인 수성(budha), 금성(śukra), 화성

[이미지 16.10] 하랍빠에서 나온 주조된 명판 H–179 (2410, NMI 30)에 있는 양쪽에 별이 있고 중앙에 신이 있는 천상의 무화과나무. After Parpola 1994a:244, fig. 14.5; cf. CISI 1:209. Photo EL, courtesy NMI. 별들은 버팔로의 뿔처럼 아치형으로 구부러진 채 늘어나 있는 것에 감싸여 있다; 이미지 21.6b에 있는 뿔 모양의 머리 형식의 고리에 있는 별들을 가지고 있는 인더스의 신과 비교해 볼 것.

(lohita), 목성(bṛhaspati)과 토성(śanaiścara)에게 자양분을 공급한다. 달에게 자양분을 공급하는 태양 광선은 수숨나(suṣumṇa– "매우 자비로운")라고 불린다.

불교 전통은 서로 다른 색깔들을 태양 광선의 결과라고 간주한다. 따라서 아바다나샤따까(Avadānaśataka, Speyer편집 1906 : I,4–6)에 의하면 부처가 미소를 지을 때 "천 가지 색을 가진 무수한 빛의 띠가 그의 입에서 나와 떠오르는 태양처럼 열 방향(모든 곳)을 비춘다"; 이 문헌은 "자비로운 부처들이 미소를 지을 때마다 파란색, 노란색, 빨간색 및 흰색의 빛의 광선이 그들의 입에서 나온다"고 명시한다. 데이비드 피오르달리스(David Fiordalis 2013)는 이것을 따잇띠리야–아란야까(5,1,2)의 쁘라바르갸–브라흐마나스(Pravargya–Brāhmaṇahas)와 비교했다. 거기서 빛나는 에너지(tejas)는 마카(Makha)가 미소 지었을 때 그에게서 탈출했다. 11장에서 우리는 마카의 잘려진 머리가 태양이 되었다는 사실을 살펴보았다.

태양 광선 수숨나(suṣumṇaḥ sūrya–raśmiḥ)는 야주르베다의 상히따들

(MS 2,12,2; KS 18,14; VS 18,40; 그리고 TS 3,4,7,1에서는 suṣumnaḥ로)과 샤따빠타-브라흐마나(9,4,1,9)에 나타난 만뜨라에서 언급된다. 불의 제단 의식에서 사용된 이 만뜨라에서 별들은 아마도 드라비다어에서 파생된 bekuri / bhekuri-라는 이름을 가지고 있고 또한 그들은 보리수나무와 다른 무화과나무에 거주하는 간다르바들과 압사라들과 관련이 있는 것으로 말해진다.

기원후 1000년경에 나타난 것으로 간주되고 고락샤샤따까(Gorakṣaśataka 1400년)와 하타요가쁘라디삐까(Haṭhayogapradīpikā 1450년)와 같은 경전들로 가장 잘 알려진 하타-요가 또는 꾼달리니-요가에서는 수슘나가 인간의 신체에 있는 7만 2,000개의 정맥들 또는 동맥들(nāḍī-) 가운데 중심이 되는 가장 중요한 것의 명칭이다. 수슘나는 척수의 맨 밑에 있는 물라다라(mūlādhāra)의 신경중추와 브라흐마-란드라(brahma-randhra)를 연결하고 있으며 그 짜끄라(cakra)는 (1000개의 광선을 발하는 태양을 상징하는) 1000개의 연꽃잎을 갖고 있다. 이 전통은 매우 후대의 것이지만 그 요소들은 우빠니샤드에서 그 흔적을 찾을 수 있다. 브리하드-아란야까-우빠니샤드(2,1,19)은 7만 2,000개의 나디들을 언급하고 마이뜨리-우빠니샤드(6,21)는 수슘나를 이들 가운데 하나로 말하고 있다. 수슘나는 또한 찬도갸-우빠니샤드(8,6,6)와 까타-우빠니샤드(6,16)에 인용된 (브라뜨야 전통과 연관된, Horsch 참조 1966) 초기의 슐로까들 가운데 하나에서도 말해진다:

> 101개의 심장에 있는 맥들,
>
> 그들 가운데 하나는 머리의 위로 올라간다.

그것이 올라감으로써 그는 불사에 도달한다.

나머지는 그들의 상승 속에서 모든 방향으로 뻗어 나간다(Olivelle 번역 1998:279).

앞에서 서술한 찬도갸-우빠니샤드(8,6,1-5)의 내용은 이 구절을 다음과 같이 설명한다:

1. 이제, 심장의 이 맥들[nāḍī-]은 주황색[piṅgala-], 흰색[śukla-], 푸른색[nīla-], 노란색[pīta-] 그리고 붉은색[lohita-]의 가장 좋은 핵심을 이룬다. 또한 거기서 올라오는 태양도 주황색, 흰색, 푸른색, 노란색 그리고 붉은색이다. 2. 긴 도로가 가까이 있고 멀리 있는 마을을 가로지르는 것처럼 이들 태양 광선도 두 세계를 가로지르고, 여기 아래에 있는 행성과 위에 있는 행성을 가로지르고 있다. 저 태양으로부터 뻗어 나와 그들은 여기 있는 혈관으로 미끄러져 들어가고 여기 있는 혈관에서 뻗어 나와, 저 위쪽의 태양으로 미끄러져 들어간다. 3. 그리하여 누군가가 여기서 완전히 모인 채 평온한 상태로 잠들어 어떠한 꿈도 꾸지 않을 때 그는 이 맥(나디)들 안으로 미끄러져 들어왔다. 어떤 악한 것도 그를 건드릴 수 없다. 왜냐하면 그때 그는 광채와 연결되어 있기 때문이다. 4. 이제, 여기 있는 누군가가 매우 쇠약해졌을 때 사람들은 그의 주위에 앉아서 묻는다: "너는 나를 알아보겠느냐?" "너는 나를 알아보겠느냐?" 그가 몸을 떠나지 않는 한 그는 그들을 알아볼 수 있다. 그러나 그가 그의 몸을 떠나면 그는 그들과 같은 광선을 따라 위로 올라간다. 그는 "옴"이라는 소리와 함께 위로 간다. 오래지 않아 그는 그기 태양에 도달한 것보다 그것에 대해 생각한다. 그것은 아버지의 세계로 향한 문이다. 그것은 지식을 가진 자에게는 열려 있고 그렇

지 않은 자에게는 닫혀 있는 문이다(Olivelle 번역 1998:279).

여기서는 오직 서로 다른 색깔을 가진 5개의 광선만을 언급하고 있다. 그것들은 명백하게 5개의 행성들에게 자양분을 공급했던 것들이다. 왜냐하면 야갸발꺄-스므리띠(Yājñavalkya-Smṛti) 1,290-303와 자이미니야-그리햐수뜨라 2,9와 같은 문헌에 있는 행성들에 대한 가장 초기의 상세한 기술에 의하면 목성은 황금색이고, 금성은 흰색이며, 토성은 검푸른색 또는 검은색이고, 수성은 녹색 빛을 띠고 있는 노란색이며 화성은 붉은색이기 때문이다. 그 구절은 인체의 모든 부분에 자양분(혈액)을 가져다주는 많은 맥들이 태양 광선과 연결되어 있다고 생각되며, 그것이 태양에서 우주의 모든 존재로 자양분을 가져다주는 유사한 통로들로 이해되고 있다는 사실을 분명하게 만든다. 심장에 중심을 둔 인체와 태양에 중심을 둔 우주는 서로 일치하고 연결된 두 개의 네트워크이다.

인체의 소우주와 우주의 대우주 사이의 유사함은 실제로 하타-요가 또는 꾼달리니-요가에서 매우 기본적인 개념 가운데 하나이다. 척추는 산스끄리뜨어로 메루-단다(meru-daṇḍa)라고 불리는데, 그 단어는 그 기둥을 우주의 중심이 되는 산인 메루 산과 동일시하는 것이다. 인간의 신체 꼭대기에는 머리가 있고, 머리 꼭대기에는 "브라흐마의 틈"인 브라흐마-란드라가 있다. 브라흐마-란드라는 갓 태어난 아이에게 아직 열려 있는 머리 꼭대기의 봉합점 또는 구멍이며 그것을 통해 사람이 죽으면 영혼이 빠져나간다고 말해진다. 거시적인 우주에서 브라흐마-란드라는 하늘의 정점에 있는 태양과 일치한다. 우빠니샤드는 우주 너머

브라흐마-로까(Brahma-loka)로 가는 문과 같은 것으로 말한다.

후기 자이나 우주론에도 널리 퍼져 있는 우주가 인간의 몸의 모양을 가지고 있다는 개념은 (아타르바베다와 유사성이 있는) 리그베다의 가장 후대의 찬가 중 하나에 등장한다. 리그베다 10.90에 따르면 천 개의 머리, 천 개의 눈, 천 개의 발(이 설명들은 종종 천 개의 광선을 가진 것으로 알려져 있는 태양을 가리킨다)을 가진 최초의 우주적 "인간"(puruṣa)이 일어나 우주 전체를 가득 채우기 위해 팽창되었다. 시 4는 "성큼성큼 걷다"를 뜻하는 동사 vi+kram-을 사용한다. 그 단어는 리그베다의 보다 오래된 찬가들이 태양신 비슈누가 우주를 횡단한 세 걸음을 묘사하기 위해 사용한 것이다. 이 원초적인 인간은 신들이 행한 전례가 없는 희생제의 희생 제물이었고 그 희생제는 베다의 인간희생제(puruṣa-medha)와 다른 희생제 의식의 모델이었다. 구체적인 우주는 이 최초의 우주적 인간의 절단된 신체 부위에서 발생했다: 그의 마음에서 달, 그의 눈에서 태양, 그의 숨에서 바람, 배꼽에서 대기, 그의 머리에서 하늘, 그의 발에서 땅 그리고 그의 귀에서 공간의 방향이 발생했다.

허먼 툴(Herman Tull 1989)은 절단되는 의인화된 우주에 대한 이 생각은 원래 초기의 리그베다 우주생성론과 근본적으로 다르다고 지적했다. 우주가 아버지인 하늘과 어머니인 대지의 결합과 분리에서 비롯되었다는 관념은 원시-인도-유럽의 개념으로 거슬러 올라가는 반면 "초기 리그베다의 주된 우주 발생에 관한 신화는 인드라에 의해 브리뜨라(Vṛtra)가 살해되고 연이어 인드라가 우주 나무 또는 기둥으로 하늘을 받침으로써 하늘과 땅을 분리하는 것이다"(Tull 1989:54). 툴은 브라흐마나 문헌의 이데올로기에서 이와는 달리 우주적 뿌라나와 그에 대한 절단의 개념이 특별히 (리그베다에서 알려지지 않은) 불의 재단 의식에서 중심적으로 남아 있다는 것을 보여 주는 데 집중한다.

브라흐마나 문헌에서 뿌루샤는 샤따빠타-브라흐마나(6,1,1,5)에서 명시적으로 언급된 것처럼 창조주 쁘라자빠띠가 된다. 결말(ŚB 6,1,2,12-26)에서 이 문헌은 자신을 통해 우주를 창조하는 쁘라자빠띠가 지쳐서 무너질 정도, 다시 말해서 죽게 되었다고 기록한다. 그는 아들 아그니에게 불의 제단(agni-citi)를 세워 자신의 몸을 회복시켜 달라고 부탁했다. 쁘라자빠띠는 여기서 한 해 또는 우주와 동일시되며, 그의 분리된 신체 부위는 불의 제단을 만드는 벽돌 층뿐만 아니라 계절이나 방향과도 동일시된다. 완성된 제단에 놓인 불은 태양과 동일시되며, 아그니의 아버지인 쁘라자빠띠도 자신의 아들이 아그니라고 말해지는 반면 쁘라자빠띠의 복원자로서 아그니는 쁘라자빠띠의 아버지라고 말해지기도 한다. (이 다소 역설적인 개념은 다음과 같이 설명될 수 있다: 태양이 일 년의 순환을 마치고 모든 계절을 "다 드러내었으면", 그것은 노화된 또는 지나간 해로서 "죽는다." 그러나 태양이 계승자로서 "다시 태어나서" 자신의 아들이 되면 새해로 회복된다.)

축소된 크기로 동일한 태양의 과정이 태양의 매일의 순환에서 발생한다. 낮 동안 하늘의 정점에 있는 태양은 우주의 지배자를 대표한다. 밤에는 이 중심적 지위를 축이 되는 별(북극성)이 차지한다. 축이 되는 별은 모든 행성들, 별들 그리고 존재들을 눈에 보지 않는 "바람의 끈(vāta-raśmi)"으로 묶는다. "바람의 끈"이라는 개념은 내가 그것이 인더스문명까지 거슬러 올라간다는 사실을 보여 주려고 노력한 것이다: "북쪽의 별"을 뜻하는 드라비다어 vaṭa-mīn은 또한 "줄의 별(rope star)"과 "보리수 별(banyan star)"을 의미하기도 한다. 따라서 축이 되는 별은 태양에 대한 밤의 대응물이다. 실제로 리그베다 1,24,7은 바루나의 천상의 보리수나무의 (눈에 보이지 않는) 공중에 매달린 끈을 "빛의 광선(ketávaḥ)이라고 언급한다. 아마도 하랍빠에서 비롯되었을 수 있는 베다 시대에 통용된 천문학적 개념에 따르면 태양은 실제로 결코 떠오르거나 지는 것이 아니라 항상 하늘에 존재한다. 태양은 밝고 어두운 면을 가지고 있다. 저녁이 되면 그것은 단순하게 어두운 면을 지구 쪽으로 그리고 밝은 면을 하늘 쪽으로 돌린 채 서쪽에서 동쪽으로 보이지 않게 돌아와 아침에 다시 회전한다. (이 관념은 AB 3,44에서 가장 명백하게 그리고 MS 4,6,3; KS 27,8; 그리고 TS 6,4,10,2-3에서는 보다 덜 분명하게 드러난다.)

축이 되는 별은 하늘 전체가 그것을 중심으로 도는 중심축이다. 이런 면에서 그것은 마치 거북이(산스끄리뜨어 kūrma)와 같다. 그것은 우유의 바다를 휘젓는 서사시와 뿌라나의 신화에서 물 위에 떠 있는 대지와 신과 악마에 의해 휘젓는 막대기로 사용되는 우주의 산 메루(Meru, 일명 Mandara)의 중심축이자 확고한 토대 역할을 한다(Mahābhārata 1,15-17; Matsya-Purāṇa 249-251 참조). 산스끄리뜨어 꾸르마의 어원은 아직 정해지지 않았지만, 그 단어는 리그베다에서 입증되지 않고 명백하게 인도-유럽어의 같은 어원에도 결여되어 있기 때문에 남아시아 언어에서 온 차용어일 가능성이 높다. 더욱이 그것은 남아시아의 지역적인 동물이고, 하랍빠에서 나온 주조된 명판과 모헨조다로에서 나온 테라코타 조각상들 가운데서 나타난다; 또한 인더스 비문(Parpola

350번 1994a:77)의 한 기호는 거북이를 묘사하는 것일 수 있다. 꾸르마에 대한 가능한 드라비다어 어원은 따밀어로 "거북이"를 뜻하는 kuruḷai로 제시되며 다른 드바리다 언어들 속에서 같은 기원을 가지고 있는 단어는 "껍질"을 뜻하는 깐나다어 guruḷe와 같은 것을 들 수 있다; 이 단어들은 아마도 "둥글게 말다"를 뜻하는 어근 kur-uḷ에서 파생되었을 수 있다. 그것은 뚤루어(Tulu)에서는 "수축하다, 오그라들다"라는 의미를 추가적으로 더 가지고 있다. (또한 "구부리다, 휘다, 웅크리다, 수축하다, 오그라들다"를 뜻하는 어근 kur-aṅku도 참조할 것). 꾸르마의 가능한 원시-드라비다어의 동음이의어는 "날카롭거나 뾰족하거나 끝이 가늘다"를 뜻하는 어근 *kūr가 있으며, 그로부터 따밀어의 "문이 회전하는 축"을 뜻하는 kūr 그리고 "날카로움, 뾰족함"을 의미하는 kūrmai가 파생한다. 베다 문헌에서 거북이의 아랫부분의 껍데기는 "확고하게 고정된(pratiṣṭhitam)" 대지이고 윗부분의 껍데기는 "끝이 구부러져 있는" 하늘이라고 말해진다(ŚB 7,5,1,2).

거북이는 창조주 쁘라자빠띠가 살아 있는 존재를 창조했을 때 그가 취한 형상이다(ŚB 7,5,1,3). 거북이는 삶의 생기이며 생명력의 호흡(prāṇa)이다. 살아 있는 거북이는 벽돌로 지은 불의 제단 밑에 안치된다. 불의 제단은 그것에 삶의 생기와 호흡을 제공하기 위해 만들어진 것으로 베다에서 우주를 묘사한 지형이며 쁘라자빠띠의 재구성된 이미지이다(ŚB 7,5,1,1.3.7). "이 거북이는 이제 저 해와 같은 것이다…. (그것은 제단 아래에 놓여지고, 수초에 싸여 있으며, 만뜨라 VS 13,30-32가 시작된다.) '그대를 물의 깊은 곳에 앉혀라…', 왜냐하면 진실로 그것은 저것(태양)이 불타는 (천상의) 물의 가장 깊은 (장소)이기 때문이다; '물의 신, 벽돌들의 황소'"(ŚB 7,5,1,6–9). 존 브록킹턴(John Brockington 1998:279)이 관찰한 바와 같이, 물의 신으로서의 거북이는 여기서 "바루나의 표현"이다. 천상의 보리수나무(즉 축이 되는 별)도 바루나에 속한다.

태양의 전형으로서의 거북이는 특별히 석양이나 밤의 태양과 연관될 수 있다. 신드에서 께랄라까지 남아시아의 가장 전형적인 거북이는 별의 문양을 가진 거북이이다[이미지 16.11]. 우리가 이미 살펴보았듯이 베다 문헌은 거북이를 태양과 동일시하며, 밤 동안 태양의 검은 부분이 지구 쪽으로 돌려져 있다고 말한다. 별의 문양을 가진 거북이의 검은 껍질은 몇몇 별과 같은 형상으로 장식되어 있어서 마치 별들이 박혀 있는 어두운 밤하늘처럼 보인다.

날이 저물면 거북이가 사지를 끌어들이는 것처럼 태양이 광선을 안으로 끌어들인다. "거북이"에 관한 세 가지 다른 드라비다어 단어들은 이러한 특성에서 파생된다: 위에서 언급한 따밀어 kuruḷai 외에 북부드라비다어로 "거북이"를 뜻하는 ekkā, eke는 원시-드라비다어로 "배의 근육을 수축하는, 위를 안으로 끌어당기는"을 의미하는 *ekku와 따밀어로 "거북이를 뜻하는 (수축하는 것과 같은)" oṭunki에서 파생되었다. "수축하다, 축소하다, 감소되다, 감춰지다"를 뜻하는 원시-드라비다어 동사 *oṭuṅku는 따밀어에서도 "감각이나 욕망 같은 것이 제어되다, 고요해지다"의 의미로 사용된다. 그리고 (동사가 직접목적어를 요구할 때 사용되는) 타동사 형태 oṭukku는 "감각을 제어하다"를 뜻한다. 빠딴잘리는 요가수뜨라(Yogasūtra 2,54)에서 요가 수행자에게 감각기관을 완전하게 정복하기 위해 그들의 대상에서 감각을 철수하라고 충고한다.

마하바라따는 자주 이 요가의 감관의 철수(pratyāhāra)를 거북이가 손과 발을 안으로 밀어 넣는 것에 비교한다(또한 Bhagavadgītā 2,58). 이러한 비교는 또한 띠룩꾸랄 126에서도 만들어지는데 거기서는 원시-드라비다어 동사 *aṭaṅku / *aṭakku가 사용된다. 이 동사는 *oṭuṅku / *oṭukku와 비슷한 의미들 외에도 따밀어에서 "사라지다, 천상의 몸처럼 마련되다"의 의미를 가진 것으로 입증된다.

행성인 신들에 대한 베다 이후의 예배에서 토성은 거북이를 타고 있는 것으로 표현되어질 수 있으며, 인더스 비문은 토성이 이미 하랍빠 시대에 그의 탈것으로 거북이를 가지고 있었던 것으로 이해되었음을 암시한다(21장). 서사시와 뿌라나에 따르면 토성은 태양의 아들이다; 또한 그의 색깔은 검거나 검푸르며 토성을 주재하는 주된 신은 (죽은 사람을 재판하고 그들을 지배하는 정의로운 왕) 야마이기 때문에 토성은 태양의 밤의 측면을 나타내는 것처럼 보인다. 바빌로니아의 점성술에서도 토성은 태양을 나타내는 "검은 별"이며 죽은 자를 재판하는 기능을 갖는다(Jeremias 1929:176).

우리는 불의 제단 바닥에 수초가 놓인 것에 있는 거북이가 천상의 물들의 가장 깊은 장소에 있는 태양이라고 말하는 것을 이미 살펴보았다(ŚB 7,5,1,6-9). 이는 축이 되는 별의 영역에서 밤의 태양과의 연관성을 암시하는데, 그것은 우주의 사람의 두개골의 봉합(브라흐마-란드라)과 일치하는 것처럼 보인다. 실제로 샤따빠타-

[이미지 16.11] 별의 문양이 있는 거북이(인도 별거북). After Daniel 1983: opposite p. 30. Photo courtesy ©Isaac D. Kehimkar.

브라흐마나(7,5,1,35)는 "거북이는 (불의 제단의) 머리(이고) 거북이 속에 있는 생명력의 공기는 머릿속에 있는 생명력의 공기다"라고 말한다. 5가지 주요 희생물들의 머리는 불의 제단의 가장 낮은 벽돌 층의 중간에 놓이고, 인간의 머리는 말, 소, 숫양, 양의 머리로 둘러싸인 채 중앙에 놓이며, 희생 제주는 각각의 머리에 7조각을 넣도록 요구된다. 그것은 "머리의 7가지 생명력의 공기들의 각각에 하나씩" 넣는다는 것을 상징한다: 머리의 7가지 생명력의 공기들(의 통로)은 두 눈, 두 귀, 두 콧구멍 그리고 입이다(ŚB 7,5,2,8 – 12). 거북이가 머리와 연결되는 한 가지 이유는 그의 껍질 때문일 가능성이 높다. 왜냐하면 "껍질"을 나타내는 단어들은 종종 "머리 껍질"을 의미하기도 하기 때문이다: 예를 들어 영어의 두개골은 그와 같은 기원을 가지고 있으며, 드라비다어로 "껍질"을 의미하는 ōṭu는 몇몇 언어들에서 "거북이 껍질"과 "두개골"의 의미를 갖는다.

가장 잘 알려진 후기 리그베다의 우주론적 사색에 따르면 태초에 "없음"(無 asat)도 "있음"(有 sat)도 존재하지 않았다(RV 10,129,1). 샤따빠타-브라흐마나(6,1,1,1 – 7)는 이것을 수정해 태초에 없음이 존재했으며 이 없음이 7가지 생명력의 공기들인 7명의 성자들이었다고 말한다. 창조는 이들 7뿌루샤들이 쁘라자빠띠가 되었던 하나의 뿌루샤로 만들어진 후에야 시작될 수 있었다; 그 7뿌루샤들의 생명의 활력은 쁘라자빠띠의 머리에 집중된다. 따라서 큰곰자리의 7개의 하늘의 축을 돌고 있는 별들은 베다 문헌에서 명백하게 7개의 열린 구멍들이 있는 우주적 인간(puruṣa)의 머리와 연관된다(Ehlers 2007을 볼 것). 다른 별들이 "바람의 줄"(vāta–raśmi)에 묶여 있는 축이 되는 별과 가까이 있다는 것은 큰곰자리의 "7명의 성자들"이 리그베다(10,136)가 장발을 하고, 오렌지색 옷을 입고, 바람의 허리띠(vāta–raśmi)를 두른 채 루드라의 컵에 든 독을 마시고 불을 운반하는 공기를 통해 날아다니는 금욕주의자(muni)에 대해 말하는 것으로 여겨질 수 있을 것이다.

머리에 있는 7개의 열린 구멍들을 성자들과의 관계에 대해 말하고 있는 위 구절은 7개의 생명력 있는 공기들을 말한다. 일반적으로 말하면 오직 몸에 있는 공기의 5가지 종류만 열거되며 그것은 5가지 방향과 동일시되었다. 그러나 바로 두 가지 즉 들숨(prāṇa)과 날숨(apāna)만이 중요한데, 자이미니야–브라흐마나(Jaiminīya–Brāhmaṇa) 2,27에 들어 있는 슐로까와 그에 대한 주석에서 7명의 성자들이 그것을 관찰했다고 말해진다. 이것은 빠딴잘리 요가의 또 다른 중요한 요소인 호흡조절(prāṇāyāma)을 가리키는 것으로 보인다. 쁘라나와 아빠나라는 단어는 리그베다에서 전혀 나타나지 않는 반면 두 단어는 아타르바베다에서 여러 번 등장한다; (아타르바베다 15권인) 브라뜨야권에서 브라뜨야의 호흡은 우주의 다른 요소들과 동일시된다(AVŚ 15,15 – 17). 그것은 그의 몸의 부분들이다(AVŚ 15,18). 그것은 리그베다 10,90에 있는 초기 뿌루샤의 몸 부분과 상당히 닮았다.

그 발견 이후 인더스문명은 요가전통의 가능한 원천으로 여겨져 왔다. 지금까지 이 가설에 대한 주요한 증거는 인장에 나타난 인더스 신들 특히 "원시–쉬바"의 앉은 자세[이미지 16.6]를 토대로 만들어졌다. 존 마샬(1931a)은 원시–쉬바를 "요가의 신"(Yogeśvara)으로서의 쉬바와 비교했다. 하지만 이러한 자세는 원시–엘람 예술에서 취하는 예술적 관습인 것처럼 보인다[이미지 17.2 참조]. 이것은 또한 특정한 요가 아사나(āsana)의 전형이 되는 것을 막지는 않지만 요가가 하랍빠에서 시작되었다는 증거로 삼기에는 그 힘이 다소 약화된다. 다른 한편 인간의 몸은 딴뜨라 의식에서 중요한 역할을 수행하며, 요가의 명상 수행은 역사시대 여명에서부터 뚜렷이 드러난 후자의 강한 금욕적 전통을 고려할 때 의심의 여지가 없이 오히려 비아리아적이고 남아시아 고유의 것이라는 느낌을 준다. 이 장은 요가 전통의 몇 가지 중심 개념들과 수행들을 인더스문명과 연결시킬 수 있는 좋은 이유를 가진 우주론과 연결시켰다. 그러므로 요가 역시 하랍빠 문화유산의 일부라는 견해에 대한 새로운 증거를 제공하고 있다.

17

딜문(Dilmun), 마간(Magan), 멜루하(Meluhha)

기원전 3000년 동안 서아시아와 인더스 계곡 사이에 육로와 해상 접촉이 있었다[이미지 17.1]. 원시-엘람 문명의 동쪽으로의 확장은 기원전 3200년경에 시작되어 기원전 2900년경 이란 동부의 세이스탄(Seistan), 케르만(Kerman), 마크란(Makran)에 도달했다(Lamberg-Karlovsky 1986). 전형적으로 (이란고원에서 널리 알려진 구획이 있는 구리 인장들과 함께) 원시-엘람의 경사진 테두리를 가진 그릇들(기원전 2900 - 2800년 IIIa기 말)이 파키스탄의 발루치스탄에 있는 미르-이 콸라트(Mir-i Qalat)에서 발견되었다. 이 위에 있는 층(IIIb, 기원전 2800 - 2600년)에는 등에 혹이 있는 황소(zebu bull)들, 표범들, 물고기와 같은 주제들을 가진 다양한 종류의 도자기가 있다. 이러한 주제는 인도-이란 국경 지대의 초기 하랍빠 문화에 있는 도자기 주제들과 매우 흡사하다. 아직 시기가 더 젊은 층들은 각기 인더스문명의 변환기(기원전 2600-2500년)와 성숙기(기원전 2500-2000년)를 드러낸다(Besenval 2011; Didier 2013).

육로를 통한 접촉에 대해 더 논쟁의 여지가 있는 증거는 "원시-

[이미지 17.1]기원전 2600-1900년 서아시아, 중앙아시아 그리고 남아시아 사이의 상호작용을 묘사한 지도. ©Anna Kurvinen and Asko Parpola. 대담한 보편적인 것들로 이름을 붙인 국가들은 설형문자의 근원을 갖는다. 고고학적 지역들에 대한 추정적인 위치는 다음과 같이 표시된다: (1) Akkad; Al Hiba, see Lagash; (2) Altyn Depe; (3) Amri; (4) Anshan (Tall–i Malyan); (5) Babylon; (6) Bala–kot; (7) Bampur; (8) Chanhu–daro; (9) Dholavira; Djokha, see Umma; (10) Eshnunna (Tell Asmar); (11) Faiz Mohammad; (12) Girsu (Tello); (13) Godin Tepe; (14) Gonur; (15) Harappa; (16) Hili; (17) Jiroft; (18) Khafajeh; (19) Kish; (20) Kulli; (21) Lagash (Al Hiba); (22) Larsa; (23) Lothal; (24) Maysar; (25) Mehrgarh; (26) Mir–i Qalat; (27) Mohenjo–Daro; (28) Mundigak; (29) Nal; (30) Namazga; (31) Nindowari; (32) Nippur; (33) Qala'at al–Bahrain; (34) Quetta; (35) Ra's al–Hadd; (36) Ra's al–Jinz/al–Junayz; (37) Sar; (38) Shahdad; (39) Shah–i Tump; (40) Shahr–i Sokhta; (41) Shah Tepe; (42) Shortughai; (43) Sotka–koh; (44) Susa; (45) Sutkagen–dor; Tall–i Malyan, see Anshan; (46) Tell Abraq; Tell Asmar, see Eshnunna; (47) Tell es–Sulema; Tello, see Girsu; (48) Tepe Gawra; (49) Tepe Giyan; (50) Tepe Hissar; (51) Tepe Sialk; (52) Tepe Yahya; (53) Tureng Tepe; (54) Umma (Djokha); (55) Umm an–Nar; (56) Ur; (57) Uruk.

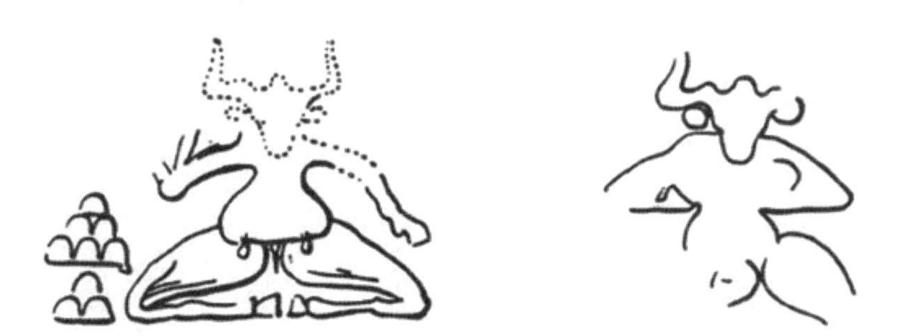

[이미지 17.2] 수사(Susa)에서 나온 두 개의 원시-엘람 인장날인들 속에 있는 앉아 있는 황소들. After Amiet 1980: nos. 581, 582. Courtesy Pierre Amiet. "원시-쉬바"(이미지 16.6)의 앉아 있는 자세와 비교할 것.

쉬바"[이미지 16.6]라는 별명이 붙은 하랍빠 신의 이른바 요가 자세이다. 그것은 앉아 있는 황소들이 원시-엘람의 그림[이미지 17.2]에서 표현되는 방식으로부터 유래한 것처럼 보인다(Parpola 1984a). 반면에 그 주제는 기원전 2500–2400년에 케르만(Kerman)의 지로프트(Jiroft) 지역과 중앙아시아 남부의 BMAC에서 번성했던 이른바 "트랜스-엘람"(Trans-Elamite) 예술에서 빌려온 것일 수 있다; 그것은 인더스 계곡의 상인들과 수메르 지배자들 사이의 해상 접촉을 통해 초기 왕조 IIIAB 시대(기원전 2600 – 2334년)에 메소포타미아에서 왔을 수도 있다.

기원전 3000년 후반기에 인더스 사람들은 반대편인 서쪽의 메소포타미아로 여행하기 시작했다. 초기에서 성숙기로 하랍빠 단계(기원전 2600 – 2500년)가 전환하는 동안 인더스 사람들은 크고 무거운 짐을 싣고 인더스강과 다른 수로를 항해할 수 있는 보트와 배를 만들었다. 하랍빠의 인장들과 명판들은 오두막처럼 생긴 선실과 노를 든 채 키를 조정하는 조타수가 있는 배를 묘사한다. 이 배들은 오늘날 인더스강 하류와 만차르(Manchar) 호수의 어부들인 모하나인들(Mohanas)의 하우스보트와 매우 흡사하다. 초기 성숙기 하랍빠 시대(기원전 2500 – 2200년)에는 역동적인 문화적 확장이 있었다. 인더스 계곡에서 온 진취적인 해상무역의 상인들은 마크란 해안(Sotka-koh, Sutkagen-dor)과 페르시아만을 따라 오만(Ra's al-Junayz, Ra's al-Hadd, Maysar, Hili)에 그리고 메소포타미아 자체에 전초기지를 세웠다.

그들이 거래한 품목들 중에는 메소포타미아에서 발견된 고부가가치의 하랍빠 보석이 있다. 예외적으로 긴(5cm 이상의) 원통형 실린더 모양(barrel-cylinder-shaped)의 홍옥수 구슬들은 매우 단단한 이 돌에 어렵게 긴 구멍들을 뚫은 것이 포함되어 있다. 다른 홍옥수 구슬들은 먼저 소다로 돌에 무늬를 그림으로써 흰색의 디자인으로 물들인 다음 홍옥수가 알칼리를 흡수할 때까지 가열해 무늬가 영구적으로 새겨지도록 했다. 그와 같이 "선명하게 새겨진" 홍옥수는 오늘날까지도 신드 지역에서 제조업으로 존속하고 있다. 메소포타미아에서 발견된 [키쉬(Kish)와 우르(Ur)의 왕의 무덤에서 발굴되고 초기 왕조(ED) IIIA 시대로 거슬러 올라가는] 이 두 종류의 독특한 구슬은 하랍빠에서 제조된 가장 초기의 물품들이다. 이 책에서 따르고 있는 전통적인 연대기에 의하면 그들의 시기는 기원전 2600 - 2500년이지만, 보다 최근에 수집된 자료들을 토대로 한 연대기에 의하면 그들의 실제 시기는 기원전 2400 - 2300년까지 늦춰질 수 있다(Reade 2008). 그 보석은 (이란을 거쳐) 육로나 바다를 통해 중개인의 손을 거쳐 메소포타미아에 도달했을 가능성이 있다. 그러나 18장에서 논의할 하랍빠 예술에 차용한 ED III 시기의 도상학적 주제들을 근거로 해서 판단한다면 하랍빠인들이 이미 그 이전에 수메르에 존재했을 가능성이 더 높은 것처럼 보인다.

1923-1925년 메소포타미아에서 발굴된 일부 인더스 인장들은 인더스문명이 고도화된 시대를 최초로 암시했다. 인더스문명과 한 가지 또는 다른 방식으로 연결된 약 20개의 인장들이나 인장 날인들은 메소포타미아(Ur, 고대 Lagash 근처의 Telloh/Girsu, Djokha/Umma, Babylon, Nippur, Kish, Tell Asmar/Eshnunna 그리고 Tell es-Sulema)와 엘람의 다른 유적지들(Susa)에서 나왔다; 게다가 약 10개 이상의 인장들은 입증되지는 않았지만 아마도 메소포타미아나 엘람에서 왔을 수 있다. 불

행히도 이 인장들 가운데 몇 개만이 올바른 확신을 가지고 연대를 정할 수 있을 뿐이다.

가장 초기의 인장들은 아카드 시대(Akkadian period 기원전 2334–2154년)에 속한다. 그들은 전형적으로 메소포타미아의 원통형 형태를 가지고 있지만, (코끼리, 코뿔소, 악어의 조각을 포함해) 그들의 하랍빠 스타일과 주제들을 고려할 때 그들은 거의 확실하게 메소포타미아에 거주하던 하랍빠의 장인들이 조각했다. 두 개는 텔 에스–술레마(Tell es–Sulema)와 텔 아스마르(Tell Asmar) 북쪽 지역의 계층화된 환경들에서 유래되었으며 비문이 없다. 출처가 없는 도상학적으로 중요한 원통형 인장은 아마도 이들 처음의 두 가지[이미지 18.12]와 거의 동시대일 것이다. 전후사정을 알 수는 없지만 수사에서 발굴된 비문이 있는 서투르게 조각된 원통형 인장 또한 그들과 동시대일 수 있다.

부식된 사각형 구리 인장과 금속 망토 핀에 부착된 아카드 스타일의 청금석으로 만든 (비문이 없는) 원통형 인장이 우르의 묘지에 있는 개인 무덤 no. 489에 묻혀 있는 해골의 팔 옆에서 발굴되었다(Reade 1995). 1992년에 나에게 보여진 이 구리 인장의 X선 영상에서 인더스 계곡에서 흔히 볼 수 있는 기호 순서를 가진 인더스 비문을 선명하게 볼 수 있었다. 이와 밀접하게 유사한 정사각형 구리 인장이 인더스 사람들과 메소포타미아인들에게 중요한 구리 공급원이었던 오만(Oman)의 라스 알 진즈(Ra's al Jinz = Ra's al–Junayz)에서 발굴되었다(Parpola 1994b : 번호 21과 2 참조). 인더스 계곡에서 나온 것으로 알려진 단 하나의 구리 도장이 구자라뜨의 항구도시로 국제무역항의 역할을 한 로탈(Lothal)에서 발견되었다. 고유의 하랍빠 기호 순서가 있는 동석으로 만든 정사각형 인장들이 니푸르(Nippur)와 키쉬(Kish)에서 발굴되었지만, 정확한 연대는 알 수 없다; 그들은 아마도 텔로흐(Telloh)에서 발견된 비문이 있는 단일 직사각형 인장처럼 구데아(Gudea) 시대부터 시작된(기원전 2141 – 2122년) 인더스 계곡에서 수입되었을 것이다.

서아시아에서 발견된 둥근 돌로 만든 인장들은 두 가지 범주로 나뉜다(Laursen 2010). 첫 번째 범주는 "걸프형"(Gulf type)으로 알려져 있다. 그것은 인더스 문자의 기호들이 있든 없든 하랍빠 형태의 들소("여물통"이 있든 없든)를 묘사하고, (단일한 홈이 있는) 반대편에는 하랍빠 형태의 손잡이(장식)를 가지고 있다. 비문이 새겨져 있는 총 28개의 걸프형 인장들이 알려져 있다. 그 가운데 12개는 메소포타미아(반은 우르에서), 3개는 이란(1개는 수사로부터, 다른 것은 직선형의 엘람어 비문을 가진 알려지지 않은 출처로부터), 9개는 걸프만(바레인에서 7개, 2개는 파일라카에서), 5개는 하류의 인더스 계곡(모헨조다로에서 4개, 1개는 찬후-다로에서)에서 나왔다. 이 마지막 부분 중 하나에서, 하랍빠 형태의 동물의 앞부분은 기원전 2000년 이후 서아시아에서 흔히 볼 수 있는 주제인 나선형으로 통합된다. 거기에는 또한 비문이 없는 95개의 걸프형 인장들이 있는데, 그들 대부분은 바레인에서 나왔고, 나머지는 이란(케르만에 있는 테페야흐야Tepe Yahya)에서 온 하나를 제외하고는 걸프만의 다른 곳에서 나왔다.

기원전 2100–2050년의 가장 오래된 걸프형 인장들은 메소포타미아와 이란에서 나왔다. 이 시기이후 하랍빠 상인 공동체가 메소포타미아/이란에서 바레인으로 이주해 그곳에 정착한 것으로 보인다. 왜냐하면 기원전 2050–2000년의 걸프형 인장들의 대부분이 바레인에서 나왔으며, 그 지역에서 인장이 제조되었다는 증거가 있기 때문이다. 인더스문명의 전형적인 연마된 돌 형태의 정육면체의 저울추들이 콸라트 알 바레인(Qala'at al-Bahrain)의 도시 문 옆에 있는 고대의 세관들의 방에 있던 수많은 인장들과 함께 바레인에서 발견되었다[이미지 17.3]. 대부분의 인장들은 지역 문화의 전형적인 무덤에서 나온다. 그것은 인더스 사람들이 그 지역사회에서 결혼했음을 암시한다. 이러한 추측은 많은 수의 걸프형 인장의 비문들이 인더스 계곡의 인장에서 알려지지 않은 순서를 보여 준다는 사실에 의해 강화된다[이미지 14.1]. 그들은 아마도 2개 국어를 사용하는 하랍빠 상인들이 당시 운영하던 사업을 자녀들에게 물려주면서 지역의 적절한 명칭들을 썼을 것이다. 바레인에서 나온 한 인장은 세 개의 아모리인(Amorite)의 고유 이름을 포함하고 있는 작은 설형문자 명판과 함께 발견되었는데, 그 기호들의 형태와 결합을 근거로 살펴보면 그 연대가 기원전 2050~1900년일 수 있다. 이것은 바레인의 지역 언어가 서부 셈족 계열에 속했을 수도 있음을 암시한다.

걸프형 인장은 두 번째 범주인 "딜문형"(Dilmun type)의 둥근 인장들의 형태로, 그중 수백 개는 기원전 2000년경 바레인과 파일라카에 있던 걸프형을 대체해 약 1세기 동안 지속적으로 사용되었다. 이 후대의 인장들은 메소포타미아의 영향을 받은 주제들을 가지고 비문이 없으며, 볼록한 뒷면에 3개의 홈이 있고, 양쪽 면에 두 개의 둥근 형태의 점이 옆에 있다. 딜문형의 인장 하나가 1963년 로탈에서 발굴되었다. 이것은 기원전 2000년 초에 걸프 지역에서 사용된 모헨조다로와 하랍빠의 메소포타미아식 "저울추들"을 제외하고는, 명백하게 서아시아에서 온 인더스 계곡의 유일한 물건이다. 로탈의 인장은 메소포타미아와 인더스

[이미지 17.3] 걸프만의 Qala'at al-Bahrain의 북쪽 벽에 있는 도시 II지역의 고대 세관원의 집. 오른쪽에 있는 것이 cul-de-sac이고 왼쪽에 있는 것이 도시의 성문이다. 그리고 그들 사이에 우물이 있는 위병소와 성벽으로 올라가는 계단이 있다. 인장들(×)과 저울추들(•)을 발견한 지점이 표시되어 있다. After Bibby 1972:368. Courtesy Moesgaard Museum, Højbjerg, Denmark.

계곡 사이의 해상무역이 전적으로 인더스 혈통의 걸프 상인들과 인더스 계곡의 후손들 손에 달려 있었으며 메소포타미아 사람들은 남아시아에 오지 않았다는 사실을 암시한다.

딜문(Dilmun)은 수메르 창조 신화에서 신화적인 낙원이지만, 설형문자 문서는 또한 그것을 실제로 존재하는 장소라고 언급한다. 거기에서 메소포타미아 선원들은 식수를 비축할 수 있었다. 그곳은 여러 곳에서 나온 물품들을 중계하는 중요한 무역 중심지였다. 딜문은 기원전 4000년 후반부터 특히 ED III기와 아카드 시대(기원전 2500–2200년)에 메소포타미아에서 해상무역의 역할을 담당했다. 기원전 2200년에서 2000년 사이에는 거의 언급되지 않았지만, 그 후 다시 두드러지게 된다. 고고학적 증거와 문헌적 증거 모두 딜문이 페르시아 걸프만 북쪽에 있는 파일라카 섬에서 남쪽으로는 딜문의 중심지 역할을 했던 바레인의 섬까지 뻗어 있었음을 암시한다. 수천 개의 무덤들과 무성한 대추야자들이 있는 바레인은 수메르 신화에 묘사된 낙원의 이미지에 적합하다.

설형문자 문서에 나타난 또 다른 핵심 지역인 마간(Magan)은 수메르인들에게 중요한 구리 공급원이었다. 고고학적 발굴과 조사는 3000년 동안 마간과 오만(특히 Umm an-Nar)을 동일시했다. 하지만 마간은 오만에서 걸프만 반대편에 있는 이란의 마크란(Makran) 해안을 포함했을지도 모른다. 우선 한 가지 이유로 마간이라는 이름은 마크란이라는 명칭과 관련이 있을 수 있기 때문이다. 마크란은 페르시아제국의 통치 지역 가운데 하나인 마카로 거슬러 올라간다. 게다가 다리우스 대왕의 3개 국어로 된 비문에 언급된 "마간의 메시 나무"(the meš wood of Magan)는 인도 북서부(간다라)와 이란 남동부(케르만)에서 수입되었다. 그 나무는 고대페르시아어로 yakā-라고 불린다; 그것의 현대 이란어의 같은 어원인 ag는 오만의 산맥, 이란 남부의 마크란 해안 그리고 파키스탄에서 자라는 큰 나무에서 나온 인도산 목재(sissoo)를 가리킨다.

딜문과 마간은 초기 설형문자 문서에서 언급되는 반면 메소포타미아 해상무역에 관계된 세 번째 외국 도시인 멜루하(Meluḫḫa)는 사르곤 대왕(Sargon the Great 기원전 2334-2279년)의 아카드 비문에서 처음으로 등장한다. 사르곤 대왕은 멜루하, 마간 및 딜문의 선박이 그의 새로운 수도 아카드에 정박했다고 자랑한다. 그의 독자들에게 깊은 인상을 주기 위해, 사르곤은 이 나라들이 일상적으로 열거되는 순서를 뒤집어 가장 먼 곳을 우선시했다. 몇몇 행정 문서에는 "멜루하의 배들"에 탑승하고 있는 "멜루하의 사람들"을 위해 식량을 배급한 것에 대해 언급하고 있다. 인더스 계곡과 멜루하를 동일시하는 것은 당시에는 거의 보편적으로 받아들여졌다.

메소포타미아인들은 멜루하 사람들과 어떻게 소통했을까? 아카드 원통형 인장에는 “멜루하의 언어의 통역가인 Šu-ilišu”가 새겨져 있다[이미지 17.4] 이것은 멜루하의 언어가 메소포타미아에서 널리 이해되지 않았으며 일부 멜루하어 사용자가 지역의 이름을 전형적인 셈어 이름으로 사용했음을 나타낸다.

아카드의 왕들은 그들의 세력을 동쪽으로 확장하려고 노력했지만 결코 멜루하에 도달하지 못했다. 명백하게 그들이 정복한 가장 동쪽의 나라는, 사르곤 대왕 치하에서 먼저 (수메르어로) 마르하쉬(Marḫaši) 또는 (아카드어로) 파라흐슘(Paraḫšum)이라고 불렸다. 역사적인 문서는 어떻게 다른 이란계 국가들과 멜루하가 파라흐슘을 재정복한 사르곤의 아들이자 후계자인 리무쉬(Rimuš 기원전 2278-2270년 통치)에 대항한 마르하위와 동맹을 맺었는지를 설명한다: “[세상의 왕, 리무쉬가 전투에서] 파라흐슘의 왕 아발가마시(Abalgamaš)에게 승리를 거두었다. 자하르(Zahar), 엘람(Elam), 구핀(Gupin) 그리고 멜루하가 파라흐슘을 돕기 위해 전투에 참여했다. 그러나….”

고대 바빌론 제국의 문서는 “나람-신(Narām-Sīn)에 대항한 굴라-안(Gula-AN)과 17명의 왕들”, 다시 말해서 거의 전 세계가 어떻게 (기원전 2254-2218년에 통치한) 사르곤의 손자인 나람-신에게 대항했는지를 자세하게 이야기한다. 불행하게

[이미지 17.4] 아카드 원통형 인장의 날인. 그것은 그 비문에 의하면 멜루하 언어의 번역가 u-ili u의 것이다. (이 인장에 대한 Dominique Collon의 주석, Parpola 1994:132에 있는 이미지 8.4의 표제어를 참조할 것). Collection De Clercq, Département des Antiquités Orientales (AO 22310), Musée du Louvre. Photo courtesy Musée du Louvre/Béatrice André-Salvini

도 이 문서는 18개국 또는 그들 반란군 왕들과 함께하는 사람들의 목록이 훼손되어 있으며 그들 대부분은 이름 가운데 첫 번째 부분이 없다. 17째 부분은 다음과 같이 나타난다: "멜루하 사람 [···] –ib–ra." 이 감질나는 언급은 멜루하에서 온, 다시 말해서 인더스문명에서 온 한 사람에 대해 우리가 가지고 있는 하나의 역사적 이름이다. 18나라 또는 사람들은 차례로 다음과 같다: 구티움(Gutium), 카크뭄(Kakmum), 루루붐(Lullubum), 하훔(Hahhum), 투루쿰(Turukkum), 카니쉬(Kaniš), 아무루(Amurru), 데르(Dēr), 아리테스(Arrites), 카시테스(Kassites), 멜루하(Meluhha), 아라타(Aratta), 마르하쉬(Marhaši), 엘람(Elam) 동맹, 아품(Apum)/대나무 숲(Canebrake)의 땅, 50개의 땅(Land of Fifty), 아르마눔의 땅(Land of Armanum), 하나의 땅(Land of Hana).

멜루하와 마르하쉬 사이에 기록된 나라 아라타는 주로 후기 수메르의 서사시인 "엔메르카르와 아라타의 제왕"(Enmerkar and the Lord of Aratta)에서 나온 것으로 메소포타미아 자료들에서 알려져 있다. 거기서 우르크(Uruk)의 엔메르카르 왕은 동쪽으로 멀리 떨어진 곳에 위치한 전설적인 나라의 아라타 왕과 청금석의 수입을 위해 협상한다. 이것은 아마도 짐작컨대 베다의 바우다야나–슈라우따수뜨라(Baudhāyana–Śrautasūtra 18,13과 18,44) 그리고 마하바라따와 같은 인도 자료들 속에서 비아리아계의 이름인 아랏따(Araṭṭa/Āraṭṭa/Arāṭṭa/Ārāṭṭa)로 언급된 것과 같은 나라일 것이다. 거기서 아랏따는 북서쪽에 있는 "부도덕한" 지역들로 표시되어 있다: 신드, 간다라 그리고 서부 뻔잡. 마하바라따에는 아랏따안에 바히까(Vāhīka 또는 Bāhīka)라고 불리는 지역이 포함된다. 이 지역은 종종 Bāhlīka/Bālhīka/Bahlika/Balhika/Balhīka

처럼 철자가 변형된 형태로 나타난다. Vāhīka 또는 Bāhīka는 아베스타어 Bākhdī와 Bākhtrī, 다시 말해서 아프가니스탄 북부의 현대의 발크(Bālkh) 지역인 박트리아(Bactria)에 대한 산스끄리뜨어 상대어들(Bāhlīka등)을 이해하기 위한 시도로 (그것이 산스끄리뜨어로 "바깥"을 뜻하는 bahiṣ에서 파생된 것으로 간주하는) 고대 문법학자들에 의해 만들어진 것으로 보인다. 그 지역은 당연히 인도 평원 "밖"에 있다. 박트리아에 있는 하랍빠 식민지인 쇼트가이(Shortugai)에서 바다크샨(Badakhshan) 인근의 청금석 광산을 통제했다.

나람-신(Narām-Sīn)의 아들이자 후계자인 샤르칼리샤리(Šarkališarri, 통치 기간 기원전 2217-2193년)는 마르하시 출신의 공주와 결혼했다. 그는 그 나라를 방문해 니푸르(Nippur)에서 대표단 위임을 받은 것으로 보인다. 우르의 제3왕조 동안 마르하쉬는 수메르와는 좋은 외교 관계를 그리고 마간과는 긴밀한 경제 관계를 맺고 있었다. 마르하쉬는 공물로 (기원전 2004년에 통치가 끝난) 우르 3세의 마지막 왕인 이비-신(Ibbi-Sīn)에게 "멜루하의 반점이 있는 개"를 선물했는데, 그것은 아마도 개보다는 고양이 또는 돌레(dhole, Cuon alpinus)로 알려진 사나운 인도의 야생의 개이긴 하지만 그리고 비록 이 동물이 반점이 있기보다는 붉은색이기는 하지만, 아마도 표범(치타)이었을 수 있다. (아마도 서아시아에서 하이에나가 이미 잘 알려져 있었다는 사실이 없었다면 하이에나가 이 서술에 가장 잘 어울릴 것이다.) 심지어 마르하쉬가 인도의 동물들을 메소포타미아로 수출할 수 있었던 것으로 드러나기도 한다. 고대 바빌로니아 문서인 "아가드를 뒤덮은 저주"(Curse over Akkad)에서 신성한 이난나는 다음과 같이 정리한다; "외국인은 하늘의 특이한 새처럼 [아카드를] 순항할 것이다: 마르하쉬조차도 공물 명부에 다시 들어가게 될 것이다; 원숭이, 강력한 코끼리, 물소, 이국의 동물 그리고 잘 훈련된 개, 사자, 산악의 염소, 긴 털을 가진 양들도 공공의 광장에서 서로 겨루게 될 것이다."

마르하쉬/파라흐슘은 최근 2000년경에 극적인 고고학적 발견이 이뤄진, 앞서 언급했던 케르만(Kerman)의 지로프트(Jiroft) 지역과 가장 높은 가능성을 가지고 동일시되었다. 비록 수천 개는 아니지만 수백 개의 꽃병, 컵, 상자, 장식판, (녹니석, 사문석, 동석 등의) 부드러운 돌에 아름다운 그림들이 새겨진 자루가 달린 "저울추들"이 5군데의 거대한 묘지에서 불법으로 발굴되었다. 이 수집물들의 일부는 경찰에 의해 압수되어 이란의 고고학자들에 의해 출판되었다. 그 학자들은 이후 지로프트 인근에 있는 그와 연관된 거주 지역 코나르 산달 B(Konar Sandal B) 지역을 발굴했다. 마르하시와 케르만의 동일시를 뒷받침하는 중요한 증거는 두 개의 지로프트와 같은 녹니석 사발에 새겨진 "리무쉬(Rimuš), 키쉬(Kiš)의 왕, 엘람과 파라흐슘의 살해자"라는 설형문자 비문에서 나왔다. 그들은 아마도 리무쉬가 파라흐슘에서 메소포타미아로 가져왔다고 말한 다양한 종류의 돌로 이뤄진 전리품에 속했을 것이다(Steinkeller 1982).

구바빌로니아 시대(기원전 1800~1600년)에 만들어진 수메르 문학에 관한 문서들은 기원전 3000년기에 메소포타미아인들의 외국의 여러 나라에 대한 개념을 반영한다. "엔키(Enki)와 세상의 질서"라는 제목의 작품은 멜루하에 관한 흥미로운 정보가 들어 있다. 그것은 어떻게 현명한 물의 신 엔키가 세상을 조직하고 다른 나라들의 운명을 선포하는지를 묘사하고 있다. 124–130행은 해상무역에서 외국의 파트너에 대해 말한다: "멜루하, 마간, 딜문의 땅이 나, 엔키를 바라보게 하라. 딜문의 보트들에는 목재를 싣도록 하라. 마간의 보트들에는 보물을 싣도록 하라. 멜루하의 마길룸(magilum 지하 세계) 보트는 금과 은을 운반해 그것들을 모든 땅의 왕 엔릴(Enlil)을 위해 니브루(Nibru)로 가져오도록 하라"(Maekawa & Mori 번역 2011 : 262).

수메르어 마길룸 magilum(^{giš}ma$_2$–gi$_4$–lum)은 멜루하의 보트들에만 독점적으로 사용되는 단어다. 내 생각에 그것은 당연히 원시-드라비다어 *maṅki(*maṅgi)가 되게 할 수 있다. 왜냐하면 그 형태는 남부 드라비다어 *mañci(*mañji)의 원형으로, 당연한 것으로 여겨질 수 있는 뒤따르는 i에서 비롯된 *k/g의 파찰음화로 재구성될 수 있기 때문이다. 따밀어, 말라얄람어, 깐나다어, 뚤루어에서 입증된 이 후자의 단어의 의미는 다음과 같다: "연안무역에서 사용되는 높은 평갑판을 가진 10–40톤을 실을 수 있는 하나의 돛대를 가진 대형 화물선"—그것은 위의 수메르 구절에서 마길룸의 맥락적 의미와 현저하게 잘 일치한다. 위에서 언급한 원시-드라비다어의 재건은 12세기 구자라뜨어 사전 편찬자인 헤마짠드라(Hemacandra)에 의해 기록된 뒤따르는 산스끄리뜨어 단어들과 (힌디어를 하나로 포함하는) 다른 어휘들로 뒷받침된다: maṅginī–, "배, 보트," 그리고 maṅga–, "배의 선수, 돛대."

"엔키와 세상의 질서"에서 219–234행은 멜루하 자체를 다루고 있다:

그런 다음 그는 멜루하의 땅(kur)으로 나아갔다. 엔키, 압주(Abzu)의 지배자(달

> 콤한 물의 바다)는 그것의 운명을 선포했다: "검은 땅/산(kur), 그대의 나무가 거대한 나무가 되기를, 그대의 숲이 고지대(kur) 메시(meš) 나무의 숲이 될 것이다! 그것들로 만들어진 의자들이 왕궁에서 우아한 매력을 가질 것이다! 그대의 갈대들이 거대한 갈대들이 될 것이다 [⋯]! 영웅들은 그들을 전장에서 무기로 [⋯] 것이다! 그대의 황소들은 거대한 황소가 될 것이고, 그들은 산/고지대(kur)의 황소들이 될 것이다! 그들의 울부짖음은 산/고지대(kur)의 야생 황소들의 울부짖음이 될 것이다! 신들의 (나의) 위대한 능력들은 그대를 완전하게 만들것이다! 땅/산(kur)의 자고새(dar)들은 홍옥수의 깃털들을 지닐 것이다! 그대의 새들 모두는 공작(haia)이 될 것이다! 그들의 울음소리는 왕궁을 아름답게 할 것이다! 그대의 모든 은들은 금이 될 것이다! 그대의 구리는 주석-청동이 될 것이다! 땅(kur), 그대가 소유한 모든 것이 풍요로울 것이다! 그대의 백성들은 [⋯]일 것이다!"(Maekawa & Mori 번역 수정 2011:262).

"갈대들"과 "전장"에 대한 언급은 화살이 전통적으로 인도에서 갈대로 만들어졌다는 사실과 관련이 있다: 산스끄리뜨어 śara는 "화살"의 주 단어로 원래 "갈대"(Saccharum sara)라는 의미를 갖고 있다. 설형문자 문서는 우리에게 마간에서 나온 갈대가 창이나 화살대를 만드는 데 사용되었다는 사실을 알려 준다. 공작에 대한 내용은 훨씬 후대에 나타난 불교 바베루-자따까(Bāveru-Jātaka)와의 비교를 요구한다. 아케메네스왕 시대(기원전 6세기에서 4세기)부터 시작되는 그 이야기는 "[바빌로니아를 의미하는 것으로 비발로니아어로는 바빌루(Bābilu) 그리고 고대 페르시아로는 바비루(Bābiru)인] 바베루(Bāveru) 왕국에 손가락을 튕기면 소리를 지르고 손뼉을 치면 춤을 추도록 훈련을 받은 멋진 공작을 가지고 온" 인도 상인들에 대해 말하고 있다; 바빌로니아인들은 그것의 값으로 천 개의 금화를 지불해 멋진 공작에게 높은 영예를 안겨 줬다. 명백하게 아름다운 인도의 새는 언제나 원하는 호사스런 수출 품목이었다.

위의 구절에서 여러 번 발생하는 "산, 고원"을 의미하는 수메르어 쿠르(kur)는 일반적으로 이란고원과 메소포타미아 동쪽의 이방의 나라들을 가리킨다. "검은 땅"은 "피부가 검은 사람들의 나라" 또는 "검은 토양의 나라" 가운데 하나를 의미할 수 있다. 나는 이 가운데 두 번째 대안을 선택한다. 인도 남부의 까르나따까(Karnataka) 주는 검은 양질의 토양 때문에 그 명칭이 드라비다어로 "검은 땅"을 뜻하는 karu-nāṭu에서 비롯되었다. 인더스 계곡에서 "신드의 그와 같은 특징은 '깔라르'(kalar)이다. 그것은 그 토양이 과도한 양의 염분을 함유하고 있기 때문이다. 그것의 구성 성분은 황산나트륨이 거의 40% 가까이 함유되어 있는 것으로 알려져 있다. 그와 같은 땅의 색은 거의 검은색이며 점착성이 강하기 때문에 어떠한 식물도 존재할 수 없지만 어두운 갈색의 중간 kalar에서는 몇 가지 살바도라(salvadora) 종들이 번성한다. 특히 하부의 신드에서는 더욱 그렇다"(Lambrick 1964:16). 신디어 단어 kalar는 원시-드라비다어로 "염분기가 있는 토양"을 뜻하는 *kaḻu / *kaḻar / *kaḷar로 거슬러 올라간다.

"검은 땅"은 나람-신 시대의 사건들을 서술하고 있는 "아카드를 뒤덮은 저주"에서 멜루하의 특성과 같은 것을 다시 떠올리게 한다. 43-50행에서 많은 외국 출신의 사람들은 아카드의 도시에 물품들을 기져온다:

> 마치 티그리스강이 바다를 향해 흐르는 것처럼 입구에서 거룩한 이난나는 성문을 열었다. 수메르인은 배를 타고 상류로 자신의 물품들을 가지고 온다. 농업에 무지한 사람들인 고원지대의 마르투(Martu)인들은 그녀에게 적합한 가축과 새끼 염소들을 데려왔다. 검은 나라 사람들인 멜루하인들은 그녀에게 이국적인 상품을 가져다줬다. 엘람인과 수비르인은 그녀를 위해 짐을 실은 당나귀들을 싣고 왔다(Maekawa & Mori 번역 2011 : 260, 수정).

멜루하를 가리키는 "검은 나라"는 또한 (기원전 2094~2047년까지 지배한) 네오-수메르 시대 우르의 슐기(Šulgi)왕에 대한 흥미로운 비문(B, 218-220행)에서도 나타난다. 왕은 엘람, 수메르, "검은 나라"(멜루하), 마르투, 수비르의 5개 국어로 대답할 수 있다고 자랑한다. 정확하게 이 통치 시대에 속하는 우르에서 발견된 6개의 걸프형의 인더스 인장들이 있다.

적어도 35년(기원전 2105 - 2071년)의 우르 제3왕조 동안 라가시(Lagash)라는 도시 근처에 멜루하라는 마을이 존재했다. 멜루하는 또한 그곳에 거주했던 일부 사람들에 대한 적절한 이름이기도 한 반면 다른 거주자들은 순수하게 수메르식 이름을 가지고 있었다(S. Parpola, A. Parpola, & Brunswig 1977). 우르 제3왕조 시대의 한 설형문자 명판은 "멜루하 마을"을 구아바(Guabba)와 연결시킨다. 이것은 베르막(Vermaak 2008)이 이해한 것처럼 그 마을이 구아바라고 불리는 잘 알려진 커다란 마을과 동일하다는 것이 아니라, 단순히 그 위치가 라가시 남쪽 구아바("바닷가") 지역이라는 사실을 의미한다(Simo Parpola, 개인적인 대화). 이 멜루하 마을의 연대는 텔로흐/기르수(Telloh/Girsu)에서 나온 것처럼 라가쉬 근처에서 나온 메소포타미아의 초기 걸프형 인장들의 연대와 거의 일치한다. 그보다 조금 이른 시기에 라가쉬의 수메르인 왕 구데아(Gudea, 기원전 2141-2122년 통치함)는 그의 비문에서 "멜루하인들은 그들의 나라에서 왔으며" 구데아의 수도에 주된 사원의 건설을 위해 우슈(ušū) 나무, 금가루, 홍옥수 그리고 다른 사치품들을 공급했다고 진술한다.

오래된 바빌로니아 문서인 "엔키와 닌후르사그"(Enki and Ninhursag)는 다양한 상품들을 메소포타미아로 가져온 국가들에 대해 말한다:

> 딜문이 그 땅을 위한 부두에 있는 창고가 될 수 있게 하소서. 투크리시(Tukriš)의 땅이 당신께 하랄리(Harali)의 금, 청금석 그리고 [···]를 넘겨주도록 하소서. 멜루하의 땅이 당신을 위해 매우 귀중한 탐나는 홍옥수, 마간의 메쉬(meš) 나무 그리고 최상의 아바 나무를 큰 배들에 싣고 오도록 하소서. 마르하쉬의 땅이 당신께 귀한 돌들, 두쉬아(dušia)돌을 가져오게 하소서. 마간 땅이 당신께 강하고 강력한 구리, 섬록암, 유(ú) 스톤, 슈민(šumin) 스톤을 제공해 주도록 하소서. 바다의 땅(Sea-land)이 당신께 그가 소유한 흑단나무, 왕의 [···]를 제공해 주도록 하소서. "천막"의 땅들(tent-lands)[즉 양치기들의 나라?]이 당신께 색깔이 다채로운 훌륭한 양모를 제공할 수 있도록 하소서. 엘람의 땅이 당신께 공물로 선택된 양모를 전하게 하소서(Maekawa & Mori 번역 2011:261).

아바(abba "바다") 나무는 우르 제3왕조 기간 동안 의자와 단검집을 만들기 위해 멜루하에서 수입되었다. 그 나무는 아마도 동쪽 발루치스탄과 신드 해안에서 자라는 맹그로브 나무에서 나온 매우 단단한 나무였을 가능성이 가장 높다. ú 돌은 홍옥수를 뚫는 데 사용되었다; 하랍빠인들은 이 목적을 위해 "일종의 단단해지는 진흙 돌(tonstein)인 부싯돌 점토(flint clay)를 사용했는데 그것은 단단한 돌로 만든 구슬에 구멍을 내는데 매우 효율적인 재료가 되는 성질을 낳거나 향상시키기 위해 의도적으로 가열된 것이다"(Law 2011:83).

상아는 비록 "엔키와 닌후르사그"에서 언급되지는 않았지만, 걸프 지역을 통해 메소포타미아에 수입된 멜루하의 또 다른 산물이었다. (문서들에서는 그것이 마간과 딜문에서 온 것으로 언급하고 있다.) 그러나 기원전 1800년경에 이신-라르사(Isin-Larsa) 왕조가 끝난 이후 그것은 설형문자에서 언급되는 것이 사라진다. 실제로 멜루하라는 이름은 기원전 15세기까지 완전히 사라지는데, 그때 상아의 새로운 공급지로 누비아(Nubia) 또는 에티오피아(Ethiopia)를 언급하면서 다시 나타난다. 그 나라들은 기원전 3000년기에 메소포타미아인들에게는 전혀 알려지지 않았던 곳들이다. 이제 그 문서들은 이전의 "멜루하의 검은 땅" 대신 "멜루하의 흑인들"에 대해 분명히 말한다.

18

서아시아 왕족의 상징들

하랍빠 사람들은 비록 어떤 부분—치수와 연관된 공학, 섬유 직조, 구슬 제조—에서는 기술적으로 진보했다 할지라도, 메소포타미아문명의 업적에 커다란 영향을 받았다는 사실에 대해서는 의심할 여지가 없다. 하지만 그들이 메소포타미아에서 빌려온 요소들은 하랍빠 장인들에 의해 그들 자신의 예술 전통과 환경으로 적용되었다; 메소포타미아 장인들이 인더스 계곡에서 일했다는 증거는 없다. 이러한 빌려온 요소들 가운데 가장 중요한 것은 소위 경쟁의 요소를 포함하고 있는 몇 가지 왕실의 상징이었다. 이 상징들은 수메르와 아카디아 왕실 인장들의 주된 도상을 구성하고 있으며 그와 관련된 세부 사항들, 즉 왕실 영웅의 헤어스타일과 발로 딛고 서 있는 "승리의 자세"와 결부된다. 더 많은 형식상의 차용은 "천상의 옷"으로 알려진 왕실의 예복이다. 이 장에서는 메소포타미아에서 "경쟁" 요소의 기원과 의미 그리고 위에서 언급된 세부 사항들을 살펴본다.

모헨조다로에서 나온 5개의 인더스 인장과 하랍빠에서 나온 6개의 주조된 명판은 맨손으로 두 마리 사육용 호랑이를 뒤에서 잡고 있는 서 있는 남성 영웅을 묘사하고 있다. 어네스트 맥케이(Ernest Mackay

1938:I,337)는 비록 인장들이 인더스 계곡에서 제조되었지만 메소포타미아의 특징을 복사했다고 지적했다. 이것은 길가메시(Gilgamesh) 서사시를 연상시키는 두 마리의 길들여진 사자와 함께 있는 남성의 형상을 보여 준다: 서아시아 도상학에서 다양한 동물과의 싸움과 연관이 있는 "경쟁 장면"의 한 예다. 하랍빠의 이와 같은 장면에서 수메르의 사자들을 호랑이들로 대체한 것은 그 "경쟁"을 인더스 계곡의 생태계에 자연스럽게 적용한 것으로 보인다. (사자는 인더스 도상학 어느 곳에서도 나타나지 않지만, 이미지 20.2에서 알 수 있듯이 BMAC의 인장들 속에서는 묘사되어 있다. 그리고 또한 리그베다에서는 산스끄리뜨어에서 외래어인 "사자"를 뜻하는 siṁha-로 등장한다.) 그러나 하인즈 모드(Heinz Mode 1944년)가 지적했듯이 하랍빠의 표현은 메소포타미아의 왕실 인장보다는 나일 계곡, 특히 게벨 엘-아락(Gebel el-Arak)에서 나온 고대이집트의 부싯돌로 만든 칼(flint knife)에 있는 것과 더 밀접하게 유사하다. 이에 대해서는 이후에 조사될 것이다[이미지 18.1]. 게다가 수메르 그림에서 (그리고 또한 후에 아수르와 페르시아 조각에서도) 사자와 싸우는 사람은 종종 그 형상이 인더스 계곡에서 나왔다는 증거인지 의심스럽다.

"경쟁"이라는 주제는 그의 상징성을 이해하기 위한 단서를 제공하는 흥미로운 역사를 가지고 있다. 그 배경은 엘람의 인근 저지대에서 수사의 사람들과 공생하면서 살았던 이란 남서부의 고지대에 살던 부족들의 "동물들의 주인" 또는 "신성한 사냥꾼"이다. 그는 원래 양쪽에 뱀 또는 독수리 혹은 표범과 같은 사냥동물에 의해 둘러싸인 의인화된 인물이었다. 그러나 기원전 4500-4000년경, 고대 루리스탄(Luristan) 지역의 인장들과 수사의 A형 인장들 속에서 "동물들의 주인"은 야생 염소의 머리를 갖고 있는 것으로 묘사된다. 이후 수사(4000–3500 BCE)에서 나온 B형 인장 속에서는 야생 염소의 뿔들을 유지하고 있는 반면 양쪽에 한 마리씩 두 마리의 사육된 사자의 등을 붙잡고 있다. 우르크 문화의 메소포타미아인들이 기원전 3500년 직전에 그들의 세력을 엘람으로 확장했을 때 이 "경쟁"이라는 주제는 그들의 도상학의 일부가 되었다. 우르크와 수사 2기의 인장의 압인은 뚜렷하게 두 마리의 사자를 붙잡고 있는 알몸의 영웅을 묘사한다. "경쟁"이라는 주제에 관한 그다음의 표현은 이어지는 후기 우르크 시대에서 나온 것이다; 그러나 그것들은 다소 놀랍게도 상 이집트에서 왔다.

기원전 3500–3100년 후기 우르크 시대는 메소포타미아 역사상 가장 역동적인 시기였다. 기원전 3400년경에 세계에서 가장 오래된 표기체계가 거기에서 탄생했다는 사실이 입증되었다. 이 이전인 5000년기에는 메소포타미아 남부가 이미 영향력을 발휘했지만, 이제 이른바 우르크 확장 기간 동안 하부바 카비라(Habuba Kabira), 제벨 아루다(Jebel Aruda) 그리고 쉐이크 하산(Sheikh Hassan)과 같은 대규모 후기 우르크 식민지들이 유프라테스강 상류(Upper Euphrates 기원전 3500–3000년)에 세워졌다(Rothman 2001). 그들은 오늘날 이전에 생각되었던 것처럼 페르시아만과 홍해를 경유하기보다는 하 이집트와 레반트(Levant)를 거쳐 서아시아와 상 이집트를 연결함으로써 이집트와 우르크 문화의 관계에 중요한 역할을 했던 것으로 여겨진다. 이집트는 의심할 여지없이 중기 우르크 시대부터 서아시아와 무역상의 접촉을 했다. 원래 아프가니스탄의 바다크샨(Badakshan)에서 나온 청금석은 일찍이 기원전 3800–3600년에는 상 이집트의 나카다(Naqada) 지역에서 그리고 기원전 3500–3300년에는 몇몇 상 이집트 유적지들에서 발견되었다. 원통형 인장들은 이집트에서 초기 서아시아의 영향을 명확하게 보여 주는 또 다른 품목이다. 원통형 인장은 기원전 3750–3550년경 메소포타미아에서 기존에 존재하던 도장형 인장보다 더 효율적일 수 있는 행정 도구로 발명되었다. 왜냐하면 젖은 점토의 보다 넓은 부분들이 실린더를 굴림으로써 빠르고 지속적으로 표시될 수 있기 때문이다. 이집트에서 가장 초기에 속하는 5개의 원통형 인장은 나카다 지역에서 갑부의 무덤들에서 출토되었으며 시기적으로 기원전 3500–3300년의 시기에 속한다; 그리고 그들의 재료(석회석), 도상학, 형태를 기반으로 판단하면 그들은 모두 메소포타미아에서 수입되었다(Boehmer 1974; Honoré 2007).

이 기간 동안 이집트인들은 여전히 문화 발전에 있어서, 예를 들어 야금술에 대한 지식에서 우르크 사람들에 뒤쳐져 있었으며 잘 조직화되어 있지 않았다. (적어도 통역인들을 통해) 현지의 조건, 사람, 언어에 익숙한, 여행 경험이 많은 잘 무장된 우르크 상인 집단이 상 이집트를 차지할 수 있었을 것이다. 나는 저명한 이집트 연구학자 플린더스 페트리(Flinders Petrie 1853~1942)가 제안하고 1960년경까지 그의 많은 동료가 강력하게 지지했던 최초의 파라오들이 수메르인이나 엘람인 침략자였다는 제안을 다시 부활시키고 싶다. 그것은 그것과 연관된 관념들이 의심할 바 없이 더 이상 지속될 수 없다는 이유로 널리 거부되었다: 그 이론의 주된 내용은 "왕조의 인종 이론"(Dynastic race)과 메소포타미아에서 아라비아반도 주변의 페르시아만을 거쳐 홍해로 가는 해상 항로를 통해 이집트를 갑작스럽게 침공했다는 것이다.

상 이집트에서 이집트 국가가 창설된 데는 무엇보다도 강력한 지도력이 요구되었으며, 우르크 무역상인-침략자들은 우르크의 효율적인 행정 방법을 도입했을 수 있다: 원통형 인장들과 어표에 의한 쓰기(logosyllabic protowriting)를 통한 기록 보관. 이집트 상형문자가 4000년 말에 처음부터 메소포타미아어가 아닌 자신들의 기호와 언어를 사용했다는 것은 사실이다; 그러나 이것은 미탄니의 인도-아리아계 왕들이 했던 것처럼 우르크의 통치자들이 그러한 문제를 기존의 지방 관리들에게 남겼다고 가정함으로써 설명될 수 있다. 이집트 왕조 이전(Pre-Dynastic Egypt)의 궁전들과 왕의 무덤들은 후기 우르크 문화의 이른바 움푹 들어간 부벽식(recess-buttress) 건축양식과 닮았다. 그 양식은 우르크의 확장으로 서아시아에 널리 퍼졌다(Sievertsen 1999). 왕의 이름은 소위 세레크(serekh) 구조에 묘사된 것처럼 그와 같은 부벽식 궁궐의 외관에 쓰여졌다; 이 구조는 고전적인 상형문자 비문의 후기 타원형 윤곽의 장식 벽판의 기원이었을지도 모른다.

우리는 나일강 상류로 항해해 행정적으로 허약한 상 이집트에서 권력을 장악한 선사시대의 우르크 상인들과 역사 시기에 러시아 국가의 탄생 사이에 유사점을 머릿속에 상상해 볼 수 있다. 기원후 750년 아니면 그 이전에, 무장한 바이킹 상인들이 러시아, 벨로루시, 우크라이나 강을 따라 스칸디나비아에서 흑해와 카스피해까지 항해하고 있었다. (네스토르라고 불리는 수도사의 작품인) 옛 러시아의 네스토르 연대기(Nestor's Chronicle)는 862년 이후 법률과 확고한 정부가 결여되었던 러시아인들이 바이킹을 그들의 통치자로 초대했다고 기록하고 있다. 이 같은 출처에서 본다면 우리는 이 바이킹 출신의 족장이 처음 두 세대에서는 스칸디나비아계 이름을 가지고 있었지만 이후 러시아계 이름을 가졌다는 사실을 안다. 마찬가지로 상 이집트의 우르크 출신 모험가들은 2세대 안에 이집트화되었을 수 있다.

적어도 이것은 이집트의 우르크 미술품들에게 생겨난 일이다. 게벨 엘-아락(Gebel el-Arak)에서 나온 멋진 부싯돌 칼은 명확한 유래를 알 수 없지만, 정황상 상 이집트 상부에서 발견된 상아 손잡이가 있는 다른 유사한 호화스런 칼들을 근거로 하면 기원전 3300-3200년으로 추정할 수 있다. 그 칼들은 모두 현지에서 제작되었지만 후기 우르크 특색으로 장식되어 있다(Sievertsen 1992). 석영유리 도구 제작 기술의 가장 뛰어난 예로 간주되는 노란 이집트 각암으로 만들어진 칼날은 매우 고품질이다. 게벨 엘-아락의 칼은 명백하게 상 이집트의 왕을 위해 상 이집트에서 만들어진 왕실의 물건이다. 그 손잡이는 이집트에서 일했던 우르크 원주민인 장인에 의해 순수 후기 우르크 스타일로 정교하게 조각되었다. 그것은 이집트와 수메르 양식을 모두 포함하고 있으며, 두 종류의 배들과 남근 덮개를 착용하고 있는 거의 벌거벗은 남성들 간의 전투를 묘사하고 있다. 손잡이 한쪽의 맨 꼭대기에는 턱수염을 기른 남자가 양편에 뒷다리로 서 있는 두 마리의 사자를 잡고 있다[이미지 18.1]. 그는 후기 우르크

[이미지 18.1] 후기 우르크 양식의 원통형 인장에 있는 야생 황소를 사냥하는 수메르의 사제-왕. After Amiet 1980: no. 1614. Courtesy Pierre Amiet.

[이미지 18.2] 게벨 엘-아락에서 나온 기원전 3300-3200년 이집트의 왕의 부싯돌 칼의 상아 손잡이에 새겨진 후기 우르크 양식의 두 마리 사자와 함께 있는 사제-왕. Musée du Louvre (AE 11517). Photo courtesy Musée du Louvre/Béatrice André-Salvini.

문화의 사제이면서 왕(priest-king)이 입는 긴 드레스와 머리띠를 착용하고 있다. 그것은 왕이 사자를 사냥하고 있는 장면을 보여 주는 우르크에서 온 석비처럼 메소포타미아에서 나온 일련의 후기 우르크 가공품들과 정확하게 어울린다[이미지 18.3]. 게벨 엘-아락의 칼 손잡이에 나타난 장인의 솜씨는 상 이집트에서 그곳의 왕을 위해 일하는 수메르인들이 실제로 존재했음을 입증한다; 여기 묘사된 후기 우르크의 사제이면서 왕인 존재가 왕조 이전의 파라오(Pre-Dynastic pharaoh)라고 결론짓는 것이 합리적이다. 그러므로 뛰어난 왕의 특징인 이 특별한 "경쟁" 장면은 이집트 국가 형성과 우르크 확장의 정도를 이해하는 데 매우 중요하다.

후기 나카다 3기(3200-3100 BCE)에 속하는 이집트 석판 팔레트는 이미 스타일이 이집트화되어 있지만, 여전히 후기 우르크의 특색을 가지고 있다. 나메르(Narmer)의 유명한 돌 팔레트에는 뱀처럼 목이 뒤얽혀 있는 괴물들이 후기 우르크 인장과 매우 유사하다. 나메르 팔레트의 한쪽 밑바닥에는 왕이 야생 황소가 하 이집트의 우두머리인 그의 적을

[이미지 18.3] 기원전 3200년의 메소포타미아 우르크에 있는 에안나(Eanna) 사원에서 나온, 후기 우르크 양식의 현무암 돌기둥에 있는 사자들을 사냥하는 수메르의 사제-왕. 높이는 78cm이고 바그다드의 이라크 박물관(IM 23477) 소장. Photo Max Hirmer, ©Hirmer Fotoarchiv, Munich.

들이받고 있는 모습으로 묘사되어 있다; 다른 쪽은 적과의 갈등을 묘사하지만, 여기서 왕은 인간의 모습으로 나타난다. 아비도스(Abydos)에서 나온 다른 팔레트에서는 왕이 황소로 표현되고, 또 다른 대영박물관에 있는 "전쟁" 팔레트에서는 왕이 사자의 형상으로 나타난다. 그리하여 가장 두려워하는 두 마리의 짐승인 야생 황소와 사자는 둘 다 왕의 힘을 나타낸다.

이미 언급했던[이미지 18.3] 우르크의 돌기둥은 왕이 사자를 쏘는 모습을 보여 주는 반면 메소포타미아의 후기 우르크 원통형 인장은 왕이 야생 황소를 사냥하는 모습을 묘사하고 있다[이미지 18.2]. 이러한 묘사는 왕이 사자나 황소보다 더 강력하거나 그가 짐승들의 왕들에 필적한다는 메시지를 전한다. 그러나 후기 우르크 왕은 전사일 뿐만 아니라 사제의 임무를 수행하는 대제사장이기도 하다.

메소포타미아에서는 기원전 2600년(초기 왕조 2기)까지 후기 우르크 양식의 두 마리의 사자를 붙잡고 있는 왕에 대한 묘사가 계속되었다. 그것은 이 시기부터 니푸르(Nippur)의 이난나 신전의 명판에 나타난다;

밑바닥에서 서로 마주하는 두 마리 황소는 일부 하랍빠의 표현들과 비슷하다[이미지 18.4a]. 초기 왕조 3기에 메소포타미아의 "경쟁" 장면은 구식의 형태[이미지 18.4b]로 지속되기도 하지만 또한 원시-엘람의 인장들의 영향을 받아 변화하기도 한다[이미지 18.4c].

기원전 3200-2600년의 원시-엘람 예술에서 인간의 활동은 일반적으로 동물 배우들을 통해 표현된다. 사자와 황소가 두드러지는데, 그

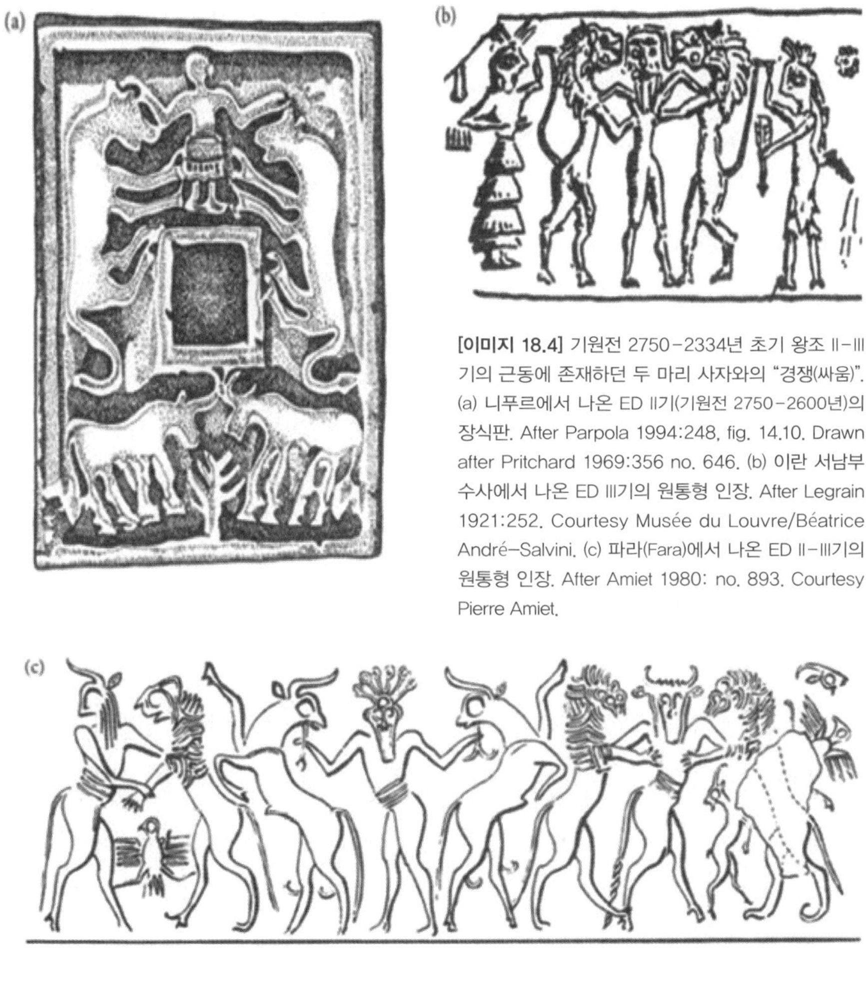

[이미지 18.4] 기원전 2750-2334년 초기 왕조 II-III기의 근동에 존재하던 두 마리 사자와의 "경쟁(싸움)". (a) 니푸르에서 나온 ED II기(기원전 2750-2600년)의 장식판. After Parpola 1994:248, fig. 14.10. Drawn after Pritchard 1969:356 no. 646. (b) 이란 서남부 수사에서 나온 ED III기의 원통형 인장. After Legrain 1921:252. Courtesy Musée du Louvre/Béatrice André-Salvini. (c) 파라(Fara)에서 나온 ED II-III기의 원통형 인장. After Amiet 1980: no. 893. Courtesy Pierre Amiet.

들은 종종 "권력의 자세"를 나타낸다. 인간과 2마리 이상의 사자들과의 "경쟁" 주제의 변형으로 사자와 황소가 "경쟁" 모티브로의 변형에서 사자와 황소는 적들로 등장한다. 특히 흥미롭고 중요한 것은 이 두 동물이 번갈아 승리와 패배, 죽이는 자와 살해당하는 자로 나타나는 인장들이다. 한 인장에서는 서 있는 사자가 활과 화살로 앉아 있는 황소를 쏘고, 서 있는 황소가 앉아 있는 사자를 곤봉으로 내리치고 있다[이미지 19.8]. 다른 두 가지에서는 거대한 황소가 두 마리의 작은 사자들을 지배하고, 반대로 똑같이 어울리지 않게 큰 사자가 두 마리의 작은 황소를 지배한다[이미지 19.2]. 에디스 포라다(Edith Porada 1950)와 피에르 아미에트(Pierre Amiet 1956)는 사자와 황소가 우주적인 힘의 인격화로서 그들의 강함과 약함 사이의 교체는 낮, 밤 그리고 계절의 순환에서 나타나는 것처럼 자연에서 평형을 유지하는 것이라고 그럴듯하게 제안했다. 실제로 황금색 사자는 태양, 낮, 빛, 열 그리고 불을 상징할 수 있다; 초승달 모양의 뿔을 가진 보다 검은 황소는 달, 밤, 어둠, 추위 그리고 물을 상징할 수도 있다. 다른 이중성 역시 남성과 여성, 하늘과 땅, 삶과 죽음의 두 가지 힘에서 비롯된 것처럼 보인다. 이에 대해서는 다음 장에서 논의될 것이다.

한 원시-엘람 인장 압인에서 두 마리의 작은 사자를 지배하는 큰 황소는 한 남자가 황소를 들어 올리고 있는 두 번째 장면에 의해 균형을 이룬다[이미지 18.5]. 아미에트(1980:109)는 이러한 배치 속에서 황소는 "황소-사람"(bull-man)인 엔키두(Enkidu)의 원형이라고 제안했다. 엔키두는 후에 메소포타미아 인장 속에서 벌거벗은 인간 형상의 영웅 길가메시와 나란히 사자들과 싸운다. 그는 차례로 하늘의 신 안(An)의

"천상의 황소"를 죽인다. 나는 아미에트의 의견에다가 (원시-엘람의 인장에서는 거의 볼 수 없는) 인간 형상이 예상된 사자로 대체되었다는 사실을 덧붙인다. 수메르의 인장에서 인간 영웅은 머리 양편에 3가닥의 머리카락을 말은 6타래의 머리칼을 가지고 있다. 그것은 사자의 갈기가 몇몇 인장 속에 표현되는 방식을 가운데 한 가지를 상기시킨다. 따라서 이 특별한 원시-엘람의 인장 압인은 초기 왕조 3기와 고아카드 시대의 메소포타미아 왕족 인장의 가장 중요한 모티브를 가진 동물 적들 사이의 원시-엘람의 "경쟁"과 연결된다.

"경쟁" 주제를 가진 하랍빠의 인장들은 후기 우르크 양식의 "경쟁" 주제가 초기 왕조 3기(기원전 2600 - 2334년)까지 메소포타미아에서 계속

[이미지 18.5] 황소를 들고 있는 사람이 있는 원시 엘람의 "경쟁" 인장. After Amiet 1980: no. 586. Courtesy Pierre Amiet.

[이미지 18.6] 모헨조다로에서 나온 도장형 인장M-308(DK 11794, ASI 63.10.388)에 있는 두 마리 호랑이와 6타래의 머리를 한 영웅과의 "경쟁". After CISI 1:384. Photo EL, courtesy ASI.

되었다는 것을 암시한다[이미지 18.4]. 같은 시기에 모헨조다로에서 만들어진 인장에는 호랑이 두 마리를 붙잡고 있는 영웅의 머리 위에 6개의 점이 있다[이미지 18.6]. 이 점들은 파라(Fara) 스타일을 포함해 초기 왕조 3기 인장 그리고 사르곤 시대 구아카드(Old Akkadian)의 인장들에서 "경쟁" 장면 속에 있는 6개의 곱슬머리 타래들과 일치한다[이미지 18.4c]. 구아카드 시대(기원전 2334–2200년)에는 이 헤어스타일이 원뿔 모양의 모자로 대체되었으나, 네오–수메르(Neo–Sumerian) 시대(기원전 2200–2000년)가 되면서 6개의 타래 형태로 되돌아온다.

메소포타미아 영웅의 두 갈래로 땋아 묶은 머리 또는 뒷머리를 땋은 모습은 성숙기 하랍빠의 조각들에 서아시아의 영향이 미친 시원의 시기와 장소를 나타내는 중요한 지표이다. 메소포타미아의 왕들은 후기의 초기 왕조 시대에 이런 방식으로 머리를 했다. 우르 왕실 묘지에서 나온 수메르의 왕 메스칼람두그(Meskalamdug)의 황금 헬멧은 초기 왕조 IIIA 시대(기원전 2600 – 2500년)에서 유래되었다. 그 헬멧은 "머리를 제자리에 고정시킨 커다랗게 땋은 머리를 보여 준다. 아마도 초기 왕조 시대에 땋은 머리가 머리띠를 대체했을 것이다. 우르크와 자므다트 나스르(Jamdat Nasr) 초상들 속에서는 초기 통치자들이 머리카락을 묶고 있다"(Hansen 2003a:34 – 35). ED IIIA기의 "독수리들의 돌기둥"(Stele of Vultures)에 새겨진 전투 장면[이미지 18.7a]에서는 (일반 군인들이 아니라) 라가쉬(Lagash)의 수메르 왕 에안나툼(Eannatum)이 똑같이 땋은 머리를 뒤로 붙이고 있다. 이것은 그리고 예를 들어 ED IIIB 기간 동안 시리아에서 마리(Mari)를 통치했던 이쉬키–마리(Ishqi–Mari)의 경우처럼 다른 통치자들에 대한 묘사에서도 마찬가지이다. 사르곤 대왕(기원전 2334－2279년)은 수사에서 발견된 돌기둥에서 이런 식으로 머리를 하고 있지만, 사르곤의 옛 아카드 후계자들 시기에는 이미 땋아서 뒤에 붙인 머리 형태가 더 정교한 것으로 변했다.

그들의 모국 멜루하에서 메소포타미아를 방문한 인더스 사람들은 그들 자신의 예술과 도상학 속에 두드러지게 주어져 있는 이 왕실의 상징에 깊은 인상을 받았음이 틀림없다. 이것은 엘리자베스 C. L. 캐스퍼(Elisabeth C. L. Caspers 1979:133－135)에 의해 처음으로 주목을 받았는데 그녀는 인더스 인장들과 조각들에서 많은 인간적 묘사들에 대해 말한다: "각각의 경우에 머리카락은 묶음 머리로 치장되고, 다음으로 리본 또는 몇몇 종류의 머리핀을 가지고 수평으로 고정된다. 그 결과

(a)

(b)

(c)

[이미지 18.7] "이중의 묶은 머리" 머리 장식. (a) 루브르박물관에 있는 텔로흐(Tell Loh)에서 나온 독수리들의 돌기둥(EDIIIA, 기원전 2600－2500년)에 있는 군인들을 지휘하는 라가쉬의 수메르왕 에안나툼(Eannatum). After Strommenger 1962: pl. 66. Photo Max Hirmer, ©Hirmor Fotoarchiv, München, courtesy Musée du Louvre/Béatrice André–Salvini. (b–c) 모헨조다로 박물관에 있는 사암으로 만든 남자–머리 조각. After NHK 2000:83, no. 320. Courtesy NHK & NHK Promotions and DAMGP.

머리카락을 다른 한쪽 위에 하나를 얹는 두 개의 돌기 형태로 나뉘게 된다.” 듀링 캐스퍼(During Caspers= Elisabeth C. L. Caspers)의 것들에 추가해 주어지는 다른 예는 다음과 같다. 수메르 헬멧과 일치하는 군사적 상황을 묘사하고 있는 칼리방간(Kalibangan)에서 나온 원통형 인장에서, 머리 뒤쪽에 갈래진 묶음 머리를 한 두 명의 전사가 (이 장면에서 호랑이를 타고 있는 모습도 나타난) 전쟁의 여신들이 그들의 손을 잡고 있는 동안 서로 창을 가지고 싸우고 있다[이미지 19.5]. 모헨조다로에서 나온 “무화과 신”의 인장 속에서 신 앞에 있는 제물 테이블에 놓인 머리는 아마도 전사의 머리일 것이다. 왜냐하면 그것은 갈래머리를 한 것처럼 보이기 때문이다[이미지 21.9]. 모헨조다로에서 나온 3개의 인간 머리 조각 중 여기에 묘사된 남성 머리는 목덜미에 모인 머리카락을 묶음 머리로 하고 있는데, 이 머리카락은 머리를 두른 리본과 함께 양쪽 끝에 연결된 수평의 핀에 의해 (현재 부러진) 두 부분으로 나뉜다[이미지 18.7b–c]. 거기에는 또한 분할된 뒷머리에 땋아 붙인 “경쟁” 장면의 하랍빠 영웅의 예도 존재한다.

수메르어에서는 이 머리 스타일을 gú.bar라고 불렀는데, 거기서부터 아카드어 gubāru / gupāru(gú는 “목덜미”를 나타낸다)가 나온다. 그것은 베다 브라뜨야 의식들에서 전사들의 머리 스타일로 존속했을 수 있다. 왜냐하면 전쟁의 신 루드라가 까빠르다(kaparda)라고 알려진 머리 스타일을 하고 있었기 때문이다. 이 산스끄리뜨어 단어는 원시–드라비다어로 “두 갈래로 가르다, 둘로 나뉘다”를 뜻하는 어근 *kavar와 원시–드라비다어로 “땋은 머리”를 의미하는 명사 *kavaram / *kavari에서 파생되었을 가능성이 크다. 그것은 산스끄리뜨어에서 “땋은 머리”를 의미하는 kabara- / kabarī-로 차용어가 되었다(그것은 빠니니의 문법에서 처음 입증되었다.).

고대 아카드 왕국의 왕의 인장에서, "경쟁"의 주제인 황소는 60년간 지속된 사르곤 대왕의 통치 중 마지막 3분의 1기 동안에 갑자기 물소로 대체된다[이미지 18.8a]. 고대 아카드 왕국의 시대가 끝날 때 물소는 메소포타미아의 도상학에서 사라진다. 물소는 이 이전에 메소포타미아에

(a)

[이미지 18.8] 고대 아카드 왕국의 인장에 있는 물소. (a) 다마스쿠스 박물관에 있는 마리에서 나온 "경쟁"의 장면 속에 있는 물소와 싸우는 영웅. 그는 승리를 거두어 그 짐승의 머리를 발로 밟고 있다. After Parrot 1960: 186 no. 224. Courtesy Musée du Louvre/Béatrice André-Salvini. (b) 엔키의 하인들(6갈래의 머리를 한 벌거벗은 영웅들)이 목마른 물소의 갈증을 풀어 주고 있다. 루브르박물관의 De Clercq 수집품 속에 있는 아카드의 원통형 인장의 그림(AO 22303). 거기에는 다음과 같이 기록되어 있다: " arkali arri, 아카드의 왕: 글쓴이 Ibni arrum은, 당신의 하인(이다)." After Collon 1987:124 no. 529. Courtesy Dominique Collon and Musée du Louvre/Béatrice André-Salvini.

(b)

존재하지 않았으며 약 2500년 후 사산왕조 시대 이전까지 메소포타미아로 재도입되지도 않았다. 물소는 아카드의 인장들에 잘 새겨져 있어서 장인들은 그 동물이 살아 있는 것을 보았음이 틀림없다. 고대에는 이국적인 동물들이 왕족의 문양이었다. 사르곤이 멀리 떨어진 멜루하에서 그의 새로운 수도 아카드로 배를 타고 왔다고 자랑했다는 사실을 감안하면서 하랍빠인들이 인더스 계곡에서 배로 물소 몇 마리를 가져왔다고 그럴듯하게 제안되었다. 이 물소들은 그의 왕실 공원에서 길러졌을 수 있고, 그곳에서 그들은 곧 죽었을 것이다(Boehmer 1975). 아카드의 예술가들이 물소를 물의 신 엔키/에아(Enki/Ea)와 연결시킨 것은 주목할 만하다: 그의 하인들은 버팔로의 갈증을 누그러뜨린다[이미지 18.8b].

주목할 만한 새로운 도상학적 세부 사항은 물소들을 묘사한 아카드 인장과 연관된다: 영웅은 정복당한 적의 머리 위에 그의 발을 놓는다[이미지 18.8a]. 이제부터 이것은 메소포타미아 미술에서 전통적인 승리의 상징이 된다. 하랍빠 인장과 명판에는 창에 찔리는 들소의 모습이

[이미지 18.9] 몸통을 곧추세운 코브라 앞에서 물소를 찌르면서 그 뿔에 발을 놓고 있는 영웅. 뉴델리에 있는 인도 국립박물관의 소장품들 가운데 모헨조다로에서 나온 주조된 명판M-492(DK 8120, NMI 151)의 한 면(C). After CISI 3.1:396. Photo EL, courtesy NMI.

여러 개 있으며, 각각의 경우 들소를 죽이는 영웅은 그의 발을 짐승의 머리 위에 얹어 놓는다[이미지 18.9]. 실제로 들소의 머리에 발을 얹고 창으로 찌르는 것은 불가능할 것이다. 그러므로 이 포즈는 두 마리의 사자나 호랑이를 맨손으로 제지하는 것과 마찬가지로 "지배력"의 전통적인 상징일 뿐이다. 아카드의 조각들에서 이 포즈는 자연적인 발전이며, 하랍빠의 예에서는 덜 그러하지만 다소 서투른 모방의 모습들이 있다. 하랍빠인들이 후기 초기 왕조부터 사르곤 대왕 시대에 이르기까지 서아시아로부터 받아들였다는 사실은 이미 열거된 여러 특색들에 한 가지를 더한 것일 뿐이다.

메소포타미아에서 사자와 황소는 황도대 기호인 사자자리(Leo)와 황소자리(Taurus)라는 별자리상의 상대를 갖는다. 기원전 3100－2900년과 2100－1900년에 만들어진 수메르 조각들은 상감된 세 잎 문양들로 덮인 비스듬히 기대어 있는 황소를 보여 준다[이미지 18.10a]. 황소와 암소는 모두 세 잎 문양으로 덮여 있기 때문에 이러한 "천상의 황소들"은 암소의 형상을 한 이집트의 "천국의 여인"과 비교될 수 있다. 세 잎 문양의 특징은 삼각형에 배치된 세 개의 별들로 구성된 수메르 그림문자 mul("별자리")와 유사하다. 모헨조다로에서는 세 잎 문양으로 덮인 황소의 동석으로 만든 조각 파편이 나온다[이미지 18.10b].

서아시아의 신들과 신성한 왕들은 황금빛 별, 장미꽃 장식 등을 수놓은 축제용 옷을 입고 있었는데, 그것은 수메르와 아카드에서 "하늘의 옷"으로 알려져 있었다. 이 용어가 의미하는 것은 5세기에 그 당시 그리스어로 글을 쓴 시인 논노스(Nonnos)가 시리아의 신을 "하늘과 같은 무늬가 있는 긴 옷을 입고" "밤에 별의 망토가 하늘을 밝게 비추기 때문

(a)

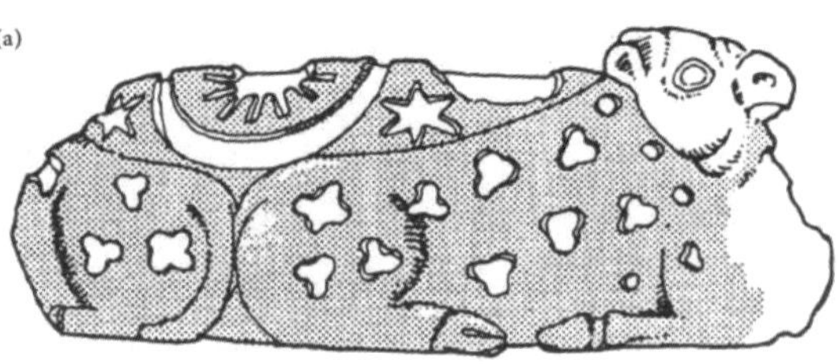

(b)

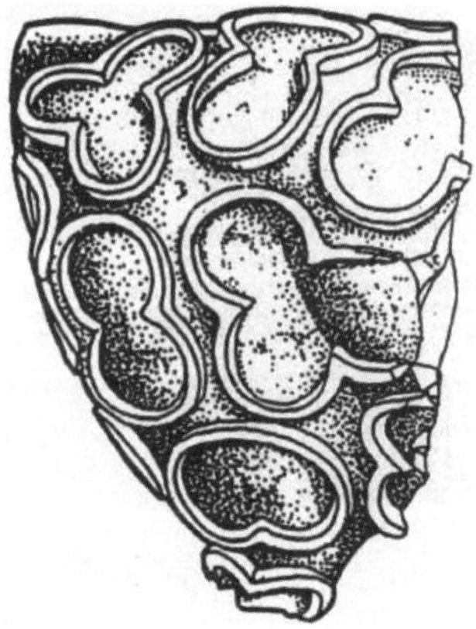

[이미지 18.10] 세 잎 문양과 다른 별의 특징으로 치장된 천상의 황소 (a) 우르에서 나온 신 수메르의 동석으로 만든 단지(U.239). 또한 태양과 달의 상징을 가지고 있다. (b) 모헨조다로에서 나온 동석으로 만든 작은 조상의 조각. After Ardeleanu-Jansen 1989:205, fig. 19 and 196, fig. 1. Courtesy ©Michael Jansen.

에 하늘의 옷(Starclad)이라고 불리는 것"으로 묘사했을 때 분명하게 언급되었다. 모헨조다로에서 나온 "사제-왕"의 동상의 망토는 명백하게 세 잎 문양으로 장식된 "하늘의 옷"의 한 형태인데, 원래는 붉은 반죽으로 채워져 있었다[이미지 18.11]. 이 인더스 의복은 베다 시대 왕의 봉헌식에 전파되었던 것처럼 보인다. 그 봉헌식에서 왕은 이른바 따르빠(tārpya) 의복이라고 불리는 것을 부여받는다. 베다 문헌들은 이 옷을 밤하늘과 연관된 신성한 왕 바루나에게 주어진 것으로 간주하면서 그것은 거기에 수놓아진 희생제의 화로(dhiṣṇya)의 이미지를 가지고 있다고 말한다. 마하바라따(3,43)에서는 별들이 경건한 고대 성자의 천상의 화로(dhiṣṇya)와 같은 것으로 묘사한다. 16장에서 논의했듯이 이 개념은 초기 베다 문헌들에서 비롯되었을 수 있다.

하랍빠인들은—우르크 후기, 원시-엘람, 고대 아카드 문화에서 왕권의 중심적인 중요한 상징을 담고 있는—"경쟁" 모티브를 빌려와 인더스 계곡의 왕권에 대해 우리에게 무엇을 말하고 있을까? 하랍빠인들이 이 모티브와 메소포타미아 통치자들의 왕실의 "이중의 묶음 머리" 장식과

"하늘의 옷"을 채택함으로써 왕실의 연합을 유지했을까? 내 관점에서 보면 대답은 '그렇다'이다: 인더스 사람들은 왕들에 의해 통치되었다.

15장과 16장에서 논의했듯이 신성한 왕인 베다의 신 바루나는 물고기, 악어 그리고 물소로 상징되는 하랍빠의 물의 신을 계승한 것으로 보인다. 물소의 뿔은 이 물의 신을 중앙에 왕좌에 앉아 있는 네 방향의 주인으로 태양과 연결된 것처럼 보이는 네 개의 얼굴을 가진 원시-쉬바와 연결시킨다[이미지 16.6]. 이 명백한 왕실의 신성함은 하랍빠 스타일의 원통형 인장에 나타나는데, 그곳에서 그는 호랑이를 잡고 서 있는 영웅으로 균형을 맞추고 있다[이미지 18.12]. 소의 다리를 가진 왕좌에 앉은 신 아래에는 한 쌍의 물소가 있으며 그는 물고기와 뿔이 달린 뱀에 둘러싸여 있다. 서 있는 신 아래에는 힌두 꾸쉬(Hindu Kush)의 야생 염소가 있다. 후대의 인도 신화에서 야생 염소는 베다 문헌에서 신성한 약탈자, 스깐다의 선행자, 힌두이즘에서 신성한 전사인 루드라와 같다고 생각되는 불의 신 아그니의 동물적 형상이다. 예외적으로 하랍빠 인장의 도상학에는 이 서 있는 신 아래에 아마도 독수리라고 간주되는 한 마리의 새가 있기도 한다. 베다적 인도의 아그니호뜨라 의식에서 희생 제주는 아침에 떠오르는 태양에게 제물 바치는 동안 서 있어야 한다. 그러나 저녁에는 석양에게 제물을 붓는 동안 앉아 있어야 한다. 만약에 원통형 인장에서 논의했던 서 있거나 앉아 있는 것이 떠오르고 지는 해 또는 낮의 태양과 밤의 태양(또는 달)을 가리킨다면 서로 대비되는 한 쌍은 젊음과 늙음, 불과 물, 전쟁과 파괴, 평화와 번영을 나타낼 수 있다. 전체 구성물은 후기 인도 전통에서 왕권과 관련된 관념들 가운데 하나를 상기시킨다(Heesterman 1957; 1989 참조): 나이 든 왕

[이미지 18.11] 모헨조다로에서 나온 사제-왕의 작은 조상. 세 잎 문양으로 장식된 긴 옷을 입고 있다. After Marshall 1931: III, pl. 98.3. Courtesy ASI.

[이미지 18.12] 루브르박물관 고대 동양부서(Collection De Clercq 1.26)에 있는 출처를 알 수 없는 하랍빠 스타일의 각인. Photo courtesy Musée du Louvre/Béatrice André-Salvini.

[이미지 18.13] 이란 동부의 "서로 다른 문화의" 스타일이 새겨져 있는 녹니석 상자의 양면. 대영박물관(Reg. No. 1936.1217.2, BM 12887)에 소장되어 있는 메소포타미아 카파예에서 나온 초기 왕조 III기(기원전 2600-2334년)의 유물. (a) 두 마리의 사자 위에 똑바로 서서 양손에 뱀을 쥐고 있는 (별 또는 장미꽃 문양 기호로 표시된) 남성 신. (b) A male deity (marked as such with the star or rosette symbol) seated upon two zebu bulls and holding streams of water in both of his hands. He is surrounded by the sickle of moon and ears of corn. 두 마리 인도산 황소 위에 앉아 양손에 물줄기를 잡고 있는 (별 또는 장미꽃 문양 기호와 같은 것으로 표시된) 남성 신. 그는 초승달과 옥수수 대에 둘러싸여 있다. Photos AN 319934001 and AN 6044191001 ©The Trustees of the British Museum.

은 자신의 영역 중심에 있는 수도에 머물면서 모든 평화로움 속에서 그가 지배하는 자들의 복지를 돌보는 반면 "젊은 왕"(yuvarāja) 또는 "왕자"(kumāra)라고 불리는 왕세자는 전쟁의 원정을 담당한다.

이 원통형 인장은 메소포타미아의 카파예(Khafajeh)에서 나온 초기 왕조 III기의 녹니석(chlorite) 상자와 어느 정도 유사하다. 거기서 우리는 사자–황소와 대조를 이루는 것을 본다. 신성한 영웅은 두 마리 암사자 위에 서서 뱀들을 제어하고 있다[이미지 18.13a]. 같은 상자의 다른 쪽에는 신이 두 마리의 황소 위에 앉아 손에 물줄기를 쥐고 있다[이미지 18.13b]. 두 사람은 설형문자 비문 속에서 별의 그림문자로 신성한 이름을 결정하는 것과 같은 기능을 나타내는 장미꽃 문양을 가지고 신처럼 표시된다. 황소들 위에 앉아 있는 신의 머리 옆에는 초승달도 있다. 황소들 위에는 옥수수 대도 있다. 초승달은 황소 위에 있는 남자를 풍요롭게 하는 물처럼 시원하고 쾌적한 밤과 연결시킨다. 암사자들 위에 서 있는 남자에 의해 정복된 뱀들은 밤의 생물이다. 낮과 밤의 대립은 두 신들이 서 있는 자세와 앉은 자세에서도 나타난다.

16장에서 태양은 초기 하랍빠 문화에서 왕과 지배력의 상징이며, 북극성(축이 되는 별)과 관련된 개념들은 인더스문명으로 거슬러 올라간다고 주장했다: 베다 문헌은 북극성을 나라의 왕, 즉 신성한 왕 바루나와 왕족의 또 다른 상징인 보리수나무와 연결시킨다. 이 장에서는 인더스의 엘리트들이 메소포타미아로부터 왕족의 도상학적 상징들을 받아들였다는 사실을 살펴보았다. 다음 장에서는 서아시아에서 가장 중요한 왕실의 의식들이 인더스문명과 대응하고 있으며, 베다의 왕권에 관한 의식들 속에서 약간 수정된 채 계속되었다는 사실에 대해 논하고자 한다.

19

여신과 버팔로

15장에서 우리는 기원전 7000년 이후 인더스 계곡에서 나온 민속 종교에 대한 중요한 증거가 인간 여성들과 황소들의 조각상들로 이뤄져 있다는 사실을 보았다. 그들이 포효하는 하늘의 황소가 대지에 비를 뿌릴 때(정액을 뿌려 수정할 때) 성적으로 결합하는 전형적인 한 쌍인 대지인 어머니와 하늘인 아버지를 대표한다고 추정하는 것은 꽤 안전하다. 그와 같은 생각은 서아시아의 문헌 전반에 걸쳐 나타나는데 그것은 초기 농업공동체의 종교에 새로운 사실을 보여 준다.

한 가지 전형적인 예는 기원전 14세기 시리아의 종교이다. 여기서는 천둥과 비의 신 바알(Ba'al)이 황소로 상징화되고, 자연의 번식력을 의인화한 처녀인 대지의 여신 아나트(Anat)는 암소, 암사자, 고랑, 과일나무로 상징화되었다. 그 이름이 "남편, 소유주, 주인"을 뜻하는 바알은 신부에게 돈을 지불해 아내를 소유한 남편처럼 경작지를 소유하고 있는 것으로 이해되었다. 그 의례는 그들의 신성한 결혼 생활로 절정에 달했다. 바알은 씨를 뿌리는 비와 신선한 초목 그리고 성장의 계절을 지배했고, 그 후 그는 그것을 포기하고 저승인 지하 세계로 내려갔다. 그가 죽고 나서 아나트는 다음 해에 결합할 어린 바알인 수컷 송아지를 낳았다. 바알의 왕권은 모든 것을 마르게 하는 바람과 가뭄의 신 모트(Mot)에 의해 계승되어 모든 것이 시들고 죽어 가게 되었지만 또한 옥수수를 익게 만들기도 했다. 결국 극도로 화가 난 아나트는 모트를 맹렬히 공격하고 잘 익은 옥수수를 수확하는 것처럼 그의 머리를 잘랐다. 바알이 왕위에 복귀한 것은 새해맞이 축제와 더 나아가 매년 처녀성을 되찾게 되는 아나트와의 성스러운 결혼과 일치했다.

[이미지 19.1] 아나톨리아의 차탈 훼위크(Höyük)에서 나온 기원전 6000년 신석기시대의 고양잇과 동물들이 옆에 있는 왕좌에 앉아 있는 위대한 여신의 진흙상. 이 상은 앙카라의 아나톨리아 문명 박물관에 영구 전시되어 있다. Photo courtesy ©Çatalhöyük Research Project, Stanford University.

이 모든 초기 종교들에서 대지의 여신은 새로운 생명을 낳았지만 그녀가 준 삶을 되가져가기도 한다: 죽은 사람들은 대지, 즉 그녀의 자궁에 묻혔다. 실제로 새로운 옥수수의 생산은 옥수수 씨앗의 희생과 매장을 전제로 했기 때문에 출생은 죽음을 요구했다. 이에 부합해 살아 있는 존재, 특히 인간이든 동물이든 간에 씨앗을 내놓는 수컷은 대지의 여신에게 희생되었지만, 이 희생자들은 또한 부활하기로 되어 있었다. 대지의 여신에 대한 숭배는 여신뿐만 아니라 그녀에 대한 헌신자들도 희생물의 생명이 담긴 피와 살을 먹는 신비한 의례로 발전되었다.

기원전 6000년경 터키의 차탈 훼위크(Çatal Höyük)에서 대지의 여신은 옆에 고양잇과 동물이 있는 왕좌에 앉아 출산하는 뚱뚱한 여인으로 나타난다[이미지 19.1]. 황소들이 그녀의 신전에서 희생된다. 히타이트인들에게 쿠바바(Kubaba)로 그리고 그리스인과 로마인들에게 키벨레(Kybele)로 알려져 있는 이 고대 아나톨리아의 여신은 유사 시대 이래 그녀의 젊은 연인 아티스(Attis)와 또한 그녀의 사제들의 거세와 관련된 난교 형태의 주신제 의식으로 숭배되었다. 키벨레의 신비 의식의 중요한 부분은 신에게 황소를 희생 공물을 바치는 의식이었는데, 그것은 희생된 황소의 피로 죄를 저지른 숭배자들을 정화하고 황소의 고환을 먹는 신성한 의식이었다.

대지의 여신은 또한 전쟁에서 발생하는 살해와 유혈 사태를 관장하게 되었다. 서아시아와 에게해 전역의 초기 신석기시대부터 그녀는 사자 또는 다른 고양잇과의 동물로 대표되었는데, 암사자가 격렬하게 자신의 새끼들을 보호하는 것처럼 그녀의 숭배자들을 안전하게 보살핀다. 암사자들은 아나톨리아의 히타이트 수도 보아즈쾨이(Boazköy, 오늘날의 보아즈칼레), 시리아의 진치를리(Zincirli, 오늘날의 사말)와 카르케미시(Carchemish), 그리스의 미케네와 같은 많은 고대 도시들의 문을 지키고 있다. 대지의 여신의 보호 기능은 또한 "성벽모양의 왕관", 즉 도시의 (종종 활 쏘는 구멍이 있는) 성벽을 묘사하는 왕관의 개념에서 그것을 드러낸다. 한니발(Hannibal)의 군대로부터 로마를 방어했던 키벨레가 그런 왕관을 쓰고 있었던 반면 시리아에 있는 도시 마리(Mari)의 여신은 "도시 성벽의 여주인"으로 알려져 있었다.

18장에서 우리는 원시-엘람의 예술(기원전 3200–2600년)에서 사자와 황소가 서로의 적으로 나타나는 것을 보았다. 수사에서 나온 한 인장에서는 거대한 황소가 두 마리의 작은 사자를 지배하고, 거대한 사자가 두 마리의 작은 황소를 지배한다[이미지 19.2]. 그들은 하늘과 땅, 남성과 여성을 포함하는 것으로 보이는 서로 반대되면서 보완적인 우주의 힘을 대표하는 것으로 해석되었다. 사자 옆에는 수메르 기호 KI와 비슷한 삼각형 그림문자가 있는데, 이것은 "대지"를 가리킨다. 그림문자는 다른 인장들에서 나타나는데, 거기에서는 사자가 아틀라스처럼 발로 나무로 덮인 산들을 받치고 있는 것으로 나타난다. 그것은 명백하게 지하에 있는 신처럼 보인다[이미지 19.2]. 바빌로니아의 "창조에 관한 서사시"에 의하면 하늘과 땅이 분리된 후 하늘의 신 안(An)은 자연적인 신들의 아버지 그리고 대지의 여신 키(Ki)는 그들의 어머니가 되었다.

수메르에서는 이난나 그리고 아카드에서는 이슈타르(Ištar)라고 불린

[이미지 19.2] 차례로 서로를 지배하고 있는 사자들과 야생 황소들이 있는 수사에서 나온 원시-엘람의 인장 압인 자국. 문자 기호 KI가 사자의 양쪽 측면에 있다. After Amiet 1980: no. 585. Courtesy Pierre Amiet.

[이미지 19.3] 암사자들이 산과 나무를 들고 있고 문자 기호 KI를 보여 주고 있는 원시-엘람 인장의 압인 자국. After Amiet 1980: no. 577. Courtesy Pierre Amiet.

메소포타미아의 주요 여신은 사자와 금성으로 상징화되었다. 저녁의 별로서 그녀는 성적인 사랑과 매춘부들을 관장했다. 아침의 별로서 그녀는 기품 있는 사람들 옆에 서서 전투를 시작하려는 피에 굶주린 전사였다. 식물, 동물, 인간의 생산력(풍요로움)은 이난나와 그녀의 어린 목동인 연인 두무지(Dumuzi, 아카드의 Tammuz)의 결합에 달려 있다고 믿어졌다. 두무지의 죽음은 의례에 따라 애도되었다. (그 신화의 한 이본에 따르면 이난나가 그녀의 여동생이 다스리는 지하 세계를 방문했을 때 그녀는 그녀를 대신할 대체물이 없이는 지상으로 되돌아갈 수 없었다. 그리하여 악마들은 이난나를 대체하기 위해 두무지를 납치했다. 하지만 두무지는 매년 6개월 동안 지상으로 되돌아갈 수 있도록 허락을 받았다.) 두무지는 왕과 동일시되었지만 신성한 결혼은 성직자들에 의해 규정되었다. 이것은 가장 중요한 축제로 새해 첫날에 행진, 춤, 음악 그리고 축하연으로 거행되었다.

[이미지 19.4] 수컷 황소와 의인화된 여사제의 결합. 신드의 찬후-다로에서 발굴된 잃어버린 인더스 인장의 압인 흔적(Mackay 1943 참조: pl. 51, no. 13). 보스톤 파인 아트 박물관에 있는 고대 그림 B7392의 진열품 3148. Courtesy Museum of Fine Arts, Boston.

이제 인더스문명으로 눈을 돌리면, 우리는 서아시아의 대지의 여신 숭배에 대한 핵심 요소가 존재한다는 증거를 발견한다. 찬후-다로(Chanhu-daro)에서 출토된 한 인장은 "성스러운 결혼"을 묘사하고 있다: 노출된 긴 남근을 가진 수컷 들소는 다리가 떨어져 있고 여성의 성기가 보이는 정교한 머리 장식을 한 채 엎드려 있는 인간 여성을 태우려하고 있다[이미지 19.4]. 중요한 것은 신랑은 동물(황소)이고 신부는 인간 여성(여사제?)이다. 그것은 12장에서 논의한 베다의 말 희생제의 종마와 수석 여왕의 관계와 같다. (아타르바베다적인 물결의) 초기 인도-아리아인은 하랍빠 전통의 희생물(주로 물소)을 그들의 주요 희생 동물(말)로 대체한 것으로 보인다.

[이미지 19.5] 아까시나무 아래 산양의 뿔을 쓴 호랑이를 탄 여신. 그녀는 또한 탈것 없이 서로를 창으로 찌르려는 두 전사들의 선을 잡고 있는 것으로 보여지기도 한다. 전사들은 목덜미에 두 갈래로 갈라진 목 뒤에 붙은 머리를 하고 있다. 거기에는 두 개의 인더스 문자의 기호들 그 가운데 하나는 숫자 3을 나타내는 기호가 있다. 깔리방간에서 나온 원통형 인장의 현대의 압인 흔적. After CISI 1:311. Photo EL, courtesy ASI.

하랍빠인들은 깔리방간(Kalibangan)의 원통형 인장에 그려진 호랑이를 탄 전쟁의 여신도 가지고 있었다[이미지 19.5]. 메소포타미아의 영향은 인장의 유형과 인장 속 전사들의 머리 스타일에서 볼 수 있다. 그 전사들은 무리를 이뤄 기원전 2400년경 서아시아의 왕자들처럼 "이중의 묶음 머리"를 한 채 경기를 하고 있다. 그러나 여신 자신은 원주민처럼 보인다. 그녀는 긴 치마와 길게 땋은 머리를 하고 있으며, 서로 창으로 찌르는 두 전사들의 손을 잡고 있다. 이 그룹 옆에 그녀는 다시 묘사되고 있는데 이제는 호랑이의 몸을 하고 아까시나무의 가지를 머리 위에 얹은 야생 염소의 뿔이 달린 정교한 왕관을 쓰고 있다. 그녀는 또한 원통형 인장과 같은 집에서 발견된 하랍빠 유형의 사각형 인장에도 나타난다. 이 두 인장의 비문은 매우 비슷하지만 동일하지는 않다.

서아시아의 황소희생제는 인더스문명에 있는 것과 유사하다. 창으로 수컷 물소를 찌르는 희생제는 인더스 인장과 몇몇 하랍빠의 명판에서도 나타난다. 18장에서 우리는 인더스 계곡에서 수입된 하랍빠의 물소가 사르곤 문명의 "경쟁" 인장들 속에 있는 서아시아의 야생 황소(urus bull)의 대응물이며, "승자의 포즈"인 한 발로 버팔로의 머리를 딛고 있는 형상은 메소포타미아와 인더스 계곡에서 복제되고 있다는 사실을 살펴보았다[이미지 18.8a, 18.9]. 버팔로 희생제 또한 곤두선 코브라 앞에서 거행된다[이미지 18.9]; 베다 문헌에 의하면 "뱀들의 여왕(sārparājñī)은 대지이다"(PB 4,9,6).

고대 서아시아와 지중해, 특히 미노아문명의 크레타에서 곡예인 황소 곯리기는 이 의식에서 필수적인 부분이었다; 이 경기는 오늘날 스페인에서 계속되고 있다. 몇몇 인더스 인장은 물소를 뛰어넘는 (한 경우에는 명백하게 여성들인) 사람들을 묘사하고 있다[이미지 19.6]. 마치 싸우는 것처럼 서로 얼굴을 마주 보고 있는 황소 두 마리 또한 묘사되고 있다(H-1997 B). 하랍빠에서 나온 몇몇 명판들은 수컷 들소 또

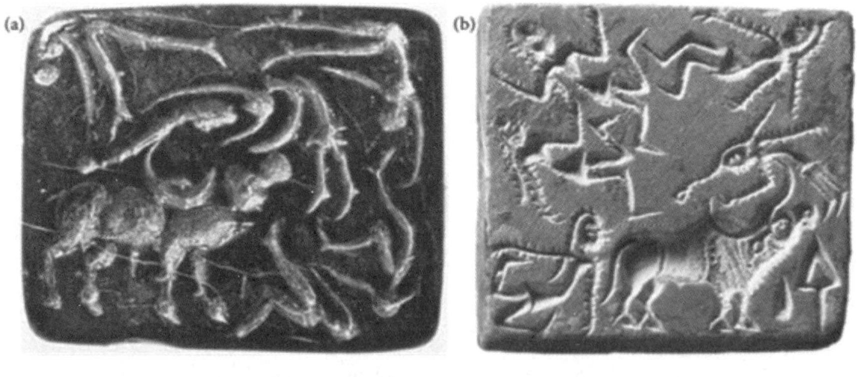

[이미지 19.6] 인더스 인장들에 있는 물소 뛰어넘기. (a) 뉴델리 인도 국립박물관 수집품 가운데 모헨조다로에서 나온 인장 M-312 (DK 8321, NMI 147). After CISI 1:385. Photo EL, courtesy NMI. (b) 바나왈리에서 나온 인더스 인장. Photo courtesy ASI.

는 수컷 버팔로들의 뿔을 잡고 격투를 벌이는 남자들을 보여 준다(H-2023 C to H-2030 C). 목가적인 풍경에서의 삶을 묘사한 7편의 고대 따밀 시들인 깔릿또까이(Kalittokai) 101-107에 따르면 목축 공동체는 정기적으로 황소와 격투하는 축제(ēru-kōḷ or ēru-taluvu)를 주선했다. 거기서 날카로운 뿔을 가진 야생 황소들이 경기장에서 풀려나면, 젊은 남자들은 결혼할 소녀들을 얻기 위해 그들의 육체적인 기량을 드러냈다; 그 시들은 어떻게 그들이 황소의 뿔에 찔리거나 짓밟혀 죽을 수 있는지를 묘사한다. 황소 굶리기는 인도 남부의 일부 지역, 특히 따밀나두에서 여전히 인기가 있으며, 일반적으로 erutu-k-kaṭṭu 또는 calli-k-kaṭṭu로 알려져 있다.

힌두의 인도는 여신 두르가와 버팔로이며 사나운 전사인 악마 마히샤 아수라(Mahiṣa Asura)와의 전투에서 사자 또는 호랑이와 버팔로 사이의 싸움을 숭배한다. 따밀나두의 마말라뿌람(Māmallapuram)에 있던 빨라바 왕조(the Pallava dynasty) 시대의 아름다운 화강암 패널(700년)에는 사자를 탄 여신 두르가가 적에게 화살을 쏘는 모습이 묘사되어 있는 반면 버팔로인 악마 마히샤 아수라는 곤봉을 자신의 무기로 가지고 있다[이미지 19.7]. 이러한 구성은 사자가 활과 화살로 황소를 죽이는 반면 황소는 철퇴를 가지고 사자를 내리치는 원시-엘람의 인장과 놀랄 만큼 유사하다[이미지 19.8].

하지만 이 비교가 정말로 정당한 근거가 있을까? 일반적으로 두르가 여신과 그녀에 대한 의식은 이란어를 사용하는 꾸샨인들이 1세기에 아프가니스탄에서 가져와 그것을 소개하기 전까지는 남아시아에 존재하지 않았다고 생각된다. 하지만 내 견해로는 지금 내가 논의할 것처럼 비록 두르가라는 이름이 실제로 초기 출처에서는 입증되지 않았지만, 베다 문헌은 대지, 암사자, 버팔로와 연관된 그와 유사한 전쟁과 승리의 여신을 언급하고 있다: 마하브라따(mahāvrata)의 브라뜨야(Vrātya) 의식(12장)에서 두드러지게 등장하는 여신 바쯔(Vāc)처럼. 더욱이 나는 두르가 숭배와 그와 함께 심지어 인간 희생물을 포함하기도 하는 피의 희생제와 그 속에서 모든 금기들이 깨질 수 있는 성행위를 포함하고 있는 여신 숭배에 대한 브라뜨야 기원을 주장한다: 그것이 이른바 좌도 샥따 딴뜨리즘(Śākta Tantrism)이다. ("우도"의 의식에서는 이러한 실행들이 무해한 상징들로 대체된다. 예를 들어 우도에서는 머리 대신 수박을 자르고, 피 대신 색소가 들어 있는 물을 사용한다.)

두르가를 "버팔로 악마의 파괴자"를 뜻하는 마히샤수라마르디니(Ma-

[이미지 19.7] 곤봉을 휘두르는 버팔로의 머리를 가진 마히샤 아수라를 사자를 타고 앉아 활로 쏘는 여신 두르가. 남인도 따밀나두 마말라뿌람에 있는 8세기의 바위 패널. After Kramrisch 1954: pl. 86. Research inconclusive: copyright Philadelphia Museum of Art may apply.

[이미지 19.8] 똑바로 서 있는 사자가 앉아 있는 황소를 활로 쏘고, 똑바로 서 있는 황소가 곤봉으로 앉아 있는 사자를 내리치는 원시-엘람의 인장. After Amiet 1980: no. 591. Courtesy Pierre Amiet.

hiṣāsuramardinī)로 간주하는 최초의 이미지는 기원후 약 100년경 꾸샨 왕조부터 시작되었다. 여신이 악마에게 승리를 거둔 최초이고 가장 중요하며 완전한 설명은 마루깐데야-뿌라나(Mārkaṇḍeya-Purāṇa)에 나타나는 데비-마하뜨먀(Devī-Māhātmya) 2-3장의 내용이다. 여기서 아름다운 처녀인 여신은 주요 신 브라흐마, 비슈누 그리고 쉬바의 분노를 나타내는 서로 합쳐진 강렬한 에너지로 만들어지는 반면 다른 신들은 그녀에게 마히샤의 소멸을 위해 다양한 무기를 제공했다; 그녀는 또한 싸움을 위한 그녀의 분노를 증가시키기 위해 와인을 마신다. 전투가 벌어지는 동안 악마는 버팔로에서 먼저 사자로, 다음에는 남자(전사)로, 그다음에는 코끼리로 또 그다음에는 버팔로로 되돌아왔다가 다시 남자로 변신한다. 데비-바가바따-뿌라나(Devī-Bhagavata-Purāṇa 5,18,2-70)에서는 악마가 처음 인간의 형상을 취하고 다음으로 계속해서 사자, 코끼리, 샤라바(śarabha, 반은 사자이고 반은 새인 신화상의 짐승) 그리고 버팔로로 계속해서 변화한다. 그러나 쉬바-뿌라나(Śiva-Purāṇa 5,46,48-55)에서 악마가 취한 형상들은 버팔로, 사자, 코끼리 그리고 인간이다.

이들 문헌 속에서 그러한 묘사들을 가진, 손에 넣을 수 있는 돌에 새겨진 도상들을 비교하면서 하인리히 폰 스티텐크론(Heinrich von Stietencron 1983)은 이 문헌의 설명들 가운데 어느 것도 5세기보다 앞서 있을 수 없다고 했다. 여신이 버팔로를 감싸 안아서 그의 등을 부러뜨리는 꾸샨 시대의 가장 초기 초상들은 그에 대응하는 문헌이 없다. 데비-마하뜨먀는 여신이 버팔로인 악마의 등 위로 뛰어올랐다고 진술하는데, 그것은 6세기와 7세기에 시작된 엘레판따(Elephanta) 섬, 엘로라(Ellora), 아이홀(Aihole)의 상들과 일치한다; 그러나 데비-마하뜨먀(그리고 바마나-뿌라나)에 언급된 싸움의 또 다른 상세한 내용, 즉 인간 형상 속에서 버팔로의 입에서 악마가 최후에 출현하는 내용은 8세기 이전의 도상학에서는 알려지지 않는다.

폰 스티텐크론은 문헌 속에 있는 신화의 발전을 첫 번째 천년기의 박띠운동(bhakti)의 성장 과정에서 개량된 것으로 보았다. 데비-마하뜨먀(그리고 샤이바-뿌라나와 바마나-푸라나)에서 버팔로인 악마는 단순하게 여신의 적일 뿐이다. 그러나 후기의 뿌라나에서, 악마는 적개심이 아니라 여신에 대한 열정으로 싸움을 하게 된다. 그러나 여신은 하찮은 악마를 남편으로 받아들일 수 없었다. 이 문헌적 역사의 최신 판본에서 마히샤의 사랑은 너무 커서 그녀가 없는 삶보다는 사랑하는 사람의 손에 죽는 길을 선택한다. 악마의 헌신은 여신에게 연민과 은총을 불러일으킨다. 그녀는 그가 지하 세계로 돌아가면 그와 친구가 될 것을 제안하지만 이것은 악마를 만족시키지 못한다. 그는 여신에게 살해당하고, 그로 인해 해방을 얻는다.

데비-뿌라나에서 마히샤는 이전의 화신에서 질투심이 강한 쉬바에 의해 재로 불타 버렸던 둔두비(Dundubhi "드럼")라 불리는 악마의 형태로 여신과 사랑에 빠진 바 있다. 오릿사의 전통에 의하면 죽음에 이르러 마히샤는 여신의 여성 기관(성기)에 입을 맞출 수 있었고, 그녀와 이 친밀한 접촉을 통해 자유롭게 되었다. 깔리까-뿌라나(Kālikā-Purāṇa 기원후 1000년)에서는 마히샤가 쉬바와 동일시됨으로써 그 사랑은 마침내 정당성을 부여받는다. 이제 마히샤의 죽음에 대한 원인도 그가 더 이상 금지된 어떤 것을 얻으려 하지 않는 것으로 바뀌어 버린다; 그 대신 쉬바는 분노한 성자에 의해 저주받은 것으로 말해진다.

폰 스티텐크론의 가설은 뿌라나 문헌에서 여신과 마히샤 신화의 진화를 잘 설명하고 있으며, 해당 기간 동안 인도 종교의 역사에도 부합한다. 그럼에도 불구하고 여신과 버팔로인 악마 사이의 사랑의 주제가 6세기에 속할 만큼 최근이라는 사실이 반드시 뒤따르는 것은 아니다; 그것은 보다 초기의 전통 속에 잠재해 있었을 수 있다. 실제로 데이비드 슐만(David Shulman 1980)은 남인도 따밀 문헌에서 그와 반대되는 발전이 있었다고 주장했다: 신의 결혼에 대한 신화는 따밀 종교의 중심이며, 처녀인 신부에 의한 남성 배우자의 살인은 신의 재탄생을 위해 가장 필수적인 요소이다. 후에 북인도에서 수입된 브라흐만적 이데올로기는 문헌들을 멋대로 변경해 신화를 바꿨다. 특히 신의 죽음에 대한 생각을 제거하고 악마들과 여신 간의 싸움을 집중해서 투사했다.

고대 따밀 문학은 승리를 주고(kottam), 거대한 숲속에 살면서 뚜난까이(tuṇaṅkai) 춤을 추는 전쟁의 여신 꼿띠(Kotti) 또는 꼿따바이(Kottavai)에 대해 말한다. 비록 (아마도 450년에서 750년 사이에 만들어진 것으로 추정되는) 따밀 서사시 찔랍빠띠까람(Cilappatikāram)이 그녀를 북인도의 여신 두르가 마히샤수라마르디니(Durgā Mahiṣāsuramardinī)와 동일시하고 있을지라도, 그녀는 일반적으로 드라비다 원주민의 신으로 여겨진다. 그녀의 이름 Kotti는 남부 드라비다어의 "고양이"를 뜻하는 kotti와 동음이의어이다; 두 단어들은 아마도 원시-드라비다어로 "죽이다"를 뜻하는 *kol에서 파생되었을 수 있다. 꼿띠와 뚜난까이 춤과의 관계는 매우 중요한 것으로 보인다. 뚜난까이는 팔꿈치를 구부린 채 옆구리를 두드리는 남자들, 여자들, 유령들에 의해 전장에서 추는 춤이다. 따밀어 사전에 제시된 뚜난까이의 유래는 "흔들다, 흔들리다, 심하게 흔들리다, 격렬하게 이리저리 또는 위아래로 움직이다"를 의미하는 원시-드라비다어 어근 *tuḷaṅku에서 파생된 것으로, 죽은 사람들을 위한 "슬픔, 비통함"(따밀어 tuḷakku)의 표현으로 전쟁터의 상황에 맞는 것처럼 보인다. 고대의 장례식과 말 희생제을 포함해 (12장에서 논의된) 브라뜨야와 관계된 몇몇 의식들은 고인을 둘러싸고 추는 춤이 포함된다. 이 춤에서 무용수들은 자신들의 허벅지를 때렸다.

여신에 의해 살해된 악마의 형상은 다양한 강력한 동물들의 수컷으로 이뤄진다. 고대 따밀의 시에서는 호랑이, 코끼리, 야생 버팔로가 영웅들의 분노와 용기를 묘사하기 위한 비유로 사용된다; 고대 따밀 시학의 특별한 주제는 영웅의 사나운 공격을 야생 버팔로의 습격과 비교한 에루마이-마람(erumai-maram)이다. 여신과의 싸움에서 마히샤 아수라의 변형으로 언급된 버팔로, 사자, 샤라바 그리고 인간은 깔리까-뿌라나 71,6-18에서 희생제의 희생물 명단에서 높게 평가된다. 여기서 어떤 특정 동물이 어느 기간 동안 여신에게 즐거움을 줄 수 있다고 명시되어 있는데, 그것은 또한 그녀가 이 특정 동물의 희생 제주에게 축복을 내려 줄 수 있는 시간이기도 하다[표 19.1]. 이 목록에서 두드러진 자리를 차지하고 있는 샤바라의 정체성은 문제가 있으며 이에 대해서는 20장에서 논의될 것이다.

여신에게 제공된 다른 희생제의 희생물들은 용감한 남성의 변형을 나타낸다. 그는 한편으로는 여신에 의해 살해당했고 동시에 이후에 그녀의 남편 또는 구혼자이다. 내 생각에는 이와 비슷하게 베다의 브라뜨야 의식들의 희생물들이 승리와 다산의 여신으로 두르가의 전임자인 바쯔의 아버지와 남편인 창조주 쁘라자빠띠의 변신들을 나타낸다. 그는 바쯔와 불법적으로 결합했기 때문에 살해된다. 쁘라자빠띠는 "(여신) 말의 주인/남편"(vācaspati)이라고 분명하게 말해진다(ŚB 5,1,1,16). 까타-상히따(Kaṭha-Saṁhitā) 12,5에서 창조는 다음과 같은 방식으로 묘사된다: "태초에 쁘라자빠띠는 (홀로) 이것(전체 우주)이었다. 그의 음성(vāc-, 여성)이 두 번째 존재가 되었다. 그는 그녀와 짝이 되었다. 그녀는 아이를 임신했다. 그녀는 그로부터 떠났다. 그녀는 이 생명체들을 낳았다." 리그베다 5,42,13은 "자신의 딸의 자궁 속에 멋대로 드나들며 형상들을 변화하면서 우리의 이것(형상)을 만드는" 창조주인 뜨와슈뜨리(Tvaṣṭar)에 대해 말한다.

희생물	시간
물고기, 거북	1개월
악어	2개월
9종의 야생동물	9개월
야생 황소, 구아나	1년
검은 영양, 야생돼지	12년
샤라바(반은 사자 반은 새)	25년
버팔로, 코뿔소, 호랑이	100년
사자, 샤바라, 인간	1000년
세 명의 인간	100,000년

[표 19.1]

보다 광범위한 변형본은 아래와 같이 브리하드-아란야까-우빠니샤드(Bṛhad-Āraṇyaka-Upaniṣad) 1,4에 있다:

> 1. 태초에 이 세상에는 오직 인간의 형태(puruṣa)로 자아(ātman) 만이 존재했다…. 3. … 그는 두 번째를 갈망했다. 진실로 그는 한 여자와 한 남자가 서로 껴안고 있는 크기만 했다. 그는 자아를 둘로 나누었다(pat). 거기서부터 남편(pati)과 아내(patnī)가 생겨났다…. 그는 그녀와 짝짓기를 했다. 그로부터 인간 존재들이 생성되었다. 4. 그리고 그때 그녀는 다음과 같이 생각했다: "그가 어떻게 자신으로부터 만들어 낸 다음 나와 짝짓기를 할 수 있는가? 그래, 이제 나 자신을 숨겨 버리도록 하자." 그녀는 암소가 되었다. 그는 황소가 되었다. 실제로 그는 그녀와 짝짓기를 했다. 그러자 소가 태어났다. 그녀는 암말이 되고 그는 수말이 되었다. 그녀는 암컷 당나귀가 되고 그는 수컷 당나귀가 되었다; 그는 그녀와 짝짓기를 했다. 그리하여 단단한 발굽을 가진 동물이 태어났다. 그녀는 암컷 염소가 되었고 그는 수컷 염소가 되었다; 그녀는 암양이 되었고 그는 숫양이 되었다. 그는 그녀와 다양하게 짝짓기를 했다. 그로부터 염소들과 양들이 태어났다. 그리하여 진실로 그는 심지어 아래로 개미에 이르기까지 짝을 가진 것은 무엇이든 모든 것을 창조했다(Translated Hume 번역, 약간 수정됨 1931:81.)

여기서 모든 동물 종의 수컷과 암컷은 단 하나와 동일한 태초의 한 쌍인 쁘라자빠띠와 바쯔의 각기 다른 현현이다. 이러한 관념은 인더스문명의 도상학에도 반영되어 있는 것처럼 보인다. 왜냐하면 많은 하랍빠의 인장들과 부적들은 신체 부위가 서로 다른 종에 속하는 환상적인 동물들을 묘사하고 있기 때문이다. 그렇기 때문에 합성된 동물은 등에 혹이 있는 황소의 뿔, 인간의 얼굴, 코끼리의 몸통과 어금니, 숫양의 앞부분, 호랑이의 뒷부분, 꼬리로 뱀을 가지고 있다. 이 신화적인 생명체들은 각기 다른 부분들로 나타난 모든 종이 서로 다른 모습을 취할 수 있는 단지 하나이고 같은 존재에 속한다는 생각을 표현한 것일 수 있다.

바둘라-안바캬나(Vādhula-Anvākhyāna 4,16)에서 태초의 커플은 쁘라자빠띠와 바쯔이지만, 쁘라자빠띠는 희생제(yajña-), 즉 희생제의 희생물도 그의 분신으로 가지고 있다. "프라자파티는 희생제(yajña-, 남성)를 창조했다(방출했다, 쏟아져 나왔다); 그것을 창조한 후에 그것은 그로부터 떨어져 나갔다." ("떨어져 나갔다"를 의미하는 parāṅ ait라는 표현은 일반적으로 죽음을 가리킨다; ŚB 13,2,5,1에서 그것은 방금 살해된 희생제의 말에서 명백하게 피를 가리키는 생명의 수액이 쏟아져 나오는 것으로 사용된다.)

> (제물, 남성 희생물인) 그는 짝을 이루고 싶어 했다. (여신) 말(vāc-, 여성)은 아누슈뚜브(anuṣṭubh) 시구(의 형태로)… 그는 그녀와 결합했다. 그녀는 암말(aśvā-)이 되었고, 그는 수말(aśva-)이 되었다; 그녀는 암컷 야생 당나귀(gaurī-)가 되었고, 그는 수컷 야생 당나귀(gaura-)가 되었다; 그녀는 암컷 들소(gavayī-)가 되었고, 그는 수컷 들소(gavaya-)가 되었다; 그녀는 암컷 낙타(uṣṭrī-)가 되었고, 그는 수컷 낙타(uṣṭra-)가 되었다; 그녀는 암컷 염소(ajā-)가 되었고, 그는 수컷 염소(basta-)가 되었다; 그녀는 암컷 샤라비(śarabhī-)가 되었고, 그는 수컷 샤라바(śarabha-)가 되었다; 그녀는 암컷 영양(eṇī-)이 되었고, 그는 검은 수컷(kṛṣṇa-)이 되었다; 그녀는 붉은 암컷 말 영양(rohit-)이 되었고, 그는 수컷 말 영양(ṛśya-)이 되었다. 그리하여 그들은 모든 존재들, 서로 다른 형태를 취하는 그들 양자가 됨으로써 모든 것을 거쳤다.

[이미지 19.9] (산스끄리뜨어로 ya인) "푸른 황소" 닐가이(Nilgai). After Roberts 1977:176, ill. 52. Courtesy F. Roberts and Ruth.W. A. Sloan.

그런 다음 바끄는 남자(puruṣa) 속으로 들어가 (그를 막기 위한) "방어벽(puraḥ), 즉 이빨을 만들었다." 그러자 바끄가 무엇을 바라는지 알고 있던 쁘라자빠띠는 바끄에게 신성한 죽의 형태를 취했다. 그녀의 욕망을 강화하기 위해 그는 녹은 버터로 자신을 꾸몄다. 바끄는 그에게 저항할 수 없었다; 그녀는 방어벽을 제거하고 그를 삼켰다. 그리하여 결국에는 그와 결합하게 되었다.

이러한 변신 속에서 바끄는 요새(durga)의 여신 두르가와 비슷하게 방어벽을 갖는다. 그녀는 성벽 형태의 왕관을 쓰고 있는 키벨레(Kybele)와 같은 서아시아 여신들과도 유사하다. 더욱이 쁘라자빠띠와 바끄는 모든 존재의 형태(sarvāni bhūtāni)로 짝짓기를 했다고 언급되어 있다. 아이따레야-아란야까(Aitareya-Āraṇyaka) 5,1,5에서는 마하브라따 때 많은 동물 짝들의 짝짓기(bhūtānāṃ ca maithunam)에 대해 말하고 있다. 동물 짝들의 짝짓기는 심지어 오늘날 인도에서도 대중적인 축제들에서 발생한다: 여기서 짝짓기를 하는 황소와 암소는 라마와 시따의 결혼을 나타낼 수도 있다. 바둘라-슈라우따수뜨라(Vādhūla-Śrautasūtra 11,19,25 – 30)에서는 베다의 말 희생제 때 두르가의 "승리의 열 번째 날"의 축제인 샤바로뜨사바(Śābarotsava)에서처럼 모든 인간 참가자들에게 완전한 성적인 자유가 허락되었던 것으로 나타난다.

바둘라-안바캬나(Vādhūla-Anvākhyāna)의 다른 사본에서, 동물들에 대한 열거는 한 쌍의 닐가이 영양(nilgai antelope)인 로히뜨(rohit)와 리샤(ṛśya)에서 멈춘다. [하랍빠의 도상에서 매우 두드러진 "유니콘(외뿔)" 황소는—메소포타미아에서 "유니콘"과 같은 것을 빌려왔지만 인더스 계곡의 동물군에는 현존하지 않는—야생의 우르스(urus) 황소와 토착의 닐가이 영양 사이의 혼혈종인 것처럼 보인다. 유니콘 황소는 베다 신화에서 창조신을 나타낸다: 이미지 19.9, 19.10] 이것은 쁘라자빠띠가 자신의 딸과 근친상간을 한 것을 다루고 있는 명백하게 생략된 다른 여러 판본들 가운데 아이따레야-브라흐마나 3,33에 언급된 유일한 한 쌍이다. 거기서는 쁘라자빠띠가 벌을 받아 죽임을 당했다고 말해진다:

> 쁘라자빠띠는 자신의 딸에게 욕정을 품었다…. 그는 닐가이 황소(푸른 황소 = 닐가이 영양)가 되어 닐가이 암소가 되어 있던 그녀에게 접근했다. 신들은 그를 보고 다음과 같이 말했다: "쁘라자빠티는 해서는 안 될 행위를 하려고 한다." 그들은 그를 벌할 존재를 찾았다; 그들은 자신들 가운데 적합한 사람(존재)을 발견하지 못했다. 그들은 그들의 가장 무시무시한 모습들과 결합했다. 그것들이 이 신[무서운 신 루드라에 대한 완곡한 표현]이 되었다…. 신들은 그에게 말했다: "이 쁘라자빠띠는 지금 해서는 안 될 행위를 하려고 한다; (화살을 가지고 가서) 그를 쏘아라." "그렇게 하겠습니다." 그(Rudra)가 대답했다…. 그는 활을 조준해 그를 쏘았다….

쁘라자빠띠를 죽이기 위한 다양한 신들의 가장 무시무시한 현현들로부터 루드라가 태어난 것은 10일째 되는 날 버팔로인 악마를 물리치

[이미지 19.10] 닌도와리(Nindowari)에서 나온 인더스 인장 Nd-1 (Exc. Branch 1187)에 있는 영양과 유사한 "유니콘". After CISI 2:419. Photo AV, courtesy DAMGP.

기 위해 신들이 연합한 세력으로부터 탄생한 데비-마하뜨먀와 밀접하게 유사하다. 여신에 관한 신화에서 그녀에게 감히 접근했던 악마를 죽이는 것은 전사적인 모습을 취한 젊고 순결한 여인(kumārī)인 여신 자신이다. 베다 신화에서는 그것이 남성 상대인 젊은(kumāra) 전쟁의 신 루드라이다. 루드라는 죄 많은 아버지와 그의 딸과의 근친상간으로 태어났다. 마히샤 신화(Mahiṣa myth)의 서사시적인 판본에서는 버팔로인 악마가 베다의 루드라의 힌두적 계승자인 전쟁의 신 스깐다에게 죽임을 당한다. 스깐다의 탄생에 관한 신화와 모친의 이름을 딴 까룻띠께야(Kārttikeya)는 두르가뿌자(Durgāpūjā)에서 버팔로가 희생되는 가을과 그를 연결시킨다.

뿌라나에서는 사자 또는 호랑이를 타고 있는 젊은 여신이 수컷 버팔로 형상의 악마를 죽인다. 께랄라에는 암컷 버팔로(mahiṣī)의 형태를 취한 여성 악마를 죽이는, 호랑이를 타고 있는 젊은 남성 신(Ayyappan)에 관한 신화가 있다. 이 께랄라의 신화는 남성 또는 여성의 형상 가운데 어느 하나를 취할 수 있는 신성의 능력을 강조한다. 사자 또는 호랑이와 버팔로는 모두 승리의 여신과 마찬가지로 전쟁을 의인화한 두려움이 없고 파괴적인 전사의 상징이다. 다른 셈족 계열의 부족들 사이에서 전쟁의 신은 남성인 아슈타르(Aštar)이거나 여성인 아슈타르트(Aštart)였다. 앞의 단락에서 논의되었던 신화의 다양한 이본들을 바탕으로 나는 비슷한 관계가 남성인 전쟁의 신 루드라/스칸다와 여성인 전쟁의 여신 두르가와 사라스와띠처럼 그녀와 쌍을 이루는 여신들 사이에서 성행한다고 주장하고 싶다. 힌두교에서는 이러한 신들이 (공작과 하프 등과 같은) 많은 공통된 속성들, 칭호들, 신화들을 공유하고 있다. 그들은 젊거나 순결한 처녀로, 남성은 꾸마라 그리고 여성은 꾸마리라고 불린다; 이 칭호들/이름들은 또한 이러한 신들을 특징짓는 지혜를 배우는데 필요한 성적인 순결함(brahmacaryā)을 암시한다. 여신은 호랑이를 타고 있고, 베다에서는 "맹수의 주인"(araṇyānāṃ pati, TS 4,5,3e)이라고 불리는 루드라로, 이러한 칭호는 만일 그렇지 않다면 호랑이에게만 주어진다(AB 8,6 참조 kṣatraṃ vā etad araṇyānāṃ paśūnāṃ yad vyāghraḥ).

브라흐마나 문헌에서는 쁘라자빠띠가 창조의 과정에서 다양한 동물의 형태를 취했을 뿐만 아니라 이러한 형상들로 희생되었다고 나타난다. 따라서 채식주의의 공물은 샤따빠타-브라흐마나 2,1,3,6-9에서 인간의 희생제로 시작해 원래의 피의 희생제의 대체물로 설명된다:

> 6. 처음… 신들은 사람을 희생물로 바쳤다. 그가 공물로 바쳐지자 희생제의 핵심이 그의 몸에서 사라졌다. 그것은 말 속으로 들어갔다. 그들은 말을 희생제의 제물로 바쳤다. 그것이 공물로 바쳐지자 희생제의 핵심이 거기서 빠져나갔다. 그것은 수소 속으로 들어갔다. 그들은 수소를 제물로 바쳤다. 그것이 공물로 바쳐지자 희생제의 핵심이 거기서 빠져나갔다. 그것은 양 속으로 들어갔다. 그들은 양을 제물로 바쳤다. 그것이 공물로 바쳐지자 희생제의 핵심이 거기서 빠져나갔다. 그것은 염소 속으로 들어갔다. 그들은 염소를 제물로 바쳤다. 그것이 공물로 바쳐지자 희생제의 핵심이 거기서 빠져나갔다. 7. 그것은 이 대

지 속으로 들어갔다. 그들은 대지를 파서 그것을 찾았다. 그들은 두 개(의 실체들), 즉 쌀과 보리 (의 형태) 그것을 발견했다…. 9. 그들이 공물로 바쳤던 인간(puruṣa)는 시인(kiṃpuruṣa)이 되었다. 희생제에 바쳐졌던 말과 수소 이들 둘은 각각 야생 당나귀와 들소가 되었다. 그들이 희생 제물로 바쳤던 양은 낙타가 되었다. 그들이 희생 제물로 바쳤던 염소는 샤라바가 되었다. 이러한 이유 때문에 이들 동물(의 살)을 먹어서는 안 된다. 왜냐하면 이 동물들은 희생제의 핵심을 사라지게 하기 때문이다(부정하다)(Eggeling 번역 수정 1882:I,50 – 52)

여기서 두 가지 일련의 동물들은 상관관계가 있다. 첫 번째는 희생 제물이 될 수 있는 순수한 동물들이며 두 번째는 희생 제물에 적합하지 않은 불순한 동물들이다. ("시인"을 뜻하는 kiṃpuruṣa의 예, 14장을 볼 것.) 5가지 순수한 동물들은 그의 머리가 불의 제단(agniciti)의 가장 낮은 층에 놓인다. 그들의 머리가 놓인 곳에서 사용되는 만뜨라들은 또한 불순한 동물들을 언급한다. 그 불순한 동물들은 여기서 "숲에 속하는 것"(araṇya), 다시 말해서 야생으로 특징 지워지는 반면 순수한 동물들은 마을에 속하는 것, 다시 말해서 길들여진 것을 의미한다[표 19.2].

길들여진 것	야생
1. puru a	1. ki puru a/mayu
2. a va	2. gaura
3. go/v abha	3. gavaya
4. avi/v i	4. u ra/me a
5. aja/basta	5. arabha

[표 19.2]

두르가 숭배(durgāpūjā)는 특별히 가을, 두세라(Dussehra), 힌디어로 다샤라(daśahrā 〈 *daśāharaka)인 "열흘 동안 지속되는 축제" 동안 거행된다. 그것은 마히샤에 대한 두르가의 승리를 축하하는 축제로 "9일간의 축제"(nava–rātra or nava–rātri)와 그를 뒤따르는 "승리의 10번째 날"(vijaya–daśamī)로 구성되어 있다. 모든 것이 10번째 날 샤바라들("야만족"을 가리키는 것으로 이해되지만 다른 설명은 20장에서 제시된다)의 형태로 거행된 축제에서 절정에 달한다. 열흘째 되는 날 여신은 "떠나가고" 왕은 전투에 나서기 전에 군대를 정화한다. 힌두의 왕들은 전통적으로 우기가 지나 도로가 말랐을 때 그리고 풍부한 사료와 곡물이 있을 때 군사작전을 시작했다.

두르가 숭배와도 연관된, 지금은 덜 알려진 또 다른 축제인 바산따–나바라뜨리(vasanta–navarātri) 축제는 춘분 무렵에 거행된다. 네팔에서는 "9명의 두르가들"이라고 불리는 전쟁의 여신들이 가을철 다사임(dasaīṃ 〈 daśamī) 축제에서 5월 말까지 숭배되지만 우기 동안은 경배되지 않는다. 한 해의 두 가지 두르가 축제들은 원래 베다의 브라뜨야스또마 의식과 동일한 기능을 했을 수 있다. 한 브라뜨야스또마는 브라뜨야들이 급습을 위한 원정을 시작할 때 상호 간의 맹세를 확인하기 위해 거행되었다; 또 다른 브라뜨야스또마는 그들이 침략을 하는 동안 저지른 폭력적인 행위들을 정화하기 위해 그들의 귀환길에 수행되었다. 만약 이런 경우라면, 한 해는 폭력과 평화로 반씩으로 나뉘게 된다: 하나는 마을 밖 황무지에서 살아가는 습격의 불길한 닥쉬나야나(dakṣiṇāyana 태양의 남쪽 길); 그리고 다른 하나는 마을에서 살아가는 농업의 상서로운 웃따라야나(uttarayaṇa 태양의 북쪽 코스)이다.

이러한 가설은 한 해의 정반대되는 두 개의 전환점을 경축하는 두 개의 축제 동안 각각 사용된 길들여진 것과 야생의 두 계열의 희생제 동물들을 설명할 수 있다. (마하브라따에서) 불 제단이 완성되고 길들여진 동물들이 희생되면 야생동물들이 풀려난다. 그러나 말 희생제에서는 가능한 모든 종류의 야생동물들은 부차적인 희생물로 희생되었다. 예를 들어 마이뜨리 상히따(Maitrāyaṇī Saṃhitā) 3,14,10과 바자사네이-상히따(Vājasaneyi-Saṁhitā) 24,28에서는 다음과 같이 말한다:

> 주님(Īśāna, 즉 Rudra)께 그는 코뿔소(parasvatāḥ)를 희생 제물로 바친다,
>
> 미뜨라(Mitra)에게는 야생 당나귀들(gaurān)을,
>
> 바루나(Varuṇa)에게는 물소들(mahiṣān)을,
>
> 브리하스빠띠(Bṛhaspati)에게는 들소들(gavayān)을,
>
> 뜨와슈따르(Tvaṣṭar)에게는 낙타들(uṣṭrān)을.

추분 때 신성한 커플은 아버지(쁘라자빠띠)와 딸(바쯔)이었다. 그들은 죽어 가는 "묵은 해"와 순결한 처녀인 "새해"를 대표하는 것처럼 보인다: 그들의 결합은 오래된 것의 죽음과 새해/태양의 탄생과 일치한다. 춘분 때 "성스러운 결혼" 역시 근친상간이지만 역할의 반전이 있다: 이때의 결합은 아들과 어머니이다. 죽어 가는 신랑은 이전의 결혼에서 태어났던 "젊은 태양", 즉 지난 6개월 동안 습격했던 브라뜨야 단체의 지도자, 다시 말해서 전쟁 시인(kiṃpuruṣa, māgadha)으로 의인화된 베다의 신 루드라 그리고 신부는 수석(seniormost) 여왕(mahiṣī, 어머니 대지를 상징화한 "암컷 들소")일 수 있다. 이 재구성은 최초의 인도 달력이 각기 행운의 여신과 불행의 여신을 대표하는 막 성년이 된 처녀인

소녀와 "가장 나이든 여인"과 연관된 반대되는 별자리 로히니(rohiṇī)와 즈예스타(jyeṣṭhā)로 이뤄진다는 합리적인 가정(16장에 제시됨)에 부합한다.

나는 두 개의 두르가 축제는 두 개의 거대한 베다 희생제의 축제인 마하브라따(mahāvrata)와 비슈바뜨(viṣuvat)와 일치한다고 제안한다. 마하브라따는 항상 두세라와 동일한 10일간의 의식(daśarātra)이 선행되며, 1년의 긴 희생제 기간에서 이 결합은 한 해의 주기 말에 한 번만 일어난다. 그것은 10일째가 창조주인 쁘라자빠띠가 신성시했기 때문에 원래 마하브라따가 10일째와 일치했다는 것일 수도 있다; 세계 창조에 관한 수수께끼는 그의 죽음을 초래한 쁘라자빠띠의 악행의 오용, 즉 그의 딸과의 근친상간을 뒤따른다. 베다 문헌에는 인간 희생물이 한때 이날 희생되었고, 그의 살이 참가자들에 의해 먹혔다는 사실을 나타내는 진술이 들어 있다(Falk 1986:37-42). 그것은 영국 식민지 시대까지 까르나따까에서, 즉 습격을 위해 떠나는 남자들에 의해 "승리의 열 번째 날"에 행해졌다(Silva 1955).

나는 마하브라따와 비슈바뜨가 원래 두르가 축제와 같은 기능을 가지고 있었고, 그들 역시 추분과 춘분에 각각 거행되었다고 주장한다. 대부분의 학자들은 마하브라따를 동지 또는 하지와 연결시켰으며, 실제로 몇몇 베다 문헌에서는 마하브라따와 한 해의 중간인 비슈바뜨가 분명하게 동지 또는 하지의 전환점을 나타낸다. 그러나 몇몇 사실들은 보다 초기에 마하브라따가 추분에 거행되었다고 암시한다. 우선 첫째로, 플레이아데스는 가상 오래된 낙샤스뜨라(nakṣatra) 목록에서 첫 번째 별자리를 구성한다. 그러므로 보름달과 그들의 결합은 연초를 표시하며, 이 별자리의 개별적인 별의 이름들 가운데 몇 개는 비와 관련이 있다. 둘째, 마하브라따 날의 한 가지 특징적인 행동은 서로 다른 악기의 소리(12장)들로, 그리하여 "모든 (방식의) 소리들(즉 악기들)이 다시 울린다"(sarvā vāco vadanti, TS 7,5,9,3; PB 5,5,20). 따잇띠리야-브라흐마나 1,8,4,2에 의하면 이것은 우기에 발생하고(prāvṛṣi sarvā vāco vadanti), 그 우기는 7월 중순부터 9월 중순까지 지속된다. 따잇띠리야-브라흐마나의 구절은 베다의 꾸루(Kuru)와 빤짤라(Pañcāla) 부족들의 정기적인 약탈 여행과 관련된 의식들에 대해 말한다. 마하브라따가 1년의 긴 희생제를 마무리하는 반면 그해의 중간 지점은 비슈와뜨 날이다. 비슈와뜨(viṣuvat) 또는 비슈(viṣu)는 많은 인도 언어들에서 춘분을 가리키며 인도의 많은 지역에서 오늘날에도 경축된다. 마지막으로 태양의 연간 주기는 일일 주기(일출-정오-일몰: 새해의 춘분-하지-추분, 16장 참조)와 일치한다.

깔리까-뿌라나는 60-61장(다른 본에서는 62-63)에서 샤바로뜨사바(śābarotsava)의 경축 의식을 묘사하고 있다. 나는 12장에서 묘사한 브라뜨야 의식인 마하브라따의 경축 의식과 주된 신성으로서의 여신 바쯔와 그리고 15장에서 남인도의 버팔로 희생과 관련이 있는 것으로 밝혀진 사랑의 신 까마의 죽음과 부활을 축하하는 봄의 축제 홀리와 비교할 수 있도록 그 문헌을 길게 인용한다:

> 31-32. 그 후 여신은 10번째 날에 샤바라-축제를 떠났다… 42-43. 왕은 군대를 정화해야 한다…; 실행은 매력적인 여인들로 만들어져야 한다…; 43-48. 춤, 노래, 연극, 축제 그리고 기도의 여성 지지자를 경배해야 한다; 사탕

과자, 케이크, 음료, 음식들을 가지고… 볶은 곡식… 그리고 다양한 종류의 육류, 영묘한 작용을 하는 술을 가지고… 공물에 해당하는 다양한 종류의 야생동물들을 가지고… 살, 피를 가지고… 50 – 52…. 8명의 아름다운 요기니(Yogini)들… 또한 숭배되어진다. 그리고 또한 64명의 요기니들과 천만 명의 요기니들; 아름다운 9명의 두르가들… 그리고 자얀띠(Jayantī) 등등… 왜냐하면 그녀들은 여신의 형상이기 때문이다. 52 – 53. 언제나 여신 마히샤수라마르디니(Mahiṣāsuramardinī)의 모든 무기들을 숭배해야 하며 그리고 같은 방법으로 그녀의 장식품들을…; 그리고 또한 그녀의 탈것이 사자를, 성공을 거두기 위해(van Kooij 번역 1972:109 – 111).

17 – 23. 슈라바나(Śravaṇa)의 10번째 날에 그녀[여신]를 샤바라-축제에서 떠나보내야 한다…. 사람들은 독신인 여인, 젊은 여인, 매춘부 그리고 무희들과 호색적인 놀이를 해야 한다. 뿔과 악기 소리 한가운데서, 드럼과 캐틀 드럼을 가지고, 깃발과 다양한 종류의 천을 가지고 볶은 곡식과 꽃들의 혼합으로 뒤덮인 채; 흙과 진흙을 던지면서; 재미로 상서로운 의식들을 가지고; 여성과 남성의 (성적인) 기관을 말하면서 여성과 남성의 기관에 대한 노래를 가지고 그리고 여성과 남성의 기관들에 대한 단어들을 가지고 그것에 대해 충분할 때까지. 만일 다른 사람들이 비웃지 않는다면 만일 다른 사람들이 비웃지 않는다면 여신은 그에게 화를 내면서 매우 무시무시한 저주를 말할 것이다(van Kooij 번역 1972:121).

샤바로뜨사바(śābarotsava)는 희생제의 희생 제물의 고기와 술, 외설적인 욕설 및 성행위로 잔치를 벌이는 것을 포함한다. 나는 좌도 샥따 딴뜨리즘(Śākta Tantrism)의 악명 높은 "원형을 이루는 예배"(cakra-pūjā)가 샤바로뜨사바와 같은 군사적 축제에서 유래되었다고 확신한다(20장을 볼 것). 짜끄라-뿌자에서 의식의 원 중심에 있는 여신은 "영웅"(vīra)들과 그들의 짝을 포함한 커플들로 둘러싸인 벌거벗은 처녀로 대표될 수 있는데, 이들은 특정 카스트에 속하거나 심지어 그들 자신의 어머니나 딸일 수도 있다: 그들은 고기, 생선, 곡물을 먹고, 술을 마시고, 성행위를 하는 데 탐닉한다: 이것이 유명한 5가지 m(pañca makārāḥ) 의식이다. 여기서 m은 m-(madya, "취기 있는 음료"; māṃsa, "육류"; matsya, "물고기"; mudrā, "봉인이 찍힌 곡물"; 그리고 maithuna, "성행위")으로 시작하는 5개의 산스끄리뜨 단어들을 가리킨다. 딴뜨라 의식은 또한 마치 자야(Jayā), 비자야(Vijayā), 아지따(Ajitā) 그리고 아빠라지따(Aparājitā)와 같이 그들의 이름이 "승리"와 연관되는 네 명의 여신에 둘러싸인 (바이라바-Bhairava, 루드라 뜨랴바까-Rudra Tryambaka, 쉬바-Śiva 등과 동일시되는) 하프를 연주하는 신 뚬부루(Tumburu)처럼 "어머니들"에 둘러싸인 채 중앙에 있는 남근상의 남성신이 있는 원들을 언급한다; "어머니들"은 춤추고 노래하고 큰소리로 웃고 사람들을 조롱하고 술을 마시고 그리고 많은 양의 생고기를 먹으면서 스스로 최고로 고양된 상태까지 올라간다.

심지어 샤따 딴뜨라의 짜끄라뿌자에서 벌거벗은 처녀조차도 베다의 말 희생제에서 대응물을 갖는다. 희생제를 올리는 왕의 네 명의 아내들이 살해된 희생물에게로 인도될 때 5번째로 "처녀"(kumārī)가 그들을 뒤따른다(ŚB 13,5,2,1). 제일 웃어른이 되는 여왕은 중앙에 말과 함께 눕고 다른 아내들과 그녀들의 동료들은 그들의 허벅지를 때리면서 그들 주변을 돌아다닌다. 고대의 바둘라–슈라우따수뜨라(Vādhūla–Śrautasūtra 10,20)는 처녀의 역할에 대해 상세하게 설명한다:

> 그런 다음 그 (아드바르유 사제)는 그녀(가장 웃어른인 여왕 mahiṣī)에게 양끝이 부러진 풀잎을 준다; 그녀는 그것을 가지고 수말의 생식기가 (그녀의 몸의 부분에) 놓여 있던 곳을 닦는다. 그들은 이 처녀를 그 장소로 인도한다(ānayanty etāṃ kumārīm)…. 그녀(여왕)는 이 소녀에게 풀잎을 던져 주면서 다음과 같이 말해야 한다: "나는 성적 결합의 강렬함으로 너를 찌른다"(mithunasya tvā śucā vidhyāmīti). 그녀는 사하(Sāhā "강력함, 정복하다")라고 불린다. 그리고 이제부터 (남자들이 있는) 홀로 뛰어들 수 있다(sāhety āhur īśvarā sabhāṃ praskand[it]or). 그것은 주석에 의하면 그녀가 매춘부가 된다는 사실을 의미한다(sabhāṃ praveṣṭuṃ samarthā, puṃścalī syād iti matam).

그들의 침략 전쟁에 브라뜨야들과 동반하는 매춘부는 마가다 시인 또는 학생(brahmacārī)과 성행위를 실행한다. 매춘부는 명백하게 여신 바쯔를 대표하는데, 그녀의 다른 짝은 여신 사라스와띠이다. 그 여신은 또한 바그–이슈와리(Vāg–īśvarī)라고도 불리며 후대의 힌두교에서 매춘부와 훌륭한 예술을 보호하는 여신이라고 불리기도 한다. 아이따레야–브라흐마나 1,27에서, 여신 바쯔는 신들이 그녀와 함께 "여성을 위하는" 간다르바들로부터 소마를 구입하는 "위대한 벌거벗은 여인"(mahānagnī)이다.

베다 문헌은 여신 바쯔를 사자와 연관된 "무적의" 승리의 여신이라고 말한다. 바쯔는 희생제를 거행하는 왕의 가장 웃어른인 부인(mahiṣī)

으로 대표되며, 양자는 대지와 동일시된다(ŚB 6,5,3,1–4; 7,4,2,32–39). 여왕(그리고 대지)은 말 희생제의 "성스러운 결혼"에서 남성(수컷) 파트너에 의해 수태된다. 따라서 희생제의 희생물은 여신 바쯔의 "남편"이다. 이것은 샤따빠타-브라흐마나 3,2,1,18–26에서도 명백하게 드러난다. 거기서 브라흐마나인 저자는 원래 여신 바쯔는 아수라(Asura)에 속했으며, 아수라는 동부 인도의 마가다어 쁘라끄리뜨와 유사한 인도-아리아어 방언을 사용하는 "악마" 숭배자들이라고 고백한다. 그러나 바쯔는 신들에 의해 그들(아수라)로부터 벗어나게 되었다. 다시 말해서 베다 아리아인들은 신(Deva)들을 숭배했다. 이 구절의 마지막 부분은 다음과 같다:

> 25. 그 야즈나(Yajña 희생제)는 바쯔(말)에게 강한 욕망을 느꼈다. 그래서 생각했다. "제가 그녀와 짝을 이루게 해 주소서!" 그는 그녀와 결합했다. 26. 그때 인드라는 마음속으로 생각했다. "분명히 거대한 괴물이 이 야즈나와 바쯔의 결합에서 나올 수 있다: (나는 조심해야 한다) 그것이 나보다 너 나은 것이 되지 않도록." 그리하여 인드라 자신이 태아가 되어 그 결합 속으로 들어갔다(Eggeling 번역 1885:II,30–32).

이것은 베다의 전쟁의 신인 인드라가 아수라 신화의 전쟁의 신, 다시 말해서 루드라의 탄생을 두려워했다는 사실을 암시한다. 아이따레야-브라흐마나(3,33)에 따르면 루드라는 쁘라자빠띠가 바쯔와 결합한 순간 태어났다.

뿌라나적인 의식 속에서 여신은 목이 잘린 직후 희생제의 희생 제물의 피와 머리를 제공받는다. 샤따빠타-브라흐마나 3,5,1,22-23과 3,5,2,9ff.에 의하면 승리의 여신으로서 바쯔는 공물이 희생제의 불에 도달하기 전에 그녀에게 먼저 도달해야 한다는 조건으로 신들의 편으로 넘어갔다: 따라서 그들은 만뜨라 "너희는 암사자다, 만세!"를 읊으면서 바쯔를 대표하는 높은 제단(uttaravedi)에 기를 붓는다(VS 5,12). 따잇띠리야-상히따 6,2,7,3은 웃따라-베디(uttara-vedi)의 건립에 대해 자세하게 다루는 가운데 다음과 같이 진술한다: "'그대는 암사자이다; 그대는 버팔로 암소이다'(simhīr asi mahiṣīr asi), 그는 그것(즉 높은 제단)을 위해 암사자의 형상을 취한 채 떠나서 두 집단들 사이 남아 있었다고 말한다." 언급된 두 집단은 서로 경쟁하던 신(deva)과 악마(asura)의 집단이다. 따잇띠리야 상히따 6,2,8,1에서 이것은 다음과 같이 계속된다: "높은 제단이 말했다. '나를 통해 너의 모든 바람들을 얻을 것이다.' 신들은 다음과 같이 갈망했다. '우리의 적인 아수라들을 이겨 내자.' 그들은 (말을 가지고) 희생제를 거행했다. '당신은 모든 경쟁자들을 이기는 암사자입니다; 만세!(simhīr asi sapatnasāhī svāhā)' 그들은 그들의 적인 아수라들을 이겼다(Keith 번역 1914:II,509; 두 문구들은 또한 TS 1,2,12,2에 있는 만뜨라 모음집에 e와 k로 주어져 있다)."

여신에게 버팔로 희생제는 마히샤수라마르디니(Mahiṣāsuramardinī) 신화의 제식상의 대응물이며, 실제로는 두르가 숭배의 중심이다. "인도에서 버팔로 희생제는 봄의 시작에 여신의 사원의 축제에서 또는 나바라뜨리(Navarātri) 동안 그 여신에게만 제공된다"고 마델라인 비아르두(Madeleine Biardeau 번역 1981:215)는 말한다. 네팔에서는 살아 있는 처녀 여신 꾸마리에 대한 왕실 의례가 최근까지도 수백 마리 물소들의 희생제를 수반했다. 물소는 인도가 원산지이며 인더스문명에서도 희생제로 사용되었던 반면 인도-아리아인에 의해 남아시아에 처음 수입되었던 말은 그들에게 가장 칭송받는 동물이었다. 베다적인 인도에서 말 희생제가 희생제들의 왕이 되었다는 것은 이해할 수 있다.

리그베다 1,162,10-15에 의하면 희생제의 말의 살은 요리되고 구워져, 매우 기쁘게 먹었다. 그러나 우리는 리그베다 6,17,11의 "(아그니)는 인드라를 위해 수백 마리의 버팔로들을 요리했다"는 구절을 읽게 되면 매우 놀라게 된다; 리그베다 5,29,7-8에서는 아그니가 그의 소원에 따라 그의 친구 인드라를 위해 300마리의 버팔로들을 요리했다고 진술한다; "그리고 인드라가 300마리의 버팔로들을 먹고 소마로 가득 찬 3개의 바다를 마신 후 모든 신들은 그에게 '승리!'라고 외쳤다…. 왜냐하면 그가 브라뜨라를 죽였기 때문이다." 리그베다 8,12,8에서 인드라는 천 마리의 버팔로를 먹은 후에야 자신의 진정한 힘을 얻는다. 인드라가 버팔로 고기로 잔치를 벌이는 것은 그의 전쟁 능력을 증가시켰다: 그렇기 때문에 이 희생제의 잔치는 전쟁을 위한 출정을 떠나기 직전에 행해졌다. 그것은 남아시아에 들어온 이후 잠시 일부 리그베다 아리아인들이 군사적 축제를 경축하는 현지의 방식을 채택했다는 증거로 보인다.

그러나 인드라를 위한 그 거대한 버팔로 희생제의 모든 흔적은 브라흐마나 문헌에서 지워졌고, 말 희생과 관련해 바루나를 위한 부속적인 버팔로 희생제를 제외하고는 이후에 베다의 버팔로 희생제는 존재하지 않는다. 이것은 보수적인 베다 사제 집단이 버팔로에 대해 고의적으로 차별했다는 사실을 암시한다. 각각의 편들이 말과 버팔로를 희생 제물로 취하거나 반대했다는 몇몇 구체적인 증거들이 존재한다. 버팔로에 대한 브라흐마나의 차별은 깔리까-뿌라나(71,46)에서 여신에게 말을 바치는 것을 명시적으로 금지하는 것과 일치하는데, 이 금지는 버팔로가 목이 잘릴 때 다음과 같은 만뜨라가 버팔로에게 주어져야 한다고 규정하고 있다: "말을 싫어하고 짠디까(Caṇḍikā)를 데리고 다니는 것과 마찬가지로 나의 적을 죽이고 행복을 가져다주오, 버팔로여…"(Kane 번역 1955:V.1,167).

리그베다에서 인드라는 초기 지역 종교의 다른 요소들도 채택했는데, 그들 가운데는 다른 동물들의 형상을 포함한 다른 형상들을 취할 수 있는 마술적 능력이 있다[보통 아수라들의 이 마야(māyā-마술적 능력)는 바루나에게 속한다]. 인드라의 변신 가운데 가장 중요한 것이 리그베다 1,121,2b에 언급되어 있다: "물소(mahiṣa)로서 그는 자신으로부터 태어난 색정이 가득한 여성을 원했다." 이것은 쁘라자빠띠가 자신의 딸에게 접근해 근친상간을 저지른 것을 복제하고(AB 3,33), 초기에 쁘라자빠띠가 물소의 형상을 갖기 위해 임신되었다는 사실을 보여 준다.

베다 문헌은 인간 희생제(puruṣamedha)가 주된 희생 제물을 제외하고는 말 희생제와 동일하다고 규정한다. 이것은 사제의 이론적 확장이라고 생각된다. 그러나 바둘라-슈라우따수뜨라(Vādhūla-Śrautasūtra) 11,21에서는 희생제의 말의 고기를 써는 자가 의식을 거행한 시인(sūta)의 아들인 순결한 젊은이(kumāra)라고 말한다. 그는 마치 죽은 사람처럼 꽃으로 치장되고 애도된다. 왜냐하면 그 자신이 이전에 잘려졌기 때문이다. 이것은 서아시아 신비주의 의식들에서 죽어 가는 여신의 신랑에 대한 애도와 놀랄 만큼 유사하다. 이 희생제에 참여한 젊은이는 신성한 꾸마라를 의인화한 것처럼 보인다. 브라흐마 문헌에서는 그의 이름인 루드라를 "울다, 애도하다"를 의미하는 동사 어근 rud-와 연결시킨다; 원래 그 이름은 고대 따밀의 전쟁의 신 무루간("젊음")의 많은 이름들 가운데, 예를 들어 "붉은 자"를 의미하는 Cēy처럼 떠오르는 태양과 화성 양자를 가리키는 "붉은색"을 의미하는 Rudh(i)ra였을 가능성이 높다. 인간 희생물은 리그베다 10,90,6-16에 의하면 그의 절단된 팔다리에서 세상이 존재하게 된 원초적 인간(puruṣa)을 대표했다. 여신에게 인간인 전사를 희생 제물로 바치는 것은 마히샤 아수라 신화에 암시되고 있으며, 실제로 남인도의 영웅들은 여신의 호의와 그들의 왕에게 승리를 보장하기 위해 자신의 머리를 잘라 내야 한다고 여겼다. 목덜미에 "이중의 묶은 머리"를 한 땋은 머리로 알아볼 수 있는 전사의 잘린 머리는 무화과나무 안에 있는 신 앞에 제물 탁자에 놓인다. 그에 대한 예배는 유명한 인더스 인장에 묘사되어 있다; 그 비문의 한 기호는 로히니 낙샤뜨라(rohiṇī nakṣatra)라는 드라비다어의 이름으로 해석될 수 있다. 로히니 락샤뜨라는 승리의 여신과 연관된 가장 초기의 새해의 별이다(chapter 21, 이미지 21.9).

20

초기 이란인들과 "좌도" 딴뜨리즘

이전의 장에서는 하랍빠인들이 서아시아와 공유된 상징들, 의례들, 개념들을 사용하면서 대지의 여신을 숭배했다고 주장했다: 여신은 다산, 죽음, 전쟁을 주관하고 고양이로 대표되며, 황소 또는 인간을 포함한 다른 남성으로 대표되는 신랑의 죽음과 부활을 포함하는 신년 축제에서 신성한 결혼식을 거행한다. 나는 또한 이 하랍빠의 여신 숭배가 기원전 2000-1700년경 중앙아시아 남부의 BMAC 문화에서 유래한 초기 아타르바베다의 물결에서 인도-아리아어를 사용하는 사람들의 브라뜨야 의식들 속에서 연속된 것이라는 것에 대해 베다의 증거를 제시했다. 나의 또 다른 제안은 브라뜨야 의식이 주로 전사로서의 여신 두르가(Durgā)와 그녀가 버팔로 악마에게 승리를 거둔 신화에 대한 가장 초기 뿌라나의 설명과 동시에 서력기원 천년기 중엽에 힌두교와 불교 출처에서 나타나기 시작하는 여신에 대한 샥따 딴뜨라 숭배(Śākta Tantric worship)의 토대를 형성한다는 것이다.

이 문헌들은 1세기에 시작되고 꾸샨왕조가 지배하던 마투라 지역에서 유래한 여신 마히샤슈라마르디니(Mahiṣāsuramardinī)의 첫 번째 상보다 나중에 기록되었다. 꾸샨왕조는 기원전 150년경 박트리아(아프가

[이미지 20.1] 성벽 모양의 왕관을 쓰고 고양이 위에 앉아 있으며 등 부분에 있는 두 손에 해와 달을 쥐고 있는 여신 나나야. A Khwarezmian seventh-century silver bowl in the British Museum, diameter 12.7 cm. After Azarpay 1976:540, fig. 6. Courtesy Guitty Azarpay.

니스탄 북부)를 정복하고 행정적 목적으로 박트리아어라 불리는 현지 중부 이란어를 채택했다. 하지만 거의 알려지지 않은 그들 자신의 언어는 그와 다르다. 꾸샨인들은 중국 출처에서 웨지(Yuezhi 월지)라고 불렸던 유목민 부족의 후손이다. 그들의 원래 고향은 신장 타림 분지(Tarim basin of Xinjiang)에 있는 타클라마칸(Takla Makan)사막의 동쪽 끝이었다; 우순(Wusun 오손)과 슝누(Hsiungnu 흉노)라고 불리는 부족들이 그들을 중앙아시아의 초원 지대로 내몰았다. 그로부터 몇 십 년 후 그들은 박트리아 지역으로 왔다. 기원전 1세기 후반에 꾸샨인들은 그들의 중심 지역을 카불(Kabul) 계곡에서 스와트(Swat) 계곡까지 이어지는 간다라 지역까지 확장했다. 이 거점에서 그들은 남아시아의 북부 평원을 처음 3세기 동안 까쉬미르(Kashmir)와 갠지스-야무나 강 사이에 있는 땅에 이르기까지 남아시아의 북쪽 평원을 지배했다. 때로는 멀리 마가다까지도 지배했다. 꾸샨 왕들은 불교를 선호했지만 또한 그리스와 이란의 신들을 숭배하기도 했다. 그들의 동전은 처음에는 그리스어가, 그다음에는 박트리아어가 사용되었다; 산스끄리뜨어는 비문에 사용되었지만, 그들 자신의 문헌들은 그리스어, 박트리아어로 그리고 아프가니스탄 가즈니 지역에 있는 구석기 유적지인 Dasht-e Nawur에 있는 꾸샨왕조의 왕 Vima Takhtu처럼 한 경우는 "알 수 없는" 필사와 언어로 쓰여졌

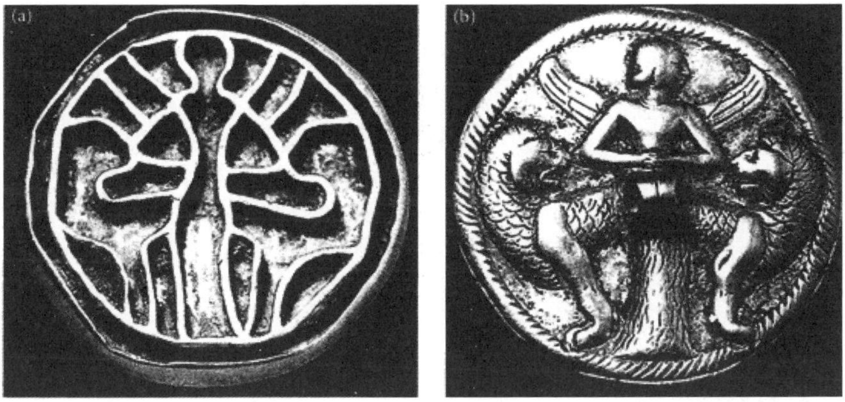

[이미지 20.2] 기원전 1900년 금으로 만들어진 칸막이가 있는 BMAC 인장에 나타난 메소포타미아풍의 카우나케스 스커트를 입은, 사자의 호위 아래 날개가 달린 여신. (a) 표면에 칸막이가 있는 인장. (b) 반대편. After Ligabue & Salvatori [1989]:202, pl. 58–59. Courtesy Centro Studi Ricerche Ligabue, Venice.

다(Harry Falk, 개인적인 교신 2014).

아프가니스탄에서 꾸샨인들은 다른 여러 지역 신들 가운데 사자를 타고 성벽 같은 모양의 왕관을 쓴 것으로 묘사되는 나나(Nana)와 나나야(Nanaya)라고 불리는 여신을 받아들였다[이미지 20.1]. 그녀의 초상과 이름에 근거해 많은 학자는 나나가 서아시아에서 비롯되었다고 판단했다. Na–na–a(–a)라고 불리는 여신은 그의 특성이 이난나(Inanna)와 매우 유사한 여신으로 설형 문서에 언급되어 있는데, 바빌론의 마르둑(Marduk) 사원에서 발견된 설형문자로 된 명판에는 다음과 같이 묘사되어 있다: "숙녀들의 숙녀, 여신들의 여신, 인류의 여성 관리자, 하늘의 영혼들의 여주인, 왕권의 소유자; 하늘과 땅의 빛, 달의 신의 딸, 무기들의 지배자, 전투의 여성 중재자; 사랑의 여신; 왕자들의 권력, 왕의 홀에 대한 권력"(L. W. Kin 번역, Rosenfield 인용 1967:85).

나나는 우르 3세 시대(기원전 2100 – 2000년)에 메소포타미아의 신들의 목록에 처음 등장하며 이난나와 같은 섹션으로 분류되어 있다. 다니엘 포츠(Daniel Potts, 2001)는 나나가 기원전 3000년 말까지 청금석 무역으로 아마도 수사(Susa)를 거쳐서 박트리아에 왔다고 그럴듯하게 제시한다. 거기서 이 여신은 기원전 2300년경에 명백하게 사원을 가지고 있었고 헬레니즘 시대 전까지 그녀에 대한 예배가 계속되었다. 게다가 많은 BMAC 물건들이 수사에서 발견되었다. 사자가 호위하는 날개 달린 여신이 있는 아프가니스탄에서 온 BMAC 인장은 꾸샨인들보다 거의 2000년 전에 나나를 묘사한 것일 수 있다[이미지 20.2].

꾸샨인들 이후 거의 2000년, 지역민들은 발루치스탄(Baluchistan)의 라스 벨라(Las Bela) 지구에 있는 힝글라지(Hinglāj)에서 "비비 나니"(Bībī Nānī)를 숭배한다. 이 명칭은 "주홍색", "적색"을 의미하는 산스끄리뜨 힝굴라자(higulāja)에서 유래되었으며 그것은 힌두교도들이 신체와 그림에 적용한 붉은 가루 반죽에서 비롯되었다. 힝글라지는 힌두 여신으로 유명한 사원인 샥따 사원들(Śākta pīṭhas) 가운데 가장 서쪽에 있으며, 거기서 그녀는 고양이 얼굴을 한 두르가(Durgā)로 숭배를 받고 있다. 그녀는 또한 짜르짜(Carcā) 또는 짜르찌까(Carcikā)라고 알려져 있는데 그 이름은 원시-드라비다어로 "찢다, 잘게 부수다, 이빨로 자르다"를 의미하는 *car-에서 유래한 것일 수 있다. 꾸샨인들은 나나에 대한 숭배를 히마찰 프라데시(Himachal Pradesh)에 있는 꿀루(Kulu) 계곡과 웃따라칸드(Uttarakhand)의 꾸마온(Kumaon) 산기슭의 나이니딸(Nainital)에서 거행했던 것처럼 보인다: 두 장소는 모두 유명한 나이나(Nainā) 여신의 사원을 가지고 있다.

나나의 성벽 모양의 왕관은 그녀를 시리아의 마리(Mari in Syria)에

(a)

(b)

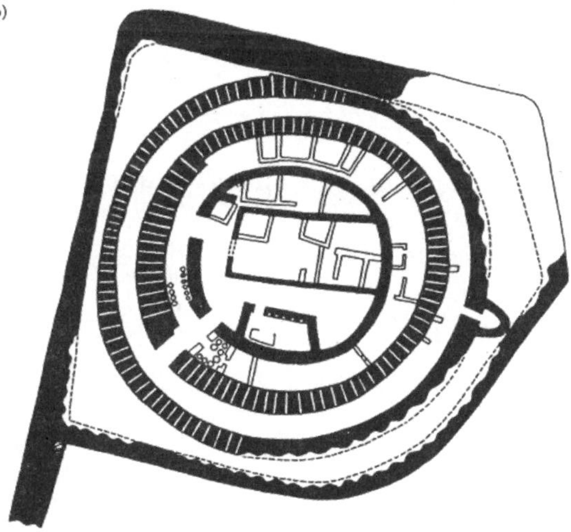

[이미지 20.3] 아프가니스탄에 있는 삼중의 동심원 벽을 가진 요새. (a) 기원전 1900년 아프가니스탄 북부 박트리아에 있던 다슐리-3기의 BMAC의 "사원을 중심으로 한 요새". After Sarianidi 1986:59. Courtesy Margiana Archaeological Expedition. (b) 아케메네스 시대(기원전 559-330) 쿠틀루그 데페의 요새. After Sarianidi 1986:73. Courtesy Margiana Archaeological Expedition.

서 "도시 성벽의 여왕"으로 알려져 있는 아나톨리아의 어머니 신 키벨레(Kybele)와 메소포타미아의 이슈타르(Ištar)와 연결시킨다. 두르가(Durgā)라는 이름은 그녀가 살해한 악마 두르가(Durga)의 이름에서 유래한 것으로 추정된다: 문헌에서는 그녀를 "역경 또는 위험의 제거자"를 뜻하는 두르가-가나(durga-ghnā)라고 부른다. 형용사로서 dur-ga-

는 “가기 힘든, 접근할 수 없는”을 의미하며, 명사로서는 “역경, 위험” 뿐만 아니라 (Rigveda 5,34,7에서 처음 말해진 것으로) “접근하기 어려운 장소, 본거지, 성채, 요새”를 의미한다. “요새”는 두르가의 표현이 “요새”와 관련된 몇 가지 다른 이름들을 가지고 있기 때문에 바람직한 의미로 보인다.

“요새”라는 의미의 두르가에 관한 명칭들 가운데 가장 주목할 만한 것은 “세 요새의 여신”을 뜻하는 뜨리뿌라(Tripurā) 또는 “뜨리뿌라의 아름다움”을 뜻하는 뜨리뿌라-순다리(Tripura-Sundarī)이다. 힌두 신화는 뜨리뿌라를 쉬바에 의해 정복된 아수라들(악마들)의 “세 도시”로 이해하지만, 이 개념은 기원전 1900년경 아프가니스탄 북부의 다숄리-3기의 것과 같은 BMAC의 “사원을 중심으로 한 요새(temple-forts)”로 거슬러 올라가는 것 같다. 거기에는 해자에 둘러싸인 정사각형 요새 안에 3개의 동심원 벽들이 있다[이미지 20.3a]. 그러한 사원을 중심으로 한 요새를 건설하는 전통은 아프가니스탄에서 아케메네스 시대까지 지속되었다[이미지 20.3b]. 따라서 그것은 리그베다 아리아인들이 다사인들과 대결을 벌였던 시간을 그 안에 포함하고 있다. 빌헬름 라우(Wilhelm Rau)는 다사의 성채(pur-)에 대해 언급하고 있는 리그베다 구절에 대한 연구에서 “증거가 인더스문명의 도시들에 적합하지 않다. 그것은 오히려 자주 동심원적인 원형 또는 타원형의 평면도상에 진흙 또는 돌로 만든 수많은 성벽들의 존재를 암시한다”라고 주장한다(Rau 1976:52). 이러한 유형의 요새는 동심원 벽으로 정착지를 요새화한 우랄 남부의 신타슈타 문화에서 BMAC로 온 것처럼 보인다(이미지 7.4와 7장과 8장 참조).

다사의 요새들은 리그베다에서 여러 번 "가을"로 묘사된다(RV 1,131,4b 와 1,174,2b = 6,20,10c puraḥ… śāradīḥ). 이것에 대한 정확한 의미는 불분명하다. 나는 그 이유가 요새들이 여신에 대한 가을 축제의 장소였기 때문이라고 생각한다. 까쉬미르에서 두르가는 바로 이런 이유 때문에 샤라다(Śāradā: "가을")라고 불리며 그녀를 숭배하는 주된 장소들 가운데 하나는 Śār(a)dī라고 불리는 요새화된 장소이다. 오늘날 여신이 국가의 보호자인 네팔에서는 나라뜨리(navarātri) 축제가 언제나 한 요새에서 거행된다.

BMAC 뜨리뿌라와 후대의 딴뜨리즘의 역사적 연관성은 다슐리-3기의 "왕궁"의 배치에 의해 강하게 보증된다[이미지 20.4]. 왕의 궁전이나 요새화된 도시가 사각형의 형상으로 각 측면에 T자 형상의 문을 가진 것으로 드러나고 있다는 사실은 후기 딴뜨라의 만달라(maṇḍala)와 실질적으로 동일하다. 그것은 모든 네 방향으로 뻗어 나간 전체 세계에 대한 최고의 지배자가 거주하는 곳이라는 것을 상징화한 것이다. 신상이 중심을 차지하는 이 우주적 도식은 숭배와 재통합의 수단으로 널리 사용되었다[이미지 20.5]. 그것은 의례적인 목적으로 색이 있는 가루들로 만든 짧은 기간만 존재하는 만달라 그림들의 형태로 수세기 동안 전파되었음이 틀림없다. 의례용 가루로 만든 그림들은 남아시아 전역에서 발견되었고 거기서부터 티베트로 전파되었다. 역사적으로 이 특별한 만달라 우주적 도식은 중국의 한 왕조(Han-dynasty, 기원전 200년)의 이른바 "TLV-거울"(TLV-mirrors) 속에서 처음으로 다시 등장한다. 그것은 각기 T-, L-, V-자 모양의 투시도를 가진 외부의 회랑을 가진 다슐리-3기의 "왕궁"을 더욱 밀접하게 복제하고 있다.

여신에 대한 가을의 숭배는 "샤바라 축제"의 마지막(10번째) 날 절정을 이룬다. 1920년대 이후 샤바라(śabara-)는 리그베다에서 언급했듯이 인드라에 의해 그의 요새가 파괴된 중요한 다사인들 가운데 한 사람의 적절한 이름인 샴바라(Śambara)와 연결되었다(9장). 두 단어는 일반적으로 비아리아어, 그중에서도 아마도 오스트로-아시아어족(Austro-Asiatic)을 기원으로 간주되어 왔는데, 주로 오릿사(Orissa)의 오스트로-아시아어를 사용하는 부족의 민족 이름인 소라(Sora) 또는 사오라(Saora)가 산스끄리뜨어 샤바라(śabara)에서 파생되었기 때문이다. (AB 7,18에서) 처음 입증되었을 때 샤바라는 베다 영역의 동쪽 국경 너머에 살고 있는 (안드라, 뿐드라, 뿔린다 그리고 무띠바와 함께) 다슈 부족들 가운데 한 부족의 이름이다. 그러나 오늘날 오스트로-아시아어를 사용하는 사람들이 소라 또는 사오라라고 불렸다는 사실로부터 그들을 베

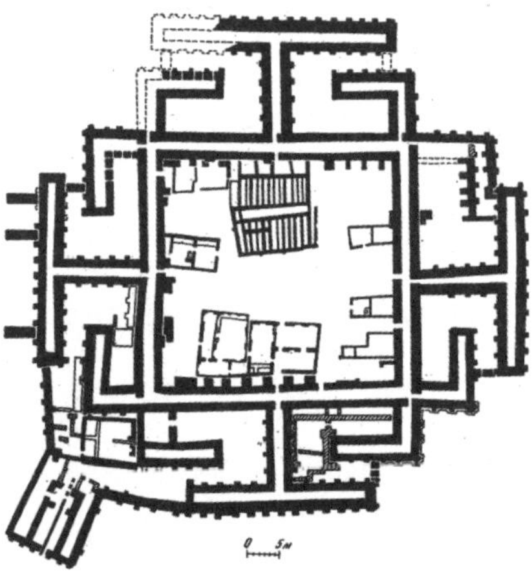

[이미지 20.4] 아프가니스탄 북부에 있는 기원전 1900년의 다슐리-3기에 속하는 BMAC "왕궁"의 평면도. After Sarianidi 1986:53. Courtesy Margiana Archaeological Expedition.

[이미지 20.5] 마하-깔리의 힌두딴뜨라 만달라로 중앙에 있는 삼각형은 여성의 기관(생식기)을 상징한다. After Preston 1980:65, fig. 2. Courtesy James Preston.

다 시대에 샤바라라고 불렸던 사람들과 인종적으로 동족 관계라고 결정하는 것은 마찬가지로 베다 아리아인들이 동쪽 국경지방에서 만났던 믈렛차(Mleccha) 민족이 후에 무슬림들이 믈렛차라고 불렀기 때문에 그들이 무슬림이었다고 주장하는 것과 같다. 하지만 샤따빠타-브라흐마나(3,2,1,18 - 24)는 초기 믈렛차인들이 인도 동부의 후기 마가다 쁘라끄리뜨어와 특징을 공유하고 있는 인도-아리아계 언어를 사용했다는 사실을 분명히 하고 있다. 샤바라라고 불렸던 사람들이 (리그베다에 있는 다사인들의 또 다른 명칭인) 다슈로 분류되었다는 사실과 그들이 인도 동부에서 베다 아리아인들과 만났다는 사실은 의미 있다; 그것은 믈렛차와 유사한 사람들이 아리아어를 사용하는 사람들이었다는 사실을 암시한다.

인드라의 적으로서의 샴바라는 마하바라따에서 알려져 있으며, 흉포한 딴뜨라 불교의 신으로서 그는 인도의 샤이바 딴뜨라 전통에서 유래되었다. 두 경우 모두에서 샴바라라는 이름은 변화된 형태의 삼바라(Saṃvara)라는 이름을 가지고 있으며 그것은 소리변화 s 〉 ś와 같이 마가디어를 암시하는 아리아어 어원을 받아들이고 있다. 첫 번째 부분은 "함께, 충분하게, 완전하게"를 뜻하는 접두사 sam-으로 자주 *sṃ- 〉 sa-의 축소된 형태로 나타난다; 두 번째 부분 vara-는 "둘러쌈, 보호함"과 또한 (리그베다 1,143,5에서 적의 군대와 관련해) "가로막음, 방해함"을 의미하며, "둘러싸다, 포위하다, 보호하다, 피하다, 물리치다"를 뜻하는 어근 var-에서 나왔다. 중성으로서 śambara-는 "벽, 성벽, 요새"를 의미하는 것으로 사용된다. 이러한 면에서 산스끄리뜨어 śambara-/saṃ-vara- 그리고 (saṃ-)varaṇa-는 이란 전통에서 초기의 왕인 이마(Yima)에 의해 건립된 성을 묘사하는 데 사용된 단어로 아베스타어로 "요새"를 뜻하는 vara-와 일치한다. vara-는 또한 유라시아 초원 지대에서 말해졌던 이란 계열의 사카족 언어 속에서도 존재했다. 그 언어는 헝가리어에서 차용한 것처럼 보이는데 여기서 헝가리어 var는 "요새, 성"을 의미한다. 다사인의 샴바라는 전쟁의 신 인드라에 대한 다사인의 대응물이었던 것으로 보이며, 그것은 "남성적 용기"를 의인화한 아베스타인의 전쟁의 신 Ham-varti-와 밀접한 것처럼 보인다.

이 결론은 다사인과 인도 동부와의 제시된 연관성에 대한 보다 일반적인 고려를 정당화한다. 9장에서 제시했듯이 기원전 1500년경에 고대 이란어(사카어)를 사용하던 다사인들이 아프가니스탄에 들어갔을 때 그들은 또한 그들보다 오랜 뒤에 꾸샨인들 및 무굴인들과 마찬가지로 남아시아의 북쪽 평원으로도 들어갔을 가능성이 매우 높다. 이것은 또한 다사(Dasa/Dāsa)와 동족인 부족들의 명칭의 존재에 의해서도 암시된다. 그들은 인더스 계곡 상류 지역(산스끄리뜨 dāsamīya과 dāśamīya "비브라흐만 부족"), 인더스 계곡 서쪽 지역(Lahnda ḍahā, 북인도와 파키스탄에 주로 존재하는 인도아대륙의 원주민으로 농업공동체를 이루고 살았던 "Jaṭ의 한 부족", ḍāhrā, "Kerār 부족의 한 분파"), 신드 지역(신드어 ḍāharīand ḍāhirī, "신드족의 명칭") 그리고 마르와르 지역(산스끄리뜨어 daeraka와 dāeraka, "Maru 지역 사람들의 명칭"; Dāseraka, "사람들의 이름" 참조)에서 알려져 있었다. 위의 부족 명칭들에서 치음과 구개음의 마찰음의 교체는 Dāsa-라는 명칭 자체에서 입증된다: 뿐만 아니라 "적국의 사람들의 이름" 및 "노예"를 의미하는 리그베다의 dāsa- 외에도 "혼종 카스트의 명칭"(Manu법전)과 "하인"(VS 30,16)으로서의

dāśa-도 존재한다. 또한 "노예 여인의 아들, 사생아"를 의미하는 산스끄리뜨어 dāsera-와 dāśera- 그리고 dāseya-와 dāśeya-도 존재한다.

(드라비다어 기층의 영향 때문일 수 있는) 소리 변화 s 〉 ś는 간다라어와 마가다어의 쁘라끄리뜨어뿐만 아니라 브라짜다(Vrācaḍa, 이 명칭은 산스끄리뜨어 vrātya-에서 유래되었다)라고 불린 북부 신드 지역의 후기 쁘라끄리뜨어의 특징을 이룬다. (간다라 지방에서 사용된) 간다라어와 (안도 동부의 마가다에서 사용된) 마가다어는 또한 공통적으로 몇 가지 다른 특징을 가지고 있다. 특히 리그베다에서 한 번 입증된 (산스끄리뜨어에서 *az 〉 o 대신에) *az 〉 e로의 변화가 그것이다. 리그베다에 들어 있는 다사 언어에 대한 증거들은 매우 부족하다. 그렇기 때문에 세 가지 특징들 즉 s 〉 ś, v 〉 b와 음소 l(원시-리그베다와 아베스타어에서는 r로 대치된다)이 마가다어와 연관된다는 사실은 의미 있는 것처럼 보인다. 이것은 기원전 2000년 초에 갠지스 계곡 상류의 황토색 도자기(Ochre Coloured Pottery; OCP) 문화 또는 구리 저장 문화(Copper Hoards)와 연결될 수 있는 인도 동부의 처음 유입된 인도-아리아어 사용자들에게 다사인이 상당한 영향을 미쳤음을 암시한다(8장). 샤따 딴뜨리즘(Śākta Tantrism)은 인도 동부에서 특히 강했으며 하랍빠인들과 초기 인도-아리아인 이민자들에 의해 거기에서 취해졌을 수 있다. 베다적 영역에서 브라뜨야 종교는 정통 브라흐마나들에 의해서 거의 소멸되었다. "아리아인의 중심"에 있던 브라흐마나들은 간다라와 서부 뻰잡과 같은 변경 지역에 있던 "비도덕적" 관습들에 충격을 받았다: 믈렛치족의 축제인 샤바로뜨사바(śābarotsava)를 닮은 그들의 축제는 마하바라따 8권에서 강력하게 비난받는 것으로 묘사된다.

따라서 딴뜨라의 신인 샴바라/삼바라라는 이름은 남아시아에서 여신 숭배에 대한 이란(Dāsa)의 공헌인 것처럼 보인다. 그는 그의 사각형 만달라가 3개의 동심원(짜끄라)을 포함하고 있다는 사실에서 종종 짜끄라-삼바라(Cakra-Saṃvara)라고 불린다[이미지 20.6]. 이것은 다슐리-3기 형태인 "삼중의 요새"(tripura)를 모사한 것이다. 위에서 주장했듯이 그것은 또한 샴바라에 대해 제시된 기원을 강화하면서 다사로 유입된 것으로 보인다. 이 무시무시한 딴뜨라의 신은 샤이바 계열 그중에서도 도덕부정론적 실행으로 악명이 높은 까빨리까(Kāpālika "해골을 지닌 자")로부터 불교로 왔다. 마히샤-삼바라(Mahiṣa-Saṃvara)는 네팔에서 숭배되며, 샴바라는 흉포한 신 헤루까(Heruka)와 동일시된다. 그 신의 이름은 "황소, 신체적인 강함이 드러나는 동물의 수컷, 수컷 물소"를 의미하는 원시-드라비다의 단어 *ēṟu에서 유래된 것일 수 있다. 드라비다어에서 차용한 몇몇 산스끄리뜨에서 처음 h-는 중부와 북부 드라비다어에서 단어-초기의 모음을 강화하는 성문폐쇄음을 나타낸다. (힌디어에서도 같은 현상이 발견된다: 나는 힌디어 사용자가 영어의 "empty"를 hempty로 발음하는 것을 들은 적이 있다.) 일부 딴뜨라 문헌들은 헤루까들을 악마적인 존재(마귀)라고 말한다. 티베트와 중국의 주석서에 의하면 헤루까는 "피를 마시는 자"이다.

딴뜨라의 해골 숭배, 적어도 해골을 술과 피를 마시는 그릇으로 사용하는 것은 이란 계열의 다사인들의 공헌일 수 있다. 딴뜨라와 뿌나라 문헌에서 "해골로 만든 컵"으로 사용된 단어는 산스끄리뜨어 까빨라(kapāla-)이며, 그것은 아타르바베다에서 "해골"을 의미하는 것으로 입증되었고 또한 그것은 중기와 현대의 페르시아어로 "사발"을 뜻하는 카

[이미지 20.6] 네 개의 얼굴과 12개의 팔을 가지고 있으며 배우자 바즈라-바하리(Vajra-Varāhī)에 의해 안겨 있고 다른 네 명의 흉포한 여신들이 사방에 배치되어 있는 삼바라 신. After Raghu Vira and Lokesh Chandra 1995: fig. 65. Courtesy Prof. Lokesh Chandra.

바라(kabāra), 카바라그(kabārag)와 같은 어원에 속한다; 그것은 BMAC의 잃어버린 원어에서 유래한 것으로 추정된다. 베다의 히란야께쉬-그리햐수뜨라(Hiraṇyakeśi-Gṛhyasūtra 2,3,7)는 악마가 "해골을 가지고 술을 마시는"(kapāla-pa-) 악마에 대해 말하고 있다.

헤로도토스(4,64)에 의하면 스키타이 전사는 언제나 자신이 죽인 적들의 머리를 잘라 왕에게 가져왔다. 왜냐하면 머리만이 그가 전리품의 몫으로 삼을 자격이 있었기 때문이다. 그에 대한 존경심 또한 그가 죽인 적의 수에 달려 있었고, 그는 고삐에 그들의 머리 가죽들을 매달거나 많은 머리 가죽들을 꿰매어 망토를 만들어서 그것을 드러냈다. 다른 사람들은 적의 오른팔에서 피부를 벗겨 내어 화살 통에 덮어 씌웠다. 헤로도토스는 전체 장(4,65)을 할애해 스키타이인들이 적들의 해골을 어떻게 마실 수 있는 컵으로 만들었는지 설명하는 데 힘썼다. 이 컵은 존경할 만한 방문객이 왔을 때 주인은 그에 관한 이야기를 하면서 그에게 건네졌다. 더욱이 일 년에 한 번 각 지역의 통치자는

> 모든 스키타이인들이 그에 의해 적들이 살해된 해골 술잔으로 술을 마실 권리가 주어지도록 술잔을 뒤섞는다; 적을 죽이지 않은 사람들은 그 사발로 술을 마실 수 없었으며, 멀리 떨어져 불명예스럽게 앉아 있어야 했다. 그들에게 일어날 수 있는 것 가운데 이보다 더 큰 수치스러움은 없다. 예를 들어 매우 많은 수의 적을 살해한 사람은 하나가 아니라 두 개의 컵을 가지고, 두 잔 모두에 술을 따라 마신다(Herodotus 4,66; Rawlinson 번역 [1860] 1942:316).

아프가니스탄 북동부의 누리스탄 언어는 매우 일찍 주류를 벗어나 계곡으로 이주해 비교적 고립된 상태로 있었던 한 무리의 사람들이 사용하는 이란어와 인도-아리아어가 혼합된 형태의 언어를 나타내는 것처럼 보인다. 그들은 매우 고풍스러운 언어학과 문화적 특징을 보존하고 있었다. 따라서 이란의 원시언어들로 재구성된 비구개화된 파찰음(depalatalized affricate)은 오직 누리스탄어에서만 적절한 단어로 입증된다(9장). 반면에 다른 언어적 특징들은 이들 언어를 초기 인도-아리아어와 연결시킨다. 누리스탄어 사용자들의 옛 "카피르"(Kāfir, 이교도) 종교는 기원전 2000년 중반 경으로 거슬러 올라갈 수 있는 요소들을 보

존하고 있었던 것으로 보인다. 우리가 부족한 리그베다의 언급에서 이해할 수 있는 다사 종교의 측면들도 마찬가지다.

(알링가Alingar 강 상류에 있던) 아슈쿤 카피르(Ashkun Kāfir)인들 속에서 남자는 그가 적을 죽이기 전까지는 아무런 가치도 없었다. 그가 죽인 사람이 많으면 많을수록 그의 계급은 높아지며 그는 그것을 다양한 상징들로 드러내었다. 4명, 8명, 12명을 죽인 후에는 특별한 칭호가 주어졌고, 수놓은 장식품과 벨트와 바지에 매달 수 있는 종 등등의 명예를 상징하는 복장을 걸쳤다. 4 명을 죽인 사람은 마을의 주요 저장고에 각각의 죽인 사실이 버드나무 가지로 기록되고 꼭대기는 빨간 천으로 장식된 기둥을 구멍을 뚫어 세우는 것이 허용되었다. 이 사회 계급 제도는 정기적인 머리-사냥 원정을 이끌었다; 트로피들, 특히 잘린 머리들, 머리 가죽들 또는 귀들은 개선 행렬을 통해 마을로 돌아와 승리의 축제 기간 동안 전시되었다.

우리는 전쟁의 원정을 위해 떠나기 직전에 카피르들이 어떻게 축하했는지를 설명해 주는 목격자의 증언을 가지고 있다:

> [축제와 춤은] 위대한 영혼과 함께 한밤중에 주어진 신호에 따라 불이 갑자기 꺼지기 전까지 이어진다; 남자들은 여자들을 향해 달려간다; 그리고 각각의 남자들은 가장 가까이 있는 여성 또는 만일 그가 지금 벌어지는 난장판 속에서 그녀에게 잘 다가갈 수만 있다면 그가 이전에 점찍어 두었을 수 있는 여인에게 다가가 손을 붙잡는다. 그러고 나서 그는 그녀를 사적인 장소로 데려가 아침까지 그녀와 함께 있게 된다. 이 경우 그가 선택한 여인이 자기 아내이든 아니면 다른 사람의 부인이든—자신의 딸이든 아니면 누이이든 아니면 다른 사람의 딸이

나 누이이든 거의 차이가 없다(Raverty 1859:353–354).

성적인 난잡함은 모든 어른들이 전쟁에서 죽을 경우를 대비해 부족의 많은 여성들이 임신을 가능하게 함으로써 새로운 남자들을 낳도록 하는 것을 보장한다. 이것이 19장에서 논의한 딴뜨라의 짜끄라뿌자(cakrapūjā)가 어떻게 시작되었는지를 알려 준다.

가장 중요한 카피르의 여신 디사니(Disani)는 힌두 두르가(Durgā)와 유사하다. 왜냐하면 그녀는 또한 "출산의 필수조건인 성욕을 자극하는 것으로 알려져 있기 때문이다…. 그와 동시에 디사니는 죽음의 신이다…. 그녀는 죽은 사람의 집을 위대한 어머니의 집으로 가져간다…. 여인들은 전쟁에 참여한 그녀들의 남자들이 살아서 돌아올까 두려워할 때 그녀에게 기도한다…. 그녀는 인간의 형상 속에 있을 때 이른바 활과 화살 통을 가지고 무장한다. 다른 이야기 속에서는 그녀가 단도를 가지고 죽인다"(Jettmar 1986:69–70).

게오르그 모르겐스티에른(Georg Morgenstierne 1953:164)은 디사니의 이름이 모호한 베다의 여신 디샤나(Dhiṣaṇā)의 명칭과 어원적으로 연관될 수 있다고 제안했다. 그러나 양자의 단어들의 기원과 정확한 의미에 대해서는 논란이 있다. 나는 까띠(Kati)의 보다 고어인 깜데쉬(Kāmdeshi)와 우르뜨순(Urtsun) 방언의 형태인 디자니(Dizani)를 보다 이전의 *dizā-("벽, 울타리, 요새")에서 온 고대페르시아어 didā-, 박트리아어에서 "요새"를 뜻하는 dizā 그리고 중기와 현대의 페르시아어로 "요새"를 뜻하는 diz와 연관되고, 산스끄리뜨어로 "벽"을 의미하는 dehī-와 같은 어원이라고 제안한다(리그베다 6,47,2에서는 "샴바라의 벽들"로 사용되고 그리스어로 "벽"을 뜻하는 단어는 teîkhos이다).

이 어원은 앞에서 제시되었던 두르가의 이름에 대한 것과 일치한다. 까띠(Kati)의 노래에서 디사니는 실제로 7개의 문이 있고 4개의 모퉁이가 있는 황금 요새(kuṭ)를 만들었다고 말해진다. 프라순 카피르인들(Prasun Kāfirs)에 따르면 다시 디사니 여신은 7개의 통로가 밖으로 연결된 탑을 건설했다. 디사니 요새에 있는 7개의 문은 아슈쿤 카피르(Ashkun Kāfir) 신화의 디사니를 포함해 인드라의 7명의 딸들과 비교될 수 있다. 다른 카피르들은 일명 마라(Māra)이기도 한 최고신 임라(Imra, 그 이름은 Yama–rāja에서 왔다)의 7명의 딸을 숭배했다(12장을 볼 것); 디사니는 창조신 임라의 가슴에서 태어났으며 흉포한 전쟁의 신 기쉬(Gish)의 아내였다. 카피르 마라(Kāfir Māra)의 7명의 딸은 죽음의 신 마라(Māra)의 딸들과 비교하는데, 그는 깨달음 직전에 있던 부처를 유혹했다. 힌두교에서 그들은 힌두의 전쟁의 신 스깐다(Skanda)의 "7명의 어머니들"이라는 대응물을 갖는다. 그녀들은 전쟁의 원정에 그를 따라간다. 이것들은 플라이아데스의 별들을 나타내며 또한 신화적으로는 7명의 성자들의 아내들을 나타낸다(16장).

디사니는 또한 야생 염소의 모습을 취하고 있다고 말해진다. 야생 염소는 인더스 인장들에 두드러지게 묘사되어 있으며, 깔리방간(Kalibangan) 지역의 원통형 인장에 있는 호랑이가 끄는 탈것을 타고 있는 하랍빠의 전쟁의 여신은 야생 염소의 뿔을 착용하고 있다[이미지 19.5]. 모헨조다로의 중요한 "무화과 신"의 인장은 사제(여사제?) 뒤에 인간 얼굴을 한 야생 염소가 드러난다. 그는 무화과나무 안에 있는 신(아마도 두르가의 전임자일 것이다)에게 무릎을 꿇고 손을 들어 기도를 드리고 있으며, 제단 위에는 전사의 잘린 머리가 놓여 있다[이미지 21.9].

(누리스탄어에서) 카티어, 북서부의 다르드 언어 그리고 신드어와 같은 어원이라는 근거에서 나는 샤바라가 원래 북서부 산맥의 야생 염소인 "마르코르"(markhor; Capra falconeri)를 가리키는 것이었다고 제안했다. 19장에서 논의되었던 베다 문헌에서 샤라바는 길들여진 염소의 야생적인 대응물이다. "마르코르"라는 의미는 또한 깔리다사(Kālidāsa)의 메가두따(Meghadūta) 54연에도 잘 어울리는데, 거기서 샤바라는 다리가 부러질 위험을 무릅쓰고 공중으로 높이 뛰어오르는 히말라야의 자랑스러운 동물이다. 고전 산스끄리뜨어 문학의 다른 곳에서는 "코끼리와 사자를 죽이는 것으로 상상되었던 8개의 다리를 가진 전설적인 종류의 사슴"을 가리킨다. 짐작컨대 대부분의 산스끄리뜨어 사용자들은 그 동물의 지리적 범위 밖에 있는 지역에 살았기 때문에 실제 야생 염소를 보지 못했을 것이다. 산스끄리뜨어 샤바라와 같은 어원의 말은 싱할리어뿐만 아니라 북쪽의 근대-인도-아리아어(까쉬미르어, 빤잡어, 빠하리어, 꾸마오니어, 네팔어 그리고 힌디어의 방언들)에서도 살아남았다. 그러나 이 단어들에서 그 의미는 또 다른 점프하는 생명체, 메뚜기 또는 여치로 변질되었다(Turner 1966:714-715). 또한 기원전 1000년경 앗삼(Assam)만큼 동쪽으로 먼 곳에서 쓰여진 깔리까-뿌라나(Kālikā-Purāṇa)는 이미 19장에서 보았듯이 샤바라를 인간에게는 단지 두 번째일 뿐이며 먼저 여신에게 바쳐지는 희생제의 희생물들의 목록에서 물소와 같은 수준에 놓는다.

이 장에서 나는 힌두 두르가와 관련된 여신이 적어도 기원전 2000년이라는 이른 시기에 아프가니스탄에서, 그 후 기원전 1500년경에 거기에 도착한 이란어를 사용하는 다사인들에 의해, 그 후 다시 천 년 이상 지난 후에 거기에 도착한 이란어를 사용하는 꾸샨인들에 의해 숭배되었다고 주장했다. 이란인들은 일반적으로 혐오스럽지만 군사적인 맥락에서는 의미가 있는 관행을 도입함으로써 남아시아의 여신 숭배에 기여한 것처럼 보인다: 전쟁을 위한 원정 전에 행해지는 성적인 난잡함, 머리-사냥 그리고 술과 피를 마시기 위한 그릇으로 해골을 사용하는 것이 그것이다. 하지만 이란인에 의해 더 강화되기 전부터 남아시아에 이미 그와 유사한 피 흘리고 혐오스런 요소의 "좌도" 딴뜨리즘의 특징이 존재했다는 것은 의심의 여지가 없다. 이난나-이슈타르(Inanna-Ištar)와 같은 전쟁과 다산의 여신들에 대한 서아시아의 숭배는 잔인함과 성적인 요소로 가득 차 있다. 그것은 하랍빠 미술에서 복제되어 있는 것처럼 보인다. 고대 따밀의 시들도 역시 전쟁터에서 전쟁의 여신에게 피의 희생제와 원정에서 승리하고 돌아온 전사들에게 호색적인 쾌락을 제공하는 것에 대해 묘사한다.

21

인더스 비문에 나타난 종교

하랍빠의 인장들과 주조되고 새겨진 명판들, 채색 도자기에 새겨진 무늬들, 테라코타 조각상, 석조 조각품, 건물, 도시 계획 등은 하랍빠 종교의 중요한 자료들이다. 앞서 언급한 장들은 문화적 연속성과 무역 관계에 의해 인더스문명과 연결된, 특히 남아시아와 서아시아에서 더 잘 문서화된 유사점의 도움으로 그들의 이미지를 해석하기 위해 노력했다. 그러나 고려되어야 하는 것은 인더스 비문의 표시들이다. 비록 아직 해독되지 않은 글쓰기 체계이지만, 그들의 신에 대해 하랍빠인들이 사용한 실제 이름을 우리에게 말해 줄 수 있고, 따라서 후기 시대와 종교들과의 문화적 연속성에 대한 가설을 타당하게 하는 것이 가능하다는 면에서 특별하게 중요하다. 다른 초기 문명에서는 글쓰기가 종교와 행정을 위해 애썼으며, 독립적으로든 인간적인 적절한 이름의 구성요소로든 신의 이름이 자주 언급되었다.

두 개의 국어로 기록한 것이 없는 로고 음절(logosyllabic 표어문자 쓰기 음절) 비문에 대한 해독은 음절 또는 알파벳 비문의 해독보다 어려운 도전이다. 음절들과 알파벳들은 언어의 전체 음운론을 포함하는 폐쇄된 체계를 형성한다; 적절한 조건하에서 그들은 몇 가지 외부 음성학적 단서들의 도움으로 완전하게 해독될 수 있다. 로고 음절 비문들은 음절들이나 알파벳들보다 훨씬 많은 표시들과 변수들을 가지고 있다; 그들의 표시들 사이에는 음성적 연결이 훨씬 더 약하다. 문법적 형식의 최소한의 표식과 아마도 더 복잡한 음절 구조를 가진 로고 음절 비문은 크레타섬에서 발견된 (두 가지 초기 문자 체계 중 두 번째 것인) 선형문자 B의 판독에 활용되는 종류의 음성적 "격자무늬"(grid)를 만들 수 있는 기회를 제공하지 않는다. 이 경우 세 가지 다른 격어미들을 가진 고유명사들이 될 가능성이 있는 기호 그룹을 선형문자 B 명판들 속에서 그들의 문맥으로부터 식별했고, 아마도 (모음으로 끝나는 음절인) 열린 음절(open syllable)을 의미하는 가정된 격어미들에 대한 기호는 행과 열 속에서 공유된 자음이나 모음에 따라 표로 만들어졌다. 그 고유명사들은 크노소스(Knossos ko–no–so)와 같은 크레타 마을들의 이름으로 추측되었는데, 이 명사들은 다른 음절값(syllabic value)들과 해석들이 추론되고 완전히 낯선 기호 집단에 적용될 수 있는 최초의 음절값을 제공했다. [한 가지 인더스 비문 기호가 찬후–다로에서 발굴된 74개의 비문들 가운데 11개에서 나타난다. 그러나 그 밖에 다른 어디에도 없으며 두 번째 줄을 형성하는 것으로만 5번 나타난다. 그로 말미암아 도시에 대한 하랍빠의 이름을 표현할 수도 있을 것이다. 헬레니즘적 출처에 따르면 인더스강 어귀 근처에 있던 빠딸라(Pātāla) 마을과 그것을 연결하는 해석에 대해서는 Parpola 1975b; 2003 : 558; Parpola & Janhuncn 2011 : 84–90을 참조할 것.]

인더스 비문이 로고 음절이라는 가정에서 본다면 완전한 음성학적 해독이 현재 활용할 수 있는 비문들을 가지고서는 확실히 불가능하다.

우리는 토대가 되는 언어가 원시-드라비다어라는 가설에 의해서 몇 개의 인더스 기호만이라도 해독하기를 희망할 수 있다. 하지만 이 제한된 목표에 도달하려는 것조차도 근거가 있는 확실한 방법이 필요하다.

대부분의 초기 비문의 기호들은 원래 그들이 묘사하고자 하는 물체나 관념들을 나타내는 그림이었다. 그러나 이 표현은 "나무"나 "먹는다"와 같은 개념에는 충분히 잘 작동하지만, "삶"과 같은 추상적인 개념은 그림으로 표현하기가 보다 어렵다. 이것들은 묘사된 대상에 대한 모든 동음이의어, 즉 다른 의미를 가지고 있지만 비슷한 음운 형태를 가지고 있는 단어들을 포함하는 단어에 그림문자(pictogram)나 표의문자(ideogram)에 귀속된 의미를 확장함으로써 표현된다. 따라서 "죽느냐 사느냐"(to be or not to be)라는 영어 문구는 다음과 같은 그림문자로 기록될 수 있다: 2 bee oar knot 2 bee. 초기 로고 음절 비문에서 그림문자의 이러한 음성학적 기능을 수수께끼 그림(rebus; 라틴어, "사물들에 의해서")이라고 부른다.

이상적 관점에서 말하면, 그러한 말장난에서 동음이의어는 정확해야 한다. 그러나 어떤 언어에도 효과적인 글쓰기(기록) 체계를 산출하는 정확한 동음이의어들은 매우 적다. 따라서 만일 우리가 수수께끼 그림 형태로 영어를 쓴다면 상상컨대 "태양"의 그림은 "태양"(sun)에 거의 가까운 동음이의어인 "아들"(son)이라는 개념을 가지고 그것을 나타내는 데 사용될 수 있을 것이다. 이집트어와 셈어의 글쓰기 체계에서 모음 차이들은 쓰이지 않는다. 그렇기 때문에 가까이 있는 동음이의어(near-homophony)를 사용하기가 더 쉽다. 그러나 모음을 쓰는 드라비다어 비문들에서는 그렇지 않다. 따라서 인더스 문자를 해독할 때 우리는 일반적으로 주어진 자음이나 모음의 길이 차이, 예를 들어 kaṇ과 kaṇṇu("눈") 그리고 kāṇ("보다")와 같이 드라비다어 원형 내에서 일반적으로 발생하는 차이만을 허용하면서 거의 정확한 자음과 모음을 가진 동음이의어를 요구해야 한다.

수메르 문서에서 "삶 또는 생명"을 표현하는 문제는 화살의 그림을 그려서 해결되었다. 이 기호는 수메르어로 "화살"일 뿐만 아니라 "생명"과 "갈비뼈"를 나타내기도 한다. 왜냐하면 같은 소리 ti는 수메르 언어에서 세 가지 다른 동음이의어의 의미들을 가지고 있기 때문이다. 이와 같은 동음이의어의 결말은 그것들이 수메르어 글쓰기에 등장하기 훨씬 전에 구전 민속에 사용되었음이 틀림없다. 그러나 그들은 언어의 특수함이기 때문에 다른 언어로 번역될 때 요지를 잃게 된다. 아담의 "갈비뼈"에서 이브를 창조한 성경의 신화는 수메르의 기원에 비추어 볼 때만 이치에 맞다. 수메르의 낙원에 관한 신화에서 병들어 죽어 가는 물의 신 엔키(Enki)의 갈비뼈는 "생명의 여성 지배자"인 닌티(Nin-ti) 여신에 의해 치유된다. 수메르어에서 ("갈비뼈"로서의) ti와 ("생명"으로서의) ti 사이의 동음이의어의 결말의 연결이 히브리어에서 ("갈비뼈"로서

[이미지 21.1] 인더스 비문에서 U 자 형상의 기호와 무릎을 꿇은 기도자가 U 자 형상의 그릇을 신성한 나무를 향해 내밀고 있는 모습. 모헨조다로에서 나온 주조된 명판 M-478 (DK 10237, IM 10387)의 표면. After CISI 3.1:403. Photo EL, courtesy Indian Museum, Kolkata.

의) ṣelāᶜ과 이브의 이름인 Ḥawwā 사이에는 존재하지 않는다. (비록 창세기 3장 20절에 의하면 후자의 단어는 여전히 "생명"의 개념과 연결되어 있지만: "아담은 그의 아내의 이름을 이브라고 불렀다; 왜냐하면 그녀는 모든 생명체의 어머니였기 때문이다.")

이것은 수수께끼 그림들이 문서의 기초가 되는 언어를 식별하고 만일 그 그림의 형상 및/또는 그 문맥에서 기호의 의미를 추측할 수 있다면 그것의 몇 가지 기호들을 해독하는 데 도움이 될 수 있을 것이라는 사실을 의미한다. 하지만 그림의 의미가 언제나 문맥상의 의미와 일치하지는 않을 수도 있다. 그러나 비록 그림과 문맥상의 의미가 다르다 하더라도 그들은 여전히 동음이의어로 연결될 수 있다. 만일 특정한 기호의 그림적 의미와 맥락적 의미가 독립적으로 결정되지만 결국 같은 것으로 판명될 수 있다면 그 일치는 비록 음성적으로 읽는 것을 낳지 않고도 서로 공유하고 있는 것으로 추정된 의미는 강해진다.

예를 들어 모헨조다로의 명판에 있는 인더스 문서를 한 번 살펴보자 [이미지 21.1]. 비문의 중간과 오른쪽 끝에 가까이에 진귀한 U- 또는 V-자 모양의 기호가 보인다. 처음 드러난 것에서 기호의 그림적 의미는 다른 해석이 분명히 가능하지만 항아리 또는 그릇을 포함할 수 있다. 그러나 두 번째 드러난 것에서 무릎을 꿇은 인간의 모습은 U 자형 또는 V 자형의 기호를 손에 들고 그것을 신성한 나무에 제공한다. 그것은 상징적인 도상학적 특징이다. 이러한 문맥적인 의미에서 볼 때 그것은 그 기호가 공물을 바치는 그릇을 나타내야 하는 것으로 보인다. 그 기호의 문맥적 의미는 토대가 되는 언어에 대한 가정 없이 그림적 의미를 뒷받침한다. 그럼에도 불구하고 언어를 가정하지 않는다면 우리는 그 단어를 인더스어로 "공물을 제공하는 그릇"이라고 생각할 수 없고, 첫 번째 드러난 것에서 그 기호의 음성학적 가치에 대해서도 전혀 알지 못한다.

로고 음절 비문(logosyllabic script)의 음성학적 해독은 네 가지 조건이 동시에 충족될 것을 요구한다:

(1) 그림문자에 묘사된 대상이 인식될 수 있다;

(2) 그림문자는 특정 문맥에서 수수께끼 문자로 사용되었다;

(3) 수수께끼 문자의 맥락적 의미가 추론될 수 있다;

(4) 이 두 가지 의미 사이에서 언어적으로 만족스러운 동음이의어가 역사적으로 가능성 있는 언어로 존재한다.

연역적 추론은 어떤 단계에서든 시작할 수 있다; 그것은 1, 2, 3, 4 순서를 따를 필요가 없다.

불행히도 대부분의 인더스 기호들의 그림적 의미는 분명하지 않거나 적어도 애매모호하다. 또한 때때로 그것이 단순화되었을 수 있기 때문에 특정 기호의 모든 사례를 식별하는 것이 항상 가능한 것은 아니다. 이집트 상형문자와 메소포타미아 설형문자를 포함한 대부분의 기록에서 능숙함에 대한 요구는 기호 모양의 급진적인 단순화를 이끌었다. 기호에서 의미를 나타내는 최소 문자 단위인 문자소 모양의 이러한 변화는 중요하다. 왜냐하면 (대필이라고 알려진) 일부 변화들은 다른 것들보다 더 그림의 의미를 잘 나타낼 수 있기 때문이다; 또한 제안된 그림 해석은 모든 대필(allograph)에 적합해야 한다.

또 다른 종류의 문맥적 단서는 문자나 그림이 새겨진 유물들의 기능

(a)

(b)

[이미지 21.2] 스퍼드의 아슈몰린 박물관(Ashmolean Museum)의 고대 근동 부(Department of the Ancient Near East)에 있는 메소포타미아 움마(Umma)에서 나온 점토 표지(1931.120), (a) 인더스 인장의 자국이 있는 표면. (b) 직물 자국이 있는 뒷면. After Parpola 1994:113, fig. 7.16. Photo courtesy Ashmolean Museum, Oxford.

에서 나온다. 인더스 문자들의 대다수는 점토로 만든 인장의 각인들과 도장의 자국들이다. 로탈에 있는 불타 버린 하랍빠의 항구도시의 창고에서, 인장 자국들을 가지고 있는 거의 100개의 점토 표식이 화재로 구워져 그 결과로 살아남았다. 그 표식들은 한때 물건들 꾸러미에 붙어 있었는데, 그 이유는 자국의 반대쪽에 천, 끈 및 기타 포장재의 흔적이 있기 때문이다. 하랍빠인들은 그들의 상품이 개봉되는 것을 방지하기 위해, 상업적 거래를 조절하기 위해 이 인장들을 사용했음이 틀림없다. 점토 표식 중 일부는 서로 다른 인장으로 만들어진 인장 자국을 지니고 있으며 그것은 여러 증인이 필요했음을 나타낸다.

메소포타미아에서 발견된 점토 표식에는 문자가 새겨진 일상의 인더스형 사각형 인장이 찍혀 있는데 앞면에는 "유니콘" 무늬와 뒤쪽에는 직물 자국이 찍혀 있다[이미지 21.2]. 이러한 관례는 수메르인과 아카드인들 사이에서 비슷한 인장의 사용법과 결부된다. 그러한 수메르와 아카드 인장들에 들어 있는 비문은 주로 직업적 또는 공식적인 직함과 혈통의 유무에 관계없이 사람의 적절한 이름을 포함한다(Edzard 1968). 하랍빠인들이 서아시아에서 오랫동안 존재했다는 사실은 메소포타미아에서 발견되었든 인더스 계곡에서 발견되었든 인더스 인장의 비문들에 동일한 내용이 들어 있을 것이라고 예상할 수 있다.

메소포타미아와 고전 인도의 고유명사들에서는 신들의 이름이 개인의 이름을 구성하는 데 사용되었다. 따라서 우리는 인더스 인장들 속에 상당히 크고 균일하게 분포된 기호 그룹들에 적절한 이름과 성직자의 직함 모두에 신의 이름을 가져온 요소들이 있을 것으로 예상할 수 있다. 이 관행이 분명한 형상과 다양한 발음을 구분하는 부가물들을 가지고 변형될 때 "물고기"라는 기호에 적용될 수 있을까? 인더스 인장들에서 대부분 모든 10번째 기호는 명백하게 "물고기" 아니면 변형된 "물고기" 둘 중에 하나일 정도로 자주 발생한다[이미지 21.3].

물고기처럼 보이는 인더스 그림문자가 실제로 이 그림의 의미를 가지고 있다는 것은 일부 인더스 도상학에 의해 뒷받침된다. 거기서 이 그림문자는 물고기를 먹는 악어의 입에 놓여 있다[이미지 15.5]. 하랍빠인들은 인더스 계곡에 이슬람이 천 년 동안 존재했음에도 불구하고 최근까지도 카라치(Karachi) 근처의 마가르 탈라오(Magar Talão "악어

물웅덩이")에서 사람들이 그랬던 것처럼 신성한 악어들에게 물고기를 제공했을지도 모른다. 물고기가 후기 힌두교에서처럼 실제로 신성한 악어나 신성한 나무에 제공되었다는 사실과 그리고 어떤 맥락에서 보면 "물고기" 기호가 "물고기"를 의미한다는 사실은 "물고기를 담는 4개의 항아리" 또는 "4개의 어항"의 공물을 언급하는 것처럼 보이는 (인장이 아닌) 일부 인더스 명판에 의해 암시된다[이미지 21.4]. 여기서 단순한 "물고기"는 U- 또는 V-자형 기호 전후에 발생하는 반면 3의 기호 문자는 4개의 수직적인 획으로 표시되는 숫자 4로 시작한다. 이 명판에

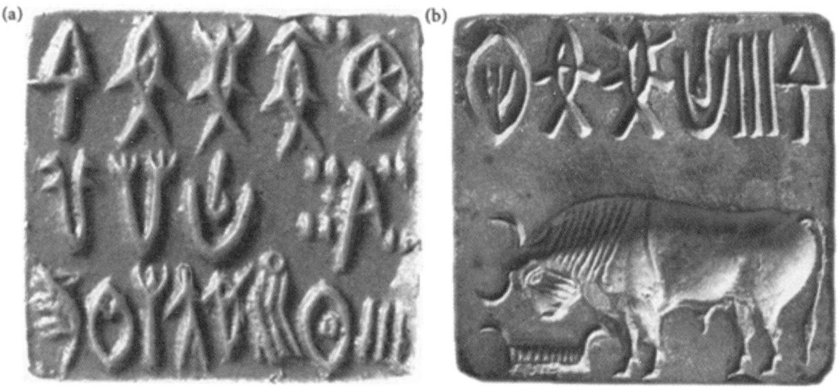

[이미지 21.3] 모헨조다로에서 나온 물고기 기호를 가진 두 개의 인더스 인장들. (a) 대상의 한쪽 면에 가장 긴 인더스 문자를 가지고 있는 인장 자국 M-314의 표식(HR 3005, ASI 63.10.366) After CISI 1:78. Photo EL, courtesy ASI. (b) 뉴델리 국립박물관의 수집품 가운데 있는 인장 M-236 (DK 10965, NMI 103). After CISI 3.1:371. Photo EL, courtesy NMI.

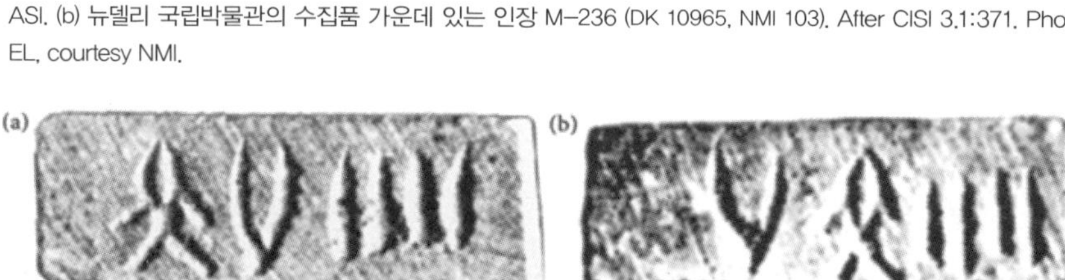

[이미지 21.4] 하랍빠에서 나온 두 개의 조각된 명판. 그것은 아마도 다음과 같은 것을 의미하는 것 같다: (a) "물고기를 담는 네 개의 항아리" (H-1191) and (b) "네 개의 어항" (H-1192). After CISI 3.1:164. Photo Punjab 41:4395, courtesy ASI.

서 물고기 기호를 추가하는 것은 예외적이다. U- 또는 V-자형 기호는 단독으로 또는 숫자 1, 2, 3, 4를 나타내는 한 개, 두 개, 세 개 또는 네 개의 수직적인 획이 선행된 형태로 대부분의 명판의 뒷면을 차지하고 있다. (드문 경우지만 수직적인 획 없이 U형태의 기호가 반복되기도 한다: UUU, "3개의 항아리".) 경우에 따라서는 그러한 맥락에서 U 형상의 기호는 서 있거나 무릎을 꿇고 있는 사람의 손이나 사람을 묘사하는 인접한 기호의 손에 위치한다. 이것은 U 형상의 기호를 이전에 논의했던 도상학의 장면과 연결시킨다. 그 속에서 U 형상의 기호는 무릎을 꿇고 있는 예배자에 의해 신성한 나무로 뻗어져 있다[이미지 21.1]. 가끔 "예배자"의 추가는 이 명판에 U 형상의 기호들이 공물을 담는 항아리를 뜻한다는 것을 알 수 있다.

당시에 메소포타미아의 물고기 공물은 사원에서 만들어졌다. 그러나 비록 설형문자 명판으로 된 메소포타미아 행정 문서가 종종 물고기의 배급에 대해 기록하고 있더라도, 메소포타미아의 인장 비문에는 물고기가 언급되어 있지 않다. 인장들이 주로 적절한 이름을 포함하고 있었다 하더라도 놀랄 만한 일은 아니다. 인더스 계곡이 메소포타미아의 관행을 따랐다고 가정한다면 인더스 인장 비문들 속에서 물고기 기호는 물고기 이외의 것을 나타내며 수수께끼 문자로 사용되었을 가능성이 있다.

드라비다 언어군의 한 개 이상의 하위 그룹에서 "물고기"를 나타내는 데 가장 일반적으로 사용되는 단어는 *mīn이다. 그것의 동음이의어 단어는 "별"을 의미한다. 물고기와 별 양자의 의미는 원시-드라비다어에서 재구성된 것일 수 있는 "반짝이다, 빛나다"를 뜻하는 동사 어근

[이미지 21.5] "물고기"와 "별"이라는 주제들이 아므리(Amri)에서 나온 인더스 도기들에서 결합되어 있다. After Casal 1964:II, fig. 92 no. 487 and fig. 78 no. 343. Courtesy Mission Archéologique de l'Indus, CNRS/Musée Guimet, Paris.

(a)

b)

[이미지 21.6] 의인화된 신의 한쪽에 있는 별. (a) 기원전 1980–1880의 고고학적 출처가 없는 시리아의 인장에서 [수메르의 물의 신 엔키(Enki)로부터 온 것 같은] 어깨에서 흘러내리는 물줄기를 가진 6개의 잠금장치를 가진 벌거벗은 영웅(Six-locked nude hero) (Eder 1996: Dok. 188 참조). ©bpk / Staatliche Museen zu Berlin, Vorderasiatisches Museum / Fotoarchiv. (b) 모헨조다로에서 나온 인더스 인장 M-305 (DK 3884, ASI 60.10.62). After CISI 1:383. Photo EL, courtesy ASI.

*min에서 파생되었을 수 있다. 고대 따밀어 사용자들은 별들이 밤하늘의 바다에서 헤엄치고 있는 물고기라고 상상했다고 알려져 있다. 인더스 인장에 있는 "물고기" 기호는 "물고기"가 아니라 "별"을 의미하는 것이 아니었을까? 드라비다어의 가설과 관계없는 두 조각의 증거들이 이 제안을 지지한다. 물고기를 별로 나타내는 예술적 모티브는 성숙기 하랍빠의 채색 도기에서 드러난다[이미지 21.5]. 게다가 "별" 상징은 초기 하랍빠의 도자기에서만 나타난다. 두 번째로, 인더스 문자의 기호들 속

에는 (비록 별들이 인더스 인장들 속에서 도상학의 주제로 나타나기는 하지만) "별"에 대한 그림문자가 없다; 이것은 간결함의 원리(principle of parsimony)에 따라 만일 "물고기" 기호가 또한 "별"을 나타낼 수 있다면 이해할 수 있다. "별"이라는 의미는 인장의 비문들에서 "물고기"가 신의 이름을 물려받은 적절한 이름들의 구성 요소로서 예상된 역할에 적합하다.

그와는 대조적으로 메소포타미아 비문에서는 별을 나타내는 그림문자를 쉽게 알아볼 수 있다. 실제로 신이나 여신이 설형문자 문서에서 언급될 때마다 "별"의 그림문자는 뒤따르는 것이 신성하다는 것을 나타내기 위해 한정사로서 그 이름에 접두사로 붙는다. 수메르 문자에서 "별"을 나타내는 그림문자는 "신"뿐 아니라 "하늘"을 의미하기도 한다. 그것은 하늘의 신 안(An)의 특성에서 유래했다고 생각된다. 안이 수메르 제신들 가운데 지도자격인 신성이었기 때문에 그의 상징은 일반적으로 "신"을 의미하는 것이 되었을 수 있다. 별의 움직임을 기록한 달력(star calendar)을 사용하는 것을 포함해 천문학은 고대 메소포타미아에서 중요한 역할을 담당했으며, 종교에 깊은 영향을 미쳤다: 중요한 신들은 모두 특정한 별이나 행성으로 상징화되었다. 서아시아에서는 머리 근처에 배치된 한 개 또는 두 개의 "별" 상징들은 그림으로 나타내는 표현에서 신들로 식별되었다[이미지 21.6a; 이미지 18.13]. 이러한 풍습은 인더스문명에서 차용된 것으로 보인다. 왜냐하면 모헨조다로에서 나온 인장이 구부러진 한 쌍의 뿔에 둘러싸인 머리 한쪽에 별을 가지고 인더스 신을 묘사하고 있기 때문이다[이미지 21.6b].

"별"이라는 수수께끼 단어의 의미를 지닌 "물고기" 기호는 하랍빠의 적절한 명칭들에 대한 기초적 요소일 수도 있었다. 확실히 인도인들에게는 그들의 탄생과 연관된 별이나 별자리에서 유래된 별의 이름을 갖는 오랜 전통이 있다; 이미 초기 불교 문헌에서도 별과 연관된 이름은 흔하다. 하지만 이 전통에는 인도-아리아인의 뿌리에서 나온 것이 아닌 것처럼 보인다. 베다 문헌에서는 별과 연관된 이름은 드물며 그 이름들은 비밀로 하는 것으로 되어 있다. 힌두교 법전은 아리아인 남성들이 "별이나 별자리(ṛkṣa), 나무 또는 강 이름을 따서 이름이 지어진 소녀, 낮은 카스트나 산의 이름을 가진 소녀. 새나 뱀 또는 노예의 이름을 딴 소녀 또는 공포를 자극하는 이름을 가진 소녀와 결혼해서는 안 된다"고 규정하고 있다(마누 3,9). 이것은 별들에서 유래된 이름이 아리아인의 것이 아니라 아마도 하랍빠의 근원에 속하는 것이라는 사실을 암시한다.

따라서 "물고기"와 "별" 양자의 의미에서 드라비다어 mīn을 나타내는 평범한 "물고기" 기호의 해석은 하랍빠, 메소포타미아 그리고 베다 이후 인도의 종교적 관행과 그럴듯하게 적합한 것처럼 보인다. 우리는 이제 내적이고 외적인 양면에서 그 문자를 다른 증거와 대조해 보려고 시도해야 한다.

내적 점검은 십자말풀이를 하는 것과 비교될 수 있다. 그 속에서 우리는 주어진 실마리와 글자에 대한 슬롯(slot)들의 수효를 기반으로 단어를 추측한다. 처음에는 정확한지 아닌지 불확실하다. 만일 첫 번째 추측과 맞물리는 다른 단어를 채울 수 있다면 우리의 첫 추측은 더 그럴듯해진다; 우리가 더 많은 서로 맞물리는 단어들을 채워 넣을수록 우리의 첫 추측에 대한 확신은 더 커진다. 인더스 문자의 해독에서 우리는 우리가 해석한 첫 번째 기호와 밀접하게 연관된 새로운 기호에 대한 유사한 기본적인 가설과 해석 방법을 적용하려고 노력해야 한다. 두 개의 연속적인 기호들이 아마도 복합 단어를 나타내는 반복적인 연속을 만들거나 그 기호들이 함께 복합 기호를 형성함으로써, 여기서 하나의 기호는 다른 기호에 대한 보조적인 음성학의 또는 의미론의 표시자 역할을 할 수 있다.

외부적 점검은 기초가 되는 언어를 제안하고 이 가정이 해독되지 않은 문자에서 신뢰할 수 있는 단어를 생성하는지를 확인해야 한다. 만일 예를 들어 두 개의 연속적인 기호가 드라비다 언어에서 복합 단어를 형성할 것이라고 추정한다면 이 복합 단어가 실제로 드라비다 언어, 특히 고대 따밀어로 입증되는지 확인해야 한다. 마야어 문자의 음성학적 해독의 핵심 단계는 작업을 하는 데 있어서 이 과정을 보여 준다. 19세기 후반, 레온 드 로즈니(Léon de Rosny)는 마드리드 사본(Madrid Codex)으로 알려진 마야 필사본에서 동반하고 있는 상형문자의 그림의 번역인 것으로 보이는 것을 발견했다.

> 그는 개, 칠면조, 앵무새 및 재규어와 같은 특정 동물에 관한 상형문자들이 이 생물들에 대한 상형문자를 검토함으로써 식별될 수 있음을 깨달았다…. 그는 이제 "칠면조"에 대한 상형문자에 첫 번째 기호인 것처럼 보이는 것을 [1566년에 드 란다 주교(Bishop de Landa)가 추정한 스페인어에 기반한 마야어(Spanish–Mayan) "알파벳"]에 적용했다. 로즈니는 상형문자의 첫 번째 기호를 란다의 cu와 비교해 cu라고 읽었다. 그런 다음 그는 칠면조에 대한 유카텍 마야어(Yucatec Mayan 유카텍어) 단어가 cutz이기 때문에 전체 상형문자가 cutz(u)로

읽힐 수 있다고 위험을 무릅쓰고 추측을 했다(Robinson 2002:121).

1952년, 로즈니의 추측은 유리 크노로조프(Yuri Knorozov)에 의해 검증되었다.

그는 개에 관한 상형문자에서 첫 번째 기호가 칠면조에 관한 상형문자의 두 번째 기호와 동일하다는 사실을 알아차렸다. 만일 개에 관한 상형문자의 첫 번째 기호가 (로즈니가 제안한 대로) 음가 tzu를 가지고 있다면 두 번째 기호는 란다의 기호 l과 닮았기 때문에 음가 l(u)로 지정될 수 있을 것이다. 따라서 개에 관한 상형문자가 tzul을 의미할 수도 있다. 그렇다면 사전에 유카텍어 tzul이 있었을까? 거기에 있었다. 그것은 "개"를 의미했다(Robinson 2002:123–125).

인더스 기호의 배열들을 해독하는 데 있어서는 필기 체계와 마찬가지로 올바른 방향으로 그들을 읽는 것이 분명히 핵심적이다. 인더스 인장의 날인 자국에서 보면 정상적인 방향이 오른쪽에서 왼쪽으로 가는 것임을 확실하게 알 수 있다. (그에 반해서 인장이 찍힌 자국에서 보면 읽는 방향은 왼쪽에서 오른쪽이며; 각인된 문자들은 인장의 날인 자국의 거울 이미지이다.) 기록의 방향에 대한 증거 중 하나는 젖은 점토에 그려진 인더스 기호들의 겹침에서 비롯된 것이다. 두 번째 증거는 한쪽 가장자리의 부분이 공백으로 남아 있는 인장에서 나온다. 예를 들어 한 인장은 네 면 중 세 면에만 새겨져 있고, 비문의 끝이어야 할 곳에 간격(틈)이 남아 있다[이미지 21.7]. 세 번째 증거는 기호가 선을 꺽쇠로 제한하거나 지나치게 흘려주고 있는 선들에서 비롯된다. 왜냐하면 필경

[이미지 21.7] 인더스 문자의 기록 방향과 긴 기록을 짧은 구절들로 나눈 것. (a) 비문이 세 면을 따라 새겨진 하랍빠에서 나온 인장 H-103의 날인 자국(2789, ASI 63.11.116). 문자는 시계 반대 방향으로 나아간다: 가장 위쪽 면이 오른쪽에서 시작해 왼쪽에서 끝을 맺으면서 처음 기록되고 채워진다; 다음 줄에 기록되는 것은 첫 번째 줄의 아래에서 시작해 그 부분의 끝으로 이어진다; 마지막 기록(그림의 위쪽 밑에 있는)은 줄 2에서 시작하며 짧기 때문에 끝에 빈칸을 남긴다. H-103의 세 줄의 각각은 모헨조다로에서 나온 보다 짧은 인더스 문자들 가운데 완벽한 문자로 등장하는 구절을 형성한다. (b) 첫 번째 기호가 없다는 사실을 제외하고 H-103의 첫 번째 줄과 비교되는 인장의 날인 자국 M-1680 (DK 8856). After CISI 3.1:13. Photo Sind 20:212, courtesy ASI. (c) 인장의 날인 자국 M-122 (DK 12523, ASI 63.10.40). After CISI 1:41. Photo courtesy ASI. (d) 인장의 날인 자국 M-197 (DK 10924). After CISI 1:53. Photo Sind 22:446, courtesy ASI.

사는 공간이 부족했기 때문이다. 마지막으로 특정한 기호들과 기호의 순서의 빈번한 반복은 그것들이 비문의 시작 또는 끝에 전형적인 것으로 시별할 수 있게 한다. 그러나 때때로 하랍빠의 작은 명판들은 정상적인 것과 비교되는 역순을 사용한다. 그것은 어떤 비대칭 기호들이 뒤

[이미지 21.8] 하랍빠에서 나온 인장 H-9 (115, ASI 80.2.4)에 있는 일련의 기호 "7" + "물고기". 여기서 묘사된 것은 인장의 직인으로 문자는 거울에 비친 영상으로 존재하므로 오른쪽에서 왼쪽으로 기록하는 일상적인 기록 방향 대신에 왼쪽에서 오른쪽으로 읽는다. After CISI 1:166. Photo EL, courtesy ASI.

집힌다는 사실에서 알 수 있다. 달리 언급하지 않는 한, 이 책에서 기호의 순서는 인장이 아닌 인장의 날인 자국의 순서로 인쇄되므로 오른쪽에서 왼쪽으로 읽혀져야 한다.

숫자들은 두 가지 이유로 그 기능과 의미가 공정하게 확실성을 갖는 것으로 추론될 수 있는 소수의 인더스 기호들 가운데 하나이다. 첫째, 그 기호들은 수직적인 획의 그룹으로 구성되어 있으며, 그것은 숫자들이 많은 고대 문서들에서 표현되는 방법이다. 둘째, 단순한 "물고기" 기호를 포함해 그것들은 특정한 기호들 앞에서 상호교환이 가능하다. 드라비다어에서 "6개의 수직적인 획들" + "물고기" 배열을 판독하면 고대 따밀어로 플레이아데스(aṟu-mīn, "6개의 별들")라는 명칭이 나온다. 그리고 "7개의 수직적인 획들" + "피쉬"는 고대 따밀어로 큰곰자리, 일명 북두칠성(elu-mīn, “7개의 별들”)에 대한 이름을 만들어 낸다. 후자의 배열은 하랍빠에서 나온 한 커다란 인장(그것은 신들에게 바쳐지는 메소포타미아의 인장과 비교될 수 있다)에서 전체 비문을 형성한다[이미지 21.8]. 인도에서는 베다 시대 이래로 큰곰자리의 별들이 사제 가문의 신화적인 조상인 “7명의 성자들”로 인정되었다. 플레이아데스와 큰곰자리는 쉬바의 링가 의식의 신화적 기원을 포함해 초기 인도 신화에서뿐만 아니라 16장에서 논의한 것처럼 하랍빠에 그 기원을 갖고 있을 수 있는 인도 천문학 역법의 초기 역사에서도 매우 중요한 역할을 한다.

심지어 “물고기” 기호의 변형된 속성들조차도 숫자들이나 별자리들보다 더 잠정적으로 비슷한 전제들을 사용해 해석될 수 있다. “물고기” 기호 위에 있는 한 개의 발음 구별부호 표시는 “지붕”처럼 보인다(이미지 21. 3a의 맨 위 줄에서 오른쪽의 세 번째 기호를 참조할 것). 드라비다어에서 “지붕”에 대해 가장 널리 퍼져 있던 어휘는 *vēy / *mēy이다. 원시-드라비다어에서 재구성된 음운론적 변화들을 사용하면, “지붕”이라는 단어의 초기 형태는 “검은색”을 의미하는 *may와 동음이의어였다. 따라서 변형된 “지붕을 가진 물고기”(roof-fish)의 기호는 *mēy-mīn으로 읽을 수 있다. 그것은 “검은색 별”을 뜻하는 *may-mīn에 대한 수수께끼 그림과 같은 역할을 한다. 그 복합 단어는 실제로 고대 따밀어에서 토성의 이름인 mai-m-mīṉ으로 입증되었다. 토성은 실제로 산스끄리뜨어 출처에서 검은색과 연결된 눈에 잘 보이지 않는 희미한 행성이다. 산스끄리뜨어에서 토성은 행성의 느린 속도 때문에 “느리게 움직이는”이라는 의미의 Śani 또는 Śanaiścara라고 불린다. 불교와 자이나교의 도상학에서, 토성 신은 일반적으로 거북이처럼 느리게 달린다. 생각할 수 있는 바로는 인더스의 "지붕을 가진 물고기"의 그림문자는 음성학적으로뿐만 아니라 심지어 그의 탈것을 통해서도 그림으로도 토성을 상징한다—왜냐하면 거북이는 수생동물로서 일종의 "물고기"로 간주될 수 있는 반면 그의 껍질은 일종의 지붕이라고 할 수 있지 않은가!

"물고기" 기호를 변형한 다른 발음 구별부호는 "물고기" 그림문자의 몸체를 똑바로 또는 비스듬히 가로질러 그려진 직선으로 그것은 물고기를 반으로 나눈다(이미지 21.3b에 있는 왼쪽의 두 번째 기호 참조). 물고기를 잡은 사람들을 위해 똑같이 두 부분으로 나누는 것은 인도 민속학에서 설화의 주제이다. "반으로 나누다, 둘로 가르다"를 의미하는 원시-드라비다어 어근 *pacu는 "녹색"을 뜻하는 *pacu와 동음이의어다. 그 결과로 발생하는 복합어(합성어)인 pacu-mīn은 고대 따밀어에서 "녹색 물고기"라는 의미로 입증된 반면 어원적으로 "녹색"을 의미하는 따밀어 paccai는 수성에 대한 이름이다. 녹색 빛깔을 뜻하는 paccai는 또한 비슈누의 따밀어 이름이며, 비슈누의 산스끄리뜨어 이름 중 하나는 "녹색"을 의미하는 하리(Hari)이다. 이 모든 것은 인도의 점성학 전통에서 인정하고 있으며 그에 따르면 수성은 녹색 사물의 주인이고 비슈누는 그를 주재하는 신이다.

"배에 점이 있는 물고기"는 또 다른 "물고기"의 발음 구별부호이다(이미지 21.3a의 맨 위 줄 왼쪽에서 두 번째 기호 참조). 그 점은 무엇을 의미하는가? 여기서 한 가지는 힌두인들에게 깊은 의미를 지닌 점, 즉 이마에 붙은 붉은 점을 떠올리게 한다. 그것은 특히 산스끄리뜨어와 힌

[이미지 21.9] 모헨조다로에서 나온 "무화과 신" 인장 M-1186 (DK 6847, NMP 50.295). (이것은 인장을 찍은 것이며 그것의 날인이 아니다.) After CISI 2:425. Photo JL, courtesy DAMGP.

디어에서 "점, 물방울"을 의미하는 빈두(bindu)로 알려져 있으며 남편이 살아 있는 기혼 여성들의 이마에 붙여 주는 것이다. 사람들은 여신을 숭배한 후 이마에 빈두를 붙였다; 깔리까-뿌라나(Kālikā-Purāṇa)에 따르면 이것은 희생제 제물의 목을 자르는 데 사용된 칼의 피를 가지고 다음과 같은 만뜨라를 읊으면서 행해져야 한다: "나의 발을 만지는 사람은 누구든, 나의 눈으로 보는 사람은 누구든, 그는 나의 권능 안으로 들어오게 될 것이다." 이 "점을 가지고 있는 물고기" 기호는 여신에게 전사의 머리를 바치는 것을 묘사하는 것처럼 보이는 "무화과의 신" 인장에서 뚜렷하게 나타난다(9장 참조)[이미지 21.9].

인도 북부에서 신부의 이마와 머리 가르마에 붉은 가루를 바르는 의식(sindūra-dāna)은 때때로 유일한 결혼 의식이며, 종종 의식에서 계약을 맺는 부분이다. 고고학적 증거는 이 관습이 오래된 하랍빠적 뿌리를 가지고 있다는 사실을 암시한다. 왜냐하면 나우샤로(Nausharo) IB(2800 – 2600 BCE)에서 나온 테라코타 여성 조각상들(기원전 2800 – 2600년)이 머리 가르마 부분에 붉은 안료의 흔적을 가지고 있기 때문이다(Kenoyer 1998:44–45,186). 그러나 가정의 의례에 대한 베다의 매뉴얼은 이 관습을 결혼 의식의 부분으로 규정하지 않는다. 이러한 사실은 그 관습이 비아리아적 기원에 속하는 것임을 강하게 암시한다.

인도 남부 드라비다 계열에서는 이마에 붙이는 붉은 점을 뽓뚜(poṭṭu)라고 부른다(이 단어 역시 산스끄리뜨어의 빈두처럼 "물방울"을 의미한다). poṭṭu–mīn이라는 복합어는 중부 드라비다어로 Pengo라고 기록되었다. 그것은 잉어과 물고기(Cyprinus/Labeo rohita)와 같은 "일종의 물고기"를 의미한다. 산스끄리뜨어 로히따(rohita)는 "붉은색"과 "잉어" 양자를 의미한다. 결혼식 때 신부와 신랑이 잉어를 잡고 붉은 비늘을 이용해 서로의 이마를 표시하는 것이 까르나따까(Karnataka)의 관습이었다. 잉어 비늘은 또한 까쉬미르에서 이마에 표시하는 데 사용되기도 했다. 아마도 그 관습은 초기와 성숙기 하랍빠 도자기에서 대중적인 물고기 비늘(fish–scale)의 주제와 관련이 있었다.

"붉은색"을 의미하는 로히따의 여성형인 로히니(Rohiṇī)는 초기 하랍빠 시대인 기원전 3054년 춘분에 태양과 함께 솟아오른 붉은 별 알데바란(Aldebaran)의 산스끄리뜨어 이름이다. 16장에서 논의된 것처럼 로히니는 아마도 낙샤뜨라(nakṣatra) 달력에서 원래 신년의 별이었을 수 있다. 그리하수뜨라(Ghyasūtra)들과 고대 따밀 문헌은 로히니가 결혼에 가장 길조인 별이라고 말한다. 그리고 달의 충실한 아내인 로히니는 힌두인의 아내로 가장 중요한 표본 가운데 하나이다. 그러나 아타르바베다(AVŚ 13,1,22)는 로히니를 떠오르는 태양 로히따의 짝인 동시에 전쟁의 여신으로 만든다. 산스끄리뜨어에서 로히니는 또한 막 생리를 한 결혼이 가능한 어린 처녀를 가리킨다. 따라서 붉은색 로히니 별은 여신에게 가장 적합한 상징인 한 방울의 생리혈인 것으로 생각될 수 있다. 이마에 있는 붉은 점처럼 그것은 또한 분노로 인해 붉게 빛나는 처녀 전사인 여신의 세 번째 눈과 유사하다. (메소포타미아 전통에서 알데바란은 천상의 황소인 타우루스의 "눈"을 의미한다.)

단순한 "물고기" 기호를 마지막 순서로 하는 반복적인 두 개의 기호 연속은 그림문자의 의미가 "무화과나무"처럼 보이는 기호로 시작한다[이미지 21.10]. 이 연속 역시 점성학적 의미를 지닌 드라비다 복합어일 수 있을까?

"무화과"와 같은 그림의 해석은 초기부터 성숙기를 거쳐 말기에 이르기까지 "3개의 가지를 가진 나무"(three-branched fig tree)를 묘사한 하랍빠의 채색 도기의 주제와의 비교에 기초한 것이다. (인더스 스크립트가 만들어졌을 때쯤인) 기원전 2600년부터 시작되는 나우샤로(Nausharo) I D단계에서 나온 한 변형에서는 중간 줄기의 양쪽에 4개의 선이 붙어 있다[이미지 21.11]. 인더스 기호에서 무화과나무는 채색 도기에서와 마찬가지로 3개의 가지를 가진 것으로 드러나지만, 그것을 제외하고는 두 번째 기호("게"모양의 기호)가 중앙 "가지" 대신 삽입되는 복합 기호를 만들기 위해 중앙의 "가지"가 생략된다. 어떤 경우에는 가지들이 채색 도기에서처럼 무화과 잎으로 끝나지만, 다른 경우에는 무화과 잎이 직선으로 단순화된다[이미지 21.12]. 선이나 획은 반얀보리

[이미지 21.10] 모헨조다로에서 나온 두 개의 인장에 있는 인더스 기호 "무화과" + "물고기"의 연속 (a) 인장 M–414 (DK 3431, ASI 63.190.208)과 (b) 그것의 압인. After CISI 3.1:409 (photo EL) and CISI 1:100 (photo Sind 18:587). Courtesy ASI. (c) 인장 M–172 (BJ4)과 (d) 그것의 압인. After CISI 3.1:132 (photo Sind 6:I.67) and CISI 1:50 (photo Marshall 1931: pl. 106:71). Courtesy ASI.

[이미지 21.11] 우샤로에서 나온 I D시기 기원전 2600–2500년의 하랍빠의 채색된 술잔에 있는 "세 개의 가지가 달린 무화과" 주제. After Samzun 1992: 250, fig. 29.4 no. 2. Courtesy Mission Archéologique de l'Indus, CNRS/Musée Guimet, Paris.

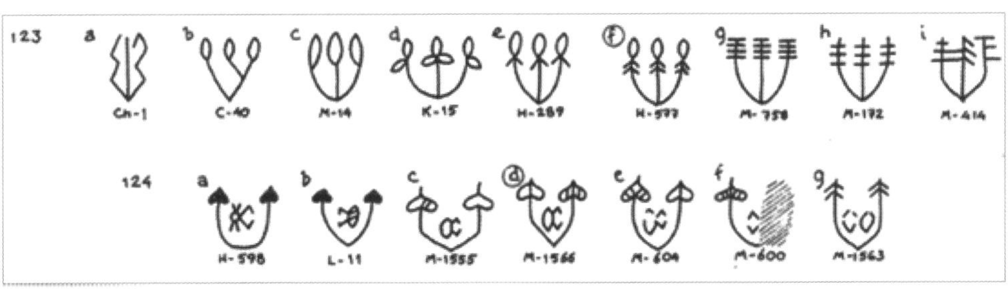

[이미지 21.12] "무화과"와 "무화과" + "게" 기호의 변형들. After Parpola 1994:235, fig. 13.15.

수(뱅골보리수) 또는 반얀 무화과나무(banyan fig)인 Ficus bengalensis 또는 Ficus indica의 로프같이 공중에 매달린 뿌리를 나타내는 것 같다[이미지 16.9].

이 웅장한 나무는 남아시아가 원산지이며 인도-아리아어 사용자가 온 지역에서는 자라지 않았다. 반얀 보리수나무에 대한 베다 이후의 명칭은 바따(vaṭa)이다. 바따는 산스끄리뜨어 단어이지만 원래는 원시-드라비다어로 "노끈, 끈"을 의미하는 *vaṭam에서 온 외래어이다. 반얀 보리수나무의 이름으로서의 바땀은 따밀 지역에 있는 것으로 입증된 "줄 나무"를 의미하는 복합어 바따-마람(vaṭa-maram)의 준말이다. 원시-드라비다어에서 바땀의 동음이의어는 "북쪽, 북쪽에 있는"을 의미하는 *vaṭa가 있다. 이것은 일련의 기호인 "무화과" + "물고기"에 대한 예상 가능한 별의 의미를 낳는다. "북쪽의 별을 뜻하는 vaṭa-mīn은 고대 따밀어에서 입증된다; 중세의 주석서들에 의하면 그것은 큰곰자리에 있는 별 대웅좌 또는 알코르(Alcor)의 명칭이다. 고대 따밀 문헌에서, vaṭa-mīn은 부부간 충실함의 상징이며 결혼식 중에 그 별은 신부에게 경쟁 대상으로 지적된다. 16장에서 논의했듯이 vaṭa-mīn은 아마도 원래 축이 되는 별을 가리키는 것이었을 것이다. 그것은 3000년경에는 근처에 있는 투반이라는 별이었다[이미지 16.8]. 축이 되는 별은 물론 산스끄리뜨어로 "고정되고, 확고하고, 움직이지 않고, 항구적인"을 뜻하는 드루바(dhruva)로 알려진, 회전하는 천체의 "움직이지 않는" 중심이다. 그것은 충실함의 적절한 상징이다; 실제로 베다의 결혼 의식에서 축이 되는 별은 알코르별(Alcor) 외에도 신부에게 모델로 지적된다.

이 해석은 뿌라나 텍스트의 몇 가지 독특한 우주론적 개념들을 새로운 방식으로 설명한다. 맨 처음에 신화적인 세상의 중심 산인 메루는 네 가지 기본 방위에 있는 네 개의 큰 산들로 둘러싸여 있으며, 그 꼭대기에는 특정한 품종의 거대한 나무가 자라고 있다. 북쪽 산에 있는 나무가 반얀 보리수나무(vaṭa)이다. "반얀"을 뜻하는 바따(vaṭa)는 동음이의어로 드라비다어에서 "북쪽"을 의미하는 바따(vaṭa)와 연관된다. 그러나 인도-아리아어에는 그러한 연관성이 없다. 여기서 "북쪽"을 의미하는 산스끄리뜨어는 어원적으로 "위쪽, 위" 또는 "왼쪽"을 뜻하는 uttarā 또는 udīcī diś-이다(북쪽은 사람의 얼굴이 동쪽, 즉 "전방"을 향할 때 왼쪽에 있다). 둘째, 별과 행성이 하늘에서 떨어지지 않는 이유에 대해 뿌라나는 천상의 몸들은 보이지 않는 "바람의 줄"로 축이 되는 별에 묶여 있기 때문이라고 말한다. 드라비다어에서 vaṭa-mīn은 축이 되는 별이라는 이름 외에도 또한 "밧줄 별"(rope star)과 "반얀 별"로도 읽혀질 수 있다. 기원전 1000년경, 리그베다(1,24,7)의 후기 찬가는 바루나에 의해 하늘에 떠받쳐지는 우주적인 반얀 보리수나무의 뿌리에 대해 말한다(16장 참조). 베다와 힌두 문헌은 모두 천상의 무화과나무를 반복적으로 언급한다. 이 개념은 인더스 명판에 반영되어 있는 것처럼 보인다. 거기서는 무화과나무 안에 의인화된 신이 그려져 있다. 무화과나무 밑바닥에는 별이 어느 한쪽의 측면에 치우쳐 있다. 그것은 그 나무가 천상과 연결되어 있음을 암시한다[이미지 16.10].

위의 "무화과나무" 기호에 대한 해석은 그 속에 "게" 모양의 기호가 "무화과나무" 기호의 중간 지점에서 대체된 복합 기호를 이해하려고 시도함으로써 더 검토될 수 있다. "게" 모양의 기호는 다리가 있는 것과 다리가 없는 것의 두 가지 변형을 가지고 있다. 그것은 두 개의 다른 인장들에 있는 두 개의 변형들과 유사한 맥락으로 입증된 것이다. 양자의 인장들에는 복합 기호가 같은 두 개의 다른 기호들을 뒤따른다[이미지 21.13].

먼저 "게" 모양의 기호의 가능한 의미에 대해 생각해 보자. 그것은 복합화되지 않은 기호로 150번 이상 나타나며, 대부분 집게발을 가진 둥근 몸체로 단순화되어 있다[이미지 21.14]. 집게발에 대한 시각적인 강조는 그 기호가 인도 민속에서 게의 행동과 일치하는 "움켜잡음" 또는 "붙잡음"을 나타낸다는 사실을 암시한다. 그러므로 불교의 바까-자따까(Baka-Jātaka)에서 게는 (게를 먹기 위한 구실로) 말라 버린 연못에서 다른 연못으로 게를 옮겨 주겠다고 약속한 왜가리에게 다음과 같이

[이미지 21.13] "무화과나무" + "게" 기호의 두 가지 변형(Parpola 1994:232 이미지 13.12 참조). (a) 하랍빠에서 나온 인장 표시 H-598 (13751, HM 200). After CISI 2:297. Photo AV, courtesy DAMGP. (b) 로탈에서 나온 인장 압인 L-11 (4879, LTH.SRG 1261). After CISI 1:241. Photo EL, courtesy ASI.

[이미지 21.14] (이미지 21.12를 볼 것) "게" 기호의 변형들. After Parpola 1994:232.1261). After CISI 1:241. Photo EL, courtesy ASI.

말한다: "왜가리 친구여, 너는 절대로 날 충분히 꼭 붙들 수 없을 거야. 반면에 우리 게들은 놀라울 정도로 단단하게 붙잡을 수 있단다." 그러고 나서 "게는 대장장이의 집게처럼 집게발로 왜가리의 목을 꽉 움켜쥐었다."

게의 집게발은 고대 따밀어 문헌에서 대장장이의 집게와 비교된다. 거기서 "움켜잡다, 붙들다, 취하다"를 뜻하는 어근 koḷ은 "붙잡음"을 나타낸다. 인도-아리아어의 문헌은 영어의 "움켜잡다"와 연관되는 동의어인 산스끄리뜨어 어근 grah- / grabh-를 사용한다. "게"의 기호는 종종 "물고기" 기호에 근접해서 발생하므로 별의 의미를 가질 수 있다. 원시-드라비다어로 "붙잡다"를 의미하는 *kōḷ은 따밀에서 "행성"을 의미한다. 놀랍게도 이 이중의 의미는 산스끄리뜨어 graha에서도 똑같이 적용된다. 그러나 다른 인도 유럽 언어에서는 적용되지 않는다. 따라서 산스끄리뜨어 graha는 kōḷ이 산스끄리뜨어 graha에서 차용한 번역이라기보다는 드라비다어 *kōḷ에서 차용한 번역일 가능성이 더 크다. 가장 오래된 따밀어와 산스끄리뜨어 문헌 모두에서 kōḷ과 graha는 해와 달을 붙잡아서 일식을 일으키는 보이지 않는 천상의 악마를 가리킨다.

행성들은 따밀어와 산스끄리뜨어 문헌들 양자에서는 행성들이 사람들을 "붙잡아서" 병으로 고통스럽게 한다고 굳게 믿고 있다. 산스끄리뜨어 작가 단딘(Daṇḍin)은 700년경에 쓴 글에서 마법사들이 마법의 도표를 가지고 그것을 통제하는 "끔찍한 별들과 행성들"에 대해 말한다. 18세기부터 그러한 마법에 대한 도표로 표시된 설명이 나온다:

> 그들에 의해 지시되는 graha라는 용어는 붙잡는 행위, 다시 말해서 고통스러

움을 주술적 황홀경에 이르도록 사람들을 붙잡는 행위를 의미한다…. 주술사는… 격렬하게 분노한 것처럼 "그것을 붙잡아라! 그것을 붙잡아라"라고 외친다. 이 일을 한 이후에 graha들, 즉 행성들은 그와 같은 주문이 향해진 사람을 손아귀에 넣어, 그를 천 가지의 병들로 괴롭힌다(Dubois [1825] 1906:387f).

우리는 "무화과나무" 안에 "게"를 가지고 있는 복합 기호를 조사함으로써 "게"와 "무화과" 기호에 대한 우리의 해석을 확인할 수 있다. 다행스럽게도 이것은 "그림문자의 2개 국어를 병용한 몇 안 되는 인더스 기호들, 다시 말해서 기호들이 전달하려는 의미를 함께하는 도상학적 주제를 가지고 시각적으로 중재하는 명판들 가운데 하나이다. 모헨조다로에서 나온 240개의 구리 명판들은 인더스 물품들 가운데 매우 드문 부류이다. 왜냐하면 그들은 앞면에 있는 비문과 반대쪽에 있는 도상학적인 동물 또는 인간 모양의 그림 사이의 명확한 상호의존성을 보여 주기

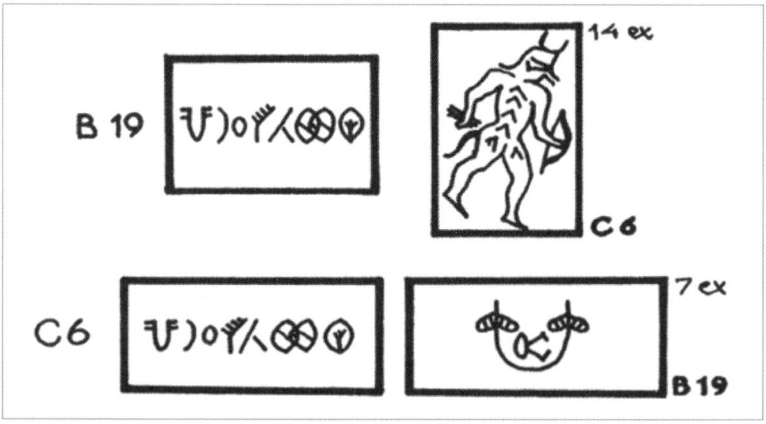

[이미지 21.15] 기호의 "그림의 번역": 모헨조다로에서 나온 명판들 가운데 B-19 타입의 뒷면에 있는 "불이 달린 궁수"와 상관있는 앞면에 있는 동일한 비문(이러한 형태와 동일한 명판이 14개 있다) 그리고 C-6 타입의 뒷면에 있는 "무화과" + "게"의 기호(이러한 형태와 동일한 명판은 7개가 있다. After Parpola 1994:234, fig. 13.13.

때문이다. 수많은 복제본들이 일련의 동일한 명판을 형성한다. 어떤 세트들에서는 반대편에 도상적 특징 대신 하나의 기호가 나타난다. 앞면에 있는 같은 비문과 다른 반대편을 가진 명판들을 비교함으로써 이와 같은 단일한 기호들과 대응하는 도상학적 특징들을 연결시킬 수 있다. 단일한 기호는 주제에 묘사된 신성의 이름을 나타낸 것으로 보인다. 따라서 "무화과 속에 있는 게"의 표지판은 뿔과 꼬리를 제외하고 돌출된 눈을 가진 의인화된 활과 화살로 무장한 남자 모습의 "뿔이 달린 궁수"와 동일할 수도 있다[이미지 21.15].

서아시아와 중국의 문자들에 삽입된 기호는 종종 의미론적 또는 음성학적으로 결정력이 있는 것처럼 작용한다. 삽입된 "게" 기호는 "무화과" 기호가 "뱅골 보리수나무"를 뜻하는 vaṭam과 같은 일반적인 소리값으로 읽혀지지 않는다는 것을 나타내는 음성학적 결정력일 수 있다. "무화과"라는 의미가 그대로 유지되는 동안 그 단어의 음성학적 형태는 "게"의 기호 kōḷ로 표현되는 것과 비슷하다. 원시-남부-드라비다어(Proto-South-Dravidian)는 정확하게 그와 같은 단어 *kōḷi를 갖고 있다. 이 단어는 무화과나무, 즉 그 숙주인 나무를 고사시키는 들러붙어 있는 기생식물과 꽃이 피지 않고 열매를 맺는 식물 양자를 가리킨다. 이 후자의 의미에서 kōḷi는 "과일을 맺는 행위"를 뜻하는 고대 따밀어 kōḷ과 연관된다. 양자는 모두 "갖다"를 뜻하는 어근 koḷ에서 파생된 것이다. 산스끄리뜨어 grabh-는 "과일 열매를 맺는"이라는 동일한 추가적인 면을 갖는다. 심지어 이 복합 기호의 구조조차도 이 양면적인 신을 나타내는 것처럼 보인다. 그 신은 "붙잡거나 죽이는" 그리고 "과일이나 열매를 맺는" 양자이다. 왜냐하면 인더스 조각들에 있는 무화과나무 안에 의인화된 신들이 놓여 있는 것처럼 게 모양의 기호가 무화과 기호 안에 놓여 있기 때문이다.

하지만 이 단어 *kōḷi는 어떻게 동판에 묘사된 "뿔이 달린 궁수"와 연결될 수 있을까? 초기 베다 문헌에서 숙주인 나무를 목 졸라 죽이기 위해 움켜쥐고 있는 무화과와 부서지는 건물들은 적을 쳐부수는 데 있어서 도움을 요청받는다. 이것은 무화과가 루드라의 상징일 수 있음을 암시한다. 그 신은 베다 문헌에서 동물들과 사람들에게 활을 쏘는 잔인한 사냥꾼이자 침입자로 묘사된다. 그는 또한 산스끄리뜨어로 "붙잡는 자, 취하는 자, 강도"를 뜻하는 하라(Hara)라고도 불린다. 그 단어는 드라비다어로 "점령하다, 약탈하다, 강도질하다"를 뜻하는 kōḷ이라는 단어를 반영한 것일 수 있다. 거기에는 또한 "때리다, 활을 쏘다, 죽이다"를 뜻하는 어근 koḷ에서 나온 것으로 "때리다. 죽이다"를 의미하는 동음이의어 kōḷ이 있다. 원래 이름이 아마도 "붉은색"을 의미하는 *Rudhra였을 루드라는 산스끄리뜨어로 "붉은색," "피"를 뜻하는 루디라(Rudhira)와 "타고 있는 석탄"을 뜻하는 앙가라(Aṅgāra)라고 불렸던 붉은 행성인 화성을 나타냈던 것으로 보인다. 후자의 이름은 원시-남부-드라비다어로 "횃불, 불타는 타다 남은 불"을 뜻하는 *koḷḷi를 상대어로 갖는다. 그것은 또한 "무화과" + "게"의 복합 기호로 표현하고자 하는 하랍빠의 궁수-신(archer-god)의 이름일 수도 있다.

루드라는 자주 베다 문헌에서 플레이아데스의 짝이나 아들이라고 말해지는 불의 신 아그니와 동일시된다. 아그니의 이름은 인도-유럽어의 기원(라틴어로 "불을 뜻하는 ignis 참조)을 가지고 있다. 그러나 베다의 불의 신은 그것들이 지역의 식물들과 동물들하고 연관되기 때문에 인도의 지역적인 기원을 가지고 있는 것처럼 보이는 속성들과 신화들을 흡수했다. 따라서 불을 붙이는 막대기는 불꽃 모양의 잎을 가진 인도 보리수(pipal fig, Ficus religiosa)로 만들어졌다. 평평한 나무판자의 구멍에 수직으로 세운 불붙이는 막대기를 휘저어 불을 일으키는 것은 성행위를 상징한다(11장). 아그니는 "숲의 나무들의 태아"라고 불리며 예배자는 자신의 자궁에 태아를 안치하기 위해 기도를 통해 그에게 간청한다. "남자인 자손을 낳는 것"(puṁsavana)이라고 알려진 베다 의식에서, 아내는 반얀 보리수나무의 싹으로 만든 남근 부적을 착용한다. 그 부적은 고환을 상징하는 두 개의 과일을 갖고 있어야 한다. 그 싹은 그곳에 머물고 있는 신을 달랜 후 마을 밖에서 자라는 반얀 보리수나무들 가운데 가장 으뜸 되는 나무에서 잘라 내야 한다. 자이미니-그리햐수뜨라(Jaimini-Gṛhyasūtra) 1,5에서는 다음과 같이 규정한다: "적합한 형태를 갖춘 두 개의 콩과 하나의 보리알을 가지고 남성의 생식기관의 형태로 만든 후 그[예배자]는 그것을 그녀[의 부인]에게 먹도록 줘야 한다…. 그러고 나서 두 개의 실을 가지고… 두 개의 과일이 있는 반얀 무화과의 싹을 묶은 다음, 그녀는 그것을 자신의 목구멍에 두어야 한다. 그들은 말한다, 이것은 아들을 낳기 위한 확실한 수단이다."

하랍빠에서 출토된 한 명판에서 우리는 무화과나무 안에 있는 숫양의 머리를 가지고 있지만 의인화된 신을 본다[이미지 21.16a]. 신의 팔은 팔찌들로 덮여 있고, 그들의 긴팔은 반얀 보리수나무의 공중에 매달린 뿌리와 유사하다. 이 하랍빠의 숫양의 머리를 가진 무화과 신은 후기 인도 전통에서 상대적으로 덜 알려진 후계자를 가지고 있다. 네자메샤(Nejameṣa, meṣa "숫양")는 임신할 수 없는 여성이 자신의 생식기를 만지면서 베다 구절을 읊는 동안 호소해야 하는 다산의 신이다: "오 네자메샤여! 날아가서 아름다운 아들을 데리고 이곳으로 다시 날아와 주소서: 아들을 갈망하는 저에게 당신이여, 태아를 그중에도 남자아이를 허락하소서"(RV Khila 30,1, translated Winternitz 1895:150-151). 후에 힌두 자료들에서 보면, 그와 연관된 숫양의 얼굴을 가진 신 나이가메샤(Naigamea)가 스깐다의 영원한 동반자라고 말해진다. 또 다른 신인 하리-나이가메쉰(Hari-Naigameṣin)은 자이나의 깔빠수뜨라(Kalpasūtra)에서 이 신이 마하비라 지나(Mahāvīra Jina)의 태아가 되어

(a)

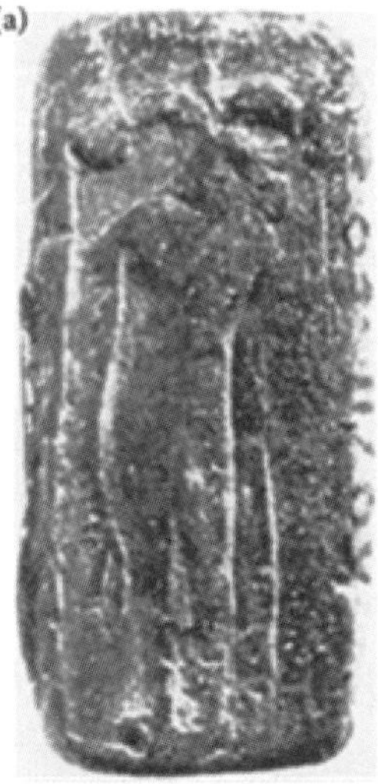

[이미지 21.16] 반얀 무화과와 연관된 숫양 또는 염소의 머리를 가진 다신의 신. (a) 하랍빠에 나온 주조된 인더스 명판 H-178 B (7483, ASI 63.11.69). After CISI 1:209. Photo EL, courtesy ASI. (b) 어린아이와 세 여인이 옆에 서 있는 나이가메샤 신. 기원후 100년 마투라에서 나온 스뚜빠 난간. 현재는 럭나우 박물관에 소장되어 있다 (J 626). Photo courtesy American Institute of Indian Studies.

(b)

그의 어머니의 자궁 속으로 옮겨 간 것으로 알려져 있다. 깔빠수뜨라에 의하면 하리-나이가메쉰은 공작을 그의 탈것으로 가진 신들의 군대의 지도자이다; 그러므로 그는 명백하게 공작을 타고 있는 힌두교 전쟁의 신 스칸다의 중복이다. 마투라에서 나온 2세기의 부조에서는 염소 또는 숫양의 머리를 가진 다산의 신 나이가메샤가 남자아이와 세 명의 여성이 그의 왼편에 나란히 서 있는 모습으로 나타난다[이미지 21.16b]. 그 부조는 부서져 있지만 원래는 신의 오른쪽에도 세 명의 여성이 나타나 있을 수 있다. 이 6명의 여성들은 함께 어머니 여신들로서 플라이아데스를 표현했을 것이다.

네자-메샤(Neja-meṣa)와 나이가-메샤(Naiga-meṣa)의 이름 가운데 설명되지 않는 첫 번째 부분은 "씻다. 깨끗이 하다"라는 의미의 어근 nij-에서 파생한 것처럼 보인다. 산스끄리뜨 의학서는 만일 그 병이 나이가메샤에 의해 야기된 것으로 진단이 내려지면 태어난 지 6일 후 반얀 보리수나무에서 이 신에게 봉헌된 피의 공물(bali, 아마도 원래는 숫양 또는 염소였을 것이다)을 가지고 다음과 같이 기도하면서 새로 태어난 아이를 반얀 보리수나무 아래서 목욕시키도록 명한다: "아이의 아버지인 나이가메샤 신이여, 이 아이를 보호해 주소서. (이) 위대한 명성을 가진 염소의 얼굴을 하고, 움직이는 눈과 눈썹을 가지고 있으며, 자신의 뜻대로 어떤 모양도 취할 수 있는 (나이가메샤) 신이여"(Suśruta-Saṁhitā, Uttaratantra 36,10 - 11).

의학서에 있는 신생아의 질병에 관한 부분에서는 그들에게 적절한 경외감을 느끼게 하지 않고 청결함과 간호의 규칙이 따르지 않을 경우 유아들을 공격해 붙잡아 통곡하게 만드는 9명의 유해한 악마 집단에 대해 말하고 있다. 이 그룹의 이름인 나바-그라하(nava-graha)는 고전적인 "9개의 행성들" 그룹과 동일하며, 그중 화성은 전쟁의 신 스깐다를 나타낸다. 악마들의 수장은 스깐다-그라하(Skanda-Graha)로 염소의 머리를 가진 나이가메샤와 6명의 여신들이라는 두 가지 형태를 더한 것이다. 9명의 악마들은 새로 태어난 신 스깐다를 보호하기 위해 6개의 플레이아데스와 함께 불의 신 아그니와 쉬바에 의해 창조되었다.

플레이아데스 신화의 가장 잘 알려진 버전은 영원한 젊음을 지닌 전쟁의 신 스깐다의 탄생에 대해 서술하고 있다. 사랑의 신 까마(Kāma)는 그의 욕망의 화살을 쉬바에게 쏘았고 그 결과 쉬바의 씨앗이 "날아올라"(caskanda) 갠지스강에 떨어졌다. 때마침 일곱 성자들의 아내들이 이 천상의 강에서 목욕을 하고 있었고, 그 결과 그녀들은 공작을 타고 다니는 바로 태어난 소년의 어머니들 또는 유모들이 되었다.

이제 스깐다는 남인도의 주요 토착 신인 전쟁과 지혜와 다산의 젊은 신인 무루간(Murugan) 또는 무루깐(Murukan)을 대응물로 갖는다. 오늘날 따밀인들은 그 신을 "국가의 신"으로 숭배하고 있다. 일상인들은 아들들을 얻기 위해 무르깐에게 기도한다. 그의 탈것은 공작이고 그의 무기는 창이다. 고대 따밀 문학에서 무루깐은 베다의 루드라와 마찬가지로 언덕이 있는 숲의 사냥꾼의 신이자 사랑과 다산의 신이다. 무르깐은 기원전 300년부터 명백하게 스깐다와 융합된다.

드라비다어를 사용하는 사람들에게 있어서 그에 대한 중요성을 감안할 때 무루칸의 이름이나 이름들이 인더스 문장들 속에 있을 가능성이 높다. 하지만 어떻게 그들을 찾을 수 있을까? 스깐다와 플레이아데스와의 연관성이 한 가지 단서를 제공한다. 이미 제시한 바와 같이, 플레이아데스는 기호 순서 "6" + "물고기"와 같은 것으로 식별될 수 있다. 두 개의 인더스 인장은 세 개의 기호들(매우 드문 첫 번째 기호는 두 개의 대필로 표현된다)의 독특한 순서를 공유하며, 두 개의 인장은 같은 것에 대해 말하고 있음을 암시한다[이미지 21.17].

두 인장 모두에서 이미 언급했던 희귀한 3개의 기호 연속은 비문으로 시작하며, 따라서 자격을 갖춘 문구를 포함할 수 있다. 왜냐하면 드라비다 언어에서는 한정사(수식어)가 한정된 것보다 선행하기 때문이다. 이 두 인장 가운데 하나에서 아래의 더 긴 순서는 "6"+ "물고기"라는 기호를 포함하므로 그것은 "플레이아데스의 아들, 스깐다"를 지칭할 수 있을 것이다. 따라서 처음의 문구가 이 두 개의 인장들을 연결하기 때문에 다른 인장에서 그에 상응하는 후반부에 무루깐이라는 이름이

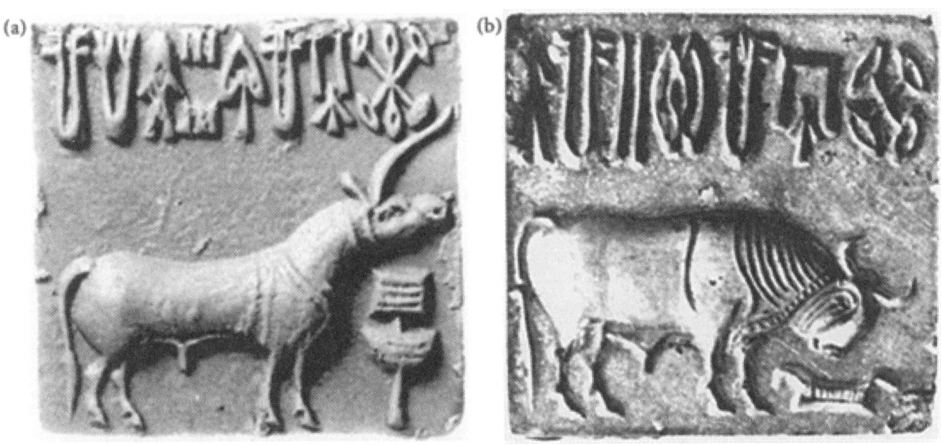

[이미지 21.17] 독특한 3개의 기호의 연속을 공유하고 있는 두 개의 인더스 문장. (a) 모헨조다로에서 나온 인장의 날인 M-112 (DK 11359, ASI 63.10.81) from Mohenjo-daro. After CISI 1:40. Photo EL, courtesy ASI. (b) 뉴델리에 있는 인도 국립박물관의 수집품들 가운데 모헨조다로에서 나온 인장 M-241 (HR 5787, NMI 106); 그들은 날인 속에 드러날 수 있는 기호들을 보여 주는 것이 뒤집어져 있다. After CISI 1:60. Photo EL, courtesy NMI.

포함될 수 있는 기회가 있다. 여기서 나타나는 세 가지 기호 연속은 인더스 비문에서 매우 자주 발견된다. 쓰여진 글을 정상적인 방향으로 읽으면 세 가지 기호들은 "두 개의 교차하는 원들", "두 개의 긴 수직적인 선" 그리고 "황소의 머리"가 된다.

문맥상의 단서들은 이 기호 순서가 실제로 신을 지칭할 수 있다는 것을 암시한다. 예를 들어 하랍빠에서 출토된 명판에서 (앞면과 뒷면에서 정확하게 반복되는) 유일한 비문은 다양한 상들과 함께 "두 개의 교차하는 원들", "두 개의 긴 수직적인 선" 그리고 "황소의 머리"와 똑같은 기호 순서다[이미지 21.18]. 모헨조다로에서 출토된 명판에서 같은 기호 순서는 앞면에 있는 비문을 끝마치는 반면 뒷면은 무릎을 꿇은 숭배자와 코브라가 양쪽 측면으로 서 있는 왕좌에 앉아 있는 신을 보여 준다[이미지 21.19]. 남인도에서 무루깐은 남근숭배의 뱀 의식과 관련이 있으며, 그의 공작은 뱀을 먹고산다.

만일 "교차하는 원들"의 기호가 실제로 무루깐의 이름을 나타내는 것이라면, 적어도 첫 번째 부분에서 나는 원시-드라비다어 "젊은 남자, 남자아이, 무루깐"을 뜻하는 *muruku로 읽힐 수 있을 것이라고 제안한다. 이 이름은 산스끄리뜨어로 "젊은이, 남자아이"를 뜻하는 kumāra의 동의어다. 그것은 스깐다와 루드라의 이름들 가운데 하나이다. "반지, 귀걸이, 팔찌"를 뜻하는 *muruku는 무루꾸(muruku)의 정확한 고대의 동음이의어이다. 그것은 "교차하는 원들"을 나타내는 그림의 의미와 매우 잘 들어맞는다.

"교차하는 원들"의 기호를 *muruku로 읽도록 하자는 이 같은 제안은 40개 이상의 새겨져 있는 도자기 팔찌들에 빈번히 묘사된 것에서 보

[이미지 21.18] "두 개의 교차하는 원들" + ||의 기호 연속은 뉴델리에 있는 인도 국립박물관의 수집품들 가운데 하랍빠에서 나온 인더스 명판 H-182 (201, NMI 33)에 나타난다: (a) 앞면에 북과 호랑이가 있음 그리고(b) 뒷면에 스와스티까들이 있음. After CISI 1:209. Photo EL, courtesy NMI.

[이미지 21.19] 모헨조다로에서 나온 주조된 도자기 명판 M-453 (DK 7991, ASI 63.190.217). (a) 비문이 있는 앞면. (b) 무릎을 꿇고 있는 예배자 뒤에 고개를 쳐든 코브라를 보여 주고 있는 뒷면. 왕좌에 앉아 있는 의인화된 신의 양쪽에 (공물 그릇을 내밀고 있는 부분, 예배자가 손을 들고 있는 다른 부분). After CISI 1:111 and 386. Photo EL, courtesy ASI.

증된다. 이 팔찌들 가운데 몇 개에는 이 기호가 새겨져 있고, 다른 표지판에는 없다. 고대 비문에서 새겨진 대상의 이름을 언급하는 것은 드문 일이 아니다. 특히 그 대상이 봉헌을 위한 제물인 경우 더욱 그렇다. 이 도자기 팔찌들은 어려운 공정으로 제조되었으며 밀폐되고 봉인된 용기들 속에서 1200°C로 가열되었고 매우 비싼 것이었음이 틀림없다. 이 경우 "교차하는 원들" 기호는 팔찌 자체뿐만 아니라, 동음이의어로, 기증자가 원하는 소년 그리고/또는 아이를 받아들이는 신 또는 그 자신이 뛰어난 신성한 아이의 이름을 표시할 수 있었다. 오늘날에도 남자아이를 원하는 많은 따밀의 부부들은 무루깐의 사원으로 순례를 하고 아들이 태어나면 신의 이름을 따서 이름을 지었다.

게다가 팔찌들은 인도의 많은 지역에서 임신과 강한 연관성을 가지고 있다. 임신과 출산 중에 어머니와 아기는 모두 악마들에게 공격받을 위험에 처해 있으며, 팔찌는 보호를 위해 둘러싸인 원을 상징한다. 따밀나두에서 임신 중인 어머니는 의례적으로 팔찌들을 가지고 치장되고 첫 임신 7개월 동안 나이든 여성들에 의해 축복을 받는다. 아타르바베다에서는 팔찌들이 재출산을 장려하는 주문이다. 찬가 6,81은 "팔찌"(말 그대로 "팔 주위에 있는 것")를 뜻하는 pari–hasta에게 다음과 같이 청원한다: "오 팔찌여, 자궁을 열어 주소서, 태아가 (그 안에) 들어갈 수 있도록! (여신) 아디띠가 차고 있는 팔찌여, 그녀가 아들을 원할 때 (신) 뜨와슈따르는 아들을 낳을 수 있도록 이 여인을 단단히 붙잡을 것이다"(Bloomfield 번역 1897:96f.).

인도 민속 종교에서는 힌두교도 그리고 심지어 이슬람교도들조차 임신의 팔찌들을 나무의 정령들에게 제공한다. 사람들은 그들이 제공할 수 있는 만큼 많은 팔찌들을 성스러운 나뭇가지에 매다는 것처럼 아이들을 갖기를 갈망한다. 나무의 정령이 그들의 소원에 호의를 보인다면 나무는 "팔찌들을 낚아채서 팔에 착용한다"(Crooke 1926:417). 이 널리 퍼져 있는 민속적 관습은 하랍빠 전통까지 거슬러 올라갈 수 있다. 모헨조다로에서 출토된 "무화과 신" 인장 속에 나타난 무화과나무 안에서 있는 신은 확실하게 양팔에 팔찌들을 착용하고 있다[이미지 21.9]. 이 인장 바닥에 있는 7명의 의인화된 형상들도 마찬가지로 인도 여인들의 전통적인 방식으로 머리를 하고 있는데, 그들은 아들 스깐다처럼 아이를 허락하고 아이를 죽일 수 있는 여신으로 유명한 7명의 성자들의 부인들인 "7명의 어머니들"(Seven Mothers)를 대표하는 것처럼 보인다.

내가 "교차하는 원들"을 무루꾸로 잠정적으로 읽은 것은 그것과 자주 동반하고 있는 "두 개의 긴 수직적인 직선"이라는 기호의 도움으로 확인될 수 있다. 이것은 다양한 그림의 해석들에 유용하며, 만일 그들 가운데 어느 것이 옳다고 해도 그중 어느 것이 옳은지 결정하기 어렵다. 그러나 우리는 또한 "두 개의 긴 수직적 직선" 기호가 자주 단순한 "물고기" 기호보다 앞선다는 사실을 고려해야 할 수도 있다[이미지 21.20].

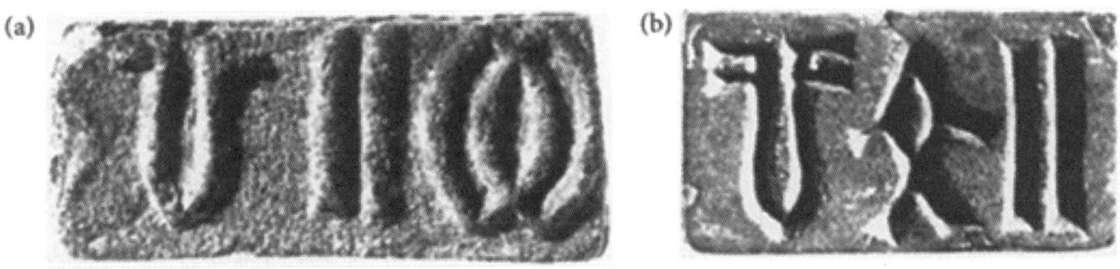

[이미지 21.20] 교차 검증하는 Muruku와 mīn. (a) 하랍빠에서 나온 주조된 명판 H-723 (H775, HM 290)의 앞면. After CISI 2:319. Photo AV, courtesy DAMGP. (b) 하랍빠에서 나온 인장 H-669 (P I-44, Lahore Museum P-909), 날린 속에서 드러날 수 있는 기호를 보여 주는 뒷면. After CISI 2:310. Photo AV, courtesy Lahore Museum.

muruku-로 시작하는 입증된 고대 따밀 복합어와 -mīn으로 끝나는 모든 복합어들, 다시 말해서 muruku-X와 X-mīn에서 X를 모두 모아 보자. 만약 이 두 가지 다른 계열의 복합어들이 입증된 목록에서 공통되는 단어 X를 드러낸다면 우리는 그것의 의미가 그림 모양인 "두 개의 긴 수직적 직선"을 적절하게 설명하고 있는지 여부를 물어 X를 검증할 수 있을 것이다.

무루깐에 대한 고대 따밀 복합어 명칭들 가운데 Muruka-Vēḷ이 있다. vēḷ이라는 단어는 "사랑, 갈망"을 의미하며 때로는 단독으로 무루깐의 이름, 즉 Vēḷ로 쓰이기도 한다. 고대 따밀어 veḷ-mīn은 하늘에서 가장 밝은 별인 금성을 가리킨다. 이 경우 veḷ은 "흰색, 밝음"을 의미한다. 그것의 파생어 veḷḷi는 몇몇 드라비다어 언어에서 "금성"을 나타낸다. 그러므로 이 두 복합어 muruka-vēḷ과 veḷ-mīn이 공유하고 있는 요소는 음성 형태의 veḷ 또는 vēḷ 갖고 있다. 그리고 이 단어들은 더 나아가 지금까지 언급되지 않은 동음이의어인 원시-드라비다어 *veḷ(i)를 갖고 있다; "고랑 사이의 공간"과 같은 "둘 사이의 공간"이라는 그것의 의미는 "두 개의 긴 수직적 직선"이라는 그림의 형상과 상당히 잘 어울린다. "밝은 별 금성"을 의미하는 veḷ-mīn 또는 veḷḷi-mīn처럼 읽는 인더스 복합어에서 "두 개의 긴 수직적 직선" 기호는 표제어("별")의 형용사적 수식어("밝은")로 사용된다. 그러나 따밀어에서는 veḷḷi가 mīn의 수식어뿐만 아니라 mīn의 동의어로도 사용된다; veḷḷi는 "밝다"와 (일반적으로) "별" 양자를 의미할 수 있다. 그러므로 "별"에 대한 두 개의 따밀어 사전적 표현은 viṇ-mīn과 vān-veḷḷi이다. 단어 viṇ과 vān 양자는 "하늘"을 의미한다; 접두사는 복합어의 두 번째 부분과 "물고기"를 뜻하는 mīn과 "흰색 금속, 은"을 의미하는 veḷḷi처럼 다른 가능한 의미와의 혼동을 피하기 위해 거기에 있다. veḷḷi와 mīn을 동의어로 사용하는 것은 둘 다 "새벽의 별"을 의미하는 viṭi-mīn와 viṭi-veḷḷi라는 두 가지 따밀 복합어에서도 입증된다. veḷḷi가 또한 인더스어에서도 mīn과 동의어로 사용되었다는 사실은 비록 세 가지 기호들이 각기 변형된 형태를 가지고 있음에도 불구하고 만일 그렇지 않으면 같은 네 개의 기호를 가진 긴 연속을 공유해야 하는 두 개의 비문을 비교함으로써 볼 수 있다[이미지 21.21]. "물고기" 기호는 "북쪽 별"을 뜻하는 이미 논의된 복합 단어 vaṭa-mīn을 낳는 "무화과" 기호 앞에 있다. 우리는 또한 vaṭa-veḷḷi를 낳는 "무화과" + "두 개의 긴 수직적 직선"도 가지고 있다.

매우 희귀하지만 즐거운 한 가지 인더스 기호는 매우 정밀한 그림의 의미를 가지고 있다. 닌도와리(Nindowari)에서 출토된 인장과 같이 뚜렷하게 새겨진 존재들에서 보면, 그 기호는 머리를 아래로 향하고 꼬리를 몸에서 직각으로 하고 네 발로 수직적인 나무의 몸통에 매달려 있는 야자나무다람쥐를 묘사하고 있는 것임을 알아볼 수 있다[이미지 21.22a]. 이 전형적인 자세로, 야자나무다람쥐는 몇 시간 동안 잠을 잘 수 있기 때문에 산스끄리뜨어 이름은 "나무에서 잠자는 자"(vkka-āyikā; tree-sleeper)이다. 그것은 여전히 인더스 계곡 전체에 서식하며 모헨조다로에서 나온 작은 도자기상에 나타난다.

우리가 무루꾸라고 해석한 "교차하는 원들" 기호는 세 가지 다른 비문들 속에서 "야자나무다람쥐" 기호가 뒤따른다[이미지 21.22b-e]. 이러한 순서 또한 드라비다어에서도 읽혀질 수 있기에 그 결과 복합어가 입증된 무루깐의 합성된 명칭들 가운데 하나가 될 수 있지 않을까? 비문들 가운데 하나는 무루깐의 명칭들 중 하나인 Vēḷ로 읽히는 기호가 뒤따르는 바로 이 순서로 구성되어 있다.

현대 따밀어에서는 야자나무다람쥐가 aṇil 또는 aṇil-piḷḷai라고 불린다. piḷḷai라는 단어는 "어린 동물과 나무"뿐만 아니라 "아이, 유아, 아

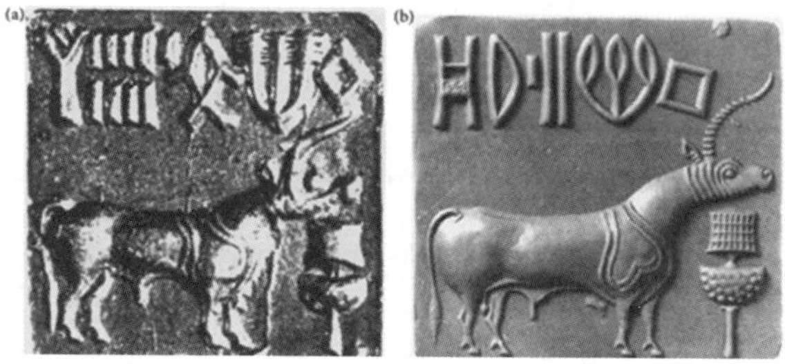

[이미지 21.21] 인더스 인장들의 날인들. (a) 모헨조다로에서 나온 M-172 (BJ 4). After CISI 1:50, photo Marshall 1931: pl. 106.71. Courtesy ASI. (b) 뉴델리 인도 국립박물관의 수집물 가운데 하랍빠에서 나온 H-6 (P I.39, NMI 10). After CISI 1:162. Photo EL, courtesy NMI.

[이미지 21.22] 인더스 비문의 "다람쥐" 기호. (a) 닌도와리(Nindowari)에서 나온 인더스 인장 Nd-1 (Exc. Branch 1187)에 새겨진 문서의 일부 뒷부분. After CISI 2:419 no. 5. Photo AV, courtesy DAMGP. (b) 모헨조다로에서 나온 인장 M-1202(DK 2797, 라호르 박물관 P-1749) 그리고 (c) 그것의 현대적인 압인. After CISI 2:143. Photo AV and S.M. Ilyas, courtesy Lahore Museum. (d) 하랍빠에서 나온 주조된 명판 H-771 (657, HM 474)의 표면. After CISI 2:324. Photo AV, courtesy DAMGP. (e) 나우샤로(Nausharo)에서 나온 인더스 인장에 새겨진 처음 세 가지 기호들(발굴번호. NS 95.05.17.01)로 CISI 3.2에 출판됨. 뒷면에 나타난 기호들은 그것이 압인된 형태로 나타난 것임을 보여 준다. Photo Catherine Jarrige, courtesy Mission archéologique de l'Indus/Jean-François Jarrige.

들, 소년"을 의미한다. piḷḷai는 사랑스런 작은 것을 만들기 위해 aṇil에 붙어 있고, 심지어 다람쥐를 지칭하기 위해 그 자체로 사용된다. (이것은 "어린 몽구스"와 "어린 앵무새"라는 단어를 만드는 것과 같은 방식으로 사용된다.) 결정적으로 우리의 주장을 위해 그것은 또한 Muruka-piḷḷai와 같이 자프나 따밀어(Jaffna Tamil)에서 수컷에게 적절한 이름으로 인기 있는 애완동물 이름들을 만들기 위해 무루깐의 다양한 명칭들이 첨부된다. 이러한 따밀어 용법은 원시-드라비다어로 거슬러 올라간다. 왜냐하면 중부 드라비다 언어들은 "다람쥐"라는 의미를 가지고 piḷḷai의 같은 어원들을 보존하기 때문이다. 존경을 표하는 복수형으로서 Piḷḷaiyār는 산스끄리뜨어에서 ("주인의 지도자"인) 가네샤(Gaṇeśa) 또는 가나빠띠(Gaṇapati)로 알려진 대중적인 신의 따밀어 이름이다. 그는 스깐다와 루드라를 꼭 닮은 고대의 신이다(제12장).

세밀한 그림의 의미를 가진 야자나무다람쥐와 같이 보기 드문 인더스기호들조차도 드라비다어의 언어적 틀 안에서 자연스럽고 적절한 설명을 발견할 수 있다는 사실은 희망적인 신호이다. 앞에서 살펴본 것처럼 드라비다어에 기반을 두고 있는 많은 수수께끼 그림 해석들은 고대 인도의 문화사와 인더스문명 속에서 의미가 소통되면서 서로 그리고 외적으로 언어적이고 문화적인 데이터와 연결된다. 해석들은 고대 인도의 천문학과 천문학적 계산과 그것과 연관된 신화, 힌두교와 고대 따밀 종교의 주요 신들과 무화과나무와 연결된 다산 의식에 제한된다. 이러한 맥락은 어려움에도 불구하고 약간의 진전을 이룰 수 있으며 향후 발전을 위한 가능한 방법을 제시한다. 비록 원시-드라비다어 어휘, 특히 복합어에 대한 우리의 지식이 개탄스럽게도 결함이 있지만 그림에도 불구하고 몇 가지 서로 대조할 수 있는 검사를 허용한다.

결론

22

선사시대의 인도: 아리아인의 언어와 종교

이 책에서 가장 중요한 결론을 요약하는 데 있어서 나는 초기 아리아인과 하랍빠인의 종교와 그것이 베다와 힌두교에서 어떻게 존속하고 있는지에 관한 나의 연구를 개략적으로 설명하려고 노력할 것이다. 그와 동시에 나는 특별히 24장에서 더 많은 연구를 자극할 수 있기를 바라는 몇 가지 제안을 할 것이다.

서로 다른 인도 유럽 언어들에서 공통적인 어휘는 PIE 언어의 자연적이고 문화적인 환경에 대한 결론을 허용한다. 이러한 토대에서 보면, 가장 잘 알려진 학자들은 오랫동안 PIE의 고향을 흑해-카스피해 초원 지대에 두었다. 그 시기는 신석기시대와 동기시대의—흐발린스크(Khvalynsk), 스레디 스토그(Srednij Stog), 스켈리아(Skelya)로 알려진—목축문화들(기원전 5000 – 3400년)에 속한다. 오늘날 선도적인 연구자들은 후기 PIE 단계의 고고학적 상관관계 때문에 흑해 – 카스피해 초원 지대의 초기 청동기시대 문화를 직접적으로 계승하는 얌나야(Yamnaya) 문화(기원전 3300 – 2500년)를 지지한다. 그러나 이 가설은 특정한 어려움들을 낳는다. 북서부 유럽에서 IE 언어들의 분산에 중심적인 역할을 했을 것이 틀림없는 매듭무늬 토기 문화(The Corded Ware culture)들은 확실하게 얌나야 문화에서 직접적으로 파생될 수 없다. 또 다른 문제는 PIE를 사용하는 사람들이 바퀴가 달린 탈것을 어디에서 얻었는지 설명하는 것이다. 바퀴가 달린 탈것과 관련된 PIE 어휘는 PIE 언어와의 시기를 측정하는 데 특히 중요한 단서로 드러났다. 나는 이러한 어려움들을 제거하기 위해 한 가지 제안을 한다: 초기 PIE를 사용하는 사람들은 몰다비아(Moldavia; 오늘날 Moldova)와 우크라이나의 트리폴리(Tripolye) 문화를 이어받았고, 후기 PIE 언어는 후기 트리폴리 문화(기원전 4100–3400년)에서 발전되었다.

이 해결책에 동의하는 지지자가 상당히 많이 있다. 목축 중심인 스켈리아 문화가 기원전 4300–4100년경 발칸반도를 침략해 거대한 파괴를 일으켰으며, 흑해 초원 지대에서 아나톨리아로 고대 문화의 이동에 대한 확실한 흔적이 현재 지배적인 관점과 고고학적으로 상호 연관이 있는 것으로 제시될 수 있다는 사실이 인정된다. 현재의 지배적인 관점은 아나톨리아 언어가 PIE 언어 공동체에서 가장 먼저 분리되었으며 초기 PIE에서 재현된 후두음의 음소를 보존하고 있는 유일한 언어라는 사실이다. 또한 스켈리아 목축인들은 발칸반도 침공 당시 그들이 오랫동안 접촉해 온 트리폴리 문화지역들을 공격했으며 트리폴리 문화는 그들의 금속과 다른 명성 있는 물품의 공급원이었다는 사실도 동의한다. 스켈리아 문화의 다량의 전형적인 조잡한 수제 도자기들은 후기 트리폴리 문화에서 궁극적으로 그것이 그로부터 매듭무늬 토기 문화가 파생될 수 있었던 트리폴리 도기의 주된 형태가 되기 전까지 점진적으로 증가한다. 더 나아가 가끔 말머리처럼 생긴 돌로 머리를 장식한 철퇴들이 초원 지대의 기원을 가지고 있으며 아마도 트리폴리 문화가 널리 확장되어 번성하도록 만들었지만 또한 내부적인 투쟁을 낳게 했던 사회적 구조에서 족장의 중요성을 암시하는 권력의 상징인 홀(笏)로 사용되었을 것이다.

기원전 4000년대 후반에 수메르인들에 의해 최초로 바퀴가 달린 탈것이 발명되었다는, 오랫동안 지배적이었던 견해는 4000년대 후반기에 유럽에서 시기를 추정할 수 있는 수많은 새로운 발견에 의해 도전을 받았다. 기원전 4000년대에 트리폴리 문화만이 기원전 3500년 이전에 바퀴가 달린 탈것에 대한 일부 증거(모형 바퀴들과 마차 형태의 술잔들)를 보여 줄 뿐이다. 농업에서 가장 진보된 문화이며 동기시대 세상에서 가장 큰 정착촌을 가지고 있기 때문에 운송 수단을 개선할 동기를 가지고 있었다. 소가 끄는 썰매에 관한 많은 모형들이 있는데, 그것으로부터 바퀴가 달린 마차는 무거운 짐을 실은 썰매들 밑에 굴러다니는 통나무들을 놓은 것에서 발전된 것으로 생각된다. 발명가들은 대개 그들의 발명품에 이름을 붙이기 때문에 그리고 PIE 탈것에 관한 용어는 PIE 어근에서 유래되기 때문에 이때까지 후기 트리폴리 문화에서 사용된 언어는 비인도-유럽어(non-Indo-European)에서 후기 PIE로 옮겨 갔음이 틀림없다. 남부 코카서스 민족의 언어인 남카프카즈어(Kartvelian)와 수메르어에서 바퀴가 달린 마차에 사용된 용어는 그 발명이 기원전 3500년경에 초원 지대와 메소포타미아의 우르크(Uruk) 문화가 만난 코카서스를 넘어 서아시아로 퍼져 나간 것으로 보인다.

트리폴리 문화는 농업 경작으로 유럽에서 가장 비옥한 들판을 경작했으며, 그로 인해 기원전 4000년대에 인구는 경이적으로 증가했다. 기원전 3400년경에 모종의 기후 위기가 닥치면서 이 번창하던 문화가 갑자기 종식되었을 때 수백 개의 트리폴리 지역들이 버려졌고 수만 명의 후기 트리폴리 사람들이 바퀴가 달린 탈것을 타고 사방으로 분산되면서 이동하는 목동의 생활 방식을 받아들였다. 많은 사람의 중심지로부터의 분산은 기원전 3300−2500년 시기에 두 가지 주요 문화적 연결고리를 만들었다. 그 시기는 PIE 언어가 그의 분파들이 처음 역사적으로 등장하는 대부분의 장소로 확산되는 데 책임이 있다고 오랫동안 주장되었다: 즉 네덜란드에서 북서 유럽을 거쳐 러시아까지 이어지는 매듭무늬 토기(Corded Ware) 또는 전투용 도끼(Battle Axe) 문화와 다뉴브에서 남동부유럽을 거쳐 우랄까지 이어지는 얌나야(Yamnaya) 문화가 그것이다. 매듭무늬 토기와 얌나야 양자의 문화들은 바퀴가 달린 탈것들을 소유하고 있었다. 그것들은 사회지도층 무덤에서 명망의 대상으로 매장되었다. 그리고 후기 트리폴리 문화에서 파생되었을 수 있는 도기와 다른 유물들도 함께 매장되었다.

얌나야 문화는 아마도 후기 PIE를 사용했을 후기 트리폴리 사람들이 흑해−카스피해의 초원 지대로 퍼져 나갔을 때 생겨났다. 고풍의 언어적 기반은 얌나야 문화의 언어가 다른 초기 IE 언어와 달랐을 가능성이 크다. (자주 문화적 경계선으로 작용했던 다뉴브강에서 드네프르강까지의) 연속체의 서쪽 절반에서 사용된 얌나야 언어는 그리스어와 아르메니아어의 조상이었을 가능성이 높고, (드네프르에서 우랄까지의) 동쪽 절반에서 말해진 언어는 인도−이란어의 조상이었을 가능성이 높다. 이 언어들은 동사의 과거 시제 표시로 작용하는 접두모음자(augment), 접두사 *e와 다른 IE 언어에는 존재하지 않는 다른 특징들을 공유한다. 그리스어와 달리 아르메니아어는 사템 어군(satem language)이다. 그렇기 때문에 그 언어의 조상은 혁신적인 사템어군에서 구개화된 연구개음의 소리가 마찰음이 되는 소리 변화를 의미하는 사테미제이션(satemization)을 공유하는 인도-이란어와 발트-슬라브어(Balto-Slavic)에 더 가까웠을 가능성이 높다. 왜냐하면 확률이 큰 발트-슬라브어의 조상은 [중부 드네프르, 파트야노보(Fatyanovo)와 발라노보(Balanovo)의] 매듭무늬 토기 문화의 동부의 변형들과 고고학적 상관관계가 있을 가능성이 아주 높고, 인도-이란어의 원래 고향이 종종 그렇게 주장되듯이 중앙아시아에 있을 수 없으며, 흑해-카스피아 초원 지대에 있어야 하기 때문이다. 유럽 초원 지대에 있는 이 장소만이 "이란어"와 "인도-아리아어" 분파들 사이에 존재하는 상당한 차이점들이 발달한 것을 허락할 수 있다.

원시-아리아어의 고향을 입증하기 위한 또 다른 중요하고 실제로 결정적인 요소는 우랄어족(Finno-Ugric)의 언어들이 대략 100개의 초기 아리아어에 속한 외래어들을 포함하고 있다는 사실이다. 그 단어들 가운데 몇몇은 원시-아리아어(후에 인도-이란어의 기초 위에서 재구성된 것으로)의 몇몇 음의 변화의 특징이 발생하기 전에 빌려온 것이다(원시-서부 우랄어족의 *kekrä 대 원시-아리아어 *cakra-). 반면에 차용어들 가운데 일부는 분명히 원시-인도-아리아어에서 온 것이다. ("밀랍"을 의미하는 *mete-śišta-는 비록 "남기다"를 뜻하는 동사 śiṣ-가 이란어에서 그에 상응하는 대응물이 없다 할지라도 정확하게 어원적으로 "꿀에서 남겨진 것"을 의미하는 산스끄리뜨어 madhu-śiṣṭa의 대응물이다). 더욱이 최근의 연구는 원시-우랄어가 해체되기 전에 아리아어에 속한 외래어를 가지고 있었다는 사실을 제시한다. 이를 통해 전통적으로 유럽 러시아의 숲이 우거진 동부 지역에서 찾았던 원시-우랄어의 고향을 찾을 수 있는 가능성을 보다 한정시킬 수 있게 해 준다.

위의 고려 사항은 처음으로 우랄어와 인도-이란어 전체 망을 구성하는 보다 고고학적 상관관계의 명확한 네트워크를 제시할 수 있게 했다 (Parpola 2012 [2013]). 카펠란(Carpelan)과 파폴라 (2001)는 돈강 상류와 볼가강 하류 지역의 초원 지대의 후기 얌나야와 폴타브카(Poltavka) 문화가 볼가강 중류와 카마(Kama) 강 하류 지역으로 확장되어 아바셰보(Abashevo) 문화(기원전 2300 – 1850년)를 형성했을 때 원시-아리아인 공동체는 기원전 2300년경에 두 개의 분파로 나뉘었다고 제시했다. 아마도 원시-인도-아리아어를 사용하는 사람들이 파트야노보(Fatyanovo) 문화의 발라노보(Balanovo) 문화로의 확장과 싸웠던 주된 이유는 이 지역의 구리 자원 때문이었던 것으로 보인다. 아바셰보 사람들은 아마도 원시-우랄어를 사용하는 가리노-보르(Garino-Bor) 사람들과 공생하면서 살았던 것으로 보인다.

원시-우랄어는 "구리, 동"(*wäśka)과 "주석"(*äsa) 양자에 관한 토착어를 가지고 있는데, 그 용어들은 함께 "주석-청동"(Tin-bronze)을 뜻하는 복합어 *äsa-wäśka로 나타난다. 주석-청동은 기원전 2100-1600년경에 다뤄졌고 (주석의 원산지인) 알타이산맥과 핀란드 사이에서 고품질의 무기와 연장들을 중재한 전쟁 무역상들의 거대한 서로 다른 문화적 연락망에서 생산되었다. 이 네트워크는 아바셰보 문화가 동쪽으로 더 나아가 우랄산맥의 다른 쪽으로 확장된 후 생겨났고, 우랄 남부의 신타슈타(Sintashta) 문화(기원전 2100 – 1700년)와 그것의 동부의 분파인 페트로브카(Petrovka) 문화(기원전 2000 - 1700년)를 발생시켜 알타이산맥에 도달했다. 이 세이마 - 투르비노(Sejma-Turbino) 네트워크의 유럽 쪽 진영은 원시-우랄어를 말하는 사람들에 의해 운영되었으며 우랄어의 서쪽으로의 확장에 도움이 되었던 것처럼 보인다.

신타슈타와 페트로브카 사람들은 금속을 다루는 사람들이었을 뿐만 아니라 목축인들이기도 했다. 그들은 기원전 2000-1450년경에 러시아, 카자흐스탄, 투르크메니스탄의 아시아 초원 지대를 지배했던 안드로노보(Andronovo) 문화를 시작했다. 이 모든 문화의 엘리트들은 경주, 사냥 및 싸움에 사용되었고 주인과 함께 묻힌 말이 끄는 전차를 소유했다. 말은 기원전 2100-2000년경 신타슈타 문화에서 전차를 몰기 위해 처음으로 멍에를 썼으며 이후 그것이 모든 방향으로 빠르게 퍼져 나간 것으로 드러난다.

신타슈타에서 길들여진 말과 전차는 모두 중앙아시아 남부에 있는 준도시 농업에 기반을 둔 박트리아(Bactria)와 마르기아나(Margiana) 고고학 단지(BMAC)와 이란 북부에 있는 테페 히사르(Tepe Hissar) 3기 주변의 확장지로 왔다. 나는 1988년 이후부터 기원전 20세기에 BMAC의 통치가 그 안으로 유입되는 원시-인도-아리아어 사용자들에 의해 장악되었다고 주장해 왔다. 그들은 명백하게 도시 단계에서 원래의 "트랜스-엘람어"(Trans-Elamite) 형태를 보존하고 있었던 이 인상적인 문화를 대규모로 채택했다(기원전 2300 - 1700년). 초원 지대 문화들의 분포가 BMAC에 도달하는 동안 그것은 더 남쪽이나 서쪽으로 지속되지 않는 반면 BMAC 사람들은 기원전 1900년경에 인더스 계곡의 변경 지역에 이르렀고 동시에 이란 북부와 서쪽의 이란고원으로 퍼져 나갔다. 기원전 20세기 이래로 BMAC 사람들은 시리아와 무역 관계를 맺고 있었다; 카파도키아에 있는 아시리아 상인들은 중앙아시아 남부에서 주석을 수입하고 있었다.

유입되는 강력한 소수민족에 의한 새로운 문화의 쉬운 채택은 후기 트리폴리 문화의 경우에도 당연한 것으로 여겨졌으며 미탄니왕국의 경우에 실제로 입증되었다. 미탄니왕국의 통치자들(기원전 1500-1300년)이 원시-인도-아리아어 사용자라는 사실은 문헌들을 통해서만 알려질 수 있다. 원시-인도-아리아어 사용자들의 서아시아로의 이동에 대한 고고학적 상관관계는 기원전 1500년경에 초기 이란 서부의 회색토기의 출현이다; 그것의 기원은 기원전 1900년경 테페 히사르에서의 BMAC 확장과 연결된 고르간 회색토기(Gorgan Grey Ware)에서 나타난다. 미탄니왕국의 원시-인도-아리아인들이 서아시아에서 대규모로 전차와 관련된 것들을 시작했다는 사실은 무엇보다도 후르리어(Hurrian), 아시리아어, 서부 셈어(West Semitic) 그리고 이집트어에서 이러한 의미를 지닌 인도-아리아어 용어 marya-("전차를 모는 전사, 귀족")를 수용한 데서 알 수 있다. 새롭게 발견된 문헌은 후르리인들이 기원전 1760년경에 전차 용병들(marya mercenaries)을 가지고 있었다는 사실을 암시한다(Eidem 2014). 이란 북부에 있던 BMAC와 연관된 고르간(Gorgan) 사람들이 서쪽으로 이동하기 전에, 그들은 아마도 카자흐스탄의 초원지대에서 온 원시-인도-아리아어를 사용하는 이민자들의 새로운 물결과 융합되었을 것이다. 그들은 기원전 1700년경 도시 후기(posturban) 시대에 늦게 BMAC에 온 페도로보 안드로노보(Fëdorovo Andronovo) 문화의 사람들이었을 것이다. 안드로노보 야영지들은 실질적으로 모든

BMAC 정착지를 둘러싸고 있으며, 몇몇 혼성 안드로노보-BMAC 문화가 중앙아시아 남부에 자리 잡게 되었다.

중앙아시아 남부에서는 BMAC가 야즈 1기와 연관된 문화로 대체되었다(기원전 1500 – 1000년). 이것들은 유럽 초원 지대에서 온 "롤러 도자기"(roller pottery) 문화에 속한다. (아바셰보 문화를 형성한) 원시-인도-아리아 지파가 떠난 후 이란 지파는 원시-아리아인의 고향인 흑해-카스피해 초원 지대에 남아 있었으며, 얌나야 문화 이후 대부분 유사한 목축문화들이 다양한 분포를 보이면서 각각 그 뒤를 이었다. 그러나 그들은 기원전 1500년경까지는 아시아 초원 지대로 이동하지 않았으며 그때 새로 형성된 "롤러 도자기" 문화가 갑자기 모든 방향으로 확장되었다. 이것은 원시-이란어 사용자들에 의해 말을 타는 것이 넓은 범위로 채택된 것과 연관이 있는 것처럼 보인다. 원시-이란어가 "승마"에 관한 특별한 동사를 가지고 있지만, 그러한 동사는 PIE 또는 원시-아리아어 또는 원시-인도-아리아어에서는 발견되지 않는다.

알려진 무덤들이 없는 야즈 1기 사람들은 아마도 (썩은 고기를 먹는 새에 노출되는) "하늘"의 매장을 실행했고, 기원전 1000년경 개혁 이후 조로아스터교가 될 종교를 만들었을 것이다. BMAC에서 그 수효가 증가하는 것으로 나타나는 기념비들은 초원 지대에서 선행하지 않았던 이러한 종류의 매장이 중앙아시아 남부에서 원시-이란어 사용자들에 의해 수용되었다는 사실을 암시한다. 기원전 1500년경까지 연대 추정이 가능한 발루치스탄의 피라크에서 나온, 말을 탄 사람들의 테라코타 조각상은 새의 부리 모양의 머리를 제외하고는 사람의 모습을 닮았다. 나는 그들을 알타이산맥의 얼어붙은 무덤에서 나온 말을 타고 있는 사카 기수들(기원전 500-200년)과 비교한다. 그들은 가끔 새의 부리 모양의 머리 위에 얹혀져 있는 뾰족한 펠트 모자들을 쓰고 있다.

아마도 원시-동부이란어 또는 원시-사카어를 사용했을 야즈 1기 문화의 사람들은 초기의 BMAC 문화의 일부 전통을 이어 갔다. 아프가니스탄 동부 틸리아 테페(Tillya Tepe)의 야즈 1기와 관련된 요새는 BMAC 요새들과 비슷하며, 그러한 요새를 건설하는 전통은 와지리스탄(Waziristan)에서 파슈토어(Pashto)를 사용하는 사람들의 요새화된 영지에서 오늘날까지 존속하고 있는 것처럼 보인다. 나는 야즈 1기의 요새들이 (Divodāsa 왕이 사라스와띠 강둑에서 태어난 장소인) 칸다하르(Kandahar) 지역에서 스와트와 뻰잡까지 산을 통과하는 과정에서 리그베다의 인도-아리아인들에 의해 정복된 다사(Dāsa)인의 성채들이라고 제안한다. 다사(Dāsa 또는 Dasa)는 그리스어와 고대페르시아어에서 Dā(h)a와 Daha로 알려진 인도-이란 국경 지대에서 사카어를 사용하는 민족의 이름이다. (그것은 코탄 사카어와 와키어에서 "사람, 인간 존재, 영웅"이라는 뜻이다.) 리그베다에서 언급된 Dāsa 족장에 관한 적절한 이름들 가운데 부계의 성을 딴 까니따(Kānīta)가 있다. 그것은 스키타이어의 적절한 이름인 카니테스(Kanītēs) 그리고 카니토스(Kanītos)와 비교되었다; Dāsa 족장들 가운데 다른 이름들은 BMAC의 고유의 비-인도-유럽계 언어(original non-Indo-European language)에서 유래한 것으로 보인다. 다사에 관한 문제에 대한 이 해결책은 남아시아로 리그베다 이주의 날짜를 추정하기 위한 새로운 단초를 제공한다; 그것은 일반적인 추정치와 일치하는 기원전 14세기경에 일어났을지도 모른다.

따라서 리그베다 인도-아리아인들은 BMAC의 "도시" 단계에서 온 최초의 원시-인도-아리아어를 사용하는 이민자들보다 약 500년 뒤에 남아시아에 도착했을 것이다. 나는 리그베다와 아타르바베다 사이의 언어적, 종교적 차이를 인도-아리아어 사용자들의 이 두 가지 분리된 이동으로 설명했다. 그들의 점진적인 융합은 베다 문학의 형성 과정 속에서 반영되어 있다. 전통적으로 베다 문헌들과 종교의 발전이 단선적으로 보였기 때문에 그리고 리그베다와 아타르바베다 간의 차이점은 사제들의 "성직자"의 종교와 일반인들의 "대중적" 종교라는 이분법에서 기인한 것으로 해석되었기 때문에 이것은 논란거리가 되고 있다. 이 견해는 주류 의견이며 이 문제에 대해서는 이 책에서 상세하게 다뤄져 왔다. 수많은 언어적 차이 중 하나는 특히 중요하다. 원래의 리그베다 방언에서 모든 최초의 PIE *l은 *r와 합병되었다; 이 다른 음의 r음으로의 전환(rhotacism)은 리그베다 아리아어가 남아시아에 들어가기 전에 이미 일어났다. 비록 주로 외국어 이름들 속에 발생하는 l이 후에 리그베다 언어 속에 다시 소개되었지만, 리그베다 산스끄리뜨어는 많은 단어들이 원래의 PIE *l을 보존하던 아타르바베다의 방언의 원천이 될 수 없다. 그에 대한 종교적 증거들이 간략하게 논의될 수 있을 것이다.

베다 찬가들이 수집되었고 베다 문학은 꾸루 왕들의 통치 기간에 만들어졌다. 잠정적이고, 지리적이며, 문화적으로 (단지 소수의 작은 마을에서 말, 철을 사용한) 꾸루 왕국은 그린 회색 도자기(the Painted Grey Ware; PGW)로 구별되는 문화의 초기 단계(기원전 1100-700년)와 밀접하게 일치한다. 마하바라따의 주된 내용인 꾸루 계열과 빤두 계열 사이의 전설적인 전쟁은 (마투라와 같은 여러 마을을 포함하는) PGW 문화의 후반기(기원전 700-350년) 동안에 일어난 것처럼 보인다. 빤두 계열의 영웅들 중 어느 누구도 그리햐수뜨라들 이전의 베다 문헌에 알려져 있지 않다. 반면에 문법학자 빠니니(기원전 350년)는 마하바라따와 그것과 관련된 몇 가지 핵심적인 이름들을 언급하고 있다.

나는 빤두 계열을 기원전 800년경 신드, 구자라뜨, 라자스탄을 거쳐 남아시아에 온 사람들과 연결시키고, 그들이 이른바 거석문화를 가져왔으며 그들의 도기로는 초기의 지역적인 흑색-적색-도자기(Black-and-Red Ware)를 수용했다고 제안한다. 5명의 빤두의 아들들의 아버지는 "창백함"을 의미하는 빤두(Pāṇḍu)이다. 그는 창백한 피부를 갖고 태어나도록 운명 지워져 있었다; 그 (드라비다어 어원을 가진 산스끄리뜨어) 이름은 약간 더 창백한 피부색을 가진 새로 도착한 이방인들을 위한 지역적인 인도 명칭을 나타내는 것으로 보인다. 거석문화의 무덤들, 그 안에서 발견된 말에 관련된 장비 그리고 그와 연관된 원형 텐트(yurt) 같은 집들은 중앙아시아, 코카서스, 서부 이란에서 유사한 것들을 가지고 있으므로 그곳으로 온 이민자들이 원래 이란어를 사용했다는 사실을 암시한다. 이러한 가설은 이란 부족의 관습과 비교될 수 있는 빤두의 아들들의 인도적이지 않은 일처다부제 결혼에 의해 뒷받침된다.

라마야나는 거석문화가 스리랑카와 남인도로의 이동과 이들 지역에서 인더스 계곡, 구자라뜨, 마투라 지역으로부터 들어온 아리아어를 사용하는 모험가들이 권력을 장악한 것을 반영하는 것으로 보인다. 스리랑카의 불교 연대기는 아리아인의 그 섬에 대한 정복을 구자라뜨에서 와서 시부 해안의 마을을 습격했던 비자야 왕자와 연결시킨다. 따밀나두의 빤드야왕들과 그들의 수도 마두라이(Madurai), 다시 말해서 남부 마두라는 북부 마두라, 즉 마투라(Mathurā)와 연관된다.

"가문의 서적" 2-7권은 리그베다에서 가장 오래된 부분을 대표하며 리그베다 아리아인의 원래 종교를 가장 진솔하게 반영한다는 것이 일반적으로 합의된 사실이다. 이 오래된 책에서 주신은 인드라이다. 그는 칭송의 노래와 신성한 음료 소마를 공물로 제공받으면서 숭배된다. 날아다니는 전차를 타고 온 세상을 돌아다니는 쌍둥이 신인 아슈윈스 또는 나사뜨야스는 원래 소마 의식에서 제외된 신성한 의약인 혹은 보다 낮은 단계의 신이다. 또 다른 신성한 두 신 미뜨라(Mitra)와 바루나(Varuṇa)는 인드라와 경쟁하지만 그들에게 부여된 찬가는 현저하게 적다. 미뜨라와 바루나, 인드라와 나사뜨야스(그러나 다른 아리아인의 신은 없다)는 모두 기원전 1350년경 미탄니(Mitanni)왕국의 왕 사띠바자(Sātivāja)에 의해 힛타이트의 왕과의 협정에서 신성한 증인들로 도움을 요청받는다. 그들은 대략 기원전 1500년경 미탄니왕국 통치가 시작되었을 당시에 원시-인도-아리아인의 제신들의 가장 중요한 구성원이었던 것으로 보인다. 여기서 미뜨라와 바루나가 첫 번째 위치를 차지하고 있는 반면 리그베다에서는 명백하게 인드라가 분명히 주된 신이 된다.

내가 제안하는 것은 기원전 2000-1900년경과 기원전 1700-1600년경 BMAC에서 온 원시-인도-아리아인들의 두 이동에서 둘 사이에 종교가 이미 조금씩 멀어져 있었다는 사실이다. 후반부인 페도로보(Fëdorovo) 안드로노보(Andronovo) 민족의 이동에서 그들은 인드라를 숭배했다. 그들의 제식 음료인 *sauma는 원시-인도-유럽인의 것도 아니고, 헤로도토스와 우랄어 속에 있는 아리아어 외래어의 증거에서 보아도 원시-아리아의 기원도 아니지만, 중앙아시아 어딘가에서 채택된 것으로 보인다. [신강에서 발견되었고 안드로노보 사람들과 연결된 미라들은 장례 복장 속에 마황(Ephedra)의 잔가지들이 가득 채워져 있었다.] 그러나 인드라는 그리스의 제우스(Zeus, 〈 *Dyeus), 로마의 주(피터)(Ju(piter), 〈 *Dius)처럼 원래 원시-아리아인의 제신들 가운데 우두머리 신, 즉 "하늘"과 "낮"의 개념이 상속된 PIE 신이었을 수 있다. 인드라는 "신"을 뜻하는 deva-라고 불리며, "빛나다"를 뜻하는 어근 dyav- / div- (PIE *dyev- / div-) 양자에서 "빛나는, 반짝이는, 천상의"를 의미하는 dyumat-라는 별칭을 가지고 있다. 원시-우랄어에서 "(가장 높은)" 신을 뜻하는 단어는 원시-인도-아리아어 *dyumat-에서 온 *juma (yuma)였다. 인드라라는 이름 자체는 어원학적으로 설명하기 어렵다는 것이 입증되었다. 나는 하늘과 천둥 같은 날씨의 신에 대한 원시-중앙-우랄어 이름인 *Inmar에서 그것이 파생되었다고 제안한다. 핀족의 서사시에서 나타나는 서부 우랄어의 같은 어원으로 ("공기, 날씨, 대기"를 뜻하는 ilma에서 온) Ilmari는 하늘과 그 빛들을 만든 신성한 대장장이의 이름이다; 그는 또한 하늘을 받치는 세계의 기둥 sampo/sampas 〈 원시-인도-아리아어 *stambha-s를 만들었다. 아마도 원시-동부-우랄어를 사용하는 중부-우랄인들의 체르카스쿨(Cherkaskul) 문화에 속하는 사람들은 페도로보 안드로노보 사람들과 협력했을 수 있다. 그리고 그들 가운데 일부는 목축인이 되어 안드로노보인들과 함께 먼 거리를 이동하면서 중앙아시아 남부까지 이르렀을 것이다.

BMAC에서 원시-인도-아리아인 이민자들의 첫 번째 이동은 우랄 남부의 신타슈타에서 왔으며 그들은 기원전 2100-2000년경에 말이 끄는 경전차를 발명한 것으로 추정된다. 그 전차는 그들의 문화에서 커다란 중요성을 얻었을 것이다. 그들의 요새화된 정착지들의 배치는 원형이며 전차 바퀴와 닮았다. 말과 전차는 엘리트인의 무덤의 가장 중요한 명성의 상징으로 등급을 나타내는 중요한 표시였다. 전차와 함께 새로운 신들이 들어왔다. 그 신들은 일반적으로 추정될 수 있는 PIE의 조상이 없다. 말과 마차와 관련된 새로운 신들은 인도-아리아어, 그리스어, 발트어에서 "하늘의 두 아들들"이라고 불린다: PIE 시대 이후로 줄곧 하늘은 이전까지 가장 높은 신이었고, 그의 아버지는 새로운 신들에게 명성을 부여해 제신들 가운데 가장 높은 위치로 들어 올려졌다. 내 생각에는 두 사람으로 구성된 전차 팀이 도리스 지방의 그리스에서처럼 이중 왕권(dual kingship)의 진정한 체제를 위한 모델로 만들어진 것처럼 보인다; 인도에서 이 이중 왕권은 왕족 가계의 제사장인 뿌로히따(purohita)와의 협력으로 이후까지 살아남는다. 자이미니야-브라흐마나(Jaiminīya-Brāhmaṇa 3,94)에 따르면 지나간 과거에 고대 인도에서 왕은 전차의 전사였고, 그의 대제사장은 전차몰이꾼이었다.

아슈윈스는 분명히 도리아 그리스인의 디오스쿠로이(Dioskouroi)의 인도-아리아인의 상대이지만 그들은 이중의 왕들(dual kings)은 아니다. 그 대신에 미뜨라와 바루나는 이중의 왕들이다. 이것을 설명하기 위해 나는 아슈윈스가 BMAC에서 왔을 때 이중의 왕이었다는 사실을 제시했다. 그러나 BMAC의 초기 원시-인도-아리아인들이 기원전 20세기 후반부터 아시리아인들과 무역 관계를 맺었을 때 아마도 그들은 아시리아의 종교와 친분을 맺게 되었을 것이다. 아시리아 종교에서는 사회적 미덕이 보조적인 신들, 보다 높은 신 아수르(Aššur)의 특성들의 인격화를 나타내고 왕과 같은 아수르는 그의 가장 가까운 관리들에 둘러싸여 있다. 나는 BMAC의 원시-인도-아리아인들이 이 아시리아의 모델을 모방하고 그들 자신의 최고신들(즉 아슈윈스)에게 비슷한 속성, 즉 아디뜨야(Āditya) 신들을 제공했다고 추정한다. 어떤 이유에서인지 이 새로운 속성을 가진 신들 가운데 가장 중요한 두 신인 미뜨라와 바루나는 아슈윈스의 이중 왕권과 결합되었고, 아슈윈스는 구세주, 신성한 의약인 그리고 장례의 신의 역할로 축소되었다. 그러나 그들은 말이 끄는 전차와 2인조 팀과의 고유한 관계를 유지했다.

초원 지대에서 수장들은 그들의 마차와 함께 매장되었다. 세 종류의 신성한 쌍둥이들 모두 (리그베다 1,116,2에서 야마의 상품이 걸린 경주에 대한 나의 제안이 받아들여진다면) 그리스와 인도에서 장례식의 전차 경주와 발트해 연안 제국들에서 장례식의 말달리기 경주와 연관된 장례의 신들이었던 것처럼 보인다. 전차몰이꾼의 주된 임무는 그의 주인인 전차를 타고 싸우는 전사를 "구해서" "그를 안전하게 집으로 데려오는 것"이었다. 이 후자의 관념은 PIE 어근 *nes-의 의미이며, 전차몰이꾼으로 유명한 호머 시대의 영웅인 그리스인 네스토르(Nestor)가 그로부터 유래한다; 그리스어로 "집에 오다"를 의미하는 nostos는 산스끄리뜨어로 "귀향"을 뜻하는 *nasati-와 일치하는데, 이것은 아슈윈스의 또 다른 명칭인 Nāsatya에서 암시된다. 리그베다에서 아슈윈스는 노쇠한 사람들—때로는 죽은 사람처럼 지하에 누워 있는 사람들—을 다시 젊음을 회복시켜 줌으로써 그들을 구한다. 이것은 내가 생각할 때 그들이 죽은 사람의 부활을 돌보고 있다는 것을 암시한다.

장례의 신으로서의 아슈윈스의 기능은 간다라 무덤 문화(Gandhāra Grave culture)의 장례식의 "얼굴 모양의 항아리"로 확인된 것처럼 보인다. 아슈윈스와의 연관성은 말 모양의 손잡이가 있는 항아리 뚜껑과 무엇보다도 많은 그릇들에 있는 "얼굴"에서 두드러진 커다란 "코"에 의해 나타난다. "무사히 집으로 오다"를 뜻하는 PIE *nes-는 "무사히 집으로 오다"를 의미하는 인도-이란어 nas-가 되었다. "코"를 의미하는 동음이의어 nas-의 존재는 인도-아리아어-사용자들 사이에서 "코의 탄생"을 의미하는 나사뜨야스의 신화를 생기게 했다(그들에 대한 임신은 암말의 형상을 하던 그들의 어머니가 아슈윈스의 종마 형상의 아버지가 땅에 무심코 흘린 정액 냄새 맡았을 때 발생했다고 말해진다). 결과적으로 신화는 출산의 의식으로 이어지고 그 속에서 씨앗을 상징하는 물질이 아내의 코로 들어간다. 따라서 코는 (재)생성을 상징한다.

간다라 무덤의 얼굴 모양의 항아리의 것과 유사한 "코"는 아슈윈스에게 신성한 마하비라(mahāvīra) 또는 가르마(gharma) 항아리에도 똑같이 처방된다; 이 가르마 항아리는 목이 잘린 영웅의 머리라고 말해진다. 가르마 의식의 끝에 이 항아리는 의식의 다른 도구들과 함께 인간의 형상으로 땅에 놓이게 된다. 이 의식 행위는 죽은 희생 제주의 의식 도구들이 그의 시체의 여러 부분에 놓이는 베다 장례식과 유사하다. 가르마 의식을 담당하는 두 명의 주관 사제들은 아드바르유(adhvaryu)와 쁘라띠쁘라스타따르(pratiprasthātar)로서 그들은 베다 희생제의 사제들 사이에서 두 명의 아슈윈스을 의인화한 것이다.

리그베다에서는 소마 의례와 더불어 인드라에 대한 숭배가 명백하게 우세하지만, 미뜨라, 바루나, 아슈윈스에 대한 찬가들이 "가문"의 책에 포함된 것은 기원전 1350년경의 미탄니 조약에서 한 것처럼 그들의 숭배 의식이 이미 중앙아시아 남부에서 채택되고 있었음을 암시한다. 하지만 남아시아에 도착하면서 리그베다 아리아인들은 BMAC의 도시 단계에서 비롯된 인도-아리아어 사용자들을 만난 것으로 보이며, 그들의 중요한 아리아인의 신들은 아슈윈스와 미뜨라-바루나였으며, 그들은 그 이전에 인드라를 알지 못했다; 다른 한편으로 그들은 오랫동안 인더스인과 그 후손들에게 기저가 되었던 영향에 노출되어 있었다.

그들의 전통이 삼행시 구조 그리고 가야뜨리(gāyatrī)와 쁘라가타(pragātha) 운율을 선호했던 깐바와 앙기라사 시인들은 초기에 남아시아로 이주한 원시-인도-아리아 이민자들에 속했다. "가문"의 책의 일부이며 후대에 속한 리그베다 5권의 아뜨리(Atri) 씨족은 리그베다 이민자들로서 깐바인들로부터 간다라에서 아슈윈스의 숭배를 수용했던 것으로 보인다. 아뜨리 씨족은 (2014년에 기원전 1100~800년으로 연대가 측정된) 간다라 무덤 문화의 두 번째 단계의 "얼굴 형상의 항아리"와 연관된 것처럼 보이는 가르마 또는 쁘라바르갸(pravargya) 의식을 개발함으로써 새롭게 소개된 화장에 의한 장례식에서 아슈윈스를 장례의 신에 대한 숭배에 적용했다.

깐바인과 앙기라사인들의 일부는 후자가 남아시아로 들어오자마자 거의 모든 면에서 리그베다 아리아인들의 인드라-숭배자들과 합류해 사마베다를 만든 것으로 보인다. 리그베다에서 사만(sāman)에 대한 가장 초기의 언급은 가르마 의식과 관련이 있으며, 그러므로 그것은 원래의 신성한 음료가 꿀-맥주(madhu-surā)였던 것으로 보이는 아슈윈스들에 대한 숭배이다. 사우뜨라마니(sautrāmaṇī) 의식에서 보면 수라(surā)의 준비가 말의 털로 만든 필터를 통한 정화를 포함한 반면 조로아스터교도들의 야스나(yasna) 의식에서는 하오마(haoma)가 황소의 털을 통해 걸러졌다는 사실을 알 수 있다. 내가 보기에 그것은 원래 아슈윈과 관련된 의식에서 사용되었던 사만들이 이제는 인드라와 그의 소마 음료를 숭배하는 데 적용되었고 결과적으로 "가문"의 책 이후 리그베다 찬가 모음집에 처음으로 크게 추가된 것 같다. 야주르베다의 주요 사제들은 다시 가르마/쁘라바르갸 의식의 주관자인 아드바르유와 쁘라띠쁘라스타따르는 아슈윈스의 인간적 상대자들이라고 말해진다. 이것은 아마도 한때 아슈윈-숭배자들이었던 사제들이 야주르베다를 만드는 데 중요한 역할을 했을 것이라는 사실을 암시한다.

하지만 일부 깐바인들과 앙기라사인들은 그들의 원래의 전통에 충실했다. 그들의 아타르바베다 찬가들은 적어도 명목상으로 그들이 인드라 숭배를 받아들인 후에 베다 문화의 일부로 받아들여졌다. 이것은 리그베다에 대한 마지막 추가분, 특히 10권에서 발생했다. 거기에서는 많은 찬가들이 아타르바베다적 특징을 갖고 있다. 그러나 이러한 보다 초기의 핵심인 아타르바베다의 종교는 여러 면에서 리그베다의 종교와는 다르다. 특히 주목할 만한 것은 (마술적 수단으로 적들의 왕 및 대적하는 자들을 해치는) 마법이다. 그것은 왕실 사제인 뿌로히따의 주요 임무 가운데 하나이다.

아타르바베다의 이와 같이 난폭한 특징과 일치하는 것은 브라뜨야 의식들로, 아타르바베다[샤우나까(Śaunaka), 교정본 15권]와 사마베다의 브라흐마나스에 처음 기술되어 있다. 브라뜨야스또마 의식들은 참가자들의 침략을 위한 원정의 시작과 끝에서 거행된다. 브라뜨야스또마 의식들에 대한 세부 사항은 그들을 고대 왕실 의식들(말 또는 인간 희생제, 왕실 봉헌식인 vājapeya, 불의 제단 쌓기인 agnicayana)뿐만 아니라 일반적으로 불의 제단의 완성과 동시에 연말에 행해지는 마하브라따(mahāvrata)의 "대중적인" 축제와 연결시킨다. 고대 아리아인의 배경인 신들, 아슈윈스, 바루나 그리고 (신성한 뿌로히따이며 전차몰이꾼인) 브리하스빠띠, 아타르바베다와 (언어학적으로 리그베다의 전통보다는 아타르바베다의 전통을 이어 가고 있는) 브라흐마나 문헌뿐만 아니라 이 의례들에서 중요한 신들 외에도 창조의 신 쁘라자빠띠(Prajāpati)와 여신 바끄(Vāc) 그리고 루드라(Rudra)가 있었다. 나는 비록 바루나와 같은 원래의 아리아인의 신들이 인더스문명의 종교에서 그들과 유사한 상대자들의 기능과 속성의 일부를 흡수했을지도 모른다고 예상할 수도 있지만, 하랍빠의 제신들 가운데 주된 신들이 생존했을 가능성이 가장 높다고 생각한다.

기원전 300년경 빠딸리뿌뜨라(Pāṭaliputra)에 살았던 그리스의 대표 사절 메가스테네스(Megasthenes)는 자신의 아버지인 인도의 헤라클레스(Indian Heracles)와 결혼했던 판다이에(Pandaíē, 빤두의 딸) 공주의 전설에 관해 말한다. 이 이야기는 사비뜨리(Sāvitrī) 전설과 유사하다. 사비뜨리 신화는 베다의 여신 시따-사비뜨리(Sītā-Sāvitrī) 그리고 이런 식으로 라마야나의 여주인공 시따와 연결된다. 키케로(Cicero)에 의하면 인도의 헤라클레스는 발라-라마(Bala-Rāma)와 동일시될 수 있다. 이 헤라클레스는 벨루스(Belus)라고 불렸으며, 마하바라따에서는 발라-라마가 단순하게 라마라고 불렸는데, 원래 라마야나의 영웅과 동일한 인물처럼 보인다. 라마야나에서 시따(그 이름은 "밭고랑"을 뜻한다)는 자나까(Janaka, "발생시키는 자, 아버지")왕이 들판을 갈고 있을 때 고랑에서 태어났고, 발라-라마는 그의 특유의 무기와 속성이 쟁기인 신이다.

마투라는 끄리슈나(Kṛṣṇa, "검은색")와 (피부색이 하얀) 그의 형 발라–라마 숭배와 연관된다. 그들은 야다바(Yādava) 씨족에 속하며 그의 조상 야두(Yadu)는 리그베다에서 언급된 명백하게 아슈윈 숭배자들의 초기 원시–인도–아리아인들의 이동에 속하는 초기의 부족들 가운데 하나와 연관된다. 빤두 계열은 마투라의 끄리슈나와 결합했고, 끄리슈나는 주요한 빤두 계열의 영웅 아르주나(Arjuna)의 전차몰이꾼으로 봉사했다. 아르주나라는 이름은 "흰색"을 의미한다. 내가 생각할 때 이 전차 팀은 마투라의 야다바인들 속에서 그에 관한 숭배가 살아남아 있던 아슈윈스를 반영하고 있다. 똑같은 사실이 발라–라마와 끄리슈나 형제에게도 적용된다. 그들은 고바르다나(Govardhana) 사건의 예에서 처럼 인드라와 사이가 좋지 않았다. 흰색과 검은색은 하늘을 나는 전차를 타고 하루 만에 세상을 돌아다니는 아슈윈스에게 어울린다. 그것은 명백하게 미뜨라와 바루나, 낮 또는 태양과 밤 또는 달을 의인화한 것이다.

자연스럽게 이 이슈윈의 유산은 단지 이러한 신들의 한 면일 뿐이다. 장난꾸러기 소년이자 검은 피부의 원주민 목동의 양자로서 끄리슈나는 께랄라인의 하층 카스트의 신인 꿋띠짯딴(Kuṭṭiccāttan)과 현저하게 닮았다. 그에 관한 신화와 숭배는 원래의 하층계급 또는 원주민의 신이 브라흐만의 제신 속에 어떻게 수용되었을지를 암시한다(Parpola 1999). 야자로 만든 술을 탐닉하는 것으로 나타나는 발라–라마는 (하리밤사 57에서 데누까로 나타나는) 야생 당나귀 형상을 한 악마와 같은 (무)자격으로 숭배되었던 초기의 지역 신을 대체한 것으로 보인다. 야생 당나귀(사전에서처럼 "들소"가 아니라 "야생 당나귀"를 뜻하는 것으로서의 산스끄리뜨어 gaura–)는 리그베다에서 소마를 갈망하는 인드라의 모델로서 엄청난 양의 물을 마실 수 있는 경이로운 능력을 가진 동물이다. 그 동물은 소금 사막에 살고 있으며, 인더스문명에서 (소금에서 비롯된 특질들인) 죽음과 다산의 신으로 숭배된 것처럼 보인다(Parpola & Janhunen 2011). 발라–라마는 또한 쟁기와 관련된 초기 농업 신으로 계속 이어지는 것처럼 보인다. 그 신은 아마도 힌두교 쉬바의 전임자인 수 있으며 그의 이름들 가운데 "쟁기의 주인"(Lord of the Plow)을 의미하는 랑갈레슈와라(Lāṅgaleśvara)가 포함된다.

23

서아시아와 남아시아와의 관계 속에서의 하랍빠의 종교

인더스문명과 종교에 대한 조사에서 가장 중요한 문제 가운데 하나는 언어적 정체성이다. 인더스 지역의 인구가 약 100만 명으로 추산되는 상황에서 하랍빠 언어는 기원전 2000년 말경 인더스 계곡에서 만들어지기 시작한 베다 문헌에 흔적을 남기지 않고 사라질 수는 없었다. 나는 이제 거기에 하랍빠 언어로 쓰여진 것만 있었고, 그것은 인도-이란어 이후 남아시아에서 가장 큰 드라비다 어족의 초기 구성물이었다는 사실을 아무 문제없이 확신을 가지고 말할 수 있다고 생각한다. 이 결론은 베다어에 들어 있는 많은 드라비다어에서 온 외래어들에 의해 뒷받침되는데, 여기에는 가장 오래된 이용 가능한 출처인 리그베다가 포함된다. (여기에서 제시된 몇 가지 새로운 어원을 포함해) 이러한 초기 드라비다어에서 차용된 언어들 중에는 베다와 힌두 종교 모두에서 중요한 종교 용어가 있는데, 예를 들어 성스러운 음절 옴(oṁ)과 같은 것이 거기에 포함된다. 또한 구자라뜨, 라자스탄, 마하라슈뜨라, 까르나따까의 동석기(Chalcolithic) 문화는 인더스 계곡의 초기와 성숙기 하랍빠 문화에서 유래되었기 때문에 인도 중부와 남부의 드라비다 언어의 오늘날 분포는 하랍빠 언어로서의 드라비다어를 선호한다. 이와 더불어 거기에는 인도 남부에서 구자라뜨까지 걸쳐 있는 (북인도의 아리아어의 체계와 근본적으로 다른) 드라비다어 친족 체계와 드라비디어 지명들이 있다. 변경 지역에 분포되어 있는 남아시아의 소수 언어들 가운데 어느 것도 드라비다어와 심각한 경쟁 상대가 아니다.

드라비다어의 정체성은 인더스 비문에 의해 증명된다. 그들은 고대 수메르어와 이집트 상형문자처럼 다른 초기의 쓰기 체계 원리와 동일한 원칙에 따라 언어에 기반을 둔 표의문자 표기 체계를 뜻하는 로고음절(logosyllabic) 및 상형문자의 비문으로 기록되어 있다. 성공적인 해독법으로 입증된 방법들을 사용해 2개의 국어가 병용되어 있지 않더라도 2~30개의 인더스 기호를 음성학적으로 해석하는 것이 가능하다. 해석은 십자말풀이처럼 서로를 지원하는 복합어를 형성하기 때문에 또한 하랍빠어 대상들에 대한 외부 단서와 무엇보다도 드라비다 언어로 증명된 복합 단어와 일치하기 때문에 확인될 수 있다.

또 다른 문제는 인더스문명에서 역사 시대까지의 문화적 연속성에 관한 것으로 그것에 대해서는 자주 의문이 제기되었다. 오늘날까지 내려오고 있는 하랍빠 의례들의 끊임없는 연속성에 대한 한 가지 두드러진 증언은 구자라뜨 남부의 50개 부족 마을에서 행해지고 있는 독특한 악어 숭배에 의해 주어진다. 이들 구자라뜨의 부족이 그들의 성소에 수직 장대 위에 세워 놓은 평평한 나무로 만든 악어 이미지는 신드(Sindh)의 아므리(Amri)에서 발굴된 성숙기 하랍빠의 질그릇 조각에 그려져 있는 명확한 고대의 선례를 가지고 있는데, 거기에는 한 쌍의 인도산의 턱이 긴 악어, 물고기를 먹는 강에 서식하는 악어들을 묘사하고 있다.

그 그림에 뒷다리는 없지만 "땅"에 악어들이 묶여 있고 몸이 90도 각도로 세워져 있는 영상을 가지고 있다. 수컷의 길고 좁은 주둥이 끝에 있는 팽창한 돌기는 동물을 거의 죽게 만드는 강력한 최음제로 사냥거리가 되었다. 하랍빠의 명판에는 다리를 벌린 인간 여성의 질속으로 주둥이를 밀어 넣고 있는 수컷의 주둥이가 긴 악어가 묘사되어 있다. 돌라비라(Dholavira)의 명판은 악어에게 어린아이들을 바치는 희생제를 묘사하고 있는 것처럼 보인다. 악어에게 처음 태어난 아이들을 봉헌 제물로 바치는 의식들이 1810년경까지 벵골에서 자손을 원하는 부부에 의해 거행되었다; 첫 번째로 태어난 아들을 희생 제물로 바치겠다는 유사한 서약이 하리쉬짠드라(Hariścandra) 왕이 왕의 봉헌식에서 암송된 베다의 슈나흐셰빠(Śunaḥśepa) 전설에서 후계자로 바루나 신에게 다가갔을 때 억지로 부과되었다. 바루나는 물의 신이며 힌두교의 도상학에서 악어를 타고 있는 수생동물들의 주인이다. 그는 또한 밤의 하늘과 연결되어 있으며, 베다와 뿌라나 문헌에 별들로 이뤄진 천상의 악어, 그 꼬리에 축이 되는 별을 가지고 있는 것으로 언급되어 있다.

여기서 우리는 적어도 기원전 3000년의 초기와 성숙기의 하랍빠 마을들만큼 이른 시기로 거슬러 올라가야 드러나는 핵심적 구성 요소들인 "촌락 중심의 힌두교"(village Hinduism)라는 주제로 들어갔다. 마을의 수호신과 같은 어머니 여신(母神), 황소나 버팔로로 상징되는 그녀의 남편 또는 하인 그리고 점토나 돌로 만든 신상의 형태로 그들을 숭배하는 것은 신성한 나무들과 그들의 신성한 거주자들에 대한 숭배와 마찬가지로 이 시대의 기본 요소들—오래된 민속 종교—이다. 무화과나무, 특히 인도 보리수(pipal)와 뱅골보리수(banyan) 나무, 황소, 물소, 물고기, 공작은 초기와 성숙기 하랍빠 채문(채색) 토기에서 중요한 주제 중 일부이며, 이것들은 또한 "촌락 중심의 힌두교"에서 주요한 종교적 상징들에 속한다. 그 종교의 주요 관심사는 인간과 동물의 출산 촉진과 질병, 가뭄 및 기타 불행들을 피하는 것이다. 존 마샬(John Marshall, 1931)은 하랍빠 시대부터 오늘날까지 인도 민속 종교의 끊임없는 연속성을 제시했는데, 이 논문은 폭넓은 학문적 지지를 받았다.

나는 하랍빠의 이념을 더 깊이 파고들고자 초기와 성숙기 하랍빠 종교의 구체적인 모습들을 보다 더 잘 알려져 있고 더 잘 이해되고 있는 후기 남아시아의 종교들 그리고 인더스문명과 직접적으로 접촉하고 그에 필적하는 경제적 토대를 공유한 서아시아의 종교들과의 연관 속에서 해석하려고 노력했다.

기원전 3000년 1분기 동안 비교적 수명이 짧았던 원시-엘람(Proto-Elamite) 문명은 이란고원의 대부분 지역에 걸쳐 있는 수사(Susa) 지역에서 퍼져 나가 케르만(Kerman), 세이스탄(Seistan)과 중앙아시아 남부의 "트랜스-엘람"(Trans-Elamite) 문화를 발생시키면서 파키스탄의 마크란(Makran)까지 멀리 동쪽으로 나아갔다. 원시-엘람인들은 언어에 기반을 둔 그림문자를 가지고 있었다. 따라서 그러한 기록에 대한 관념은 그들의 도자기들이 이란의 샤흐-리 소크타(Shahr-i Sokhta)에서 발견되었던 초기 하랍빠인들의 손에 닿을 수 있는 범위 안에 있었다. 세이스탄에 있는 이 지역은 원시-엘람어 비문으로 된 명판을 만들어 냈다. 나는 인장의 그림 속에 들어 있는 하랍빠의 의인화된 신들의 "요가 자세"가 원시-엘람의 인장에 있는 "앉아 있는 황소"에서 비롯된 것이라고 생각한다. 하랍빠 신들의 뿔 역시 비록 뿔을 가지고 있는 신과 왕이 또한 메소포타미아와 다른 많은 곳에서도 발견되고 있다 하더라도 원시-엘람의 도상학(거기에서는 인간과 신이 동물로 드러난다) 속에 원형을 가지고 있을 수 있다.

인더스 상인들은 청금석이 수메르 출처에서 아라타(Aratta)라고 불린 박트리아에서 서아시아로 수입된 대상의 노선을 따라 메소포타미아 북부에 육로로 처음 도착한 것으로 보인다. 나는 박트리아가 산스끄리뜨 자료에서 언급된 아라타(Āraṭṭa)라는 나라의 원래 위치인 것처럼 보인다. 어쨌든 하랍빠인들은 초기 왕조시대 말기에 메소포타미아에 존재했을 수 있다. 왜냐하면 그들은 당시 서아시아에서 현재 성행했던 인더스 계곡의 예술 주제들과 의복 양식, 특히 왕실의 머리 장식을 전달했기 때문이다.

고대 아카디아에서 우르 3세 시대(기원전 2300-2000년)까지, 설형문서들은 멜루하라고 불리는 인더스 계곡(the Greater Indus Valley)과의 해상무역에 대해 언급하고 있다. 아카드의 왕 사르곤(Sargon)은 이들 멀리서 온 외국인들이 새로 지어진 수도인 아카드의 부두에 배를 정박했다고 자랑한다. 그들은 대왕에게 살아 있는 물소들을 선물으로 가져왔음이 틀림없다. 왜냐하면 물소들은 왕의 원통형 인장의 그림으로 갑자기 나타났기 때문이다. 원래 아카드인들이 좋아하던 주제는 야생의 우르스 황소였지만 물소로 대체되었다. 이 "경쟁"의 주제는 원시-엘람인의 인장들에서 사자와 황소 사이의 싸움에서 발전했다. 메소포타미아와 이집트의 초기의 후대 우르크의 도상화에서 왕은 맨손으로 두 마리의 사자를 제지하고 있거나 이 강력한 맹수들을 사냥하고 있는 것으로 묘사된다. 인더스 계곡에서도 맨손으로 호랑이 두 마리를 제어하고 있는 남성의 형상은 같은 힘의 상징을 갖고 있는 것 같다.

일부 멜루하인들은 수 세대 동안 메소포타미아와 걸프만 지역에 머물면서 지역사회에 완전하게 통합되고, 수메르어를 말하면서 심지어 그들의 아이들에게 수메르어 이름을 부여하기도 했다. 그와 동시에 무역 대리인으로서 그들은 메소포타미아에서 일반적으로 이해되지 않았던 그들의 모국어인 멜루하어를 말했다. 그 때문에 통역인들이 필요했다. 때때로 하랍빠인 대행자들은 인장에 있는 인더스 비문에 그들의 외국 이름들을 썼다. 그와는 달리 수메르인과 아카드인은 비록 몇몇 고대의 아카드왕들이 동쪽으로 향한 전쟁의 원정에서 최근 발견된 지로프트(Jiroft) 문화의 영역이었던 이란 남동부의 케르만 지역을 정복했을지라도 결코 인더스 계곡에 온 적이 없는 것 같다. 한 설형문자로 된 문서는 고대 아카드의 통치자 나람-신(Narām-Sīn)에 반대하는 널리 확산된 반란의 참가자들 사이에서 그 왕이 멜루하 출신이었다고 기록하고 있다. 하지만 불행히도 태블릿이 깨져 있어서 우리는 이 멜루하의 왕의 이름 "[…]-ib-ra."에서 오직 마지막 부분만 알 수 있을 뿐이다. 이 이름은 서아시아 문화권의 주변 구성원의 형태 속에서 거대한 인더스 계곡의 정치적 역사에 대해 알려져 있는 유일한 기록이다.

문화적인 영향은 역사 시대보다 훨씬 일찍 서아시아에서 인도-이란 국경 지대로 왔다. 농사를 짓고 동물을 사육하는 정착된 삶의 방식은 약 1만 년 또는 그 이전에 아나톨리아에서 시작되어[아나톨리아의 괴페클리 테페(Göpekli Tepe)에서 최근에 발견되었고 인상적인 사원은 기원전 13000년으로 거슬러 올라간다!], 그로부터 점차 확산되었던 것으로 추정된다. 기원전 6000년경 아나톨리아에 있는 차탈 회위크(Çatal

Höyük) 마을에는 지모(Mother Goddess, 地母)신의 신전이 있었고, 그 여신은 표범이 지키는 왕좌에 앉아 있으며 황소 희생제로 숭배되었다. 이후 천 년 서아시아와 지중해 전역에서 유사한 숭배가 (변형된 모습들과 더불어) 발견된다. 일반적으로 사자와 금성과 관련된 여신은 출생과 죽음을 주관하고 다산과 군사적 성공을 부여한다. 그녀는 곡물과 과일나무를 포함한 다른 식물들을 생산하는 대지의 의인화이며, 자신의 자궁 속에 죽은 자와 씨앗 알갱이들 양자를 받아들여 "희생"시키지만 새로운 수확물로 다시 태어나게 한다. 황소는 천둥처럼 포효하고 비-씨앗(rain-seed)으로 대지를 비옥하게 하는 그녀의 남편으로 하늘을 의인화한 것이다.

이 원시 커플의 결혼은 새해에 거행되었으며 거기서 황소는 희생되었고 사람들은 그 고기로 잔치를 벌였다. 나라의 복지를 책임지는 왕은 여신의 아들-남편을 대표했으며, 그녀의 제자로서 전쟁에서 승리를 기대할 수 있었다. 하지만 그는 그해에 가장 위대한 축제인 새해에 거행되는 (그녀의 높은 여사제로 나타나는) 여신의 "성스러운 결혼"에 규정된 희생제의 드라마에서 개인적으로 이 역할을 수행하지 않았다. 그 드라마는 의례상으로 비탄에 잠긴 신랑의 죽음으로 끝났다. 서아시아의 다른 곳에서는 이와 연관된 의식이 비밀스런 신비로 발전해 그 속에서 참가자들은 인간 희생자를 죽이고, 살을 먹고, 피를 마셨다.

원시-엘람의 "경쟁"하는 모습을 담은 인장에서 사자와 황소는 번갈아가면서 승자와 패자로 묘사된다. 이것은 그들이 여성(사자)과 남성(황소)뿐만 아니라 해/낮(사자)과 달/밤(황소), 불(사자), 물(황소) 등등 서로 대립하면서 상호보완적인 우주적 힘을 나타낸다는 의미로 해석되어 왔다. 해와 달은 그의 움직임이 시간을 정의하고, 서아시아에서 가장 중요한 과학이었던 천문학/점성학에서 가장 중요한 연구 대상이며, 특히 왕과 국가의 운명을 예측을 하는 데 사용되었던 주요한 천체였다. 또한 육안으로 볼 수 있는 다섯 개의 행성도 매우 의미심장했으며, 이 행성들은 그들의 독자적인 움직임과 밝음으로 고정된 별들과 구별되었다. 그들은 또한 해와 달 그리고 행성들이 하늘을 통과하는 길을 표시하는 데도 중요했다. 그들 모두는 자신의 정당한 권리로 또는 다른 이름으로 알려진 신들의 별의 측면으로 여겨졌다.

인도-이란 국경 지대에서 정착된 삶은 기원전 7000년경에 시작된다. 중요한 종교적 유물들은 아마도 서아시아에서 그것들의 대응물들처럼 같은 의미를 가지고 있는 인간 여성과 황소의 테라코타 형상들이다: 즉 어머니인 대지와 아버지인 하늘. 그 이후로 줄곧 남아시아 마을들에서 비슷한 형상들이 만들어졌으며, 대부분의 장소에서 마을 사람들의 주요 연례 축제는 여신의 남편을 대표하는 황소 또는 물소의 희생을 포함하는 마을의 수호 여신의 결혼이었다. 비록 다른 수컷이 제공될 수 있었지만—오늘날에는 주로 염소나 닭이 되었다— 그럼에도 불구하고 남인도의 모든 곳에서 물소는 최근까지 여신을 위해 선호되는 희생물이었다. 뭄바이에서 멀지 않은 곳에 있는 다이마바드(Daimabad)에 있는 물소의 청동 조각상은 그것이 기원전 1800년경에 하랍빠 후기의 마하라슈뜨라 중심부에서 신성한 동물이었음을 입증한다.

고대 아카드의 인장에서 인더스문명으로부터 수입된 물소는 초기 메소포타미아 도상화에 있는 야생 황소의 상징성을 공유한다. 하랍빠인들은 물소를 창으로 찔러 죽였다. 창을 사용하는 사람의 머리카락은 목덜미에 "이중으로 묶인 머리 모양"을 하고 있는데, 이것은 기원전 2400년경 서아시아 미술에 나타나 있는 왕족 계급의 전사의 머리 모양이었다. 하랍빠에서 버팔로를 창으로 찔러 죽이는 사람은 또한 그의 발을 그 짐승의 머리에 올려놓는다. 그것은 아카드의 인장에서 벌거벗은 영웅이 버팔로를 물리치는 것과 같다. 찬후-다로(Chanhu-daro)에서 발굴된 인장에는 들소인 황소와 다리를 벌린 채 땅에 누워 있는 의인화된 여성 간의 성행위를 묘사하고 있다. 따라서 하랍빠의 "신성한 결혼"에서 여신의 희생된 신랑은 물소 또는 들소인 황소였다. 희생되는 버팔로는 원시-쉬바라고 불리는 하랍빠의 중요한 신을 인격화한 것일 수 있다. 그는 물소의 뿔을 머리에 쓰고 있으며 그의 인간적 상대는 왕이다.

왕실의 제도로써 하랍빠의 "신성한 결혼"은 인도-아리아어를 사용하는 이민자들의 첫 번째("아타르바베다적인") 이동에 의해 접수되었으며, 그들은 희생된 신랑을 상징하는 물소를 그들의 가장 권위 있는 희생제 동물인 말로 대체했다. 하랍빠 버팔로를 상기시키는 것은 말 마히시(mahiṣī "암컷 물소")와 함께 누워 있는 왕의 수석 여왕(chief queen)에게 붙여지는 칭호이다. 수석 여왕은 대지와 베다 브라흐마나 문헌에서 가장 중요한 여신인 바쯔(Vāc "소리, 말")를 의인화한 것으로 말해진다. 승리의 여신으로서 바쯔는 "암사자"를 뜻하는 싱히(siṁhī)라고 불리며, 마하브라따(mahāvrata) 축제에서 전쟁용 드럼들 및 다른 악기들의 소리를 가지고 숭배된다. 바쯔는 창조주인 쁘라자빠띠 신의 딸로서 모든 존재를 창조한 근친상간의 "신성한 결혼"을 위해 아버지가 그녀에게 접근했지만, 그 죄에 대한 벌로 쁘라자빠띠는 살해된다. 이 결혼은 사회적 차별에 신경 쓸 필요가 없이 마하브라따에 참여하는 커플들에 의해 모방된다.

마하브라따는 원래 가을의 추분에 거행되었다. 그 시기는 우기 이후 전쟁을 위한 원정을 시작하는 전통적인 때이다. 브라뜨야 의식처럼 그것은 전쟁으로 떠나는 전사들을 단결시키는 브라뜨야스또마와 동일한 기능을 가지고 있었다. 그것은 두르가 여신에 대한 나바라뜨리/다샤흐라(navarātri/daśahrā) 축제에서 오늘날까지 존속하고 있다. 여기서 두르가는 "승리의 열 번째 날"에 그녀의 흉포한 적인 버팔로 악마를 물리친다. 그 신화의 몇몇 다른 판본들에 의하면 버팔로 악마는 거짓된 핑계로 그녀를 유혹하거나 심지어 그녀와 결혼하지만 그로 인해 그는 살해된다. 두르가는 많은 인도 왕실의 수호 여신이 되었다. 전쟁을 위한 원정을 위해 떠날 때 왕들은 나바라뜨리/다샤흐라 축제에서 군대를 정화시키고 때로는 그녀의 호의를 얻어 승리를 거두기 위해 여신에게 수백 마리의 물소를 공물로 바쳤다.

사자를 타고 있는 전사인 여신 두르가와 버팔로 악마인 마히샤 아수라(Mahiṣa Asura)와의 싸움에 관한 신화는 700년경 인도 문학에서 매우 늦게 등장한다. 그러나 그에 대한 도상학적 표현을 통해 보면 그것의 출현 연대는 1세기로 거슬러 올라갈 수 있다. 또한 그것은 그보다 조금 이른 시기에 아프가니스탄에서 사자의 호위를 받고 있는 여신 나나야(Nanaya)에 대한 지역적인 숭배를 받아들였던 꾸샨인들에 의해 인도에 소개된 것으로 추정된다. 나나야의 숭배는 서아시아에서 기원전 2000년경에 아프가니스탄으로 옮겨졌고, 그곳에서 그녀는 사랑과 전쟁의 여신 이난나/이슈타르(Inanna/ Ištar)의 변형이 되었다. 그러나 호랑이를 타고 있는 전쟁의 여신은 또한 칼리방간(Kalibangan)에서 나온 하랍빠의 원통형 인장에서도 입증된다. 전쟁 전에 먹기 위해 수백 마리의 물소를 인드라를 위해 죽였다고 전하는 몇몇 리그베다 찬가들은 리그베다 아리아인들이 남아시아에 도착했던 기원전 2세기 말에 인더스 계곡에서 승리를 위해 그와 같은 의식들이 존재했음을 증명한다. 물소는 남아시아의 동물이며, 이후 베다 문헌에서 물소의 희생제에 대한 거의 완전한 침묵은 그것이 외래의 관습임을 보여 준다. 물소 희생제는 후기 베다 문학에서 한 가지 문맥에서만 언급된다: 그 동물은 신성한 왕인 바루나에게 신성한 말 희생제에서 희생된 많은 부차적인 것들 가운데 하나이다.

인도-아리아어 사용자들의 BMAC와 연관된 종교에서 바루나는 원래 달, 밤 그리고 물과 관련된 아슈윈스(이에 비해 미뜨라는 해, 낮, 불과 관련된 전차의 전사였다)의 두 명의 남자 왕족으로 이뤄진 전차 팀에서 전차몰이꾼인 "사제-왕"을 나타낸 것처럼 보인다. 남아시아에 온 최초의 인도-아리아어 사용자들은 물의 신이고 창조와 죽음의 신이었던 하랍빠 종교의 신성한 왕을 바루나로 대체했다. 창조와 죽음의 신은 브라흐마나 문헌에서 근친상간에 대한 벌로 죽임을 당한 창조의 신 쁘라자빠띠로 살아남았다(그는 이런 식으로 첫 번째 죽은 자가 되었으며 그것은 원래 이란 전통의 야마 신이 베다에 보존된 것과 같다).

바루나가 하랍빠의 "사제-왕"의 지위와 속성을 물려받았다는 사실은 또한 바루나의 따르빠(tārpya) 의복에 의해서도 암시된다. 이 의복은 베다의 왕이 왕실 봉헌 의식에서 입었다. 따르빠 의복은 디스냐스(dhiṣṇyas)의 모양으로 장식되었다. 그 용어는 "희생제용 불의 제단"과 "별" 양자를 나타낸다. 그것은 별들이 그들의 희생제의 불의 제단을 나타내는 하늘로 옮겨진 고대의 성자들이라는 개념과 일치한다. 모헨조다로에서 나온 사제-왕의 작은 조상은 원래 붉은 반죽으로 채워진 삼엽형 식물(trefoil)의 무늬로 장식된 옷감 속에 꾸며져 있다. 삼엽형 식물은 서아시아에서 별의 의미를 가지고 있으며, "천상의 황소"를 묘사한 작은 조상들 전체를 감싸고 있다; 모헨조다로에서도 삼엽형 식물로 장식된 작은 황소의 조각상이 발굴되었다. 메소포타미아의 왕과 신들은 "하늘의 옷"이라고 불린 별, 장미, 십자가의 모습으로 장식된 옷을 입고 있었다. 그것은 별이 반짝이는 밤하늘을 모사한 것이다.

메소포타미아와 다른 초기 도시 문명에서와 같이 인더스문명의 엘리트 종교에서도 천문학과 시간의 계산(time-reckoning)은 초기 하랍빠 시대부터 중요한 역할을 했다. 이것은 해와 같은 예술 테마들과 해시계의 바늘인 것처럼 보이는 것으로부터 기본적인 방향에 따른 마을들의 방위 측정에서 볼 때 명백하다. 낙샤뜨라(nakṣatra) 달력과 관련된 베다와 서사시적인 전통은 그의 기원이 신년의 별이 알데바란(Aldebaran; 산스끄리뜨어 rohiṇī)이었을 때인 기원전 3000년경으로 거슬러 올라간다는 것을 암시한다. 그것은 춘분에 태양이 그것과 함께 올라왔을 때 관찰되었다. 기원전 2400년경 그 달력은 인더스인들에 의해 명백하게 수정되었는데, 인더스인들은 그것을 달과 태양에 의한 것(luni-solar)으로 만들면서 새해를 태양이 플레이아데스성단(Pleiades; 산스끄리뜨어 kṛttikāḥ)과 겹치는 곳으로 옮겼다. 이러한 이동은 베다와 서사시-뿌라나의 힌두이즘에 들어 있는 주요 별들에 관한 신화, 즉 브리하스빠띠의 부인인 따라(Tārā "별")가 달인 소마에 납치된 사실에 반영된 것처럼 보인다; 그리고 끄릿띠까 여인들(Kṛttikās)이 (천상의) 갠지스강에서 목욕을 하던 장소에서 스깐다-꾸마라(Skanda-Kumāra)가 탄생한 것도 여기에 해당된다. 고대 따밀 문헌에서 알려진 행성들의 이름은 인더스 문헌에서 그럴듯하게 읽을 수 있지만 베다 전통은 하늘의 이 조명들에 대해 기묘하게도 침묵을 지킨다.

특히 중요한 것은 인더스 비문에 나오는 축이 되는 별(북극성)[10]과 그에 대한 고대 따밀어 이름이 동일시된다는 것이다: 문자 그대로 "북쪽의 별"을 의미하는 vaṭa-mīn이 드라비다어의 동음이의어를 통해 (인더스 비문에서 사용된) "밧줄의 별"(rope star)과 "보리수 별"(banyan star)을 의미하기도 한다. 이러한 의미들은 리그베다(1,24,7)가 신적인 왕 바루나와 연결하는 천상의 보리수나무의 개념과 푸라나의 우주론에 대한 근본 개념을 이해할 수 있게 만든다. 그에 따라 모든 별들과 행성들이 축이 되는 별과 그들을 묶고 있는 보이지 않는 밧줄에 의해 하늘에서 유지된다. 베다적 관점의 신랑에 의해 축이 되는 별에게 전달되는 만뜨라들은 아마도 한때 왕실 봉헌 의식의 일부였던 전통을 보존하고 있다. 그 전통에서는 중국에서와 마찬가지로 축이 되는 별을 왕권의 상징으로 만든다.

남아시아에서 가장 강력한 토종 나무인 보리수는 원시-드라비다어로 밧줄을 뜻하는 *vaṭam에서 온 (서사시 이전에는 산스끄리뜨어로 입증되지 않은) vaṭa-라는 이름을 가지고 있다. 그것은 보리수나무의 공

---

10 The pole star은 일반적으로 하늘에서 고정된 북극성을 의미하지만 여기서 축이 되는 별로 번역한 것은 고대의 인도 문헌에서 그 용어는 오늘날 의미의 북극성보다는 하늘의 중심으로서의 축이 되는 별을 뜻하며 그에 해당하는 구체적인 별은 시간의 흐름에 따라 변화되는 모습을 보인다. 그렇기 때문에 여기서는 북극성보다는 글자 그대로의 의미에 가깝게 축이 되는 별로 옮겼다.

기 중에 나온 뿌리가 매달려 있는 특징을 가리킨다. 리그베다 1,24,7에서 우리는 베다 시대의 사람들이 천상의 보리수나무의 눈에 보이지 않는 공기 중에 나온 뿌리들이 생명 에너지를 그들에게 공급하면서 살아 있는 존재에 붙어 있다고 생각했음을 알 수 있다. 산스끄리뜨어 raśmi-는 "밧줄"뿐만 아니라 "광선"을 의미하기도 한다. 이러한 의미는 리그베다 1,24,7에서 이 문맥에 적용된 "광선"을 의미하는 단어 ketavaḥ에 의해서도 확인된다. 그러므로 그들은 베다와 푸라나의 개념에 따라 천체와 살아 있는 존재들을 부양하는 태양 광선과 완전하게 비교될 수 있다. 태양 광선과 하늘의 반얀 나무의 공기 중에 나온 뿌리들 사이의 이러한 비교는 그것이 일부 이와 연관된 우주론적 개념들에 대한 하랍빠-드리바다 계열의 기원을 갖고 있음을 강력하게 암시한다. 그들은 또한 요가의 시작이 인더스문명에 있다는 가설에 대한 새로운 증거를 제공하기도 한다.

따라서 뿌라나 문헌들은 달과 5개의 행성들을 부양하는 태양의 주요 광선들에 대한 특정한 명칭들, 예를 들어 수슘나(Suṣumṇa-)와 다른 이름들을 가지고 있다. 수슘나는 초기 야주르베다 문헌에서 태양 광선의 이름으로 알려져 있으며, 고대 우빠니샤드에서는 수슘나가 인체에 있는 주요 맥관(Nāḍī)에 대한 명칭으로 알려져 있다. 인체는 7만 2,000개의 맥관들을 가지고 있다고 말해진다. 게다가 인체에 있는 맥관들은 태양 광선과 연결되어 있고 영혼이 깊은 잠의 상태와 죽음의 순간에 영혼이 인간의 심장에서 태양으로 이동할 수 있는 경로로 작용하며, 신성한 음절 oṁ이 이 통로와 연결되어 있다. 이러한 관념들은 후대의 하타(haṭha) 또는 꾼달리니(kuṇḍalinī) 요가의 중심 개념들에 명백하게 선행하는 것이며, 그것들의 하랍빠적인 기원은 고대 우빠니샤드가 다섯 행성이 인도의 도상학에서 가지고 있는 것과 같은 5가지 색상을 맥관들과 태양 광선 양자에 귀속시키고 있다는 사실에 의해서도 지지된다. 그것들은 드라비다어의 명칭들에서 파생되었으며 그와 같은 사실은 고대 따밀 문헌들과 인더스 비문들에서 입증된다.

천상의 보리수의 공기 중에 나온 뿌리들과 태양 광선의 비교는 또한 축이 되는 별이 하늘 꼭대기에 있는 한낮의 태양에 대한 밤의 대응물일 가능성을 높게 만든다. 베다 문헌들은 태양이 저녁에 지평선 아래로 가지 않고 단지 돌아섬으로써 어두운 면이 지구를 향해 있게 되고 다시 하늘을 통해 동쪽으로 보이지 않게 되돌아가면 그의 밝은 부분이 지구를 향하게 된다는 개념을 보존해 왔다. 브라흐마나 문헌은 거북이를 태양의 상징으로 언급한다. 남아시아의 별 거북(starred tortoise)은 등껍질에 여러 개의 밝은 별 모양의 장식들을 가지고 있다.

거북이에 관한 몇 가지 드라비다어 명칭은 "수축"을 나타내는 동사들에서 파생된다. 이 명칭은 껍질 안으로 손과 발을 집어넣는 거북이의 습관을 나타낸다. 이 동사들은 또한 "숨어 버리는 것"을 의미하며, 태양이 "진다"고 말하는 것은 마치 지는 해가 거북이의 팔다리처럼 광선을 끌어당기는 것과 같기 때문이다. 의미심장하게도 방금 말한 드라비다어 동사는 또한 그들의 대상으로 향하는 감각을 다시 끌어들임으로써 그의 마음을 제어하는 금욕주의자나 요기에게도 바로 사용된다고 말해진다. 또한 바가바드기따와 다른 문헌들은 이 쁘라띠야하라(pratyāhāra, 감관의 철수)의 행위를 거북이의 "수축"과 비교한다.

브라흐마나 문헌은 거북이를 머리와 7개의 열린 구멍들과 특별하게 연결시킨다. 7개의 열린 구멍들은 감각기관을 나타내며 7명의 성자들과 연관된다. 7명의 성자들은 큰곰자리(Ursa Major)의 7개의 별(북두칠성)과 동일시된다. 그 옆에는 하늘 꼭대기에 위치한 축이 되는 별이 있다. 축이 되는 별은 인간의 두개골 정점에 있는 봉합선과 일치한다. 그 자리는 영혼이 그곳을 통해 몸에서 빠져나가는 것으로 생각되는 브라흐마-란드라(brahma-randhra)의 자리이다. 브라흐마-란드라는 브라흐만의 세계로 가는 문으로 태양과 일치한다. 축이 되는 별은 또한 밤하늘이 회전하는 축이며, 모든 베다 이후의 문헌, 즉 힌두교, 불교, 자이나교의 문헌은 우주에 중심이 되는 메루(Meru) 산이 축이 되는 별과 지구의 중심을 연결한다고 생각한다. 이러한 개념들은 함께 메루산이 바다를 휘젓는 막대기이고 거북이가 확고한 축[즉 "고정된, 움직이지 않는, 변하지 않는"을 의미하는 드루바(dhruva)로서의 축이 되는 별]이 되어 우주 바다(하늘의 바다)를 휘젓는 신화의 배후에 있는 것일 수 있다. 나는 메루와 (우주의) 거북이의 산스끄리뜨어 이름인 꾸르마(kūrma)가 드라비다 어원일 수도 있다는 가설을 제시했다.

속담처럼 느린 거북이는 또한 불교 도상학에서 느린 행성인 토성(Saturn)의 탈것이기도 하다. 21장에서 하랍빠인들이 토성의 원시-드라비다어 이름으로 "검은 별"을 뜻하는 *may-mīn이라는 용어를 썼지만, 그들은 이 행성을 음성적으로뿐만 아니라 그림 회화로도 나타내기를 원했기에 "지붕을 가진 물고기"를 뜻하는 그림 조합들을 선택했다: 거북이는 수생동물이기 때문에 그 위에 지붕을 가지고 있는 일종의 "물고기"이다. 그러나 토성은 또한 일반적으로 매우 흐리기에 진한 파란색 또는 검은색으로 설정된다. 토성은 태양신의 아들로 간주되며 의심할 바 없이 태양의 밤의 측면을 대표한다. 이것은 죽은 자의 재판관으로서 "정의로운 왕"(dharma-rāja)이라고 불리는 토성의 대군주인 죽음의 신 야마와 같을 수 있다. 이런 점에서 본다면 그는 법을 수호하고 죄인들을 처벌하는 신성한 왕 바루나와 같다. 바루나는 또한 물의 신이자 남편이며 모든 수생동물의 주인이다.

내가 널리 퍼져 있는 지식과는 달리 인더스문명이 비록 그들의 왕궁들이 다른 고대 문명들처럼 쉽게 알아볼 수는 없지만 그럼에도 왕이나 사제-왕을 가지고 있었다고 주장한 사실이 이제는 분명해졌을 것이다. ("원시-쉬바"에 대한 인장과 "무화과 신"에 관한 인장 양자가 모두 발굴된 모헨조다로의 건물 단지는 궁전의 후보일 가능성이 높다. Possehl 2002:208-210; Vidale 2010 참조.) 초기 하랍빠 시대부터, 문화와 미리 계획된 도시에 대한 광범위한 표준화를 가능하게 한 권력의 집중화가 증가하고 있다는 증거가 있다. 4개 혹은 5개로 겹쳐진 동심원을 가지고 있는 꼬뜨 디지(Kot Diji) 인장과 "4사분면에 태양"이라는 특징이 그려져 있는 메르가르(Mehrgarh) 항아리는 베다의 왕의 봉헌식과 서사시에 반영된 관념인 4개의 지역과 하늘 꼭대기를 지배하는 태양의 통치자의 이상을 지시한다.

나는 하랍빠인들이 왕권과 연관된 두 명의 주요한 남성 신들이 있었다고 추정한다. 하나는 중앙 궁전이나 수도에서 통치하던 (베다의 바루나와 쁘라자빠띠와 그의 금욕적인 면에 있어서 힌두교의 쉬바와 비교될 수 있는) "고대의" 신성한 왕이고 다른 하나는 그의 에고를 변화시킨 "젊음"인 왕관을 쓴 왕자[그는 붉은색을 의미하는 베다의 Rudra 〈 *Rudh(i)ra와 Śunaḥśepa 전설에서 붉은색을 의미하는 왕자 로히따와 비교될 수 있다]로 그는 베다의 왕실의 봉헌식과 같이 군대의 원정을 담당했다. 이것은 아침에 새로 태어난 붉은 태양인 "젊은 태양"과 태양이 플레이아데스의 별자리에서 (다시) 태어난 태양이며, 끄릿띠까 여인들에 의해 양육된 전쟁의 신 스깐다이다. 스깐다는 "어린아이, 젊음"을 의미하는 꾸마라라고도 불리는데 그것은 스깐다라는 이름에 대한 베다의 대응물이기도 하다. 이 신의 고대 따밀어 이름은 "어린아이, 젊음"을 뜻하는 무루꾸(Muruku) 또는 무루깐(Murukan)이다. 나는 따밀어에서 또한 "붉은 존재"(the Red one)를 의미하는 Cēy라고 불리는 것을 인더스 비문에서 해석해 보도록 제안했는데, 아직까지 인더스 비문에서 확인되지 않고 있다.

내 견해로는 이 두 명의 "왕족" 관련 신들은 각각 추분과 춘분 때 마하브라따와 비슈바뜨(viṣuvat) 축제로 끝나는 한 해의 두 절반과 연결되어 있으며 양자 모두에서 "신성한 결혼"이 발생했다. (베다의 쁘라자빠띠가 자신의 딸 바쯔와 함께한 것과 마찬가지로) 늙은 왕은 그의 어린 처녀인 딸과 함께 잤고, 반면에 젊은 왕자[하프 연주자 겸 가수(kinnara)인 루드라]는 그의 나이든 어머니(대지를 상징하는 mahiṣī, 행성인 화성의 어머니인 Rudhira)와 같이 잤다. 양자의 경우에 남자 파트너는 살해당했다. 고대 메소포타미아와 베다의 말/인간 희생제에서와 마찬가지로 이 의례들은 왕 자신이 아니라 대체 희생자를 가지고 거행되었다.

이 두 남성 신들이 숙명적으로 결합한 여신은 행성인 금성으로 상징화된 메소포타미아의 여신 이난나/이슈타르(Inanna/Ištar)와 같은 두 가지 측면을 가지고 있었다. 샛별인 이슈타르는 피에 굶주린 전사이자 여신이었다; 저녁별로서 그녀는 성적인 사랑에 전념하는 매춘부였다. 쁘라자빠띠의 순결한 딸인 베다의 여신 바쯔는 새벽을 대표하는 것으로 말해진다. 또한 암사자이자 승리의 여신이라고도 불린다. 그렇기 때문에 바쯔는 순결하고, 사자 또는 호랑이를 타고 다니는 힌두교의 승리의 여신인 두르가(Durgā)의 전신이었다. 가장 고대의 새해의 별로서 "붉은 여성"을 의미하는 로히니(Rohiṇī ; 산스끄리뜨어 단어 rohiṇī는 또한 막 성인이 된 어린 소녀를 가리키기도 한다)는 아타르바베다에 의하면 전쟁의 여신이었다. 그러나 바쯔는 또한 매춘부로서 아카드인의 이슈타르의 인도적 대응물이다. 베다의 마하브라따에서는 바쯔는 성행위, 호화로운 잔치 그리고 많은 악기의 소리를 가지고 숭배된다. 두르가 여신에 대한 축제인 힌두 나바라뜨리/다샤라(navarātri/daśahrā) 축제의 샤바라–우뜨사바(Śābara–utsava)는 베다의 마하브라따의 직접적인 연속이다. 베다의 바쯔의 다른 힌두교 상대는 여신 사라스와띠(Sarasvatī), 바그–이슈와리(Vāg–īśvarī "소리의 여주인")인데 그녀는 하프를 연주하며 고급 매춘부들의 수호신이자 미술에 대한 여성 후원자이다.

나는 라틴어 vox와 같은 어원으로 "소리, 음성"을 의미하는 베다의 여신 바쯔라는 명칭에 대한 몇 가지 고찰을 함으로써 이 장을 마무리하려 한다. 그것은 그녀의 "아타르바베다적" 의례에서 명백하게 중요한 역할을 했던 음악 제작과 관련이 있는 반면 악기로 연주되는 음악은 리그베다 전통에서는 아무런 자리도 차지하지 못한 것처럼 보인다. 이것은 특히 마하브라따(제12장 참조)에서 "대지의 북"을 울려 퍼지게 하는 것으로 입증된 여신의 전사적 측면에 적용되는 반면 고대 따밀 종교에서는 전쟁용 북이 예배의 핵심 대상이다. 그러나 나는 바쯔라는 이름의 전체 의미가 바쯔가 번역된 원래의 원시–드라비다 단어를 찾을 수 있을 때만 이해할 수 있다고 믿는다. 이를 위해 본 나는 *viḷ / *veḷ 모양을 갖는 두 개의 동음이의어로서 원시-드라비다어 어근을 제시한다. 전자의 어근은 "말하다, 이야기하다, 울다(전쟁에서의 울부짖음), 호출하다, 선언하다, 알리다, 알려지게 만들다; 소리를 내다, 노래하다"라는 의미에 걸쳐 있는 반면 후자의 어근은 "빛, 램프, 밝음, 새벽, 금성, 정화"를 가리키는 명사들에서 파생된 "(낮과 같은 것을) 깨뜨리다, 밝게 되다, 희다, 깨끗하다"를 의미한다. 이 두 어근들 사이의 간섭은 께랄라에서 여신 바드라-깔리(Bhadra-Kāḷī) 또는 두르가의 숭배와 밀접하게 연결된 용어에서 볼 수 있다. 여신은 말라바르 지방의 언어(Malayalam)로 벨릿짜뿌따(veḷiccappāṭu)라고 불리는 칼을 지닌(sword-bearing) 신탁(예언자)의 사제로 나타나며, 그것을 통해 여신은 "공개적으로 말하고" "그녀의 마음을 드러낸다". 사제의 이름은 '등불이나 새벽의 빛, 자신을 드러내는 것, 계시'라는 단어에서 유래된다.

램프(viḷakku)는 남인도에서 여신의 가장 중요한 상징들 가운데 하나이다. 램프는 여신에게 희생된 버팔로의 잘려진 머리에서 밝혀진다(제15장 참조). 그것은 그녀를 검은 버팔로가 상징하는 밤과 죽음의 어두운 힘에 대한 정복자로 묘사한다. 메소포타미아에서 여신 이난나-이슈타르는 금성으로 상징되는데, 샛별이 밤의 어둠에서 처음으로 빛을 가져다주므로, 이런 면에서 그것은 새벽과 비교될 수 있으며 밤의 검은 버팔로를 죽이는 아침의 태양의 사자로 상상된다. 따라서 금성이 고대 인더스 계곡에서도 (Rohiṇī뿐만 아니라) 여신의 별이었을 가능성이 있는 것처럼 보인다. 현대 힌두교에서는 금성의 날인 금요일이 여신에게 신성시되지만, 7일을 한 주로 하는 것은 헬레니즘의 천문학과 점성술로 인도에 왔을 뿐이다.

24

회고와 전망

22장과 23장의 요약은 이 책에 발표된 인더스문명의 종교, 베다, 힌두이즘에 대한 새로운 연구를 모두 전하지 않았다. 나는 비록 앞으로의 연구가 여기서 제시된 제안들을 의심할 여지없이 정교하게 다듬어 줄 것이지만, 몇 가지 주요 문제들이 만족스럽게 해결될 수 있다는 것을 보여 주기 위한 목적으로 주요 주제들에 집중했다. 동유럽의 본향에서 역사적으로 그 언어를 사용하는 지역들에 이르기까지 인도-이란의 언어들의 흔적은 고고학 기록을 따라갈 수 있다. 나는 한 걸음 더 나아가 하랍빠의 언어가 원시-드라비다어 또는 그것에 가깝고, 고대 따밀 문학은 행성들과 일부 별들의 이름들, 특히 축이 되는 별과 같은 것 그리고 무루꾸(Muruku)나 벨(Vēḷ) 같은 신들에 대한 원래 하랍빠의 명칭같이 중요한 하랍빠적 유산의 요소들을 보존해 왔다고 주장한다. 나는 또한 결정적인 시작이 하랍빠적 맥락과 서아시아와 남아시아의 더 넓은 문화적 전통과 완전히 일치하는 일련의 교차 검증된 해석을 가지고 인더스 비문의 해독에서 만들어졌다고 주장한다. 동일한 방법과 작업하는 가설을 적용하면 비록 현재 사용 가능한 자료들을 가지고서는 완전한 해독이 분명히 불가능하지만 비문을 좀 더 깊이 통찰할 수 있을 것이다. 후기 힌두이즘의 "분파" 가운데, 쉬바-샥따 딴뜨리즘(Śaiva-Śākta Tantrism)은 내 입장에서는 하랍빠와 아타르바베다의 종교에 가장 가까운 것처럼 보인다. 그럼에도 불구하고 그것은 또한 원래의 원시-사까어를 사용하던 다사인들(Proto-Saka-speaking Dāsas)에 의해 소개된 것들을 포함해 외부의 출처들로부터 온 많은 요소들을 가지고 있다.

하지만 발견되어야 할 더 많은 것이 존재한다. 인더스문명의 사회구조와 사제인 통치자들 사이에 존재했던 생각의 유형에 대해 몇 가지 추측을 하면서 마무리를 짓고 싶다. 나의 출발점은 5개의 눈으로 볼 수 있는 행성들이다. 행성들은 원래 원시-드라비다의 명칭들에서 5가지 색깔들과 연결되어 있던 것으로 보인다. 왜냐하면 그러한 이름들이 따밀의 문헌들에 보존되어 있으며 인더스 비문에 나오는 것처럼 보이기 때문이다:

*pon-mīn, "황금색 별" = 목성(Jupiter)

*veḷ(ḷi)-mīn, "흰색 별" = 금성(Venus)

*kem-mīn, "붉은색 별" = 화성(Mars)

*pacu-mīn, "녹색 별" = 수성(Mercury)

*may-mīn, "검은색 별" = 토성(Saturn)

수성, 토성 및 금성에 대한 인더스의 표시는 21장에서 확인되고 간략하게 설명되었다; 하지민 목성과 화성의 명칭에 대해서는 몇 가지 주석들이 주어진다. 복합어 poṉ-mīṉ은 따밀어에서 입증되지만, 커다란 잉어(Barbus/Cyprinus tor)인 마흐시르(mahsir)라는 "황금 물고기"의 이름으로만 나온다. 그러나 poṉ("황금"), poṟ-kōḷ("황금색 행성") 그리고 poṉṉaṉ 과 poṉṉavaṉ("황금빛인 그")은 목성에 대한 따밀어 명칭이며, 아직 인더스 비문에서는 "물고기"의 표식들로 인정되지 않았다.

화성의 명칭으로 예상되는 원시-드라비다어 *kem-mīn-("붉은색 별")은 고대 따밀어 cem-mīṉ에서 (따밀-말라바르어 파찰음 *k 〉 c와 함께) 존속하는데 뿌라누르(Puranānūru) 60,2에서 그것은 화성을 가리킨다. Cem-mīṉ("붉은 물고기")은 따밀에서는 향유고래(Euphysetes macrocephalus)를 가리키는 것으로 그리고 말라바르에서는 "참새우(prawn), 작은 새우(shrimp)의 뜻으로 사용된다. 그러나 이 두 가지 의미들 가운데 어느 것도 내가 화성을 가리키는 것으로 예상하는 "물고기" 그림(상형)문자를 설명하지 못한다(이미지 21.3a에서 정중앙에 있는 "물고기" 표식 참조). 왜냐하면 이 특별한 "물고기" 표식은 기호 순서가 Muruku-Vēḷ처럼 계속해서 읽히는 표식 바로 앞에 나타나기 때문이다(이미지 21.19a처럼—여기서 이 "물고기" 표식에 대한 판독은 불확실하지만, 다른 명확한 대응물이 존재한다). 무루꾸(Muruku)는 힌두교 전쟁의 신 스깐다에 대한 따밀 대응물로서 자이미니야-그리햐수뜨라 2,9에 의하면 그것은 화성을 나타낸다(vidyād… skandam aṅgārakam); 게다가 무루꾸와 화성은 모두 고대 따밀어에서 "붉은색"을 의미하는 cēy라고 불린다. 이 장을 쓰는 동안 나는 까르나따까주에서 사용되는 깐나다(Kannada)어에서 kem-mīn이 지엽적으로 제한된 붉은색 잉어의 이름이라는 사실을 발견했다(Maclean 1893:410b;763a). 그것의 산스끄리뜨어 동의어로 "붉은색 물고기"를 뜻하는 로히따-마츠야(rohita–matsya)는 남인도를 제외한 인도아대륙 어디에서나 흔히 볼 수 있는 맛있는 잉어인 라베오 로히따(Labeo rohita)를 가리킨다; 남부 지역에 그것이 없다는 사실은 상속된 드라비다어 이름이 남부 드라비다어 계열의 언어들에서 몇몇 다른 종류의 물고기에 적용되고 있는 이유를 설명한다. 인더스 기호로 생각되는 것은 오래전에 니키타 구로프(Nikita Gurov 1968:40–42)가 제안한 것처럼 입가에 매달려 있는 특징적인 수염을 가진 잉어의 그림으로 쉽게 이해될 수 있다. 구로프는 그것을 (따밀어에서 "잉어"를 뜻하는 kayal, cēl을 근거로 그리고 DEDR no. 1252에 같은 어원을 가진 것으로) 원시–드라비다어로 "잉어"를 뜻하는 *kay/*key로 읽을 것을 제안했다. 그것은 또한 원시–드라비다어로 "붉은색"을 뜻하는 *key/*kēy/*ke–를 의미한다. 대략 6번 정도 "잉어"의 기호가 평범한 "물고기" 기호를 뒤따르며, 구로프는 이 기호의 연속들을 "화성"을 뜻하는 복합어 *kem–mīn으로 해석했다. (내 생각에는 다른 "물고기" 표식들의 경우에는 발음 구별부호가 있는 것처럼 보이기 때문에 *mīn이라는 단어가 "잉어"의 표식에 포함된다. 21장 참조: "잉어" 표식은 "붉은색 별"과 마찬가지로 "붉은색 물고기"를 뜻하는 *kem–mīn을 의미한다.)

위에서 말한 드라비다의 행성에 대한 색상들은 후기 베다의 그리햐 수뜨라로 시작하는 행성의 숭배를 다루는 산스끄리뜨어 문헌에 있는 그것과 연관된 행성들과 일치한다.

우리가 16장에서 보았듯이 뿌라나의 우주론에서 행성들은 5가지 서로 다른 색깔을 가진 태양의 특정한 광선들에 의해 양육된다. 이 태양 광선들은 우빠니샤드와 요가 전통의 훨씬 후기 문헌에 따르면 인체의 5

가지 색상의 맥관에 해당한다.

고대 메소포타미아와 중국에서도 행성들은 서로 다른 색깔들로 연결된다. 바빌로니아인들은 행성들을 다른 금속들과, 공간의 네 방향과 그리고 태양의 하루와 매년의 순환의 시대와 연관시켰다(Jeremias 1929). 기원전 3세기에 중국 자연주의자들은—행성, 색깔, 방위, 계절 외에—다섯 가지 요소들, 맛, 냄새, 숫자, 악보 그리고 다른 많은 것을 포함하는 상호 연관적인 사유 체계를 가지고 있었다.

베다의 브라흐마나 문헌에서 이러한 상관관계적인 사유는 중요한 역할을 한다. 서로 다른 개념의 범주는 계층적으로 분류되며, 그사이의 일치는 동등성이라는 면으로 해석된다. 브라이언 K. 스미스(Brian K. Smith 1994)가 제시했듯이 이 "우주의 분류"의 주된 목적 가운데 하나는 브라흐마나 사제 계급들이 차지했던 가장 높은 사회적 지위를 우주적으로 유사한 것들로 정당화하려는 것이다. 브라흐마나 문헌들 속에 나타난 이러한 분류에서도 색깔은 중요한 역할을 한다; 실제로 고대 인도의 전통적인 4가지 사회 계급은 각각 특정한 색깔로 상징화되며 "색깔"을 뜻하는 산스끄리뜨어 단어 바르나(varṇa) 역시 "사회 계급"을 가리킨다. 브라흐마나 분류의 대부분은 특별한 목적을 위한 것(ad hoc)이며 비체계적이고, 서로 다른 구성원을 가지고 있는 몇 가지 다른 체계들이 존재한다. 그러나 4개 또는 5개의 부분으로 이뤄진 시스템이 가장 중요한 것으로 두드러지며 그것의 기원은 적어도 부분적으로 리그베다의 가장 후기의 부분으로 거슬러 올라갈 수 있다. 따라서 뿌루샤(Puruṣa) 찬가(RV 10,90)에서는 네 가지 사회 계급이 "우주적 인간"의 다른 신체 부위와 상관관계를 맺고 있다: 브라흐마나(brāhmaṇa)는 머리에서, 끄샤뜨리야(kṣatriya)는 팔에서, 바이샤(vaiśya)는 허리에서, 슈드라(śūdra)는 발에서. 원래 우주가 신들에 의해 희생되었던 초기의 사람으로 구성된 것이라는 관념은 보다 오래된 리그베다 전통에서는 알려지지 않았다. 그것은 창조의 신 쁘라자빠띠(Prajāpati)와 희생자가 "신성한 결혼"의 신랑이었던 인간 희생제와 같은 하랍빠적 기원을 가진 것처럼 보이는 종교적 개념과 밀접하게 연관되어 있다(16장과 17장).

[표 24.1]은 몇 가지 기본적 동등성을 보여 준다. 각 열은 숫자, 방향, 하루의 시간, 계절, 색상, 요소 및 사회 계급의 범주로 이뤄진다. 각 행은 동등한 개념으로 구성된다.

[표 24.1]

5	중심/정점			금색	왕
4	동쪽	아침	봄	흰색	브라흐마나
3	남쪽	정오	여름	붉은색	끄샤뜨리야
2	서쪽	저녁	가을	녹색	바이샤
1	북쪽	한밤중	겨울	검은색	슈드라

브라흐마나들에 대한 이러한 가장 기본적인 상관관계의 분류가 하랍빠인들에서 파생되었을까? 그 경우—색깔과 연결된—행성들 역시 고대의 범주에 속했을 가능성이 높다. 색깔들은 딴뜨라의 만달라 형태 속에서(Tucci 1961) 공간의 방향과 연관된다. 그 형태는 다슐리 3기의 BMAC "궁전"(제20장) 속에 그 원형을 가지고 있다. 딴뜨라 도상학에서 사각형의 만달라는 4개의 기본적인 방위에 궁전이나 도시의 성문들이 있으며 중심에 통치자로 묘사된 신의 궁전 또는 수도가 존재한다. 우주를 형상화한 그림으로서 만달라는 또한 베다적 우주의 정사각형

지구(RV 10,58,2)를 나타내며, 기본적인 방위에 따라 나누어진다(Kirfel 1920:10).

네 개의 기본적인 방위는 교차하는 패턴을 형성하며 네 가지 분류에 대한 기본 구조를 제공한다. 다섯 번째 방위로서 하늘의 정점을 상징하는 십자가의 중심은 네 방위를 하나로 묶고 그것을 초월한다; 그렇기 때문에 그것은 4개의 사회적 계급을 하나로 묶어서 그들 위에 존재하는 왕에 대한 적절한 상징이다. 이것은 베다의 왕의 봉헌식에 반영되어 있으며, 여기서 왕은 다섯 방위 각각으로 한 걸음씩 내딛고, 그에 의해 한 낮의 태양과 축이 되는 별의 고귀한 장소인 하늘의 정점으로 올라간다(16장). 그것은 4개 또는 5개의 동심원을 가진 초기 하랍빠의 인장들을 연상시킨다[이미지 16.3]. 그것은 네 방향과 춘분 추분과 하지점으로 정의되는 사계절을 통해 태양과 그의 하루 그리고 일 년마다의 순환을 상징하는 것이라고 추정할 수 있다.

만일 동쪽이 베다 문헌에서 전통적인 방향으로 있는 것처럼 앞쪽에 있다면 십자가의 수평축에는 (북쪽에) 검은색과 (남쪽에) 붉은색이 포함된다. 그것은 저녁/밤의 태양과 아침/낮의 태양의 대응물인 토성 및 화성과 일치한다. 그들은 태양/샤이바의 신들인 "검은색"을 뜻하는 깔라(Kāla)와 "붉은색을 의미하는 루드[흐]라(Rud[h]ra)를 나타낸다. 쉬바는 마하-깔라(Mahā-Kāla)로 웃자인(Ujjain)의 고대 사원에서 숭배된다(메가두따에서는 깔리다사에 의해 칭송된다); 루드라(Rudra)는 젊은 꾸마라(Kumāra)이다. 이 남성 신들은 (가끔 못생긴 늙은 노파로 나타나는) 검은 깔리(Kālī)와 (젊고 아름다운 처녀 꾸마리로 나타나는) 붉은 로히니/두르가(Rohiṇī/Durgā)를 상대로 갖는다. 이와 관련해 검은색을 의미하는 산스끄리뜨어 깔라(kāla, 기원전 4세기 이전에 증명되지 않음)와 빨리어 깔라(kāḷa)가 거의 확실히 원시-드라비다어로 "검은색"을 의미하는 *kāẓ에서 파생되었다는 사실을 주목하는 것이 매우 중요하다(DEDR no. 1494).

십자로의 수직축은 (동쪽에) 흰색과 (서쪽에) 녹색을 띤-노란색을 포함하는데, 이것은 아마도 본래 신월(초승달)과 만월(보름달)을 나타내는 금성과 수성에 해당했을 것이다. 나는 인더스 사람들이 가혹한 태양신들 외에 온화한 "달"의 신들도 숭배했다고 생각한다. 13장에서는 바이슈나바의 신들인 발라-라마(흰색)와 끄리슈나(검은색)가 아리아의 기원을 가진 쌍둥이 신 아슈윈스의 연속이며, 태양/낮과 달/밤과 마찬가지로 전차를 타는 팀과 연관된다고 제시했다. 그러나 이 바이슈나바 신들 뒤에는 또한 의심할 여지없이 초기의 지역 신들도 존재한다. 문헌들 속에서는 "악마"들이 정복되고 그 결과 그들이 발라-라마와 끄리슈나로 대체되면서 부분적으로 존속한다.

흰색은 소라 형상을 가지고 있는 악마들(Pañcajana)과 야생 당나귀의 모양을 가진 악마(Dhenuka)의 특징을 갖는 반면 (우주의 우유의 바다를 휘젓는 밧줄로 사용되는) 흰색의 우주의 뱀 셰샤(Śeṣa)는 발라-라마와 뚜렷하게 동일시된다. 발라-라마의 무기인 쟁기의 날은 초승달의 낫과 닮은 반면 끄리슈나는 보름달에 대한 암시로 비슈누의 "완전한" 화신이라고 말해진다. 끄리슈나가 우유를 짜는 여인과 함께 추는 원형의 (빙글빙글 도는) 춤은 보름달이 천체의 순환의 경로를 따르는 다양한 별자리들과 연결되어 있음을 나타내는 것으로 보인다; 샤따빠타-브라흐마나(9,4,1,9)에 따르면 달은 천상의 바람둥이인 간다르바(gandharva)이고, 별자리들은 그의 천상의 부인들인 압사라들(apsarases)이다(16장). "검은색"을 의미하는 끄리슈나라는 이름은 그를 브라자(Vraja) 지역의 거무스름한 피부색의 원주민 목동들과 연결시킨다. 그러나 그는 실제로 녹색의 피부색을 가진 것으로 자주 묘사되며, 달과 꿀의 색깔인 "녹색을 띠고 있는 노란색"의 하리(Hari)라고 불린다(16장의 Hariśandra 참조): "꿀"을 의미하는 마두(Madhu)는 끄리슈나에 의해 정복된 악마이며, 끄리슈나와 관련된 달콤한 사랑의 즐거움을 상징한다.

이와 같이 생각을 촉발하는 많은 견해들을 가진 채 이 책을 마무리한다.

참고문헌

Bibliographical Notes

더 많은 문헌에 대한 상세한 다큐멘터리 주석과 풍부한 참고 문헌은 이 책이 주로 기초하고 있는 나의 이전 출판물에서 찾을 수 있다. 불행히도 현재 책에는 이 장치를 제공할 수 있는 공간이 없기 때문에 여기에 관련된 모든 학자들에게 빚을 지고 있음을 충분히 인정한다. 따라서 아래 열거된 것은 6장부터 13장까지의 주요 출처에 대한 언급이다: 첫째, (특별히 다사인들 또는 남아시아로 이주한 아리아인 이민자들의 첫 번째 물결에 관한 것일 수도 있는 이전 판본들을 포함한: 중요한 것들은 굵은 글씨로 처리했다) 이 주제에 대한 나의 출판물들은 알파벳순으로 이어진 기본적인 중요한 다른 작품들이 뒤에 이어진다.

CHAPTER 6 원시 인도-유럽어의 고향

Parpola 2008a; 2012 (2013); Carpelan & Parpola 2001.

Anthony 1995; 2007. Burmeister 2004. Chernykh 1992. Dergachev 1998; 2007. Gusev 1998. Hänsel & Zimmer 1994. Kohl 2007. Levine, Renfrew, & Boyle 2003. Littauer & Crouwel 1979; 2002. Mallory 1989 through 2002. Mallory & Adams 1997. Maran

2004a; 2004b. Piggott 1983; 1992. Rassamakin 1999; 2004. Videiko 1994; 1995 (1996).

CHAPTER 7 유라시아 초원지대의 초기 인도-이란인들

Parpola 1974; 1988a; 1995; 1998a; 1999a; 2002a; 2012 (2013); Carpelan & Parpola 2001.

Anthony & Vinogradov 1995. Bader, Krajnov, & Kosarev 1987. Chernykh 1992; 2007. Chernykh & Kuz'minykh 1987; 1989. Chlenova 1984. Gening, Zdanovich & Gening 1992. Häkkinen 2009. Joki 1973. Koivulehto 2001. Koryakova & Epimakhov 2007. Kovtun 2013. Kuz'mina 2007. Kuz'minykh 2011. Parzinger 2006. Pryakhin & Khalikov 1987. Rédei 1988; 1988–1991. Sinor 1988. Young 1985. Zdanovich & Zdanovich 2002.

CHAPTER 8 중앙아시아의 BMAC와 시라아의 미탄니

Parpola 1988a; 1995; 1999a; 2002a, 2002b; 2004; 2005d.

Amiet 1979; 1986. Baghestani 1997. Bobomulloev 1997. Brisch & Bartl 1995. Burrow 1973. Collon 1987. Francfort 2005. Ghirshman 1977. Gubaev, Koshelenko, & Tosi 1998. Hiebert 1994. Jarrige 1991. Lamberg-Karlovsky 1986. Lawergren 2003. Ligabue & Salvatori 1989. Lubotsky 2001. Mayrhofer 1966; 1974. Moran 1992. Raulwing 2005 (2006). Sarianidi 1977 through 2007; Sarianidi et al. 2011 (2012). Schmidt 1933; 1937. Shinde, Possehl,

& Ameri 2005. Stein 1994. Thieme 1960. Teufer 2012. von Dassow 2008. Wilhelm 1994. T. C. Young 1985.

CHAPTER 9 리그베다의 인도-아리아인과 다사(Dasa)들

Parpola 1988a; 2002a; 2002b; 2004; 2012a.

Bailey 1959 (1960). Burrow 1976 (1977). Chernykh 1992. Falk 1994. Francfort 2001; 2005. Hillebrandt 1927–1929. Hintze 1998. Jamison & Brereton 2014. Jarrige 1985. Rau 1976. Schmitt 1989; 2000. Szabo & Barfield 1991. Teufer 2013. Wheeler 1947. Witzel 1995b.

CHAPTER 10 아슈윈스(Aśvins)와 미뜨라-바루나(Mitra-Varuna)

Parpola 2005a.

Brereton 1981. Falk 1989. Frame 1978; 2010. Gonda 1974; 1975; 1977; 1978. Hillebrandt 1927–1929. Hopkins 1889. Jamison & Brereton 2014. Jamison & Witzel 1992. Lüders 1951–1959. Macdonell 1897. Nyberg 1995. Oberlies 1993; 2012. West 2007. Zeller 1990.

CHAPTER 11 장례의 신으로서의 아슈윈스

Parpola 2005a; 2005c; 2009.

Caland 1896; 1914. Hopkins 1896. Houben 1991; 2000. Oldenberg 1884. Rönnow 1929. Sparreboom 1985. Stacul 1970; 1971. van

Buitenen 1968.

CHAPTER 12 아타르바베다(Atharvaveda)와 브라뜨야(Vrātya)들

Parpola 1983; 1988a; in press b,e.

Bloomfield 1899. Caillat 1989. Caland 1896; 1900; 1908; 1931. Charpentier 1911. Emeneau 1966. Falk 1986. Gonda 1971. Hauer 1927. Heesterman 1957; 1962; 1967. Hillebrandt 1897. Hopkins 1896. Horsch 1966. Insler 1998. Kuiper 1979. Oldenberg 1884. Rolland 1973. von Hinüber 2001. Wackernagel 1896. Wackernagel & Debrunner 1954. Weber 1849. Witzel 1989.

CHAPTER 13 거석문화와 위대한 서사시들

Parpola 1984b; 1998b; 1999c; 2002c; 2004 (2006).

Allchin 1995. Brockington 1998. Coningham & Allchin 1995. Ghosh 1989. Goldman 1984. Hopkins 1915. Horsch 1966. Jaiswal 1981. Leshnik 1974. Maloney 1970. van Buitenen 1973–1978. Weber 1850; 1870 (1871). Witzel 1995b; 1997.

CHAPTER 14 인더스 문명의 언어

Parpola 1981 ; 1994a ; 1997a ; 1997b ; 2003 ; 2010 ; 2011a ; in press c, d; Parpola & Janhunen 2011.

Anderson 2008. Burrow & Emeneau 1984. Caldwell 1856; 1875. Hart 1975. Krishnamurti 2003. Osada 2006. Pinnow 1959. Trautmann

1981. Zvelebil 1970 through 1990.

CHAPTER 15 민속신앙에서의 풍요(다산)의식들

Parpola 1994a ; 2003 ; 2011a ; 2011b .

Biardeau 2004. Charpentier 1926. Coomaraswamy 1928 – 1931. Crooke 1906; 1926. Fischer & Shah 1971. Hiltebeitel 1978. Jarrige et al. 1995. Marshall 1931a; 1931b. Ward 1811. Whitehead 1921.

CHAPTER 16 천문학, 시간계산 그리고 우주론

Parpola 1985 ; 1990 ; 1994a ; 2013 ; 2014.

Filliozat 1962. Geldner 1889. Kirfel 1920; 1952; 1954. Liebert 1968 (1969). Mackay

1938. Needham 1959. Pankenier 2004; 2013. Scherer 1953. Uesugi 2011. Vahia &

Menon 2011. Wanzke 1987. Weber 1853; 1861 (1862). Winternitz 1892.

CHAPTER 17 딜문(Dilmun), 마간(Magan), 멜루하(Meluhha)

Parpola 1994a ; 1994b ; 2002 ; Parpola, S., A. Parpola, & Brunswig 1977 .

Bibby 1972. Franke–Vogt 1995. Laursen 2010. Maekawa & Mori 2011. Olijdam & Spoor 2008. Potts 2008. Reade 1995; 2008. Steinkeller 1982. Vermaak 2008.

CHAPTER 18 서아시아의 왕족의 상징들

Parpola 1984a ; 1985 ; 1994a ; 2011b ; 2011c ; in press c .

Amiet 1956; 1980. Black & Green 1992. Boehmer 1974; 1975. Collon 1987. Franke

Vogt 1991 (1992). Heesterman 1957; 1989. Leick 1991. Mode 1944. Petrie 1939. Porada 1950. Rothman 2001. Sievertsen 1992; 1999.

CHAPTER 19 여신과 버팔로

Parpola 1983; 1984a; 1985; 1988a; 1989; 1992a ; 1994a ; 1998b ; 1999b ; 2002b&c ; 2011c ; 2012b ; in press e.

Beck 1981. Biardeau 1981; 2004. C. J. Fuller 1992. Hiltebeitel 1978. Kane 1941 – 1958.

Kinsley 1986. Shulman 1980. Silva 1955. van Kooij 1972. Vermaseren 1977. von

Stietencron 1983. Whitehead 1921.

CHAPTER 20 초기 이란인들과 "좌도" 딴뜨리즘

Parpola 1988a; 2002b .

Azarpay 1976. Brentjes 1983. Degener 2002. Jettmar 1986. Potts 2001.

CHAPTER 21 인더스비문에 나타난 종교

Parpola 1975a; 1975b; 1986a; 1986b; 1988b; 1990a; 1990b; 1992b; 1994a ; 1998b;
2003; 2005b; 2008b; 2011a ; 2011c ; Parpola & Janhunen 2011 ; CISI.
Baines 1999. Chadwick 1958. Daniels 1996. Geldner 1889. Hart 1975. Robinson 2002.
Van Buren 1948. Winternitz 1895.

CHAPTER 24 회고와 전망

Parpola 1999d. Parpola & Janhunen 2011.
Maclean 1893. Smith 1994.

References

Allchin, Bridget, & Raymond Allchin. 1968. The birth of Indian civilization: India and Pakistan before 500 B.C. Harmondsworth: Penguin.

______. 1982. The rise of civilization in India and Pakistan. Cambridge: Cambridge University Press.

Allchin, F. R. 1995. The archaeology of early historic South Asia: The emergence of cities and states. With contributions from George

Erdosy, R. A. E. Coningham, D. K. Chakrabarti, and Bridget Allchin. Cambridge: Cambridge University Press.

Amiet, Pierre. 1956. Le symbolisme cosmique du répertoire animalier en Mésopotamie. Revue d'Assyriologie et d'Archéologie Orientale 50:113–126.

______. 1979. Archaeological discontinuity and ethnic duality in Elam. Antiquity 53:195–204.

______. 1980. La glyptique mésopotamienne archaïque. Deuxième édition revue et corrigée avec un supplément. Paris: Éditions du Centre National de la Recherche Scientifique.

______. 1986. L'âge des échanges inter-iraniens 3500–1700 avant J.-C. Paris: Éditions de la Réunion des musées nationaux.

Anderson, Gregory D. S. 2008. Introduction to the Munda languages. Pp. 1–10 in: Gregory D. S. Anderson (ed.), The Munda languages. (Routledge Language family series.) London and New York: Routledge.

Anthony, David W. 1995. Horse, wagon and chariot: Indo-European languages and archaeology. Antiquity 69:554–565.

______. 2007. The horse, the wheel, and language: How Bronze-Age riders from the Eurasian steppes shaped the modern world. Princeton, NJ: Princeton University Press.

Anthony, David W., & N. B. Vinogradov. 1995. Birth of the chariot. Archaeology 48(2):36–41.

Ardeleanu-Jansen, Alexandra. 1989. A short note on a steatite sculpture from Mohenjo-Daro. Pp. 196–210 in: Karen Frifelt & Per Sørensen (eds.), South Asian Archaeology 1985. (Scandinavian Institute of Asian Studies, Occasional Papers 4.) London: Curzon.

Aruz, Joan (ed.). 2003. Art of the first cities: The third millennium B.C. from the Mediterranean to the Indus. New York: Metropolitan Museum of Art; New Haven, CT: Yale University Press.

Avanesova, N. A. 2010. Zarafshanskaya kul'turnaya provintsiya Baktrijsko-Margianskoj tsivilizatsii. Pp. 334–364 in: P. M. Kozhin, M. F. Kosarev, & N. A. Dubova (eds.), Na puti otkrytiya tsivilizatsii: Sbornik statej k 80-letiyu V. I. Sarianidi. (Trudy Margianskoj arkheologicheskoj èkspeditsii [3].) St. Petersburg: Aletejya.

Azarpay, G. 1976. Nanā, the Sumero-Akkadian goddess of Transoxiana. Journal of the American Oriental Society 96(4):536–542.

Bader, O. N., D. A. Krajnov, & M. F. Kosarev (eds.). 1987. Arkeologiya SSSR: Èpokha bronzy lesnoj polosy SSSR. Moscow: Nauka.

Baghestani, Susanne. 1997. Metallene Compartimentsiegel aus Ost-Iran, Zentralasien und Nord-China. (Archäologie in Iran und Turan 1.) Rahden, Westfahlen: Marie Leidorf.

Bailey, Harold Walter. 1959 (1960). Iranian Arya- and Daha-. Transactions of the Philological Society 1959:71–115.

Baines, John. 1999. Writing, invention and early development. Pp.

882–885 in: Kathryn A. Bard (ed.), Encyclopedia of the archaeology of ancient Egypt. London and New York: Routledge.

Barnett, Lionel D. (trans.). 1907. The Antagaḍa-dasão and Aṇuttarovavāiya-dasão. Translated from the Prakrit. (Oriental Translation Fund NS 17.) London: Royal Asiatic Society.

Bartl, Karin, Reinhard Bernbeck, & Marlies Heinz (eds.). 1995. Zwischen Euphrat und Indus: Aktuelle Forschungsprobleme in der Vorderasiatischen Archäologie. Hildesheim: Georg Olms.

Beck, Brenda E. F. 1981. The goddess and the demon: A local South Indian festival and its wider context. Pp. 83–136 in: Biardeau 1981.

Benfey, Theodor. 1869. Geschichte der Sprachwissenschaft und orientalischen Philologie in Deutschland seit dem Anfange des 19. Jahrhunderts, mit einem Rückblick auf die früheren Zeiten. (Geschichte der Wissenschaften in Deutschland 8.) Munich: J. G. Cotta.

Besenval, Roland. 2011. Between East and West: Kech-Makran (Pakistan) during Protohistory. Pp. 41–164 in: Osada & Witzel 2011.

Biardeau, Madeleine (ed.). 1981. Autour de la déesse hindoue. (Puruṣārtha 5.) Paris: Éditions de l'École des Hautes Études en Sciences Sociales.

_____. 2004. Stories about posts: Vedic variations around the Hindu

Goddess. Translated by Alf Hiltebeitel, Marie-Louise Reiniche, & James Walker, edited by Alf Hiltebeitel & Marie-Louise Reiniche. Chicago: University of Chicago Press.

Bibby, Geoffrey. 1972. Looking for Dilmun. Harmondsworth: Penguin.

Black, Jeremy, & Anthony Green. 1992. Gods, demons and symbols of ancient Mesopotamia: An illustrated dictionary. Illustrations by Tessa Rickards. London: British Museum Press.

Bloomfield, Leonard. 1933. Language. New York: Henry Holt.

Bloomfield, Maurice (trans.). 1897. Hymns of the Atharva-Veda. (Sacred Books of the East 42.) Oxford: Clarendon Press.

______. 1899. The Atharva-Veda and the Gopatha-Brāhmaṇa. (Grundriss der indo-arischen Philologie und Altertumskunde 2:1:B.) Strasbourg: Karl J. Trübner.

Bobomulloev, Saïdmurâd. 1997. Ein bronzezeitliches Grab aus Zardča Chalifa bei Pendžikent (Zeravšan-Tal). Archäologische Mitteilungen aus Iran und Turan 29:121-134.

Boehmer, Rainer Michael. 1974. Das Rollsiegel im prädynastischen Ägypten. Archäologischer Anzeiger 1974:495-514.

______. 1975. Das Auftreten des Wasserbüffels in Mesopotamien in historischer Zeit und seine sumerische Bezeichnung. Zeitschrift für Assyriologie 64:1-19.

Bopp, Franz. 1816. Über das Conjugationssystem der Sanskritsprache in Vergleichung mit jenem der griechischen, lateinischen, persischen und germanischen Sprache. Herausgegeben und mit Vorerinnerungen begleitet von K. J. Windischmann. Frankfurt am Main: Andreäische Buchhandlung.

Boyle, Katie, Colin Renfrew, & Marsha Levine (eds.). 2002. Ancient interactions: East and west in Eurasia. Cambridge, UK: McDonald Institute for Archaeological Research.

Brentjes, Burchard. 1983. Das "Ur-Mandala" (?) von Daschly-3. Iranica Antiqua 18:25–49 and Table I.

Brereton, Joel Peter. 1981. The Ṛgvedic Ādityas. (American Oriental Series 63.) New Haven, CT: American Oriental Society.

Brisch, Nicole, & Karin Bartl. 1995. Die altassyrischen Handelskolonien in Anatolien. Pp. 134–147 in: Bartl, Bernbeck, & Heinz 1995.

Brockington, John. 1998. The Sanskrit epics. (Handbuch der Orientalistik, Abt. 2: Indien 12.) Leiden: Brill.

Brunt, P. A. 1976–1983. Arrian with an English translation I–II. (Loeb classical library 236, 269.) Cambridge, MA: Harvard University Press; London: William Heinemann.

Bryant, Edwin. 2001. The quest for the origins of Vedic culture: The Indo-Aryan migration debate. New York: Oxford University Press.

Burlingame, Eugene Watson (trans.). 1921. Buddhist legends I–III. Translated from the original Pali text of the Dhammapada commentary. (Harvard Oriental Series 28–30.) Cambridge, MA: Harvard University Press.

Burmeister, Stefan. 2004. Der Wagen im Neolithikum und in der Bronzezeit: Erfindung, Ausbreitung und Funktion der ersten Fahrzeuge. Pp. 13–40 in: Fansa & Burmeister 2004.

Burrow, Thomas. 1973. The Proto–Indoaryans. Journal of the Royal Asiatic Society of Great Britain and Ireland 1973(2):123–140.

_____. 1976 (1977). Review of Rau 1976. Kratylos 21:72–76.

Burrow, Thomas, & M. B. Emeneau. 1984. A Dravidian etymological dictionary. 2nd ed. Oxford: Clarendon Press. (= DEDR)

Caillat, Colette (ed.). 1989. Dialectes dans les littératures indo–aryennes. (Publications de l'Institut de civilisation indienne, Série in–8° 55.) Paris: Collège de France, Institut de civilisation indienne.

Caland, Willem. 1896. Die altindischen Todten– und Bestattungsgebräuche. (Verhandelingen der Koninklijke Akademie van Wetenschappen te Amsterdam, Afdeeling Letterkunde, I:6.) Amsterdam: Johannes Müller.

_____. 1900. Altindisches Zauberritual: Probe einer Uebersetzung der wichtigsten Theile des Kauśika Sūtra. (Verhandelingen der Koninklijke Akademie van Wetenschappen te Amsterdam, Afdeeling Letterkunde, Nieuwe Reeks, III:2.) Amsterdam: Johannes Müller.

_____. 1908. Altindische Zauberei: Darstellung der altindischen "Wunschopfer." (Verhandelingen der Koninklijke Akademie van Wetenschappen te Amsterdam, Afdeeling Letterkunde, N.R. 10:1.)

Amsterdam: Johannes Müller.

_____. 1914. Die vorchristlichen baltischen Totengebräuche. Archiv für Religionswissenschaft 17:476–512.

_____ (trans.). 1931. Pañcaviṃśa–Brāhmaṇa: The Brāhmaṇa of twenty five chapters. (Bibliotheca Indica, Work 255.) Calcutta: Asiatic Society of Bengal.

Caldwell, Robert. 1856. A comparative grammar of the Dravidian or South–Indian family of languages. London: Harrison.

_____. 1875. A comparative grammar of the Dravidian or South–Indian family of languages. 2nd ed. Madras: University of Madras.

Campbell, Lyle. 2004. Historical linguistics: An introduction. 2nd ed. Edinburgh: Edinburgh University Press; Cambridge, MA: MIT Press.

Cardona, George. 1976. Pāṇini: A survey of research. (Trends in Linguistics, State–of–the–art Reports 6.) The Hague: Mouton.

Carpelan, Christian, & Asko Parpola. 2001. Emergence, contacts and dispersal of Proto–Indo–European, Proto–Uralic and Proto–Aryan in archaeological perspective. Pp. 55–150 in: Carpelan, Parpola, & Koskikallio 2001.

Carpelan, Christian, Asko Parpola, & Petteri Koskikallio (eds.). 2001. Early contacts between Uralic and Indo–European: Linguistic and archaeological considerations. (Mémoires de la Société Finno–Ougrienne 242.) Helsinki: Suomalais–Ugrilainen Seura.

Casal, Jean-Marie. 1964. Fouilles d'Amri I–II. (Publications de la Commission des Fouilles Archéologiques: Fouilles du Pakistan.) Paris: C. Klincksieck.

Chadwick, John. 1958. The decipherment of Linear B. Cambridge: Cambridge University Press.

Charpentier, Jarl. 1911. Bemerkungen über die vrātya's. Wiener Zeitschrift für die Kunde des Morgenlandes 25:355–388.

_____. 1926. Über den Begriff und die Etymologie von pūjā. Pp. 276–297 in: Willibald Kirfel (ed.), Beiträge zur Literaturwissenschaft und Geistesgeschichte Indiens: Festgabe Hermann Jacobi zum 75. Geburtstag dargebracht von Freunden, Kollegen und Schülern. Bonn: Fritz Klopp.

Chernykh, E. N. 1970. Drevnejshaya metallurgiya Urala i Povolzh'ya. Moscow: Nauka.

_____. 1992. Ancient metallurgy in the USSR: The early metal age. Translated by Sarah Wright. (New Studies in Archaeology.) Cambridge: Cambridge University Press.

_____. 2007. Kargaly: Fenomen i paradoksy razvitiya. Kargaly v sisteme metallurgicheskikh provintsij. Potaennaya (sakral'naya) zhizn' arkhaichnykh gornyakov i metallurgov. (Kargaly 5.) Moscow: Yazyki slavyanskoj kul'tury.

Chernykh, E. N., & S. V. Kuz'minykh. 1987. Pamyatniki sejminsko-turbinskogo tipa v Evrazii. Pp. 84–105 in: Bader, Krajnov,

& Kosarev 1987.

______. 1989. Drevnyaya metallurgiya severnoj Evrasii (Sejminsko–Turbinskij fenomen). Moscow: Nauka.

Childe, V. Gordon. 1926. The Aryans: A study of Indo–European origins. London: Kegan Paul.

Chlenova, N. L. 1984. Arkheologicheskie materialy k voprosu ob irantsakh doskifskoj èpokhi i indo–irantsakh. Sovetskaya Arkheologiya 1984(1):88–103.

Cierny, Jan, Thomas Stöllner, & Gerd Weisgerber. 2005. Zinn in und aus Mittelasien. Pp. 431–448 in: Bergbau, Metallurgie, Industriezentren und Werkstätten von Handelsgütern. Bochum: Deutsches Bergbau–Museum.

CISI = Corpus of Indus Seals and Inscriptions. 1 = Joshi & Parpola 1987. 2 = Shah & Parpola 1991. 3.1 = Parpola, Pande, & Koskikallio 2010.

Clauson, Gerard, & John Chadwick. 1969. The Indus script deciphered? Antiquity 43(71):200–207.

Coningham, R. A. E., & F. R. Allchin. 1995. The rise of cities in South Asia. Pp. 152–184 in: Allchin 1995.

Coeurdoux, Gaston–Laurent. 1777. Moeurs et coutumes des Indiens. See Murr 1987.

Collon, Dominique. 1987. First impressions: Cylinder seals in the ancient Near East. London: British Museum Publications.

Coomaraswamy, Anand K. 1928–1931. Yakṣas I–II. (Smithsonian Institution Publications 2926, 3059.) Washington, DC: Smithsonian Institution.

Crooke, William. 1906. Things Indian, being discursive notes on various subjects connected with India. London: John Murray.

_____. 1926. Religion and folklore of Northern India. Prepared for the press by R. E. Enthoven. London: Oxford University Press.

Cunningham, Alexander. 1875. Harapâ. Pp. 105–108 and pl. XXXII–XXXIII in: Archaeological Survey of India, Report for the year 1872–73. ([Reports, Old series] vol. V.) Calcutta: Office of the Superintendent of Government Printing, India.

Daniel, J. C. 1983. The book of Indian reptiles. Bombay: Bombay Natural History Society and Oxford University Press.

Daniels, Peter T. 1996. Methods of decipherment. Pp. 141–159 in: Daniels & Bright 1996.

Daniels, Peter T., & William Bright (eds.). 1996. The world's writing systems. New York: Oxford University Press.

DEDR = Burrow & Emeneau 1984.

Degener, Almuth. 2002. The Nuristani languages. Pp. 103–117 in: Sims–Williams 2002.

Dergachev, Valentin A. 1998. Kulturelle und historische Entwicklungen im Raum zwischen Karpaten und Dnepr: Zu den Beziehungen zwischen frühen Gesellschaften im nördlichen Südost– und Osteuropa. Pp. 27–64 in: Bernhard Hänsel & Jan Machnik (eds.), Das Karpatenbecken und die osteuropäische Steppe. (Südosteuropa-Schriften 20; Prähistorische Archäologie in Südosteuropa 12.) Munich: Südosteuropa-Gesellschaft; Rahden, Westfalen: Marie Leidorf.

_____. 2007. O skipetrakh, o loshadyakh, o vojne: ètyudy v zashchitu migratsionnoj kontseptsii M. Gimbutas. St. Petersburg: Nestor.

Didier, Aurore. 2013. La production céramique du Makran (Pakistan) à l'âge du bronze ancien: Contribution à l'étude des peuplements des régions indo-iraniennes. (Mémoires des Missions archéologiques françaises en Asie centrale et en Asie moyenne 14. Série Indus-Balochistan.) Paris: De Boccard.

Dixit, Yama, David A. Hodell, & Cameron A. Petrie. 2014. Abrupt weakening of the summer monsoon in northwest India ~4100 yr ago. Geology 42(4), 24 Feb 2014. http://www.cam.ac.uk/research/news/decline-of-bronze-age-megacities-linked-to-climate-change.

Doniger, Wendy. 2009. The Hindus: An alternative history. New York: Penguin.

Dubois, Jean Antoine. [1825] 1906. Hindu manners, customs and ceremonies. Translated from the author's later French MS. and edited with notes, corrections, and biography by Henry K. Beauchamp. 3rd ed. Oxford: Clarendon Press. [Dubois pirated the unpublished work of Coeurdoux 1777, see Murr 1987.]

During Caspers, E. C. L. 1979. Sumer, coastal Arabia and the Indus Valley in Protoliterate and Early Dynastic eras: Supporting evidence for a cultural linkage. Journal of the Economic and Social History of the Orient 22(2):121–135.

Durrani, F. A. 1988. Excavations in the Gomal Valley: Rahman Dheri excavation report no. 1. (Ancient Pakistan 6.) Peshawar: Department of Archaeology, University of Peshawar.

Durrani, F. A., I. Ali, & G. Erdosy. 1994–1995. Seals and inscribed sherds. Pp. 198–223 in: Taj Ali (ed.), Excavations in the Gomal Valley: Rehman Dheri report no. 2. (Ancient Pakistan 10.) Peshawar: Department of Archaeology, University of Peshawar.

Eder, Christian. 1996. Die ägyptischen Motive in der Glyptik des östlichen Mittelmeerraumes zu Anfang des 2. Jts. v.Chr. (Orientalia Lovanensia analecta 71.) Leuven: Peeters.

Edzard, Dietz Otto. 1968. Die Inschriften der altakkadischen Rollsiegel. Archiv für Orientforschung 22:12–20.

Eggeling, Julius (trans.). 1882–1900. The Śatapatha–Brāhmaṇa according to the text of the Mādhyandina school I–V. (Sacred Books of the East 12, 26, 41, 43, 44.) Oxford: Clarendon Press.

Ehlers, Gerhard. 2007. Sieben Seher, sieben Wasser. Pp. 145–150 in: Konrad Klaus & Jens–Uwe Hartmann (eds.), Indica et Tibetica: Festschrift für Michael Hahn zum 65. Geburtstag von Freunden und Schülern überreicht. (Wiener Studien zur Tibetologie und Buddhismuskunde 66.) Vienna: Arbeitskreis für tibetische und buddhistische Studien, Universität Wien.

Eichmann, Ricardo, & Hermann Parzinger (eds.). 2001. Migration und Kulturtransfer: Der Wandel vorder- und zentralasiatischer Kulturen im Umbruch vom 2. zum 1. vorchristlichen Jahrtausend. Bonn: Dr Rudolf Habelt.

Eidem, Jesper. 2014. The kingdom of Šamšī-Adad and its legacies. Pp. 137–146 in: Eva Cancik-Kirschbaum, Nicole Brisch & Jesper Eidem (eds.), Constituent, confederate and conquered space: The emergence of the Mittani state. (Topoi 17.) Berlin: Walter de Gruyter.

Ellis, Francis Whyte. 1816. Dissertation on the Telugu language [= "Note to the introduction."]. Pp. 1–31 in: A. D. Campbell, A grammar of the Teloogoo language. Madras: College Press.

Eltsov, Piotr Andreevich. 2008. From Harappa to Hastinapura: A study of the earliest South Asian city and civilization. (American School of Prehistoric Research Monograph series.) Leiden: Brill.

Emeneau, M. B. 1966. The dialects of Old Indo-Aryan. Pp. 123–138 in: Henrik Birnbaum & Jaan Puhvel (eds.), Ancient Indo-European dialects. Berkeley: University of California Press.

Erdosy, George (ed.). 1995. The Indo-Aryans of ancient South Asia: Language, material culture and ethnicity. (Indian Philology and

South Asian Studies 1.) Berlin: Walter de Gruyter.

Falk, Harry. 1986. Bruderschaft und Würfelspiel. Untersuchungen zur Entwicklungsgeschichte des vedischen Opfers. Freiburg: Hedvig Falk.

______. 1989. Soma I and II. Bulletin of the School of Oriental and African Studies, University of London 52(1):77–90.

______. 1993. Schrift im alten Indien: Ein Forschungsbericht mit Anmerkungen. (ScriptOralia 56.) Tübingen: Gunter Narr.

______. 1994. Das Reitpferd im vedischen Indien. Pp. 91–101 in: Hänsel & Zimmer 1994.

Fansa, Mamoun, & Stefan Burmeister (eds.). 2004 Rad und Wagen: Der Ursprung einer Innovation. Wagen im Vorderen Orient und Europa. (Beiheft der Archäologischen Mitteilungen aus Nordwestdeutschland 40.) Mainz: Philipp von Zabern.

Farmer, Steve, Richard Sproat, & Michael Witzel. 2004. The collapse of the Indus script thesis: The myth of a literate Harappan Civilization. Electronic Journal of Vedic Studies 11(2):19–57.

Farnell, Lewis Richard. 1921. Greek hero cults and ideas of immortality. Oxford: Clarendon Press.

Filliozat, Jean. 1962. Notes d'astronomie ancienne de l'Iran et de l'Inde (I, II et III). Journal Asiatique 250:325–350.

Fiordalis, David V. 2013. The smile of the Buddha: Enigma, illumination, and majesty. Paper read at the 223rd annual meeting of the

American Oriental Society in Portland, Oregon, March 15, 2013.

Fischer, Eberhard, & Haku Shah. 1971. Mogra Dev, tribal crocodile gods: Wooden crocodile images of Chodhri, Gamit and Vasava tribes, South Gujarat (India). (Art for tribal rituals in South Gujarat 1.) Ahmedabad: Gujarat Vidyapith.

Flattery, David Stophlet, & Martin Schwartz. 1989. Haoma and harmaline: The botanical identity of the Indo-Iranian sacred hallucinogen "Soma" and its legacy in religion, language, and Middle Eastern folklore. (University of California publications, Near Eastern studies 21.) Berkeley: University of California Press.

Fortson, Benjamin W., IV. 2010. Indo-European language and culture: An introduction. 2nd ed. Oxford: Blackwell.

Frame, Douglas. 1978. The myth of return in early Greek epic. New Haven, CT: Yale University Press.

______. 2010. Hippota Nestor. (Hellenic Studies 37.) Washington, DC: Center for Hellenic Studies.

Francfort, Henri-Paul. 1989. Fouilles de Shortughaï: Recherches sur l'Asie Centrale Protohistorique I-II. (Mémoires de la Mission Archéologique Française en Asie Centrale 2.) Paris: Diffusion De Boccard.

Francfort, Henri-Paul. 2001. The cultures with painted ceramics of south Central Asia and their relations with the northeastern steppe zone (late 2nd/early 1st millennium BC). Pp. 221-235 in: Eichmann & Parzinger 2001.

______. 2005. La civilisation de l'Oxus et les Indo–Iraniens et Indo–Aryens. Pp. 253–328 in: Fussman et al. 2005.

Franke, Ute. 2010. From the Oxus to the Indus: Two compartmented seals from Mohenjo–daro (Pakistan). Pp. xvii–xliii in: CISI 3.1.

Franke–Vogt, Ute. 1991 (1992). Die Glyptik aus Mohenjo–Daro. Uniformität und Variabilität in der Induskultur: Untersuchungen zur Typologie, Ikonographie und räumlichen Verteilung I–II. (Baghdader Forschungen 13.) Mainz: Philipp von Zabern.

______. Der Golfhandel im späten 3. und frühen 2. Jt. v. Chr. Pp. 114–133 in: Bartl, Bernbeck, & Heinz 1995.

Frankfort, Henri. 1955. Stratified cylinder seals from the Diyala region. (University of Chicago Oriental Institute Publications 72.) Chicago: University of Chicago Press.

Fujii, Masato. 2012. The Jaiminīya Sāmaveda traditions and manuscripts in South India. Pp. 99–118 in: Saraju Rath (ed.), Aspects of manuscript culture in South India. (Brill's Indological library 40.) Leiden: Brill.

Fuller, C. J. 1992. The camphor flame: Popular Hinduism and society in India. Princeton, NJ: Princeton University Press.

Fuller, Dorian Q. 2006. Agricultural origins and frontiers in South Asia: A working synthesis. Journal of World Prehistory 20(1): 1–86.

Fussman, Gérard, Jean Kellens, Henri–Paul Francfort, & Xavier Tremblay. 2005. Âryas, Aryens et iraniens en Asie centrale. (Collège de France, Publications de l'Institut de Civilisation Indienne 72.) Paris: Diffusion De Boccard.

Gadd, C. J., & Sidney Smith. 1924. The new links between Indian and Babylonian civilizations. Illustrated London News, October 4, 1924:614–616.

Gamkrelidze, T. V., & V. V. Ivanov. 1995. Indo–European and the Indo–Europeans I–II. Translated by Johanna Nichols. (Trends in Linguistics, Studies and Monographs 80.) Berlin: Mouton de Gruyter.

Geldner, Karl F. 1889. Ficus Indica in RV. 1,24,7. Pp. 113–115 in: Richard Pischel & Karl F. Geldner, Vedische Studien I. Stuttgart: W. Kohlhammer.

Gening, V. F., G. B. Zdanovich, & V. V. Gening. 1992. Sintashta: Arkheologicheskie pamyatniki arijskikh plemen Uralo–Kazakhstanskikh stepej I. Chelyabinsk: Yuzhno–Ural'skoe knizhnoe izdatel'stvo.

Ghirshman, Roman. 1977. L'Iran et la migration des Indo–Aryens et des Iraniens. Leiden: Brill.

Ghosh, A. (ed.). 1989. An encyclopaedia of Indian archaeology I–II. New Delhi: Munshiram Manoharlal.

Gimbutas, Marija. 1997. The Kurgan Culture and the Indo–Europeanization of Europe: Selected articles from 1952 to 1993. Edited by Miriam Robbins Dexter and Karlene Jones-Bley. (Journal of Indo-European Studies Monograph 18.) Washington, DC: Institute for the Study of Man.

Goldman, Robert P. 1984. The Rāmāyaṇa of Vālmīki: An epic of ancient India I: Bālakāṇḍa. Introduction and translation by Robert P. Goldman. Annotation by Robert P. Goldman and Sally J. Sutherland. Princeton, NJ: Princeton University Press.

Gonda, Jan. 1971. Old Indian. (Handbuch der Orientalistik II.1.1.) Leiden: Brill.

______. 1974. The dual deities in the religion of the Veda. (Verlandelingen der Koninklijke Nederlandse Akademie van Wetenschappen, Afdeeling Letterkunde, Nieuwe Reeks 81.) Amsterdam: North-Holland.

______. 1975. Vedic literature (Saṃhitās and Brāhmaṇas). (A history of Indian literature I:1.) Wiesbaden: Otto Harrassowitz.

______. 1977. The ritual Sūtras. (A history of Indian literature I:2.) Wiesbaden: Otto Harrassowitz.

______. 1978. Die Religionen Indiens I: Veda und älterer Hinduismus. 2nd ed. (Die Religionen der Menschheit 11.) Stuttgart: W. Kohlhammer.

Gordon, D. H. 1960. The Prehistoric background of Indian culture. 2nd ed. Bombay: Bhulabhai Memorial Institute.

Grimm, Jakob. 1822. Deutsche Grammatik I. Zweite Ausgabe. Göttingen: Dieterichische Buchhandlung.

Gubaev, A., G. Koshelenko, & M. Tosi (eds.). 1998. The archaeological map of the Murghab Delta: Preliminary reports 1990–95. (Istituto Italiano per l'Africa e l'Oriente, Centro Scavi e ricerche archaeologiche, Reports and Memoirs, Series Minor 3.) Rome: IsIAO.

Gundert, Hermann. 1869. Die dravidischen Elemente in Sanskrit. Zeitschrift der Deutschen Morgenländischen Gesellschaft 23:517–530.

Gurov, Nikita V. 1968. Prospects for the linguistic interpretation of the Proto-Indian texts (on the basis of Dravidian languages). Pp. 28–54 in: Proto-Indica: 1968. Brief report on the investigation of the Proto-Indian texts. (VIII International Congress of Anthropological and Ethnographical Sciences, Tokio, September, 1968.) Moscow: Institute of Ethnography, Academy of Sciences of USSR.

______. 2000. On the substratum heritage in the vocabulary of the Ṛgveda (in connection with recent works by F. B. J. Kuiper and M. Witzel). Paper read at the 21st Zograph conference "Traditional Indian texts: Problems of interpretation", St. Petersburg, April 24–26, 2000.

Gusev, S. A. 1998. K voprosu o transportnykh sredstvakh tripol'skoj kul'tury. Rossijskaya Arkheologiya 1998(1):15-28.

Häkkinen, Jaakko. 2009. Kantauralin ajoitus ja paikannus: perustelut puntarissa. Journal de la Société Finno-Ougrienne 92:9-56.

Hänsel, Bernhard, & Stefan Zimmer (eds.). 1994. Die Indogermanen und das Pferd. (Archaeolingua 4.) Budapest: Archaeolingua.

Hansen, Donald P. 2003a. Art of the early city-states. Pp. 21-42 in: Aruz 2003.

______. 2003b. Art of the Akkadian Dynasty. Pp. 189-233 in: Aruz 2003.

Hart, George L. 1975. The poems of ancient Tamil: Their milieu and their Sanskrit counterparts. Berkeley: University of California Press.

Hauer, J. W. 1927. Der Vrātya: Untersuchungen über die nichtbrahmanische Religion Altindiens I. Stuttgart: W. Kohlhammer.

Heesterman, J. C. 1957. The ancient Indian royal consecration: The rājasūya described according to the Yajus texts and annotated. (Disputationes Rheno-Trajectinae 2.) 's-Gravenhage: Mouton.

______. 1962. Vrātya and sacrifice. Indo-Iranian Journal 6(1):1-37.

______. 1967. The case of the severed head. Wiener Zeitschrit für die Kunde Süd- und Ostasiens 11:22-43.

______. 1989. King and warrior. Pp. 97-122 in: J. C. Galey (ed.), Kingship and the kings. (History and anthropology 4.) London: Harwood Academic.

Heras, Henry. 1953. Studies in Proto–Indo–Mediterranean Culture I. (Studies in Indian History 19.) Bombay: Indian Historical Research Institute.

Hévesy, Guillaume de [Vilmos Hevesy]. 1933. Océanie et Inde préaryenne: Mohenjo–daro et l'Ile de Pâques. Bulletin de l'Association française des amis de l'orient 14–15:29–50.

Hickmann, Hans 1946. La trompette dans l'Egypte ancienne. (Supplément aux Annales du Service des Antiquités de l'Egypte, Cahier 1.) Cairo: [n.p.].

Hiebert, Fredrik Talmage. 1994. Origins of the Bronze Age oasis civilizations of Central Asia. (Bulletin of the American School of Prehistoric Research 42.) Cambridge, MA: Peabody Museum.

______. 1995. South Asia from a Central Asian perspective. Pp. 192–205 in: Erdosy (ed.) 1995.

Hillebrandt, Alfred. 1897. Ritual–Litteratur, vedische Opfer und Zauber. (Grundriss der Indo–Arischen Philologie und Altertumskunde III:2.) Strasbourg: Karl J. Trübner.

______. 1927–1929. Vedische Mythologie I–II. Zweite veränderte Auflage. Breslau: M. & H. Marcus.

Hiltebeitel, Alf. 1978. The Indus Valley "Proto–Śiva", reexamined through reflections on the goddess, the buffalo, and the symbolism of vāhanas. Anthropos 73:767–797.

Hintze, Almut. 1998. The migrations of the Indo–Iranians and the Iranian sound change s 〉 h. Pp. 139 – 153 in: Wolfgang Meid (ed.), Sprache und Kultur der Indogermanen. (Innsbrucker Beiträge zur Sprachwissenschaft 93.) Innsbruck: Institut für Sprachwissenschaft der Universität Innsbruck.

Hoffmann, Karl. 1940. Vedische Namen. Wörter und Sachen 21:139 – 161.

Honoré, Emmanuelle. 2007. Earliest cylinder–seal glyptic in Egypt: From Greater Mesopotamia to Naqada. Pp. 31 – 45 in: Hany Hanna (ed.), The International conference on heritage of Naqada and Qus region, January 22 – 28, 2007, Naqada, Egypt I. Alexandria: International Council of Museums (ICOM).

Hopkins, E. Washburn. 1889. The social and military position of the ruling caste in ancient India, as represented by the Sanskrit epic; with an appendix on the status of woman. Journal of the American Oriental Society 13:57 – 376.

______. 1896. Prāgāthikāni I. Journal of the American Oriental Society 17:23 – 92.

______. 1915. Epic mythology. (Grundriss der indo–arischen Philologie und Altertumskunde III:1:B.) Strasbourg: Karl J. Trübner.

Horsch, Paul. 1966. Die vedische Gāthā– und Śloka–Literatur. Bern: Francke.

Houben, Jan E. M. (ed. and trans.). 1991. The Pravargya Brāhmaṇa of the Taittirīya Āraṇyaka: An ancient commentary on the Pravargya ritual. Introduction, translation, and notes. Delhi: Motilal Banarsidass.

______. 2000. On the earliest attestable forms of the Pravargya ritual: Ṛg-Vedic references to the Gharma-Pravargya, especially in the Atri-family book (book 5). Indo-Iranian Journal 43:1-25.

Hume, Robert Ernest (trans.). 1931. The thirteen principal Upanishads. London: Oxford University Press.

Hunter, G. R. 1934. The script of Harappa and Mohenjo-daro and its connection with other scripts. (Studies in the History of Culture 1.) London: Kegan Paul, Trench, Trubner.

Indus Civilization Exhibition, Tokyo Metropolitan Art Museum, 5th August - 3rd December, 2000. Tokyo: NHK, NHK Promotions, 2000.

Insler, Stanley. 1996. Avestan vāz and Vedic vāh. Studien zur Indologie und Iranistik 20:169-186.

______. 1998. On the recensions of the Atharva Veda and Atharvan hymn composition. Wiener Zeitschrift für die Kunde Südasiens 42:5-21.

Jacobsen, Knut A. (ed.). 2009-2013. Brill's Encyclopedia of Hinduism I-V. (Handbook of Oriental Studies, Section 2: South Asia 22.) Leiden: Brill.

Jaiswal, Suvira. 1981. Origin and development of Vaiṣṇavism: Vaiṣṇavism from 200 BC to AD 500. Second revised and enlarged edition.

New Delhi: Munshiram Manoharlal.

Jamison, Stephanie W., & Joel P. Brereton (ed. and trans.). 2014. The Rigveda I–III. New York: Oxford University Press.

Jamison, S. W., & M. Witzel 1992. Vedic Hinduism. http://www.people.fas.harvard.edu/~witzel/vedica.pdf.

Jansen, Michael. 1993. Mohenjo–Daro: Stadt der Brunnen und Kanäle: Wasserluxus vor 4500 Jahren. (Schriftenreihe der Frontinus–Gesellschaft, Supplementband 2.) Bergisch Gladbach: Frontinus–Gesellschaft.

Jansen, Michael, Máire Mulloy, & Günter Urban (eds.). 1991. Forgotten cities on the Indus: Early civilization in Pakistan from the 8th to the 2nd millennium B.C. Mainz: Philipp von Zabern.

Jarrige, Catherine, Jean–François Jarrige, Richard H. Meadow, & Gonzague Quivron. 1995. Mehrgarh field reports, 1974–1985: From Neolithic times to the Indus Civilization. Karachi: Sind Culture Department.

Jarrige, Jean–François. 1985. The Indian world: The archaeological background. Pp. 238–247 in: The world atlas of archaeology. London: Mitchell Beazley.

______. 1991. The cultural complex of Mehrgarh (Period VIII) and Sibri. The "Quetta hoard." Pp. 94–103 in: Jansen, Mulloy, & Urban 1991.

Jeremias, Alfred. 1929. Handbuch der altorientalischen Geisteskultur.

Zweite Aufl. Berlin: Walter de Gruyter.

Jettmar, Karl. 1986. The religions of the Hindukush I: The religion of the Kafirs. The pre-Islamic heritage of Afghan Nuristan. Translated by Adam Nayyar. With contributions from Schuyler Jones and Max Klimburg and a glossary by Peter S. C. Parkes. Warminster: Aris & Phillips.

Joki, Aulis J. 1973. Uralier und Indogermanen: Die älteren Berührungen zwischen den uralischen und indogermanischen Sprachen. (Mémoires de la Société Finno-Ougrienne 151.) Helsinki: Suomalais-Ugrilainen Seura.

Jones, William. 1788. On the Hindús. The third anniversary discourse [delivered at the Asiatic Society, Calcutta, on February 2, 1786]. Asiatick Researches 1:415-431.

Joshi, Jagat Pati, & Asko Parpola. 1987. Corpus of Indus seals and inscriptions I: Collections in India. (Annales Academiae Scientiarum Fennicae B239.) Helsinki: Suomalainen Tiedeakatemia. (= CISI 1)

Kane, P. V. 1941-1958. History of Dharmaśāstra I-V. Partly 2nd ed. (Government Oriental Series B6.) Poona: Bhandarkar Oriental Research Institute.

Karttunen, Klaus, & Petteri Koskikallio (eds.). 2001. Vidyārṇavavandanam: Essays in honour of Asko Parpola. (Studia Orientalia 94.) Helsinki: Finnish Oriental Society.

Kaw, R. N. 1989. Burzahom. Pp. 86–89 in: Ghosh 1989 II.

Keith, Arthur Berriedale (trans.). 1914. The Veda of the Black Yajus school entitled Taittirīya Sanhitā I–II. (Harvard Oriental Series 18–19.) Cambridge, MA: Harvard University Press.

_____ (trans.). 1920. Rigveda Brahmanas: The Aitareya and Kauṣītaki Brāhmaṇas of the Rigveda. (Harvard Oriental Series 25.) Cambridge, MA: Harvard University Press.

Kenoyer, Jonathan Mark. 1998. Ancient cities of the Indus Valley civilization. Karachi: Oxford University Press.

Khan, F. A. 1965. Excavations at Kot Diji. Pakistan Archaeology 2:11–85.

Kharakwal, J. S., Y. S. Rawat, & Toshiki Osada (eds.). 2012. Excavation at Kanmer 2005–06 – 2008–09. Kanmer Archaeological Research Project: An Indo–Japanese collaboration. Kyoto: Indus Project, Research Institute for Humanity and Nature.

Kinsley, David. 1986. Hindu goddesses: Visions of the divine feminine in the Hindu religious tradition. Berkeley: University of California Press.

Kirfel, Willibald. 1920. Die Kosmographie der Inder, nach den Quellen dargestellt. Bonn and Leipzig: Kurt Schroeder.

_____. 1952. Der Mythos von der Tārā und der Geburt des Buddha. Zeitschrift der Deutschen Morgenländischen Gesellschaft 102:66–90.

______. 1954. Das Purāṇa vom Weltgebäude (Bhuvanavinyāsa): Die kosmographischen Traktate der Purāṇa's, Versuch einer Textgeschichte. (Bonner Orientalistische Studien N.S.1.) Bonn: Selbstverlag des Orientalischen Seminars der Universität.

Knorozov, Yurij V. 1952. Drevnyaya pis'mennost' tsentral'noj Ameriki. Sovetskaya ètnografiya 1952(3):100 – 118.

Knorozov, Yuri V., M. F. Albedil, & B. Ya. Volchok. 1981. Proto–Indica: 1979. Report on the investigation of the Proto–Indian texts. Moscow: Nauka.

[Knorozov, Yuri V., et al.] Proto–Indica: 1968. Brief report on the investigation of the Proto–Indian texts. Moscow 1968. [Presented at the VIII International Congress of Anthropological and Ethnographical Sciences, Tokyo, September 1968.]

Kohl, Philip L. 2007. The making of Bronze Age Eurasia. Cambridge: Cambridge University Press.

Koivulehto, Jorma. 2001. The earliest contacts between Indo–European and Uralic speakers in the light of lexical loans. Pp. 235 – 263 in: Carpelan, Parpola, & Koskikallio 2001.

Koryakova, Ludmila, & Andrej Epimakhov. 2007. The Urals and Western Siberia in the Bronze and Iron Ages. (Cambridge World archaeology.) Cambridge: Cambridge University Press.

Koskenniemi, Kimmo. 1981. Syntactic methods in the study of the Indus script. Studia Orientalia 50:125 – 136.

Koskenniemi, Kimmo, & Asko Parpola. 1979. Corpus of texts in the Indus script. (Department of Asian and African Studies, University of Helsinki, Research Reports 1.) Helsinki.

______. 1980. Documentation and duplicates of the texts in the Indus script. (Department of Asian and African Studies, University of Helsinki, Research Reports 2.) Helsinki.

______. 1982. A concordance to the texts in the Indus script. (Department of Asian and African Studies, University of Helsinki, Research Reports 3.) Helsinki.

Koskenniemi, Seppo, Asko Parpola, & Simo Parpola. 1970. A method to classify characters of unknown ancient scripts. Linguistics 61:65–91.

______. 1973. Materials for the study of the Indus script I: A concordance to the Indus inscriptions. (Annales Academiae Scientiarum Fennicae B185.) Helsinki: Suomalainen Tiedeakatemia.

Kovtun, I. V. 2013. Predystoriya indoarijskoj mifologii. Kemerovo: Rossijskaya Akademiya Nauk, Sibirskoe otdelenie, Institut èkologii cheloveka.

Kramrisch, Stella. 1954. The art of India: Traditions of Indian sculpture, painting and architecture. London: Phaidon.

Krishnamurti, Bhadriraju. 2003. The Dravidian languages. (Cambridge Language Surveys.) Cambridge: Cambridge University Press.

Kriyā. 2008. Kriyāvi nta rkālat tami lakarāti: Tami l–tami l–āṅkilam.

2nd ed. Chennai: Kriyā (Cre-A).

Kuiper, F. B. J. 1979. Varuṇa and Vidūṣaka: On the origin of the Sanskrit drama. (Verhandelingen der Koninklijke Nederlandse Akademie van Wetenschappen, Afd. Letterkunde, Nieuwe Reeks 100.) Amsterdam: North Holland.

_____. 1991. Aryans in the Rigveda. (Leiden Studies in Indo-European 1.) Amsterdam: Rodopi.

Kuz'mina, Elena E. 2007. The origin of the Indo-Iranians. Translated by S. Pitina and P. Prudovsky. Edited by James P. Mallory. (Leiden Indo-European Etymological Dictionary Series 3.) Leiden: Brill.

Kuz'minykh, S. V. 2011. Sejminsko-turbinskaya problema: Novye materialy. Kratkie soobshcheniya Instituta Arkheologii RAN 225:240-263.

Lamberg-Karlovsky, C. C. 1986. Third millennium structure and process: From the Euphrates to the Indus and the Oxus to the Indian Ocean. Oriens Antiquus 25(3-4):189-219.

_____. 2002. Archaeology and language: The Indo-Iranians. Current Anthropology 43(1):63-88.

Lambrick, H. T. 1964. Sind: A general introduction. Hyderabad (Sind): Sindhi Adabi Board.

Lassen, Christian. 1847-1852. Indische Alterthumskunde I-II. Bonn: H. B. Koenig.

Laursen, Steffen Terp. 2010. The westward transmission of Indus Valley sealing technology: Origin and development of the "Gulf Type" seal and other administrative technologies in Early Dilmun, c. 2100–2000 BC. Arabian Archaeology and Epigraphy 21:96–134.

Law, Randall William. 2011. Inter-regional interaction and urbanism in the ancient Indus Valley: A geologic provenience study of Harappa's rock and mineral assemblage. (Linguistics, archaeology and the human past, Occasional Paper 11.) Kyoto: Indus Project, Research Institute for Humanity and Nature.

Lawergren, Bo. 2003. Oxus trumpets, ca. 2200–1800 BCE: Material overview, usage, societal role and catalogue. Iranica Antiqua 38:41–118.

Lawler, Andrew. 2004. The Indus script: Write or wrong? Science 306 (December 17, 2004):2026–2029.

Legrain, L. 1921. Empreintes de cachets élamites. (Mémoires de la Mission Archéologique de Perse 16.) Paris: Ernest Leroux.

Leick, Gwendolyn. 1991. A dictionary of ancient Near Eastern mythology. London and New York: Routledge.

Leshnik, Lawrence S. 1974. South Indian "Megalithic" burials: The Pandukal complex. Wiesbaden: Franz Steiner.

Liebert, Gösta. 1968 (1969). Beitrag zur Frage des Polarsterns in der altindischen Literatur. Orientalia Suecana 17:155–170.

Levine, Marsha, Colin Renfrew, & Katie Boyle (eds.). 2003. Prehistoric steppe adaptation and the horse. (McDonald Institute Monographs.) Cambridge: McDonald Institute for Archaeological Research.

Ligabue, Giancarlo, & Sandro Salvatori (eds.). [1989]. Bactria: An ancient oasis civilization from the sands of Afghanistan. (Studies and documents 3.) Venice: Erizzo.

Littauer, M. A., & J. H. Crouwel. 1979. Wheeled vehicles and ridden animals in the ancient Near East. Drawings by J. Morel. (Handbuch der Orientalistik 7:1:2:B:1.) Leiden: Brill.

_____. 2002. Selected writings on chariots and other early vehicles, riding and harness. Edited by Peter Raulwing. (Culture and history of the ancient Near East 6.) Leiden: Brill.

Lubotsky, Alexander. 2001. The Indo-Iranian substratum. Pp. 301-317 in: Carpelan, Parpola, & Koskikallio 2001.

Lüders, Heinrich. 1951-1959. Varuṇa I-II. Aus dem Nachlass herausgegeben von Ludwig Alsdorf. Göttingen: Vandenhoeck & Ruprecht.

Macdonell, A. A. 1897. Vedic mythology. (Grundriss der indo-arischen Philologie und Altertumskunde III:1:A.) Strasbourg: Karl J. Trübner.

Mackay, Ernest J. H. 1938. Further excavations at Mohenjo-daro I-II. Delhi: Manager of Publications, Government of India.

_____. 1943. Chanhu-daro excavations, 1935-36. (American Oriental

Series 20.) New Haven, CT: American Oriental Society.

Maclean, C. D. 1893. Glossary of the Madras Presidency. (Manual of the administration of the Madras Presidency 3.) Madras: Government Press.

Maekawa, Kazuya, & Wakaha Mori. 2011. Dilmun, Magan, and Meluhha in early Mesopotamian history: 2500–1600 BC. Pp. 245–269 in: Osada & Witzel 2011.

Mahadevan, Iravatham. 1977. The Indus script: Texts, concordance and tables. (Memoirs of the Archaeological Survey of India 77.) New Delhi: Archaeological Survey of India.

______. 2003. Early Tamil epigraphy: From the earliest times to the sixth century A.D. (Harvard Oriental Series 62.) Chennai: Cre-A; Cambridge, MA: Department of Sanskrit and Indian Studies, Harvard University.

Mahapatra, Piyushkanti. 1972. The folk cults of Bengal. Calcutta: Indian Publications.

Mair, Victor H. (ed.). 1998. The Bronze and Iron Age peoples of eastern Central Asia I–II. (Journal of Indo-European Studies Monograph 26.) Washington, DC: Institute for the Study of Man.

Mallory, J. P. 1989. In search of the Indo-Europeans: Language, archaeology and myth. London: Thames and Hudson.

______. 1994–1995. The Indo-European homeland: An Asian perspective. Bulletin of the Deccan College Post-Graduate and Research

Institute 54 – 55:237 – 254.
______. 1996. The Indo–European homeland: A matter of time. Pp. 1 – 22 in: Karlene Jones–Bley & Martin E. Huld (eds.), The Indo–Europeanization of northern Europe. (Journal of Indo–European Studies Monograph 17.) Washington, DC: Institute for the Study of Man.
______. 1997. The homelands of the Indo–Europeans. Pp. 93 – 121 in: Roger Blench & Matthew Spriggs (eds.), Archaeology and language I. London: Routledge.
______. 1998. A European perspective on Indo–Europeans in Asia. Pp. 175 – 201 in: Mair 1998:I.
______. 2001. Uralics and Indo–Europeans: Problems of time and space. Pp. 345 – 366 in: Carpelan, Parpola, & Koskikallio 2001.
______. 2002a. Archaeological models and Asian Indo–Europeans. Pp. 19 – 42 in: Sims–Williams 2002.
______. 2002b. Comment. Pp. 79 – 80 in: Lamberg–Karlovsky 2002.
Mallory, J. P., & D. Q. Adams (eds.). 1997. Encyclopedia of Indo–European culture. London and Chicago: Fitzroy Dearborn.
Mallory, J. P., & Victor H. Mair. 2000. The Tarim mummies: Ancient China and the mystery of the earliest peoples from the west. London: Thames and Hudson.
Mallowan, M. E. L. 1965. Early Mesopotamia and Iran. (Library of the early civilizations.) London: Thames and Hudson.

Maloney, Clarence. 1970. The beginnings of civilization in South India. Journal of Asian Studies 29(3):603–616.

Maran, Joseph. 2004a. Die Badener Kultur und ihre Räderfahrzeuge. Pp. 265–282 in: Fansa & Burmeister 2004.

______. 2004b. Kulturkontakte und Wege der Ausbreitung der Wagentechnologie im 4. Jahrtausend v.Chr. Pp. 429–442 in: Fansa & Burmeister 2004.

Marshall, John. 1924. First light on a long–forgotten civilization. Illustrated London News September 20, 1924:528–532.

______. 1931a. Religion. Pp. 48–78 in: Marshall 1931b:I.

______, (ed.). 1931b. Mohenjo–Daro and the Indus Civilization I–III. London: Arthur Probsthain.

Mayrhofer, Manfred. 1966. Die Indo–Arier im Alten Vorderasien. Mit einer analytischen Bibliographie. Wiesbaden: Otto Harrassowitz.

______. 1974. Die Arier im Vorderen Orient—ein Mythos? Mit einem bibliographischen Supplement. (Österreichische Akademie der Wissenschaften, Philos.–hist. Klasse, Sitzungsberichte 294:3.) Vienna: Verlag der Österreichischen Akademie der Wissenschaften.

______. 1992–2001. Etymologisches Wörterbuch des Altindoarischen I–III. Heidelberg: Universitätsverlag Carl Winter.

______. 2002 (2004). Zur Vertretung der indogermanischen Liquiden in den indo–iranischen Sprachen. Indologica Taurinensia 28:149–161.

McIntosh, Jane R. 2008. The ancient Indus Valley: New perspectives. (Understanding ancient civilizations.) Santa Barbara, CA: ABC–CLIO.

Meadow, Richard H. 1991. The domestication and exploitation of plants and animals in the Greater Indus Valley, 7th – 2nd millennium B.C. Pp. 51 – 58 in: Jansen, Mulloy, & Urban 1991.

Meadow, Richard H., & Ajita K. Patel. 1997. A comment on "Horse remains from Surkotada" by Sandor Bökönyi. South Asian Studies 13:308 – 315.

Meriggi, Piero. 1934. Zur Indus–Schrift. Zeitschrift der Deutschen Morgenländischen Gesellschaft 87(N.F.12):198 – 241.

Mode, Heinz. 1944. Indische Frühkulturen und ihre Beziehungen zum Westen. Basel: Benno Schwabe.

Monier–Williams, Monier. 1885. Religious thought and life in India: An account of the religions of the Indian peoples, based on a life's study of their literature and on personal investigations in their own country I: Vedism, Brāhmanism and Hindūism. 2nd ed. London: John Murray.

Moran, William L. (ed. and trans.). 1992. The Amarna letters. Baltimore, MD: Johns Hopkins University Press.

Morgenstierne, Georg. 1953. Some Kati myths and hymns. Acta Orientalia 21: 161 – 189.

Mughal, Mohammad Rafique. 1970. The Early Harappan period in the

Greater Indus Valley and Northern Baluchistan (c. 3000–2400 B.C.). (PhD dissertation in anthropology, University of Pennsylvania, Philadelphia.) Ann Arbor: University Microfilms.

Müller, Max. 1859. A history of ancient Sanskrit literature, so far as it illustrates the primitive religion of the Brahmans. London: Williams and Norgate.

Murr, Sylvia. 1987. L'Inde philosophique entre Bossuet et Voltaire. I: Moeurs et Coutumes des Indiens (1777). Un inédit du Père G.–L. Coeurdoux s.j. dans la version de N.–J. Desvaulx, texte établi et annoté par Sylvia Murr. II: L'Indologie du Père Coeurdoux: Stratégies, apologétique et scientificité. (Publications de l'École Française d'Extrême–Orient 146.) Paris: École Française d'Extrême–Orient. [I = Coeurdoux 1777]

Needham, Joseph. 1959. Science and civilisation in China III: Mathematics and the sciences of the heavens and the earth. Cambridge: Cambridge University Press.

Nelson, Harold Hayden, et al. 1932. Medinet Habu II: Later historical records of Ramses III. (Oriental Institute Publications 9.) Chicago: University of Chicago Press.

NHK 2000. See Indus Civilization Exhibition.

Nichols, Johanna. 1997. Modeling ancient population structures and movement in linguistics. Annual Review of Anthropology 26:359–384.

Nyberg, Harri. 1995. The problem of the Aryans and the Soma: The botanical evidence. Pp. 382 – 406 in: Erdosy 1995.

Oates, Joan. 2003. A note on the early evidence for horse and the riding of equids in Western Asia. Pp. 115 – 125 in: Levine, Renfrew, & Boyle 2003.

Oberlies, Thomas. 1993. Die Aśvin: Götter der Zwischenbereiche. Studien zur Indologie und Iranistik 18:169 – 189.

_____. 2012. Der Rigveda und seine Religion. Berlin: Verlag der Weltreligionen im Insel Verlag.

Oldenberg, Hermann. 1884. Ṛigveda–Saṃhitā and Sāmavedārcika. Nebst Bemerkungen über die Zerlegung der Ṛigveda–Hymnen in Theilhymnen und Strophen sowie über einige verwandte Fragen. Zeitschrift der Deutschen Morgenländischen Gesellschaft 38:439 – 480.

Olijdam, Eric, & Richard H. Spoor (eds.). 2008. Intercultural relations between South and Southwest Asia: Studies in commemoration of E.C.L. During Caspers (1934 – 1996). (BAR International Series 1826). Oxford: Archaeopress.

Olivelle, Patrick. 1998. The early Upaniṣads: Annotated text and translation. New York: Oxford University Press.

Osada, Toshiki. 2006. How many Proto–Munda words in Sanskrit? With special reference to agricultural vocabulary. Pp. 151 – 174 in: Toshiki Osada (ed.), Proceedings of the Pre–symposium of

RIHN and the 7th ESCA Harvard–Kyoto Roundtable. Kyoto: Research Institute for Humanity and Nature.

Osada, Toshiki & Hitoshi Endo (eds.) 2011. Linguistics, Archaeology and the Human Past: Occasional Paper 12. Kyoto: Indus Project, Research Institute for Humanity and Nature. Reprinted 2012 with the title: Current Studies on the Indus Civilization, IX. New Delhi: Manohar.

Osada, Toshiki, & Michael Witzel (eds.). 2011. Cultural relations between the Indus and the Iranian Plateau during the third millennium BCE. Indus Project, Research Institute for Humanities and Nature, June 7–8, 2008. (Harvard Oriental Series, Opera Minora 7.) Cambridge, MA: Department of Sanskrit and Indian Studies, Harvard University.

Pankenier, David W. 2004. A brief history of Beiji (Northern Culmen). Culture and Cosmos 8(1–2):287–308.

______. 2013. Astrology and cosmology in early China: Conforming Earth to Heaven. Cambridge: Cambridge University Press.

Parpola, Asko. 1967 (1968). On the Jaiminīyaśrautasūtra and its annexes. Orientalia Suecana 16:181–214.

______. 1968–1969. The Śrautasūtras of Lāṭyāyana and Drāhyāyaṇa and their commentaries: An English translation and study I. 1: General introduction and appendices to vol. 1. 2: The agniṣṭoma (LŚS I–II, DŚS I–VI). (Commentationes Humanarum Litterarum

42:2 and 43:2.) Helsinki: Societas Scientiarum Fennica.

______. 1973. The literature and study of the Jaiminīya Sāmaveda in retrospect and prospect. (Studia Orientalia 43:6.) Helsinki: Finnish Oriental Society.

______. 1974. On the protohistory of the Indian languages in the light of archaeological, linguistic and religious evidence: An attempt at integration. Pp. 90–100 in: J. E. van Lohuizen–de Leeuw & J. M. M. Ubaghs (eds.), South Asian Archaeology 1973. Leiden: Brill.

______. 1975a. Tasks, methods and results in the study of the Indus script. Journal of the Royal Asiatic Society of Great Britain and Ireland 1975(2):178–209.

______. 1975b. Isolation and tentative interpretation of a toponym in the Harappan inscriptions. Pp. 121–143 in: Jean Leclant (ed.), Le déchiffrement des écritures et des langues: Colloque du XXIXe Congrès International des Orientalistes. Paris: L'Asiathèque.

______. 1981. On the primary meaning and etymology of the sacred syllable Ōm. Studia Orientalia 50:195–213.

______. 1983. The pre–Vedic Indian background of the Śrauta rituals. Pp. 41–75 in: F. Staal 1983:II.

______. 1984a. New correspondences between Harappan and Near Eastern glyptic art. Pp. 176–195 in: Bridget Allchin (ed.), South Asian Archaeology 1981. (University of Cambridge Oriental

Publlications 35.) Cambridge: Cambridge University Press.

______. 1984b. On the Jaiminīya and Vādhūla traditions of South India and the Paṇḍu / Pāṇḍava problem. Studia Orientalia 55:429–468.

______. 1985. The Sky–Garment: A study of the Harappan religion and its relation to the Mesopotamian and later Indian religions. (Studia Orientalia 57.) Helsinki: Finnish Oriental Society.

______. 1986a. The size and quality of the Indus seals and other clues to the royal titles of the Harappans. Tamil Civilization 4(3–4):144–156.

______. 1986b. The Indus script: A challenging puzzle. World Archaeology 17(3):399–419.

______. 1988a. The coming of the Aryans to Iran and India and the cultural and ethnic identity of the Dāsas. Studia Orientalia 64:195–302.

______. 1988b. Religion reflected in the iconic signs of the Indus script: Penetrating into long–forgotten picto+graphic messages. Pp. 114–135 in: Visible Religion (Annual for Religious Iconography) VI: The Image in Writing. Leiden: Brill.

______. 1989. Witnessing a hog sacrifice to the Goddess in South Kanara. NIF Newsletter 1989(4):20–24. Turku: Nordic Institute of Folklore.

______. 1990a. Astral proper names in India: An analysis of the oldest sources, with argumentation of an ultimately Harappan origin. Adyar Library Bulletin 53:1–53.

______. 1990b. Bangles, sacred trees and fertility: Interpretations of the Indus script related to the cult of Skanda–Kumāra. Pp. 263–284 in: Maurizio Taddei (ed.) South Asian Archaeology 1987 I. (Serie Orientale Roma 66:1.) Rome: Istituto Italiano per il Medio ed Estremo Oriente.

______. 1992a. The metamorphoses of Mahiṣa Asura and Prajāpati. Pp. 275–308 in: A.W. van den Hoek, D.H.A. Kolff, & M.S. Oort (eds.), Ritual, state and history in South Asia: Essays in honour of J. C. Heesterman. (Memoirs of the Kern Institute 5.) Leiden: Brill.

______. 1992b. The "fig deity seal" from Mohenjo–daro: Its iconography and inscription. Pp. 277–236 in: Catherine Jarrige (ed.), South Asian Archaeology 1989 I. (Monographs in World Archaeology 14.) Madison, WI: Prehistory.

______. 1994a. Deciphering the Indus script. Cambridge: Cambridge University Press.

______. 1994b. Harappan inscriptions: An analytical catalogue of the Indus inscriptions from the ancient Near East. Pp. 304–315 and (bibliography) 483–492 in: Flemming Højlund & H. Hellmuth Andersen, Qala'at al–Bahrain I: The northern city wall and the Islamic fortress. (Jutland Archaeological Society Publications

30:1.) Aarhus: Jutland Archaeological Society.

______. 1995. The problem of the Aryans and the Soma: Textual–linguistic and archaeological evidence. Pp. 353–381 in: Erdosy 1995.

______. 1997a. Dravidian and the Indus script: On the interpretation of some pivotal signs. Studia Orientalia 82:167–191.

______. 1997b. Deciphering the Indus script: Methods and select interpretations. Keynote address delivered at the 25th Annual South Asia Conference, University of Wisconsin, Madison, Wisconsin, October 18–20, 1996. (Occasional Papers Series 2.) Madison: Center for South Asia, University of Wisconsin–Madison.

______. 1997c. The Aryan languages and archaeology, with an excursus on Botaj. Pp. 291–308 in: Raymond Allchin & Bridget Allchin (eds.), South Asian Archaeology 1995 I. New Delhi: Oxford & IBH.

______. 1998a. Aryan languages, archaeological cultures, and Sinkiang: Where did Proto–Iranian come into being, and how did it spread? Pp. 114–147 in: Mair 1998 I.

______. 1998b. Sāvitrī and resurrection. Pp. 167–312 in: Asko Parpola & Sirpa Tenhunen (eds.), Changing patterns of family and kinship in South Asia. (Studia Orientalia 84.) Helsinki: Finnish Oriental Society.

Parpola, Asko. 1999a. The formation of the Aryan branch of Indo–European. Pp. 180–207 in: Roger Blench and Matthew Spriggs (eds.), Combining archaeological and linguistic aspects of the past. (World Archaeology: Archaeology and Language series 3.) London: Routledge.

_____. 1999b. Vāc as a goddess of victory in the Veda and her relation to Durgā. Zinbun 34(2):101–143.

_____. 1999c. The iconography and cult of Kuṭṭiccāttan: Field research on the sanskritization of local folk deities in Kerala. Pp. 175–205 in: Johannes Bronkhorst & Madhav M. Deshpande (eds.), Aryan and Non-Aryan in South Asia: Evidence, interpretation and ideology. (Harvard Oriental Series, Opera Minora 3.) Cambridge, MA: Department of Sanskrit and Indian Studies, Harvard University.

_____. 1999d. Conceptual categories and their classification in Middle Vedic texts: A review of Brian K. Smith's two recent books. Pp. 5–22 in: Folke Josephson (ed.), Categorisation and interpretation: Indological and comparative studies. A volume dedicated to the memory of Gösta Liebert. (Meijerbergs arkiv för svensk ordforskning 24.) Göteborg: Styrelsen för Meijerbergs institut vid Göteborgs universitet.

_____. 2002a. From the dialects of Old Indo-Aryan to Proto-Indo-Aryan and Proto-Iranian. Pp. 43–102 in: Sims-Williams 2002.

______. 2002b. Pre–Proto–Iranians of Afghanistan as initiators of Śākta Tantrism: On the Scythian/Saka affiliation of the Dāsas, Nuristanis and Magadhans. Iranica Antiqua 37:233–324.

______. 2002c. Pandaíē and Sītā: On the historical background of the Sanskrit epics. Journal of the American Oriental Society 122(2):361–373.

______. 2003. Sacred bathing place and transcendence: Dravidian kaṭa(vuḷ) as the source of Indo–Aryan ghāṭ, tīrtha, tīrthankara and (tri)vikrama. Pp. 523–574 in: Olle Qvarnström (ed.), Jainism and early Buddhism: Essays in honor of Padmanabh S. Jaini. Fremont, CA: Asian Humanities Press.

______. 2004. From archaeology to a stratigraphy of Vedic syncretism: The banyan tree and the water buffalo as Harappan–Dravidian symbols of royalty, inherited in succession by Yama, Varuṇa and Indra, divine kings of the first three layers of Aryan speakers in South Asia. Pp. 479–515 in: Arlo Griffiths & Jan E. M. Houben (eds.), The Vedas: Texts, language & ritual. (Groningen Oriental Studies 20.) Groningen: Egbert Forsten.

______. 2004 (2006). Bala–Rāma and Sītā: On the origins of the Rāmāyaṇa. Proceedings of the XIth World Sanskrit Conference (Turin, April 3rd–8th, 2000) II. Indologica Taurinensia 30:185–200.

______. 2005a. The Nāsatyas, the chariot and Proto–Aryan religion.

Journal of Indological Studies 16－17(2004－2005):1－63.

_____. 2005b. Study of the Indus script. Transactions of the International Conference of Eastern Studies 50:28－66.

_____. 2005c. Gandhara Graves and the Gharma pot, the Nasatyas and the Nose: In pursuit of the Chariot Twins. Ancient Pakistan 16:73－107.

_____. 2005d. Administrative contact and acculturation between Harappans and Bactrians: Evidence of sealings and seals. Pp. 267－274 in: Catherine Jarrige & Vincent Lefèvre (eds.), South Asian Archaeology 2001 I: Prehistory. Paris: Éditions Recherche sur les Civilisations.

_____. 2008a. Proto–Indo–European speakers of the Late Tripolye culture as the inventors of wheeled vehicles: Linguistic and archaeological considerations of the PIE homeland problem. Pp. 1－59 in: Karlene Jones–Bley, Martin E. Huld, Angela Della Volpe, & Miriam Robbins Dexter (eds.), Proceedings of the Nineteenth Annual UCLA Indo–European Conference, November 2－3, 2007. (Journal of Indo–European Studies Monograph 54.) Washington, DC: Institute for the Study of Man.

_____. 2008b. Copper tablets from Mohenjo–daro and the study of the Indus script. Pp. 132－139 in: Olijdam & Spoor 2008.

_____. 2008c. Is the Indus script indeed not a writing system? Pp. 111－131 in: Airavati: Felicitation volume in honour of Iravatham

Mahadevan. Chennai: Varalaaru.com. http://www.harappa.com/script/indus-writing.pdf.

______. 2009. The face urns of Gandhāra and the Nāsatya cult. Pp. 149–162 in: Michael Willis (gen. ed.), Migration, trade, and peoples (European Association of South Asian Archaeologists, Proceedings of the Eighteenth Congress, London, 2005), Part 3: Aryans and nomads, edited by Asko Parpola. London: British Association for South Asian Studies, British Academy.

______. 2010. A Dravidian solution to the Indus script problem. (Kalaignar M. Karunanidhi Classical Tamil Research Endowment Lecture, World Classical Tamil Conference 25–6–2010 Coimbatore.) Chennai: Central Institute of Classical Tamil.

______. 2011a. Crocodile in the Indus civilization and later South Asian traditions. Pp. 1–57 in: Osada & Endo 2011.

______. 2011b. The Harappan unicorn in Eurasian and South Asian perspectives. Pp. 125–188 in: Osada & Endo 2011.

______. 2011c. Motifs of early Iranian, Mesopotamian and Harappan art (and script), reflecting contacts and ideology. Pp. 271–357 in: Osada & Witzel 2011.

______. 2011d. Three ways of chanting in a sacrificial laud: Chapter two of Jaimini-Paryadhyāya (Jaiminīya-Śrautasūtra III) with Bhavatrāta's commentary: Sanskrit text with an annotated English translation. Pp. 141–163 in: Bertil Tikkanen & Albion M. Butters (eds.), Pūrvāparaprajñābhinandanam: East and West, past and present. Indological and other essays in honour of Klaus Karttunen. (Studia Orientalia 110.) Helsinki: Finnish Oriental Society.

_____. 2011e. Codification of Vedic domestic ritual in Kerala: Pārvaṇa-sthālīpāka— the model of rites with fire offerings—in Jaiminīya-Gṛhyasūtra 1,1-4 and in the Malayāḷam manual of the Sāmaveda Nampūtiri Brahmins of Kerala, the Sāma-Smārtta-Caṭaṅṅu. Pp. 261-354 in: Jan E. M. Houben & Julieta Rotaru (eds.), Veda-Vedāṅga and Avesta between orality and writing. (Travaux de symposium international Le Livre, La Roumanie, L'Europe, Troisième édition—20 à 24 Septembre 2011, Tome III: La troisième section—Études euro- et afro-asiatiques, Section IIIA.) Bucarest: Éditeur Bibliothèque de Bacarest. http://www.bibliotecametropolitana.ro/Uploads/Simpozionul%20International_Cartea_Romania_Europa_III_V3_mic.pdf.

_____. 2012a. The Dāsas of the Ṛgveda as Proto-Sakas of the Yaz I-related cultures. With a revised model for the protohistory of Indo-Iranian speakers. Pp. 221-264 in: Martin E. Huld, Karlene Jones-Bley, & Dean Miller (eds.), Archaeology and Language: Indo-European Studies presented to James P. Mallory. (Journal of Indo-European Studies Monograph 60.) Washington, DC: Institute for the Study of Man.

______. 2012b. Indus civilization (–1750 BCE). Pp. 3–18 in: Jacobsen 2012 IV.

______. 2012c. Chapter headings of the Jaimini–Paryadhyāya (Jaiminīya–Śrautasūtra III). Pp. 423–430 in: L. I. Kulikov & M. A. Rusanov (eds.), T. Ya. Elizarenkova memorial volume, Book 2. (Orientalia et Classica 40.) Moscow: Russian State University for the Humanities.

______. 2012 (2013). Formation of the Indo–European and Uralic (Finno–Ugric) language families in the light of archaeology: Revised and integrated "total" correlations. Pp. 119–184 in: Riho Grünthal & Petri Kallio (eds.), Linguistic Map of Prehistoric Northern Europe. (Mémoires de la Société Finno–Ougrienne 266.) Helsinki: Suomalais–Ugrilainen Seura.

______. 2013. Beginnings of Indian astronomy, with reference to a parallel development in China. History of Science in South Asia 1:21–78. http://hssa.sayahna.org/.

______. 2014. Beginnings of the Indian and Chinese calendrical astronomy. Journal of the American Oriental Society 134(1):107–112.

______. in press a. Indus seals and glyptic: An overview. In: Marta Ameri, Sarah Kielt Costello, Gregg M. Jamison, & Sarah Jarmer Scott (eds.), Small Windows: New Approaches to the Study of Seals and Sealing as Tools of Identity, Political Organization and Administration in the Ancient World. Cambridge: Cambridge

University Press.

______. in press b. Sāmaveda and sorcery. In: V. Sadovsky & J. Rotaru (eds.), Language and ritual in Indo–Iranian traditions. Vienna: Österreichische Akademie der Wissenschaften.

______. in press c. Sanskrit kaparda– "braided hair": Yet another Harappan symbol of royalty surviving in Vedic "Vrātya rituals". In: Tiziana Pontillo et al. (eds.), The volatile world of sovereignty: The Vrātya problem and kingship in South Asia. New Delhi: D. K. Printworld.

______. in press d. Sanskrit śakaṭī– / śakaṭa– "ox–cart". In: Gerd J. R. Mevissen & Vijay Kumar Gupta (eds.), Indology's pulse: Arts in context. Essays presented to Doris Meth Srinivasan in admiration of her scholarly research. New Delhi: Aryan Publications International.

______. in press e. Rudra: "Red" and "cry" in the name of the destroyer god. In a forthcoming Festschrift.

Parpola, Asko. in press f. References to ritual authorities and Vedic schools in the Jaiminīya–Śrautasūtra, collected and evaluated. Pp. 32 in: Jan. E. M. Houben, Julieta Rotaru, & Michael Witzel (eds.), Vedic śākhās, past, present, future. Proceedings of the Fifth international Vedic workshop, Bucharest 2011.

Parpola, Asko, & Juha Janhunen. 2011. On the Asiatic wild asses and their vernacular names. Pp. 59 – 124 in: Osada & Endo 2011.

Parpola, Asko, Seppo Koskenniemi, Simo Parpola, & Pentti Aalto. 1969a. Decipherment of the Proto–Dravidian inscriptions of the Indus civilization: A first announcement. (Scandinavian Institute of Asian Studies, Special Publications 1.) Copenhagen.

______. 1969b. Progress in the decipherment of the Proto–Dravidian Indus script. (Scandinavian Institute of Asian Studies, Special Publications 2.) Copenhagen.

______. 1970. Further progress in the Indus script decipherment. (Scandinavian Institute of Asian Studies, Special Publications 3.) Copenhagen.

Parpola, Asko, & Petteri Koskikallio (eds.). 1994. South Asian Archaeology 1993: Proceedings of the Twelfth international conference of the European association of South Asian archaeologists held in Helsinki University, 5–9 July 1993. I–II. (Annales Academiae Scientiarum Fennicae, Series B 271.) Helsinki: Suomalainen Tiedeakatemia.

Parpola, Asko, B. M. Pande, & Petteri Koskikallio. 2010. Corpus of Indus seals and inscriptions 3: New material, untraced objects, and collections outside India and Pakistan 1: Mohenjo–daro and Harappa, in collaboration with Richard H. Meadow & J. Mark Kenoyer. (Annales Academiae Scientiarum Fennicae, Humaniora 359.) Helsinki: Suomalainen Tiedeakatemia. (= CISI 3.1)

Parpola, Asko, Simo Parpola, & Seppo Koskenniemi. 1966. Computing approach to Proto–Indian, 1965: An interim report. [Helsinki: The authors.]

Parpola, Marjatta. 2000. Kerala Brahmins in Transition: A Study of a Nampūtiri Family. (Studia Orientalia 91.) Helsinki: The Finnish Oriental Society.

Parpola, Päivikki. 1987. Väline merkkijoukkojonoa kuvaavan kieliopin löytämiseksi askelittain. Unpublished M.Sc. thesis, Department of computer science, University of Helsinki.

______. 1988. On the synthesis of context–free grammars. Pp. 133–141 in: Matti Mäkelä, Seppo Linnainmaa & Esko Ukkonen (eds.), STeP–88 (Finnish artificial intelligence symposium, University of Helsinki, August 15–18, 1988) I. Helsinki: Suomen tekoälyseura.

Parpola, Simo, Asko Parpola, & Robert H. Brunswig, Jr. 1977. The Meluḫḫa village: Evidence of acculturation of Harappan traders in late third millennium Mesopotamia? Journal of the Economic and Social History of the Orient 20(2):129–65.

Parrot, André. 1960. Sumer. Translated by Stuart Gilbert and James Emmons. (The arts of mankind 1.) London: Thames and Hudson.

Parzinger, Hermann. 2006. Die frühen Völker Eurasiens: Vom Neolithikum bis zum Mittelalter. Munich: C. H. Beck.

Pennington, Brian K. 2005. Was Hinduism invented? Britons, Indians, and the colonial construction of religion. New York: Oxford University Press.

Petrie, Flinders. 1939. The making of Egypt. London: Sheldon.

Piggott, Stuart. 1950. Prehistoric India to 1000 B.C. Harmondsworth: Penguin.

_____. 1983. The earliest wheeled transport: From the Atlantic Coast to the Caspian Sea. London: Thames and Hudson.

_____. 1992. Wagon, chariot and carriage: Symbol and status in the history of transport. London: Thames and Hudson.

Pinault, Georges-Jean. 1989. Reflets dialectaux en védique ancien. Pp. 35-96 in: Caillat 1989.

Pinnow, Heinz-Jürgen. 1959. Versuch einer historischen Lautlehre der Kharia-Sprache. Wiesbaden: Otto Harrassowitz.

Pirart, Éric. 1995. Les Nāsatya I: Les noms des Aśvin. Traduction commentée des strophes consacrées aux Aśvin dans le premier maṇḍala de la Ṛgvedasamhitā. (Bibliothèque de la Faculté de Philosophie et Lettres de l'Université de Liège 261.) Geneva: Diffusion Librairie Droz.

Pittman, Holly. 1984. Art of the Bronze Age southeastern Iran, western Central Asia, and the Indus Valley. With comments on style and iconography by Edith Porada. New York: Metropolitan Museum of Art.

Polos'mak, Nataliya V. 2001. Zur Kleidung der Pazyryk-Bevölkerung aus Ukok, Südaltaj. Pp. 101–126 in: Eichmann & Parzinger 2001.

Porada, Edith. 1950. A leonine figure of the Protoliterate period of Mesopotamia. Journal of the American Oriental Society 70:223–226.

Possehl, Gregory L. 1999. Indus Age: The beginnings. New Delhi: Oxford & IBH Publishing.

______. 2002. The Indus Civilization: A contemporary perspective. Walnut Creek, CA: Alta Mira.

Potts, Daniel T. 2001. Nana in Bactria. Silk Road Art and Archaeology 7:23–35.

______. 2008 (2009). Puzur–Inšušinak and the Oxus Civilization (BMAC): Reflections on Šimaški and the geo–political landscape of Iran and Central Asia in the Ur III period. Zeitschrift für Assyriologie und Vorderasiatische Archäologie 95:165–194.

Preston, James J. 1980. Cult of the goddess: Social and religious change in a Hindu temple. New Delhi: Vikas.

Pritchard, James B. 1969. The ancient Near East in pictures relating to the Old Testament. 2nd ed. with supplement. Princeton, NJ: Princeton University Press.

Proferes, Theodore N. 2007. Vedic ideals of sovereignty and the poetics of power. (American Oriental Series 90.) New Haven, CT: American Oriental Society.

Pryakhin, A. D., & A. Kh. Khalikov 1987. Abashevskaya kul'tura. Pp.

124–131 in: Bader, Krajnov, & Kosarev 1987.

Quivron, Gonzague. 1980. Les marques incisées sur les poteries de Mehrgarh au Baluchistan, du milieu du IVe millénaire à la première moitie du IIIe millénaire. Paléorient 6:269–280.

Raghu Vira & Lokesh Chandra (eds.) 1995. Tibetan maṇḍalas (Vajrāvalī and Tantra–samuccaya). (Śata–Piṭaka Series 383.) New Delhi: International Academy of Indian Culture.

Rao, S R. 1982. The decipherment of the Indus script. Bombay: Asia Publishing House.

______. 1991. Dawn and devolution of the Indus Civilization. New Delhi: Aditya Prakashan.

Rask, Rasmus. 1818. Undersøgelse om den gamle Nordiske eller Islandske Sprogs Oprindelse. Copenhagen: Gyldendal.

Rassamakin, Yuri. 1999. The Eneolithic of the Black Sea Steppe: Dynamics of cultural and economic development, 4500–2300 BC. Pp. 59–182 in: Marsha Levine, Yuri Rassamakin, Aleksandr Kislenko & Nataliya Tatarintseva (eds.), Late Prehistoric exploitation of the Eurasian steppe. Cambridge: McDonald Institute for Archaeological Research.

______. 2004. Die nordpontische Steppe in der Kupferzeit: Gräber aus der Mitte des 5. Jts. bis Ende des 4. Jts. v.Chr. I–II. (Archäologie in Eurasien 17.) Mainz: Philipp von Zabern.

Ratnagar, Shereen. 1991. Enquiries into the political organization of

Harappan society. Pune: Ravish.

Rau, Wilhelm. 1976. The meaning of pur in Vedic literature. (Abhandlungen der Marburger Gelehrten Gesellschaft, Jahrgang 1973:1.) Munich: Wilhelm Fink.

Raulwing, Peter. 2005 (2006). The Kikkuli Text (CTH 284): Some interdisciplinary remarks on Hittite training texts for chariot horses in the second half of the 2nd millennium B.C. Pp. 61–75 in: Armelle Gardeisen (ed.), Les équides dans le monde méditerranéen antique. (Monographies d'archéologie méditerranéen 1.) Lattes: èditions de l'Association pour le développement de l'archéologie en Languedoc–Rousillon.

Raverty, H. G. 1859. Notes on Kafiristan. Journal of the Asiatic Society of Bengal 28:317–368.

Rawlinson, George (trans.). [1860] 1942. Herodotus, The Persian Wars. (Modern Library 255.) New York: Random House.

Reade, Julian. 1995. Magan and Meluhha merchants at Ur? Pp. 597–599 in: U. Finkbeiner, R. Dittmann & H. Hauptmann (eds.), Beiträge zur Kulturgeschichte Vorderasiens: Festschrift für Rainer Michael Boehmer. Mainz: Philipp von Zabern.

______. 2008. The Indus–Mesopotamia relationship reconsidered. Pp. 12–18 in: Olijdam & Spoor 2008.

Rédei, Károly. 1988. Die ältesten indogermanischen Lehnwörter der uralischen Sprachen. Pp. 638–664 in: Sinor 1988.

______. 1988–1991. Uralisches etymologisches Wörterbuch I–III. Wiesbaden: Otto Harrassowitz.

Renger, Johannes. 2004. Die naturräumlichen Bedingungen im Alten Orient im 4. und frühen 3. Jt. v. Chr. Pp. 41–48 in: Fansa & Burmeister 2004.

Renou, Louis. 1953. Religions of ancient India. London: Athlone.

Roberts, T. J. 1977. The mammals of Pakistan. London: Ernest Benn.

Robinson, Andrew. 2002. Lost languages: The enigma of the world's undeciphered scripts. New York: McGraw Hill.

Rolland, Pierre. 1973. Le Mahāvrata. Nachrichten der Akademie der Wissenschaften in Göttingen, Philologisch–historische Klasse, Jahrgang 1973:51–79.

Rönnow, Kasten. 1929. Zur Erklärung des Pravargya, des Agnicayana und der Sautrāmaṇī. Le Monde Oriental 23:69–173.

Rosenfield, John M. 1967. The dynastic arts of the Kushans. Berkeley: University of California Press.

Rothman, Mitchell S. (ed.). 2001. Uruk Mesopotamia & its neighbors: Cross–cultural interactions in the era of state formation. Santa Fe: School of American Research Press.

Ryzhov, S. M. 2003. Glynyani modeli sanej Kukuten'–Trypil's'koï spil'nosti. Arkheologichnyj litopys livoberezhnoï Ukraïny 2002:3 & 2003:1:56–57.

Sajnovics, Joannes [János]. 1770. Demonstratio idioma Ungarorum et

Lapponum idem esse. Turnaviae: Typis Collegii Academici Societatis Jesu.

Salomon, Richard G. 1996. Brahmi and Kharoshthi. Pp. 373–383 in: Daniels & Bright 1996.

Samzun, Anaick 1992. Observations on the characteristics of the Pre–Harappan remains, pottery, and artifacts at Nausharo, Pakistan (2700–2500 BC). Pp. 245–252 in: Catherine Jarrige (ed.), South Asian Archaeology 1989. (Monographs in World Archaeology.) Madison, WI: Prehistory.

Sarianidi, Viktor I. 1977. Drevnie zemledel'tsy Afganistana: Materialy Sovetsko–Afganskoj èkspeditsii 1969–1974 gg. Moscow: Nauka

______. 1986. Die Kunst des alten Afghanistan: Architektur, Keramik, Siegel, Kunstwerke aus Stein und Metall. Übersetzt aus dem Russischen von Sabine Grebe. Weinheim: VCH Verlagsgesellschaft.

______. 1987. South–west Asia: Migrations, the Aryans and Zoroastrians. Information Bulletin of the International Association for the Study of the Cultures of Central Asia 13:44–56.

______. 1989. Khram i nekropol' Tillyatepe. Moscow: Nauka.

______. 1998a. Margiana and Protozoroastrism. Translated from Russian by Inna Sarianidi. Athens: Kapon.

______. 1998b. Myths of ancient Bactria and Margiana on its seals and amulets. Moscow: Pentagraphic.

______. 2001. The Indo–Iranian problem in the light of the latest excavations in Margiana. Pp. 417–441 in: Karttunen & Koskikallio 2001.

______. 2002. Marguş: Murgap derýasynyn köne hanasynyn aýagyndaky gadymy gündogar şalygy / Drevnevostochnoe tsarstvo s staroj del'te reki Murgab / Ancient Oriental kingdom in the old delta of Murghab river. Aşgabat: Türkmendöwlethabarlary.

______. 2007. Necropolis of Gonur. English translation by Inna Sarianidi. Athens: Kapon.

Sarianidi, V. I., P. M. Kozhin, M. F. Kosarev, & N. A. Dubova (eds.). 2011 (2012). Trudy Margianskoj arkheologicheskoj èkspeditsii 4. Moscow: Institut ètnologii i antropologii im. N. N. Miklukho-Maklaya, RAN.

Savarkar, V. D. 1938. Hindutva: Who is a Hindu? New Delhi: Central Hindu Yuvak Sabha.

Sayce, A. H. 1924. Remarkable discoveries in India. Illustrated London News, September 27, 1924:526.

Scherer, Anton. 1953. Gestirnnamen bei den indogermanischen Völkern. (Indogermanische Bibliothek 3.1.) Heidelberg: Carl Winter – Universitätsverlag.

Schlerath, Bernfried. 1960. Das Königtum im Rig- und Atharvaveda. Ein Beitrag zur indogermanischen Kulturgeschichte. (Abhandlungen für die Kunde des Morgenlandes 33:3.) Wiesbaden: Kommissionsverlag Franz Steiner.

Schmidt, Erich F. 1933. Tepe Hissar excavations, 1931. Museum Journal 23(4):323–487.

_____. 1937. Excavations at Tepe Hissar, Damghan. Philadelphia, PA: University Museum.

Schmitt, Rüdiger. 1967. Dichtung und Dichtersprache in indogermanischer Zeit. Wiesbaden: Otto Harrassowitz.

_____, (ed.). 1989. Compendium Linguarum Iranicarum. Wiesbaden: Dr Ludwig Reichert.

_____. 2000. Die iranischen Sprachen in Geschichte und Gegenwart. Wiesbaden: Dr Ludwig Reichert.

Schrader, Otto. 1907–1906. Sprachvergleichung und Urgeschichte: Linguistisch–historische Beiträge zur Erforschung des indogermanischen Altertums I–II. Dritte neubearbeitete Auflage. Jena: Hermann Costenoble.

Schrader, O. [& A. Nehring]. 1917–1929. Reallexikon der indogermanischen Altertumskunde. Zweite, vermehrte und umgearbeitete Auflage herausgegeben von A. Nehring. I–II. Berlin: Walter de Gruyter.

Shah, Sayid Ghulam Mustafa, & Asko Parpola. 1991. Corpus of Indus seals and inscriptions 2: Collections in Pakistan. (Annales Academiae Scientiarum Fennicae B240.) Helsinki: Suomalainen Tiedeakatemia. (= CISI 2)

Shinde, V., G. L. Possehl, & M. Ameri. 2005. Excavations at Gilund

2001–2003: The seal impressions and other finds. Pp. 159–169 in: Ute Franke–Vogt & Hans–Joachim Weisshaar (eds.), South Asian Archaeology 2003. (Forschungen zur Archäologie aussereuropäischer Kulturen 1.) Aachen: Linden Soft.

Shulman, David Dean. 1980. Tamil temple myths: Sacrifice and divine marriage in the South Indian Śaiva tradition. Princeton, NJ: Princeton University Press.

Sievertsen, Uwe. 1992. Das Messer vom Gebel el–Arak. Baghdader Mitteilungen 23:1–75.

______. 1999. Early buttress–recess architecture in Mesopotamia and Syria. Baghdader Mitteilungen 30:7–20.

Silva, Severine. 1955. Traces of human sacrifice in Kanara. Anthropos 50:577–592.

Sims–Williams, Nicholas (ed.). 2002. Indo–Iranian languages and peoples. (Proceedings of the British Academy 116.) Oxford: Oxford University Press.

Sinor, Denis (ed.). 1988. The Uralic languages: Description, history, and foreign influences. (Handbuch der Orientalistik 8:1.) Leiden: Brill.

Smith, Brian K. 1994. Classifying the universe: The ancient Indian varṇa system and the origins of caste. New York: Oxford University Press.

Sontheimer, Günther–Dietz. 1989. Pastoral deities in western India.

Translated by Anne Feldhaus. New York: Oxford University Press.

Southworth, Franklin C. 2005. Linguistic archaeology of South Asia. London: RoutledgeCurzon.

Sparreboom, Marcus. 1985. Chariots in the Veda. (Memoirs of the Kern Institute 3.) Leiden: Brill.

Speyer, J. S. (ed.). 1906–1909. Avadānaçataka: A century of edifying tales belonging to the Hīnayāna I–II. (Bibliotheca Buddhica 3.) St. Pétersbourg: Académie Impériale des Sciences.

Staal, J. F. 1961. Nambudiri Veda recitation. (Disputationes Rheno–Traiectinae 5.) 's–Gravenhage: Mouton.

______ (ed.) 1983. Agni: The Vedic ritual of the Fire Altar I–II. Berkeley: Asian Humanities Press.

Stacul, Giorgio. 1970. The Grey Pottery in the Swat Valley and the Indo–Iranian connections (c. 1500–300 B.C.). East and West NS 20(1–2):92–102.

______. 1971. Cremation graves in northwest Pakistan and their Eurasian connections: Remarks and hypotheses. East and West NS 21(1–2):9–19.

Stein, Diana L. 1994. Mittan(n)i. B. Bildkunst und Architektur. Pp. 296–299 in: Reallexikon der Assyriologie und Vorderasiatischen Archäologie 8(3–4). Berlin: Walter de Gruyter.

Steinkeller, Piotr. 1982. The question of Marḫaši: A contribution to the historical geography of Iran in the third millennium B.C.

Zeitschrift für Assyriologie und vorderasiatische Archäologie 72:237–265.

Strommenger, Eva. 1962. Fünf Jahrtausende Mesopotamien: Die Kunst von den Anfangen um 5000 v.Chr. bis zu Alexander dem Grossen. Aufnahmen von Max Hirmer. Munich: Hirmer.

Szabo, Albert, & Thomas J. Barfield. 1991. Afghanistan: An atlas of indigenous domestic architecture. Austin: University of Texas Press.

Tallgren, A. M. 1928. [Review of articles from 1927 by S. Teploukhov, M. P. Gryaznov, P. Rykov, and S. Dubrilin.] Eurasia Septentrionalis Antiqua 3:186–188.

Tamil lexicon. 1924–1939. I–VI and Supplement. Madras: University of Madras.

Teufer, Mike. 2012. Der Streitwagen: Eine "indo–iranische" Erfindung? Zum Problem der Verbindung von Sprachwissenschaft und Archäologie. Archäologische Mitteilungen aus Iran und Turan 44:270–313.

______. 2013. Vom Grab als Totenhaus zum "Haus des Lobliedes" im Jenseits. Überlegungen zum Aufkommen des Zoroastrismus aus archäologischer Sicht. Pp. 1–44 in: Gunvor Lindström, Svend Hansen, Alfried Wieczorek & Michael Tellenbach (eds.), Zwischen Ost und West: Neue Forschungen zum antiken Zentralasien. Darmstadt: Philipp von Zabern.

Thapar, B. K. 1985. Recent archaeological discoveries in India. Paris:

UNESCO.

Thieme, Paul. 1957. Mitra and Aryaman. Transactions of the Connecticut Academy of Arts and Sciences 41:1 – 96.

______. 1960. The "Aryan" gods of the Mitanni treaties. Journal of the American Oriental Society 80:301 – 317.

Tod, James. 1835. Comparison of the Hindu and Theban Hercules, illustrated by an ancient Hindu Intaglio. Transactions of the Royal Asiatic Society of Great Britain and Ireland 3:139 – 159.

Tokunaga, Muneo (ed.) 1997. The Bṛhaddevatā: Text reconstructed from the manuscripts of the shorter recension, with introduction, explanatory notes, and indices. Kyoto: Rinsen.

Trautmann, Thomas R. 1981. Dravidian kinship. (Cambridge Studies in Social Anthropology 36.) Cambridge: Cambridge University Press.

______ (ed.) 2005. The Aryan debate. New Delhi: Oxford University Press.

Tucci, Giuseppe. 1961. The theory and practice of the maṇḍala. Translated by Alan Houghton Brodrick. London: Rider.

Tull, Herman. 1989. The Vedic origins of karma: Cosmos as man in ancient Indian myth and ritual. (SUNY series in Hindu studies.) Albany: State University of New York Press.

Turner, Ralph L. 1966. A comparative dictionary of the Indo-Aryan languages. London: Oxford University Press.

Uesugi, Akinori. 2011. Development of the inter–regional interaction system in the Indus Valley and beyond: A hypothetical view towards the formation of the urban society. Pp. 359–380 in: Osada & Witzel 2011.

Usachuk, A. N. (ed.) 2004. Psalii: Èlementy upryazhi i konskogo snaryazheniya v drevnosti. (Arkheologicheskij al'manakh 15.) Donetsk: Institut arkheologii NAN Ukrainy.

______. 2013. Drevnejshie psalii (izgotovlenie i ispol'zovanie). Kiev and Donetsk: Institut arkheologii, Natsional'naya Akademiya Nauk Ukrainy.

Vahia, Mayank N., & Srikumar M. Menon. 2011. A possible astronomical observatory at Dholavira. http://www.tifr.res.in/~archaeo/papers/Harappan%20Civilisation/Observatory%20at%20Dholavira.pdf.

van Buitenen, J. A. B. 1968. The Pravargya: An ancient Indian iconic ritual described and annotated. (Deccan College Building Centenary and Silver Jubilee Series 58.) Poona: Deccan College.

______ (trans. and ed.). 1973–1978. The Mahābhārata I–III. Chicago: University of Chicago Press.

Van Buren, Elizabeth Douglas. 1948. Fish–offerings in ancient Mesopotamia. Iraq 10: 101–121.

van Kooij, K. R. 1972. Worship of the Goddess according to the Kālikāpurāṇa I. (Orientalia Rheno–Traiectina 14.) Leiden: Brill.

Vasil'ev, I. B., P. F. Kuznetsov, & A. P. Semenova. 1994. Potapovskij kurgannyj mogil'nik indoranskikh plemen na Volge. Samara: Samarskij universitet.

Vermaak, P. S. 2008. Guabba, the Meluhhan village in Mesopotamia. Journal for Semitics 17(2):454-471.

Vermaseren, Maarten J. 1977. Cybele and Attis: The myth and the cult. London: Thames and Hudson.

Vidale, Massimo. 2007. The collapse melts down: A reply to Farmer, Sproat & Witzel [2004]. East and West 57(1-4):333-366.

______. 2010. Aspects of palace life at Mohenjo-Daro. South Asian Studies 26(1):59-76.

Vidale, Massimo, Roberto Micheli, Luca Maria Olivieri, & Muhammad Zahir. 2014. New radiocarbon dates and the chronology of protohistorical graves of Swat Valley: The latest evidence from Godgara IV and Udegram (Khyber Pakhtunkhwa, Pakistan). Paper read at the 22nd conference of the European Association for South Asian Archaeology and Art in Stockholm, Sweden, June 30 to July 4, 2014.

Videiko, Mihailo Y. 1994. Tripolye—"pastoral" contacts. Facts and character of the interactions: 4800-3200 BC. Baltic-Pontic Studies 2:5-28.

______. 1995 (1996). Grossiedlungen der Tripol'e-Kultur in der Ukraine. Eurasia Antiqua 1:45-80.

Vinogradov, N. B. 2003. Mogil'nik bronzovogo veka Krivoe Ozera v yuzhnom Zaural'e. Chelyabinsk: Yuzhno–Ural'skoe knizhnoe izdatel'stvo.

von Dassow, Eva. 2008. State and society in the Late Bronze Age Alalah under the Mittani empire. (SCCNH = Studies on the civilization and culture of Nuzi and the Hurrians 17.) Bethesda, MD: CDL Press.

von Hinüber, Oskar. 2001. Das ältere Mittelindisch im Überblick. Zweite Auflage. (Österreichische Akademie der Wissenschaften, Philosophisch–historische Klasse, Sitzungsberiche 467; Veröffentlichungen der Kommission für Sprachen und Kulturen Südasiens, 20.) Vienna: Österreichische Akademie der Wissenschaften.

von Stietencron, Heinrich. 1983. Die Göttin Durgā Mahiṣāsuramardinī: Mythos, Darstellung und geschichtliche Rolle bei der Hinduisierung Indiens. Visible Religion 2:118–66.

_____. 1989. Hinduism: On the proper use of a deceptive term. Pp. 11–27 in: Günther D. Sontheimer & Hermann Kulke (eds.), Hinduism reconsidered. (South Asian Studies 24.) New Delhi: Manohar.

Wace, Alan J. B., & Frank H. Stubbings (eds.). 1962. A companion to Homer. London: Macmillan.

Wackernagel, Jakob. 1896. Altindische Grammatik I. Göttingen: Vandenhoeck & Ruprecht.

Wackernagel, Jacob [& Albert Debrunner]. 1954. Altindische Grammatik, II,2: Die Nominalsuffixe, von Albert Debrunner. Göttingen: Vandenhoeck & Ruprecht.

Waddell, L. A. 1925. The Indo-Sumerian seals deciphered: Discovering Sumerians of the Indus Valley as Phoenicians, Barats, Goths, and famous Vedic Aryans, 3100 to 2300 B.C. London: Luzac.

Wanzke, Holger. 1987. Axis systems and orientation at Mohenjo-Daro. Pp. 33-44 in: Michael Jansen & Günter Urban (eds.), Interim reports 2: Reports on field work carried out at Mohenjo-Daro, Pakistan, 1983-84 by the IsMEO—Aachen-University Mission. Aachen: RWTH, and Rome: IsMEO.

Ward, William (trans.). 1811. Account of the writings, religion, and manners, of the Hindoos, including translations from their principal works I-IV. Serampore: Mission.

Watkins, Calvert. 1995. How to kill a dragon: Aspects of Indo-European poetics. New York: Oxford University Press.

Weber, Albrecht. 1849. Ueber die Literatur des Sāmaveda. Indische Studien 1(1):25-67.

______. 1850. Zwei Sagen aus dem Çatapatha-Brāhmaṇa über Einwanderung und Verbreitung der Ārier in Indien, nebst einer geographisch-geschichtlichen Skizze aus dem weissen Yajus. Indische Studien 1(2):161-232.

______. 1853. Zur Geschichte der indischen Astrologie. Indische Studien

2:236–287.

______. 1861 (1862). Die vedischen Nachrichten von den naxatra (Mondstationen) II. (Abhandlungen der Königlichen Akademie der Wissenschaften zu Berlin, aus dem Jahre 1861:267–400.) Berlin: Druckerei der Königlichen Akademie der Wissenschaften.

______. 1870 (1871). Über das Rāmāyaṇa. Abhandlungen der Königlichen Akademie der Wissenschaften zu Berlin, Aus dem Jahre 1870, Philosophisch–historische Klasse: 1–88.

Wessels–Mevissen, Corinna. 2001. The gods of the directions in ancient India: Origin and early development in art and literature (until c. 1000 A.D.). (Monographien zur indischen Archäologie, Kunst und Philologie, Band 14.) Berlin: Dietrich Reimer.

West, M. L. 2007. Indo–European poetry and myth. Oxford: Oxford University Press.

Wheeler, Mortimer. 1947. Harappa 1946: The defences and cemetery R37. Ancient India 3:58–130, and pl. XV–LX.

______. 1968. The Indus civilization. 3rd ed. Cambridge: Cambridge University Press.

Whitehead, Henry. 1921. The village gods of South India. 2nd ed., revised and enlarged. (The religious life of India.) Calcutta: Association Press (YMCA); London: Oxford University Press.

Wilhelm, Gernot. 1994. Mittan(n)i, Mitanni, Maitani. A. Historisch. Pp. 286–296 in: Reallexikon der Assyriologie und Vorderasiatischen Archäologie 8(3–4). Berlin: Walter de Gruyter.

Winkelmann, Sylvia. 2004. Seals of the oasis from the Ligabue collection. With an introduction by Pierre Amiet and a postscriptum by Gabriele Rossi–Osmida. Padova: Il Punto Edizioni.

Winternitz, Moriz. 1892. Das altindische Hochzeitsrituell nach dem Āpastamba–Gṛhyasūtra und einigen anderen verwandten Werken. (Denkschriften der Kaiserlichen Akademie der Wissenschaften in Wien, Philos.–hist. Classe 40:1.) Vienna: In Commission bei F. Tempsky.

______. 1895. Nejamesha, Naigamesha, Nemeso. Journal of the Royal Asiatic Society of Great Britain and Ireland 1895:149–155.

______. 1927. A history of Indian literature I. Translated by S. Ketkar and revised by the author. Calcutta: University of Calcutta.

Witzel, Michael. 1989. Tracing the Vedic dialects. Pp. 97–265 in: Caillat 1989.

______. 1995a. Early Indian history: Linguistic and textual parameters. Pp. 85–125 in: Erdosy 1995.

______. 1995b. Rgvedic history: Poets, chieftains and polities. Pp. 307–352 in: Erdosy 1995.

______. 1997. The development of the Vedic canon and its schools: The social and political milieu. (Materials on Vedic Śākhās 8.) Pp. 257–345 in: Michael Witzel (ed.), Inside the texts, beyond the texts: New approaches to the study of the Vedas. (Harvard Oriental Series, Opera Minora 2.) Cambridge, MA: Department of Sanskrit and Indian Studies, Harvard University.

_____. 2000. The home of the Aryans. Pp. 283–338 in: Almut Hintze & Eva Tichy (eds.), Anusantatyai: Festschrift für Johanna Narten zum 70. Geburtstag. (Münchener Studien zur Sprachwissenschaft, Beihefte NF 19.) Dettelbach: J. H. Röll.

Witzel, Michael. 2005. Central Asian roots and acculturation in South Asia: Linguistic and archaeological evidence from western Central Asia, the Hindukush and northwestern South Asia for early Indo–Aryan language and religion. Pp. 87–211 in: Toshiki Osada (ed.), Linguistics, Archaeology and the Human Past: Occasional Paper 1. Kyoto: Indus Project, Research Institute for Humanity and Nature.

Young, T. C., Jr. 1985. Early Iron Age Iran revisited: Preliminary suggestions for the reanalysis of old constructs. Pp. 361–377 in: J.–L. Huot, M. Yon & Y. Calvet (eds.), De l'Indus aux Balkans: Recueil à la mémoire de Jean Deshayes. Paris: Éditions Recherche sur les Civilisations.

Young, Thomas. 1813. Adelung's General History of Languages. Quarterly Review (London) 10(19):250–292.

Zdanovich, Gennady B., & Dmitry G. Zdanovich. 2002. The "Country of Towns" of southern Trans–Urals and some aspects of steppe assimilation in the Bronze Age. Pp. 249–263 in: Boyle, Renfrew,

& Levine 2002.

Zeller, Gabriele. 1990. Die vedischen Zwillingsgötter: Untersuchungen zur Genese ihres Kultes. (Freiburger Beiträge zur Indologie 24.) Wiesbaden: Otto Harrassowitz.

Zide, Norman H. 1969. Munda and non-Munda Austroasiatic languages. Pp. 411-430 in: Thomas A. Sebeok (ed.), Linguistics in South Asia. (Current trends in linguistics 5.) The Hague and Paris: Mouton.

Zvelebil, Kamil V. 1970. Comparative Dravidian phonology. (Janua Linguarum, Series practica 80.) The Hague: Mouton.

______. 1973. The smile of Murugan: On Tamil literature of South India. Leiden: Brill.

______. 1974. Tamil literature. (A History of Indian Literature 10:1.) Wiesbaden: Otto Harrassowitz.

______. 1990. Dravidian linguistics: An introduction. (Pondicherry Institute of Linguistics and Culture publication 3.) Pondicherry: Pondicherry Institute of Linguistics and Culture.

색인

ㄹ

ㅁ

ㅂ

ㅅ

ㅇ

ㅈ

ㅊ

ㅋ

ㅌ

힌두이즘의 원류

초판 인쇄 2020년 5월 22일
초판 발행 2020년 5월 29일

지은이 아스코 파폴라
옮긴이 김형준, 최지연
발행인 김인철
총괄·기획 윤성우 Director, University Knowledge Press
편집장 신선호 Executive Knowledge Contents Creator
기획·물류 이현진 Planning Expert
사전·전자책 장혜린 Contents Creator
도서편집 이병철 Contents Creator
이근영 Contents Creator
재무관리 하누리 Managing Creator
발행처 한국외국어대학교 지식출판콘텐츠원
02450 서울특별시 동대문구 이문로 107
전화 02)2173-2493~7
팩스 02)2173-3363
홈페이지 http://press.hufs.ac.kr
전자우편 press@hufs.ac.kr
출판등록 제6-6호(1969. 4. 30)
디자인·편집 (주)피플커뮤니케이션 02)733-9008
인쇄·제본 (주)트윈벨미디어 02)2088-1810

ISBN 979-11-5901-779-7 (93910) 정가 40,000원

*잘못된 책은 교환하여 드립니다.

HU:NE 은 한국외국어대학교 지식출판원의 어학도서, 사회과학도서, 지역학 도서 Sub Brand이다. 한국외대의 영문명인 HUFS, 현명한 국제전문가 양성(International +Intelligent)의 의미를 담고 있으며, 휴인(携引)의 뜻인 '이끌다, 끌고 나가다'라는 의미처럼 출판계를 이끄는 리더로서, 혁신의 이미지를 담고 있다.